Perspectivas económicas de América Latina 2025

IMPULSANDO Y FINANCIANDO LA TRANSFORMACIÓN PRODUCTIVA

El presente trabajo se publica bajo la responsabilidad del Secretario General de la OCDE, del Presidente de la Corporación Andina de Fomento, CAF, Banco de Desarrollo de América Latina y el Caribe, y del Presidente de la Comisión Europea. Las opiniones expresadas y los argumentos utilizados en el mismo no reflejan necesariamente el punto de vista oficial de los Países miembros de la OCDE o de su Centro de Desarrollo, ni de los Miembros de CAF, o de la Unión Europea y de sus Estados Miembros, ni de los Estados Miembros de las Naciones Unidas.

Los nombres de los países y territorios y los mapas utilizados en esta publicación conjunta siguen la práctica de la OCDE.

Tanto este documento, así como cualquier dato y cualquier mapa que se incluya en él, se entenderán sin perjuicio respecto al estatus o la soberanía de cualquier territorio, a la delimitación de fronteras y límites internacionales, ni al nombre de cualquier territorio, ciudad o área.

Por favor, cite esta publicación de la siguiente manera:
OECD et al. (2026), *Perspectivas económicas de América Latina 2025: Impulsando y financiando la transformación productiva*, OECD Publishing, Paris, https://doi.org/10.1787/e4f25c0d-es.

ISBN 978-92-64-82861-2 (impresa)
ISBN 978-92-64-61763-6 (PDF)
ISBN 978-92-64-47386-7 (HTML)

Perspectivas económicas de América Latina
ISSN 2072-5191 (impresa)
ISSN 2072-5183 (en línea)

CAF
ISBN 978-980-422-339-6

Número de referencia de la CEPAL: LC/PUB.2025/17

Unión Europea
ISBN 978-92-68-31912-3 (PDF)
Número de catálogo: MN-01-25-025-ES-N (PDF)
ISBN 978-92-68-31913-0 (impresa)
Número de catálogo: MN-01-25-025-ES-C (impresa)

Imágenes: Portada © Kitreel/Shutterstock.com.

Las erratas de las publicaciones se encuentran en línea en: https://www.oecd.org/en/publications/support/corrigenda.html.

Prólogo

Desde 2007, cada edición del informe anual *Perspectivas económicas de América Latina* (LEO) analiza uno de los múltiples desafíos a los que se enfrenta la región de América Latina y el Caribe (ALC) en su transición hacia un desarrollo sostenible e inclusivo, comparando el desempeño de ALC con el de otras regiones, sugiriendo recomendaciones de políticas públicas y aportando experiencias y buenas prácticas.

El informe LEO se beneficia de los conocimientos especializados y las contribuciones de varias instituciones. En 2011, la Comisión Económica para América Latina y el Caribe de las Naciones Unidas se sumó a la OCDE como coautora del informe, al igual que el Banco de Desarrollo de América Latina y el Caribe en 2013 y la Comisión Europea en 2018.

En esta 18.ª edición del LEO, *Impulsando y financiando la transformación productiva*, se analiza la necesidad de reformar la estructura productiva de la región para hacerla más verde y más inclusiva y, a la vez, examinar los mecanismos de financiamiento necesarios para apoyar este cambio. Se plantean recomendaciones de políticas orientadas a armonizar los sistemas de producción con los estándares y las demandas mundiales y, a la vez, generar empleo de calidad, desarrollar las capacidades locales y estimular a los sectores estratégicos clave. Por último, en el informe se resalta la necesidad de reforzar las alianzas internacionales para acelerar la movilización de recursos hacia sectores estratégicos y apoyar el fortalecimiento de capacidades, impulsando la transición de la región hacia sistemas de producción resilientes e intensivos en conocimiento que apuntalen el desarrollo inclusivo y sostenible.

Agradecimientos

Los socios de este informe son la Comisión Económica para América Latina y el Caribe de las Naciones Unidas (CEPAL), el Banco de Desarrollo de América Latina y el Caribe (CAF), la Comisión Europea (CE) y el Centro de Desarrollo de la Organización para la Cooperación y el Desarrollo Económicos (OCDE). Este informe cuenta con el apoyo de la Dirección General de Asociaciones Internacionales de la Comisión Europea (INTPA).

La contribución del Centro de Desarrollo de la OCDE a este informe fue liderada y dirigida por Sebastián Nieto Parra, jefe de la División de Dinámicas del Desarrollo Regional, junto con la colaboración de Juan Vázquez Zamora y coordinada por Olivia Cuq, analista de políticas de la Unidad para América Latina y el Caribe (ALC), bajo la dirección de Ragnheiðurr Elín Árnadóttir, directora y Federico Bonaglia, director adjunto del Centro de Desarrollo de la OCDE. La contribución de la CEPAL fue liderada por Marco Llinás, director de la División de Producción, Productividad y Gestión, y Sebastián Rovira, jefe de la Unidad de Transformación Digital, bajo la dirección de José Manuel Salazar Xirinachs, secretario ejecutivo de la CEPAL. La contribución de CAF fue liderada por Verónica Frisancho Robles, gerenta de Conocimiento; Ignacio Corlazzoli, gerente de Movilización de Recursos y Alianzas Globales, y Jessica Roldán Peña, directora de Estudios Macroeconómicos, bajo la dirección de Sergio Díaz-Granados, su presidente ejecutivo. La contribución de la Comisión Europea fue liderada por la Dirección General de Asociaciones Internacionales (INTPA), con el apoyo de Horst Pilger, Emma Clua Vandellòs y Marc Vothknecht, bajo la dirección de Diana Montero Melis, subjefa de Unidad, y Felice Zaccheo, jefe de la Unidad de Programas Regionales para América Latina y el Caribe, así como Félix Fernández-Shaw, director para América Latina, el Caribe y las relaciones con los Países y Territorios de Ultramar (INTPA B). Se recibió apoyo adicional de Laurent Sillano, consejero para el director, y expertos temáticos del directorado (INTPA B), así como María Maierean, de la Dirección General para Asuntos económicos y Financieros (ECFIN) y Marie-France Rodier, del Secretariado General de la Comisión (SG). La contribución del Servicio Europeo de Acción Exterior fue proporcionada por Rodolfo Lazarich Gener, de la División de las Américas (SEAE).

El informe se benefició de la fructífera colaboración entre muchos autores que contribuyeron a la investigación y al enfoque del LEO, incluidos: Carl Bernadac, Marie-Pierre Bourzai y María José Zambrano (AFD); Jimena Durán, Verónica Frisancho, Oswaldo López, Nicole Perelmuter, Jessica Roldán Peña y Manuel Toledo (CAF); Felipe Correa, Carlos de Miguel, Marco Dini, Nicolo Gligo, Ana Paola Gómez, Marco Llinás, Sebastián Herreros, Santiago Lorenzo, Carlos Maldonado, Xavier Mancero, Esteban Pérez, Noel Pérez, Ramón Pineda, María Cecilia Plottier, Edwin Ramírez, Claudia Robles, Sebastián Rovira, Daniel Titelman, Daniela Trucco, Andrés Valenciano, Helvia Velloso y Francisco Villarreal (CEPAL); Rodolfo Lazarich Gener (EEAS), Laurent Sillano, Marc Vothknecht y Emma Clua Vandellòs (INTPA), Adriana Caicedo, Luis Cecchi, Olivia Cuq, Rita Da Costa, Maya Duque, Evely Geroulakos, Laura Gutiérrez, Chiara Kahler, Paul Lanusse, Martina Lejtreger, Thomas Manfredi, Mariana Navarro, Sebastián Nieto Parra, René Orozco, Michal Oskroba, Vicente Ruiz y Juan Vázquez Zamora (OCDE). Julia Peppino y Blanca Ramírez (OCDE) brindaron apoyo administrativo invaluable durante la elaboración del informe.

Un grupo de expertos de la OCDE y colegas colaboraron de manera particularmente activa y comprometida en el proceso de producción, exponiendo sus puntos de vista, opiniones y comentarios.

Queremos destacar el apoyo proporcionado por Bert Brys, Aída Caldera, Ivana Capozza, Serdar Çelik, Luis Diaz, Antoine Dechezlepretre, Luisa Dressler, Jason Gagnon, Paula Garda, Clara Gascón, Alberto González, Michael Koelle, Guy Lalanne, Jens Lundsgaard, Alejandra Medina, Sarah Miet, Letizia Montinari, Daniel Nachtigall, Pierce O'Reilly, Rodrigo Pizarro, Claudia Ramírez, Adelaida Rojas, Nunzia Saporito, Joseph Stead y Juan Viquez.

El contenido del informe fue enriquecido por los comentarios recibidos en la reunión de consulta informal con los países de ALC y los miembros del Comité Directivo del Centro de Desarrollo de la OCDE, llevada a cabo el 10 de marzo de 2025; en la reunión virtual de expertos el 6 y 7 de mayo de 2025, así como en la reunión de consulta con el sector privado el 18 de septiembre de 2025. Además de los delegados de ALC del Comité Directivo del Centro de Desarrollo de la OCDE, estamos agradecidos en especial con los expertos, académicos, representantes del sector privado y otros servidores públicos que colaboraron con nosotros durante dichas consultas y reuniones informales adicionales: Aimée Aguilar Jaber (Hot or Cool Institute), Natalia Cárdenas (Société Générale), Andrea Costafreda (Gobierno de Cataluña), Ariel Emirian (Société Générale), Almudena Fernández (PNUD), Juan Carlos Hallak (Universidad de Buenos Aires), Leo Harari (analista político), Fuad Hasanov (FMI), Alejandro Lavopa (UNIDO), Mariano Machado (Verisk-Maplecroft), William Maloney (Banco Mundial), Nicolás Mayorga (Nuam), Luis Fernando Medina (representante permanente de Colombia ante la OCDE), Natalia Moreno Rigollot (Telefónica), Gerardo Moscatelli (Med Commodities), Hugo Ñopo (Banco Mundial), José Antonio Ocampo (Columbia University), Laura Oroz (AECID), Javier Pérez (Banco de España), Érika Rodríguez Pinzón (Fundación Carolina), Silvana Ravía Cuello (Ministerio de Industria, Energía y Minería de Uruguay), Juan Ruiz (BBVA), María Teresa Ruiz-Tagle (CLG), Luz Ángela Serrano (OEA), Paola Subacchi (Sciences Po), David Tuesta (Consejo Privado para la Competitividad de Perú), Mario Valencia (DNP Colombia) y Ana Valero (Telefónica).

Las notas país se beneficiaron de la contribución y la verificación constructivas por parte de la delegación ante la OCDE de Chile, Colombia, Costa Rica y México, así como las embajadas en Francia de Argentina, Brasil, República Dominicana, Ecuador, El Salvador, Guatemala, Panamá, Paraguay, Perú y Uruguay, y la embajada de Barbados en Irlanda. Las delegaciones y embajadas de los países de la OCDE también coordinaron las contribuciones adecuadas de diferentes ministerios nacionales y áreas gubernamentales. El Centro de Desarrollo de la OCDE expresa su sincera gratitud a la Agence française de développement (AFD), el Departamento Nacional de Planeación (DNP) de Colombia, la Unión Europea, el Ministerio de Asuntos Exteriores español y Telefónica, por su apoyo en la realización del informe *Perspectivas económicas de América Latina*.

Por último, nuestro agradecimiento a la división de publicaciones y comunicaciones del Centro de Desarrollo de la OCDE, en especial a Delphine Grandrieux, Elizabeth Nash y Henri-Bernard Solignac-Lecomte, por su dedicada paciencia y pronta colaboración en la producción de este informe y los materiales relacionados. Los autores también agradecen sinceramente las actividades de edición y lectura de pruebas emprendidas por Mary Bortin y Jill Gaston; la traducción al español de Gilda Moreno Manzur, y los servicios de edición y lectura de pruebas en español de Liliana Tafur.

Editorial

América Latina y el Caribe (ALC) tiene vastas reservas de recursos naturales y talento humano que pueden aprovecharse para diversificar sus economías, aumentar la productividad, fomentar el crecimiento de actividades con valor agregado y generar nuevas oportunidades de empleo.

Esta 18.ª edición del informe *Perspectivas económicas de América Latina* destaca que lograr dicha transformación requiere políticas de desarrollo productivo bien diseñadas y adaptadas a las características únicas de los distintos territorios y sectores. Ambiciosas reformas pueden ayudar a desbloquear nuevas fuentes de financiamiento para impulsar el crecimiento, facilitar las transformaciones verde y digital, y mejorar la inclusión social.

La implementación de estas políticas requiere mejor coordinación entre las instituciones nacionales y subnacionales, junto con una mayor participación del sector privado, la sociedad civil y otros actores relevantes. Las políticas deben poner mayor énfasis en el desarrollo de capacidades, generar empleo de calidad, fomentar una transformación digital centrada en las personas, la sostenibilidad ambiental y el aprovechamiento de ventajas estratégicas en sectores de alto potencial como las energías renovables, la agricultura sostenible y los sistemas alimentarios, las industrias digitales, la salud y la economía del cuidado, en línea con las prioridades productivas establecidas por los países y territorios de ALC.

Financiar estas estrategias sigue siendo un desafío estructural, especialmente en un contexto fiscal limitado. Los actores públicos, privados e internacionales, incluidas las instituciones nacionales y multilaterales, deben trabajar juntos para movilizar nuevas fuentes de financiamiento, diseñar instrumentos innovadores, canalizar inversiones de calidad y apoyar los sectores prioritarios. Más allá del financiamiento, los bancos de desarrollo desempeñan un papel clave en promover el intercambio de conocimientos y capacidades y fomentar la coordinación para mejorar la efectividad de estas estrategias.

La cooperación internacional y las alianzas tienen un papel esencial que desempeñar. La próxima IV Cumbre CELAC–UE será un momento clave para profundizar esta cooperación en el marco de la Agenda de Inversiones del Global Gateway UE–ALC. A través de Global Gateway, Europa y América Latina están invirtiendo conjuntamente en energía limpia, conectividad digital, salud y cadenas de valor resilientes, vinculando la infraestructura con la educación, la innovación, las empresas locales y nuevas oportunidades para nuestras sociedades.

Esta edición de *Perspectivas económicas de América Latina* contribuye a estos esfuerzos compartidos con análisis y recomendaciones, e identificando formas de fortalecer las alianzas globales y escalar las políticas de desarrollo productivo a nivel subnacional, nacional y regional, de manera decidida, inclusiva y sostenible.

Mathias Cormann
Secretario General
de la OCDE

Sergio Diaz-Granados
Presidente Ejecutivo
de la CAF – Banco de
Desarrollo de América
Latina y el Caribe

José Manuel
Salazar-Xirinachs
Secretario Ejecutivo
de la CEPAL

Jozef Sikela
Comisario de
Asociaciones
Internacionales
Comisión Europea

Índice

GRÁFICOS

TABLAS

RECUADROS

Abreviaturas y acrónimos

5G	Red móvil de Quinta Generación
ACCA	Asociación de Contadores Públicos Certificados
ACFI	Acuerdo de Cooperación y Facilitación de Inversiones
AECID	Agencia Española de Cooperación Internacional para el Desarrollo
AEGEA	*Empresa Brasileira de Saneamento*
AFD	*Agence française de développement*
AIDDATA	*AidData Research Lab*
AII	Acuerdos Internacionales de Inversión
AISBL	*Association Internationale Sans But Lucratif*
ALADI	Asociación Latinoamericana de Integración
ALC	América Latina y el Caribe
ALCA	Área de Libre Comercio de las Américas
ALIDE	Asociación Latinoamericana de Instituciones Financieras para el Desarrollo
ANDE	Agencia Nacional de Desarrollo de Uruguay
ANII	Agencia Nacional de Investigación e Innovación de Uruguay
APEX-BRAZIL	*Agência Brasileira de Promoção de Comércio e Investimentos*
API	Agencias de Promoción de la Inversión
AR(1)	Modelo Autorregresivo de Orden 1
AR5	Quinto Informe de Evaluación del IPCC (Grupo Intergubernamental de Expertos sobre el Cambio Climático)
AOD	Ayuda Oficial al Desarrollo
ASEAN	Asociación de Naciones del Sudeste Asiático
ASG	Ambiental, Social y de Gobernanza
B2B	Negocio a Negocio (*business to business*)
B2C	Negocio a Consumidor (*business to consumer*)
BAD	Banco Asiático de Desarrollo
BANCOMEXT	Banco Nacional de Comercio Exterior de México
BANDEX	Banco Nacional de las Exportaciones de la República Dominicana
BDN	Banca de Desarrollo Nacional
BEI	Banco Europeo de Inversiones
BID	Banco Interamericano de Desarrollo
BIOTECSUR	Plataforma Biotecnológica del Mercosur
BIT	Tratado Bilateral de Inversión
BMD	Banco Multilateral de Desarrollo
BNA	Barreras no Arancelarias
BNCR	Banco Nacional de Costa Rica
BNDES	Banco Nacional de Desarrollo Económico y Social de Brasil
BPD	Banca Pública de Desarrollo
BRI	Iniciativa Cinturón y Ruta (China)
BROU	Banco de la República Oriental del Uruguay
CABEI	Banco Centroamericano de Integración
CACM	Mercado Común Centroamericano
CAF	Banco de Desarrollo de América Latina y el Caribe
CAN	Comunidad Andina de Naciones
CARICOM	Comunidad del Caribe

CCR	Regulaciones de Mando y Control
CEI-RD	Centro de Exportación e Inversión de la República Dominicana
CELAC	Comunidad de Estados Latinoamericanos y Caribeños
CEPAL	Comisión Económica para América Latina y el Caribe
CGV	Cadenas Globales de Valor
CH4	Metano
CMS	Sistema de Gestión de Contenidos
CO_2	Dióxido de Carbono
CONACYT	Consejo Nacional de Ciencia y Tecnología de México
CORFO	Corporación de Fomento de la Producción de Chile
CRM	Gestión de la Relación con el Cliente
CRS	*Creditor Reporting System*
CTA	Llamada a la Acción
DEI	Diversidad, Equidad e Inclusión
DR-CAFTA	Tratado de Libre Comercio entre República Dominicana, Centroamérica y Estados Unidos
EAP	Asia Oriental y el Pacífico
EBIA	*Estratégia Brasileira de Inteligência Artificial*
EDGAR	Base de Datos de Emisiones para la Investigación Atmosférica Global
EDI	Intercambio Electrónico de Datos
EM-DAT	Base de Datos de Eventos de Emergencia
EMBI	Índice de Bonos Corporativos de Mercados Emergentes
EMBRAPII	*Empresa Brasileira de Pesquisa e Inovação Industrial*
ENRC	Fuentes de Energías Renovables no Convencionales
EPA	Acuerdo de Alianza Económica
ERP	Planificación de Recursos Empresariales
ETR	Tasa Impositiva Efectiva
EUIPO	Oficina Europea de Propiedad Intelectual
EUR	Euro
F-GASES	Gases fluorados
FAO	Organización de las Naciones Unidas para la Alimentación y la Agricultura
FE	Efectos Físicos
FEDS+	Fondo Europeo para Desarrollo Sostenible Plus
FEM	Foro Económico Mundial
FINEP	*Financiadora de Estudos e Projetos do Brasil*
FIPYME	Fondo de Apoyo para la Micro, Pequeña y Mediana Empresa de México
FMI	Fondo Monetario Internacional
FOGAPE	Fondo de Garantía para Pequeños Empresarios de Chile
G20	Grupo de los Veinte
GAFA	Google, Apple, Facebook, Amazon
GAM	Gran Área Metropolitana de Costa Rica
GEI	Gases de efecto invernadero
GGBI	Iniciativa Global de Bonos Verdes
GGIA	Agenda de Inversiones Global Gateway de la UE
GIZ	*Deutsche Gesellschaft für Internationale Zusammenarbeit*
GSSS	Bonos Verdes, Sociales, Sostenibles y Vinculados a la Sostenibilidad
GSSSB	Bonos Verdes, Sociales, Sostenibles, Vinculados a la Sostenibilidad y Azules
GWP-100	Potencial de Calentamiento Global durante 100 años
H_2-DRI	Reducción Directa con Hidrógeno
HP	Filtro de Hodrick Prescott
HS92	Sistema Armonizado1992
I+D	Investigación y Desarrollo
IA	Inteligencia Artificial
IAP	Iniciativas de Articulación Privada
IBC	Iniciativa de Bonos Climáticos
IBIS	Instrumentos Basados en la Información
IEA	Agencia Internacional de la Energía

IED	Inversión extranjera directa
IFAC	Federación Internacional de Contadores
IFD	Institución financiera de desarrollo
IHH	Índice de Herfindahl-Hirschman
IICA	Instituto Interamericano de Cooperación para la Agricultura
IIF	Instituto de Finanzas Internacionales
IMG	Impuesto Mínimo Global Corporativo
IMMEX	Industria Manufacturera, Maquiladora y de Servicios de Exportación de México
INA	Instituto Nacional de Aprendizaje de Costa Rica
INFOTEP	Instituto Nacional de Formación Técnico Profesional de la República Dominicana
IPCC	Grupo Intergubernamental de Expertos sobre el Cambio Climático
IPO	Salida a bolsa
IRA	Ley de Reducción de la Inflación
ISIC	Clasificación Industrial Internacional Uniforme
ISIC REV3 / SIC REV3	Clasificación Industrial Internacional Uniforme, Rev.
ISR	Impuesto sobre la Renta (a las Personas Naturales)
ITD	Internet de las Cosas
ITID	Incentivos Fiscales a la Inversión (base de datos)
IVA	Impuesto al Valor Agregado
KIIbIH	Indicadores Clave de Informalidad basados en los Individuos y sus Hogares
KPI	Indicadores Clave de Rendimiento
LEO	Perspectivas económicas de América Latina
LMIC	Países de Ingresos Bajos y Medios
M&A	Fusiones y Adquisiciones
MBI	Instrumentos Basados en el Mercado
MEF	Ministerio de Economía y Finanzas de Paraguay
MENA	Medio Oriente y Norte de África
MERCOSUR	Mercado Común del Sur
MESCYT	Ministerio de Educación Superior, Ciencia y Tecnología de la República Dominicana
MICITT	Ministerio de Ciencia, Innovación, Tecnología y Telecomunicaciones de Costa Rica
MIN	Margen de Interés Neto
MINCIENCIAS	Ministerio de Ciencia, Tecnología e Innovación de Colombia
MINTIC	Ministerio de Tecnologías de la Información y las Comunicaciones de Colombia
MIPYMES	Micro, Pequeñas y Medianas Empresas
MT	Megatoneladas
MVA	Valor de Mercado Agregado
N_2O	Óxido nitroso
NAFIN	Nacional Financiera de México
NDC	Contribución Determinada a Nivel Nacional
NDP	Plan de Desarrollo Nacional
NERC	*North American Electric Reliability Corporation*
NPS	Puntuación Neta del Promotor
OCDE	Organización para la Cooperación y el Desarrollo Económicos
ODS	Objetivos de Desarrollo Sostenible
OEC	Observatorio de Complejidad Económica
OFO	Otros Flujos Oficiales
OISS	Organización Iberoamericana de Seguridad Social
OIT	Organización Internacional del Trabajo
OLADE	Organización Latinoamericana de Energía
OMC	Organización Mundial del Comercio
OMM	Organización Meteorológica Mundial
ONG	Organización no Gubernamental
ONU	Naciones Unidas
PAC	*Programa de Aceleração do Crescimento do Brasil*
PAHO	Organización Panamericana de la Salud
PDP	Políticas de Desarrollo Productivo
PDPV	Políticas de Desarrollo Productivo Verde

PIB	Producto Interno Bruto
PIT	Impuesto Sobre la Renta a las Personas Naturales
PM10	Partículas Suspendidas de 10 micrómetros de diámetro
PM2.5	Partículas Suspendidas de 2.5 micrómetros de diámetro
PNB	Producto Nacional Bruto
PND	Plan Nacional de Desarrollo
PNUD	Programa de las Naciones Unidas para el Desarrollo
pp	Puntos porcentuales
ppc	Paridad de Poder de Compra
PPIAF	Mecanismo de Asesoramiento para Infraestructura Público-Privada
PROCHILE	Agencia de Promoción de Exportaciones de Chile
PROCOLOMBIA	Agencia Nacional de Promoción del Turismo, la Inversión Extranjera, las Exportaciones no Minero Energéticas y la Imagen del País de Colombia
PROCOMER	Promotora del Comercio Exterior de Costa Rica
PRODOMINICANA	Centro de Promoción de Exportaciones e Inversiones de la República Dominicana
PROMÉXICO	Agencia de Promoción del Comercio y la Inversión de México
PROMIPYME	Consejo Nacional de Promoción y Apoyo a la Micro, Pequeña y Mediana Empresa de la República Dominicana
PTF	Productividad Total de los Factores
RCEP	Asociación Económica Integral Regional
RH	Recursos Humanos
RI	Relaciones internacionales
ROA	Retorno sobre de Activos
ROI	Retorno de la Inversión
RPDG	Regulación de Protección de Datos Generales
RSC	Responsabilidad Social Corporativa
Ruta N	Centro de Innovación y Negocios de Colombia
RVC	Cadenas de Valor Regionales
SAS	*South Asia*
SBD	Sistema de Banca para el Desarrollo de Costa Rica
SEBRAE	Servicio Brasileño de Apoyo a las Micro y Pequeñas Empresas
SELA	Sistema Económico Latinoamericano y del Caribe
SENA	Servicio Nacional de Aprendizaje de Colombia
SENAI	Servicio Nacional de Aprendizaje Industrial de Brasil
SEPYME	Secretaría de la Pequeña y Mediana Empresa de Argentina
SERCOTEC	Servicio de Cooperación Técnica de Chile
SEZ	Zona Económica Especial
SICA	Sistema de la Integración Centroamericana
SIEPAC	Sistema de Interconexión Eléctrica de los Países de América Central
SIESUR	Sistema de Integración Energética del Cono Sur
SIFA	Acuerdo de Facilitación de la Inversión Sostenible
SINEA	Sistema de Interconexión Eléctrica Andina
SLB	Bonos Vinculados a la Sostenibilidad
SPO	Ofertas Públicas Secundarias
SSA	África subsahariana
STEM	Ciencia, Tecnología, Ingeniería y Matemáticas
STI	Ciencia, Tecnología e Innovación
TFI	Indicadores de Facilitación del Comercio
TIC	Tecnologías de la Información y la Comunicación
TIP	Tratados Bilaterales de Inversión
TLC	Tratado de Libre Comercio
TOPP	Técnica, Operativa, Política y Prospectiva (capacidades)
TOSSD	Apoyo Oficial Total para el Desarrollo Sostenible
TVET	Educación y Formación Técnica y Profesional
UE	Unión Europea
UI	Interfaz de Usuario
UN COMTRADE	Base de Datos de las Naciones Unidas sobre Comercio de Productos Básicos
UNASUR	Unión de Naciones Suramericanas

UNCTAD	Conferencia de las Naciones Unidas sobre Comercio y Desarrollo
UNDP	Programa para de las Naciones Unidas para el Desarrollo
UNECE	Comisión Económica de las Naciones Unidas para Europa
UNESCO	Organización de las Naciones Unidas para la Educación, la Ciencia y la Cultura
UNHCR	Alto Comisionado de las Naciones Unidas para los Refugiados
UNIDO	Organización de las Naciones Unidas para el Desarrollo Industrial
US CHIPS Act	*United States Creating Helpful Incentives to Produce Semiconductors Act*
USD	Dólar estadounidense
USMCA	Acuerdo Estados Unidos-México-Canadá
UX	Experiencia de Usuario
UXD	Diseño de Experiencia de Usuario
VAT	Impuesto Sobre el Valor Añadido
VCR	Ventaja Comparativa Revelada
WBG	Grupo del Banco Mundial
WITS	Solución Comercial Integrada Mundial (base de datos/plataforma)
ZEE	Zonas económicas especiales

Resumen ejecutivo

Los países de América Latina y el Caribe (ALC) enfrentan retos de productividad de larga data, los cuales restringen su capacidad para lograr un desarrollo más fuerte, inclusivo y sostenible. Una transformación productiva, que aproveche los recursos naturales abundantes, las ventajas demográficas y los ecosistemas emergentes e innovadores, puede ofrecer una base sólida para el diseño y financiamiento de un modelo que eleve la productividad y a la vez promueva la inclusión y la sostenibilidad.

ALC necesita transformar su estructura productiva para responder a los retos actuales

El contexto macroeconómico de la región se caracteriza por la desaceleración del crecimiento del Producto Interno Bruto (PIB), en línea con el desempeño de la economía mundial, con el PIB per cápita de América Latina y el Caribe estabilizándose en torno a su potencial. Entre 1991 y 2024, la productividad laboral en la región creció solo 0.9% por año en promedio, muy por debajo de la tasa anual de 1.2% observada en los países de la OCDE. En este contexto, muchos países batallan por movilizar suficientes recursos internos. Estas condiciones limitan la capacidad de los países de ALC de promover y financiar la transformación de sectores estratégicos y la diversificación de sus economías, transformaciones esenciales para lograr un mayor aumento de la productividad. Las condiciones sociales siguen siendo relativamente débiles y se caracterizan por una alta informalidad, persistentes vulnerabilidades e insuficiente protección social, que también contribuyen a los bajos niveles de productividad. En 2023, 55.1% de los trabajadores de ALC eran informales y solo 2.1% tenían empleos con tecnología alta y media a alta, por debajo del promedio de la OCDE de 7.7%. Por otra parte, el modelo actual de producción ejerce cada vez mayor presión sobre el medioambiente. Las emisiones de gases de efecto invernadero en la región aumentaron en todos los sectores entre 1990 y 2022 y los desastres naturales relacionados con el clima se duplicaron durante los 25 años pasados.

En este contexto, los países de ALC necesitan reconfigurar su composición económica para aumentar la productividad y la inclusión y, a la vez, cumplir con los objetivos medioambientales. Un enfoque sistémico que reconozca la interdependencia de estos retos puede fomentar políticas coherentes hacia el logro de dichos objetivos. La transformación productiva, la transición verde y la mayor inclusión social se refuerzan mutuamente: el avance en una dimensión impulsa al avance en las demás.

Las políticas de desarrollo productivo en ALC necesitan mejor implementación

Las políticas de desarrollo productivo (PDP) bien diseñadas pueden impulsar la creatividad y la diversificación. Sin embargo, en la mayoría de los países latinoamericanos y caribeños, la implementación ha sido un reto. En los 33 países de la región, 197 entidades ministeriales participan en PDP y en dos tercios de ellos involucraban a cinco o seis diferentes ministerios. Aun así, la presencia de los ministerios multisectoriales rara vez redunda en una coordinación eficaz o una visión estratégica unificada. Los países de ALC también enfrentan retos financieros: entre 2021 y 2022, asignaron en promedio menos de 0.5% del PIB a estas políticas, cifra muy por debajo del promedio de la OCDE de 3%.

En el futuro, las PDP deberán interactuar más eficazmente con el sector privado y la sociedad civil, y al mismo tiempo, reforzar la coordinación entre las dependencias gubernamentales. Esto significa armonizar las políticas horizontales que configuran la economía total – como investigación y desarrollo (I+D), compras públicas, incentivos fiscales y apoyo empresarial – con las políticas verticales, orientadas a sectores estratégicos, como energías renovables, agricultura sostenible, industrias digitales y la economía del cuidado. También se considera esencial fortalecer la cooperación con los gobiernos locales. De los 74 organismos de coordinación identificados en 15 países, en la mayoría dicha cooperación sigue siendo de tipo consultivo más que ejecutivo o deliberativo, y solo 28% funcionan en todos los niveles de gobierno, limitando la participación territorial y subnacional.

Financiar la transformación productiva requiere movilizar recursos públicos y privados

Es fundamental movilizar recursos públicos y privados. ALC enfrenta una brecha de financiamiento del desarrollo sostenible estimada en un promedio de 99 mil millones de USD al año hasta 2030. Sin embargo, el gasto público se concentra en gran medida en el gasto corriente en detrimento de la inversión en capital, lo que limita el crecimiento a largo plazo. Los ingresos fiscales, de 21.3% del PIB en 2023, permanecen muy por debajo del promedio de la OCDE (34%) y dependen en gran medida del impuesto al valor agregado (IVA) (28.5% del ingreso total) y de los impuestos sobre las sociedades (18.7%). Los gastos tributarios absorben recursos significativos: en promedio, representan el 4.0% del PIB en 18 países, siendo los incentivos al impuesto sobre las sociedades responsables de un 0.9% por sí solos. La reforma del diseño de estos incentivos puede potenciar su eficiencia y eficacia, así como ampliar su impacto en el desarrollo y la transformación productiva. También será necesario reforzar la progresividad fiscal, rediseñar el IVA para reducir la regresividad y elevar la moral tributaria para alentar el cumplimiento. Las instituciones financieras de desarrollo (IFD) nacionales, en estrecha coordinación con bancos de desarrollo multilaterales (BDM) y las IFD bilaterales, pueden desempeñar un papel clave en la promoción de inversiones alineadas con las PDP. Los BDM y las IFD bilaterales pueden contribuir reduciendo los costos de financiamiento, facilitando la articulación con las estrategias de desarrollo productivo, brindando asistencia técnica y apoyando las carteras de proyectos sectoriales para escalar la inversión.

Fortalecer los mercados de capital y atraer inversión extranjera directa (IED) es también indispensable. Los mercados de capital de ALC siguen siendo poco profundos, con una capitalización promedio del mercado de 37.4% del PIB en 2024, en comparación con el 64.4% de la OCDE. No obstante, están emergiendo nuevas fuentes de financiamiento. La proporción de bonos verdes, sociales, sostenibles, vinculados con la sustentabilidad y azules en las emisiones internacionales aumentó al 27.2% en 2024, comparado con el 9.3% en 2020, con una emisión acumulada de 164 400 millones de USD. Los flujos de IED también fueron altos, equivalentes al 2.8% del PIB en 2024. Atraer la IED a los ámbitos de energías renovables, infraestructura digital e industrias de mediana a alta tecnología puede fortalecer la capacidad productiva, diversificar las exportaciones, fomentar la transferencia de tecnología, generar empleos de calidad y acelerar la transición hacia sistemas energéticos sostenibles en toda la región.

Reorientar los flujos internacionales puede impulsar la transformación productiva

Dado que los recursos públicos mundiales se encuentran bajo presión, resulta esencial alinear el financiamiento y la cooperación internacionales en torno a tres facilitadores clave de la transformación productiva regional: el desarrollo de competencias, la adopción de tecnología y la mejora de la infraestructura. El apoyo relacionado con las capacidades representa una pequeña parte de la ayuda oficial al desarrollo general (AOD); no obstante, se le ha orientado hacia sectores estratégicos: casi 9 000 millones de USD se destinaron a ALC entre 2014 y 2023 en todos los sectores, entre ellos la tecnología de la información y la comunicación, energía y servicios medioambientales. La tecnología y la innovación requieren una colaboración internacional más fuerte, para así promover la producción intensiva en conocimientos y construir redes sólidas de I+D. Mejorar la infraestructura regional, sobre todo en las áreas de energía, transporte y conectividad digital, es también fundamental para reducir los costos de transacción e impulsar la competitividad. Un cambio de estrategias nacionales fragmentadas a sistemas regionales integrados, como un mercado de electricidad unificado, ayudaría a ALC a potenciar sus fortalezas y acelerar su transición a un futuro bajo en carbono e interconectado.

Resumen

La región de América Latina y el Caribe (ALC) enfrenta cuellos de botella estructurales y bajos niveles de innovación, lo cual provoca vulnerabilidad en las economías y dependencia de una estrecha gama de exportaciones. Sin embargo, dados sus abundantes recursos y sus ecosistemas de innovación emergentes, cuenta con los elementos necesarios para emprender la transformación productiva. Para lograrlo, requiere un crecimiento inclusivo, bajo en carbono, altamente cualificado, respaldado por inversiones y alianzas internas e internacionales. Este cambio es esencial para desarrollar resiliencia, reducir la desigualdad e impulsar el desarrollo sostenible.

Impulsando la transformación productiva inclusiva y sostenible en ALC

Abordar los retos económicos, sociales y medioambientales en forma aislada ha configurado el modelo productivo actual de ALC, caracterizado por la baja productividad, una alta prevalencia de empleo informal y dependencia de recursos no renovables. Para avanzar hacia un modelo más productivo, más inclusivo y más verde, es preciso repensar en conjunto dichas prioridades: económicas, sociales y medioambientales. Lo anterior exige un enfoque sistémico que atienda las causas de estos retos, reconozca su interdependencia y promueva la congruencia de políticas en el diseño e implementación del nuevo modelo productivo.

El crecimiento económico está en proceso de desaceleración en ALC, de acuerdo con la evolución de la economía mundial. El crecimiento del producto interno bruto (PIB) per cápita se ha estabilizado cerca al crecimiento del PIB potencial (Gráfico 1). Además, la persistente inflación, las vulnerabilidades fiscales, las tensiones geopolíticas y las perturbaciones climáticas siguen planteando retos, los cuales difieren en gran medida entre los países de la región, debido a la variedad de estructuras económicas como composiciones de exportación, vulnerabilidades medioambientales y capacidades institucionales.

Los flujos financieros externos a la región muestran una alta volatilidad. Las inversiones en cartera bajaron notoriamente durante la última década, mientras que la inversión extranjera directa (IED) se estancó en medio de la incertidumbre acerca de las dinámicas comerciales mundiales, aunque los niveles se mantienen relativamente altos en comparación con otras regiones. La reducción del comercio y la inversión amenaza tanto el crecimiento económico a corto como a largo plazo.

Los retos económicos de la región giran en torno a una productividad persistentemente baja, apoyando un crecimiento insuficiente y una convergencia débil con economías avanzadas. La productividad laboral, impulsada por la limitada productividad factorial total, creció solo 0.9% al año de 1991 a 2024, en comparación con el 1.2% de los países de la OCDE. Las ganancias en productividad han sido particularmente bajas en el sector de servicios, exacerbado por el empleo informal y las prácticas insostenibles.

Gráfico 1. Desviaciones estándar del posible crecimiento del PIB per cápita en ALC, 2000-2025

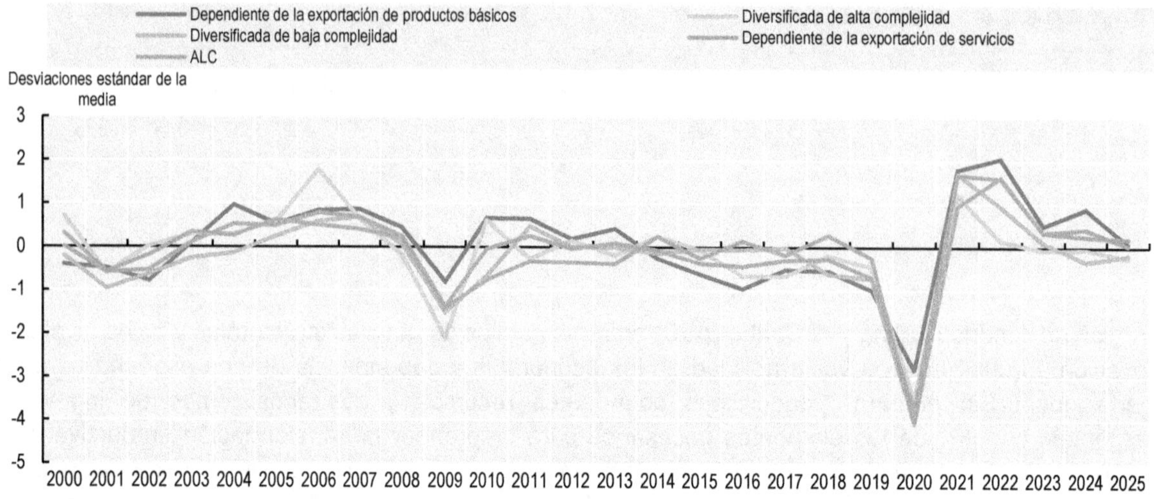

Nota: Producto interno bruto per cápita. Precios constantes, la paridad del poder de compra; dólar internacional en 2021. Promedios simples de diferentes grupos económicos. Las economías dependientes de la exportación de productos básicos tienen más del 60% de sus exportaciones de mercancías como productos básicos (Argentina, Belice, Bolivia, Brasil, Chile, Colombia, Cuba, Ecuador, Guyana, Jamaica, Paraguay, Perú, Surinam, Uruguay y Venezuela). Las economías dependientes de la exportación de servicios exceden el 45% del comercio de servicios (Antigua y Barbuda, Las Bahamas, Dominica, Granada, San Cristóbal y Nieves, Santa Lucía, San Vicente y las Granadinas). Las economías ubicadas en las 60 principales del Índice de Complejidad Económica (Costa Rica, República Dominicana, México y Trinidad y Tobago) se clasifican como diversificadas con complejidad económica alta; las restantes (Barbados, El Salvador, Guatemala, Haití, Honduras, Nicaragua y Panamá) se clasifican como diversificadas con baja complejidad.
Fuente: Elaboración de los autores basándose en (IMF, 2025[11]).

StatLink https://stat.link/tr70zc

La estructura económica de ALC sigue dependiendo en gran medida de las exportaciones primarias y de baja tecnología, lo cual limita las oportunidades de mejora y el aumento de la productividad. Solo unas cuantas economías, en particular Costa Rica, República Dominicana y México, se han diversificado en sectores de media y alta tecnología (Gráfico 2). Fortalecer el comercio intrarregional, que actualmente es limitado en comparación con los referentes globales, podría mejorar la diversificación y permitir una integración regional más profunda en las cadenas de valor, reforzando la competitividad.

Las condiciones socioeconómicas son también complejas en la región, con una informalidad laboral persistente y generalizada. En 2023, uno de cada dos trabajadores tenía empleo informal en ALC (55.1%). Sin embargo, en los países con datos disponibles a lo largo del tiempo, la proporción ha bajado desde 2009 (62.5%) (ILO, 2025[2]). Las mujeres, los jóvenes y los trabajadores de mayor edad resultan particularmente afectados por la informalidad laboral. Entre 2013 y 2022, el único grupo en el cual se agudizó la informalidad fue el de jóvenes de 15 a 24 años, en tanto que el aumento de las tasas de empleo para las mujeres se acompañó del incremento del trabajo informal (ECLAC, 2024[3]).

Gráfico 2. Composición de las exportaciones de mercancías de los países de ALC por perfil económico e intensidad tecnológica, 2023

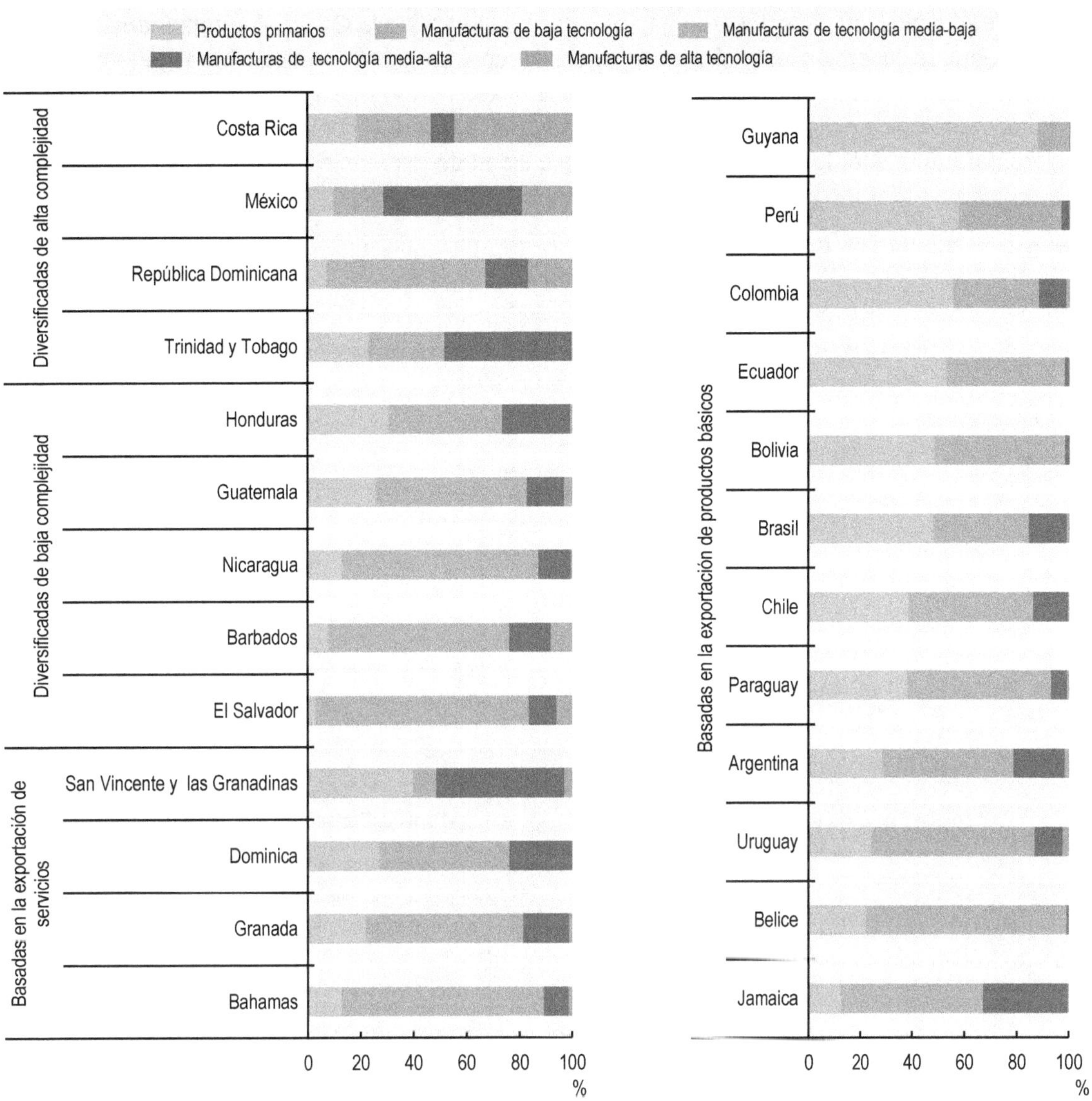

Nota: Los grupos manufactureros de intensidad tecnológica se basan en la Clasificación de Tecnología de la OCDE en ISIC Rev.3. Las economías basadas en la exportación de productos básicos clasifican más del 60% de sus exportaciones de mercancías como productos básicos crudos y productos basados en recursos (Argentina, Belice, Bolivia, Brasil, Chile, Colombia, Cuba, Ecuador, Guyana, Jamaica, Paraguay, Perú, Surinam, Uruguay, Venezuela) (UNCTAD, 2023[4]). Las economías basadas en la exportación de servicios exceden el 45% del comercio de servicios (Antigua y Barbuda, Bahamas, Dominica, Granada, San Cristóbal y Nieves, Santa Lucía, San Vicente y las Granadinas. Las economías ubicadas entre las 60 principales del Índice de Complejidad Económica (Costa Rica, República Dominicana, México, Trinidad y Tobago) se clasifican como diversificadas con una complejidad económica alta (Harvard Growth Lab, 2023[5]); las restantes (Barbados, El Salvador, Guatemala, Haití, Honduras, Nicaragua, Panamá) se clasifican como diversificadas con baja complejidad.
Fuente: Elaboración de los autores basándose en (WITS, 2025[6]).

StatLink https://stat.link/o8lbd7

Las tasas actuales de empleo informal en ALC destacan la urgencia de alcanzar la transformación productiva. El dinamismo sectorial limitado y la concentración de empresas informales en actividades de baja productividad restringen la generación de empleos de calidad. Por consiguiente, los puestos que requieren competencias tecnológicas y digitales avanzadas son aún escasos, lo cual limita la capacidad de la región para competir en mercados intensivos en conocimiento (Gráfico 3, Paneles A y C). En el año más reciente con datos disponibles, los empleos de alta y media intensidad tecnológica representaron solo 2.1% del empleo total, en comparación con el 7.7% en los países de la OCDE, en tanto que aquellos con intensidad digital alta se colocaron en 15%, contra el 21% de la OCDE. La transformación productiva inclusiva requiere inversión estratégica en sectores con un gran potencial para generar empleos de calidad, ya que los bonos salariales son imprescindibles. En los países de ALC, los empleos de alta intensidad tecnológica y digital reciben salarios muy por arriba del promedio nacional, ofreciendo así una ruta clara para aumentar los ingresos y mejorar la calidad de los empleos (Gráfico 3, Paneles B y D).

Gráfico 3. Participación del empleo y salarios por intensidad tecnológica y digital en ALC

Países seleccionados de ALC, 2023 o último año disponible

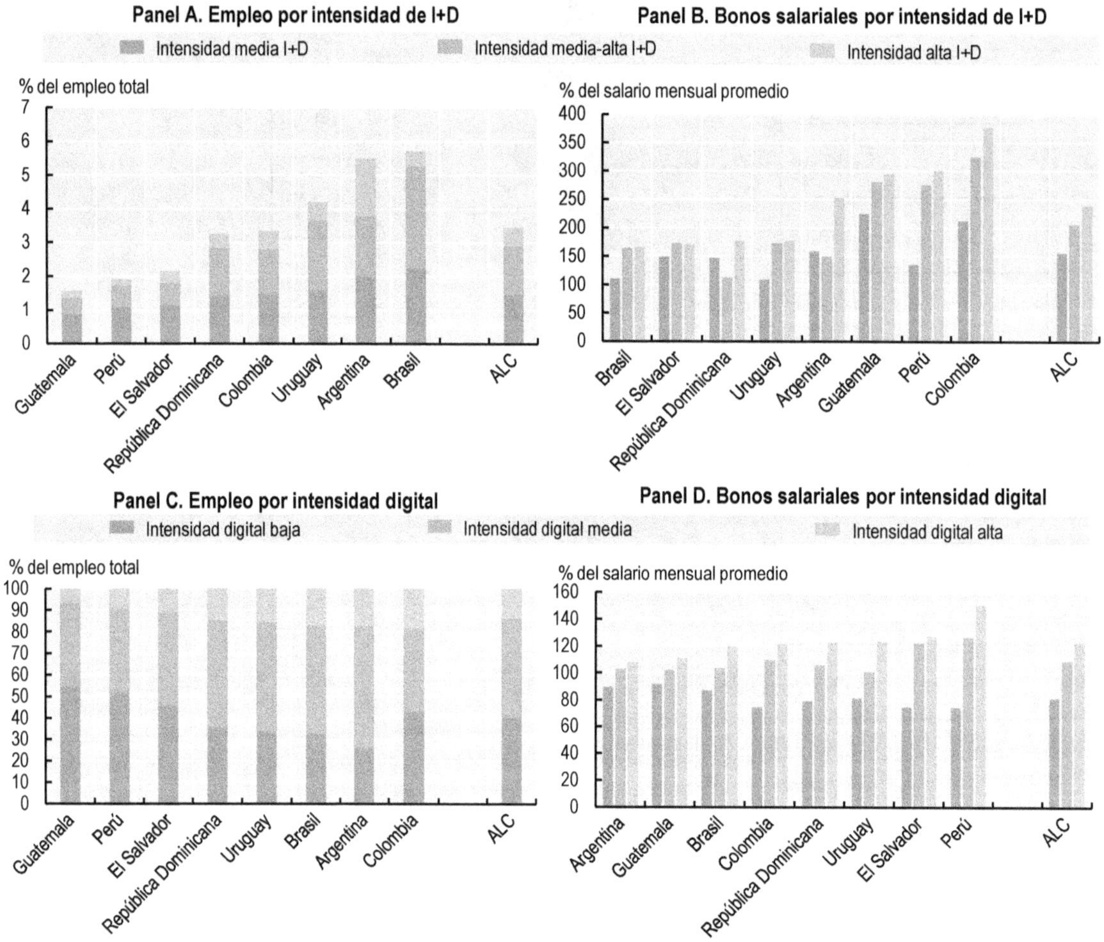

Nota: Los datos de Argentina, Brasil, Colombia, El Salvador y Perú se refieren a 2023; Chile y Guatemala, 2022; República Dominicana y Uruguay, 2018. La intensidad tecnológica se define utilizando la Taxonomía de la OCDE de Actividades Económicas basadas en I+D (investigación y desarrollo). Las industrias se clasifican de acuerdo con cinco quintiles del valor o la inversión en I+D relativa al valor añadido. En el Panel A se muestra información sobre la distribución del empleo en industrias con una intensidad de media a alta. La intensidad digital se define utilizando la Taxonomía de la OCDE de Sectores Intensivos en Digitalización. Las industrias se clasifican en cuatro cuartiles de los insumos digitales usados en su producción. En el Panel C se brinda información sobre la distribución del empleo en industrias con alta, mediana (que corresponde en la taxonomía a mediana-alta y mediana-baja) e intensidad digital baja.

Fuente: (OECD, 2024[7]), Base de datos *Key Indicators of Informality based on Individuals and their Household (KIIbIH)* a partir de (Galindo-Rueda and Verger, 2016[8]) y (Calvino et al., 2018[9]).

StatLink https://stat.link/p60roq

El modelo de producción de ALC actual debe evolucionar para convertirse en uno más inclusivo y sostenible en términos medioambientales. Aunque la contribución de la región a las emisiones de gases de efecto invernadero sigue siendo proporcional a su participación en la población total, en las últimas décadas las estrategias de producción en la región han contribuido significativamente a la degradación ambiental. Entre 1990 y 2022, con este modelo, las emisiones de gases de efecto invernadero en ALC aumentaron 10% en todos los sectores. Las tendencias comparativas resaltan la urgencia del cambio. De 1990 a 2022, Asia Oriental y el Pacífico registraron el mayor aumento de emisiones (+165%), en tanto que Europa y Asia Central las redujeron 28%. La trayectoria de ALC se asemeja a la de África subsahariana, donde las emisiones de la agricultura y las actividades relacionadas con la energía crecieron 81% y 80%, respectivamente. Por su parte, Europa y Asia Central redujeron las emisiones de la agricultura 33% y las emisiones relacionadas con la energía 26%, lo que muestra caminos viables para las transiciones bajas en carbono (Gráfico 4).

Gráfico 4. Emisiones de GEI por región y sector, 1990-2022

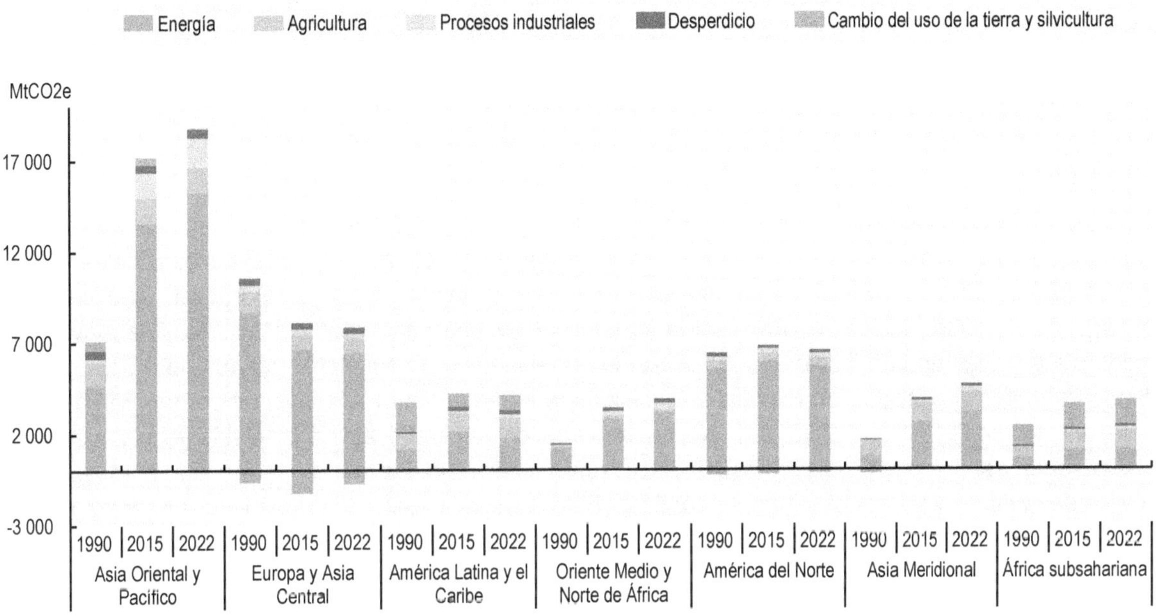

Nota: ALC incluye datos disponibles de 33 países. El sector energético incluye emisiones de la producción de electricidad y de calor, transporte, inmuebles, manufactura y construcción, otras emisiones de la quema de combustibles y emisiones fugitivas. $MtCO_2e$ significa millones de toneladas de equivalente de dióxido de carbono.
Fuente: Elaboración de los autores con base en (Climate Watch, 2025[64]).

StatLink https://stat.link/y3jdmf

En el futuro, la transformación productiva debe intencionalmente integrar la igualdad social y la sostenibilidad medioambiental, de la mano con el crecimiento económico. Sin estas consideraciones, la carga de la transformación podría socavar la prestación a la economía de servicios ecosistémicos decisivos, recayendo de manera desequilibrada sobre comunidades específicas, profundizando las desigualdades existentes y posiblemente debilitando el apoyo público a las reformas tan necesarias.

Las políticas de desarrollo productivo deben centrarse en su implementación efectiva

Políticas de desarrollo productivo eficaces pueden aumentar la productividad y la diversificación y, al mismo tiempo, promover una economía más sostenible, inclusiva y resiliente. Para que las políticas estimulen actividades de mayor valor añadido y productos exportables, mayor diversificación, aumento de la sofisticación tecnológica, generación de empleos más inclusiva y métodos de producción medioambientalmente responsables, es necesario que al formular políticas públicas se preste atención particular a la etapa de implementación. Las nuevas políticas de desarrollo productivo deben también trabajar de cerca con el sector privado para abordar los cuellos de botella en productividad, infraestructura, competencias, regulaciones y el entorno empresarial.

Un enfoque integral a las políticas de desarrollo productivo deberá incorporar varios elementos innovadores para lograr la transformación productiva con eficacia. Resulta esencial contar con mecanismos robustos de gobernanza, para así asegurar la participación sostenida de las partes interesadas más allá de los ciclos políticos. Los marcos institucionales de capacidades – basados en capacidades técnicas, operativas, políticas y prospectivas – son esenciales para convertir los planes en resultados tangibles. Las estrategias basadas en el lugar pueden aprovechar los activos territoriales y las ventajas competitivas y, a la vez, mantener la congruencia nacional. Por último, la priorización de sectores estratégicos es clave para movilizar recursos en la escala necesaria para impulsar el cambio transformativo.

Las políticas de desarrollo productivo inclusivas y sostenibles requieren una combinación de políticas horizontales – como incentivos bien diseñados de investigación y desarrollo (I+D), créditos fiscales y apoyo empresarial – y políticas verticales que abarcan más allá de las ventajas comparativas estáticas, para priorizar a los sectores capaces de impulsar la transformación estructural hacia actividades de mayor valor añadido e intensivas en conocimientos. En 2022, los países de ALC asignaron menos de 0.5% del PIB a políticas de desarrollo productivo explícitas (excluidas la infraestructura y la educación general), muy por debajo del promedio de la OCDE de 3%. La mayoría de las políticas horizontales focalizadas en el financiamiento, así como el propio financiamiento, permanecen volátiles hoy día, a menudo cambiando con los ciclos de políticas y las condiciones económicas. Esto socava la visión de largo plazo requerida para que la transformación productiva sea fructífera. Las experiencias de Brasil, Chile y México muestran que la transformación exitosa depende de políticas horizontales y verticales y exige una enérgica coordinación institucional, una gobernanza con múltiples partes interesadas y la priorización eficaz de los sectores estratégicos.

La coordinación institucional sigue siendo un reto en ALC, donde 197 organismos ministeriales de 33 países participan en políticas de desarrollo productivo que abordan la agricultura, el turismo, el comercio, la innovación, las tecnologías de la información y la comunicación (TIC), el empleo y las micro, pequeñas y medianas empresas (mipymes). En alrededor de dos tercios de los países ALC, cinco o seis ministerios participan en políticas de desarrollo productivo, lo cual podría implicar la desalineación de prioridades, la fragmentación de gastos, una débil gobernanza y funciones institucionales poco claras (Gráfico 5). Establecer un organismo rector para el desarrollo productivo – con un fuerte mandato político, autoridad clara de coordinación y capacidad operativa – podría ayudar a atender los riesgos de coordinación y la gobernanza de múltiples partes interesadas.

Gráfico 5. Tipos de entidades gubernamentales que supervisan las políticas de desarrollo productivo en ALC (%)

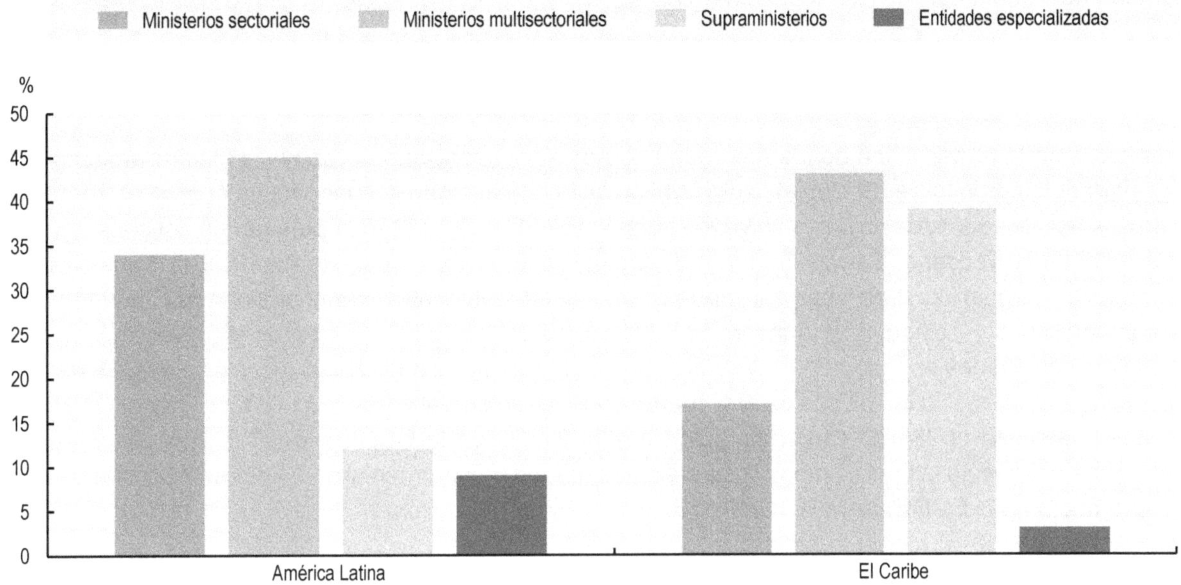

Nota: El gráfico ilustra la fragmentación de las agencias gubernamentales responsables de supervisar las políticas de desarrollo productivo (PDP) en América Latina y el Caribe (ALC). Las instituciones que intervienen en las PDP se dividen en cuatro categorías, según su nivel de especialización: i) Ministerios sectoriales: Ministerios dedicados exclusivamente a un sector o función específica relacionada con el desarrollo productivo (por ejemplo, turismo o empleo). ii) Ministerios multisectoriales: Ministerios que abarcan varias áreas vinculadas al desarrollo productivo (por ejemplo, un ministerio responsable de turismo y agricultura). iii) Supraministerios: Ministerios que, además de gestionar al menos un área de desarrollo productivo, también desempeñan funciones más amplias que trascienden este ámbito, como asuntos sociales, macroeconómicos u otros temas transversales. iv) Organismos especializados: Instituciones técnicas (como agencias, servicios o institutos) centradas en aspectos específicos de las PDP.
Fuente: (ECLAC, 2024[10]).

StatLink https://stat.link/jxro37

Si bien las capacidades de priorización eficaz de los sectores varían de un país a otro, la energía renovable, la agricultura sostenible y la industria digital, así como la economía del cuidado, han sido identificados en el reporte *Perspectivas económicas de América Latina* constantemente a lo largo de los años como sectores clave. La transformación digital, el desarrollo de competencias y las iniciativas de articulación productiva, como los clústeres, son palancas decisivas para propiciar la transformación productiva de los sectores estratégicos.

En la diversidad de estrategias de desarrollo productivo de la región, se destacan cuatro modelos. El de Brasil y Colombia es un modelo encabezado por el Estado, enfocado en los sectores, en el que los gobiernos promueven activamente las industrias estratégicas. Costa Rica, República Dominicana y México adoptan un modelo orientado al comercio y la IED que prioriza la integración en mercados mundiales. Chile y Uruguay utilizan un modelo impulsado por el mercado con una intervención selectiva, la focalización en sectores específicos como los de hidrógeno verde y litio (Chile) o agrotécnicos, servicios TIC y agricultura sostenible (Uruguay). Desde 2023, Argentina adoptó un modelo de liberalización, reduciendo en gran medida la participación del Estado, eliminando subsidios, bajando las barreras comerciales y privatizando empresas estatales para priorizar la estabilidad macroeconómica.

En ALC, la sostenibilidad de la producción debe ser un criterio decisivo para la priorización estratégica. La abundancia en recursos naturales de la región ofrece una vía para liderar las cadenas mundiales de valor verde, siempre y cuando las políticas de desarrollo productivo promuevan la innovación, protejan el medioambiente y velen por el intercambio justo de beneficios. Como lo ejemplifica la cooperación entre Argentina y Brasil en cadenas de valor de la industria automotriz, la cual ha creado elementos complementarios y economías de escala, la coordinación regional es fundamental para evitar la competencia suma-cero y desarrollar sinergias.

Financiar la transformación requiere recursos públicos y privados

La mejora en la movilización de los recursos internos será esencial para apoyar el financiamiento de la transformación productiva. Si bien el gasto público de la región sigue sesgado hacia el gasto corriente, los ingresos fiscales son todavía bajos en varios países de ALC y en exceso dependientes del consumo y del impuesto de sociedades. Esto limita tanto el capital como la capacidad de financiar la transformación productiva a largo plazo. Las tasas del impuesto de sociedades relativamente altas en ALC pueden dañar la competitividad y obstaculizar la inversión en sectores clave. Si bien las tasas efectivas del impuesto sobre las sociedades en 2023 (21.1%) se acercaron al promedio de la OCDE (23.7%), en 2021 las tasas impositivas efectivas en los países de ALC fueron considerablemente más altas: la tasa impositiva efectiva promedio alcanzó el 23.9%, en comparación con el 21.9% de la OCDE y el 17.1% en otras regiones emergentes, en tanto las tasas impositivas efectivas marginales promediaron 13.8% en ALC, casi el doble del promedio de la OCDE de 7.6% (Gráfico 6).

Gráfico 6. Tasas impositivas efectivas promedio, tasas impositivas estatutarias y tasas impositivas efectivas marginales en ALC, 2021

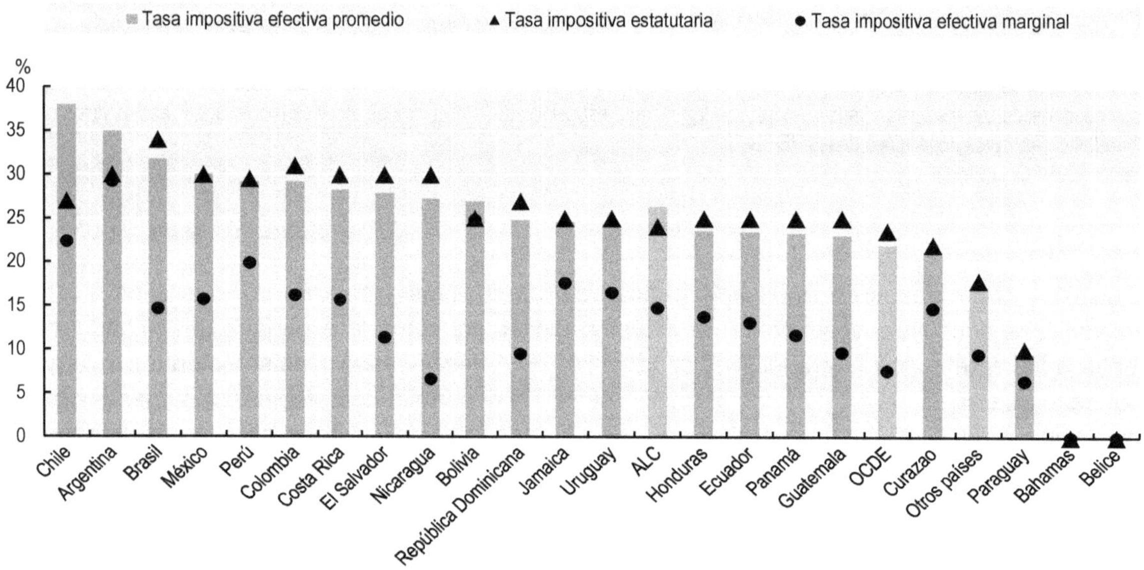

Nota: El promedio de ALC incluye únicamente a los países que aplican una tasa legal positiva del impuesto de sociedades. Por lo tanto, Las Bahamas y Belice no están incluidos. El grupo de "Otros países" incluye datos de Europa emergente, Medio Oriente y Asia Central, Asia emergente y África Subsahariana.
Fuente: (Hanappi et al., 2023[11]).

StatLink https://stat.link/mys1z4

Es necesario mejorar el diseño de los incentivos del impuesto de sociedades para ayudar a movilizar la inversión nacional y extranjera. Dichos incentivos se han utilizado ampliamente en ALC para atraer la inversión, respaldar la generación de empleos y promover la innovación. Sin embargo, traen consigo altos costos fiscales, económicos y de capital, incluidos los ingresos condonados, distorsiones, ganancias extraordinarias y beneficios desproporcionados para las empresas más grandes. Los incentivos del impuesto de sociedades absorben recursos significativos, con un promedio del 0.9% del PIB en 18 países de ALC (CIAT, 2025[12]). Los incentivos basados en los ingresos, como las exenciones fiscales, siguen siendo la forma más común de incentivo del impuesto de sociedades en la región y están presentes en los diez países de ALC incluidos en un análisis reciente (Gascon et al., forthcoming[13]). Las condiciones sectoriales constituyen el principal criterio de elegibilidad, y alrededor del 80% de los incentivos incluyen un requisito sectorial. La orientación sectorial varía considerablemente entre países, siendo las energías renovables, el turismo y las tecnologías de la información y la comunicación (TIC) los sectores más promovidos en la región (Gráfico 7). La superposición en la orientación sectorial sugiere que los países podrían beneficiarse de una mayor racionalización de sus políticas de incentivos. Mejorar el diseño de los incentivos del impuesto sobre las sociedades requiere objetivos de políticas claros y evaluaciones ex ante de sus beneficios, costos y riesgos. Una coordinación interinstitucional sólida y un papel central del ministerio de finanzas pueden contribuir a garantizar la transparencia y la alineación con los objetivos de desarrollo. Favorecer los instrumentos basados en el gasto – como los créditos o deducciones fiscales a la inversión – puede ayudar a reducir las ineficiencias, evitar distorsiones y alinear mejor los incentivos con los objetivos de desarrollo (OECD, forthcoming[14]).

Gráfico 7. Sectores a los que se dirigen los incentivos del impuesto sobre sociedades en ALC, 2024

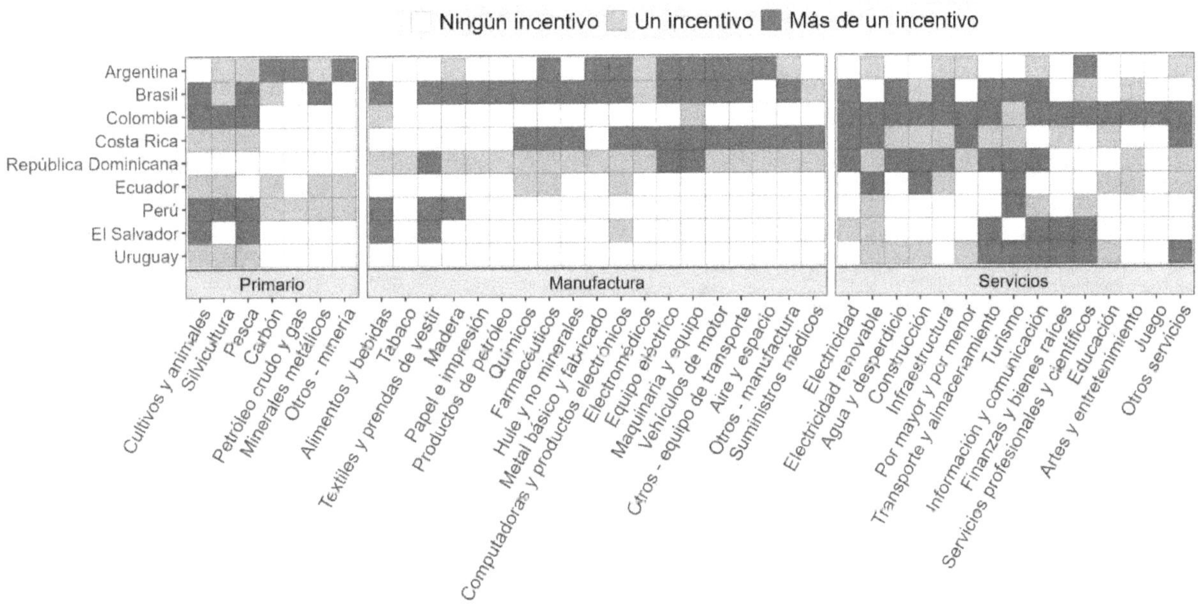

Nota: El gráfico incluye únicamente incentivos con condición sectorial. Se utiliza la clasificación ISIC de las Naciones Unidas.
Fuente: (Gascon et al., forthcoming[13]).

StatLink https://stat.link/su8i6r

La escasa confianza pública en las instituciones constituye un gran reto para el financiamiento de la transformación productiva, ya que debilita el pacto fiscal y reduce el cumplimiento de las obligaciones. La moral tributaria – es decir, la disposición intrínseca de las personas a pagar impuestos – es determinada por la percepción de justicia, calidad de los servicios y gasto público, así como por factores sociodemográficos como edad, género y nivel educativo. Si bien la mayoría de los habitantes de ALC condena la evasión fiscal, la proporción ha bajado desde 2011 y solo el 25% cree que recibe un valor justo a cambio de los impuestos que paga. Y aunque el 60% reconoce el papel que desempeñan los impuestos en el desarrollo sostenible, solo el 33% cree que los ingresos fiscales se gastan apropiadamente (IFAC/ACCA, 2024[15]). Esta brecha entre el apoyo teórico y la insatisfacción con la prestación de servicios refleja un pacto fiscal fracturado. Reforzar la moral tributaria requiere mejorar los servicios públicos, aumentar la transparencia, invertir en educación del contribuyente e implicar a los ciudadanos en el diseño de la política fiscal. Las políticas de desarrollo productivo verdes ofrecen una manera de reconstruir la confianza al vincular visiblemente las contribuciones fiscales con los objetivos de sostenibilidad, un enfoque respaldado por casi el 80% de los habitantes de ALC.

Las instituciones financieras de desarrollo nacionales deben aumentar la inversión en sectores estratégicos

Las instituciones financieras de desarrollo nacionales (IFD) en América Latina y el Caribe muestran una heterogeneidad significativa en su capacidad financiera. El tamaño de sus activos, patrimonio y carteras de préstamos varía ampliamente entre países e incluso dentro de ellos. Mientras que las IFD más grandes de la región alcanzan alrededor del 7.4% del PIB en México y el 6.9% en Brasil, las instituciones más pequeñas en Argentina y Brasil representan menos del 0.1%.

Esta heterogeneidad se extiende a los mandatos, instrumentos y capacidad operativa de las IFD nacionales. Algunas instituciones se centran en áreas específicas, como mipymes, agricultura, vivienda o infraestructura, en tanto que otras operan bajo mandatos más amplios (Gráfico 8). Se utiliza una amplia gama de instrumentos, adaptados a las necesidades y capacidades nacionales, entre ellos, préstamos, garantías, capital de riesgo y bonos verdes. Sin embargo, muchas IFD nacionales afrontan retos institucionales, como la débil gestión de riesgos, la limitada sostenibilidad financiera, la deficiente gobernanza y las restricciones en contratación de personal. Dichas limitaciones aminoran la eficacia de las IFD nacionales para promover una transformación productiva coordinada y a gran escala en toda la región.

Gráfico 8. Instituciones financieras de desarrollo por mandato en algunos países de ALC, 2024

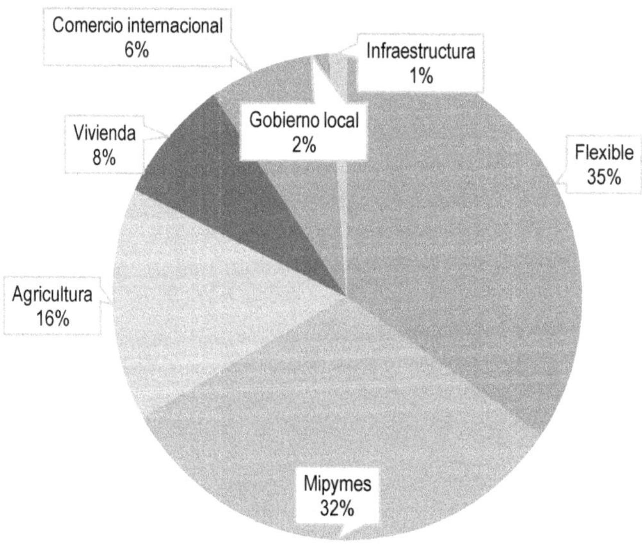

Nota: El conjunto de datos cubre 73 instituciones financieras de desarrollo en 22 países de ALC (Antigua y Barbuda, Argentina, Bahamas, Belice, Bolivia, Brasil, Chile, Colombia, Costa Rica, Curazao, República Dominicana, Ecuador, El Salvador, Granada, Guatemala, Honduras, Jamaica, México, Nicaragua, Panamá, Paraguay y Perú).
Fuente: Elaboración de los autores basándose en (Jiajun et al., 2025[16]).

StatLink https://stat.link/fzkcev

Las IFD nacionales ya desempeñan una función central en la promoción de la transformación productiva en ALC, pero aún hay mucho por hacer para ampliar su impacto. Las IFD nacionales pueden impulsar la transformación productiva al armonizar su financiamiento de manera más estrecha con las prioridades estratégicas nacionales y territoriales. Esto incluye respaldar a empresas en sectores clave y en proyectos para el bien público, así como proporcionar instrumentos que impulsen la competitividad de los países en los mercados mundiales. Para maximizar su impacto, es necesario que las IFD tengan mandatos claros, una fuerte armonización con las políticas de desarrollo, una participación activa en la gobernanza, capacidades institucionales reforzadas y un entendimiento compartido de los objetivos de desarrollo productivo entre las partes interesadas (Fernández-Arias, Hausmann and Panizza, 2019[17]).

Los Bancos Multilaterales de Desarrollo (BMD) y las IFD bilaterales pueden brindar un apoyo clave a las instituciones financieras de desarrollo nacionales en ALC, fortaleciendo su impacto en la transformación productiva, la inclusión financiera y la inversión sostenible. Pueden reducir los costos de endeudamiento de las IFD nacionales más pequeñas mediante préstamos y subvenciones concesionales, ofrecer instrumentos de mitigación de riesgos para atraer capital privado y apoyar la creación de mecanismos conjuntos para canalizar recursos y fortalecer la capacidad institucional a largo plazo. También impulsar la coordinación y el intercambio de conocimientos entre las IFD nacionales mediante la creación de plataformas, foros de aprendizaje de pares y taxonomías armonizadas, y, al mismo tiempo, brindar asistencia técnica, desarrollo de capacidades y orientación de políticas para armonizar la inversión con los objetivos climáticos, sociales y de desarrollo productivo. Una mayor colaboración entre los BMD, las IFD bilaterales y otras instituciones multilaterales puede aumentar al máximo el impacto conjunto, reducir la duplicación y movilizar el capital privado y concesional. Esto se ejemplifica con iniciativas como el Fondo Kuali – un fondo de inversión español pionero lanzado en 2024 con financiamiento del Fondo Verde para el Clima, la Unión Europea, el Fondo para la Promoción del Desarrollo (FONPRODE) de la Agencia Española de Cooperación Internacional para el Desarrollo (AECID), y de inversores privados como GAWA Capital y COFIDES (LACIF, 2025[18]). Otro ejemplo es la alianza de 200 millones de euros entre el Banco de Desarrollo de América Latina (CAF) y la Agencia Francesa de Desarrollo (AFD), que combina financiamiento no asignado, asistencia técnica e intercambios de expertos para avanzar en el objetivo de CAF de convertirse en el banco verde de la región y abordar los desafíos climáticos y de biodiversidad en ALC (OECD et al., 2024[19]). Ambas iniciativas contribuyen, en última instancia, a un ecosistema de financiamiento para el desarrollo más coordinado, resiliente y eficaz en la región.

Los mercados financieros inclusivos serán decisivos para financiar el desarrollo productivo

Los mercados de capital público y privado son esenciales para financiar el desarrollo productivo. Al asignar el capital de manera eficiente, permiten la mejora, la innovación y la modernización, lo cual impulsa la inversión, la productividad y el crecimiento. Sin embargo, los mercados financieros de ALC son aún reducidos y concentrados. En 2024, la capitalización del mercado fue del 37.4% del PIB, contra el 64.4% de los países de la OCDE, con listados limitados y el dominio de unas cuantas empresas grandes. Los mercados nacionales de bonos en ALC también están subdesarrollados. La emisión nacional de bonos es controlada por el sector público, que conformó el 81% de las emisiones totales entre 2015 y 2023, en tanto los bonos corporativos representaron solo el 19%, sobre todo en Brasil y México. El capital de riesgo es el segmento privado más dinámico, pero se concentra en unos cuantos países y en sectores como la tecnología y las apps móviles, con poca inversión en manufactura, tecnología agrícola, atención a la salud o tecnologías limpias. El fortalecimiento de los ecosistemas financieros y el avance en la integración regional son fundamentales para movilizar el capital a largo plazo, profundizar los mercados y canalizar la inversión hacia sectores estratégicos.

La integración financiera regional ofrece una oportunidad para profundizar los mercados de capitales y mejorar la diversificación de portafolios mediante el desarrollo de sectores clave. Puede ampliar la base de emisores, aumentar la liquidez y mitigar riesgos, atrayendo así inversionistas y canalizando recursos hacia áreas estratégicas (Bonita et al., 2020[20]; Bown, 2017[21]). Nuam exchange, cuyo objetivo es conectar las bolsas de valores de Chile, Colombia y Perú en un mercado único, ejemplifica este potencial. Actualmente, estas bolsas cuentan con una capitalización bursátil combinada de 516 mil millones de dólares y 415 emisores (Gráfico 9, Panel A). Si bien aún operan como mercados independientes, han adoptado el mismo sistema de negociación de Nasdaq, estableciendo una base para una integración más profunda. La composición sectorial varía entre países. En 2025, el sector financiero representó el 24-32% de la capitalización bursátil, apoyando un mayor acceso al financiamiento, mientras que los sectores industriales y de servicios públicos – que contribuyen a la producción de valor agregado y a la oferta de energía renovable – representaron alrededor del 16% en Chile y 17% para servicios públicos en Colombia, teniendo una participación menor en Perú (Gráfico 9, Panel B). Esta composición destaca complementariedades entre mercados y áreas donde la diversificación podría fortalecer la transformación productiva y los portafolios de inversión.

Gráfico 9. Capitalización bursátil, número de emisores y composición sectorial en los países que integran nuam exchange, 2025

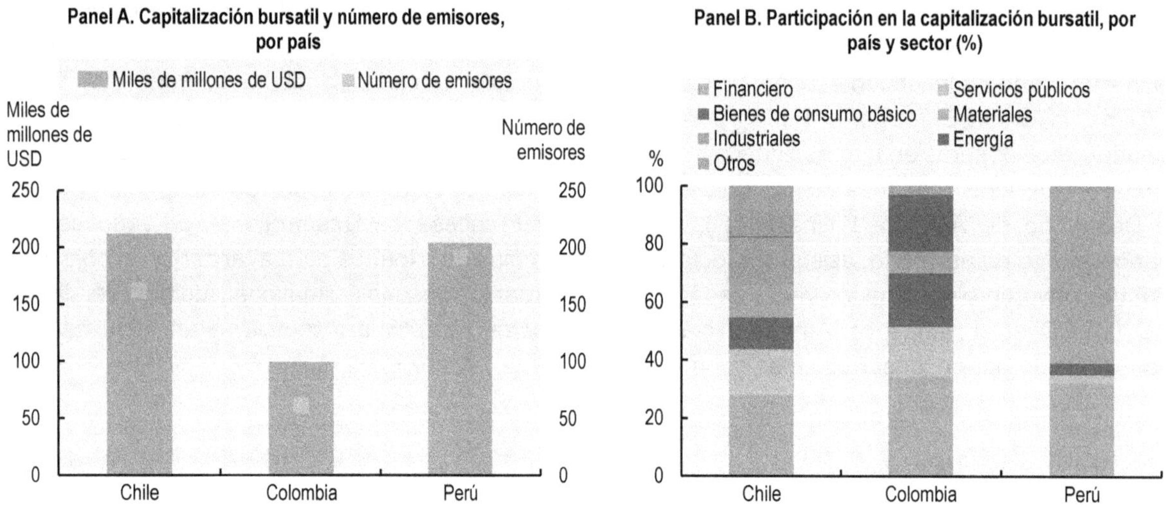

Nota: Los datos de 2025 se refieren a la información disponible hasta el 31 de agosto de 2025. Panel B: "Otros" incluye los sectores de bienes de consumo discrecional, servicios de comunicación, salud, tecnología de la información y bienes raíces. La clasificación sectorial sigue el Estándar Global de Clasificación de Industrias (GICS) de MSCI.
Fuente: Elaboración de los autores basándose en (Nuam, 2025[22]).

StatLink https://stat.link/0q1m3c

Los bonos verdes, sociales, sostenibles, vinculados a la sostenibilidad y azules (GSSSB) emergen como herramientas potentes para financiar el cambio de ALC hacia economías sostenibles y resilientes. Su porcentaje de emisiones de bonos internacionales creció de 9.3% en 2020 a 27.2% en 2024, con el impulso de la demanda de inversiones y los objetivos regionales de sostenibilidad (Gráfico 10, Panel A). Entre 2014 y 2024, el mercado internacional de bonos GSSSB de ALC alcanzó una emisión acumulada de 164 400 millones de USD. Más allá de los bonos soberanos, que representaron el 51.6% del total, los principales emisores fueron el sector financiero (11.5%), el energético (9.6%) y el de construcción y bienes raíces (5.6%). Excluidos los soberanos, el sector financiero ha registrado el crecimiento más estable, a medida que las instituciones armonizan cada vez más el capital con los objetivos de sostenibilidad, a fin de atraer a inversionistas especializados (Gráfico 10, Panel B). Sin embargo, en 2024, el sector energético avanzó con fuerza para convertirse en el principal emisor de bonos GSSSB de la región después de los soberanos, y los bonos corporativos desarrollaron una función decisiva en el financiamiento de la transición y descarbonización energéticas. Otros sectores – incluidos la silvicultura, los productos químicos y los alimentos y bebidas – también utilizan bonos GSSSB para financiar proyectos de economía circular, producción baja en carbono y resiliencia climática. La expansión de los mercados de bonos GSSSB para atraer capital global destinado a la transformación productiva y sostenible en ALC requerirá marcos de finanzas sostenibles más sólidos y armonizados. El fortalecimiento de los mecanismos regulatorios y de supervisión puede mejorar la transparencia, la credibilidad y la confianza de los inversionistas, facilitando el financiamiento a largo plazo para el desarrollo sostenible y la descarbonización.

Gráfico 10. Emisión de bonos GSSSB en los mercados internacionales, distribución por sector, 2014-24

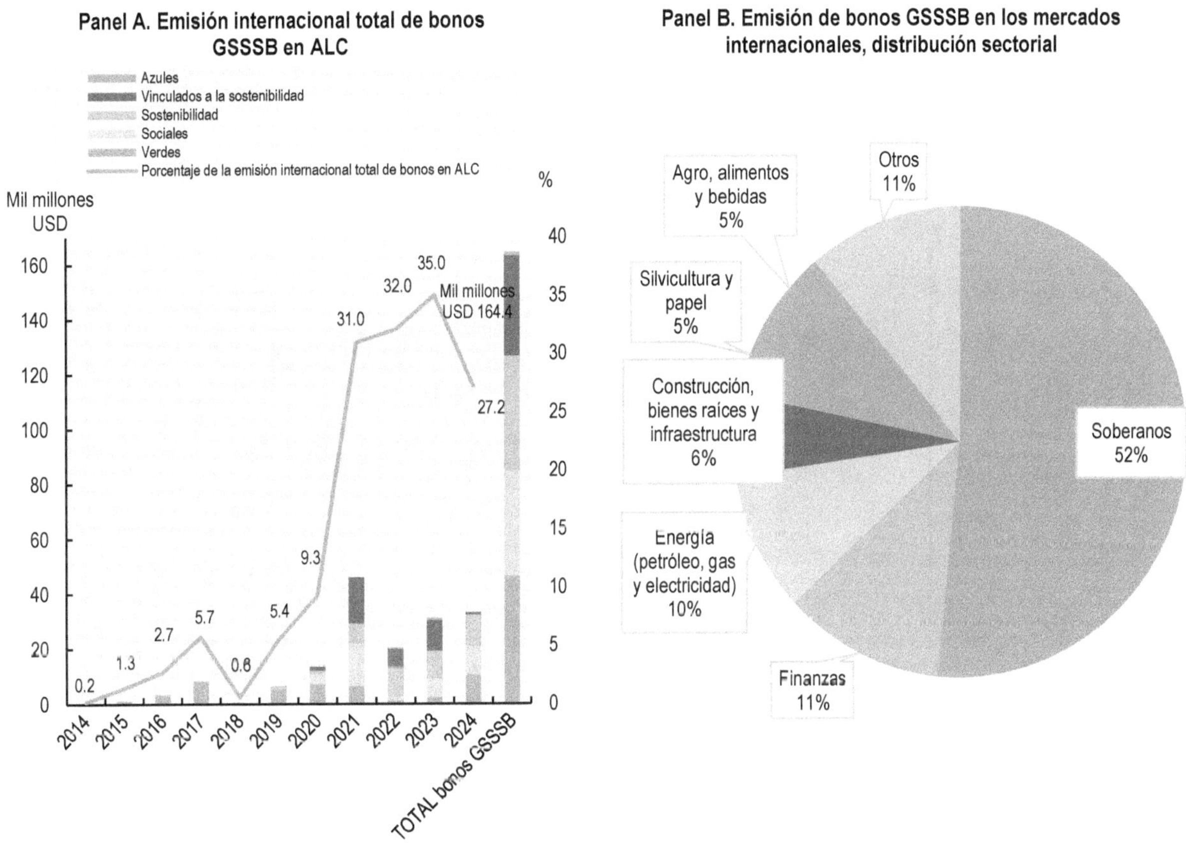

Nota: GSSSB se refiere a bonos verdes, sociales, de sostenibilidad, vinculados a la sostenibilidad y azules. Panel B: La categoría "Otros" incluye la industria química (4.2%), el transporte (3.1%), la tecnología de la información y las comunicaciones (2.4%), la construcción y bienes raíces (2.0%) y productos al por menor y para el consumidor (1.3%). El sector de bonos soberanos incluye tres emisiones de bonos verdes subsoberanos por parte de las provincias argentinas de La Rioja y Jujuy. El sector de infraestructura incluye cuatro bonos verdes, (para un total de 6 mil millones de USD), emitidos en 2016 y 2017 por el Fideicomiso Aeropuerto de la Ciudad de México para financiar la construcción de un nuevo aeropuerto, pero el proyecto se canceló en 2018.

Fuente: (ECLAC, 2025[23]; Velloso and Perroti, 2023[24]; OECD et al., 2024[25]).

StatLink https://stat.link/4j8our

Atraer la inversión extranjera directa será esencial para acelerar la transformación productiva

La Inversión Extranjera Directa (IED) desempeña un papel fundamental en la promoción de la transformación productiva. En 2024 ALC atrajo flujos de IED equivalentes al 2.8% del PIB, lo cual representa 12.6% de la IED mundial y destaca la pertinencia de la región como destino de capital internacional (ECLAC, 2025[26]). La IED fomenta el cambio estructural al facilitar la difusión tecnológica, impulsar la productividad sectorial y movilizar recursos para ampliar las bases industriales y desarrollar industrias estratégicas. También genera efectos indirectos positivos para las empresas nacionales mediante vínculos con la cadena de suministro, la competencia, la imitación y transferencias de conocimientos (OECD, 2019[27]; OECD et al., 2023[28]). En ALC, el aumento de 10% en el gasto de capital de los proyectos de IED "greenfield" anunciados se relaciona con un aumento de 0.05 puntos porcentuales en la participación de mercancías de media y alta tecnología en las exportaciones totales, un aumento de 0.04 puntos en el índice de diversificación de exportaciones y un aumento de 0.02 puntos porcentuales en el valor agregado de la industria manufacturera como porcentaje del PIB (Gráfico 11).

Gráfico 11. Impacto de la inversión extranjera directa sobre la sofisticación de las exportaciones, la diversificación y el valor manufacturero agregado

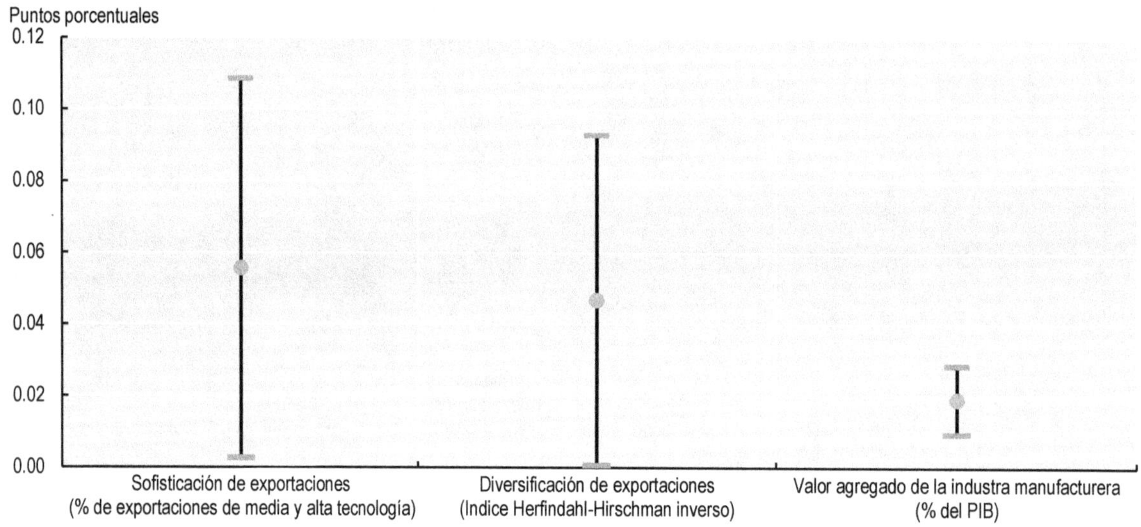

Nota: El gráfico muestra el impacto estimado en puntos porcentuales de un aumento de 10% en la inversión de capital de proyectos de inversión extranjera directa anunciados sobre la participación de exportaciones de alta y media tecnología en el índice de diversificación de exportaciones y en el porcentaje del valor manufacturero agregado relativo al producto interno bruto (PIB), junto con sus intervalos de confianza de 95%.
Fuente: Elaboración de los autores basándose en (Financial Times, 2024[29]), (WITS, 2025[6]) and (World Bank, 2023[30]).

StatLink https://stat.link/8hq94u

Reorientar los flujos internacionales para el desarrollo puede impulsar la transformación productiva

El panorama cambiante de la cooperación y las alianzas internacionales para el desarrollo, incluidos nuevos donantes e instrumentos financieros, ofrece tanto oportunidades como desafíos a los países de la región que se proponen fortalecer sus capacidades productivas. Dado que los recursos públicos mundiales se encuentran bajo presión, es fundamental centrarse en los flujos internacionales de financiamiento y focalizarlos en tres facilitadores clave de la transformación productiva: desarrollo de competencias, adopción de tecnología y mejoramiento de la infraestructura regional. Al mismo tiempo, ampliar la integración regional y forjar cadenas de valor transfronterizas sólidas elevará el valor agregado en toda la región e impulsará su competitividad.

Aunque la ayuda oficial al desarrollo (AOD) representa un porcentaje limitado del financiamiento total en ALC, ha cobrado relevancia a lo largo de los años como un catalizador de la transformación productiva en la región. Durante los últimos diez años, un tercio de estos fondos ha apoyado la energía renovable. La AOD para el sector energético subió de 3% en 2000 a 24% en 2023, en tanto que la proporción de AOD a sectores como el agrícola, disminuyó considerablemente (Gráfico 12).

Gráfico 12. Ayuda oficial al desarrollo recibida por el sector productivo en ALC, 2004-23

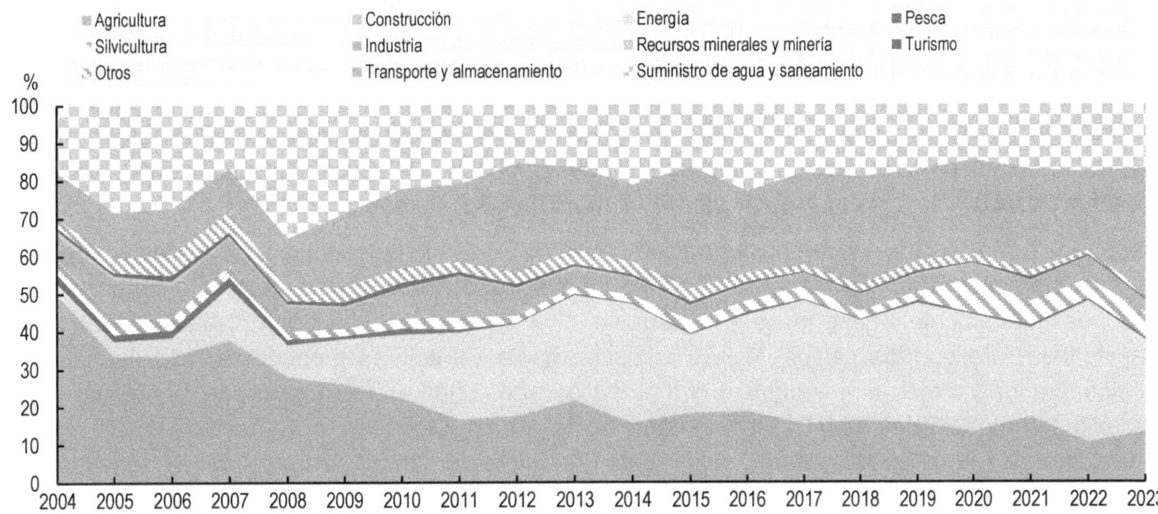

Nota: "Otros" incluye políticas y regulaciones comerciales. Este gráfico es representativo de los sectores seleccionados como parte de los sectores de producción para este informe. Los sectores corresponden a los de la base de datos OCDE CRS.
Fuente: (OECD CRS-Database, 2025[31]).

StatLink https://stat.link/3ts4vl

La AOD para la región sigue siendo limitada, solamente 1% del PIB. Sin embargo, la movilización de financiamiento privado para el desarrollo adquirió mayor relevancia en años recientes y emerge como una fuente esencial de financiamiento para la transformación productiva en ALC. En 2023, el 51% (9 800 millones de USD) del financiamiento privado total movilizado para el desarrollo se destinó a sectores productivos, incluidos agricultura, silvicultura, pesca, energía, construcción, industria, recursos minerales y minería, agua y saneamiento, transporte y almacenamiento y turismo.

La asistencia de los socios de la cooperación para el desarrollo refleja este cambio. En particular, los socios europeos se han convertido en un importante líder en la movilización de financiamiento privado. En 2017 se estableció el Fondo Europeo para el Desarrollo Sostenible (EFSD+) con el fin de facilitar inversiones para el desarrollo sostenible mediante mecanismos de combinación de recursos, garantías y otros instrumentos financieros. En julio de 2023, se lanzó la Agenda de Inversiones del Global Gateway UE-CELAC (GGIA) en el marco de la III Cumbre entre la Unión Europea y la Comunidad de Estados Latinoamericanos y Caribeños (CELAC). Su objetivo es movilizar al menos 45 000 millones de euros para 2027 en iniciativas centradas en atender las necesidades de infraestructura de la región, generar valor agregado local y promover el crecimiento, el empleo y la cohesión social (OECD et al., 2024[19]). A la luz de este desarrollo, la AOD de la Unión Europea busca ahora desempeñar principalmente un papel catalizador, con el fin de potenciar el impacto transformador en los sectores y acciones priorizados por la GGIA UE-CELAC, donde los fondos concesionales se combinan con capital privado para promover inversiones sostenibles en proyectos de energía, infraestructura de transporte, conectividad digital, salud y cohesión social.

La cooperación internacional puede impulsar la transformación productiva mediante facilitadores clave. El desarrollo de competencias, la adopción de tecnología y el desarrollo de infraestructura son facilitadores clave para impulsar la transformación productiva en ALC. Si bien la ayuda internacional para competencias y habilidades representa un porcentaje relativamente pequeño de la AOD general, se ha concentrado de manera estratégica. Entre 2014 y 2023, los donantes canalizaron cerca de 1 900 millones de USD a ALC como apoyo de las iniciativas de competencias y entrenamiento en diversos sectores como tecnologías de la información y la comunicación (TIC), energía, agricultura, agua y saneamiento y servicios medioambientales. La Unión Europea (incluyendo sus países miembros e instituciones de la UE) es el mayor donante en términos absolutos, seguido por Reino Unido, Canadá, Suiza y el Banco Mundial (OECD CRS-Database, 2025[31]). Esto refleja el compromiso sostenido de Europa al desarrollo de capital humano en la región, sobre todo mediante capacitación vocacional, formación en TIC y campos técnicos y formación docente. Sin embargo, la asignación de AOD a la educación y la capacitación técnica como porcentaje de la AOD a la región representa menos del 0.05% del total de flujos de AOD para la mayoría de los donantes. La única excepción es Australia: la ayuda directa a la educación y la capacitación técnica representa casi 50% de sus flujos de ayuda a ALC (OECD CRS-Database, 2025[31]).

El segundo facilitador clave de la transformación productiva es el de la tecnología e innovación. Focalizar la cooperación internacional en la transferencia e innovación de tecnología es fundamental para alentar soluciones mutuamente beneficiosas y desarrollar círculos virtuosos de aprendizaje y desarrollo de capacidades. Para que los países de ALC transiten hacia estructuras productivas más intensivas en conocimiento y competitivas, se requiere una fuerte concentración en la adopción de tecnología y en el desarrollo de redes sólidas de I+D. En este contexto, la Alianza Digital UE-ALC, iniciada en 2023 con un presupuesto de 172 millones de euros, representa una iniciativa central para acelerar la transformación digital centrada en las personas en toda la región (European Commission, 2025[32]).

El sustento de la infraestructura es un tercer facilitador crítico de la transformación productiva en ALC. Resulta esencial mejorar la coordinación internacional para optimizar la infraestructura regional, reducir los costos de transacción y facilitar la movilización de productos, servicios y conocimientos mediante un transporte confiable, energía y conexiones digitales. Cambiar de estrategias nacionales aisladas a un mercado de electricidad regional unificado permitiría a ALC aprovechar por completo sus ventajas comparativas, bajar los costos de transición y acelerar el cambio hacia un futuro energético bajo en carbono e interconectado. Iniciativas ya en marcha para desarrollar la integración eléctrica regional incluyen la FIEPAC (Interconexión Eléctrica de América Central), SINEA (Sistema de Interconexión Eléctrica Andina), SIESUR (Sistema Integrado de Energía de los Países del Cono Sur) y el Arco Norte (OLADE, 2024[33]).

La cooperación regional es clave para apoyar la próxima generación de políticas de desarrollo productivo

Una nueva generación de políticas de desarrollo productivo en ALC requiere un énfasis estratégico en la cooperación regional, así como varios pilares interconectados que apoyen la integración y la transformación. Esto implicará el desarrollo de alianzas que respalden la armonización regulatoria, las cadenas de suministro regionales integradas, el desarrollo de competencias y la colaboración de I+D, la adopción de tecnologías y la protección transfronteriza de la biodiversidad y la gestión de recursos medioambientales, así como promover acuerdos comerciales internacionales basados en la regulación (Gráfico 13).

Gráfico 13. Elementos básicos para la cooperación regional en políticas de desarrollo productivo

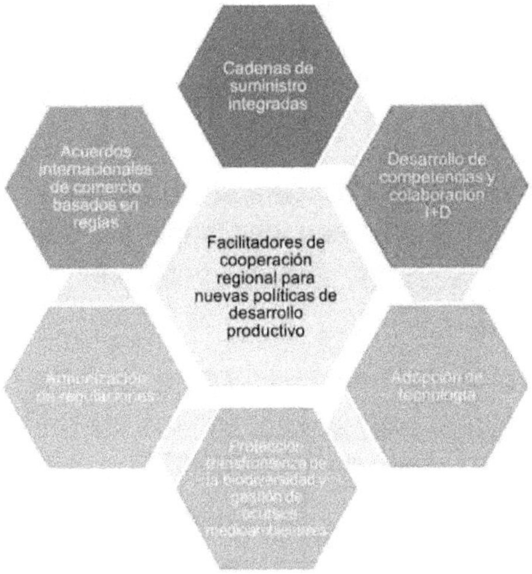

Fuente: Elaboración de los autores basándose en (ECLAC, 2024[10]), (Ohnsorge, Raiser and Leiyu Xie, 2024[34]) and (Lebdioui, 2022[35]).

Referencias

Bonita, D. et al. (2020), *Cross-Border Integration of Capital Markets-Lessons from Northern Europe and Emerging Asia for the LAC Region*, Columbia School of International and Public Affairs, https://www.sipa.columbia.edu/sites/default/files/migrated/downloads/SIPA-IDB%2520Capstone_Cross-Border%2520Integration%2520of%2520Capital%2520Markets%2520in%2520Latin%2520America%2520%2528Final%2529.pdf. [20]

Bown, C. (2017), *Better Neighbors: Toward a Renewal of Economic Integration in Latin America*, World Bank, Washington, DC, https://openknowledge.worldbank.org/entities/publication/a675c19d-1a46-5e58-9919-788f16c4d7f3. [21]

Calvino, F. et al. (2018), "A taxonomy of digital intensive sectors", *OECD Science, Technology and Industry Working Papers*, No. 2018/14, OECD Publishing, Paris, https://doi.org/10.1787/f404736a-en. [9]

CIAT (2025), *Panorama de los gastos tributarios en América Latina*, https://www.ciat.org/Biblioteca/DocumentosdeTrabajo/2025/DT_04_Pelaez.pdf. [12]

ECLAC (2025), *Capital flows to Latin America and the Caribbean: 2024 year-in-review and early 2025 developments*, United Nations Economic Commission for Latin America and the Caribbean, Washington, DC, https://www.cepal.org/en/publications/81550-capital-flows-latin-america-and-caribbean-2024-year-review-and-early. [23]

ECLAC (2025), *Foreign Direct Investment in Latin America and the Caribbean, 2025*, Economic Commission for Latin America and the Caribbean, https://www.cepal.org/en/publications/type/foreign-direct-investment-latin-america-and-caribbean. [26]

ECLAC (2024), *Panorama of Productive Development Policies in Latin America and the Caribbean: How Can the Region Advance the Great Productive Transformation It Needs?*, United Nations Economic Commission for Latin America and the Caribbean, Santiago, https://repositorio.cepal.org/server/api/core/bitstreams/e01e15e6-0899-4e75-bd0e-29feb244ebee/content. [10]

ECLAC (2024), *Social Panorama of Latin America and the Caribbean, 2024*, United Nations Economic Commission for Latin America and the Caribbean, Santiago, https://www.cepal.org/en/publications/80859-social-panorama-latin-america-and-caribbean-2024-challenges-non-contributory. [3]

European Commission (2025), *EU-Latin America and Caribbean Digital Alliance*, https://international-partnerships.ec.europa.eu/policies/global-gateway/eu-latin-america-and-caribbean-digital-alliance_en (accessed on 23 April 2025). [32]

Fernández-Arias, E., R. Hausmann and U. Panizza (2019), *Smart Development Banks*, Inter-American Development Bank, Washington, DC, https://publications.iadb.org/en/smart-development-banks. [17]

Financial Times (2024), *fDi Markets*, https://www.fdimarkets.com/. [29]

Galindo-Rueda, F. and F. Verger (2016), "OECD Taxonomy of Economic Activities Based on R&D Intensity", *OECD Science, Technology and Industry Working Papers*, No. 2016/04, OECD Publishing, Paris, https://doi.org/10.1787/5jlv73sqqp8r-en. [8]

Gascon et al. (forthcoming), *Investment Tax Incentives in Latin America and the Caribbean: An analysis using effective tax rates.* [13]

Hanappi, T. et al. (2023), *Corporate Effective Tax Rates in Latin America and the Caribbean*, https://doi.org/10.18235/0005168. [11]

Harvard Growth Lab (2023), *The Atlas of Economic Complexity*, https://atlas.hks.harvard.edu/. [5]

IFAC/ACCA (2024), *Public Trust in Tax 2024 – Latin America and Beyond*, OECD Publishing, Paris, https://doi.org/10.1787/52ce48d5-en. [15]

ILO (2025), *ILOSTAT Database*, https://ilostat.ilo.org/data/data-explorer/ (accessed on April 2025). [2]

IMF (2025), *World Economic Outlook Database*, https://www.imf.org/en/Publications/SPROLLs/world-economic-outlook-databases#sort=%40imfdate%20descending. [1]

Jiajun, X. et al. (2025), "What are public development banks and development financing institutions? Qualification criteria, stylized facts and development trends", *China Economic Quarterly International*, Vol. 1/4, pp. 271-294, https://doi.org/10.18170/DVN/VLG6SN. [16]

LACIF (2025), *COFIDES unveils the Kuali Fund, a pioneer in climate mitigation and adaptation*, https://www.eulaif.eu/en/news/cofides-unveils-kuali-fund-pioneer-climate-mitigation-and-adaptation. [18]

Lebdioui, A. (2022), *Latin America trade in the age of climate change: Impact, Opportunities and Policy Options*, LSE Latin America and the Caribbean Centre, Canning House, https://www.canninghouse.org/storage/uploads/resources/lse-research-forum/05-2022-report/CH-LSE_Latin_American_Trade_in_the_Age_of_Climate_Change_boqsw.pdf. [35]

Nuam (2025), *Market capitalization database*. [22]

OECD (2024), *Key Indicators of Informality based on Individuals and their Households (KIIbIH) database*. [7]

OECD (2019), *FDI Qualities Indicators: Measuring the sustainable development impacts of investment*, OECD Publishing, Paris, https://doi.org/10.1787/0894dfba-en. [27]

OECD (forthcoming), *Tax Incentive Policymaking: A Practical Guide*, OECD Publishing, Paris. [14]

OECD CRS-Database (2025), *CRS: Creditor Reporting System (flows)*, https://data-explorer.oecd.org/. [31]

OECD et al. (2024), *Latin American Economic Outlook 2024: Financing Sustainable Development*, OECD Publishing, Paris, https://doi.org/10.1787/c437947f-en. [25]

OECD et al. (2024), *Latin American Economic Outlook 2024: Financing Sustainable Development*, OECD Publishing, Paris, https://doi.org/10.1787/c437947f-en. [19]

OECD et al. (2023), *Latin American Economic Outlook 2023: Investing in Sustainable Development*, OECD Publishing, Paris, https://doi.org/10.1787/8c93ff6e-en. [28]

Ohnsorge, F., M. Raiser and Z. Leiyu Xie (2024), "The renaissance of industrial policy: Known knowns, known unknowns, and unknown unknowns", *World Bank Blogs*, https://blogs.worldbank.org/en/developmenttalk/the-renaissance-of-industrial-policy--known-knowns--known-unknow. [34]

OLADE (2024), "Situation of Electricity Integration in South America", *Technical Note*, No. 2, https://www.olade.org/wp-content/uploads/2024/11/Technical-Note-Electricity-Integration-in-South-America-v11-11-2024.pdf. [33]

UNCTAD (2023), *State of commodity dependence*, United Nations Conference on Trade and Development, https://unctad.org/system/files/official-document/ditccom2023d3_en.pdf. [4]

Velloso, H. and D. Perroti (2023), *Sustainable bond issuances in international markets, 2014-2022: Characteristics, trends and greenium in Latin America and the Caribbean*, Studies and Perspectives Series, No. 25, ECLAC Office in Washington, DC, https://www.cepal.org/en/publications/68789-sustainable-bond-issuances-international-markets-2014-2022-characteristics-trends. [24]

WITS (2025), *World Integrated Trade Solution Database*, World Bank, https://wits.worldbank.org/. [6]

World Bank (2023), *World Development Indicators*, https://databank.worldbank.org/source/world-development-indicators. [30]

1 Contexto socioeconómico, ambiental y sus desafíos

En este capítulo se describe por qué promover una agenda integral para la transformación productiva será fundamental para desbloquear un crecimiento mayor, más inclusivo y sostenible en América Latina y el Caribe (ALC). Se analiza el contexto macroeconómico, incluida una perspectiva mundial cada vez más frágil, antes de abordar los retos económicos estructurales que la región enfrenta. La complejidad de dichos cambios destaca la urgente necesidad de una respuesta integral: replantearse las estructuras de producción a través de una perspectiva de sostenibilidad y equidad será esencial para activar un desarrollo duradero. En este capítulo se estudia el contexto social en ALC, donde la informalidad es aún generalizada, así como el contexto medioambiental, incluidas las consecuencias para la salud de una producción insostenible. Se concluye que, para lograr un crecimiento sostenible, que mejore el bienestar de las personas y reduzca el impacto medioambiental, se requiere una amplia transformación sistémica en todas los órdenes de gobierno.

Introducción

Los países de América Latina y el Caribe (ALC) afrontan problemas arraigados de productividad que restringen su capacidad de alcanzar un desarrollo más sólido, inclusivo y sostenible. Si bien ha habido periodos de expansión económica, persisten en la región obstáculos estructurales, como sistemas de innovación frágiles y una limitada adopción de tecnología, que han causado que el crecimiento de la productividad se estanque y han obstaculizado la diversificación y la sofisticación económicas; en consecuencia, las economías de ALC quedaron en una situación vulnerable ante las crisis externas y extremadamente dependientes de un restringido conjunto de exportaciones primarias y socios comerciales.

Sin embargo, la región también posee un importante potencial aún no aprovechado. En un mundo marcado por una creciente incertidumbre geopolítica y cambios en las cadenas de suministro globales, ALC está bien posicionada para diversificar sus socios comerciales y su oferta de productos. Los abundantes recursos naturales de la región, sus ventajas demográficas y los ecosistemas de innovación emergentes ofrecen una base sólida para responder a las disrupciones comerciales y reorientar los modelos de producción hacia una resiliencia de largo plazo.

Para aprovechar estas oportunidades es necesario intensificar la transformación productiva y procurar que esta sea sostenible e inclusiva a la vez. Los países de ALC deben adoptar una estrategia de desarrollo que no solo impulse la productividad, pero que también coincida con los objetivos medioambientales y genere empleo digno (OECD, 2019[1]). Las tendencias económicas, sociales y medioambientales que se abordarán en este capítulo resaltan la urgencia de lograr este tipo de cambio.

En este informe la transformación productiva se entiende como los cambios que es necesario realizar en el sector industrial – así como en cualquier sector estratégico – para aumentar la producción y a la vez "combatir el cambio climático, acelerar el crecimiento económico, generar millones de empleos dignos y al mismo tiempo utilizar las tecnologías de punta" (UNIDO, 2024[2]).

El modelo actual de producción, marcado por la baja productividad, la dependencia de los recursos no renovables y la alta prevalencia de empleos informales es en parte resultado de haber atendido de manera aislada los retos económicos, sociales y medioambientales. Si bien la gobernanza es fundamental para determinar la estructura de producción de un país (Capítulo 2), el foco de interés en este capítulo será cómo avanzar a un modelo más productivo, más inclusivo y más verde al reconsiderar estas prioridades – económica, social y medioambiental – en conjunto. Es preciso adoptar un método sistémico, que tome en cuenta las causas fundamentales de dichos retos, reconozca su interdependencia y promueva la congruencia de las políticas en el diseño y la puesta en marcha del nuevo modelo de producción.

En este contexto, promover sectores estratégicos bajos en emisiones de carbono y ricos en capital humano ofrece una oportunidad clave. Invertir en dichos sectores puede ayudar a construir sociedades más resilientes, fortalecer la igualdad de género y, a la vez, abordar otras desigualdades y contribuir a un mejor futuro. Conforme ALC trace un camino hacia adelante, reconsiderar sus estructuras de producción desde una perspectiva de sostenibilidad e igualdad será esencial para emprender un desarrollo duradero.

Contexto macroeconómico

Un contexto internacional cada vez más desafiante

En el primer semestre de 2025, el crecimiento mundial mostró mayor resiliencia de la anticipada, en particular en muchas economías con mercados emergentes. La producción industrial y el comercio se vieron apoyados temporalmente por la anticipación de compras antes de los aumentos arancelarios, mientras que la fuerte inversión vinculada a la inteligencia artificial impulsó los resultados en Estados Unidos. En la República Popular China (en adelante, "China"),el apoyo fiscal fue muy útil para compensar las dificultades en los asuntos comerciales y la persistente debilidad del sector inmobiliario. Pese al aumento de los aranceles, las condiciones financieras mundiales se suavizaron, reforzadas por los elevados precios de los activos, lo cual aumentó el otorgamiento de créditos y el recorte de los diferenciales de los bonos corporativos. No obstante, los avalúos de los activos parecen exagerados y la preocupación por los riesgos fiscales futuros va en aumento. Se estima que el crecimiento mundial del PIB se reduzca de 3.3% en 2024 a 3.2% en 2025 y 2.9% en 2026, a medida que el impulso temporal de las compras anticipadas se disipe y los aranceles más altos, aunados a la gran incertidumbre, pesen sobre la inversión y el comercio (OECD, 2025[3]).

Las perspectivas mundiales se restringen cada vez más por el incremento de las barreras comerciales, la moderada confianza y la persistente incertidumbre política. Desde el mes de mayo, Estados Unidos aumentó los aranceles a casi todos sus socios comerciales, con una tasa efectiva promedio que ascendió a casi 20% hacia fines de agosto, la más alta en casi un siglo. Aún no se registra el impacto total, ya que las empresas todavía absorben parte de los aumentos, pero siguen surgiendo presiones en entorno al gasto de los hogares, los mercados laborales y los precios al consumidor. Se aprecian ya señales del debilitamiento del mercado laboral, en especial en Estados Unidos, donde el desempleo crece y las oportunidades de empleo disminuyen en relación con el número de desempleados. La desinflación también ha perdido impulso: los costos de los alimentos reactivaron la inflación de los artículos, en tanto que la inflación de los servicios es aún persistente. Se espera que la inflación en las economías del G20 disminuya y que la inflación subyacente en las economías avanzadas del G20, se modere de manera gradual (OECD, 2025[3]).

Los riesgos a la baja aumentaron. La escalada de las tensiones y las barreras comerciales, los cambios abruptos en la confianza de los inversionistas y las continuas presiones inflacionarias podrían debilitar aún más el crecimiento y la estabilidad. La estabilidad general despierta preocupación debido a la elevada volatilidad del mercado financiero, aunada a la vulnerabilidad de las instituciones financieras no bancarias fuertemente apalancadas. Sin embargo, la disminución de las barreras comerciales, el avance en la solución de conflictos geopolíticos y las medidas adoptadas para simplificar los marcos regulatorios podrían reforzar la confianza y apoyar una recuperación más firme de la inversión y la producción en el mediano plazo (OECD, 2025[3]).

Los precios de los productos básicos se estabilizaron a lo largo de 2024 y principios de 2025, tras varios años de volatilidad. Después de los pronunciados aumentos durante el periodo de recuperación tras la pandemia del COVID-19 – en especial en el combustible y los metales –, los precios se moderaron gradualmente. En 2024, todos los grupos principales de productos básicos mostraron cierta estabilidad, con fluctuaciones mensuales moderadas. Desde agosto de 2025, los índices de precios de los productos básicos se mantuvieron por arriba de los niveles previos a la pandemia, como los metales, que registraron una tendencia al alza desde finales de 2024 que continúa en 2025 (Gráfico 1.1).

Gráfico 1.1. Precios de los productos básicos, 2020-2025

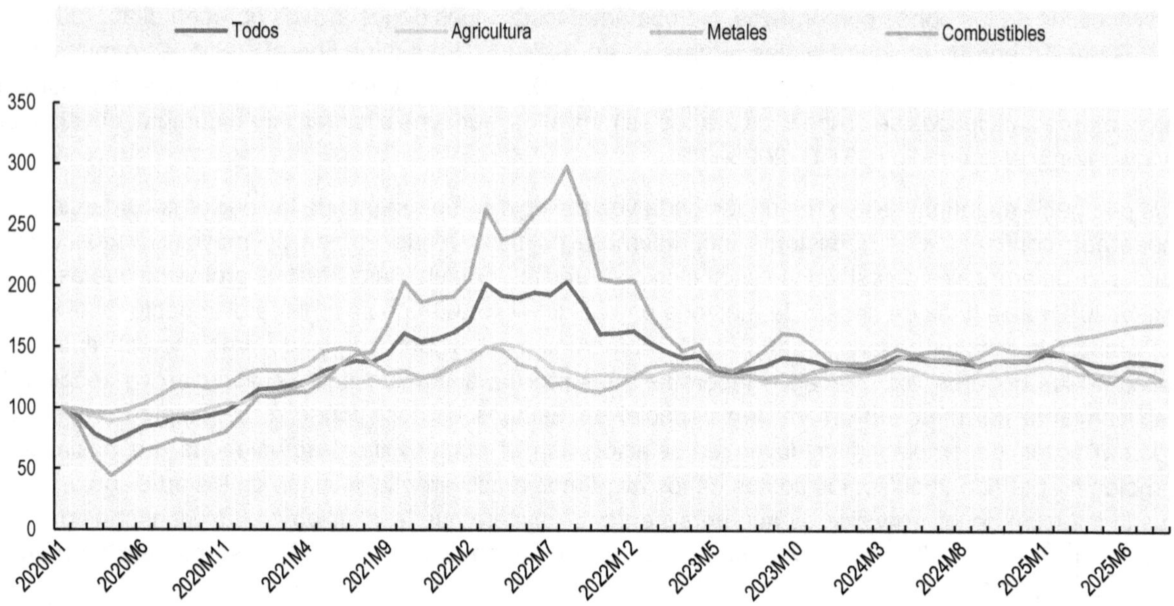

Nota: Enero de 2020 = 100. Datos de enero de 2020 a agosto de 2025.
Fuente: Elaboración de los autores con base en (IMF, 2025[4]), consultado el 24 de septiembre de 2025.

StatLink https://stat.link/kay17b

El crecimiento se estabiliza en ALC, pero los riesgos se mantienen

El crecimiento del PIB se está desacelerando en América Latina y el Caribe, en línea con la evolución de la economía mundial. Tras un periodo de gran volatilidad durante la pandemia y el repunte posterior, el crecimiento del PIB per cápita de ALC se ha estabilizado cerca de su PIB potencial (Gráfico 1.2). Esta mayor estabilización refleja tanto las tendencias económicas mundiales como las respuestas eficaces de política interna. La restricción monetaria proactiva, la consolidación fiscal y la mayor confianza por parte de los inversionistas sustentaron la estabilidad macroeconómica, con lo que ayudaron a afianzar las expectativas de inflación y a mantener el crecimiento de la producción de la región (Ayres, Izquierdo and Parrado, 2025[5]; OECD, 2025[6]). Los riesgos a futuro siguen siendo elevados. En algunos países, la inflación aún se encuentra por arriba del objetivo monetario, los retos fiscales persisten y la incertidumbre externa aún pesan en las perspectivas: la incertidumbre abarca desde las tensiones geopolíticas y tasas mundiales de interés volátiles, hasta las perturbaciones relacionadas con el clima, incluidos huracanes, inundaciones, sequías e incendios forestales (WMO, 2025[7]). El grado de exposición a estos riesgos es sumamente heterogéneo en todos los países de ALC, lo cual ilustra las diferencias en la estructura económica, los modelos de exportación, la vulnerabilidad y la capacitación fiscal e institucional.

Gráfico 1.2. Desviaciones estándar del crecimiento potencial per cápita en ALC, 2000-2025

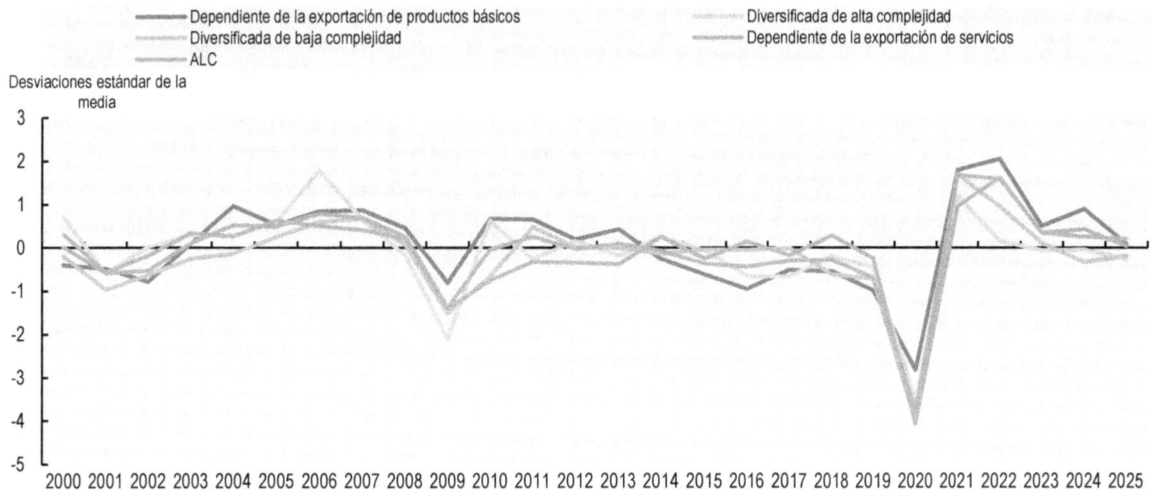

Nota: Producto interno bruto per cápita. Precios constantes; paridad de poder de compra, dólar internacional 2021. Promedios simples de diferentes grupos económicos. Economías dependientes de la exportación de productos básicos: más del 60% de sus exportaciones de mercancías son productos básicos (Argentina, Belice, Bolivia, Brasil, Chile, Colombia, Cuba, Ecuador, Guyana, Jamaica, Paraguay, Perú, Surinam, Uruguay y Venezuela). Economías dependientes de la exportación de servicios: tienen más del 45% del comercio de servicios (Antigua y Barbuda, Bahamas, Dominica, Granada, San Cristóbal y Nieves, Santa Lucía, San Vicente y las Granadinas). Economías ubicadas entre las 60 primeras en el Índice de Complejidad Económica (Costa Rica, República Dominicana, México, Trinidad y Tobago) se clasifican como diversificadas de alta complejidad económica; las economías restantes (Barbados, El Salvador, Guatemala, Haití, Honduras, Nicaragua y Panamá) se clasifican como diversificadas de baja complejidad.
Fuente: Elaboración de los autores con base en (IMF, 2025[8]).

StatLink https://stat.link/tr70zc

El crecimiento económico en ALC mostró una volatilidad persistente, con desviaciones recurrentes del crecimiento potencial per cápita entre los grupos de países desde 2000. Las economías dependientes de la exportación de productos básicos tienden a mostrar un rendimiento inferior en relación con el potencial, en tanto que las economías dependientes de la exportación de servicios padecen fluctuaciones más agudas, en particular durante crisis mundiales como las de 2009 y 2020. En cambio, las economías diversificadas de alta y baja complejidad en general han mantenido un crecimiento más cercano al potencial, aunque no son inmunes a los shocks. La tendencia agregada de ALC refleja estas dinámicas y pone de manifiesto las vulnerabilidades estructurales y la sensibilización de la región a condiciones externas.

En el contexto actual, el crecimiento económico de la región es insuficiente para alcanzar sus objetivos de desarrollo, incluida la erradicación de la pobreza. Además, el espacio para una política de desarrollo, tanto fiscal como monetaria, es cada vez más restringido por las presiones macroeconómicas, lo cual limita las posibilidades de ofrecer estímulos a corto plazo. Para elevar el crecimiento potencial general, es imprescindible atender las dificultades estructurales, como baja productividad, alta informalidad, limitada diversificación económica, y baja inversión pública y privada, con lo que aumentan la degradación ambiental y la debilitada capacidad de innovación. Promover una agenda integral para la transformación productiva, en el marco de una nueva visión de políticas de desarrollo productivo, será sumamente útil para desbloquear un mayor crecimiento inclusivo y sostenible.

El espacio fiscal para apoyar inversiones productivas y sociales es limitado

Los saldos fiscales primarios de la región se han mantenido estables, especialmente en 2023 y 2024 (ECLAC, 2025[9]). Sin embargo, la desaceleración del crecimiento, el aumento de los gastos y los costos de servicio de la deuda, derivados de las altas tasas de interés, siguen pesando en las cuentas fiscales (Ayres, Izquierdo and Parrado, 2025[5]). En términos generales, durante las dos últimas décadas, los países con acceso a los mercados financieros conservaron balances fiscales primarios más fuertes, registraron pequeños excedentes en 2023 y cifras cercanas al balance en 2024. Por el contrario, los países con acceso limitado al mercado obtuvieron resultados fiscales más volátiles e insuficientes, cambiando de un pequeño déficit en 2023 a un excedente en 2024, lo cual señala su sensibilidad a impactos y restricciones financieras mundiales (Gráfico 1.3). Con un reducido margen fiscal, es fundamental reforzar más las finanzas públicas mediante una mayor eficiencia del gasto, movilización de la recaudación y gestión de la deuda, para procurar la sostenibilidad fiscal y apoyar el crecimiento a largo plazo.

Gráfico 1.3. Balanza fiscal primaria como porcentaje del producto interno bruto de ALC, 2000-2024

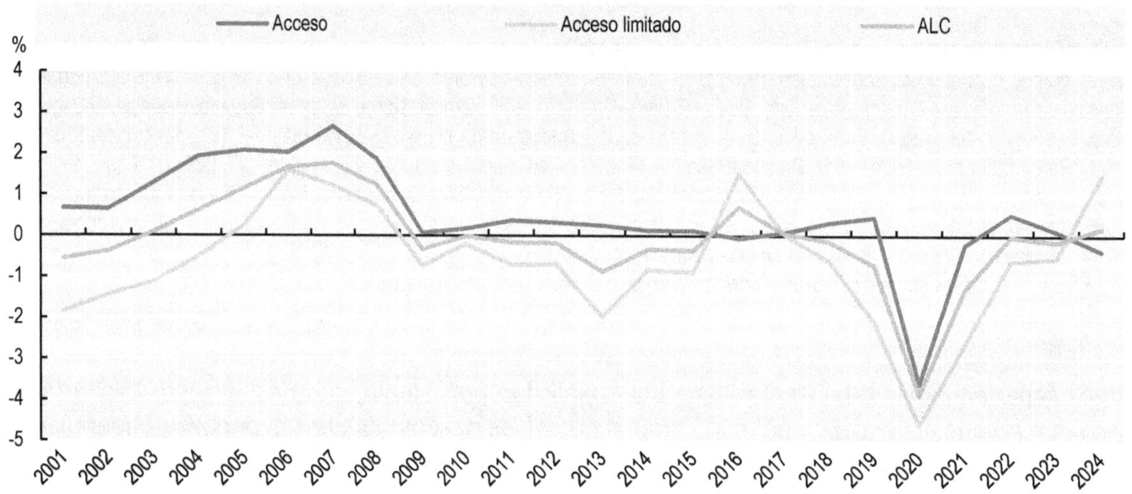

Nota: Se usan promedios simples. "Acceso" se refiere al grupo de las economías de ALC que financian más del 50% de su deuda pública externa en el mercado mediante bonos o préstamos bancarios. Este grupo incluye a Argentina, Brasil, Colombia, Costa Rica, República Dominicana, El Salvador, Guatemala, Jamaica, México y Perú. "Acceso limitado" se refiere a las economías de ALC que financian más del 50% de su deuda pública externa con acreedores multilaterales y bilaterales. Este grupo incluye a Belice, Bolivia, Dominica, Ecuador, Haití, Honduras, Nicaragua, Paraguay, Santa Lucía y San Vicente y las Granadinas. En este caso, "ALC" representa el promedio simple de las economías ubicadas en ambos grupos.
Fuente: Elaboración de los autores con base en (ECLAC, 2025[9]) y (ECLAC, 2025[10]).

StatLink https://stat.link/o74kjx

El escaso crecimiento de los ingresos tributarios sigue restringiendo el margen fiscal en toda ALC. En 2023, la ratio promedio impuestos-PIB de la región fue de 21.3%, muy por debajo del promedio de la OCDE, de 33.9%. Las ratios más altas correspondieron a Brasil (32%), Jamaica (29%) y Barbados (28.1%) y las más bajas a Guyana (11.6%), Panamá (11.9%) y Guatemala (14%) (Gráfico 1.4, Panel A). En comparación con 2022, el promedio regional bajó 0.2 puntos porcentuales en 2023, lo cual indica que el rendimiento de los ingresos fue moderado. La tendencia no fue homogénea: en 14 países, la ratio impuestos-PIB bajó, en 10 se registraron aumentos y en dos no hubo cambios (Gráfico 1.4, Panel B). La movilización persistentemente baja de los ingresos fiscales sigue limitando la capacidad de la región para financiar las prioridades de desarrollo y responder a las presiones fiscales emergentes.

Gráfico 1.4. Ratio impuestos-producto interno bruto y cambios en la ratio impuestos-producto interno bruto en ALC, 2023

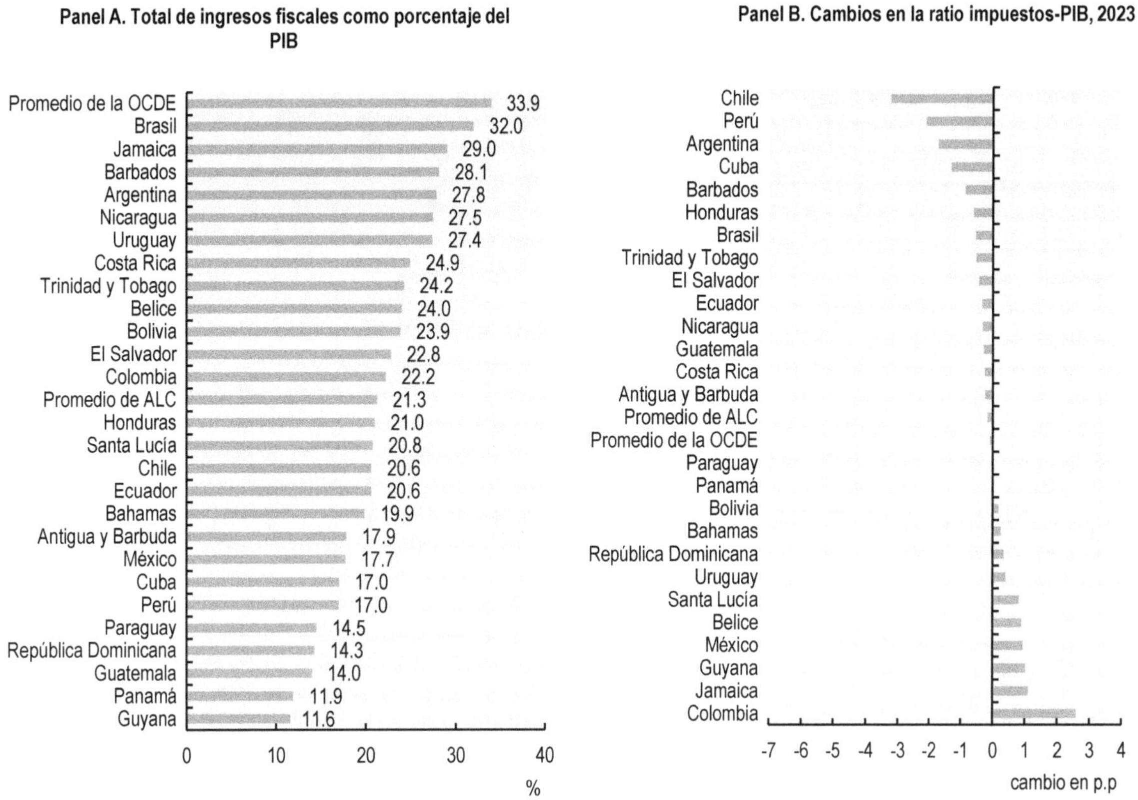

Nota: En el Panel B, p.p. se refiere a punto porcentual.
Fuente: Elaboración de los autores con base en (OECD et al., 2025[11]).

StatLink https://stat.link/0ntewq

Los niveles de deuda pública de ALC se mantuvieron elevados y en años recientes mostraron señales de estabilización. Después de subir al máximo durante la crisis del COVID-19, la deuda bruta gubernamental general bajó de manera paulatina en toda la región. En 2024, la ratio promedio deuda-PIB de ALC permaneció alta, por arriba de los niveles previos a la pandemia, gracias a la combinación de balanzas fiscales mejoradas y necesidades de financiamiento aún elevadas. Los países con acceso a los mercados financieros registraron ratios de deuda menores y más estables, en tanto que aquellos con acceso limitado continuaron enfrentando cargas de deuda más altas. Dados los costos al alza del servicio de la deuda y el restringido margen fiscal, mantener la sostenibilidad de la deuda requerirá una disciplina fiscal constante y reformas estructurales para impulsar el crecimiento y fortalecer las finanzas públicas (ECLAC, 2025[9]). Sin embargo, la estabilidad fiscal también está vinculada a las medidas adoptadas para promover el gasto y la inversión públicos que mejoren la resiliencia a crisis externas (Expert Review on Debt, 2025[12]).

El aumento de los costos del servicio de la deuda es ya un reto en toda ALC (ECLAC, 2025[9]). Las tasas de interés implícitas, que miden el costo promedio de la deuda, aumentaron constantemente en años recientes, en especial en 2021. La tendencia señala el endurecimiento de las condiciones fiscales y el aumento de las primas de riesgo de la región. En los países con acceso a los mercados financieros se observa un aumento más moderado, pero persiste una presión alcista. La vulnerabilidad climática es otro factor que explica el alto costo de capital, en particular en el Caribe (Buhr et al., 2018[13]). El reciente repunte de las tasas implícitas en todos los grupos resalta la deteriorada asequibilidad de la deuda y destaca la urgencia de fortalecer los marcos fiscales, aumentar la confianza de los inversores y potenciar las capacidades de gestión de la deuda (Gráfico 1.5).

Gráfico 1.5. Tasas de interés implícitas para la deuda pública bruta de ALC, 2001-2024

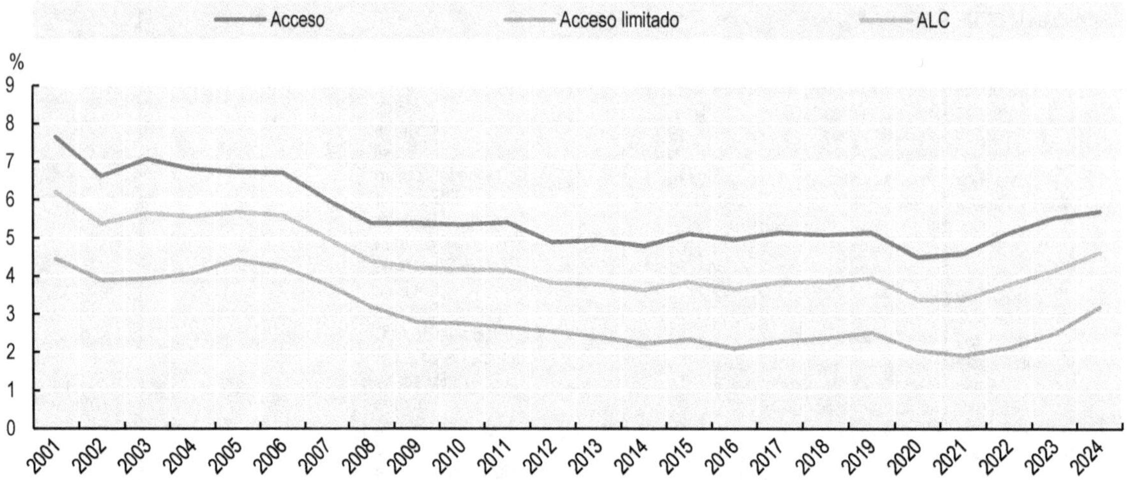

Nota: La tasa de interés implícita se calcula por la ratio entre el servicio de la deuda y la deuda bruta. Se usan promedios simples. "Acceso" se refiere al grupo de las economías de ALC que financian más del 50% de su deuda pública externa en el mercado mediante bonos o préstamos bancarios. Este grupo incluye a Argentina, Brasil, Colombia, Costa Rica, República Dominicana, El Salvador, Guatemala, Jamaica, el promedio simple de ALC, México y Perú. "Acceso limitado" se refiere a las economías de ALC que financian más del 50% de su deuda pública externa con acreedores bilaterales o multilaterales. Este grupo incluye a Belice, Bolivia, Dominica, Ecuador, Haití, Honduras, las economías LMI (de ingresos bajos y medios), Nicaragua, Paraguay, Santa Lucía y San Vicente y las Granadinas. En este informe, "ALC" representa el promedio simple de las economías en ambos grupos.
Fuente: Elaboración de los autores con base en (IMF, 2025[8]).

StatLink https://stat.link/khy13z

Una desaceleración mundial más profunda con presiones inflacionarias renovadas podría incrementar los déficits fiscales, aumentar las ratios de deuda y reducir el margen fiscal en las regiones ya restringidas, lo cual genera gran vulnerabilidad para gestionar posibles impactos negativos nuevos. Los altos niveles de deuda provocan la baja de las tasas de crecimiento mediante el bien documentado fenómeno conocido como sobrecarga de la deuda (*debt overhang*) (Powell and Valencia, 2023[14]).

La inflación en ALC es menor porque las tendencias de política monetaria bajan, pero el futuro es incierto

La dinámica inflacionaria en ALC ha mejorado mucho, reflejando marcos monetarios fuertes y reducción de las presiones mundiales de costos. A finales de 2024, la inflación en muchos países de la región había vuelto de manera generalizada a los niveles previos a la pandemia, aunque en algunos casos permanecieron ligeramente elevados. Los regímenes intermedios registraron resultados más altos y volátiles, en tanto que en los regímenes fijos se apreciaron los cambios más pronunciados en el periodo 2022-2023 antes de suavizarse en 2024-2025. A mediados de 2025, la inflación continuó su trayectoria descendente, con los regímenes de metas de inflación convergiendo hacia el 3% y 4% y mostrando una mayor estabilidad (Gráfico 1.6). Este resultado refleja la credibilidad construida por los bancos centrales durante las últimas dos décadas, junto con respuestas de política proactivas y basadas en datos frente a los recientes *shocks* globales.

Si bien los picos en los precios de los productos básicos en los sectores energético, alimentario y metalúrgico estimularon la inflación durante 2021-2022, su posterior estabilización y el anclaje gradual de las expectativas en todos los regímenes ayudaron a reducir las tasas de inflación. No obstante, persiste la heterogeneidad de regímenes, con los marcos de metas de inflación manteniéndose más alineados con los objetivos de los bancos centrales, en comparación con las trayectorias más volátiles observadas bajo regímenes intermedios y fijos.

Gráfico 1.6. Inflación mensual en las economías de ALC bajo diferentes regímenes de inflación, 2016-2024

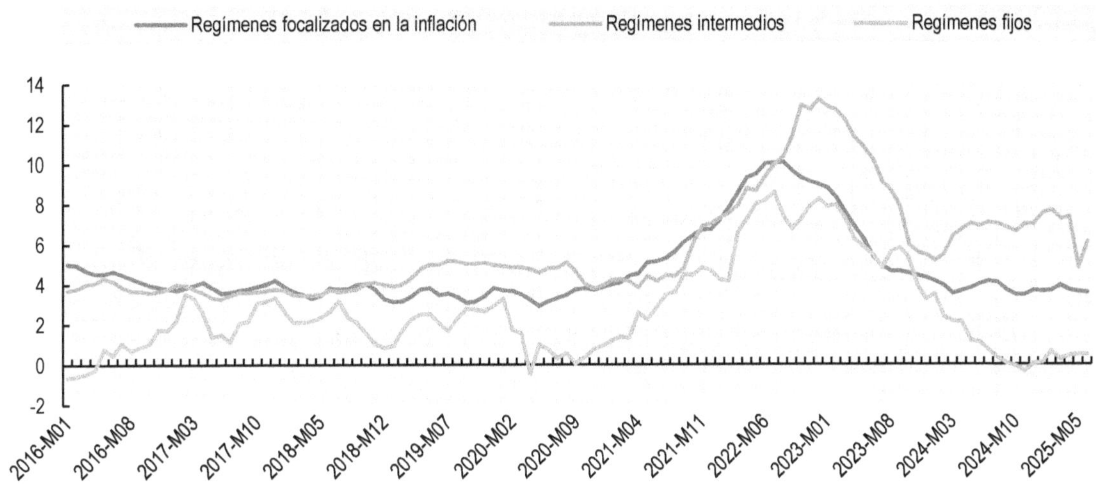

Nota: Datos de enero de 2016 (M01) a junio de 2025 (M06). Se usan promedios simples. La cifra solo incluye a las economías de ALC que tienen un banco central. El promedio simple para los países de ALC con un régimen dirigido a la inflación incluye a Brasil, Chile, Colombia, Costa Rica, República Dominicana, Guatemala, Jamaica, México, Paraguay, Perú y Uruguay. Para regímenes intermedios, el promedio simple incluye a Bolivia, Ecuador, Guyana, Haití, Honduras, Nicaragua y Trinidad y Tobago. El promedio simple para los regímenes fijos incluye a Bahamas, Barbados y Belice. Los datos para 2025 (M06) no están disponibles para Bahamas, Chile, Guyana, Haití, Jamaica, México, Perú, Trinidad y Tobago y Uruguay.

Fuente: Elaboración de los autores con base en (IMF, 2025[15]), consultado el 24 de septiembre de 2025.

StatLink https://stat.link/ials0k

Los flujos externos hacia la región permanecen volátiles

Los flujos de cartera hacia la región han permanecido a la baja y con una tendencia decreciente en años recientes (Gráfico 1.7). En 2025, los flujos trimestrales siguen debilitados y por lo común oscilan entre 3 000 y 5 000 millones de USD, lo cual destaca la retirada sostenida del capital de cartera. Entre 2021 y 2024, los flujos fueron muy volátiles, marcados por un breve repunte a fines de 2020 y principios de 2021, seguidos por una renovada debilidad, con promedios anuales de solo 11 200 millones de USD en el periodo 2022-2024. Este modesto rendimiento contrasta fuertemente con el promedio de 114 500 millones de USD por año observado en 2010-2014, es decir, una reducción de más del 90%. Los flujos se desaceleraron después del superciclo de los productos básicos, se recuperaron brevemente en el periodo 2016-2017, antes de bajar de nuevo en 2018. Durante la pandemia se presentó una breve excepción cuando los flujos de deuda de casi 50 000 millones de USD, provenientes sobre todo de fuentes oficiales revirtieron temporalmente la tendencia. Desde entonces, tanto los flujos de capital como de deuda han permanecido bajos, con recuperaciones intermitentes breves.

Gráfico 1.7. Flujos de inversión de cartera (capital y deuda) en ALC, 2000-2024

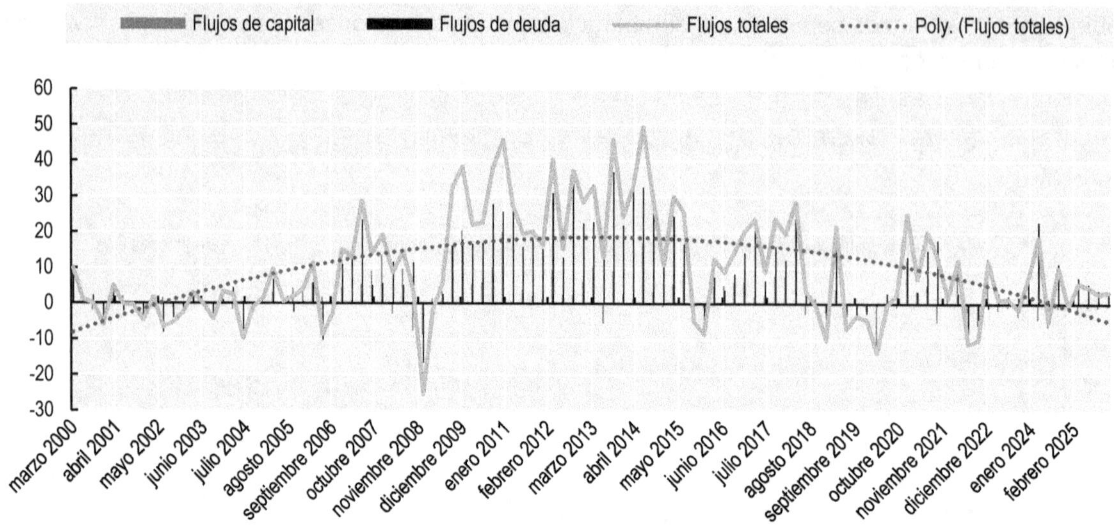

Nota: La línea punteada muestra una línea de tendencia polinómica ajustada a los flujos trimestrales de inversión de cartera. Se incluye para ilustrar la trayectoria a medio plazo de los flujos totales, suavizando las fluctuaciones a corto plazo.
Fuente: Elaboración de los autores con base en (IIF, 2025[16]), consultado el 24 septiembre de 2025.

StatLink https://stat.link/10zbsk

La inversión extranjera directa (IED) hacia la región se ha estancado en la última década y ha mostrado una ligera tendencia a la baja más recientemente. En 2024, los flujos de IED hacia ALC ascendieron a 189 000 millones de USD, equivalentes al 2.8% del PIB y al 13.7% de la formación bruta de capital fijo (Capítulo 4) (ECLAC, 2025[17]). Aunque esto representó un aumento del 7.1% respecto a 2023, ambas ratios se mantienen por debajo de los promedios observados en la década de 2010 (3.3% del PIB y 16.8% de la formación bruta de capital fijo). Sin embargo, la región sigue ubicándose entre los mayores receptores de inversión a nivel mundial. El aumento de los flujos se explicó en gran medida por las utilidades reinvertidas de las empresas transnacionales ya establecidas, mientras que la contribución de nuevos flujos de capital se estancó, lo que apunta a un interés limitado por parte de nuevos inversionistas.

Los retos económicos estructurales en ALC requieren una respuesta integral

La baja productividad obstaculiza el crecimiento potencial en ALC

El crecimiento potencial del PIB per cápita en ALC es insuficiente para garantizar la convergencia con las economías avanzadas, con un débil crecimiento de la productividad en el centro del problema. El crecimiento potencial del PIB per cápita en la región se estima en alrededor de 0.8% por año, independientemente del método de estimación y con base en datos de 1980 a 2023. En comparación, el crecimiento potencial del PIB per cápita de las economías de altos ingresos se estima en alrededor de 1.7% al año (Gráfico 1.8). Las deficiencias de la productividad son un componente clave de las "trampas del desarrollo" que impiden un futuro más sostenible en ALC. La persistencia del bajo crecimiento y la baja productividad laboral destaca la necesidad de una transformación estructural virtuosa para liberarse de esta situación (ECLAC, 2024[18]).

Gráfico 1.8. Crecimiento potencial del producto interno bruto per cápita en las economías avanzadas y en ALC, 2000-2023

Según estimaciones con diferentes métodos desde 1980

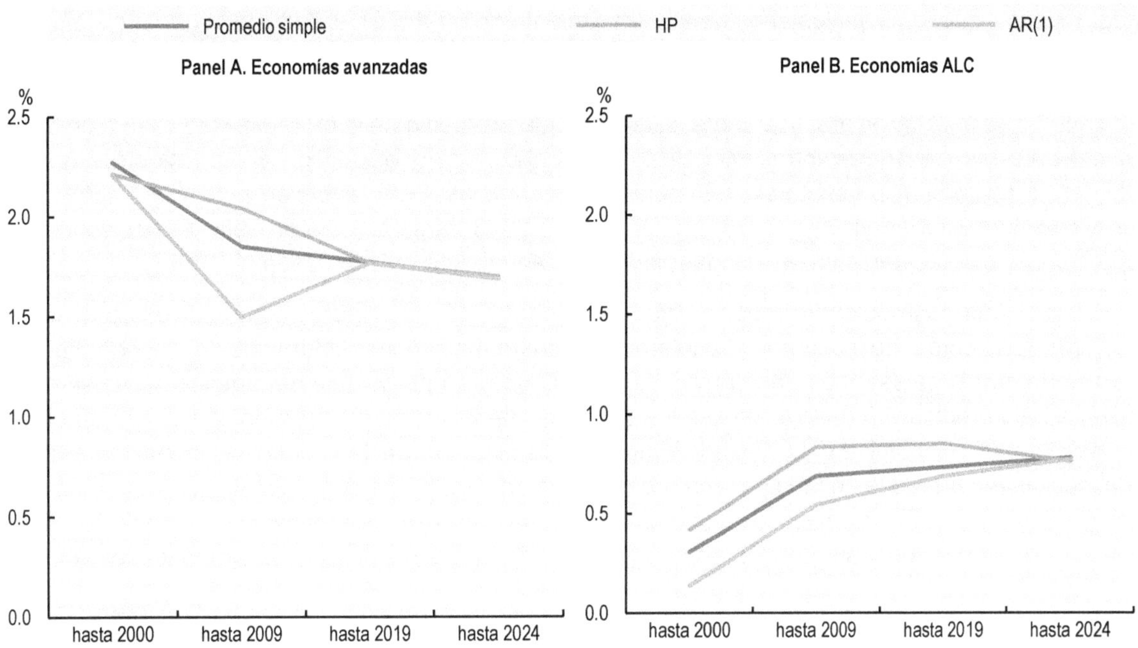

Nota: El crecimiento promedio es un promedio simple durante el periodo analizado. HP se refiere al filtro Hodrick Prescott, que se utilizó como modelo alternativo debido a su resiliencia a los impactos a corto plazo para crear una curva suavizada (Lambda=100). AR (1) se refiere a un modelo autorregresivo del orden 1. El modelo AR utiliza datos del crecimiento del PIB per cápita. La serie ALC se refiere a 33 economías, en tanto que el término "economías avanzadas" incluye 41 economías, según se lista en la base de datos de las Perspectivas Económicas Mundiales del Fondo Monetario Internacional.
Fuente: Elaboración de los autores con base en (OECD et al., 2024[19]) y (IMF, 2025[8]).

StatLink https://stat.link/xwp1b5

Hay una brecha importante en la productividad laboral entre ALC y la OCDE, debida principalmente a la baja productividad total de los factores (PTF), que representa más del 80% de la diferencia. El resto refleja en buena medida las carencias de capital humano. Cabe destacar que en la región hay una significativa heterogeneidad de la productividad laboral. Por ejemplo, en Chile, Costa Rica, Panamá, Trinidad y Tobago y Uruguay la productividad laboral es de 45% a 85% mayor que el promedio regional. Por el contrario, en Bolivia, Honduras y Nicaragua es de 56% a 60% menor (ECLAC, 2025[20]).

El crecimiento de la productividad en los países de ALC también fue inferior al de los países desarrollados. Durante el periodo 1991-2023, la productividad laboral regional creció a una tasa de 0.7% por año en promedio, muy por debajo de la tasa anual de 1.2% observada en los países de la OCDE. De nuevo, esto se debe al bajo crecimiento de la PTF en ALC. De acuerdo con los datos de la Tabla de Penn World, la PTF casi no creció en la región después de 1990 (0.02% al año en promedio), en tanto que en los países de la OCDE creció 0.8% al año. Un factor preocupante es que el aumento de las temperaturas debido al cambio climático ya impacta negativamente a la productividad laboral y la situación puede empeorar si no se ponen en práctica medidas de adaptación adecuadas (ECLAC, 2023[21]).

La transformación estructural limitada restringió el crecimiento de la productividad en ALC

La dinámica sectorial, no el cambio estructural, el desplazamiento de recursos hacia sectores con mayor valor agregado y mayor productividad, explica la falta de productividad de la región. Una descomposición estándar muestra que, durante los años de alto crecimiento (1950-1979), el 61% de la ganancia anual de la productividad laboral en LAC provino de mejoras intrasectoriales (1.72 puntos porcentuales de 2.83%), mientras que la reorientación de la mano de obra entre sectores explicó el 39% restante. A partir de 1980, ambos canales se debilitaron drásticamente: el crecimiento promedio de la productividad cayó a un 0.43% anual, del cual las ganancias intrasectoriales representaron solo el 0.20% (46%), mientras que los cambios entre sectores representaron 0.23 puntos porcentuales. Esta reversión refleja una caída en la productividad del sector servicios (-0.27% anual en 1980-2018 frente al 1.2% en 1950-1979), combinada con una marcada desaceleración en la industria (0.48% anual, una bajada desde el 2.3%).[1]

Existe la necesidad de impulsar la productividad tanto dentro de los sectores como entre la mayoría de los sectores, así como de sostener y acelerar la transformación estructural de las economías. En comparación con los países más desarrollados, en ALC un gran porcentaje del empleo se ubica en los sectores de baja productividad, en tanto que los servicios intensivos en conocimientos siguen siendo una fuente de potencial subutilizad. Al mismo tiempo, la disminución de la productividad en los sectores económicos clave durante la década pasada provocó que en muchos países disminuyera la productividad laboral general (ECLAC, 2025[20]). Este perfil estructural también determina la composición de las exportaciones de la región y su posición en las CGV, un reto que se explora en la siguiente sección.

Los servicios encabezan la transformación estructural en ALC, pero el bajo valor agregado, la informalidad y los métodos de producción insostenibles persisten

Los servicios dominan la estructura económica de muchos países de ALC, en tanto que la industria y la extracción se estancaron o disminuyeron. Sin embargo, los problemas que afectan a los servicios continúan: incluyen el bajo valor agregado, la informalidad y los métodos insostenibles de producción. Los servicios generan ahora aproximadamente dos tercios del PIB y el empleo regionales, abarcando las ventas al por mayor y el comercio al por menor, el transporte, las finanzas, los bienes raíces, el turismo, la educación, la salud y la administración pública. Un alto nivel de informalidad, es decir, empleos sin protección social ni contratos estables, sigue siendo un factor definitorio del sector de servicios de la región. En cambio, la industria contribuye con cerca del 31% del PIB y 21% del empleo. Esto incluye manufactura, que en 2023 representó el 13.6% del PIB y el 12.1% de los empleos, junto con la construcción, los servicios públicos y, en algunas clasificaciones, la minería (UNIDO, 2025[22]). Después de alcanzar su punto máximo en décadas anteriores, la participación industrial en el PIB se estancó o bajó en ALC. La minería y los hidrocarburos aún sustentan las exportaciones de países ricos en recursos, como Chile, Perú y Trinidad y Tobago, aunque en general el sector extractivo representa solo cerca del 4.0% del PIB regional y una fracción aún menor de los empleos.

La participación de la agricultura en el PIB disminuyó en ALC, pero sigue siendo fundamental para el crecimiento, el sustento y las exportaciones, mucho más que en las economías de la OCDE. La agricultura representa alrededor del 6.5% del PIB de la región y el 13% del empleo, en comparación con el 1.4% y el 4%, respectivamente, en la OCDE (World Bank, 2024[23]). El sector es esencial para la seguridad alimentaria y los ingresos en divisas, mediante productos básicos como la soya, el café y las frutas tropicales, y se mantiene como un pilar del empleo rural, en particular en América Central y en partes de América del Sur.

La limitada diversificación de la canasta exportadora de ALC limita la productividad y el crecimiento

La fuerte dependencia de ALC de las exportaciones de productos básicos, junto con la limitada participación en etapas de mayor valor agregado dentro de las cadenas globales de suministro (CGS), obstaculizan el aprendizaje práctico, la difusión tecnológica y la inversión en capacidades productivas. Debido a la falta de oportunidades para ofrecer bienes y servicios más sostenibles y sofisticados, las empresas se estancan en nichos de baja productividad. Esta es una de las razones clave por las que la productividad sectorial y el crecimiento de los ingresos siguen siendo moderados.

La canasta exportadora de la región se concentra en productos primarios y manufactura de baja tecnología. Cerca de la mitad de las economías de ALC se basan en productos básicos, y los productos primarios intensivos en carbono, como los productos agrícolas, energéticos y los minerales, representan entre el 22% y el 88% de las exportaciones de mercancías (Gráfico 1.9) (véase la sección ambiental más adelante). Los productos manufacturados de baja tecnología constituyen hasta el 75% de las exportaciones, incluidos los alimentos procesados, los textiles y los productos derivados de la madera o el papel, normalmente vinculados a los recursos naturales. Los productos manufacturados de tecnología media, como los de metales básicos, representan hasta el 40%. Las economías exportadoras de servicios en el Caribe aún dependen principalmente del turismo, actividad que desempeña un papel fundamental en la generación de empleos, del mercado de divisas y oportunidades para el desarrollo local. Las exportaciones de mercancías en el Caribe siguen reflejando una diversificación limitada, a menudo dominada por productos primarios y de baja tecnología que generan bajo valor agregado y ofrecen un margen limitado para el aumento de la productividad.

Unos cuantos países de la región, sobre todo Costa Rica, República Dominicana y México, muestran un perfil de exportaciones más diversificado y complejo, impulsado por la industria manufacturera de tecnología media y alta. En estas economías, los productos manufacturados de tecnología media, incluidos maquinaria, vehículos motorizados, plásticos y productos químicos, representan entre el 20% y el 68% de las exportaciones totales, en tanto que los productos de alta tecnología, como los electrónicos y los farmacéuticos, entre el 17% y el 44% (Gráfico 1.9). Las economías diversificadas restantes de la región aún muestran una baja complejidad económica, con canastas exportadoras muy concentradas en productos de baja tecnología (hasta el 61%), seguidos de productos primarios (hasta el 31%) y de tecnología media (hasta el 38%). Este contraste resalta la heterogeneidad estructural entre los países de ALC y la existencia de barreras para desarrollarse hacia sectores más dinámicos, intensivos en conocimiento y que mejoren la productividad.

Gráfico 1.9. Composición de las exportaciones de mercancías de ALC por perfil económico y por intensidad tecnológica, 2023

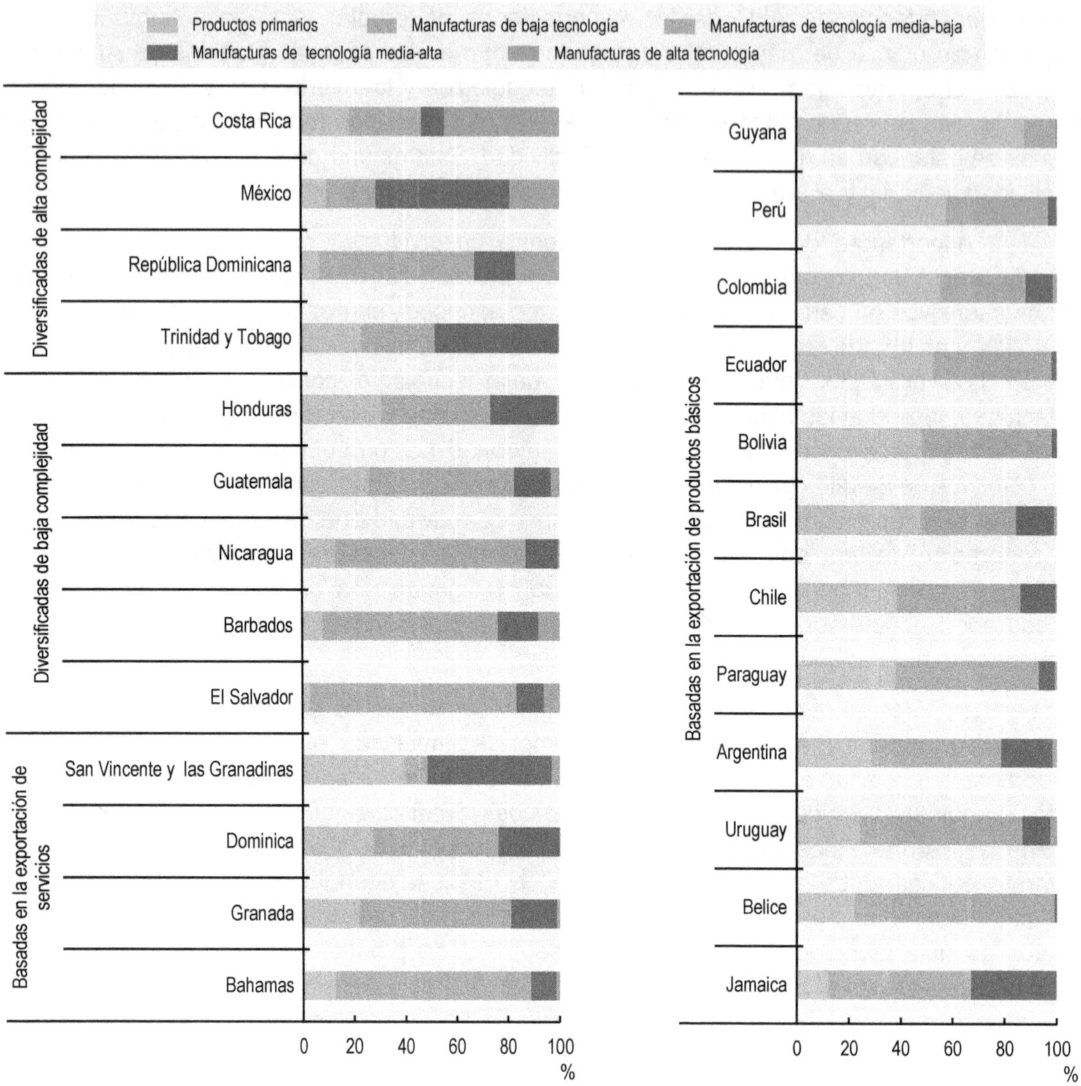

Nota: Los grupos manufactureros de intensidad tecnológica se basan en la clasificación de tecnología de la OCDE en ISIC Rev. 3. Economías basadas en la exportación de productos básicos: más del 60% de sus exportaciones de mercancías se clasifican como productos básicos (Argentina, Belice, Bolivia, Brasil, Chile, Colombia, Cuba, Ecuador, Guyana, Jamaica, Paraguay, Perú, Surinam, Uruguay y Venezuela). Economías basadas en la exportación de servicios: tienen más del 45% del comercio de servicios (Antigua y Barbuda, Bahamas, Dominica, Granada, San Cristóbal y Nieves, Santa Lucía, San Vicente y las Granadinas). Economías ubicadas entre las 60 primeras del Índice de Complejidad Económica (Costa Rica, República Dominicana, México, Trinidad y Tobago): se clasifican como diversificadas de alta complejidad económica; las restantes (Barbados, El Salvador, Guatemala, Haití, Honduras, Nicaragua y Panamá) se clasifican como diversificadas de baja complejidad.

Fuente: Cálculos de los autores con base en (WITS, 2025[24]).

StatLink https://stat.link/o8lbd7

En tanto que las exportaciones tradicionales de ALC revelan ventajas comparativas, los sectores intensivos en tecnología ofrecen una vía para la transformación productiva

Los países de ALC muestran fortaleza competitiva en sectores que corresponden con sus modelos de exportación establecidos. Un análisis de Ventaja Comparativa Revelada (RCA) calcula si un país exporta un producto de manera más intensiva que el promedio mundial. Ayuda a revelar los sectores en los que los países mantienen una ventaja comparativa, orientando las iniciativas para diversificar y mejorar su economía. Las economías exportadoras de productos básicos cuentan con una RCA en productos primarios y en productos manufacturados de baja tecnología, como los alimentos y las bebidas. Las economías diversificadas y de baja complejidad cuentan con una RCA en la manufactura de tecnología media, mientras que aquellas diversificadas y de alta complejidad destacan tanto en el sector de tecnología media como en el de alta tecnología (Gráfico 1.10).

Gráfico 1.10. Número de países de ALC con Ventaja Comparativa Revelada por sector y por grupo de intensidad tecnológica, 2023

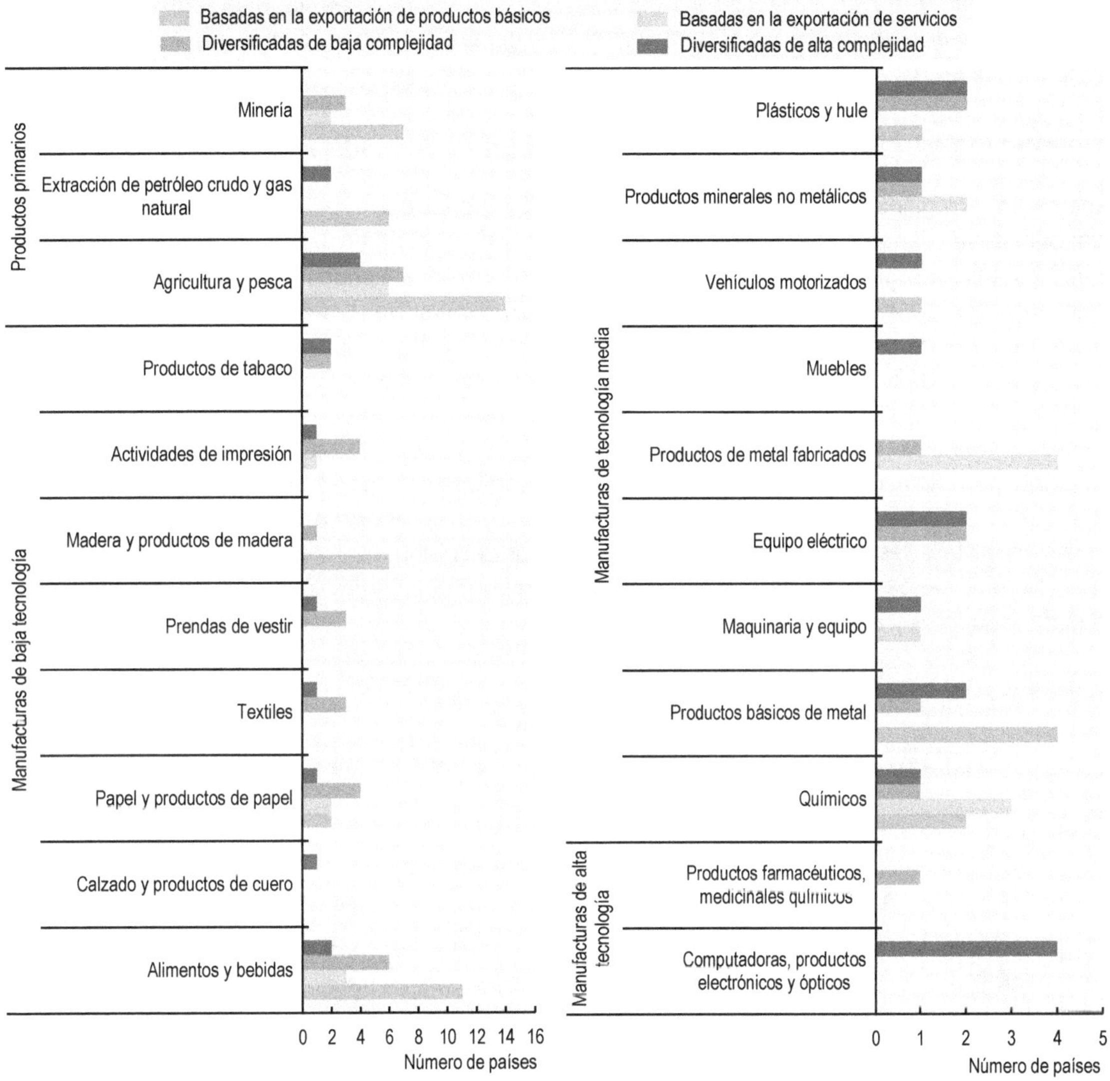

Nota: El eje horizontal muestra el número de países de ALC que tienen un valor de Ventaja Comparativa Revelada (RCA) mayor de 1 en cada sector. La RCA se calcula a nivel de dos dígitos en la ISIC Rev. 3 siguiendo la metodología Balassa (1965). Los grupos de alta intensidad tecnológica se basan en la clasificación de tecnología de la OCDE en ISIC Rev. 3. Economías basadas en la exportación de productos básicos: más del 60% de sus exportaciones de mercancías se clasifican como productos básicos (Argentina, Belice, Bolivia, Brasil, Chile, Colombia, Cuba, Ecuador, Guyana, Jamaica, Paraguay, Perú, Surinam, Uruguay y Venezuela). Economías basadas en la exportación de servicios: exceden el 45% del comercio de servicios (Antigua y Barbuda, Bahamas, Dominica, Granada, San Cristóbal y Nieves, Santa Lucía, San Vicente, y las Granadinas). Las economías ubicadas entre las 60 primeras en el Índice de Complejidad Económica (Costa Rica, República Dominicana, México. Trinidad y Tobago) se clasifican como diversificadas de alta complejidad económica; las restantes (Barbados, Salvador, Guatemala, Haití, Honduras, Nicaragua y Panamá) se clasifican como diversificadas de baja complejidad.
Fuente: Cálculos de los autores basados en (WITS, 2025[24]).

StatLink https://stat.link/ol1pv6

Las ventajas comparativas reveladas son también evidentes en unas cuantas industrias más tecnológicamente intensivas (Gráfico 1.10). Las economías basadas en productos básicos tienen RCA en sectores de tecnología media, como plásticos, productos metálicos y químicos. Las economías orientadas a servicios en el Caribe, aunque se centran en el turismo, también muestran fortalezas en sectores como productos metálicos y químicos. Los cuatro países clasificados como economías diversificadas de alta complejidad, Costa Rica, México, República Dominicana y Trinidad y Tobago tienen RCA en productos de alta tecnología, como computadoras, productos electrónicos y ópticos, revelando su potencial para un futuro desarrollo en estas áreas. Al aprovechar estos sectores más sofisticados en tecnología, los países de ALC pueden diversificar su base de exportación, y así impulsar el crecimiento a largo plazo, mejoras en la productividad y mayor resiliencia económica. Entre varios factores, la inversión extranjera directa puede mejorar la diversificación y sofisticación de las cestas de exportaciones de ALC e impulsar los sectores que tienen RCA (Capítulo 3).

El comercio intrarregional limitado puede restringir la diversificación de las exportaciones

El comercio intrarregional en ALC sigue siendo limitado y menor que en otras regiones en desarrollo. La participación de las exportaciones intrarregionales de América Latina en las exportaciones totales ha sido relativamente estable durante las dos décadas pasadas, pero sigue siendo limitada, representando el 15% del total de exportaciones en 2000 y 14% en 2023. En el Caribe, las exportaciones intrarregionales disminuyeron del 21% en 2000 al 10% en 2023. Durante el mismo periodo, el comercio intrarregional en África aumentó del 12% al 19%, en tanto que, en el Sudeste Asiático, China e India, creció del 20% al 26% (Gráfico 1.11). Las cifras para los socios importadores muestran patrones similares, lo cual sugiere que estas tendencias reflejan en general la estructura comercial total de la región. El comercio intrarregional permite a los países acceder a mercados regionales más amplios, alentando con esto a las empresas a diversificar su producción. También fomenta el aprendizaje, la innovación y el desarrollo productivo, habilita a las empresas para adoptar nuevas tecnologías y avanzar en la cadena de valor. Además, los mercados regionales ofrecen barreras menores a nuevos exportadores, facilitando las pruebas de productos y el desarrollo de capacidades.

Gráfico 1.11. Socios de exportación por región, 2000 vs. 2023

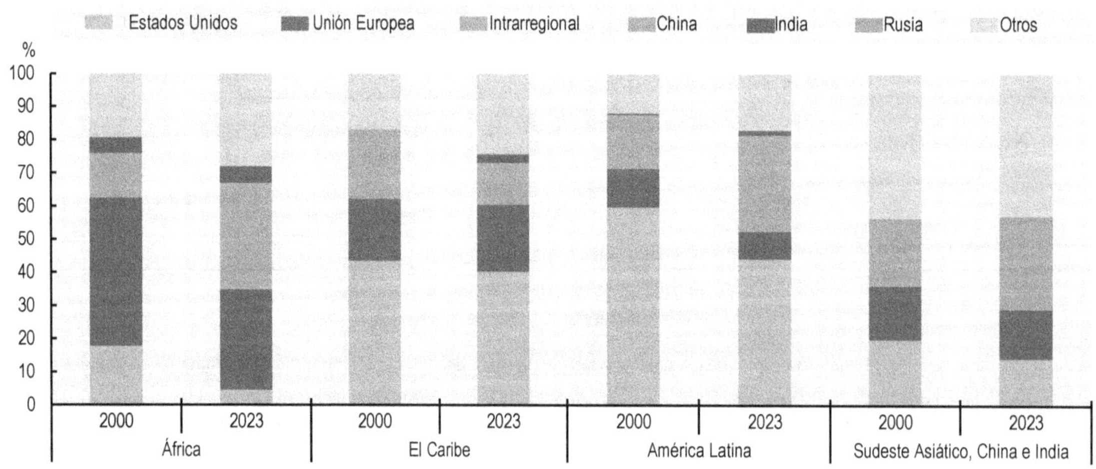

Nota: África incluye los 54 países africanos. El Caribe incluye 15 países: Antigua y Barbuda, Bahamas, Barbados, Belice, Dominica, República Dominicana, Granada, Guyana, Haití, Jamaica, San Cristóbal y Nieves, Santa Lucía, San Vicente y las Granadinas, Surinam, y Trinidad y Tobago. América Latina incluye 16 países: Argentina, Brasil, Chile, Colombia, Costa Rica, Ecuador, El Salvador, Guatemala, Honduras, México, Nicaragua, Panamá, Paraguay, Perú, Uruguay y Venezuela. El Sudeste Asiático incluye 10 países: Brunéi Darussalam, Camboya, Indonesia, República Democrática Popular de Laos, Malasia, Myanmar, Filipinas, Singapur, Tailandia y Vietnam.
Fuente: Cálculos de los autores basados en (WITS, 2025[24]).

StatLink https://stat.link/zl1cnk

Los bajos niveles de comercio intrarregional en ALC se vinculan estrechamente con la limitada participación de la región en cadenas de valor regionales sólidas. A diferencia de las regiones donde las CGV se sustentan fuertemente en encadenamientos productivos regionales, como en Asia Oriental y el Sudeste Asiático, Europa y América del Norte, ALC sigue participando de manera limitada en esta dinámica regional. Aunque el valor agregado importado representa aproximadamente 23% del valor agregado total de las exportaciones regionales, la participación originada dentro de la región es notoriamente baja, solo poco más del 10% (Sanguinetti et al., 2021[25]). Esta limitada integración ha obstaculizado el desarrollo de una base firme para el comercio intrarregional.

El subdesarrollo de las cadenas de valor regionales en ALC se refleja en el intercambio limitado de bienes intermedios y el reducido comercio intraindustrial en la región. México, gracias a su integración en las cadenas de valor de América del Norte, y algunos países centroamericanos han desarrollado vínculos más fuertes, a menudo como centros de procesamiento final en cadenas extrarregionales. Sin embargo, la mayoría de los países de América del Sur continúan participando en las CGV principalmente como exportadores de insumos básicos hacia mercados globales y no regionales. Por ello, es esencial fortalecer los encadenamientos productivos regionales. La reducción de costos comerciales, la mejora de la infraestructura de transporte y logística, y el avance hacia una mayor coherencia regulatoria – particularmente mediante la armonización de las reglas de origen y el diseño de incentivos específicos para la inversión extranjera directa vertical – pueden desempeñar un papel central en la promoción de una integración regional más profunda. También será esencial promover las agendas de desarrollo productivo regionales en sectores prioritarios, incluyendo alentar la interacción entre iniciativas clúster y otras iniciativas de articulación productiva de diferentes países (véase el Capítulo 2). Estos esfuerzos son imprescindibles para impulsar el comercio intrarregional y permitir a las empresas de ALC utilizar los mercados regionales como trampolín para aumentar su competitividad mundial.

La complejidad de los desafíos económicos de la región, desde productividad limitada hasta vulnerabilidad fiscal y desequilibrios externos, subraya la urgente necesidad de contar con una respuesta integral. Como se explora en el Capítulo 2, las políticas de desarrollo productivo son un instrumento clave para superar estas limitaciones y promover la transformación productiva, sostenible e inclusiva que pueda facilitar la movilización de la región hacia un modelo de desarrollo más resiliente y dinámico.

Contexto social

Los altos niveles de informalidad siguen difundidos en los mercados laborales de ALC

La mejora de las condiciones sociales en ALC requerirá la transformación productiva, con retos vinculados al aumento de la productividad y al reforzamiento del crecimiento económico a largo plazo. Si bien las condiciones sociales difieren mucho entre los países de la región, las características comunes incluyen altos niveles de informalidad, vulnerabilidad persistente y protección social insuficiente para muchas personas. En esta sección se explora la informalidad laboral como uno de los principales factores que contribuyen a estas condiciones y presenta prácticas políticas eficaces para impulsar la creación de empleos formales y aumentar la protección de los trabajadores informales, mejorando así el sustento de los pobladores de la región.

La informalidad laboral tan difundida en ALC ejerce profundos impactos socioeconómicos, que afectan las condiciones de vida de las personas y las finanzas públicas. Erosiona la base impositiva y a la vez aumenta las necesidades de brindar apoyo social a los trabajadores informales y sus familias (OECD et al., 2024[19]; IDB, 2025[26]; ECLAC, 2024[27]; OECD/OISS, 2024[28]).

En 2023, uno de dos trabajadores en América Latina – en los países con información disponible a lo largo del tiempo – era informal (55.1%) (ILO, 2025[29]). Si bien la proporción ha bajado desde 2009 (62.5%), gran parte de la mejora tuvo lugar en la década de 2010. Desde 2018 se ha mantenido estable, con pocos cambios, incluso después de la crisis del COVID-19 (OECD, 2023[30]). La participación de trabajadores informales en la fuerza laboral varía mucho en la región, del 27% en Chile hasta el 83% en Guatemala (ILO, 2025[29]; Ulyssea, 2020[31]). Las mujeres, los jóvenes y los trabajadores mayores resultan particularmente afectados por la informalidad laboral. Entre 2013 y 2022, el único grupo en el que se intensificó la informalidad fueron los jóvenes de 15 a 24 años, en tanto el aumento de las tasas de empleo para las mujeres se acompañó de mayores incidencias de trabajo informal (ECLAC, 2024[27]).

La informalidad está correlacionada con el menor logro educativo en la región. En 2023, la persona promedio mayor de 25 años en ALC había estudiado 9.3 años, 2.2 años más que en 2000. En comparación, la persona promedio de más de 25 años en los países de la OCDE había estudiado 12.3 años en 2023, un aumento de 1.9 años desde 2000 (UNDP, 2025[32]). Los logros educativos de los trabajadores formales e informales también difieren considerablemente. En 2023, los trabajadores sin escolaridad en ALC representaron en promedio el 5.4% de los trabajadores formales y el 20.3% de los informales, en tanto que los graduados de educación terciaria representaron el 39.9% de los trabajadores formales contra 19.9% de los informales (OECD, 2024[33]).

La falta de oportunidades de empleo formal en ALC refleja la distribución sectorial de las empresas en el sector formal y su falta de dinamismo. Las empresas informales seguramente operarán en sectores con niveles relativamente bajos de productividad, como el sector privado de servicios, donde la distribución de las empresas por tamaño se inclina hacia empresas más pequeñas y la calidad del trabajo es persistentemente baja (OECD et al., 2023[34]). Como resultado, los empleos con alto contenido tecnológico y digital son escasos (Gráfico 1.12, Paneles A y C). En el último año con datos disponibles, los empleos de intensidad tecnológica alta y media alta representaban el 2.1% del empleo total en ALC, en comparación con el 7.7% de los países de la OCDE, mientras que los empleos con alta intensidad digital constituyeron el 15% del total de empleos en ALC, frente al 21% en la OCDE (OECD, 2022[35]). La inversión en estos sectores es clave para generar trabajos bien pagados, ya que los bonos salariales son sustanciales. Los trabajadores en empleos de alta intensidad tecnológica y digital reciben un sueldo mucho más alto que el promedio (Gráfico 1.12, Paneles B y D).

En términos más generales, en 2023, en los países de ALC con datos disponibles, el 79% de los empleos pagaron salarios diarios por arriba de 6.85 USD, en comparación con el 76% de 2013. Brindaron protección médica o prestaciones para el retiro a solo 44% de los trabajadores en 2023, por encima del 40% en 2013. En 2023, el 63% de los trabajadores tuvieron un contrato escrito con una duración relativamente larga (3 años o más), en comparación con 62% en 2013 (World Bank, 2025[36]).

En este contexto desafiante, la transformación productiva es una oportunidad única para impulsar cambios tecnológicos que aumenten el trabajo digno, incrementen la productividad y generen empleos de buena calidad, en contraste con el pasado reciente, cuando la región pasó por un proceso de industrialización para ahorrar mano de obra (OECD et al., 2023[34]; Apella and Zunino, 2022[37]). Además, el uso de las tecnologías de la información y la comunicación (TIC) en las políticas de formalización puede convertirse en una herramienta importante para reducir la informalidad en ALC. Estudios recientes destacan de qué manera las TIC han ayudado a formalizar a pequeñas empresas mediante una mejor trazabilidad de las actividades informales, el aumento de la productividad debido a aplicaciones digitales o un mejor acceso a instrumentos financieros para empresas pequeñas (OECD et al., 2024[19]).

Gráfico 1.12. Proporción de empleo y salarios por intensidad tecnológica y digital en ALC

Países seleccionados de ALC, 2023 o último año disponible

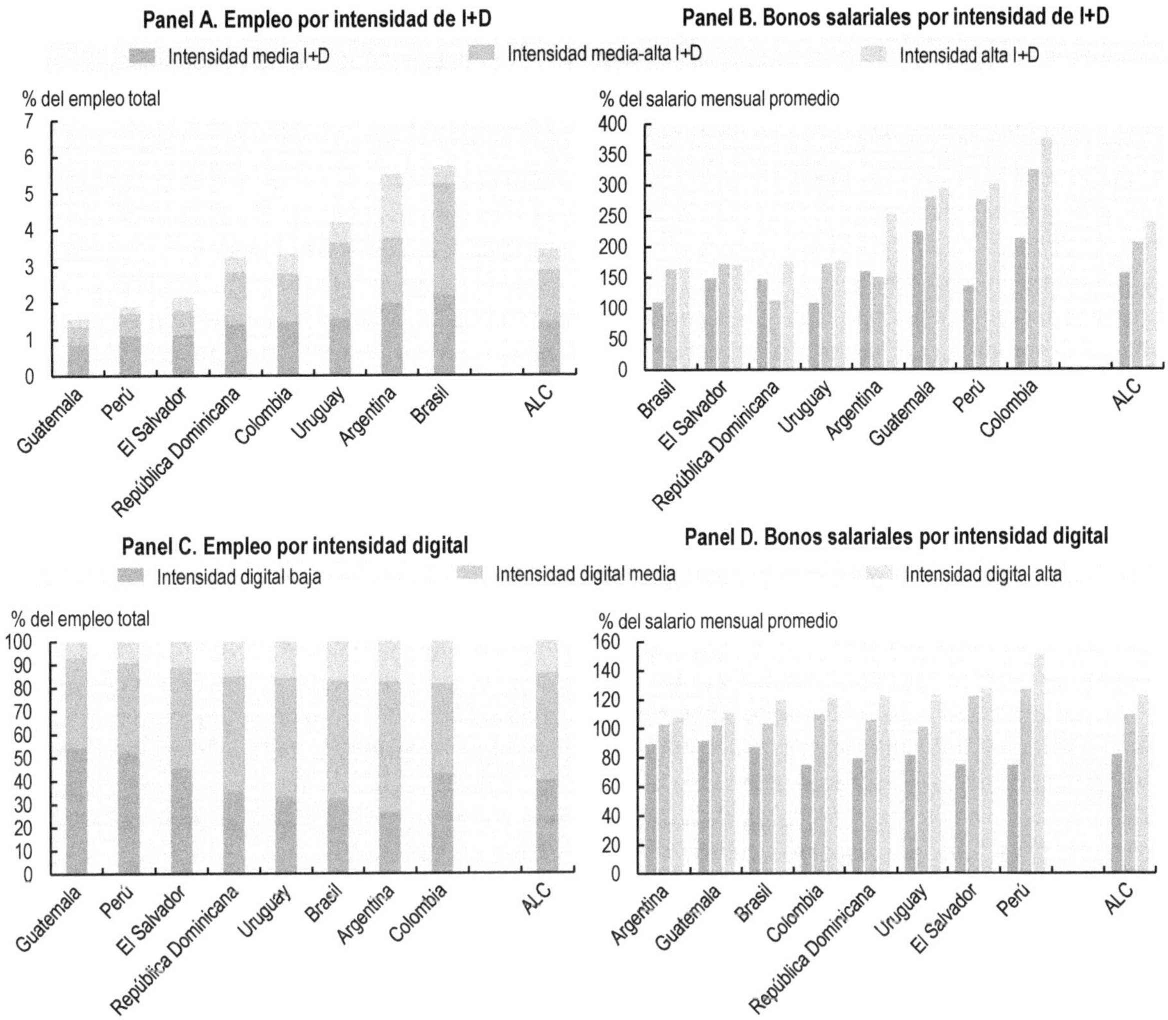

Nota: Los datos de Argentina, Brasil, Colombia, El Salvador y Perú se refieren a 2023, los de Chile y Guatemala a 2022; República Dominicana y Uruguay a 2018. La intensidad tecnológica se define utilizando la Taxonomía de la OCDE de Actividades Económicas basadas en I+D (Investigación y Desarrollo). Las industrias se clasifican de acuerdo con 5 quintiles del valor o la inversión en I+D relativa al valor agregado. En el Panel A se muestra información sobre la distribución del empleo en industrias con una intensidad que oscila entre media y alta. La intensidad digital se define utilizando la Taxonomía de la OCDE de Sectores Intensivos Digitales. Las industrias se clasifican en 4 cuartiles de los insumos digitales utilizados en su producción. En el Panel C se brinda información sobre la distribución del empleo en industrias con alta, media (que corresponde a media-alta y media-baja en la taxonomía) y baja intensidad digital.
Fuente: (OECD, 2024[33]), Base de datos *Key Indicators of Informality based on Individuals and their Households (KIIbIH)*, con base en (Galindo-Rueda and Verger, 2016[38]) y (Calvino et al., 2018[39]).

StatLink https://stat.link/p60roq

El grado de informalidad laboral parece correlacionarse negativamente con el nivel de desempleo en todos los mercados laborales de ALC, aunque de manera imperfecta (IDB, 2025[26]). Los trabajadores en dichos mercados enfrentan una disyuntiva entre el empleo formal, el empleo informal y el desempleo, cada uno de los cuales conlleva distintos costos y beneficios. Los empleos formales tienden a ofrecer salarios más altos y mayor estabilidad, en tanto que los informales pueden permitir a los trabajadores y a los empleadores evitar obligaciones fiscales laborales y a la vez proporcionar a los trabajadores acceso a ciertos beneficios sociales, como las transferencias en efectivo, no contributivas. Los trabajadores desempleados pueden recibir apoyo del gobierno, como transferencias en efectivo condicionadas o seguro de desempleo – aunque en ALC rara vez se ofrecen beneficios de desempleo – si cumplen ciertos requisitos y deben ponderar las probabilidades de encontrar empleo en sectores específicos (ECLAC, 2023[40]; OECD et al., 2024[19]). Todos estos factores contribuyen a un marco de decisiones interconectado en el que las personas evalúan las opciones del mercado laboral simultáneamente, dada la calidad de los empleos demandados por las empresas y los beneficios proporcionados por las políticas sociales (David, Pienknagura and Roldos, 2020[41]; Rubião and Santos, 2022[42]).

Un análisis reciente de las tasas de transición del mercado laboral en ALC reveló pautas entre el desempleo y la informalidad (Aristizabal-Ramirez, Santos and Torres, 2024[43]). El estudio mostró que las personas tienden a permanecer desempleadas más tiempo en los países con altas tasas de desempleo y baja informalidad, en tanto que, en las economías caracterizadas por un bajo desempleo y una alta informalidad, permanecen en estatus de trabajo informal. También mostró que la transición de un empleo formal al desempleo ocurre con mayor frecuencia en países en los que hay más desempleo y que la transición de un empleo formal a uno informal es más frecuente en aquellos donde hay más informalidad laboral. Lo anterior sugiere que la trayectoria de transición es determinada por las estructuras del mercado laboral. El empleo informal rara vez sirve como trampolín hacia empleos formales, y estas transiciones para salir de la informalidad son desproporcionadamente inusuales (Aristizabal-Ramirez, Santos and Torres, 2024[43]; IDB, 2025[26]).

La condición informal o formal de los trabajadores no solo afecta su nivel de vida, sino también el bienestar de los miembros de su hogar. Por ejemplo, el estatus de empleo formal de al menos uno de los miembros del hogar puede aumentar el acceso de estos a programas de seguridad social, programas relacionados con el trabajo u otros servicios privados y públicos, como el cuidado, que a menudo cubre el cónyuge del contribuyente y/o sus hijos, como en el caso del seguro de salud. Por tal razón, los hogares en los que habitan solamente trabajadores informales enfrentan diferentes vulnerabilidades que los hogares mixtos. Añadir la dimensión del hogar a los análisis de la informalidad puede ayudar a los formuladores de políticas públicas a identificar a los receptores de los programas de asistencia social y diseñar políticas bien focalizadas para atender los puntos vulnerables de los trabajadores informales y sus hogares (OECD et al., 2024[19]; OECD/OISS, 2024[28]).

En 2023, en el seno del Sur Global, ALC fue la región con la menor proporción de la población en hogares completamente informales (42.3%). La proporción en África fue de 80.1%, en tanto que en Asia y Pacífico se ubicó en 67.2%. En Europa del Este y Central, la proporción fue de 55.3% (Gráfico 1.13, Panel A). No obstante, dos de cada tres habitantes de América Latina vivían en un hogar que dependía por completo o en parte del ingreso de trabajadores informales, con poca cobertura de protección social.

Gráfico 1.13. Distribución de la población por nivel de informalidad del hogar en países seleccionados de ALC

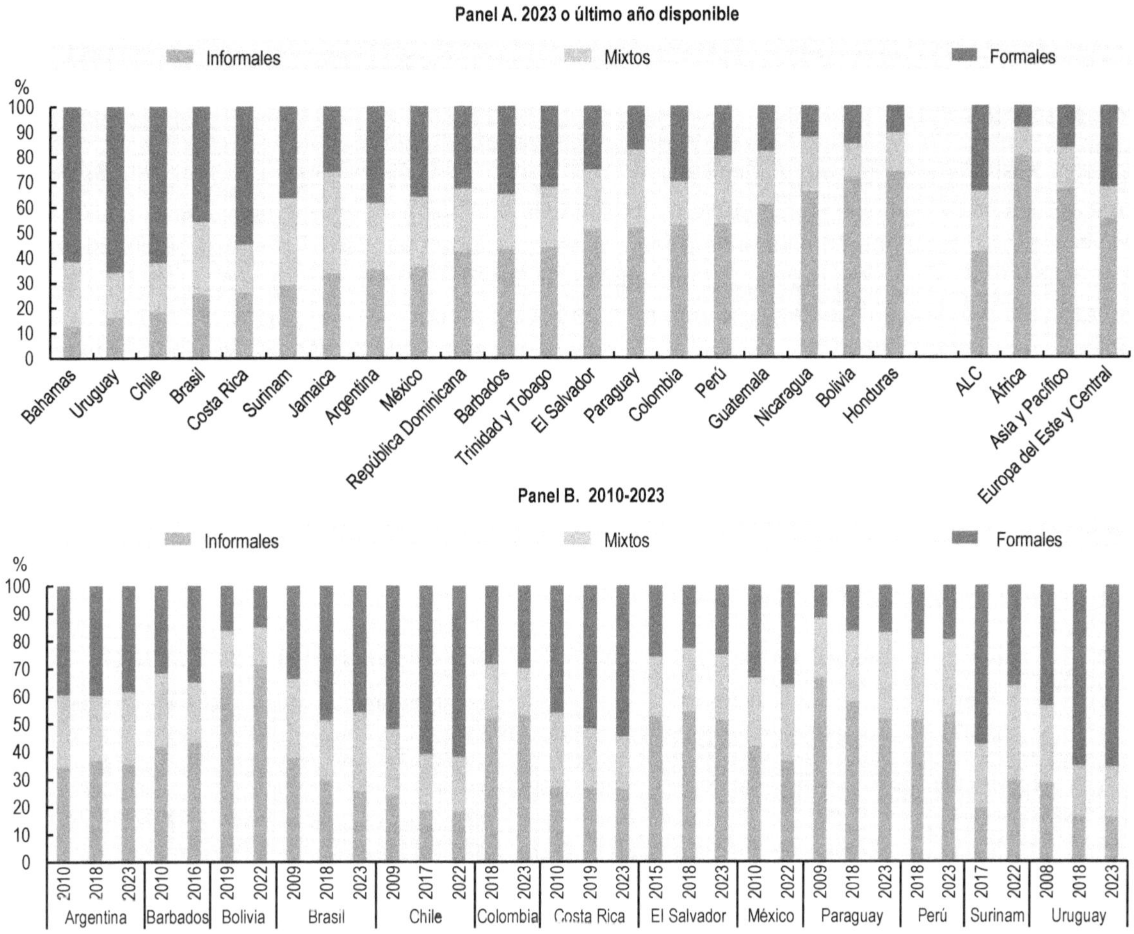

Nota: Los hogares se clasifican con base en el nivel de informalidad de los perceptores de ingresos. Los hogares informales son aquellos en los que todos los perceptores de ingresos son trabajadores informales, los hogares mixtos son aquellos en que por lo menos uno de los perceptores es un trabajador informal y los hogares formales son aquellos en que todos los perceptores son trabajadores formales.
Fuente: (OECD, 2024[33]), base de datos *Key Indicators of Informality based on Individuals and their Households (KIIbIH)*.

StatLink https://stat.link/aem1vh

La proporción de la población de la región que habita en hogares en los que todos los perceptores son trabajadores informales se ha mantenido bastante estable en las últimas dos décadas, en países con datos disponibles constantemente desde el principio de la década de 2010. En el último año disponible, alrededor de 36.4% de las personas vivían en este tipo de hogar (Gráfico 1.13, Panel B), por debajo del 39.1% de principios de la década de 2010. La proporción de la población que habita en hogares en los que al menos uno de los perceptores es trabajador informal fue de 23.5% en el último año disponible, por debajo del 25.2% al principio de la década de 2010. Consideradas en conjunto, estas cifras indican una mejora marginal de la dependencia general de familias de ALC de los ingresos informales. Sin embargo, también indican que 6 de cada 10 habitantes de la región dependen del ingreso proveniente del trabajo informal.

No obstante, las diferencias entre países y a lo largo del tiempo son significativas. En Chile y Uruguay, menos de 4 personas de 10 viven en hogares que dependen de manera total o parcial de los trabajadores informales. Dichos países también registraron una mejora importante en las últimas décadas, con una baja de más de 10 puntos porcentuales en Chile y más de 20 en Uruguay. La proporción también bajó en Brasil, 12 puntos porcentuales y en Costa Rica, 8.8 puntos porcentuales. En cambio, no se apreció una mejora notoria en Argentina, Bolivia, El Salvador, México y Paraguay (Gráfico 1.13, Panel B).

A medida que la pobreza disminuye en ALC, la informalidad se mantiene como el principal impulsor

La pobreza monetaria ha bajado paulatinamente en ALC en años recientes; sin embargo, la pobreza extrema aún es alta y persistente. En 2024, el 26.8% de la población de la región vivía en hogares con un ingreso por debajo de la línea nacional de pobreza, es decir, una baja de 4.7 puntos porcentuales desde 2010 (Gráfico 1.14, Panel A). Por otra parte, las personas que viven en pobreza monetaria extrema – quienes no han tenido suficientes recursos monetarios para cubrir las necesidades humanas básicas: alimentos, agua potable segura y servicios básicos como saneamiento, salud, vivienda, educación e información – representaron el 10.4% de la población general en 2024, es decir, 1.8 puntos porcentuales más desde 2010 (ECLAC, 2024[27]).

Gráfico 1.14. Personas que viven por debajo de la línea de la pobreza nacional en países seleccionados de ALC

Porcentajes de la población, último año disponible

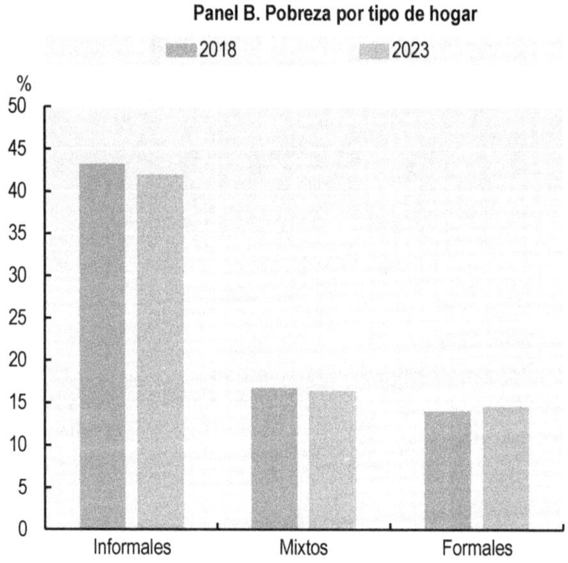

Nota: En el Panel B, los datos se refieren al promedio no ponderado de los siguientes países: Argentina, Bolivia, Brasil, Chile, Colombia, Costa Rica, El Salvador, Jamaica, México, Paraguay, Perú, Surinam y Uruguay. Los hogares se clasifican con base en el nivel de informalidad de los perceptores de ingresos. Los hogares informales son aquellos en los que todos los perceptores son trabajadores informales, los hogares mixtos son aquellos en los que por lo menos un perceptor de ingresos es un trabajador informal y los hogares formales son aquellos en los que todos los perceptores son trabajadores formales.

Fuente: (ECLAC, 2024[27]) para el Panel A; (OECD, 2024[33]), base de datos *Key Indicators of Informality based on Individuals and their Households (KIIbIH)* para el Panel B.

StatLink https://stat.link/utwdyh

La informalidad es el impulsor determinante de los salarios bajos de las personas y de ingresos bajos y pobreza para los hogares de ALC, lo cual impacta negativamente las condiciones de vida. En el último año con datos disponibles, el 42% de las personas que habitaban hogares completamente informales eran pobres; de quienes habitaban hogares mixtos, 16.4% eran pobres y de quienes habitaban hogares completamente formales, el 14.6% eran pobres (Gráfico 1.14, Panel B). Esto indica que la presencia de por lo menos un trabajador formal en la familia mejora mucho las condiciones de vida. Las tasas de pobreza en las diferentes tipologías de hogares se han mantenido estables en general desde 2018 con una baja de 1.3 y 0.4 puntos porcentuales para los hogares informales y mixtos, respectivamente, y un ligero aumento de 0.6 puntos porcentuales para los hogares formales.

La reducción de la pobreza en ALC se confirma utilizando medidas no monetarias que estiman la pobreza en otras dimensiones del bienestar, como educación, salud, acceso a servicios básicos y calidad de vida. Según las mediciones de los índices de pobreza multidimensional, los habitantes de la región enfrentaron una brusca reducción de la pobreza no monetaria. De acuerdo con la mayor parte de los datos disponibles comparables y homogéneos, la tasa de pobreza multidimensional en toda la región ha disminuido más de 22 puntos porcentuales desde 2008 – cuando el 45.7% de la población vivía en condiciones de pobreza no monetaria – hasta llegar al 26.5% en 2022 (ECLAC, 2025[44]). La considerable disminución de la pobreza multidimensional entre 2008 y 2022 puede atribuirse a la reducción en 11 de los 12 indicadores de pobreza en el índice general, con grandes mejoras en varios de estos indicadores.[2]

A nivel regional, la disminución más aguda sucedió en la falta de acceso a internet, el cual disminuyó a una tasa anual promedio de 3.7 puntos porcentuales. A esto se aunó la disminución del bajo nivel educativo de los adultos (1.0 puntos porcentuales al año), el saneamiento inadecuado (0.8 puntos porcentuales) y el hacinamiento (0.5 puntos porcentuales). En cuanto a la dimensión del empleo, la mayor mejora se observó en el subdominio de oportunidades de empleo, que bajó 0.4 puntos porcentuales al año, en tanto que el empleo precario bajó a una tasa de 0.2 puntos porcentuales al año. La insuficiencia de las pensiones fue el único indicador en esta dimensión, y en todos los indicadores, en el que la incidencia aumentó durante el periodo. Esto confirma que la prevalencia del trabajo informal sigue contribuyendo a la privación material, combinada con desigualdad de género y de otro tipo, al no brindar suficiente cobertura de pensión. La transformación productiva, al impulsar oportunidades de trabajo inclusivo en el sector formal, será una oportunidad de mejorar también las condiciones materiales y la cobertura de protección social de las personas y sus familias.

Las diferencias del ingreso laboral entre los trabajadores formales y los informales explican las variaciones de las tasas de pobreza monetaria en todas las tipologías de hogares. La brecha salarial entre el trabajo formal e informal se correlaciona con la mayor proporción de trabajadores informales ubicados en los primeros quintiles de ingresos bajos. Según evidencia recabada recientemente, el salario promedio de los trabajadores formales en todos los países de ALC es de tres a cuatro veces el salario promedio para el trabajo informal, lo cual revela una considerable desventaja salarial relacionada con la informalidad (ECLAC, 2023[40]).

Las características observables de los empleos y los trabajadores explican cerca de la mitad de la brecha salarial entre los trabajadores informales y los formales en los países de ALC (Gráfico 1.15). Los trabajadores informales tienen un menor nivel educativo que los formales y menos probabilidades de estar empleados en industrias y ocupaciones bien pagadas. Sin embargo, más de la mitad de la brecha no se explica y esto indica que intervienen otros factores, como la productividad y la eficiencia del mercado laboral.

Gráfico 1.15. Desglose de la brecha salarial entre la informalidad y la formalidad en países seleccionados de ALC

Ingresos de los trabajadores informales como porcentaje de los salarios promedio mensuales de los trabajadores formales de 15 años o más, 2023 o último año disponible

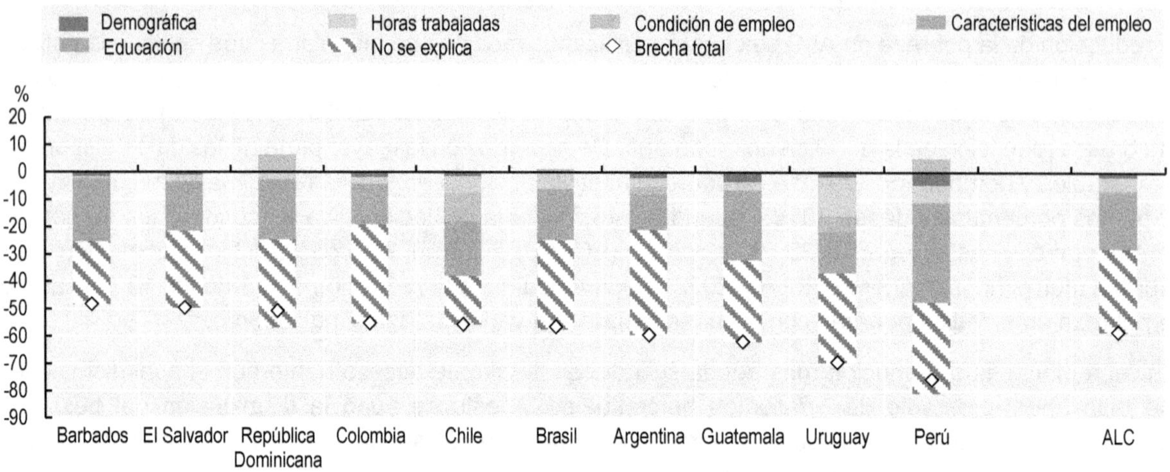

Nota: Los datos de Argentina, Brasil, Colombia, El Salvador y Perú se refieren a 2023; Chile y Guatemala, 2022; República Dominicana y Uruguay, 2018; Barbados, 2016. El desglose se basa en la metodología desarrollada por (Oaxaca, 1973[45]) y (Blinder, 1973[46]), juntando los dos grupos de referencia (informal y formal). La variable dependiente se define como el logaritmo natural de los ingresos mensuales en un empleo primario. Las características demográficas se definen utilizando información sobre la edad (y la raíz cuadrada de esta) y el género. Horas trabajadas se refieren a las horas semanales reales o usualmente trabajadas en el sitio. Niveles educativos se refieren a cuatro categorías de la educación más alta obtenida: sin escolaridad, primaria, secundaria y terciaria. Las características del empleo se refieren a las clasificaciones internacionales de un solo dígito de las industrias (ISIC Rev. 2008) y de las ocupaciones (ISCO-08).
Fuente: Estimaciones basadas en (OECD, 2024[33]), base de datos *Key Indicators of Informality based on Individuals and their Households (KIIbIH)*.

StatLink https://stat.link/oqwrc9

Si bien la condición de pobreza de las personas se relaciona con la condición de informalidad de los hogares, una cantidad nada desdeñable de la población de los países de ALC habitan hogares informales no pobres (21.7%), un 18.8% adicional habita hogares mixtos no pobres y el 30.4% en hogares formales no pobres (Gráfico 1.16). Las cifras señalan que algunos hogares, aunque son informales, pueden contribuir a los sistemas de protección social.

Gráfico 1.16. Distribución de la población de ALC por nivel de informalidad del hogar y la condición de pobreza

Porcentaje de la población, algunos países, 2023 o último año disponible

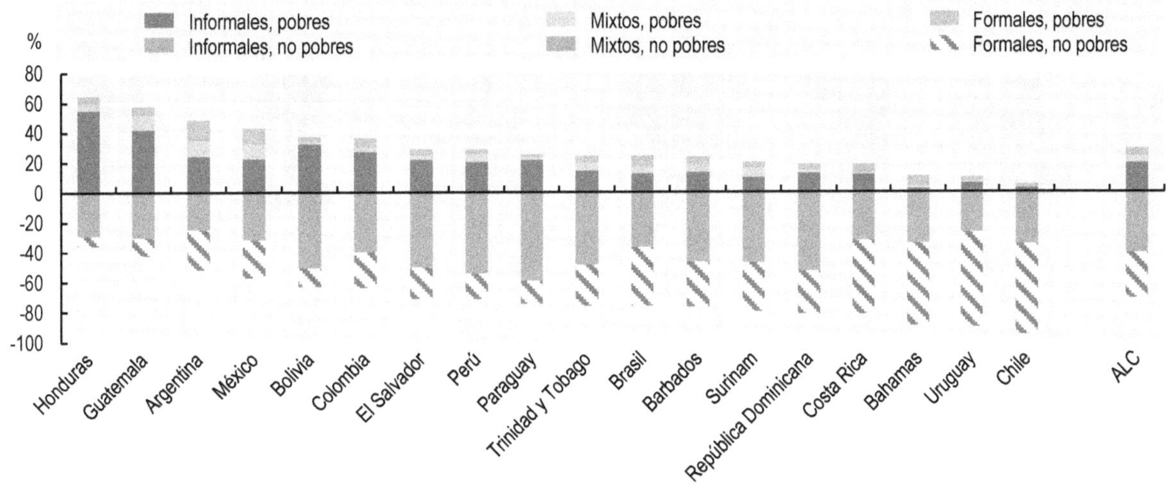

Nota: Los datos de Argentina, Brasil, Colombia, Costa Rica, El Salvador, Paraguay, Perú y Uruguay se refieren a 2023; Bolivia, Chile, Guatemala, México y Surinam, 2022; Honduras, 2019; República Dominicana, 2018; Barbados, 2016; Trinidad y Tobago, 2014 y Bahamas, 2013. Los hogares se clasifican con base en el nivel de informalidad de sus perceptores de ingresos. Los hogares informales son aquellos en los que todos los perceptores son trabajadores informales, los hogares mixtos son aquellos en los que por lo menos un perceptor es un trabajador informal y los hogares formales son aquellos en los que todos los perceptores de ingresos son trabajadores formales.
Fuente: (OECD, 2024[33]), base de datos *Key Indicators of Informality based on Individuals and their Households (KIIbIH).*

StatLink https://stat.link/wpo5ni

Los sistemas de protección social de ALC están lejos de ser universales y pueden mejorarse

En el ámbito de la protección social para hogares latinoamericanos, prevalecen brechas sustanciales. A partir de 2022, uno de cada cuatro hogares (23.5%) en los países latinoamericanos carecía de alguna forma de protección social, contributiva o no. En el mismo año, el 27.1% de la población habitaba hogares que recibían transferencias condicionadas, pero los beneficios fueron insuficientes para cerrar por completo la brecha de pobreza (ECLAC, 2024[27]). En muchos países de ingresos medios, incluidos los de la región de ALC, las políticas para afrontar la pobreza persistente están cambiando hacia programas no contributivos, programas financiados por la recaudación fiscal, para ayudar a cerrar la brecha de protección social para personas sin capacidad contribuyente (OECD, 2024[47]; Kolev, La and Manfredi, 2023[48]).

En un estudio de la CEPAL, realizado en 15 países en 2021 (2014-2017), se descubrió que las transferencias no contributivas redujeron la pobreza 2.0 puntos porcentuales y la pobreza extrema, 1.7 puntos porcentuales (Cecchini, Villatoro and Mancero, 2021[49]). Esto resulta particularmente pertinente, dado el alto porcentaje de dependientes vulnerables que habitan hogares sostenidos de manera total o parcial por ingresos informales. En 2023, el 61.1% de los niños menores de 15 años de edad y el 63.5% de las personas de más de 65 habitaban hogares de este tipo. Sin embargo, el porcentaje ha bajado ligeramente desde 2010: 3.7 puntos porcentuales para los niños y 4.0 puntos porcentuales para los ancianos (Gráfico 1.17). La condición de informalidad de los hogares también puede afectar a otras personas con mucha necesidad de cuidado y otros servicios básicos (por ejemplo, salud y educación), como los habitantes jóvenes o ancianos o personas con discapacidad.

Gráfico 1.17. Distribución de los dependientes en países seleccionados de ALC, 2010-2023

Porcentaje de la población en cada grupo de edad

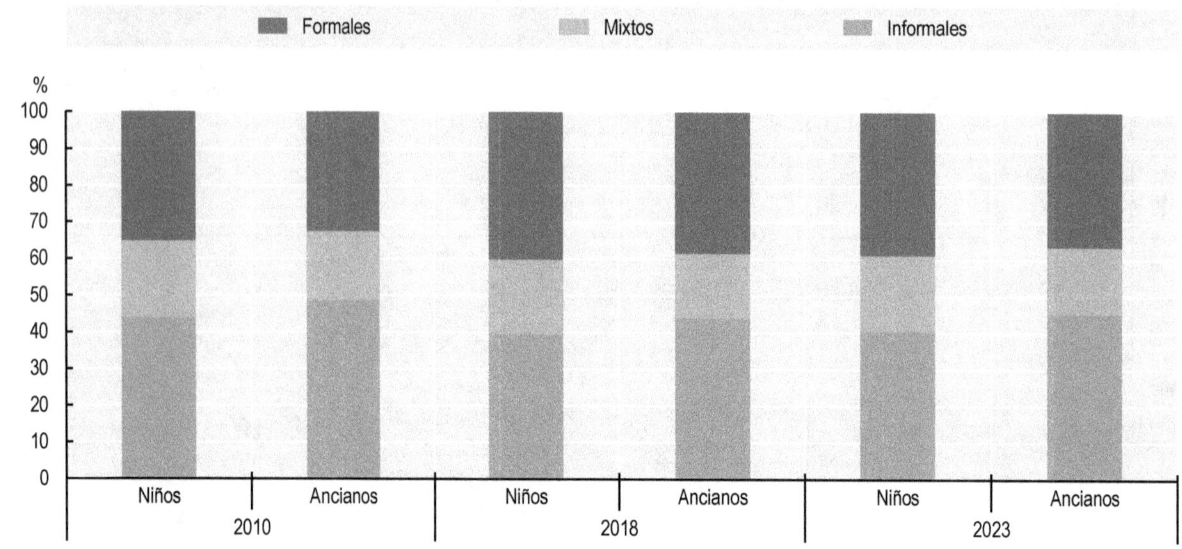

Nota: Niños: personas menores de 15 años de edad; ancianos: 65 años de edad o más. Los datos se refieren a un promedio no ponderado de los siguientes países y años: Argentina (2010, 2018, 2023), Brasil (2009, 2018, 2023), Chile (2009, 2017, 2022), Colombia (2010, 2018, 2023), Costa Rica (2010, 2018, 2023), El Salvador (2015, 2018, 2023), México (2010, 2018 2022), Paraguay (2009, 2018 2023), Perú (2010, 2018 2023) y Uruguay (2008 2018 2023). Los hogares se clasifican con base en el nivel de informalidad de sus perceptores de ingresos. Hogares informales: aquellos en los que todos los perceptores son trabajadores informales; hogares mixtos: aquellos en los que por lo menos un perceptor de ingresos es un trabajador informal; hogares formales: aquellos en los que todos los perceptores de ingresos son trabajadores formales.

Fuente: (OECD, 2024[33]), base de datos *Key Indicators of Informality based on Individuals and their Households (KIIbIH).*

StatLink https://stat.link/m4urs7

A pesar del consenso alcanzado en torno al apoyo a grupos en condición de pobreza con transferencias de efectivo y programas no monetarios, es menos común llegar a un acuerdo cuando se trata de proporcionar a trabajadores informales no clasificados como pobres, prestaciones como atención universal de salud, pensiones y transferencias de efectivo. Ampliar la protección social a este grupo presenta diversas opciones de políticas complejas, por ejemplo, cuestionarse si brindar derechos universales o recurrir a otros mecanismos, como los programas públicos de seguridad social, voluntarios u obligatorios. Según un estudio de 2024, son preferibles los sistemas de protección social universal, es decir, los que cubren a todos los trabajadores vulnerables, sea cual sea su condición en el mercado laboral (Arnold et al., 2024[50]). Siguiendo este razonamiento, todas las personas deberían disponer de un conjunto básico de beneficios de protección social, sin distinción entre trabajadores formales o informales. Sin embargo, una combinación de políticas dirigidas a lograr una mejor protección social para los trabajadores informales podría también considerar diferentes puntos de inicio, dependiendo de la condición específica de empleo de los trabajadores informales. En 2023 o el último año con datos disponibles, las personas que trabajan por su cuenta estuvieron excesivamente representadas entre los trabajadores informales (47.6% del total), seguidos por empleados (41.6%), familiares que realizan trabajo doméstico no remunerados (6.2%) y empleadores (4.6%) (OECD, 2024[33]).[3]

Muchos países de ALC tienen en la actualidad regímenes fiscales presuntivos (también conocidos como regímenes fiscales simplificados), cuyo objetivo es procurar el cumplimiento de las obligaciones fiscales y la formalización de las empresas, al reducir los costos del cumplimiento fiscal y aplicar tasas impositivas más bajas que las del sistema fiscal estándar. Estos regímenes por lo común se enfocan en las micro y pequeñas empresas y gravan una base fiscal presunta que busca aproximarse a un ingreso imponible por medios indirectos. Por consiguiente, dichos regímenes pueden ser pertinentes en particular cuando es difícil evaluar con precisión el ingreso imponible real (Mas-Montserrat et al., 2023[51]).

Los sistemas tributarios presuntivos tienen el potencial de ampliar la cobertura de protección social y aumentar paulatinamente la generación de ingresos fiscales, sobre todo cuando incorporan contribuciones a la seguridad social (OECD et al., 2024[19]). Bajo un régimen de este tipo, podría permitirse a las pequeñas empresas pagar un único impuesto que sustituyera al mayor número posible de contribuciones, incluidas las que se hacen a la seguridad social. Al brindar acceso a la protección social y a la posibilidad de optar por varios programas (como un seguro de salud), estos sistemas pueden alentar a las personas a formalizar sus empresas. Casos específicos en ALC demuestran que los regímenes fiscales simplificados reducirían eficazmente la informalidad. Por ejemplo, Uruguay tiene el nivel de empleo informal más bajo de la región, después de haber puesto en práctica el régimen Monotributo (Mas-Montserrat et al., 2023[51]; Teixeira, 2021[52]). Iniciado en 2001 y ampliado en 2006, Monotributo brinda un marco simplificado que consolida las contribuciones a la seguridad social y el impuesto sobre la renta en un solo pago. El régimen facilita que las personas autoempleadas que operan pequeños negocios se registren, ya sea como empresas personales con un empleado, como sociedades con dos socios o como empresas familiares con un máximo de tres socios y sin empleados.

En los países de ALC, al igual que en otras economías en desarrollo, los regímenes de protección social contributivos cubren principalmente a empleados formales con contratos de trabajo definidos. Algunos incluyen también otras categorías, como el autoempleo. Ampliar estos regímenes para cubrir a trabajadores informales suele implicar reformas legales, procesos de registro y pago simplificados y el uso de nuevas herramientas digitales que ayuden a formalizar los empleos. Iniciado en 2001 y ampliado en 2006, Monotributo brinda un marco simplificado que consolida las contribuciones a la seguridad social y el impuesto sobre la renta en un solo pago. El régimen facilita que las personas autoempleadas que operan pequeños negocios se registren, ya sea como empresas personales con un empleado, como sociedades con dos socios o como empresas familiares con un máximo de tres socios y sin empleados (OECD, 2024[47]; ECLAC, 2024[27]; IDB, 2025[26]; OECD/OISS, 2024[28]). Mejorar los vínculos entre las contribuciones y los beneficios impulsaría el registro voluntario en la protección social. Políticas recientes, como la pensión mínima garantizada en Colombia, demuestran que estos incentivos pueden fomentar la participación. Al mismo tiempo, la agrupación de riesgos mediante la seguridad social es ahora menos común, con un profundo impacto en el diseño de la política social, debido a la cambiante estructura socio-demográfica de las familias latinoamericanas. Según las estimaciones más recientes, el porcentaje de hogares con una persona soltera, separada o divorciada como jefe del hogar ha aumentado considerablemente, de 24.5% del total en la década de 2000 a 31.9% a principios de la década de 2020; por su parte, los hogares encabezados por una pareja casada han disminuido, de 63.2% en la década de 2000 a 57.8% a principios de la década de 2020 (OECD, 2024[33]).[4]

Dada la elevada vulnerabilidad que enfrentan los hogares en América Latina y el Caribe, muchos países de la región han ampliado el alcance de las políticas de protección social no contributivas (ECLAC, 2024[27]; ECLAC, 2025[10]; OECD et al., 2024[19]). La importancia de una amplia cobertura se hizo especialmente evidente durante la pandemia del COVID-19, pero esta no bastó para evitar graves consecuencias para la población, lo que derivó en una crisis social prolongada cuyos efectos aún persisten (ECLAC, 2025[10]; OECD et al., 2021[53]). Las transferencias no contributivas públicas y privadas representan un gran porcentaje del ingreso de los grupos más pobres. Alrededor de 22% de los ingresos del primer quintil provienen de esta fuente, y el porcentaje disminuye en el caso de los quintiles de ingresos más altos de los hogares. Representa alrededor de 14% de los ingresos para el segundo quintil, 10% para el tercero, 7% para el cuarto y 4% para el quinto (ECLAC, 2023[40]).[5]

La dinámica del mercado laboral desempeñó una función vital en la reducción de la pobreza en ALC durante el periodo 2019-2023 (Maloney, Melendez and Morales, 2025[54]). Durante este periodo, el desempeño del ingreso laboral real avanzó al ritmo de la inflación y superó el impacto negativo de los niveles de empleo, aunque no de forma constante en todos los países de ALC con datos disponibles. Se espera que la reducción de la pobreza dependa menos de este canal en los próximos años, dado que las transferencias públicas de la era de la pandemia han vuelto (aunque no del todo) a los niveles previos a 2020 y los gobiernos están abordando los problemas fiscales (OECD et al., 2024[19]; ECLAC, 2023[40]). En el futuro, la generación de empleos formales derivada de la transformación productiva será cada vez más decisiva en la lucha contra la pobreza. Será necesario poner en práctica políticas públicas para generar un mercado laboral, inclusivo, aumentar las oportunidades de trabajo digno y generar ventajas competitivas para el país, mediante la transformación productiva.

Financiar la extensión de la protección social a los trabajadores informales sigue siendo fundamental en los países de ALC, en especial debido a las restricciones impuestas por el limitado margen fiscal (OECD et al., 2024[19]; Arnold et al., 2024[50]; OECD, 2024[47]). De acuerdo con el Fondo Monetario Internacional (FMI), aumentar la relación impuestos-PIB en 5 puntos porcentuales durante una década es ambicioso pero factible para la mayoría de los países en desarrollo (Gaspar, 2019[55]). Para aumentar grandes cantidades de ingresos fiscales adicionales con el tiempo, se requerirá concordancia con los objetivos de crecimiento económico sostenible – que sean compatibles con la transformación productiva – mediante reformas fiscales específicas para el país que deben desarrollarse con cuidado, implementarse y evaluarse con el tiempo.

Un análisis preliminar de la OCDE indica que, en economías con empleo informal alto, una buena mezcla de impuestos personales directos e impuestos indirectos, como el impuesto al valor agregado (IVA), e impuestos a las ventas, ofrecen el mayor potencial de ingresos fiscales a corto plazo, debido a su base amplia y poco flexible (OECD, 2024[47]; Arnold et al., 2024[50]). En América Latina, los programas de transferencia de efectivo condicionada ya son financiados predominantemente con ingresos gubernamentales generales, lo cual los posiciona como componentes fundacionales eficaces para ampliar los sistemas de protección social. Si estos programas se desarrollan para responder con mayor eficiencia a crisis transitorias de los ingresos, podrían sustituir parcialmente o complementar los programas de seguridad social contributivos, en particular para los perceptores de bajos ingresos, para quienes las contribuciones obligatorias pueden reducir en gran medida los incentivos del empleo formal. En concordancia con las reformas de los sistemas de pensión, un punto de referencia económicamente eficiente podría ser focalizarse en tasas de contribución social cercanas a cero en los niveles de ingresos en torno al umbral de la formalidad, por lo general representados por el salario mínimo (Arnold et al., 2024[50]).

Sin embargo, los impuestos indirectos ya son altos en la región (OECD et al., 2025[11]). Aumentarlos para financiar la protección social universal puede afectar desproporcionadamente a las personas en condición de pobreza y poner en riesgo la ampliación de la actividad del mercado informal, por ejemplo, en el caso de pequeños negocios informales que operan en el sector de las ventas. Si bien la evidencia sugiere que los hogares más ricos pagan un porcentaje mayor del IVA en algunos países en desarrollo (Bachas, Gadenne and Jensen, 2020[56]), la asequibilidad sigue preocupando a los más pobres. Las opciones de políticas incluyen eliminar las tasas reducidas de IVA y las exenciones a productos no esenciales para financiar la protección social focalizada. Mientras tanto, los sistemas de IVA desarrollan registros en papel que enriquecen la aplicación regulatoria y fomentan la formalización a lo largo de las cadenas de suministro (Ulyssea, 2020[31]). De acuerdo con evidencias, las herramientas digitales son instrumentos poderosos para mejorar el cumplimiento de las obligaciones fiscales, lo cual tiene efectos directos positivos sobre la formalización (Barreix et al., 2025[57]). Ampliar la base del IVA o reducir las exenciones puede aumentar los ingresos fiscales para financiar la protección social, pero dichas políticas deberán implementarse con medidas compensatorias bien diseñadas – como transferencias focalizadas o exenciones para productos básicos –, para evitar que la regresividad empeore y mitigar represalias políticas y sociales.

La estructura demográfica de ALC puede plantear retos para la transformación productiva

La estructura demográfica de los países de ALC plantea retos y al mismo tiempo oportunidades para la transformación productiva. Entre 1975 y 2023, la población de la región creció 105%, de 321 a 658 millones. El aumento más pronunciado llegó entre los años 1975 y 2000, cuando la población aumentó 200 millones. La tasa de crecimiento ha disminuido desde 2000. En comparación, África subsahariana registró un crecimiento mucho más rápido, al cuadruplicarse su población, de 337 millones en 1975 a 1 260 millones en 2023. Asia meridional también tuvo una considerable expansión, casi triplicando su tamaño, de 799 a 1 950 millones durante el mismo periodo; por su parte, regiones como Europa, Asia Central y América del Norte mostraron un crecimiento mucho más lento, con señales de estabilización en años recientes (Gráfico 1.18).

Gráfico 1.18. Población mundial por región, 1975-2023

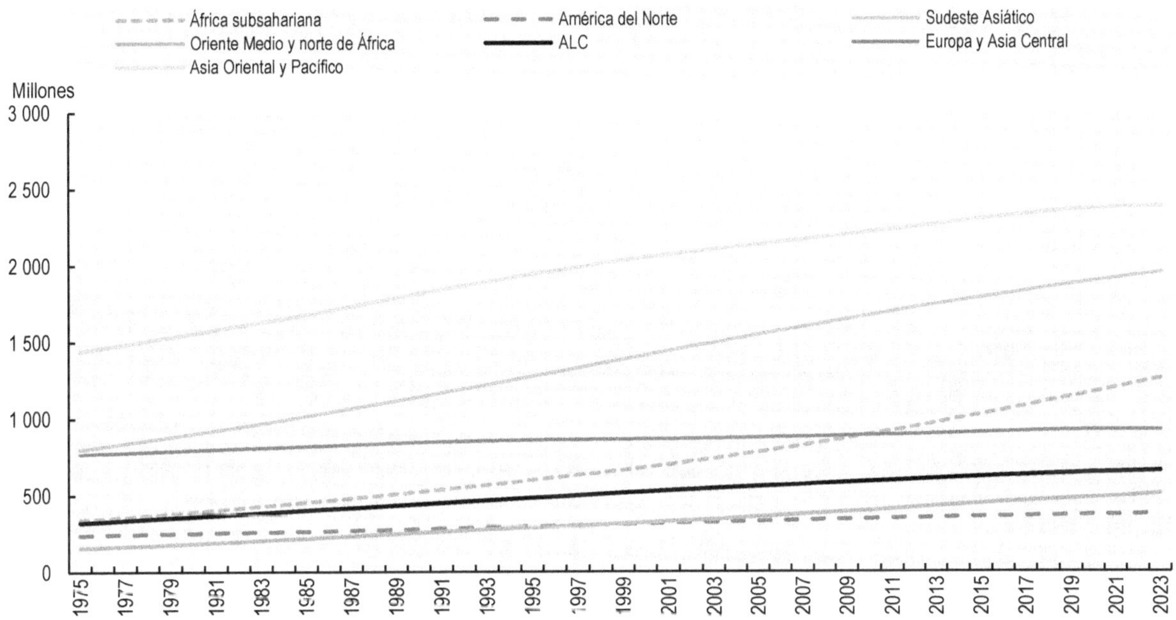

Nota: La población se basa en la definición de facto, que cuenta a todos los residentes sin importar su estatus legal ni su ciudadanía. Los valores mostrados son estimaciones a mitad de año.
Fuente: Elaboración de los autores con base en (World Bank, 2025[58]).

StatLink https://stat.link/l9od5g

Si se la capacita y empodera apropiadamente, la población joven de ALC puede ser un elemento estratégico para impulsar el potencial productivo de la región. En 2024, la población de ALC comprendía cerca de 194.7 millones de mujeres y 189.2 millones de hombres en edad productiva (15-64 años). Se proyecta un ligero aumento para 2050, con 197.6 millones de mujeres y 195.9 millones de hombres en edad productiva. Sin embargo, esta tendencia muestra señales de estabilización, con aumento en los grupos de mayor edad, lo que sugiere retos futuros en términos del envejecimiento de la población, el atractivo de los mercados laborales y la sostenibilidad y adecuación de los sistemas de pensiones (OECD et al., 2024[19]; ECLAC, 2024[27]; Arenas De Mesa, 2019[59]; ECLAC, 2022[60]).

Los niveles de urbanización son altos en la región

Según estimaciones recientes, el 81.2% de la población de ALC vivía en zonas urbanas en 2018 (ECLAC, 2025[61]). Sin embargo, el crecimiento de la población urbana en la región disminuyó bastante, de una tasa de 2.1% en 2000, a 0.98% en 2023. En comparación, las regiones en desarrollo como África subsahariana y Asia meridional todavía muestran altas tasas de crecimiento urbano: la primera mantuvo una tasa de 3.8%, en tanto que la tasa de Asia Meridional bajó de 2.9% a 2.4% de 2000 a 2023. Durante el mismo periodo, en América del Norte, la tasa de crecimiento urbano disminuyó (de 1.5% a 1%), en tanto que Europa y Asia Central mantuvieron un crecimiento de solo 0.3%, lo cual refleja una urbanización más estabilizada y menos dinámica (Gráfico 1.19).

Gráfico 1.19. Crecimiento anual de la población urbana mundial y de la población por región, 2000-2023

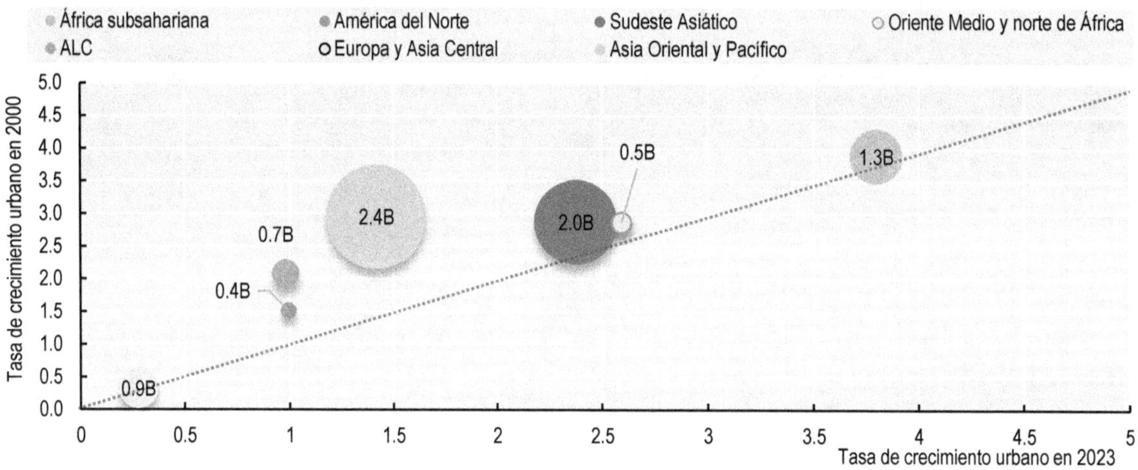

Nota: En las regiones posicionadas por arriba de la línea diagonal, su tasa de crecimiento urbano bajó. En las posicionadas por debajo de la línea, las tendencias de urbanización aumentaron durante el periodo. El tamaño de cada burbuja representa la población total de la región en 2023 (B=mil millones).
Fuente: Elaboración de los autores con base en (World Bank, 2025[58]).

StatLink https://stat.link/zpfq3s

Aunque el crecimiento de la población urbana de ALC es ahora bajo, la mayoría de la población en edad productiva de la región vive en zonas urbanas (Gráfico 1.20). En 2023, el 73.5% de los habitantes de 15 a 64 años de edad, vivían en zonas urbanas: 26.8% en hogares informales, 18.8% en hogares mixtos y 27.8% en hogares formales. Los habitantes de las zonas rurales (26.5% del total) vivían predominantemente en hogares informales (17.7%), 4.3% en hogares mixtos y 4.6% en hogares formales. Sin embargo, en El Salvador, Guatemala, Honduras, Nicaragua, Paraguay y Trinidad y Tobago, el porcentaje de la población en edad productiva que vivía en áreas rurales se acercó o fue muy superior al 40%, y una considerable mayoría de la población vivía en hogares informales.

Gráfico 1.20. Distribución de la población en edad productiva de ALC por zona y por nivel de informalidad del hogar

2023 o último año disponible

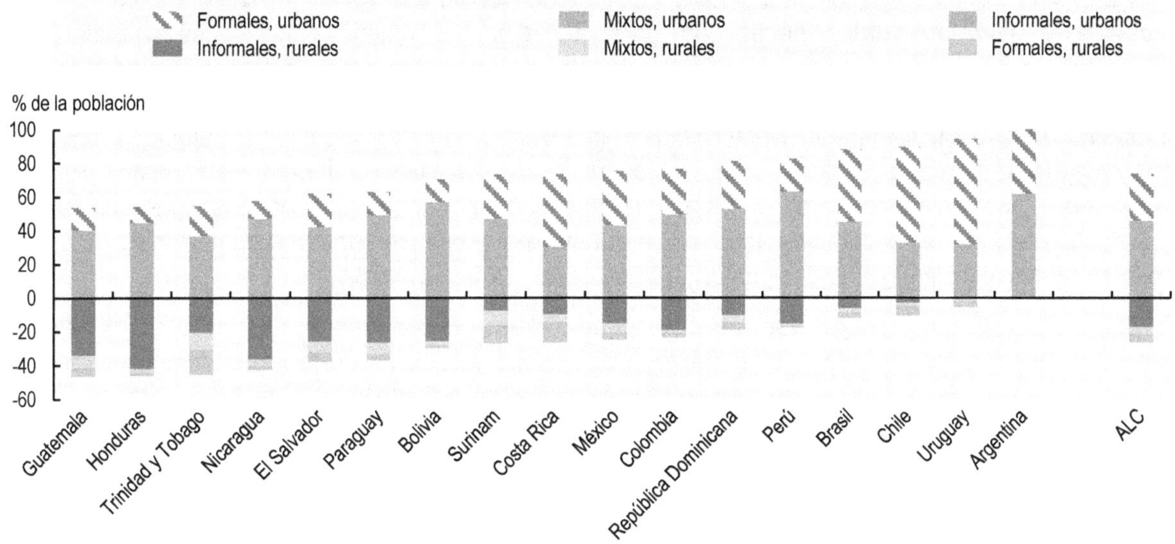

Nota: Los datos se refieren a la distribución de los habitantes de 15 a 64 años de edad. Los hogares se clasifican con base en el nivel de informalidad de sus perceptores de ingresos. Hogares informales: aquellos en los que todos los perceptores son informales; hogares mixtos: aquellos en los que por lo menos un perceptor de ingresos es un trabajador informal; hogares formales: aquellos en los que todos los perceptores son trabajadores formales. Los datos de Argentina se refieren solamente a zonas urbanas. Los datos de Argentina, Brasil, Colombia, Costa Rica, El Salvador, Paraguay, Perú y Uruguay se refieren a 2023; Bolivia, Chile, Guatemala, México y Surinam, 2022; República Dominicana, 2018; Nicaragua y Trinidad y Tobago, 2014.
Fuente: (OECD, 2024[33]), base de datos *Key Indicators of Informality based on Individuals and their Households (KIIbIH)*.

StatLink https://stat.link/bp4wte

Implicaciones medioambientales de la estructura productiva actual

La región de ALC se encuentra en una encrucijada en la que resulta esencial emprender acciones urgentes y audaces para atender los retos del cambio climático y de la pérdida de biodiversidad. Históricamente, las estrategias de producción en la región han estado estrechamente ligadas a una gran degradación medioambiental, amenazando a sus propios servicios de ecosistemas de los que dependen las economías (Dasgupta, 2021[62]). La acción climática en varios países de ALC aumentó considerablemente entre 2010 y 2023, pero disminuyó a partir de 2020, en su mayor parte debido al aumento de los subsidios a los combustibles fósiles como parte de las medidas adoptadas por los países contra el COVID-19 (OECD, 2025[63]). Pensando en el futuro, se precisa de un nuevo modelo de producción que integre objetivos de igualdad social y de sostenibilidad medioambiental. De otra manera, la carga de la transformación corre el riesgo de recaer de manera desequilibrada sobre comunidades específicas, lo que profundizará las desigualdades existentes y podría debilitar el apoyo público a reformas muy necesarias y, al mismo tiempo, deteriorar la prestación de servicios ecosistémicos fundamentales para la economía.

Para que esta transformación sea verdaderamente inclusiva y sostenible, debe priorizar los recursos naturales distintivos de la región y el capital humano (ECLAC, 2024[64]). La armonización de las políticas de desarrollo productivo con los principios de las economías verde, azul y circular ofrece un camino para reconfigurar los sistemas productivos y energéticos de la región (ECLAC, 2025[20]). Un enfoque integrado fomenta una mayor productividad, el desarrollo de nuevas actividades económicas y empleos de calidad, al tiempo que desempeña una función fundamental en la reducción de las emisiones de gases de efecto invernadero (GEI) y la protección del medioambiente. La región tiene un enorme potencial, con una matriz energética verde única y abundantes minerales indispensables para la transición energética mundial. Con las políticas de desarrollo productivo correctas, respaldadas por la cooperación internacional, las finanzas climáticas y la transferencia de tecnología, ALC puede convertirse en un proveedor competitivo de productos y servicios verdes necesarios para alcanzar los objetivos climáticos mundiales. El fortalecimiento de las cadenas de valor verdes locales y regionales puede atraer inversiones, reducir costos de transición, ofrecer soluciones a la medida de los retos territoriales y desbloquear los avances en materia de diversificación, mejora tecnológica, inclusión productiva, creación de empleos, reducción de la desigualdad, y competitividad. Lograr estos objetivos entrelazados demanda una visión sistémica para realizar una transición verde y justa, una que combine estrategias eficaces para proteger el medioambiente y mitigar el cambio climático y la adaptación a este, con un firme compromiso de mejorar el bienestar social y disminuir la desigualdad (OECD et al., 2022[65]; 2025[66]).

En esta sección se examinará por qué deberá asignarse al uso y la conservación de los recursos naturales de ALC la misma prioridad que a los objetivos económicos y sociales de la transformación productiva presentados antes. El análisis que aquí se brinda se limita a un conjunto selecto de indicadores orientados a destacar algunas de las prioridades y alternativas más apremiantes. Cuando es posible, se incluyen comparaciones regionales para brindar una visión general de las principales tendencias de los países en desarrollo. Se alienta a los lectores a consultar el informe *Perspectivas económicas de América Latina 2022: Hacia una transición verde y justa* (OECD et al., 2022[65]).

Este breve análisis está estructurado en torno al principio de consumo justo, definido como una frontera ecológicamente sostenible dentro de la cual los recursos y las oportunidades se distribuyen equitativamente, permitiendo así a las personas y a las sociedades cubrir sus necesidades y lograr el bienestar (Hot or Cool Institute, 2021[67]). Incluye también un resumen de los niveles de emisiones, las tendencias en el consumo de recursos naturales y las posibles alternativas para una producción y un consumo más justos y más sostenibles.

Las emisiones de carbono siguen creciendo en ALC bajo su modelo de producción actual

Las emisiones de gases de efecto invernadero (GEI) crecieron en ALC bajo su modelo de producción actual, aunque ALC se mantiene entre las regiones con menores emisiones de GEI del mundo. Las emisiones de GEI en ALC aumentaron el 10% entre 1992 y 2022, para alcanzar 4.1 gigatoneladas del equivalente de dióxido de carbono ($GtCO_2e$), y representan cerca de 8.4% de las emisiones globales. Si bien este aumento puede parecer módico, en gran medida es resultado de las emisiones netas derivadas del cambio del uso de la tierra y la silvicultura (LUCF, por sus siglas en inglés), que compensan parcialmente el importante crecimiento de las emisiones de fuentes relacionadas con la energía y la agricultura. Si se excluyen las LUCF, las emisiones de GEI en ALC habrían aumentado alrededor de 56% durante el mismo periodo

Entre 1990 y 2022, las emisiones de GEI en ALC aumentaron en todos los sectores, debido principalmente a los sectores estratégicos clave del modelo de producción actual. El aumento provino tanto de las actividades relacionadas con la energía como de fuentes no energéticas (principalmente, el uso de la tierra y la agricultura). Las emisiones relacionadas con la energía aumentaron 53%. El sector del transporte, fuertemente ligado a la energía, es uno de los principales impulsores del aumento de las emisiones, vinculado a la expansión urbana, el aumento en la compra de vehículos y la insuficiente inversión en transporte público. Las emisiones agrícolas, históricamente la fuente no energética más importante, se elevaron 39%, lo cual destaca el papel de la ganadería, las prácticas de la tierra y el uso de fertilizantes en el sostenimiento de los elevados niveles de emisiones. Las emisiones de los procesos industriales se triplicaron con creces (+223%), reflejando así transformaciones profundas en la manufactura, la construcción y las industrias extractivas. Pese a la reciente baja de las LUCF, ese sector se mantiene como una fuente dominante en la región (Gráfico 1.21, Panel B).

Gráfico 1.21. Emisiones de gases de efecto invernadero por región y por sector, 1990-2022

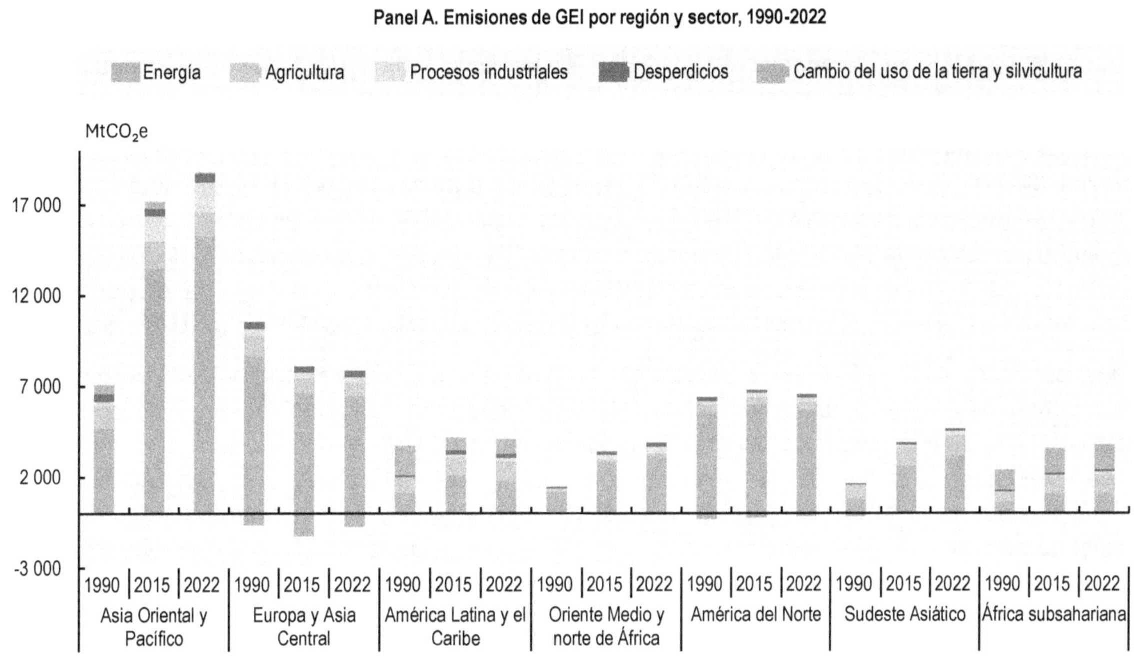

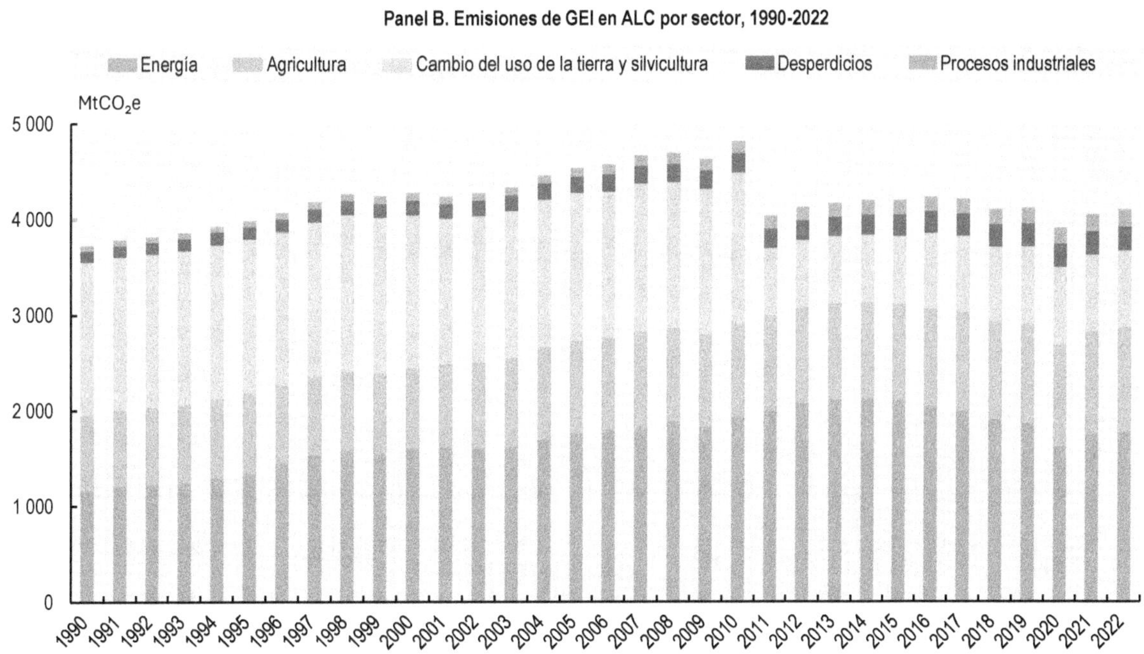

Nota: "ALC" incluye datos disponibles de 33 países. El sector energético incluye emisiones de la producción de electricidad y calor, transporte, bienes inmuebles, manufactura y construcción, combustión de otros combustibles y emisiones fugitivas. "GEI" se refiere a gases de efecto invernadero y "MtCO2e" se refiere a millones de toneladas de dióxido de carbono equivalente.
Fuente: Elaboración de los autores con base en (Climate Watch, 2025[68]).

StatLink https://stat.link/y3jdmf

Considerando otras regiones, entre 1990 y 2022, Asia Oriental y Pacífico registraron el mayor crecimiento de las emisiones, 165%, mientras que Europa y Asia Central las redujeron 28%. El aumento en las emisiones de ALC refleja las tendencias en África subsahariana, donde también se elevaron las emisiones de la agricultura (+81%) y las actividades relacionadas con la energía (+80%) en el mismo periodo. En cambio, Europa y Asia Central lograron reducir las emisiones de la agricultura 33% y las emisiones relacionadas con la energía, 26%. Este ejemplo ofrece vías hacia una transición baja en carbono que ALC podría adaptar a su contexto (Gráfico 1.21, Panel A). Las tendencias ascendentes de las emisiones en ALC resaltan los retos de desacoplar el crecimiento de las emisiones en sectores económicos clave.

En 2020, los usuarios finales de energía, como la industria, el sector del transporte y los hogares, fueron responsables de más del 50% de las emisiones de GEI. En la industria, que representó el 24% de las emisiones directas relacionadas con la energía en ALC, los subsectores del cemento, acero y productos químicos fueron particularmente significativos, representando el 57% de las emisiones de estas industrias y a menudo demostrando ser difíciles de descarbonizar. El transporte representó el 25% de las emisiones relacionadas con la energía en 2021. El transporte urbano de pasajeros y de carga desempeñó un papel especialmente importante, representando cerca del 90% de las emisiones del sector (CAF, 2024[69]).

En siete países de ALC, el transporte es el mayor emisor entre los sectores energéticos, pero muestra el nivel más bajo de acción climática, lo cual destaca una grave falta de armonización (OECD, 2025[63]). Si bien el consumo de energía de los hogares es modesto, el tipo de combustible usado tiene implicaciones medioambientales. A pesar de los avances logrados en la reducción de la dependencia de los combustibles sucios (cifra que bajó del 82% en 1970 al 36% en 2021), la madera se mantiene como la principal fuente de energía doméstica en 8 de 19 países estudiados, con lo que contribuye a la contaminación atmosférica en interiores y afecta los resultados relativos a la salud y la calidad del aire local (IEA, 2020[70]; CAF, 2024[69]).

Gráfico 1.22. Emisiones de GEI por país y sector, países seleccionados de ALC, 2014-2022

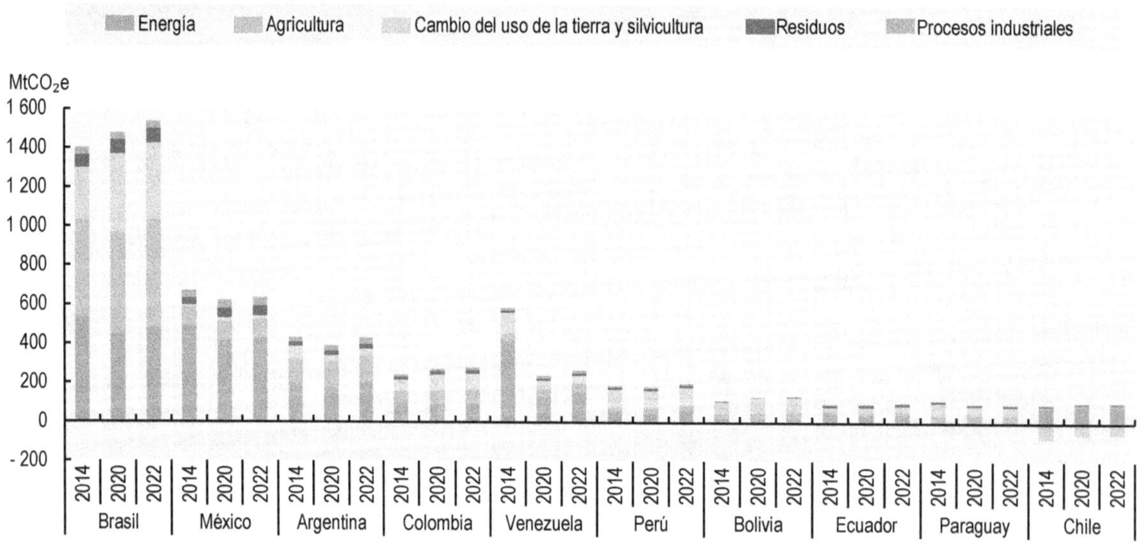

Nota: El sector energético incluye emisiones de la producción de electricidad y de calor, transporte, bienes inmuebles, manufactura y construcción, combustión de otros combustibles y emisiones fugitivas. En el gráfico se incluyen solo 10 países de América Latina, seleccionados con base en sus niveles de emisión. La selección se hizo para evitar la representación desproporcionadamente pequeña de otros países al compararse con Brasil. $MtCO_2e$ representa millones de toneladas de dióxido de carbono equivalente.
Fuente: Elaboración de los autores con base en (Climate Watch, 2025[68]).

StatLink https://stat.link/4f62iz

Las emisiones de GEI en ALC repuntaron después de una baja temporal. Entre 2014 y 2020, las emisiones bajaron en el sector clave de la energía (-23.7%), en tanto que las emisiones de procesos industriales y los residuos aumentaron +13.3% y +13%, respectivamente. Esta reducción corresponde a la desaceleración temporal vinculada a los cambios estructurales y el principio de la pandemia del COVID-19. Sin embargo, entre 2020 y 2022, las emisiones aumentaron de nuevo: +3.1% en la agricultura, +9.3% en la energía, +10.5% en la industria y +2.6% en los residuos (Gráfico 1.21, Panel B). Este repunte refleja desafíos estructurales persistentes, como la agricultura intensiva en emisiones, la dependencia de combustibles fósiles y el limitado avance de la gestión de residuos. Ejemplos de esta tendencia son países como Chile, Colombia y México, donde, para reducir las emisiones con eficacia, es necesario avanzar en materia de vehículos de cero y bajas emisiones, infraestructura de apoyo y comportamiento del consumidor. El sector de la construcción, que tiene el menor porcentaje de emisiones demuestra el nivel más alto de la acción climática en seis de los siete países analizados (Gráfico 1.22).

Consecuencias de la producción insostenible: Contaminación atmosférica y desastres naturales

Contaminación atmosférica

Los procesos centrales del modelo de producción actual contribuyen en gran medida a la contaminación atmosférica. Las altas emisiones de GEI aumentan dicha contaminación y causan daños graves a la salud humana: enfermedades respiratorias, problemas cardiacos y muerte prematura. Los niveles de contaminación atmosférica por partículas finas con un diámetro de menos de 2.5 micrones de diámetro ($PM_{2.5}$), bajaron constantemente en ALC durante las últimas dos décadas: de una exposición promedio anual de 25.6 microgramos por metro cúbico (µg/m³) en 2000, a 15.6 µg/m³ en 2020. Sin embargo, los niveles de contaminación se mantuvieron por arriba de los de América del Norte (7.7 µg/m³) y de Europa y Asia Central (14.3 µg/m³) en 2020 (Gráfico 1.23).

Gráfico 1.23. Contaminación atmosférica por región del mundo, exposición anual promedio, 2000-2020

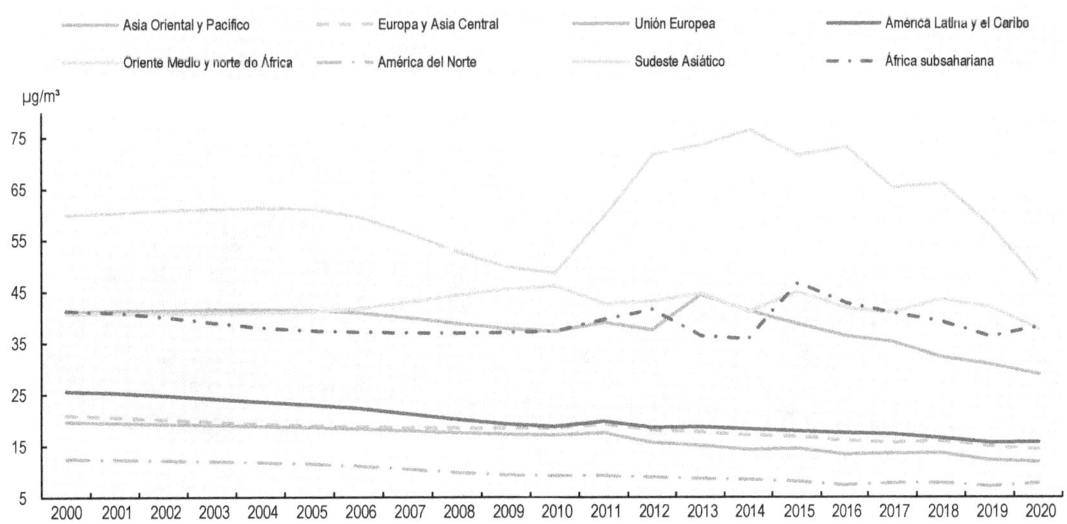

Nota: La exposición ponderada por la población a la contaminación ambiental por PM2.5 se define como el nivel promedio de exposición de la población de un país a concentraciones de partículas suspendidas con un diámetro aerodinámico inferior a 2.5 micrones, que son capaces de penetrar profundamente en las vías respiratorias y causar graves daños a la salud. La exposición se calcula ponderando las concentraciones medias anuales de PM2.5 por población, tanto en zonas urbanas como rurales.
Fuente: Elaboración de los autores con base en (World Bank, 2025[58]).

StatLink https://stat.link/f31gub

Entre todos los riesgos medioambientales, la contaminación atmosférica es la mayor amenaza para la salud humana, dada la peligrosidad de las partículas $PM_{2.5}$ (UNECE, 2021[71]). Las actividades esenciales del modelo de producción actual contribuyen directamente a la contaminación atmosférica. El transporte es uno de los principales responsables de ciertos tipos de contaminación atmosférica y de las elevadas emisiones de GEI, un problema agravado por la vasta geografía, la dependencia del automóvil, la congestión, la antigüedad del parque vehicular y la deficiente infraestructura en muchos países de ALC. En las áreas urbanas de toda América Latina, la flota de vehículos privados representa cerca del 75% de las emisiones de dióxido de carbono (CO_2) y el 82% de las partículas menores de 10 micrones en diámetro, ambas vinculadas a efectos adversos para la salud (Vasconcelos, 2019[72]). Sin embargo, es importante tomar nota de que algunas soluciones, como el dióxido de azufre, son emitidas principalmente por fuentes fijas como las centrales eléctricas que operan con carbón.

Desastres naturales

Pese a contribuir relativamente poco a las emisiones acumuladas de GEI, entre 1975 y 2024 se observó en los países de ALC un alza considerable en los desastres naturales relacionados con el clima, como inundaciones y tormentas. El número de estos eventos se duplicó con creces en dos periodos de 25 años, pasando de 569 en 1975-1999 a 1328 en el periodo 2000-2024 (Gráfico 1.24, Panel A). ALC representó 17% de los desastres naturales en el mundo de 2000 a 2024, lo que destaca la exposición de la región a catástrofes naturales con altas pérdidas económicas (Gráfico 1.24, Panel B) y consecuencias directas en términos de productividad y de activos inutilizados. La única región más afectada fue Asia Oriental y Pacífico (26%), en tanto que los porcentajes de Europa y Asia Central (17%) y de África subsahariana (16%) fueron similares a los de ALC.

Gráfico 1.24. Desastres naturales por región del mundo, 1975-2024

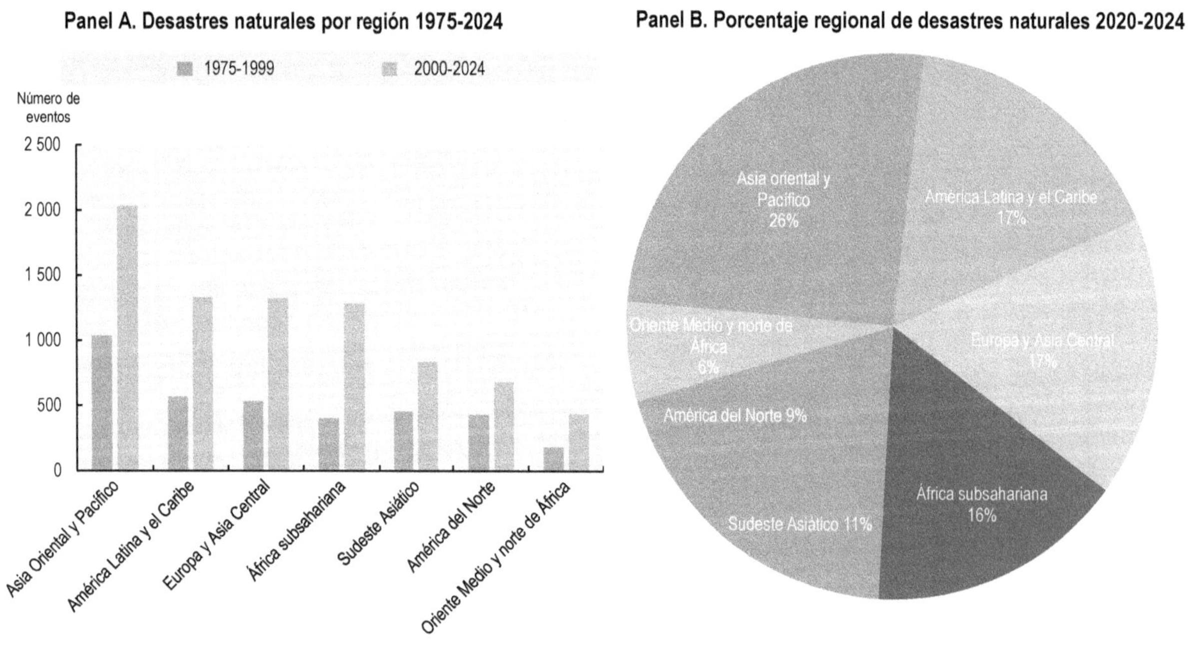

Nota: Los datos por región muestran el número total de eventos por año durante los periodos 1975-1999 y 2000-2024. Los desastres naturales se definen como situaciones o eventos que exceden la capacidad de los recursos locales de responder con eficacia, requiriendo ayuda de fuentes nacionales o internacionales. Son sucesos inesperados y a menudo repentinos que provocan graves daños, destrucción y sufrimiento humano. Se consideraron los siguientes tipos de desastres naturales: sequías, incendios forestales, temperaturas extremas, tormentas e inundaciones.
Fuente: Elaboración de los autores con base en (CRED, 2025[73]).

StatLink https://stat.link/sa1xml

Las prácticas actuales de producción provocan el cambio climático y la degradación medioambiental, causando eventos climáticos extremos, intensos y más frecuentes. Las inundaciones y las tormentas fueron los tipos de desastres naturales más frecuentes en ALC durante el periodo completo 1975-2024. La comparación de los dos periodos de 25 años (1975-1999 y 2000-2024), muestra que el número de inundaciones aumentó de 306 a 736 y el número de tormentas, de 175 a 412 (Gráfico 1.25, Panel A). La deforestación, los cambios del uso de la tierra y las emisiones de GEI reducen la capacidad de los ecosistemas de absorber agua, lo cual provoca escorrentías más rápidas y mayores riesgos de inundaciones. El número de sequías aumentó de 45 a 86, los incendios forestales aumentaron de 25 a 46 y los eventos de temperaturas extremas se incrementaron de 18 a 48. Las tormentas causaron el mayor daño económico a la región y el costo se duplicó durante los dos periodos de 25 años, de 47 200 millones de USD (1975-1999) a 96 800 millones de USD (2000-2024) (Gráfico 1.25, Panel B). Las inundaciones también causaron graves daños económicos con un costo de 42 300 millones de USD en el periodo más reciente. Aunque menos frecuentes, las sequías también ocasionaron daños considerables, con pérdidas que alcanzaron 31 500 millones de USD durante el periodo 2000-2024 (CRED, 2025[73]).

Hay una evidencia cada vez mayor de que los eventos climáticos extremos se interconectan más y provocan que las pérdidas económicas escalen a impactos sociales sin precedentes. Los métodos actuales de producción contribuyen al cambio climático y a la degradación medioambiental, que aumentan la frecuencia y la gravedad de los eventos climáticos extremos y su impacto sobre las poblaciones más vulnerables. En 2024, la creciente frecuencia de los desastres naturales causó graves daños a la productividad agrícola y la seguridad alimentaria en ALC, lo cual afectó no solo a las empresas que invirtieron en la región, sino también a las poblaciones de ingresos bajos. Estos grupos dependen de negocios sensibles al clima, como la agricultura, y carecen también de acceso simple a la cobertura de seguros o a la posibilidad de ahorrar y viven en zonas que son más vulnerables a los eventos medioambientales. En el 2024, en Brasil, las inundaciones en Río Grande do Sul afectaron los principales cultivos, como la soya, y provocaron pérdidas en el sector agrícola por cerca de 1 575 millones USD. En Guatemala, el 56% de los productores agrícolas informaron de la insuficiencia del riego en 2024. Por su parte, en Colombia, el 42% de ellos enfrentaron problemas semejantes debido a la sequía. En la región de Orinoco en Colombia, los incendios forestales destruyeron 125 000 hectáreas de pastura, causando graves daños a la ganadería. En Ecuador, la producción de leche bajó 20% debido a la sequía, y en Haití, la inseguridad alimentaria afectó al 48% de la población. En Perú, el fenómeno de El Niño redujo la captura de anchoveta al 50%, lo cual impactó en gran medida al sector pesquero (WMO, 2025[74]).

Estos eventos resaltan la necesidad urgente de aumentar, de manera inclusiva, políticas de mitigación y adaptación que incluyan el uso de la tierra y la resiliencia de los ecosistemas, el fortalecimiento de los sistemas de alerta temprana, mejorar la gestión de riesgos climáticos y propiciar prácticas agrícolas resilientes. La inversión adicional en actividades de protección de la tierra, la conservación de la biodiversidad, la restauración de los ecosistemas, la tecnología climática y los datos adaptados al ámbito local son fundamentales para asegurar nuevas inversiones privadas, producción sostenible y cadenas estables de suministro (WMO, 2025[74]). Reforzar las capacidades institucionales será un elemento clave para avanzar. El uso de soluciones digitales, como sistemas de observación terrestres, el internet de las cosas, la inteligencia artificial, la nube y el *blockchain*, proporciona a las empresas y a los agricultores información esencial para tomar mejores decisiones dirigidas a optimizar sus inversiones, aumentar la productividad y mejorar la prevención de desastres y la gestión de riesgos (Telefónica, 2023[75]). La inclusión del capital natural en las decisiones económicas y financieras también será esencial para garantizar la inversión en sectores estratégicos basados en la naturaleza (Systemic, 2025[76]).

Gráfico 1.25. Desastres naturales en ALC por tipo de evento originario, 1975-2024

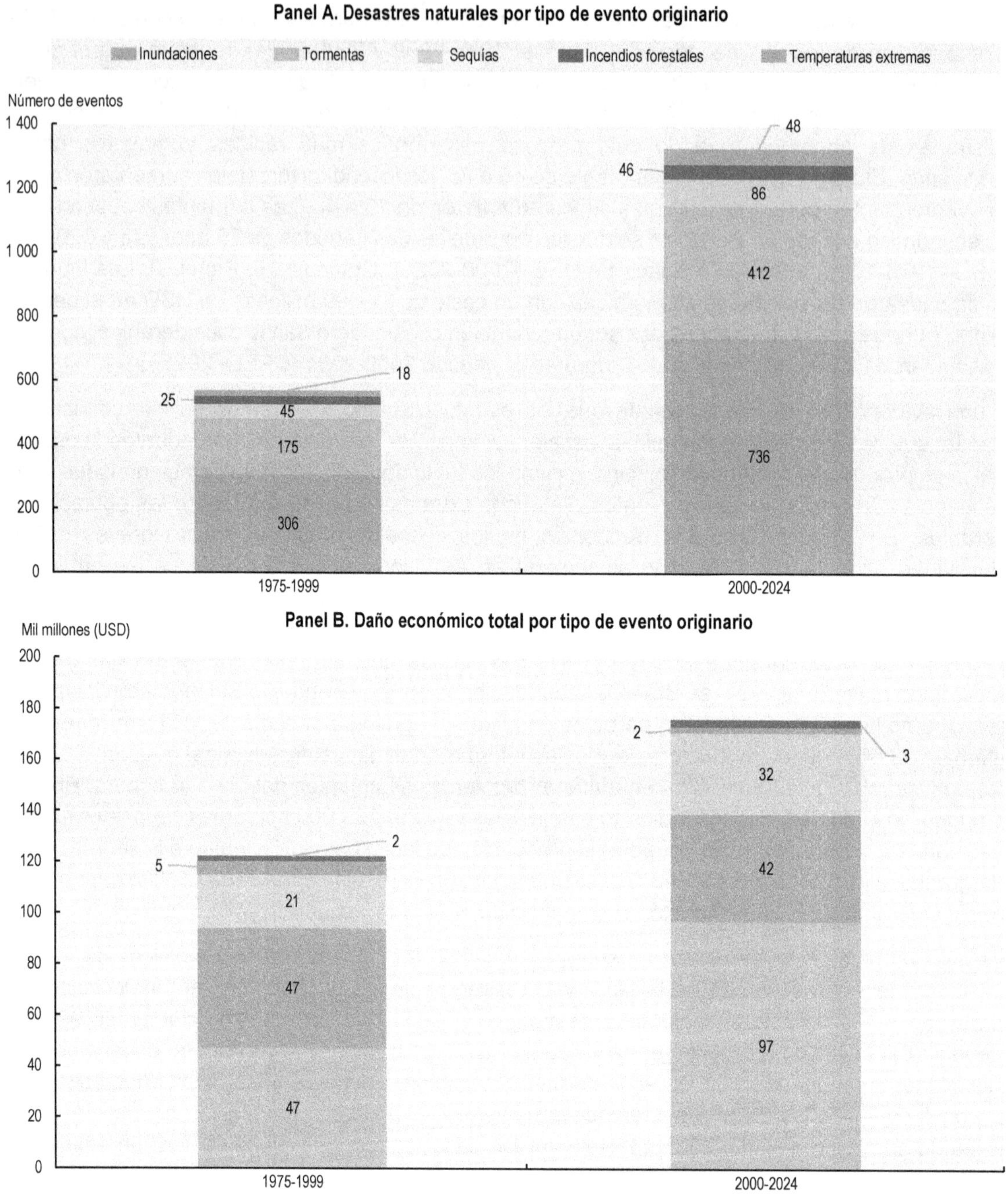

Nota: En el gráfico se categorizan los desastres naturales con base en su tipo de evento originario, medido como porcentaje de los eventos totales registrados. Los desastres naturales se definen como situaciones o eventos que exceden la capacidad de los recursos locales de responder con eficacia, requiriendo ayuda de fuentes nacionales o internacionales. Son sucesos inesperados y a menudo repentinos que provocan graves daños, destrucción y sufrimiento humano. El daño económico causado por desastres a menudo no se registra; los datos disponibles se refieren principalmente a eventos de alto impacto en países con seguro. Las cifras de daños económicos disponibles se basan en informes presentados a EM-DAT, y menos del 40% de dichos informes incluyen datos de daños económicos. El agregado de la región ALC incluye los siguientes países: Antigua y Barbuda, Argentina, Bahamas, Barbados, Belice, Bolivia, Brasil, Chile, Colombia, Costa Rica, Cuba, Dominica, República Dominicana, Ecuador, El Salvador, Granada, Guatemala, Guyana, Haití, Honduras, Jamaica, México, Antillas Holandesas, Nicaragua, Panamá, Paraguay, Perú, San Cristóbal y Nieves, Santa Lucía, San Vicente y las Granadinas, Surinam, Trinidad y Tobago, Uruguay y Venezuela.
Fuente: Elaboración de los autores con base en (CRED, 2025[73]; Brassiolo et al., 2023[77]).

StatLink https://stat.link/mp9s1e

Hacia una producción y un consumo sostenibles e inclusivos en ALC

Como respuesta a los niveles actuales de emisiones de GEI y su impacto sobre el medioambiente y el ser humano, los gobiernos de ALC promueven iniciativas para apoyar la implementación de varios métodos sostenibles de producción. Para velar por que la producción sea equilibrada en sus dimensiones económicas, sociales y medioambientales se requiere realizar un diseño cuidadoso y gestionar compensaciones complejas y posibles sinergias. Con ese fin, es preciso que la región aplique políticas activas para mitigar las presiones sobre el medioambiente y la salud, derivadas del desarrollo de sus principales sectores de producción.

Las iniciativas a nivel interno deberían no solo atender las emisiones de las principales cadenas de suministro, sino integrar una perspectiva sistémica para el modelo de desarrollo de cada país, con base en el desempeño medioambiental. Dicho desempeño se define de acuerdo con el impacto medioambiental por unidad de producto o servicio generado por actividades estratégicas clave. Las políticas productivas deberían priorizar y tomar en cuenta el desempeño medioambiental de cada unidad de producción como un principio rector. A este respecto, el fortalecimiento y la aplicación de taxonomías de finanzas sostenibles es una guía útil para las inversiones (UNEP, 2023[78]). Este enfoque horizontal para la producción sostenible apunta a impulsar varios objetivos a la vez: reducir la generación de emisiones de GEI, minimizar el impacto de las aguas residuales y los residuos sólidos, disminuir la contaminación y el uso de sustancias nocivas, y apoyar para prevenir los incidentes medioambientales (Rustico and Stanko, 2022[79]). Si bien las políticas productivas son decisivas, lograr un crecimiento sostenible mediante combinaciones de políticas que reduzcan los efectos medioambientales y mejoren el bienestar de los ciudadanos exige una transformación sistémica más amplia en todos los órdenes del gobierno (OECD et al., 2022[65]). El Recuadro 1.1 comparte ejemplos de intervenciones de política efectivas en ALC.

Recuadro 1.1. Intervenciones de políticas efectivas en ALC

Los formuladores de políticas públicas necesitan conocer qué políticas reducen las emisiones a escala para cumplir con los objetivos del acuerdo de París. Un estudio encabezado por el Instituto Potsdam para la Investigación del Impacto Climático (PIK) combina datos del Marco de Acciones Climáticas y Medición de Políticas de la OCDE, con un enfoque de aprendizaje automático; su propósito es proporcionar la primera evaluación mundial *ex-post* que identifique políticas y combinaciones de políticas que han contribuido a reducir considerablemente las emisiones o pausarlas.

En este sentido, destacan tres mensajes clave: i) No hay un enfoque adecuado universal. Las políticas efectivas y las combinaciones de políticas varían en gran medida en todos los grupos de países y sectores (Gráfico 1.26); ii) Las combinaciones de políticas son más eficaces para reducir las emisiones que las políticas aisladas. El 70% de las pausas en las emisiones puede atribuirse a la combinación de políticas y solo el 30% se debe a medidas aisladas; iii) La complejidad de las combinaciones de políticas efectivas difiere mucho entre los distintos sectores. Cobran mayor complejidad en los sectores de bienes raíces y el transporte, caracterizados por la prevalencia de hogares heterogéneos sujetos a barreras (por ejemplo, información asimétrica) en vez de empresas que maximicen las utilidades.

Gráfico 1.26. Combinaciones de políticas eficaces en todos los sectores y grupos de países

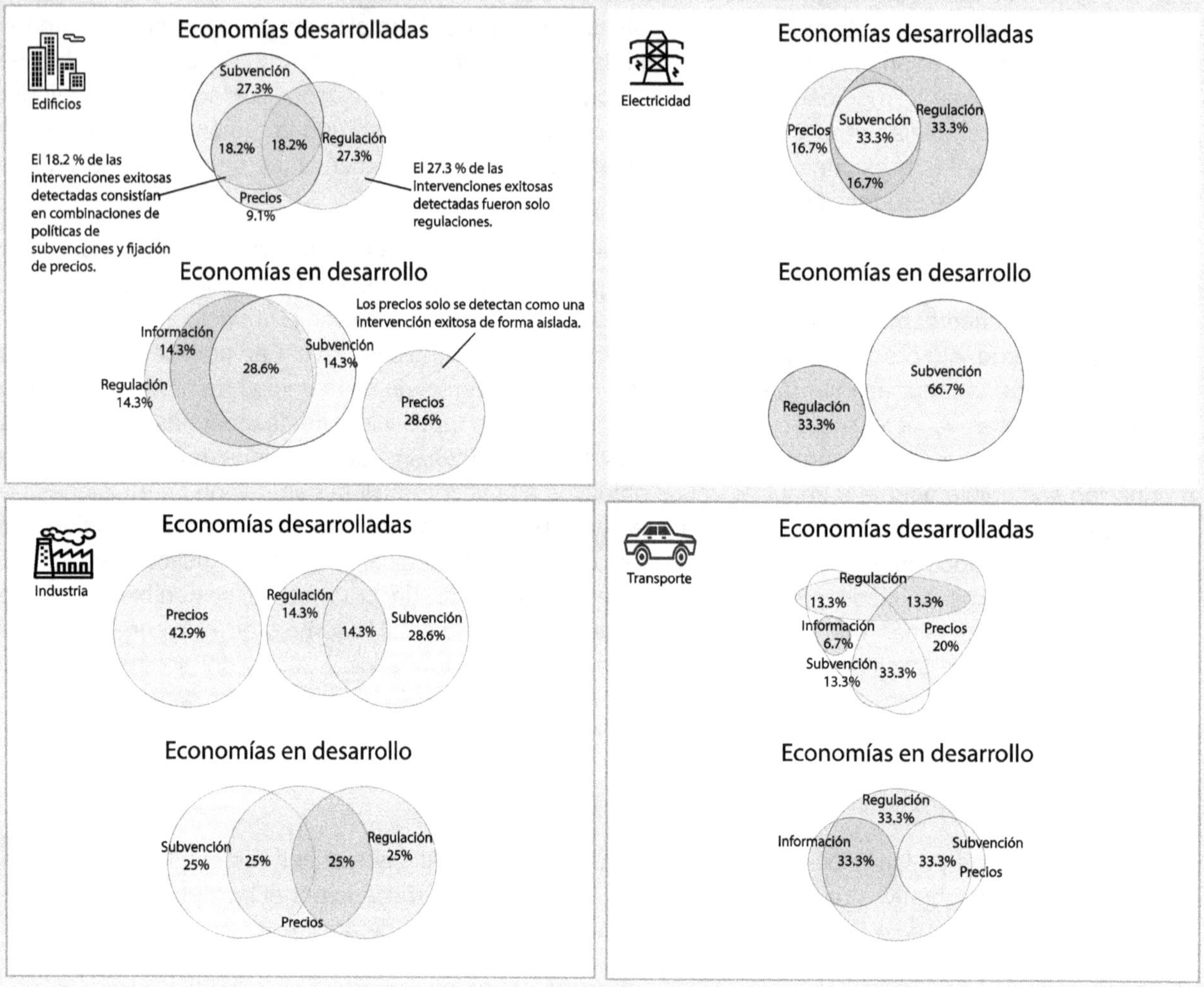

Nota: En el gráfico se presenta la efectividad de las combinaciones de tipos de políticas. Cada círculo muestra la participación de la intervención positiva que implicó una política o una combinación de políticas específicas. Los porcentajes indican con qué frecuencia cada configuración de políticas contribuye al acceso.
Fuente: Con base en (Dilger and al, 2024[80]).

En los países de ALC, los instrumentos basados en el mercado, como la tarificación del carbono o los subsidios, son particularmente eficaces. El estudio, que abarcó a 7 países de ALC, concluye que 8 de las 11 interrupciones de emisiones identificadas (73%) se relacionaban con la adopción de estos instrumentos. Esto sucede a pesar de que el enfoque de políticas públicas de la región se apoya predominantemente en instrumentos no basados en el mercado, como los estándares, según se aprecia en *Data Insight on Latin America*. Es necesario trabajar más y obtener más datos para evaluar en detalle la eficacia del singular enfoque de políticas de ALC y guiar a la región hacia las emisiones netas cero.

Nota: El diagrama muestra cuáles combinaciones de tipos de políticas son eficaces. Cada círculo presenta el porcentaje de intervenciones exitosas que involucraron un tipo o combinación específicos de política. Los porcentajes indican la frecuencia con la que cada configuración de políticas contribuyó al éxito.
Fuente: Con base en (Dilger and al, 2024[80]). Los datos de CAPMF están disponibles en https://oe.cd/dx/capmf.

Aprovechar adecuadamente las oportunidades socioeconómicas y a la vez atender cualquier consecuencia social negativa de la transformación productiva, exige congruencia en las políticas a nivel internacional, tanto entre los países desarrollados y en desarrollo como entre la comunidad internacional y otros actores clave, en especial el sector privado. En el contexto de la globalización y el comercio internacional, las operaciones y las cadenas de suministro a menudo abarcan múltiples regiones y están sujetas a diversas regulaciones medioambientales. Por consiguiente, las inconsistencias en las políticas medioambientales regionales pueden contribuir a la fuga de carbono y a otros efectos adversos que las iniciativas locales se esfuerzan por prevenir (OECD et al., 2024[81]; Wu, Ding and Cheng, 2024[82]) (Capítulo 4).

Energía

El sector de energía renovable de ALC destaca como un claro ejemplo de la manera en que pueden aprovecharse los recursos naturales para impulsar la transformación productiva, que es a la vez sostenible e inclusiva. Aunque ALC depende de combustibles fósiles para consumo de sectores estratégicos clave, como el transporte o la industria, la región es reconocida por contar con un perfil de producción de energía más sostenible que el del mundo en su conjunto. En 2023, el 64% de la generación de electricidad en ALC provino de fuentes renovables, más del doble del promedio mundial de 30%. Esta mezcla de energías depende en gran medida de la hidroeléctrica (45%) y a la vez muestra un avance significativo en la energía eólica (9%) y solar (6%). Las fuentes no renovables representaron el 36% de la generación de electricidad en la región, en comparación con el 70% mundial (Gráfico 1.27).

Gráfico 1.27. Participación de fuentes renovables y no renovables en la generación de electricidad (%), 2023

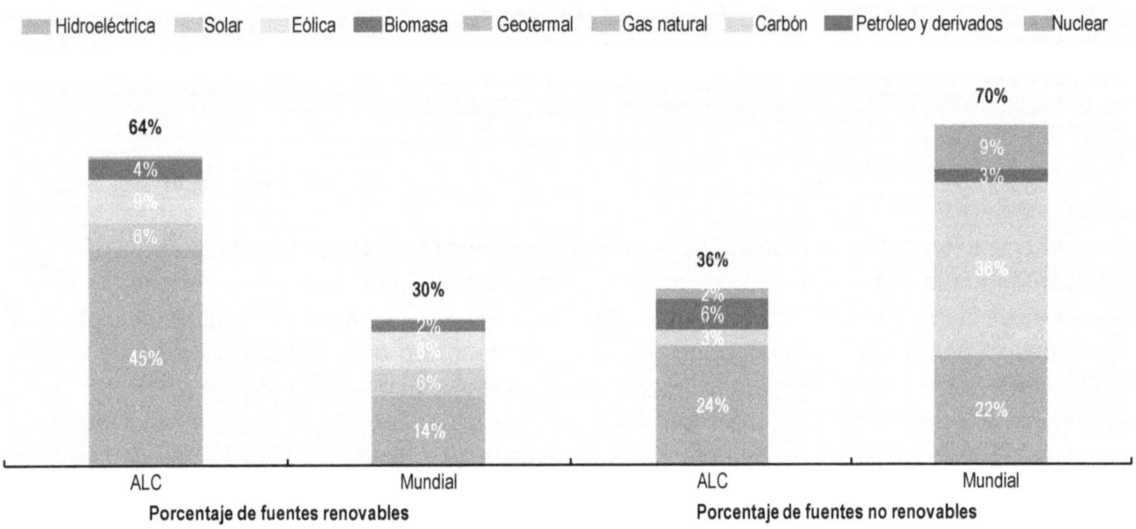

Nota: Si bien los porcentajes de la tercera columna (participación de ALC en las fuentes no renovables) suman 35% en números redondos, el total real es de 36%.
Fuente: Elaboración de los autores con base en (OLADE, 2024[83]).

StatLink https://stat.link/48fgwb

No obstante, sigue habiendo desafíos en términos de cuánta energía primaria se utiliza en la economía. Los niveles de intensidad energética en ALC revelan una gran variación en la estructura y la eficacia de la producción y el consumo. El promedio regional en 2021 (3.99 megajulios (MGJ) a paridad del poder de compra del PIB de 2017) se acerca al de la OCDE (3.56 MJ). Pero hay una amplia heterogeneidad en toda la región, que varía de los países con una economía altamente intensiva en energía, como Trinidad y Tobago (18.7 MJ), hasta Panamá (1.41 MJ) (Gráfico 1.28). Además de utilizar energía renovable, reducir la intensidad energética debería ser una prioridad para avanzar en la producción sostenible y mantenerse en consonancia con los estándares mundiales de bajas emisiones carbono, en particular en economías intensivas en energía que enfrentan mayores retos estructurales.

Gráfico 1.28. Nivel de intensidad energética de la energía primaria en ALC, 2015 y 2021

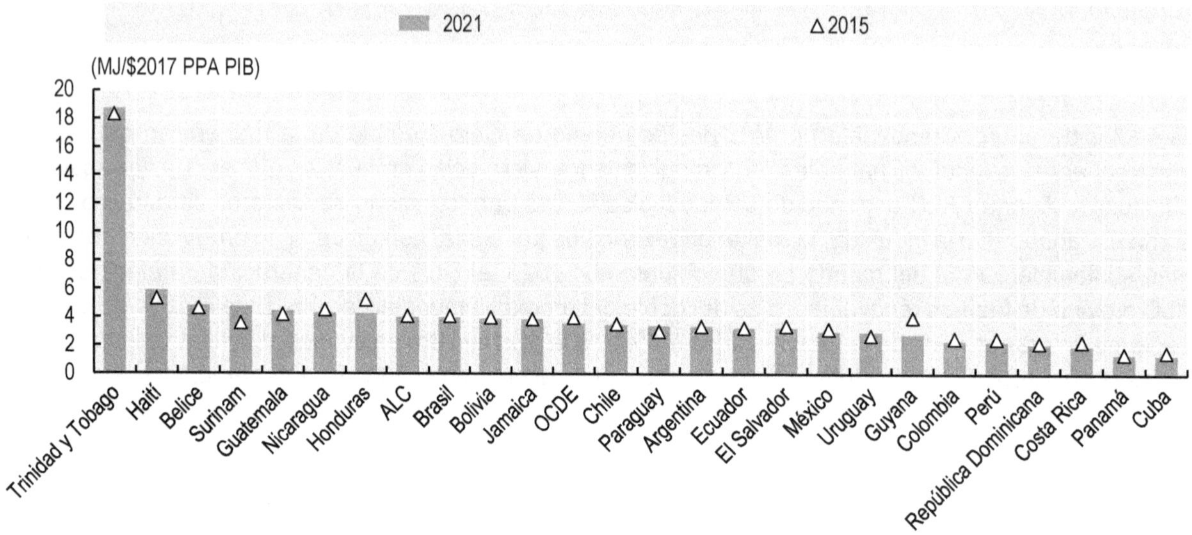

Nota: La intensidad energética se expresa en megajulios (MJ) por dólar estadounidense de producto interno bruto (PIB) ajustado por paridad del poder adquisitivo (PPA) de 2017. Este indicador refleja la ratio del suministro total de energía primaria y el producto interno bruto medido en paridad de poder de compra. Muestra cuánta energía primaria se utiliza para producir una unidad de producción económica. Una ratio menor indica que se utiliza menos energía para producir una unidad de producción.

Fuente: Elaboración de los autores con base en (World Bank, 2025[58]; IEA, 2025[84]).

StatLink https://stat.link/8glme4

La descarbonización de la matriz energética y la reducción de métodos intensivos en energía han afectado directamente toda la estructura de producción. La implementación de las fuentes de energía renovable ayuda a reducir la intensidad del carbono de la economía, incluida la manufactura, al disminuir la cantidad de CO_2 emitida por unidad de producción. En ALC, la intensidad promedio de carbono de la industria manufacturera bajó de 0.33 kilogramos (kg) de CO_2 por dólar estadounidense en 2015, a 0.30 kg de CO_2/USD en 2022, lo que indica una ligera reducción de las emisiones relativas al valor agregado de manufactura. Sin embargo, la región permanece por arriba del promedio de los países de la OCDE, de 0.16 kg de CO_2 por dólar estadounidense en 2022. Trinidad y Tobago, históricamente uno de los emisores de más alto nivel por unidad de valor agregado, logró reducir en gran parte su indicador, de 0.77 a 0.58 kg de CO_2/USD, como lo hicieron Honduras y Panamá (Gráfico 1.29). Ejemplos notorios de las economías con matrices energéticas más limpias son Uruguay (0.13 kg de CO_2/USD), Costa Rica (0.12 kg de CO_2/USD) y Paraguay (0.03 kg de CO_2/USD), cifras que reflejan los beneficios de una estrategia energética con base en renovables (Hall, 2023[85]; Abekhon, 2025[86]).

Gráfico 1.29. Emisiones de dióxido de carbono por unidad de valor de manufactura agregado en ALC y la OCDE, 2015 y 2022

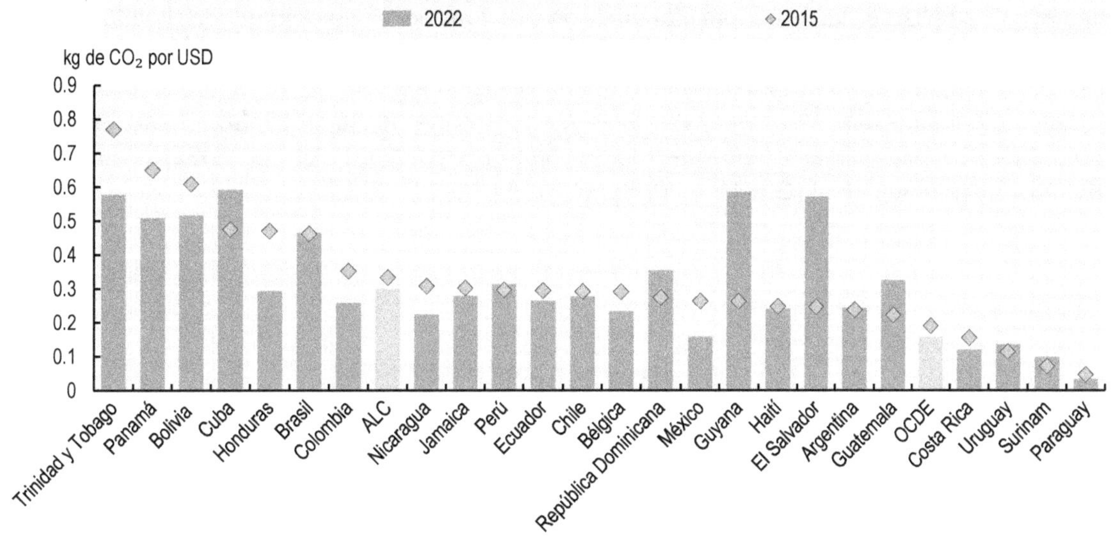

Nota: Las emisiones de dióxido de carbono (CO_2) de las industrias manufactureras por unidad de valor de manufactura agregado son medidas en kilogramos (kg) de equivalente de CO_2 por unidad de VMA en dólares estadounidenses constantes de 2015.
Fuente: Elaboración de los autores con base en (UNIDO, 2025[87]).

StatLink https://stat.link/apgj1i

La energía renovable otorga a ALC una ventaja estructural para atraer las inversiones y encaminarse hacia una producción más justa y sostenible, lo cual ofrece tanto menor intensidad de carbono, como mayor independencia energética relativa (E+ Energy Transition Institute, 2025[88]). Estos son factores clave para las industrias orientadas a descarbonizar sus cadenas de valor y cumplir con estándares de sostenibilidad mundial emergentes. De conformidad con las políticas actuales, se proyecta que las renovables suministrarán a la región alrededor del 80% de la generación de electricidad para 2050 (IEA, 2023[89]). Reducir las pérdidas de energía durante la generación, transmisión y distribución, es también una acción de mitigación esencial por parte de los proveedores.

A pesar de los avances alcanzados en las fuentes de energía innovadoras, persisten brechas importantes en términos del acceso, sobre todo en las zonas rurales de varios países en las que más del 10% de los hogares carecen de conexión a la red de energía. La electrificación basada en la generación distribuida utilizando renovables que superan la oferta de energía hidroeléctrica, ofrece una vía alternativa para cerrar dichas brechas y asegurarse de que el modelo de producción sea también equitativo. Si bien se reconoce la función continua que algunos combustibles fósiles pudieran desempeñar, el desarrollo de alternativas sostenibles – como los biocombustibles avanzados o sostenibles – es esencial. El gas natural puede servir como un posible combustible de transición, pero este cambio debe ser cauteloso y considerar las implicaciones sociales, procurando que la transición energética sea inclusiva y apoye a las comunidades afectadas por los cambios en el panorama energético (CAF, 2024[69]).

Uso de la tierra

La deforestación es un problema de enorme importancia y una prioridad para las iniciativas de mitigación no relacionadas con la energía, dada su contribución a las emisiones de GEI y a la pérdida de biodiversidad. En 2022, ALC tenía 19.6% de la cobertura forestal mundial, mientras que ahora afronta una de las tasas de deforestación más altas del mundo. En las últimas décadas, la región sufrió una baja constante de la cobertura forestal. En comparación con 1990, dicha cobertura había disminuido en la región el 10.7% en 2010 y el 14.2% en 2022. En términos comparativos, África subsahariana experimentó un descenso aún más marcado, con una reducción de la superficie forestal de alrededor de 27.2% entre 1990 y 2022, mientras que en Asia Oriental y Pacífico la superficie forestal aumentó ligeramente con respecto a 1990: 1.7% en 2010 y 3.6% en 2022. Europa y Asia Central también registraron un crecimiento constante, al ampliarse la cobertura forestal de 10.2 millones de kilómetros cuadrados (km^2) a 10.6 millones de km^2 entre 1990 y 2022, con un incremento de 1.6% para 2010 y de 2.2% para 2022. En la Unión Europea, la cobertura forestal aumentó con respecto a 1990, del 8.4% en 2010 al 10.2% para 2022. Las regiones de Asia Meridional y Oriente Medio y norte de África tienen una superficie forestal mucho menor. En esta última, los bosques solo cubrían unos 229 000 km^2 en 2022, lo que supone un aumento de 3.6% desde 1990 (Gráfico 1.30, Panel A).

Gráfico 1.30. Niveles globales de cobertura forestal y cambio en la superficie forestal en ALC, 1990-2022

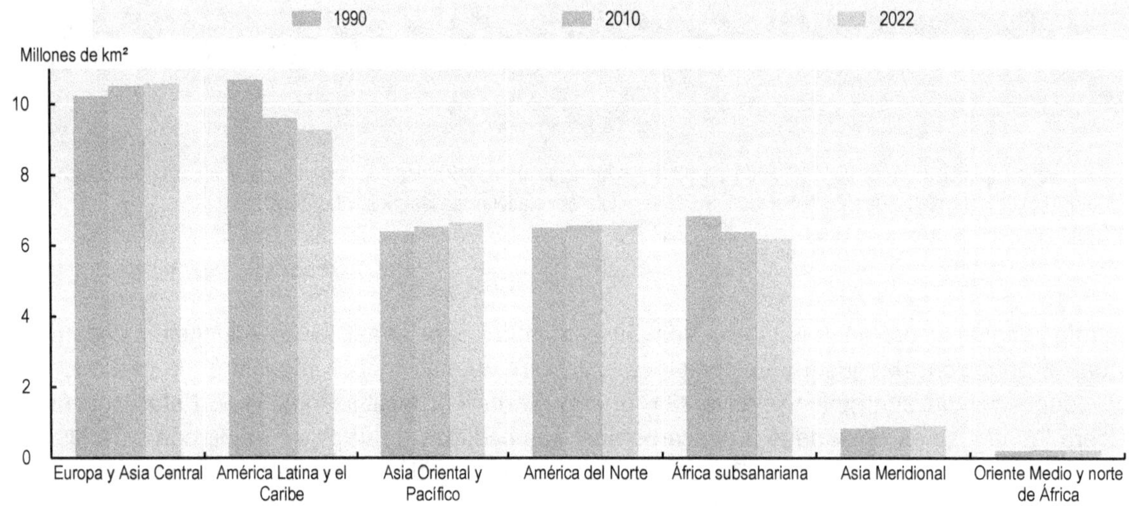

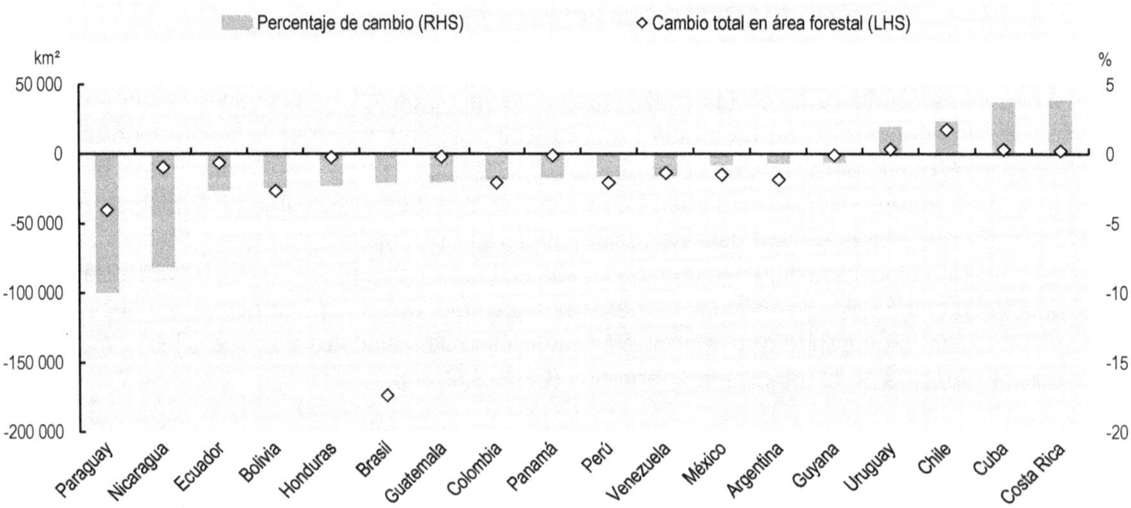

Nota: La superficie forestal es el área cubierta por árboles naturales o plantados de al menos cinco metros de altura in situ. En el Panel B, la superficie forestal se expresa en kilómetros cuadrados (km²). Los valores del eje izquierdo (LHS) se refieren a la superficie absoluta, y los valores del eje derecho (RHS) se refieren al porcentaje de la superficie total entre 2010 y 2022.
Fuente: Elaboración de los autores con base en (World Bank, 2025[58]).

StatLink https://stat.link/5ylm71

En ALC, las mayores reducciones absolutas en superficie forestal entre 2010 y 2020 tuvieron lugar en Brasil (-173 847 km², -2.1%), Paraguay (-40 266 km², -10.0%) y Bolivia (-26 696 km², -2.5%). En términos relativos, Paraguay (-10%) y Nicaragua (-8%) registraron las mayores reducciones proporcionales en el porcentaje del área forestal total. Por el contrario, en Costa Rica (+3.85%), Cuba (+3.69%) y Chile (+2.33%) se lograron aumentos netos en la cobertura forestal, como reflejo de sus políticas de reforestación o conservación comparativamente más sólidas (Gráfico 1.30, Panel B). Algunos países enfrentan un obstáculo importante: la falta de capacidad para aplicar con eficacia las leyes contra la deforestación. Por ejemplo, según las estimaciones, más del 96% de la deforestación en la región amazónica es ilegal, pese a sus regulaciones específicas focalizadas en ecosistemas valiosos, como el Código Forestal de Brasil, que rige las actividades en la Amazonía – su definición legal –, junto con leyes similares para los humedales y los glaciares (OECD et al., 2022[65]).

La elevada contribución de la agricultura y el uso de la tierra a las emisiones de GEI y la deforestación son señales de una mala gestión de la tierra. Sin embargo, podrían mitigarse las repercusiones medioambientales del uso intensivo de la tierra, con lo que se aumentaría en gran medida la productividad agrícola. En estudios realizados se concluyó que la planificación del uso de la tierra, la adopción de mejores prácticas, la utilización de tecnología y la toma de decisiones informada con respecto a los cultivos podrían quintuplicar la producción por hectárea (Adamopoulos and Restuccia, 2021[90]).

Las iniciativas de conservación se abordan directamente mediante herramientas de planificación del uso de la tierra, como la declaración de áreas protegidas y otras medidas eficaces de conservación basadas en áreas (OECM, por sus siglas en inglés). Las áreas protegidas y las OECM pueden servir como herramientas para prevenir la expansión de actividades contaminantes e ilícitas. Son de gran relevancia dado el papel que desempeñan en las medidas de conservación y protección de las comunidades étnicas (por ejemplo, en Colombia), las reservas de propiedad privada (por ejemplo, en Costa Rica) y los bosques comunitarios (por ejemplo, en México). Las áreas protegidas abarcan desde reservas estrictas hasta zonas de uso múltiple en las que se autoriza la realización de actividades económicas sostenibles por parte de las comunidades locales, lo que estimula la conservación. Las áreas protegidas de ALC se expandieron significativamente entre 2016 y 2021, pasando del 16.3% al 22.9% de la superficie territorial total (Gráfico 1.31). Estas cifras plasman no solo las sólidas iniciativas regionales de conservación, sino también los esfuerzos por alcanzar la Meta 11 de Aichi, establecida en el Convenio sobre la Diversidad Biológica, que exige la protección de al menos el 17% de las áreas terrestres y de aguas continentales para 2020.

En otras regiones del mundo, las áreas protegidas se ampliaron entre 2016 y 2022: del 17.9% al 19.0% en Asia Oriental y del 14.2% al 14.7% en África subsahariana. ALC superó notablemente el promedio mundial, pero sigue por debajo del objetivo para 2030 del 30% de las áreas terrestres y marinas, conocido como el Objetivo 3 del Marco Mundial de Biodiversidad de Kunming-Montreal. Abarcando tanto las áreas protegidas como las OECM, este objetivo hace hincapié en la cobertura cuantitativa, así como en la eficacia, la gobernanza equitativa y el respeto a los derechos de los pueblos indígenas y las comunidades locales (UNEP, 2024[91]). Otro valioso instrumento lo constituyen los pagos por servicios ecosistémicos, un campo en el que la región ALC es pionera, ya que alberga a cerca de la mitad de los programas conocidos en el mundo. Estos programas compensan a los participantes por llevar a cabo acciones específicas de conservación, que suelen beneficiarse con el financiamiento por parte de fuentes estatales o internacionales (OECD et al., 2022[65]).

Gráfico 1.31 Áreas terrestres y marinas protegidas en ALC por país, 2024

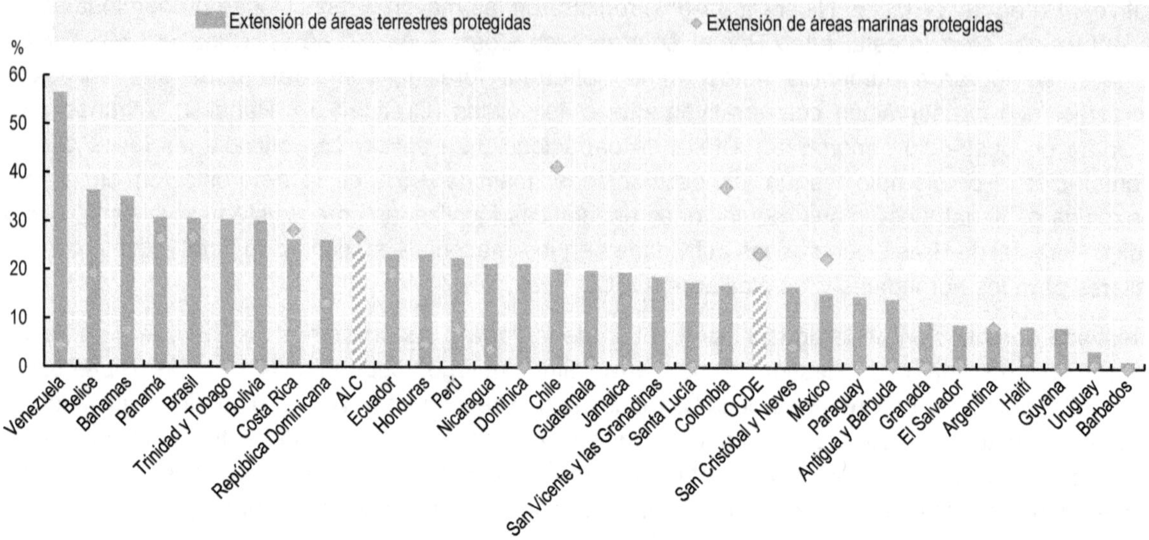

Nota: El gráfico muestra la proporción de áreas marinas protegidas como porcentaje de la zona económica exclusiva (ZEE) de cada país y las áreas terrestres protegidas como porcentaje de la superficie total, ambas para 2024. Los datos sobre protección marina excluyen las áreas fuera de la jurisdicción nacional (alta mar), que representan el 64% de los océanos mundiales, de las cuales solo el 0.72% están protegidas actualmente. Los promedios de ALC y la OCDE se calculan dividiendo la suma total de las áreas protegidas de todos los países de la región entre la ZEE total o la superficie terrestre total de la región, respectivamente.
Fuente: Elaboración de los autores con base en (OECD, 2025[92]).

StatLink https://stat.link/pvb2qu

Agua

El agua es un recurso fundamental para casi todas las actividades industriales y manufactureras, la agricultura, la energía hidroeléctrica y el consumo humano. La extracción total de agua dulce en ALC aumentó en 58.5% entre 2000 y 2021. Este aumento se debió principalmente al fuerte incremento del 87.9% del uso del agua para la agricultura, que casi se duplicó durante ese periodo. La extracción de agua para la industria también aumentó, aunque a un ritmo más lento, 51.7%. (Gráfico 1.32). Sin embargo, en comparación con otras regiones en desarrollo, ALC tiene la oportunidad de continuar impulsando a sectores con consumo intensivo de agua y, al mismo tiempo, mejorar las estrategias de sostenibilidad para su captación (es decir, extracción de agua de recursos naturales). En 2021, ALC captó solo el 2.7% de sus recursos hídricos renovables internos, el nivel más bajo de todas las regiones del mundo. En comparación, en Asia Meridional, la extracción rebasó el 50% de los recursos internos totales, mientras que en Oriente Medio y el norte de África, los niveles rebasaron dichos recursos totales (127%) en 2021. En la región de ALC, la distribución del uso del agua es desigual. Por ejemplo, en 2022, México extrajo cerca del 45% de sus recursos internos, enfrentando grandes retos relativos a la disponibilidad de agua (World Bank, 2022[93]; FAO, 2025[94]).

Gráfico 1.32. Extracción de agua por sector y región del mundo, 2000 y 2021

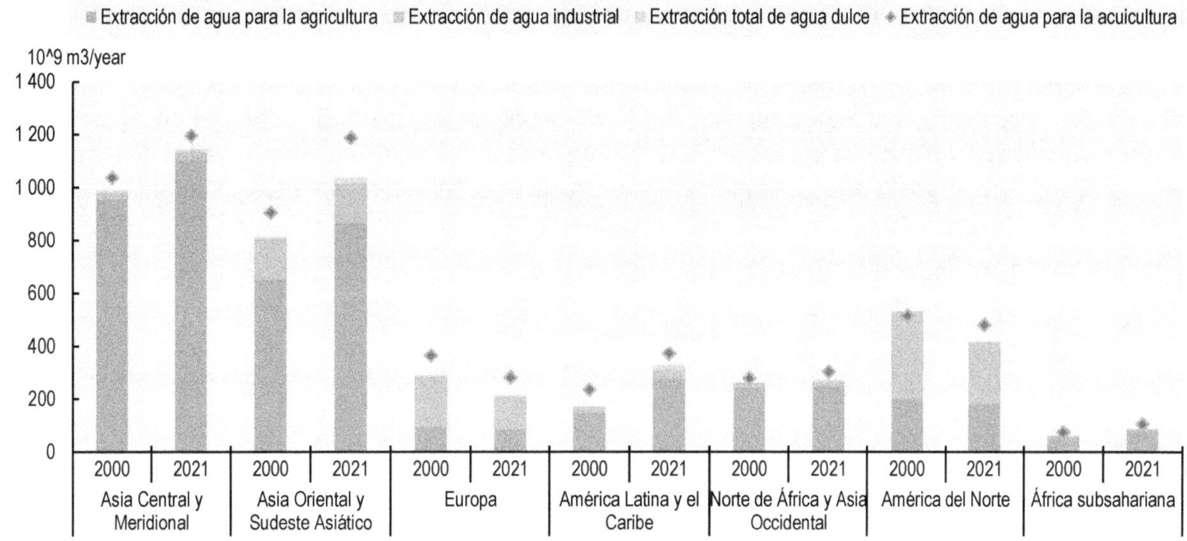

Nota: La extracción de agua por sector se expresa en 10^9 m^3/año (mil millones de metros cúbicos por año).
Fuente: Elaboración de los autores con base en (FAO, 2025[95]).

StatLink https://stat.link/v4r7eh

El aumento de los niveles de extracción de agua dulce en ALC señala las consecuencias de ampliar los sectores productivos sin un enfoque sistémico que integre consideraciones ambientales y sociales en las estrategias de desarrollo. Los recursos hídricos de la región sufren una presión cada vez mayor debido al cambio climático, la expansión agrícola, el crecimiento demográfico, la variabilidad climática y el desarrollo industrial. El aumento de los cultivos intensivos en agua, como la soya y la caña de azúcar, aunado a una mayor demanda de alimentos, ha elevado el consumo de agua (FAO, 2025[95]). La variabilidad climática también es importante, ya que la creciente frecuencia y gravedad de las sequías aumenta la dependencia del riego artificial de países como Brasil y México (Juárez-Lucas, Perez and Cohen, 2024[96]).

Aunque el promedio regional muestra un nivel estable de estrés hídrico entre 2015 y 2022, muchos países están superando el umbral de sostenibilidad. El estrés hídrico se refiere al nivel de presión sobre los recursos de agua dulce y se calcula como la proporción del total de agua dulce extraída en relación con los recursos de agua dulce renovables disponibles. Los valores superiores al 25% indican una presión significativa y una posible insostenibilidad del uso del agua. En 2022, países como Barbados (87.5%), México (44.9%) y la República Dominicana (39.6%) presentaron niveles de estrés hídrico muy por encima del umbral de sostenibilidad (Gráfico 1.33, Panel A). Dichos valores reflejan la presión estructural sobre los recursos hídricos renovables en contextos de alta demanda y disponibilidad limitada. Sin embargo, el promedio regional de estrés hídrico sigue estable y bajo, menor que el promedio de la OCDE (21.0%), pero con grandes desigualdades internas. Si bien el valor agregado del nivel de estrés hídrico en ALC se mantiene en alrededor del 5.7%, los niveles de estrés de Bolivia (0.2%), Panamá (0.9%) y Belice (1.3%) contrastan fuertemente con los de los países más expuestos.

En vez de limitarse a las mediciones de consumo, la gestión sostenible del agua deberá centrarse en lograr la máxima eficiencia en el uso del agua en todos los sectores productivos. La eficiencia en el uso del agua se entiende como la producción económica generada por unidad de agua dulce extraída, por lo general medida como el valor agregado (en dólares estadounidenses constantes) por metro cúbico (m^3) de agua utilizada. Los valores más altos indican un uso más productivo y sostenible de los escasos recursos hídricos. Si bien el promedio de la OCDE refleja un porcentaje mayor de estrés hídrico que la región ALC, la eficiencia hídrica de la OCDE en 2022 alcanzó 138.5 USD/m^3, muy por arriba del promedio de ALC, de 13.7 USD/m³ (Gráfico 1.33, Panel B). Lo anterior pone de manifiesto una brecha estructural en la protección y la productividad del agua en ALC. En 2022, los países con mayor eficiencia en la región fueron Antigua y Barbuda (117.2 USD/m³) y Panamá (54.9 USD/m³). Por el contrario, países como México y República Dominicana enfrentan una doble vulnerabilidad: altos niveles de estrés hídrico (44.9% y 39.6%, respectivamente) combinados con bajos niveles de eficiencia (13.3 USD/m³ y 9.7 USD/m³), lo que refleja retos de sostenibilidad más complejos. La planificación de una gestión sostenible del agua deberá tomar en cuenta que, en muchos países de ALC con regiones abundantes en agua alejadas de los centros de población o productivos, suele presentarse un desajuste espacial entre la oferta y la demanda de agua.

Gráfico 1.33. Estrés hídrico y eficiencia en el uso del agua en ALC y la OCDE, 2015-2022

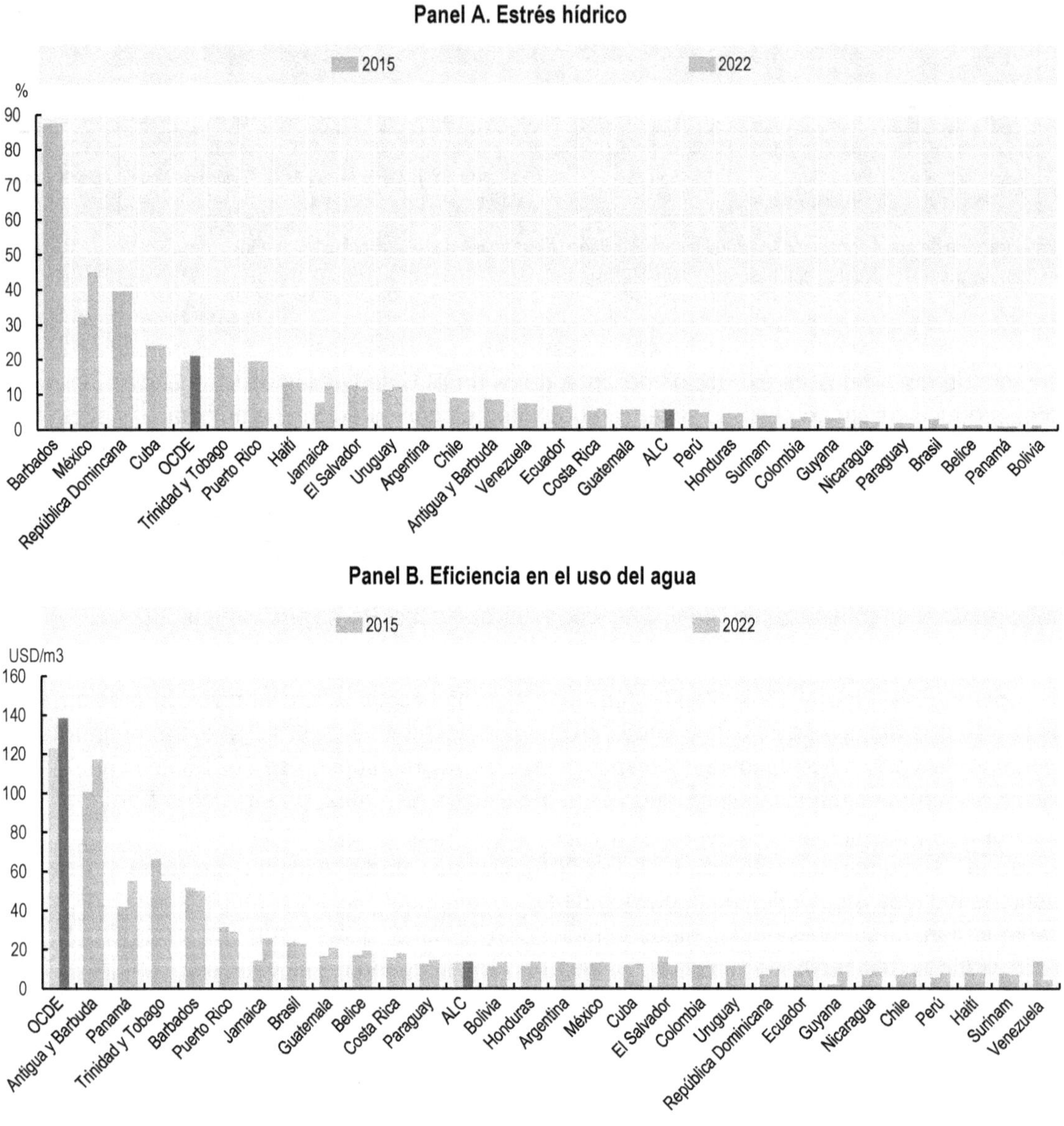

Nota: El Panel A muestra el nivel de estrés hídrico, calculado como la ratio del total de agua dulce extraída y los recursos renovables de agua dulce disponibles (%). Los valores superiores a 25% indican una presión considerable sobre los recursos hídricos. El Panel B muestra la eficiencia en el uso del agua, expresada como el valor económico agregado (en dólares estadounidenses constantes) generado por cada metro cúbico (m³) de agua dulce extraída. Los valores más altos reflejan un uso más eficiente de los recursos hídricos.
Fuente: Elaboración de los autores con base en (FAO, 2025[95]).

StatLink https://stat.link/p69gqe

Un enfoque sistémico de la gestión del agua puede mejorar las estrategias de producción e incrementar el bienestar (FAO, 2023[97]). Potenciar el desarrollo y la modernización de la infraestructura hídrica sería especialmente útil para ALC. En varios de sus países, el envejecimiento y la insuficiencia de la infraestructura contribuyen a ocasionar pérdidas de agua de hasta un 60%, mermando la eficacia de la extracción de agua y aumentando los costos energéticos relacionados con su transporte (CAF, 2018[98]). Además, el almacenamiento de agua superficial en la región continúa limitado y representa solo el 7% de los recursos hídricos renovables, en comparación con el 24% en Estados Unidos y 29% en China. Las cifras señalan la necesidad de realizar inversiones estratégicas en aumentar la capacidad de almacenamiento de agua. Una infraestructura hídrica inadecuada afecta directamente el bienestar de los pobladores de la localidad, ya que restringe el acceso a servicios de agua confiables y seguros. Al diseñar un enfoque sistémico para la gestión del agua, se recomienda a los gobiernos basarlo al nivel de la cuenca fluvial, donde la gobernanza del agua puede adaptarse mejor a las realidades ecológicas e hidrológicas.

En ALC, alrededor de 161 millones de personas (es decir, uno de cada cuatro habitantes) carecen de servicios de agua potable gestionados de forma segura y cerca de 431 millones (7 de cada 10 habitantes) carecen de servicios de saneamiento gestionados de forma segura (CEPAL, 2022[99]). En 2022, el acceso a agua potable se mantuvo desigual, con una notable brecha entre las zonas rurales y urbanas (Gráfico 1.34). En los países donde un gran porcentaje de la población es urbana, como Brasil (89%), Colombia (81%) y Honduras (78%), las zonas urbanas gozaron de un acceso relativamente alto al agua potable en 2022, en tanto que las poblaciones rurales quedaron rezagadas. Por ejemplo, apenas el 23% de la población rural de Perú tenía acceso a agua potable, en comparación con el 60% de las zonas urbanas. Se observaron desigualdades semejantes en Surinam (41% en zonas rurales frente a 63% en las urbanas) y Colombia (40% frente a 81%). Costa Rica destacó como el único país en el que el acceso rural (81%) superó ligeramente al urbano (80%) (World Bank, 2025[58]).

Gráfico 1.34. Población con acceso a servicios de agua potable gestionados de forma segura, zonas urbanas frente a zonas rurales (%), en algunos países de ALC, 2022

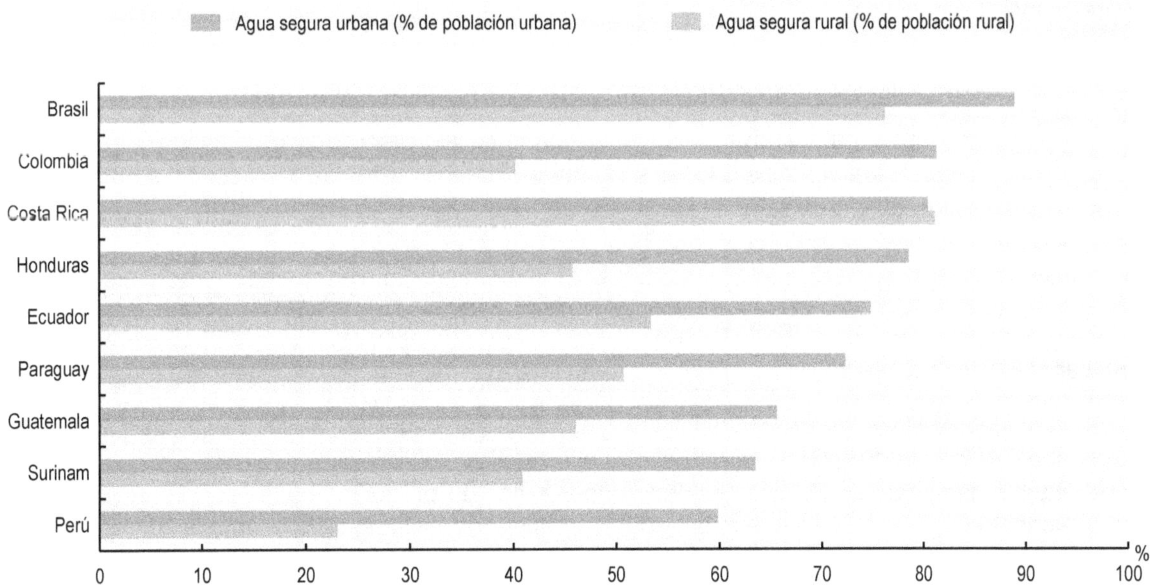

Nota: Porcentaje de la población con acceso a agua potable gestionada de forma segura proveniente de fuentes mejoradas, que están disponibles en los hogares, son accesibles cuando se necesitan y están libres de contaminación fecal y química prioritaria. Las fuentes de agua mejoradas incluyen agua corriente, pozos perforados, pozos entubados, pozos excavados protegidos, manantiales protegidos y agua envasada o suministrada.
Fuente: Elaboración de los autores con base en (World Bank, 2025[58]).

StatLink https://stat.link/mvf4ce

La región de ALC tiene la oportunidad de impulsar políticas productivas que protejan las reservas de agua y mejoren el acceso equitativo. La adopción de nuevas tecnologías por sí sola será insuficiente si estas innovaciones siguen causando una presión excesiva sobre el agua y otros recursos naturales. Es necesario que las estrategias de producción eficaces prioricen tanto los avances tecnológicos como el uso eficiente y sostenible de insumos vitales como el agua. Dada su naturaleza horizontal, el pensamiento sistémico es susceptible de aplicarse a la gestión del agua.

Principales mensajes en materia de políticas

Los países de ALC tienen ante sí retos persistentes en materia de productividad que limitan su capacidad para alcanzar un desarrollo inclusivo y sostenible. Obstáculos estructurales – como la fragilidad de los sistemas de innovación y la limitada adopción de tecnología – han frenado el aumento de la productividad, obstaculizado la diversificación económica y provocado que las economías dependan de una gama limitada de exportaciones y socios comerciales. Aun así, la región goza de un importante potencial sin explotar: abundantes recursos naturales, demografía favorable y ecosistemas de innovación emergentes que aportan una base sólida para diversificar el comercio, fortalecer la resiliencia y reorientar los modelos de producción ante la incertidumbre geopolítica.

Aprovechar este potencial requiere una profunda transformación productiva a escala sistémica que sea sostenible e inclusiva. La región de ALC debe adoptar estrategias que impulsen la productividad, armonicen los objetivos medioambientales y generen empleos formales. Para conseguirlo, es preciso replantearse, de manera conjunta, las prioridades económicas, sociales y medioambientales, promover sectores estratégicos con bajas emisiones de carbono y altamente cualificados, e invertir en tecnologías y políticas que mejoren la resiliencia, la equidad y el desarrollo a largo plazo. Si se integran la sostenibilidad y la inclusión en el núcleo de la producción, la región alcanzaría un crecimiento duradero y mejores resultados.

Recuadro 1.2. Principales mensajes en materia de políticas

Contexto macroeconómico

- El crecimiento de ALC se está desacelerando y convergiendo hacia su potencial, como reflejo de las tendencias mundiales y las respuestas a las políticas nacionales.
- El margen fiscal para apoyar inversiones productivas y sociales es limitado. La deficiente movilización de los ingresos fiscales y el aumento de los costos del servicio de la deuda limitan el margen fiscal, lo que señala la urgencia de fortalecer las finanzas públicas.
- La inflación es menor en ALC pues sus tasas de política monetaria tienden a la baja, pero el futuro es incierto. Los marcos monetarios confiables ayudan a acercar la inflación a los objetivos marcados, aunque la volatilidad mundial mantiene elevada la incertidumbre.

Retos económicos estructurales

- El estancamiento de la productividad limita el crecimiento potencial y la convergencia con economías avanzadas.
- Las canastas de exportación siguen concentradas en productos básicos y productos de baja tecnología, lo que frena el aumento de la productividad y la resiliencia ante las crisis.
- El limitado comercio intrarregional puede obstaculizar la diversificación de las exportaciones.
- En tanto que las exportaciones tradicionales de ALC revelan ventajas comparativas, los sectores intensivos en tecnología ofrecen una vía hacia la transformación productiva.
- Los retos económicos estructurales enfrentados por ALC requieren una respuesta integral. Es perentorio establecer una agenda de desarrollo productivo integral para atender los puntos vulnerables de los ámbitos fiscal y de productividad, así como los externos.

Contexto social

- Es preciso formular políticas que promuevan la transformación productiva y canalicen la inversión privada y pública hacia sectores de alta tecnología y con uso intensivo de la tecnología digital, a fin de crear empleos formales bien remunerados.
- Las políticas del mercado laboral deberán tener como objetivo generar un mercado inclusivo, aumentando así oportunidades de tener un trabajo digno.
- Los regímenes fiscales simplificados han arrojado resultados positivos en términos de cumplimiento de las obligaciones tributarias y formalización de empresas en algunos países de la región. Podría considerarse la implantación de regímenes de este tipo, a partir de experiencias de políticas eficaces.
- En un contexto de pobreza monetaria extrema y desigualdades sociales persistentes, se requiere que los programas de protección social avancen hacia la universalidad.
- La tributación general puede usarse como una herramienta para ampliar los sistemas de protección social, dado que los impuestos indirectos son ya elevados en la región y la informalidad dificulta el uso de las contribuciones a la seguridad social.
- Es preciso desarrollar transferencias de efectivo condicionadas diseñadas para responder con mayor eficiencia a las crisis de ingresos, pues podrían sustituir parcialmente o complementar los sistemas de seguridad social contributivos.

  Los países con un margen fiscal limitado pueden considerar adoptar una combinación de políticas para los trabajadores informales, utilizando diferentes puntos de ingreso a los sistemas de protección social, según la situación laboral específica de dichos trabajadores.

Contexto medioambiental

- La transformación productiva deberá conceder la misma importancia a la sostenibilidad medioambiental, la inclusión social y la productividad. La visión sistémica alcanzada de esta manera deberá integrarse en todos los sectores estratégicos.
- Las iniciativas nacionales, además de centrarse en las emisiones de las principales cadenas de suministro, deberían adoptar un enfoque sistémico y específico para cada país en materia de desarrollo que incorpore el desempeño ambiental. Las combinaciones de políticas, ajustadas a cada sector y contexto, son más eficaces que las medidas aisladas, ya que representan el 70% de la reducción de emisiones, sobre todo en ámbitos complejos como la construcción y el transporte.
- Procurar la coherencia de las políticas internacionales –entre los países desarrollados y en desarrollo, el sector privado y otras partes interesadas – puede optimizar las acciones medioambientales de la transformación productiva.
- Las recientes mejoras logradas en ALC resaltan la oportunidad que la región tiene de propiciar la protección de la tierra e impulsar la conservación de los bosques y la productividad agrícola mediante políticas de reforestación más firmes, la planificación eficaz del uso de la tierra, la adopción de tecnología y los pagos por servicios ecosistémicos, para atender las deficiencias en la aplicación de las leyes contra la deforestación.
- Dar prioridad a la reducción de la intensidad energética y de las pérdidas derivadas, ampliando a la vez las energías renovables para promover la producción sostenible y cumplir con los estándares de bajas emisiones de carbono, ayudaría a conseguir un acceso equitativo, especialmente en las zonas rurales.
- El diseño de la gestión del agua a nivel de cuenca hidrográfica y la modernización de la infraestructura pueden disminuir las pérdidas, elevar la eficiencia y garantizar un acceso seguro y confiable en toda ALC.

Notas

[1] Estas cifras se calculan con base en datos aportados por el Groningen Growth and Development Center (GGDC) sobre los siguientes países: Argentina, Bolivia, Brasil, Chile, Colombia, Costa Rica, México y Perú (Hamilton and de Vries, 2025[100]).

[2] El Índice Multidimensional de Pobreza para América Latina fue desarrollado recientemente por la Comisión Económica para América Latina y el Caribe (CEPAL). Está estructurado en cuatro dimensiones principales –vivienda, salud, educación y empleo y pensiones –, con 12 indicadores específicos (tres para cada dimensión) que miden las condiciones de bienestar de los habitantes de ALC. Actualmente abarca 17 países de la región: Argentina, Bolivia, Brasil, Chile, Colombia, Costa Rica, República Dominicana, Ecuador, El Salvador, Guatemala, Honduras, México, Nicaragua, Panamá, Paraguay, Perú y Uruguay.

[3] Los datos se refieren a 2023 para Argentina, Brasil, Colombia, Costa Rica, El Salvador, Paraguay y Perú; a 2022 para Bolivia, Chile, Guatemala, México y Surinam; a 2019 para Honduras, Jamaica y Uruguay, y a 2018 para República Dominicana.

[4] Los datos se refieren a los siguientes países: Argentina, Chile, Colombia, Costa Rica, México, Paraguay y Perú.

[5] Las cifras se refieren a un promedio no ponderado de la participacion en los ingresos de los siguientes países: Argentina, Bolivia, Brasil, Chile, Colombia, Costa Rica, Ecuador, El Salvador, Honduras, México, Panamá, Paraguay, Perú, República Dominicana y Uruguay.

Referencias

Abekhon, J. (2025), “Can We Thrive Without Overheating the Planet? Lessons from Costa Rica and Uruguay”, *Green House Think Tank*, https://www.greenhousethinktank.org/can-we-thrive-without-overheating-the-planet-lessons-from-costa-rica-and-uruguay/. [86]

Adamopoulos, T. and D. Restuccia (2021), “Geography and Agricultural Productivity: Cross-Country Evidence from Micro Plot-Level Data”, *Review of Economic Studies*, Vol. 89(4), https://doi.org/10.1093/restud/rdab059. [90]

Apella, I. and G. Zunino (2022), “Technological change and labour market trends in Latin America and the Caribbean: a task content approach”, *ECLAC Review Nº 136*, https://repositorio.cepal.org/bitstreams/dadc5900-52e7-4d86-86bb-455760902303/download. [37]

Arenas De Mesa, A. (2019), *Los sistemas de pensiones en la encrucijada: Desafíos para la sostenibilidad en América Latina*, ECLAC, https://repositorio.cepal.org/bitstream/handle/11362/44851/4/S1900521_es.pdf. [59]

Aristizabal-Ramirez, M., C. Santos and A. Torres (2024), “Arepas Are Not Tacos: On the Labor Markets of Latin America”, *International Finance Discussion Papers*, No. 1396, pp. 1-29, https://doi.org/10.17016/ifdp.2024.1396. [43]

Arnold, M. et al. (2024), “Towards better social protection for more workers in Latin America : Challenges and policy considerations”, *OECD Economics Department Working Papers No. 1804*, https://doi.org/10.1787/76a04c6f-en. [50]

Ayres, J., A. Izquierdo and E. Parrado (2025), *2025 Latin American and Caribbean Macroeconomic Report: Regional Opportunities Amid Global Shifts*, Inter-American Development Bank, https://doi.org/10.18235/0013475. [5]

Bachas, P., L. Gadenne and A. Jensen (2020), *Informality, Consumption Taxes and Redistribution*, http://www.nber.org/papers/w27429. [56]

Barreix, A. et al. (2025), *Factura electrónica: la innovación latinoamericana de alcance global*, https://www.ciat.org/factura-electronica-la-innovacion-latinoamericana-de-alcance-global/. [57]

Blinder, A. (1973), "Wage Discrimination: Reduced Form and Structural Estimates", *The Journal of Human Resources*, Vol. 8/4, pp. 436-455, https://doi.org/10.2307/144855. [46]

Brassiolo, P. et al. (2023), *Desafíos globales, soluciones regionales. América Latina y el Caribe frente a la crisis climática y de biodiversidad*, CAF- banco de desarrollo de América Latina y el Caribe, https://scioteca.caf.com/handle/123456789/2089. [77]

Buhr, B. et al. (2018), *Climate Change and the Cost of Capital in Developing Countries*, Imperial College Business School and SOAS University of London, https://www.v-20.org/wp-content/uploads/2020/12/Climate_Change_and_the_Cost_of_Capital_in_Developing_Countries.pdf. [13]

CAF (2024), *Reporte de Economía y Desarrollo (RED) 2024*, Distrito Capital: CAF- banco de desarrollo de América Latina y el Caribe, https://scioteca.caf.com/handle/123456789/2256. [69]

CAF (2018), *How Efficient is the Supply of Water in Latin America?*, https://www.caf.com/en/currently/news/how-efficient-is-the-supply-of-water-in-latin-america. [98]

Calvino, F. et al. (2018), "A taxonomy of digital intensive sectors", *OECD Science, Technology and Industry Working Papers*, Vol. No. 2018/14, https://doi.org/10.1787/f404736a-en. [39]

Cecchini, S., P. Villatoro and X. Mancero (2021), "The impact of non-contributory cash transfers on poverty in Latin America", *CEPAL Review 134*, https://repositorio.cepal.org/entities/publication/16a304f8-ee6f-43cc-a79b-b9962eedac85. [49]

CEPAL (2022), *Informe del proceso regional de América Insumos regionales para la revisión de mitad de período del Decenio Internacional para la Acción, "Agua para Desarrollo Sostenible 2018-2028"*, https://www.cepal.org/sites/default/files/events/files/informe_del_proceso_regional_de_america_latina_y_el_caribe_para_la_aceleracion_del_cumplimiento_del_ods_6_.pdf. [99]

Climate Watch (2025), *Historical GHG Emissions*, World Resources Institute, https://www.climatewatchdata.org/ghg-emissions. [68]

CRED (2025), *EM-DAT: The International Disaster Database [Database].*, Centre for Research on the Epidemiology of Disasters, https://data.humdata.org/dataset/emdat-country-profiles. [73]

Dasgupta, P. (2021), *The Economics of Biodiversity: The Dasgupta Review*, HM Treasury, London, https://assets.publishing.service.gov.uk/media/602e92b2e90e07660f807b47/The_Economics_of_Biodiversity_The_Dasgupta_Review_Full_Report.pdf. [62]

David, A., S. Pienknagura and J. Roldos (2020), "Labor Market Dynamics, Informality and Regulations in Latin America", *IMF Working Papers No. 2020/019*, https://www.imf.org/en/Publications/WP/Issues/2020/01/31/Labor-Market-Dynamics-Informality-and-Regulations-in-Latin-America-48893. [41]

Dilger, E. and E. al (2024), "Climate policies that achieved major emission reductions: Global evidence from two decades", *Science*, Vol. 385/6711, pp. 884-892, https://doi.org/10.1126/science.adl6547. [80]

E+ Energy Transition Institute (2025), *Powering in the Global South: Unlocking Green Industrial Potential*, http://ayacd.yrdcpcn.org.cn/upload/2025/0715/5fc085f3-ac5a-4a4c-9679-edfb48b8eb81.pdf. [88]

ECLAC (2025), *CEPALSTAT Statistical Databases and Publications*, ECLAC, https://statistics.cepal.org/portal/cepalstat/index.html?lang=en. [10]

ECLAC (2025), *Fiscal Panorama of Latin America and the Caribbean, 2025: boosting investment for growth and sustainable development*, UN ECLAC, https://www.cepal.org/en/publications/81584-fiscal-panorama-latin-america-and-caribbean-2025-boosting-investment-growth-and. [9]

ECLAC (2025), *Foreign Direct Investment in Latin America and the Caribbean 2025*, https://www.cepal.org/en/publications/82116-foreign-direct-investment-latin-america-and-caribbean-2025-executive-summary. [17]

ECLAC (2025), *Índice de pobreza multidimensional para América Latina*, https://www.cepal.org/es/publicaciones/81425-indice-pobreza-multidimensional-america-latina. [44]

ECLAC (2025), *Panorama de las Políticas de Desarrollo Productivo en América Latina y el Caribe, 2025: ¿cómo salir de la trampa de baja capacidad para crecer?*, ECLAC, https://www.cepal.org/es/publicaciones/82535-panorama-politicas-desarrollo-productivo-america-latina-caribe-2025-como-salir. [20]

ECLAC (2025), *Urban and Cities Platform of Latin America and the Caribbean*, https://plataformaurbana.cepal.org/en?utm_source. [61]

ECLAC (2024), *Biodiversidad y desarrollo: reflexiones desde América Latina y el Caribe*, Santiago, https://repositorio.cepal.org/server/api/core/bitstreams/76dc575f-3fd5-4592-b423-9039ed2c9d39/content. [64]

ECLAC (2024), *Development Traps in Latin America and the Caribbean: Vital Transformations and How to Manage Them*, ECLAC, https://www.cepal.org/en/publications/80728-development-traps-latin-america-and-caribbean-vital-transformations-and-how. [18]

ECLAC (2024), *Social Panorama of Latin America and the Caribbean, 2024: the challenges of non-contributory social protection in advancing towards inclusive social development*, ECLAC, Santiago, https://www.cepal.org/en/publications/80859-social-panorama-latin-america-and-caribbean-2024-challenges-non-contributory. [27]

ECLAC (2023), *Social Panorama of Latin America and the Caribbean 2023: labour inclusion as a key axis of inclusive social development*, https://repositorio.cepal.org/entities/publication/e71711da-e21c-4070-9836-d3fe5f2c2045. [40]

ECLAC (2023), *The economics of climate change in Latin America and the Caribbean, 2023: Financing needs and policy tools for the transition to low-carbon and climate-resilient economies*, ECLAC, https://repositorio.cepal.org/server/api/core/bitstreams/acb6ea5d-b85a-4cd6-abac-d9fee68189c6/content. [21]

ECLAC (2022), *Demographic Observatory, 2022*, https://repositorio.cepal.org/server/api/core/bitstreams/aa75ea70-4127-49eb-ad96-488f85c4fdab/content. [60]

Expert Review on Debt (2025), *Health Debt on a Healthy Planet*, https://debtnatureclimate.org/reports/healthy-debt-on-a-healthy-planet-towards-a-virtuous-circle-of-sovereign-debt-nature-and-climate-resilience/. [12]

FAO (2025), *AQUASTAT - FAO's Global Information System on Water and Agriculture*, https://data.apps.fao.org/aquastat/?lang=en. [95]

FAO (2025), *AQUASTAT dissemination system [database]*, https://www.fao.org/aquastat/en/. [94]

FAO (2023), *Gestión de los recursos hídricos para lograr las cuatro mejoras (una producción, una nutrición, un medio ambiente y una vida mejores) con miras al cumplimiento de la Agenda 2030 y los Objetivos de Desarrollo Sostenible*, Organización de las Naciones Unidas para la Alimentación y la Agricultura, https://openknowledge.fao.org/server/api/core/bitstreams/9f7bacd6-e43e-415c-89b4-b9ca98b779ef/content. [97]

Galindo-Rueda, F. and F. Verger (2016), "OECD Taxonomy of Economic Activities Based on R&D Intensity", *OECD Science, Technology and Industry Working Papers*, No. 2016/04, OECD Publishing, Paris, https://doi.org/10.1787/5jlv73sqqp8r-en. [38]

Gaspar, V. (2019), *"Fiscal Policy and Development: Human, Social, and Physical Investments for the SDGs*, International Monetary Fund, https://www.elibrary.imf.org/view/journals/006/2019/003/006.2019.issue-003-en.xml. [55]

Hall, S. (2023), "Uruguay is a sustainability success story - here's why", *World Economic Forum*, https://www.weforum.org/stories/2023/01/uruguay-sustainable-energy-renewables/. [85]

Hamilton, C. and G. de Vries (2025), "The structural transformation of transition economies", *World Development*, Vol. 191, p. 106977, https://doi.org/10.1016/j.worlddev.2025.106977. [100]

Hot or Cool Institute (2021), *1.5–Degree Lifestyles: Towards A Fair Consumption Space for All*, Hot or Cool Institute, Berlin, https://hotorcool.org/1-5-degree-lifestyles-report/. [67]

IDB (2025), *2025 Latin American and Caribbean Macroeconomic Report: Regional Opportunities Amid Global Shifts*, https://doi.org/10.18235/0013475. [26]

IEA (2025), "Energy intensity level of primary energy (MJ/$2017 PPP GDP) [Data set]", *International Energy Agency*, https://www.iea.org/data-and-statistics (accessed on June 2025). [84]

IEA (2023), *Latin America Energy Outlook*, https://www.iea.org/reports/latin-america-energy-outlook-2023?language=es. [89]

IEA (2020), *Global CO2 emissions locked in by existing energy-related assets by sector measured against the CO2 emissions trajectory of the Sustainable Development Scenario, 2019-2070*, IEA, Paris, https://www.iea.org/data-and-statistics/charts/global-co2-e. [70]

IIF (2025), *Capital Flows report*, https://www.iif.com/. [16]

ILO (2025), *ILOSTAT Database*, https://ilostat.ilo.org/data/data-explorer/ (accessed on April 2025). [29]

IMF (2025), *Primary Commodity Prices Database*, https://www.imf.org/en/Research/commodity-prices. [4]

IMF (2025), *The Consumer Price Index Dataset*, https://data.imf.org/en/datasets/IMF.STA:CPI. [15]

IMF (2025), *World Economic Outlook Database, April 2025*, https://www.imf.org/en/Publications/WEO/weo-database/2025/april. [8]

Juárez-Lucas, A., L. Perez and H. Cohen (2024), "A closer look at droughts in Latin America and the Caribbean", *World Bank Blogs*, https://blogs.worldbank.org/es/latinamerica/una-mirada-de-cerca-sequias-america-latina-caribe. [96]

Kolev, A., J. La and T. Manfredi (2023), "Extending social protection to informal economy workers: Lessons from the Key Indicators of Informality based on Individuals and their Household (KIIbIH)", *OECD Development Centre Working Papers*, No. 350, OECD Publishing, Paris, https://doi.org/10.1787/ca19539d-en. [48]

Maloney, W., M. Melendez and R. Morales (2025), "Crimen Organizado y Violencia en América Latina y el Caribe", *Informe Económico América Latina y el Caribe (Abril)*, World Bank, Washington, DC, https://doi.org/10.1596/978-1-4648-2236-0. [54]

Mas-Montserrat, M. et al. (2023), "The design of presumptive tax regimes", *OECD Taxation Working Papers*, No. 59, OECD Publishing, Paris, https://doi.org/10.1787/141239bb-en. [51]

Oaxaca, R. (1973), "Male-female wage differentials in urban labor markets", *International Economic Review*, Vol. 14/3, pp. 693-709, https://doi.org/10.2307/2525981. [45]

OECD (2025), *Climate Action in Latin America*, https://www.oecd.org/en/data/insights/data-explainers/2025/02/climate-action-in-latin-america.html. [63]

OECD (2025), *Convertir la incertidumbre global en oportunidad: Una agenda de competitividad para América Latina*, https://oecdecoscope.blog/2025/06/03/convertir-la-incertidumbre-global-en-oportunidad-una-agenda-de-competitividad-para-america-latina/. [6]

OECD (2025), "Ensuring a just transition to net-zero emissions", *OECD Net Zero+ Policy Papers*, Vol. 15, https://doi.org/10.1787/a3da7080-en. [66]

OECD (2025), *OECD Economic Outlook, Interim Report September 2025: Finding the Right Balance in Uncertain Times*, OECD Publishing, Paris, https://doi.org/10.1787/67b10c01-en. [3]

OECD (2025), *OECD Environment Statistics (database)*, https://doi.org/10.1787/5fa661ce-en. [92]

OECD (2024), *Breaking the Vicious Circles of Informal Employment and Low-Paying Work*, OECD Publishing, Paris, https://doi.org/10.1787/f95c5a74-en. [47]

OECD (2024), *Key Indicators of Informality based on Individuals and their Households (KIIbIH) database*. [33]

OECD (2023), *Informality and Globalisation: In Search of a New Social Contract*, OECD Publishing, Paris, https://doi.org/10.1787/c945c24f-en. [30]

OECD (2022), *STAN structural indicators (iSTAN) 2022 ed.*, https://data-explorer.oecd.org/vis?tenant=archive&lc=en&df[ds]=DisseminateArchiveDMZ&df[id]=DF_ISTAN_2022&df[ag]=OECD&df[vs]=1.0&av=true&dq=..&lom=LASTNPERIODS&lo=5&to[TIME_PERIOD]=false. [35]

OECD (2019), *Perspectives on Global Development 2019: Rethinking Development Strategies*, OECD Publishing, Paris, https://doi.org/10.1787/persp_glob_dev-2019-en. [1]

OECD et al. (2025), *Revenue Statistics in Latin America and the Caribbean 2025*, OECD Publishing, https://doi.org/10.1787/7594fbdd-en. [11]

OECD et al. (2024), *The Role of the G20 in Promoting Green and Just Transitions*, OECD Publishing, Paris, https://doi.org/10.1787/548e71cd-en. [81]

OECD et al. (2023), *Latin American Economic Outlook 2023: Investing in Sustainable Development*, OECD Publishing, Paris, https://doi.org/10.1787/8c93ff6e-en. [34]

OECD et al. (2021), *Latin American Economic Outlook 2021: Working Together for a Better Recovery*, OECD Publishing, Paris, https://doi.org/10.1787/5fedabe5-en. [53]

OECD et al. (2024), *Latin American Economic Outlook 2024: Financing Sustainable Development*, OECD Publishing, Paris, https://doi.org/10.1787/c437947f-en. [19]

OECD et al. (2022), *Latin American Economic Outlook 2022: Towards a Green and Just Transition*, OECD Publishing, Paris, https://doi.org/10.1787/3d5554fc-en. [65]

OECD/OISS (2024), *Informality and Households' Vulnerabilities in Latin America: Data, Insights and Implications for Labour Formalisation Policies*, OECD Publishing, Paris, https://doi.org/10.1787/e29d9f34-en. [28]

OLADE (2024), *Panorama energético de América Latina y el Caribe 2024*, Organización Latinoamericana de Energía, Quito, https://www.olade.org/. [83]

Powell, A. and O. Valencia (2023), *Dealing with Debt Less Risk for More Growth in Latin America and the Caribbean*, Inter-American Development Bank, https://doi.org/10.18235/0004707. [14]

Rubião, O. and C. Santos (2022), "Universal Basic Income in a Developing Economy with a Large Informal Sector", *Brazilian Review of Econometrics*, Vol. 41/1, https://doi.org/10.12660/bre.v41n12021.84425. [42]

Rustico, E. and D. Stanko (2022), "Environmental taxation: The impact of carbon tax policy commitment on technology choice and social welfare", *International Journal of Production Economics*, Vol. 243, https://doi.org/10.1016/j.ijpe.2021.108328. [79]

Sanguinetti, P. et al. (2021), *RED 2021: Caminos para la integración: facilitación del comercio, infraestructura y cadenas globales de valor*, CAF, Caracas, https://scioteca.caf.com/handle/123456789/1823. [25]

Schüring, E. and M. Loewe (eds.) (2021), *Case study I: Simplified tax regimes and their impact on social insurance in Uruguay*, Edward Elgar Publishing, https://www.e-elgar.com/shop/gbp/handbook-on-social-protection-systems-9781839109102.html. [52]

Systemic (2025), *Making Natural Capital Count. An investment agenda*, https://www.systemiq.earth/wp-content/uploads/2025/09/2025_IHLEG_Making-Natural-Capital-Count_fullreport-1.pdf. [76]

Telefónica (2023), "Telefónica transforms the countryside with its 'Smart Agriculture' solution", https://www.telefonica.com/en/communication-room/press-room/telefonica-transforms-the-countryside-with-its-smart-agriculture-solution/. [75]

Ulyssea, G. (2020), "Informality: Causes and Consequences for Development", *Annual Review of Economics*, Vol. 12/1, https://www.annualreviews.org/content/journals/10.1146/annurev-economics-082119-121914. [31]

UNDP (2025), *Human Development Report 2025 - A matter of choice: People and possibilities in the age of AI*, https://hdr.undp.org/content/human-development-report-2025. [32]

UNECE (2021), *UNECE Environmental Policy: Air Polution*, UNECE Geneva, Switzerland, https://unece.org/air-pollution-and-health#:~:text=Air%20. [71]

UNEP (2024), *El mundo debe actuar más rápido para proteger el 30% del planeta para 2030*, https://www.unep.org/news-and-stories/press-release/world-must-act-faster-protect-30-planet-2030. [91]

UNEP (2023), *Common Framework of Sustainable Finance Taxonomies for Latin America and the Caribbean*, UNEP, Nairobi, https://www.unepfi.org/publications/common-framework-for-sustainable-finance-ta. [78]

UNIDO (2025), *International Yearbook of Industrial Statistics 2024*, https://stat.unido.org/publications/international-yearbook-industrial-statistics-2024. [22]

UNIDO (2025), *UNIDO Statistics Data Portal*, United Nations Industrial Development Organization, https://stat.unido.org/ (accessed on June 2025). [87]

UNIDO (2024), *Industrial Development Report*, https://www.unido.org/sites/default/files/unido-publications/2023-11/IDR24-OVERVIEW.pdf. [2]

Vasconcelos, E. (2019), *Contribuciones a un gran impulso ambiental para América Latina y el Caribe: movilidad urbana sostenible. Documentos de Proyectos*, Economic Commission for Latin America and the Caribbean (CEPAL), Santiago, https://repositorio.cepal.org/server/api/core/bitstreams/f68e06e1-a627-4112-a64d-fc4f49be4d95/content. [72]

WITS (2025), *World Integrated Trade Solution Database*, World Bank, https://wits.worldbank.org/. [24]

WMO (2025), *Estado del clima en América Latina y el Caribe 2024*, World Meteorological Organization, https://library.wmo.int/idurl/4/69463. [74]

WMO (2025), *State of the Climate in Latin America and the Caribbean 2024*, World Meteorological Organization, https://wmo.int/publication-series/state-of-climate-latin-america-and-caribbean-2024. [7]

World Bank (2025), *LAC Equity Lab: Labor Markets - Job Quality Index (JQI)*, https://www.worldbank.org/en/topic/poverty/lac-equity-lab1/labor-markets/job-quality-index. [36]

World Bank (2025), *World Development Indicators [Database]*, World Bank, https://data.worldbank.org. [58]

World Bank (2024), *Global Development Indicators [dataset]*, https://databank.worldbank.org/source/global-financial-development/Series/GFDD.OI.02#. [23]

World Bank (2022), *Water Matters: Resilient, Inclusive and Green Growth through Water Security in Latin America*, World Bank, https://hdl.handle.net/10986/37214. [93]

Wu, D., H. Ding and Y. Cheng (2024), "How does environmental policy affect operations and supply chain management: A literature review", *Computers & Industrial Engineering*, Vol. 197, https://doi.org/10.1016/j.cie.2024.110580. [82]

2 Hacia estrategias sólidas de transformación productiva

Los retos complejos e interconectados que América Latina y el Caribe enfrentan en el siglo XXI exigen un cambio fundamental en la manera como la región aborda la transformación productiva. En este capítulo se presenta una nueva visión de las políticas de desarrollo productivo en la región. El objetivo de este nuevo enfoque es fomentar no solo el crecimiento de la productividad, sino también la inclusión social y la sostenibilidad medioambiental. Para ello es necesario aumentar la inversión en políticas de desarrollo productivo, fortalecer su gobernanza, profundizar en los enfoques locales e impulsar el compromiso del sector privado, con un fuerte énfasis en la internacionalización. En el capítulo también se presenta un análisis comparativo de las estrategias de desarrollo productivo en toda la región. Se concluye con recomendaciones que enfatizan las áreas en las que una mejora de las políticas puede ofrecer el mayor rendimiento potencial.

Introducción

La región de América Latina y el Caribe (ALC) ha mostrado históricamente una gran dependencia de las exportaciones de productos básicos, lo que contribuye a la volatilidad macroeconómica y limita la diversificación hacia actividades de mayor valor agregado (Ocampo and Ros, 2011[1]; OECD/UN, 2018[2]). Esta dependencia se suma a una considerable heterogeneidad en los niveles de productividad, no solo entre actividades; por ejemplo, entre un sector agrícola moderno orientado a la exportación y los sectores informales, sino también a nivel de las empresas y entre los diferentes territorios dentro de los países (ECLAC, 2007[3]; IDB, 2010[4]; OECD et al., 2019[5]; OECD/UN/UNIDO, 2019[6]). Hay grandes disparidades en la productividad laboral entre las grandes empresas orientadas a la exportación y las pequeñas centradas en el mercado interno del mismo sector (Capítulo 1).

La imperiosa necesidad de transformar la producción en América Latina y el Caribe va más allá de las consideraciones económicas tradicionales y abarca también las dimensiones sociales y medioambientales. La región se enfrenta al urgente reto de realizar una transición hacia estructuras de producción que no solo sean más productivas y diversificadas, sino también más sostenibles, inclusivas y resilientes a las crisis mundiales. Esta transformación integral requiere pasar de objetivos de desarrollo abstractos a políticas de desarrollo productivo (PDP) bien diseñadas que puedan impulsar un cambio estructural en múltiples dimensiones simultáneamente.

El principio del siglo XXI ha visto un resurgimiento del interés por las PDP a nivel mundial, impulsado por varios factores interrelacionados. Dicho interés por las políticas industriales y de desarrollo se fortaleció gracias a un mayor entendimiento, basado en evidencias contundentes y cada vez más aceptadas por la corriente dominante de la economía; en que los Estados en desarrollo de Asia Oriental habían utilizado con éxito las políticas industriales como ayuda para absorber rápidamente la formación técnica, la tecnología y el conocimiento del resto del mundo, asimilarlos a un ritmo vertiginoso y diversificarse hacia productos nuevos y más sofisticados. La labor de la Comisión sobre Crecimiento y Desarrollo del Banco Mundial, puesta en marcha en 2006, supuso un paso importante hacia una nueva valoración de las políticas industriales. Su informe concluyó que los economistas no comprenden el proceso de crecimiento, en particular de la relación entre la educación, la formación y las tecnologías, por un lado, y el crecimiento, por otro. Uno de los impulsos más fuertes para la reafirmación de la política industrial se produjo con el inicio de la crisis financiera de 2007-2008. La crisis sirvió para recordar que los mercados no regulados y los Estados débiles representan un entorno institucional deficiente para la gestión de las economías y las sociedades. De manera igualmente importante, despertó el interés por estrategias más sostenibles e inclusivas en los países avanzados, incluyendo un posible papel para la política industrial en áreas como el desarrollo de infraestructura y la economía verde, y también en lo que algunos consideraban un vaciamiento indebido de la industria manufacturera y las competencias (Salazar-Xirinachs, Nubbler and Kozul-Wright, 2014[7]).

Más recientemente, la creciente preocupación por la fragilidad de las cadenas de valor mundiales, expuesta por eventos como la pandemia del COVID-19, ha llevado a los gobiernos a priorizar la resiliencia y la diversificación de las cadenas de valor nacionales (Baldwin and Evenett, 2020[8]). La urgente necesidad de abordar el cambio climático ha impulsado el desarrollo de políticas industriales destinadas a promover las tecnologías verdes y las prácticas de producción sostenibles (UNEP, 2011[9]). La evolución del panorama geopolítico y el aumento de la competencia estratégica entre las principales economías también han resaltado la importancia de reforzar las capacidades productivas nacionales en sectores clave, como la manufactura avanzada o digital (ECLAC, 2020[10]). La búsqueda de un crecimiento mayor y sostenido sigue siendo una motivación central para el renovado interés en las PDP, ya que los responsables de la formulación de políticas públicas intentan generar incrementos de productividad y crear mejores empleos (ECLAC, 2024[11]).

Las principales economías han implementado iniciativas proactivas PDP en los últimos años. La Unión Europea ha reforzado su estrategia industrial mediante iniciativas como la Nueva Estrategia Industrial para Europa (European Commission, 2020[12]), el Pacto Verde Europeo y, más recientemente, la Brújula Digital Europea y la Ley [Europea] de Chips, así como la estrategia integral planteada en el Informe Draghi sobre el futuro de la competitividad europea, que resalta la autonomía estratégica en tecnologías y cadenas de suministro decisivas (European Commission, 2024[13]), junto con el informe Letta sobre el fortalecimiento del mercado único de la UE. En 2021, la Unión Europea puso en marcha su Estrategia Global Gateway para impulsar vínculos inteligentes, limpios y seguros en los sectores digital, climático, energético y del transporte, así como para fortalecer los sistemas de salud, educación e investigación en todo el mundo. Global Gateway tiene como objetivo movilizar inversiones con un impacto transformador mediante el enfoque Equipo Europa 360º. Se centra en inversiones inteligentes en infraestructura de calidad, respetando los más altos estándares sociales y medioambientales, de acuerdo con los valores de la Unión Europea: el Estado de derecho, los derechos humanos y las normas internacionales.

Estados Unidos ha puesto en marcha iniciativas como el Plan de Empleo Estadounidense y la Ley CHIPS y de Ciencia (United States Congress, 2022[14]). Estas iniciativas tienen como objetivo relocalizar la manufactura indispensable, invertir en infraestructura e impulsar la investigación y el desarrollo (I+D) en tecnologías clave. Una iniciativa más reciente es la Ley de Reducción de la Inflación, que representa la mayor inversión climática en la historia de Estados Unidos y que también se centra en la resiliencia de la manufactura indispensable y la cadena de suministro (United States Congress, 2022[15]).

La República Popular China continúa implementando sus políticas industriales estratégicas, ejemplificadas en el plan *Made in China 2025*, que apunta a la autosuficiencia tecnológica y el liderazgo mundial en industrias estratégicas (State Council of the People's Republic of China, 2015[16]). Del mismo modo, países como Singapur y Corea del Sur tienen una larga trayectoria en el apalancamiento, con intervenciones específicas para lograr transformaciones notables en sus estructuras productivas (Amsden, 1992[17]; Wade, 1990[18]).

Para ALC, la reconfiguración de las cadenas globales de valor vigentes y el auge del *nearshoring* y el *friendshoring* presentan importantes oportunidades y retos para lograr una transformación productiva integral (ECLAC, 2023[19]) (Capítulo 4). El potencial para atraer inversión extranjera directa (IED) que busca una mayor proximidad a los principales mercados podría proporcionar un impulso muy necesario a la productividad y la diversificación. Sin embargo, para mejorar la competitividad auténtica de la región, se requieren programas de desarrollo productivo proactivos que aborden los cuellos de botella presentes en infraestructura, habilidades, regulación y entorno empresarial (ECLAC, 2020[10]). Sin intervenciones bien diseñadas, ALC corre el riesgo de permanecer al margen de estos cambios globales o de atraer solo actividades de bajo valor agregado (Devlin and Moguillansky, 2011[20]).

En un contexto de crecientes tensiones geopolíticas, urgencia climática y disrupción tecnológica, se tienen argumentos claros y convincentes para que ALC adopte una visión renovada de las PDP, una que aprenda de las experiencias pasadas, se adapte al contexto mundial actual y se ajuste a los retos y oportunidades únicos de la región (ECLAC, 2024[21]; Salazar-Xirinachs and Llinás, 2023[22]; ECLAC, 2024[11]). Estas políticas deben diseñarse para fomentar un crecimiento sostenible e inclusivo (ECLAC, 2022[23]) (Capítulo 1). La necesidad de contar con estrategias sólidas de transformación productiva adquiere mayor urgencia debido a las actuales fricciones comerciales entre las principales economías y la competencia estratégica por el dominio tecnológico y energético, que están reconfigurando las redes de producción y los ecosistemas innovadores a nivel mundial. En este capítulo se presentan marcos y recomendaciones para adoptar medidas en materia de PDP en ALC, con el fin de forjar estrategias sólidas de transformación productiva. Se analizan también las iniciativas actuales de la región y se ofrece orientación en definición de políticas para mejorar su alcance y eficacia.

Una nueva visión de políticas de desarrollo productiva en ALC

Para comprender por qué ALC necesita una visión renovada de las PDP, es necesario examinar la evolución de la estructura productiva de la región y su rica pero compleja historia de transformación industrial y económica. Esta perspectiva histórica revela patrones tanto de logros como de limitaciones que deberían servir de base para un nuevo enfoque en el diseño y la implementación de las PDP.

La estructura productiva de la región se mantuvo relativamente estable en las últimas dos décadas. Las actividades relacionadas con los servicios son las que más contribuyen al PIB (Gráfico 2.1). El comercio al por mayor y al por menor, las actividades financieras, las comunicaciones, el transporte y la administración pública representaron el 67% del PIB en 2022, ligeramente por debajo del 70% registrado en 2006. Dentro de este grupo, los servicios financieros se han expandido desde 2006, pasando del 17% al 19%. Aunque la industria se ha estancado o ha disminuido en la mayoría de los países de ALC en los últimos años, el sector manufacturero sigue contribuyendo de manera significativa al PIB de la región, con 11% en 2022. La contribución de la agricultura se redujo de 8% en 2006 a 6% en 2022, pero el sector sigue siendo un motor esencial del crecimiento y las exportaciones (Gráfico 2.1).

Gráfico 2.1. Estructura productiva en ALC, 2006-2022 (% del PIB por sector)

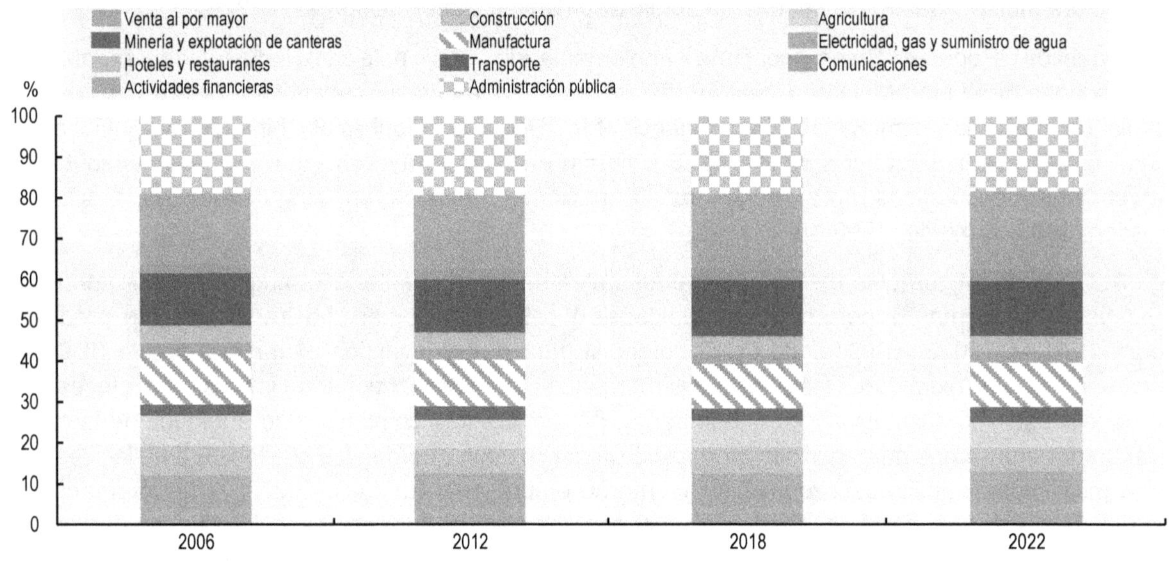

Nota: Los países de ALC se detallan en la nota del Gráfico 2.2. El transporte incluye almacenamiento, comunicaciones y actividades auxiliares. Las actividades financieras incluyen intermediación, bienes raíces, alquiler y actividades empresariales. La administración pública incluye defensa, seguridad social obligatoria, educación, salud y trabajo social, y otras actividades comunitarias, sociales y de servicios personales. El comercio al por mayor incluye comercio al por menor y reparación de bienes. La agricultura incluye caza, silvicultura y pesca. Las comunicaciones incluyen servicios postales y telecomunicaciones.
Fuente: Elaboración de los autores con base en (ECLAC, 2025[24]).

StatLink https://stat.link/j3zmn7

La marcada heterogeneidad de las economías de la región puede ilustrarse agrupando a los países de ALC en cuatro tipos diferentes, según su perfil de exportación. Las economías basadas en la exportación de servicios se orientan predominantemente hacia actividades como el comercio al por mayor, las finanzas, la administración pública, las comunicaciones, la hotelería y restaurantes, que constituyen el principal motor del valor agregado. En estas economías, las actividades relacionadas con los servicios representaban el 80% del PIB, mientras que el sector manufacturero desempeñaba un papel menor en comparación con el resto de ALC, ya que solo representaba 3% del PIB en 2022. Por el contrario, las economías basadas en la exportación de productos básicos dependen en mayor medida de la agricultura y la minería, que en conjunto contribuyeron con más de 15% del PIB en 2022 (Gráfico 2.2). Las economías diversificadas de baja complejidad presentan una combinación más equilibrada entre los sectores manufacturero, de servicios y primario, pero con una modernización industrial y una sofisticación tecnológica más limitadas que las de las economías diversificadas de alta complejidad. Dichas economías se caracterizan por una combinación sectorial similar, aunque con mayor profundidad industrial e intensidad tecnológica, lo que se asocia con niveles más altos de productividad y sofisticación económica. En estos países, los servicios siguen siendo fundamentales, pero la industria manufacturera tiene un peso mayor en comparación con el promedio regional, ya que representó cerca del 16% del PIB en 2022 (Gráfico 2.2).

Gráfico 2.2. Estructura productiva de las economías de ALC por perfil de exportación, 2006-2022 (% del PIB)

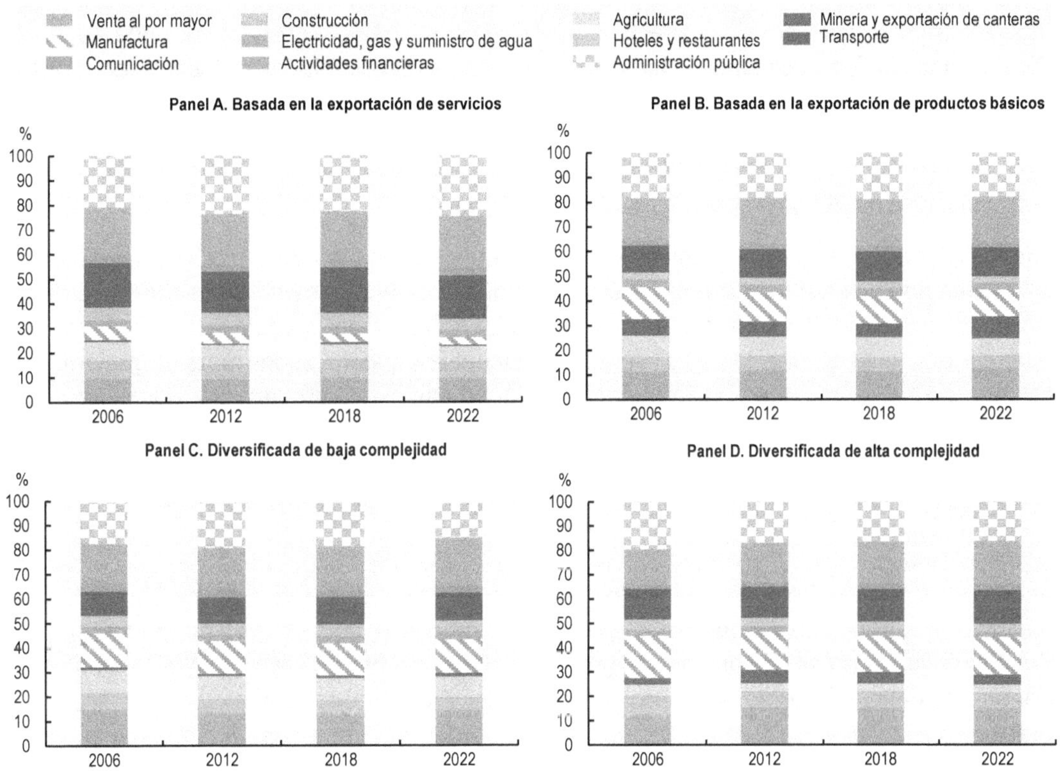

Nota: Para los cuatro paneles se aplicó la siguiente clasificación: las economías basadas en la exportación de productos básicos se definen como aquellas con más del 60% de las exportaciones de mercancías en productos básicos; datos provenientes de Argentina, Belice, Bolivia, Brasil, Chile, Colombia, Ecuador, Guyana, Jamaica, Paraguay, Perú y Uruguay. Las economías basadas en la exportación de servicios se definen como aquellas en las que más del 45% de las exportaciones son servicios, con datos provenientes de Bahamas, Dominica, Granada y San Vicente y las Granadinas. Las economías clasificadas entre las 60 principales del Índice de Complejidad Económica – Costa Rica, República Dominicana, México y Trinidad y Tobago – se definen como diversificadas con alta complejidad económica, mientras que el grupo de diversificadas con baja complejidad se basa en datos de Barbados, El Salvador, Guatemala, Honduras y Nicaragua. En cuanto a las definiciones de los sectores, el transporte incluye almacenamiento, comunicaciones y actividades auxiliares. Las actividades financieras incluyen intermediación, bienes raíces, alquiler y actividades empresariales. La administración pública abarca defensa, seguridad social obligatoria, educación, salud, trabajo social y otros servicios comunitarios o personales. El comercio al por mayor incluye comercio al por menor y reparación de bienes. La agricultura incluye caza, silvicultura y pesca. Las comunicaciones se refieren a servicios postales y telecomunicaciones.
Fuente: Elaboración de los autores con base en (ECLAC, 2025[24]).

StatLink https://stat.link/kmglj4

Contexto histórico

La necesidad de una visión renovada de las PDP en ALC no solo se destaca por los persistentes patrones estructurales de la región y la creciente heterogeneidad entre sus economías, sino también por las experiencias históricas de transformación industrial. A pesar de la relativa estabilidad de la estructura productiva en las últimas dos décadas, los servicios siguen contribuyendo predominantemente al PIB, mientras que la industria y la agricultura se han estancado o han disminuido. La diversidad de los perfiles económicos resalta la necesidad de contar con PDP a la medida y sensibles al contexto. Aprendiendo de los éxitos y las limitaciones del pasado, las políticas futuras deben reflejar esta complejidad para impulsar una transformación productiva, inclusiva y sostenible en toda la región.

El legado de la sustitución de las importaciones (décadas 1950 a 1980): Una visión ambiciosa, resultados dispares

El primer enfoque sistemático de la región para la transformación productiva surgió del pensamiento estructuralista promovido por Raúl Prebisch y la Comisión Económica para América Latina y el Caribe (CEPAL) de las Naciones Unidas. Países como Argentina, Brasil y México desarrollaron una importante capacidad industrial gracias a la protección de los mercados nacionales y la inversión estatal. Si bien esta etapa logró diversificar las economías – alejándolas de la dependencia exclusiva de los productos básicos –y creó capacidades industriales importantes, también generó industrias protegidas con una competitividad internacional limitada y altos costos fiscales.

Uno de los aprendizajes clave obtenidos en este periodo es que la intervención estatal para abordar las fallas del mercado no era errónea en sí misma, sino que el diseño carecía de mecanismos para garantizar eficiencia, competitividad internacional, adaptación y eliminación gradual a lo largo del tiempo. Esta experiencia nos enseñó que las PDP requieren incentivos incorporados para la mejora continua y la integración global que deben acompañarse de medidas para prevenir la búsqueda constante de beneficios, así como garantizar que las políticas no frenen la competencia y la innovación.

La era de la reforma del mercado (décadas 1990 a 2000): Mayor eficiencia, brechas estructurales

En años posteriores, la balanza se inclinó hacia las reformas orientadas al mercado y muchos países desmantelaron sus políticas industriales en favor de enfoques horizontales centrados en la estabilidad macroeconómica, la privatización y la liberalización del comercio. Si bien estas reformas redundaron en importantes beneficios – como la reducción de la inflación, la mejora de la disciplina fiscal y una mayor integración comercial –, a menudo no lograron abordar los retos estructurales más profundos del crecimiento de la productividad y la diversificación económica, al tiempo que expusieron a las economías nacionales a una repentina ola de flujos internacionales que socavaron las gestiones industriales anteriores.

Los países que dependían principalmente de los mecanismos del mercado quedaron expuestos a la volatilidad de los precios de los productos básicos y tuvieron dificultades para desarrollar las capacidades de innovación y las actividades de alto valor necesarias para un crecimiento sostenido. La lección que se desprende de ello es que, si bien los mercados son esenciales para la eficiencia, por sí solos no pueden impulsar las inversiones coordinadas en términos de capacidades, infraestructura, vínculos productivos e instituciones necesarias para la transformación productiva y el crecimiento de la productividad.

Enfoques híbridos (década 2010 a la fecha): Diseño sofisticado, retos de implementación

A partir de las experiencias anteriores, muchos países de ALC han desarrollado recientemente enfoques más detallados que intentan combinar los mecanismos de mercado con la intervención estratégica del

Estado. Las diversas políticas industriales de Brasil, las iniciativas de innovación y clústeres empresariales de Chile, los programas de competitividad de Colombia, las políticas sectoriales de atracción de inversiones de Costa Rica y República Dominicana y las estrategias sectoriales de México representan intentos sofisticados de afrontar las limitaciones de los enfoques exclusivamente estatales y de mercado.

Sin embargo, incluso estas políticas más sofisticadas plantean dificultades para su implementación, problemas de coordinación institucional, falta de recursos financieros y magnitud insuficiente para generar un cambio transformador. Los países están mejorando el diseño de estas políticas, pero aún no han dominado el arte de aplicarlas con eficacia. La compleja evolución de las políticas industriales y económicas de ALC limitó las posibilidades de transformación estructural, lo cual restringió la transferencia de recursos hacia sectores de mayor valor agregado y mayor productividad.

Una nueva era para las políticas de desarrollo productivo en ALC

A partir de estos aprendizajes, este informe *Perspectivas económicas de América Latina* propone un nuevo enfoque para las PDP que representaría una evolución fundamental en la forma en que ALC concibe e implementa las estrategias de transformación económica. Dicho enfoque integral aborda las deficiencias históricas identificadas a lo largo de décadas de experimentación con las políticas, mediante cuatro innovaciones interconectadas:

- Primera: establece *mecanismos de gobernanza* diseñados para garantizar la continuidad y el compromiso profundo de las partes interesadas, que puedan trascender los ciclos políticos que históricamente han socavado los esfuerzos de desarrollo productivo de largo plazo. Crea acuerdos institucionales que mantienen la coherencia estratégica, incluso cuando cambian los gobiernos.
- Segunda: presenta *marcos de capacidad institucional* que procura que las políticas puedan ponerse en práctica. Más allá del diseño sofisticado de políticas que caracteriza a iniciativas recientes, se centra en las capacidades técnicas, operativas, políticas y prospectivas necesarias para convertir los planes en resultados.
- Tercera: abarca *enfoques locales* que aprovechan los activos territoriales y las ventajas competitivas, al tiempo que mantienen la coherencia nacional. Reconoce que la transformación productiva debe basarse en las realidades y capacidades locales, en lugar de imponerse mediante estrategias nacionales únicas aplicables a todos.
- Cuarta: combina la *priorización estratégica* y la *movilización adecuada de recursos* para lograr una escala transformadora. Al abordar el problema crónico de una distribución excesivamente dispersa de los limitados recursos, concentra los esfuerzos en sectores impulsores cuidadosamente seleccionados, al tiempo que garantiza que se comprometan suficientes recursos financieros, humanos e institucionales orientados a generar una transformación productiva sustantiva y no ajustes marginales a los patrones productivos actuales.

Esta visión implica varios elementos clave analizados a continuación.

Políticas de desarrollo productivo como esfuerzos horizontales y verticales para impulsar la transformación productiva y la productividad

Es importante entender a las PDP como un conjunto de intervenciones públicas coordinadas que abarcan tanto políticas horizontales, es decir, aquellas que afectan a toda la economía o a múltiples sectores – I+D, contratación pública, créditos fiscales y programas de promoción del emprendimiento – como políticas verticales dirigidas a sectores, tecnologías o actividades específicos considerados estratégicos para el desarrollo, como el apoyo a las energías renovables o a la manufactura avanzada.

El objetivo general de estas políticas es fomentar una transformación productiva integral como vehículo para el crecimiento de la productividad y para la inclusión social y la sostenibilidad ambiental. La transformación productiva implica modernizar, diversificar y generar un cambio estructural positivo en la economía. La transformación implica avanzar hacia actividades de mayor valor agregado, una mayor diversificación, un incremento en la sofisticación tecnológica, una generación de empleo más inclusiva y métodos de producción ambientalmente responsables (ECLAC, 2007[3]; Lin and Chang, 2009[25]; Salazar-Xirinachs, Nubbler and Kozul-Wright, 2014[7]; ECLAC, 2024[26]; ECLAC, 2024[21]). La transformación productiva es el mecanismo principal para lograr un crecimiento sostenido de la productividad y métodos de producción más sostenibles e inclusivos a nivel agregado. Esta definición sistémica establece que los beneficios no son únicamente el resultado de la eficiencia a nivel de las empresas, sino que están profundamente arraigados en la estructura económica más amplia, moldeada por los resultados sociales, la sostenibilidad ambiental y la naturaleza dinámica de la innovación. También reconoce el carácter evolutivo del cambio económico y el papel fundamental del progreso técnico a lo largo del tiempo, destacando cómo la innovación impulsa la transformación en todo el ecosistema productivo (Nelson and Winter, 1982[27]).

Si bien las PDP modernas integran elementos horizontales y verticales, la priorización de sectores estratégicos provoca una tensión natural (Lin and Chang, 2009[25]). Por un lado, las políticas horizontales tienen como objetivo igualar las condiciones entre los distintos sectores; por otro lado, las intervenciones verticales concentran los recursos en áreas o sectores prioritarios. En contextos de restricciones fiscales y necesidades urgentes de desarrollo, los responsables de la formulación de políticas públicas se ven efectivamente "condenados a priorizar", lo que plantea la cuestión de qué enfoque debe tener prioridad. Para diseñar PDP coherentes y eficaces, es necesario articular con claridad las complementariedades entre estas dos lógicas.

Una visión amplia de las políticas de desarrollo productivo: Más allá del sector manufacturero

La nueva visión de las PDP en ALC debe adoptar una perspectiva más amplia, reconociendo el importante potencial de crecimiento de la productividad y diversificación en una amplia gama de actividades económicas. Las PDP tradicionales de la región se han centrado a menudo en la industria manufacturera, lo cual refleja el legado de la industrialización por sustitución de importaciones (Prebisch, 1950[28]). Es necesario ampliar el nuevo enfoque para incluir servicios sofisticados exportables, como desarrollo de *software*, servicios basados en tecnologías de la información, soluciones basadas en inteligencia artificial (IA) y agricultura moderna, que cada vez más afianzan la creación de valor en las cadenas globales.

Al mismo tiempo, no todos los servicios son igualmente estratégicos. Algunas funciones administrativas pueden ser vulnerables a la automatización o carecer de comerciabilidad y no deben ser el foco del apoyo estatal. Además, los sectores no comercializables, como logística, construcción sostenible y servicios de salud, ofrecen importantes oportunidades de aumento de la productividad y pueden ser objetivos legítimos de las PDP, especialmente cuando abordan cuellos de botella sistémicos o generan efectos indirectos en la productividad (ECLAC, 2016[29]).

Esta visión amplia se basa en la naturaleza evolutiva del cambio estructural, los avances tecnológicos y las tendencias mundiales. Su propósito es equilibrar la "política industrial a pequeña escala" – que apoya la productividad en sectores cercanos – con la "política industrial a gran escala" – que apunta a avances más amplios hacia productos y servicios más sofisticados – (Hausmann, Rodrik and Sabel, 2008[30]; Llinás, 2021[31]; Cherif and Hasanov, 2019[32]; Lee, 2019[33]). Permite a cada país adaptar su estrategia a su etapa de desarrollo, sus ventajas comparativas y sus capacidades institucionales.

La gobernanza, no los subsidios, es lo primero: Comprender las políticas de desarrollo productivo como la labor de múltiples partes interesadas

Un elemento fundamental de la nueva visión de las PDP en ALC es un cambio radical en el enfoque: pasar de depender de subsidios y medidas de protección comercial poco específicos y mal diseñados a adoptar mecanismos de gobernanza sólidos y una colaboración genuina entre las distintas partes interesadas (Rodrik, 2004[34]). Si bien los instrumentos financieros y fiscales cuidadosamente dirigidos pueden desempeñar un papel en contextos concretos y bien justificados (por ejemplo, para abordar fallas específicas del mercado o incentivar inversiones arriesgadas pero de alto potencial) (Capítulo 3), el objetivo principal deberá ser el establecimiento de plataformas eficaces para el diálogo, la coordinación y la resolución conjunta de problemas entre los organismos gubernamentales en todos los niveles; el sector privado, incluidas empresas de todos los tamaños, asociaciones industriales y organizaciones de apoyo a las empresas; la academia, y las organizaciones de la sociedad civil. Este enfoque colaborativo, característico de aquellos basados en clústeres, es esencial para: i) identificar con precisión los principales obstáculos que dificultan el desarrollo productivo; ii) establecer prioridades estratégicas realistas y compartidas y elaborar agendas estratégicas basadas en ellas; iii) diseñar intervenciones eficaces y específicas para cada contexto; iv) garantizar la coherencia de las políticas en los diferentes niveles y sectores; y v) fomentar una mayor rendición de cuentas y apropiación de los resultados de las PDP. El énfasis en la gobernanza reconoce desde un inicio que el éxito de las PDP no consiste simplemente en asignar recursos, sino también en crear un entendimiento común, alentar la confianza y generar la capacidad institucional para el aprendizaje continuo, la adaptación y la implementación eficiente (Evans, 1995[35]).

Este cambio refleja varias ideas clave:

- *Conocimiento distribuido.* En las complejas economías modernas, la información relevante sobre oportunidades, limitaciones, incentivos y posibles soluciones se distribuye ampliamente entre diversos actores, en lugar de concentrarse en los organismos gubernamentales.
- *Complementariedad de recursos.* La transformación productiva suele requerir la combinación de diversos recursos controlados por diferentes partes interesadas, entre ellas organismos públicos, empresas privadas, instituciones académicas y organizaciones de la sociedad civil.
- *Capacidades de implementación.* La implementación eficaz suele depender de la acción coordinada de múltiples actores y no de la acción gubernamental por sí sola.
- *Legitimidad y sostenibilidad.* Las políticas elaboradas mediante procesos inclusivos tienden a gozar de mayor legitimidad y sostenibilidad a lo largo de los ciclos políticos.
- *Restricciones fiscales.* Muchos países de ALC se enfrentan a importantes limitaciones fiscales que restringen su capacidad para aplicar incentivos financieros a gran escala, lo que aumenta la viabilidad de los enfoques basados en la gobernanza.

Las PDP centradas en la gobernanza resaltan los mecanismos estructurados para el diálogo, la coordinación y la colaboración entre las partes interesadas. Estos pueden incluir consejos público-privados, mesas redondas sectoriales, organizaciones de clústeres, comités de la cadena de valor y otros acuerdos institucionales que reúnen a los actores pertinentes para identificar las limitaciones, desarrollar visiones compartidas, coordinar acciones y supervisar los resultados.

Este enfoque colaborativo no elimina la necesidad de contar con instrumentos financieros y fiscales, que siguen siendo herramientas importantes en el conjunto de herramientas de las PDP (Capítulo 3). Más bien, sugiere que dichos instrumentos deben utilizarse estratégicamente dentro de marcos de gobernanza sólidos y agendas estratégicas que garanticen su eficacia, transparencia y armonización con objetivos de desarrollo más amplios.

La gobernanza para el desarrollo productivo debería entenderse como algo que va más allá de las plataformas de colaboración. Debe entenderse en sentido amplio como los mecanismos – es decir, las instancias de colaboración, pero también las rutinas, las reglas del juego y los incentivos – que facilitan el acoplamiento de múltiples partes interesadas, recursos y esfuerzos en torno a agendas estratégicas de desarrollo productivo.

Políticas de desarrollo productivo basadas en el lugar: Un enfoque territorial

Una visión nueva de las PDP debe adoptar un enfoque primordialmente local, reconociendo la importante heterogeneidad territorial que existe en los países de ALC en cuanto a estructura económica, dotación de recursos, retos de desarrollo y capacidades institucionales (ECLAC, 2010[36]; OECD et al., 2019[5]; Salazar-Xirinachs and Llinás, 2023[22]; ECLAC, 2024[11]; ECLAC, 2024[21]). Adoptar un enfoque con base en el lugar implica adaptar las políticas e intervenciones a las necesidades, los activos y los retos específicos de las diferentes regiones y localidades (Barca, McCann and Rodríguez-Pose, 2012[37]; OECD/UN/UNIDO, 2019[6]). Adaptar las políticas y las intervenciones a las necesidades locales específicas implica: i) identificar y aprovechar las ventajas competitivas locales y los recursos únicos; ii) fomentar el desarrollo de clústeres regionales y cadenas de valor que se basen en las fortalezas locales; iii) apoyar el emprendimiento local y los ecosistemas de innovación; y iv) abordar los cuellos de botella sectoriales y territoriales en áreas como desarrollo de competencias; ciencia, tecnología e innovación (CTI); infraestructura (transporte, energía, conectividad digital), y calidad de las instituciones locales. Un enfoque basado en el lugar requiere habilitar a los actores subnacionales (gobiernos regionales y municipales, organismos de desarrollo local), promover una coordinación interjurisdiccional eficaz, y crear capacidad institucional local para el diseño, la implementación y el seguimiento de las PDP que respondan a los contextos y necesidades locales (OECD, 2023[38]; Rodríguez-Pose, 2018[39]).

Un enfoque local para las PDP implica varios elementos interconectados:

- *Diagnósticos diferenciados.* Analizar sistemáticamente la estructura productiva, las capacidades, las limitaciones, los recursos financieros disponibles y previstos, y las oportunidades de los diferentes territorios para fundamentar intervenciones específicas.
- *Gobernanza multinivel.* Articular claramente las funciones y responsabilidades de los gobiernos nacionales, regionales y locales, con mecanismos de coordinación adecuados para garantizar la coherencia de las políticas.
- *Desarrollo de capacidades territoriales.* Fortalecer las capacidades de los gobiernos subnacionales y de las partes interesadas locales para diseñar, implementar y evaluar iniciativas de desarrollo productivo basadas en el lugar.
- *Focalización espacial.* Dirigir recursos y programas específicos para abordar los retos de los diferentes tipos de territorios, incluidas las regiones rezagadas, las ciudades intermedias y las zonas metropolitanas.
- *Sistemas de innovación territorial.* Promover ecosistemas locales de instituciones, empresas y flujos de conocimiento que apoyen la innovación y la mejora en lugares específicos.
- *Vínculos entre las zonas urbanas y rurales.* Fortalecer las conexiones entre las zonas urbanas y rurales para crear economías territoriales más integradas e inclusivas.

El desarrollo productivo es aún muy desigual entre las regiones de los países de ALC, lo que requiere PDP que evalúen y aprovechen sistemáticamente los activos y capacidades de producción locales. La evaluación de las políticas locales puede resultar difícil debido a la complejidad de la dinámica territorial y a la dificultad para aislar los efectos de las políticas de otros factores locales. Sin embargo, la persistencia de las desigualdades regionales exige que las PDP trasciendan los enfoques uniformes y adopten una comprensión detallada de los ecosistemas de producción locales, los activos disponibles y las limitaciones al desarrollo. Esta perspectiva territorial es esencial por razones de equidad y para maximizar la eficiencia de las inversiones públicas, aprovechando las fortalezas locales existentes en lugar de intentar imponer modelos de desarrollo externos (Barca, McCann and Rodríguez-Pose, 2012[37]).

Abordar los cuellos de botella en múltiples frentes y forjar agendas estratégicas de políticas de desarrollo productivo

La identificación y el análisis sistemáticos de las causas primarias que limitan el desarrollo productivo sostenible constituyen la base fundamental para cualquier PDP eficaz (Hausmann, Rodrik and Sabel, 2008[30]; Rodrik, 2004[34]). En vez de abordar los síntomas mediante intervenciones aisladas, las PDP exitosas deben diagnosticar las deficiencias estructurales, institucionales, de mercado y gubernamentales que perpetúan la baja productividad y la diversificación limitada (Crespi, Fernández-Arias and Stein, 2014[40]). Para ello es necesario emplear diversos enfoques analíticos y herramientas de diagnóstico, a fin de comprender cómo las diferentes limitaciones interactúan y se refuerzan entre sí en contextos específicos en los niveles nacional, territorial y sectorial. Las principales cuestiones que se recogen en las PDP contemporáneas suelen reflejar problemas superficiales y no las causas subyacentes. Se necesitan marcos analíticos más rigurosos que puedan identificar los puntos de apoyo para una transformación sostenible (ECLAC, 2024[11]; ECLAC, 2024[21]).

El crecimiento de la productividad y la transformación productiva a menudo son obstaculizados por cuellos de botella que abarcan diversas dimensiones del ecosistema productivo (Hausmann, Rodrik and Sabel, 2008[30]), por ejemplo: i) una infraestructura física inadecuada (transporte, energía, tecnologías de la información y las comunicaciones [TIC]); ii) acceso limitado al financiamiento, en particular para las pequeñas y medianas empresas (pymes) y las empresas innovadoras (Beck and Demirgüç-Kunt, 2006[41]) (Capítulo 3); iii) carencia de competencias en todos los niveles, desde la educación básica hasta los conocimientos técnicos y de gestión avanzados (Hanushek and Woessmann, 2015[42]); iv) ecosistemas de innovación débiles, caracterizados por una inversión limitada en I+D y vínculos débiles entre el mundo académico y la industria (Capítulo 4); v) entornos normativos onerosos y cuellos de botella administrativos (Djankov et al., 2002[43]); y vi) deficiencias en los servicios de apoyo a las empresas (por ejemplo, extensión tecnológica, inteligencia de mercado).

La eficacia de las PDP depende de su capacidad para atender estas dimensiones múltiples de forma integral y estratégica, reconociendo su interdependencia, e identificando las combinaciones específicas de restricciones que limitan el crecimiento sostenible e inclusivo de la productividad en contextos específicos. Para ello es necesario ir más allá de los enfoques aislados y adoptar agendas estratégicas que coordinen las acciones entre los diferentes ámbitos políticos y grupos de partes interesadas.

Una visión renovada de las PDP en América Latina y el Caribe requiere un enfoque integral que identifique y aborde de manera sistemática y coordinada estos cuellos de botella interconectados. Es fundamental lograr que la reducción de las brechas de capacidades en todos los niveles – desde la mejora de la calidad y la pertinencia de la educación básica hasta la oferta de formación profesional especializada y el fomento del aprendizaje continuo – sea un pilar central de este trabajo coordinado. Por ejemplo, las acciones para promover un sector estratégico concreto pueden implicar inversiones simultáneas en infraestructura de I+D relevante para ese sector, el desarrollo de programas de formación especializada para cubrir sus necesidades de competencias y la simplificación de las regulaciones pertinentes para reducir el costo de hacer negocios socialmente responsables y comprometidos con el medioambiente.

La estructura productiva ocupa un lugar central en el enfoque integral e interconectado que sustenta las PDP modernas. Dichas políticas tienen por objeto transformar la estructura productiva – que comprende sectores, cadenas de valor, clústeres y empresas de diversos tamaños – mediante la modernización, la diversificación y el cambio estructural positivo. La estructura productiva abarca diez ámbitos de políticas clave que constituyen las principales áreas de intervención (Gráfico 2.3). Estas dimensiones de políticas, representadas como pilares, deben abordarse y articularse en el marco de las PDP. El diagrama destaca que las PDP se basan en un apoyo transversal, como las estructuras de gobernanza y un enfoque territorial, reconociendo la necesidad de coherencia política en todos los niveles de gobierno y el papel de los actores locales (ECLAC, 2024[11]). Esta visión sistémica refleja el entendimiento de que la transformación productiva requiere, además de incentivos específicos, colaboración institucional, bienes públicos estratégicos y una formulación de políticas iterativa y basada en evidencias.

Gráfico 2.3. Definición y alcance de las políticas de desarrollo productivo

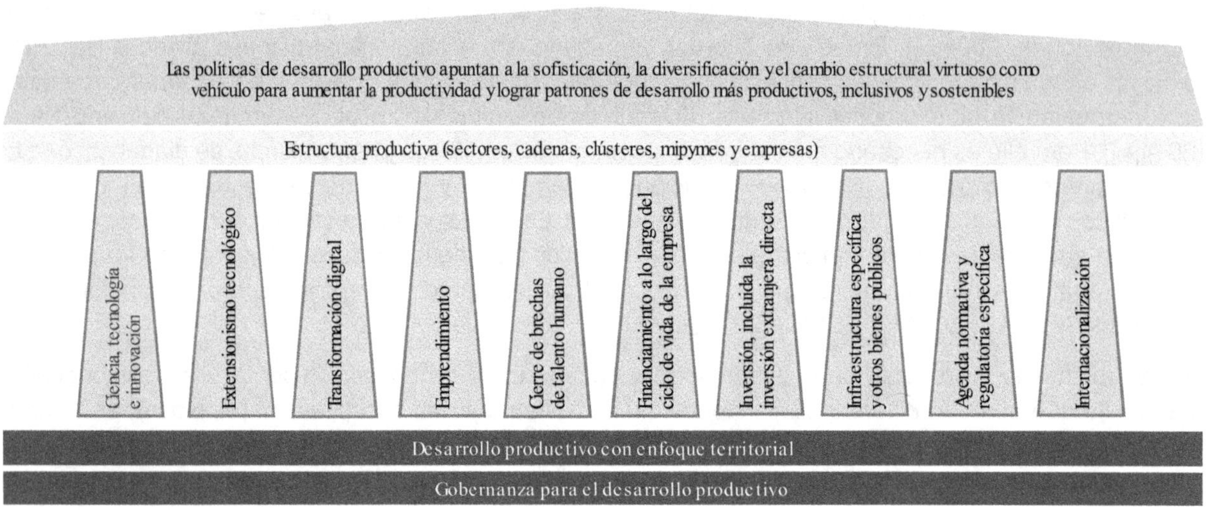

Fuente: (ECLAC, 2024[11]).

Condenados a priorizar: La necesidad de identificar y promover sectores estratégicos impulsores

Los países y los territorios están condenados a establecer prioridades, parafraseando a Hausmann y Rodrik (2006). Esto atañe en especial a los de ALC, condicionados por un contexto marcado por la urgencia climática, las tensiones geopolíticas, la bifurcación tecnológica, el aumento de las desigualdades y numerosos obstáculos que entorpecen la transformación productiva. El camino hacia un crecimiento alto, sostenido y sostenible requiere identificar y promover sectores estratégicos capaces de impulsar cambios en la matriz productiva orientándola hacia actividades más intensivas en conocimiento y con mayor valor agregado (ECLAC, 2012[44]; ECLAC, 2024[11]; ECLAC, 2024[21]; ECLAC, 2020[10]).

Dadas las restricciones de recursos financieros, institucionales y políticos, y la complejidad inherente de promover una transformación estructural de amplio alcance, los países de ALC deben tomar decisiones estratégicas. Deben dar prioridad a las intervenciones en sectores o actividades cuidadosamente seleccionados que tengan un potencial significativo para el crecimiento de la productividad, la diversificación, la creación de empleo (sobre todo empleos de mayor calidad) y efectos positivos indirectos, incluidos los relativos al medioambiente. La selección de estas prioridades estratégicas debería basarse en: i) un análisis riguroso de las capacidades y ventajas comparativas existentes en el país (Capítulo 1); ii) las tendencias mundiales emergentes y las oportunidades de mercado (por ejemplo, en tecnologías verdes o servicios digitales); iii) el potencial de desarrollo sostenible; iv) el entendimiento claro del potencial de los vínculos intersectoriales y la difusión de conocimientos; y v) la legitimidad que se deriva de la participación inclusiva de múltiples partes interesadas (ECLAC, 2024[11]).

Es importante que este proceso de priorización sea dinámico y esté sujeto a revisiones y ajustes periódicamente, en función de la evolución de las circunstancias, avances tecnológicos y las lecciones aprendidas de las políticas. La priorización es crucial para evitar dispersar los limitados recursos públicos entre un gran número de sectores, lo que puede diluir el impacto de las PDP y obstaculizar cambios estructurales significativos (Aiginger, 2007[45]).

Si bien la priorización debe aprovechar las capacidades existentes y las ventajas comparativas reveladas, también debe establecer las condiciones para conformar las industrias del futuro. Esto requiere un enfoque equilibrado entre lo que Hausmann, Rodrik y Sabel (2008) describen como "política industrial a pequeña escala" (de apoyo al aumento de la productividad en sectores cercanos a las capacidades actuales) y "política industrial a gran escala" (orientada a avances más importantes hacia actividades más distantes e intensivas en conocimiento). La bibliografía reciente (Cherif, Hasanov and Sarsenbayev, 2024[46]) sugiere una combinación de tres estrategias: "avanzar lentamente" para fortalecer los sectores existentes, "dar un salto" para mejorar las capacidades de rango medio y "apuntar a la luna" para aspirar a sectores transformadores y de gran impacto (Cherif, Hasanov and Sarsenbayev, 2024[46]). Esta combinación estratégica permite a los países obtener beneficios rápidos mientras se preparan para la competitividad futura. Por tanto, la priorización de sectores debe incorporar no solo la viabilidad técnica y el potencial de mercado, sino también el horizonte temporal necesario para desarrollar capacidades y movilizar el aprendizaje colectivo.

La priorización debe guiarse por al menos tres ejes interrelacionados: la dinámica sectorial, la articulación territorial y los ecosistemas institucionales. El eje de la dinámica sectorial implica identificar sectores con potencial de escala, oportunidades de aprendizaje y vínculos sistémicos. Por ejemplo, el "gran impulso a la sostenibilidad" de la CEPAL exige invertir en sectores que sean a la vez tecnológicamente dinámicos y ambientalmente sostenibles, como las energías renovables, la electromovilidad, la bioeconomía, el turismo sostenible, los servicios digitales sostenibles y la manufactura avanzada con principios de economía circular. En el marco de la articulación territorial, los sectores prioritarios deben estar arraigados en estrategias de desarrollo regional para reducir las desigualdades territoriales, un rasgo distintivo de la desigualdad en América Latina. A través de los ecosistemas institucionales, la promoción sectorial se coordina en las diferentes dimensiones de las PDP. El establecimiento de consejos sectoriales y organismos de desarrollo productivo es clave para orquestar la complejidad de la priorización estratégica.

Recuadro 2.1. Priorización y selección de sectores estratégicos impulsores

La priorización de sectores estratégicos es fundamental para las PDP modernas. Para que la selección de sectores sea eficaz, es preciso que responda a criterios claros y se base en las características específicas de cada país y territorio (UNIDO, 2024[47]). Estos criterios clave pueden guiar este proceso:

- *Capacidades existentes y ventajas comparativas reveladas*. Priorizar los sectores en los que las empresas nacionales ya muestran un rendimiento competitivo y tienen un alto impacto económico, como la agroindustria en Brasil o la minería en Chile.
- *Armonización con las megatendencias globales*. Seleccionar sectores que estén posicionados para beneficiarse de la transición ecológica, la digitalización o los cambios demográficos, como la Estrategia Chilena de Hidrógeno Verde.
- *Sofisticación del sector e intensidad del conocimiento*. Favorecer los sectores que ofrecen un alto potencial de efectos secundarios en innovación, aprendizaje tecnológico y difusión de la productividad. Los servicios intensivos en conocimiento, la manufactura avanzada y los sectores basados en la tecnología pueden ofrecer un mayor potencial de desarrollo que la manufactura tradicional. La sofisticación debe ser el criterio clave. Sectores como el desarrollo farmacéutico o la fabricación de productos electrónicos exigen un apoyo continuo debido a su complejidad y a sus requisitos de aprendizaje.

- *Potencial de exportación y de inversión extranjera directa*. Apoyar sectores con una demanda mundial fuerte y en los que es factible la integración estratégica en las cadenas de valor, como la industria aeroespacial de Colombia o los dispositivos médicos de Costa Rica.
- *Sostenibilidad ambiental y social*. Considerar sectores que promuevan el crecimiento inclusivo y verde, como la bioeconomía o el turismo sostenible, con fines de sostenibilidad ambiental y social.
- *Intensidad e inclusión en el empleo, incluidos los servicios no comercializables*. Incorporar sectores que puedan generar empleo a gran escala, en particular para trabajadores medianamente y poco calificados. Como resaltan Rodrik y Stiglitz (2024[48]), la promoción de la productividad en los sectores intensivos en mano de obra – incluidos los servicios no comercializables, como la construcción, el comercio nacional, los servicios de cuidado y la hostelería– puede ser esencial en la transformación estructural, especialmente en economías con grandes mercados laborales informales y un espacio fiscal limitado. Estos sectores, aunque a menudo se les ignore, tienen un gran potencial para el crecimiento inclusivo y la reducción de la desigualdad cuando se apoyan con políticas específicas que alienten la productividad y la formalización.

Además de estas estrategias, el enfoque orientado a la misión adopta un marco en el que los sectores se "autoseleccionan" en función de su potencial para abordar retos y misiones sociales específicos, como la mitigación del cambio climático, las crisis de salud pública o la inclusión digital. El método, desarrollado por Mazzucato (2018), se centra en definir misiones claras, medibles y con plazos determinados que requieran innovación y colaboración intersectoriales. En lugar de seleccionar sectores de forma aislada, este método identifica qué industrias y capacidades son necesarias para resolver los problemas sociales urgentes, lo cual facilita configurar estrategias de desarrollo productivo más integradas y orientadas a objetivos. Por ejemplo, una misión para lograr la neutralidad en carbono para 2050 daría prioridad – como era de esperarse – a los sectores de las energías renovables, el almacenamiento de energía, el transporte sostenible y la manufactura ecológica, en tanto que una misión para mejorar el acceso equitativo a la atención sanitaria podría centrarse en la producción farmacéutica, los dispositivos médicos y las tecnologías sanitarias digitales.

Fuente: Elaboración de los autores.

Una consideración clave para la implementación estratégica de las PDP es que los diferentes sectores requieren plazos distintos y enfoques personalizados (Rodrik, 2004[34]; ECLAC, 2024[21]). Algunas industrias de alta tecnología, como la farmacéutica o la electrónica avanzada, exigen una visión de largo plazo y una inversión sostenida durante décadas, mientras que otros sectores pueden dar resultados en plazos más cortos (Amsden, 1992[17]; Wade, 1990[18]). Por consiguiente, los responsables de la formulación de políticas públicas deberán encontrar un equilibrio entre lo que es aprovechar las oportunidades a corto plazo y sentar las bases para una transformación a más largo plazo. Es fundamental tomar en cuenta que los requisitos de cada sector varían mucho: lo que se necesita para fomentar la innovación farmacéutica difiere significativamente de lo requerido para impulsar la fabricación de productos electrónicos. Esto subraya la necesidad de contar con estrategias específicas para cada sector (Warwick, 2013[49]; ECLAC, 2024[11]).

La priorización de sectores no debe tratarse como un ejercicio meramente tecnocrático, sino como un proceso constructivo y colectivo, que implique diálogo y coordinación significativos entre las principales partes interesadas, incluidas las instituciones públicas, el sector privado, la academia y la sociedad civil (Sabel and Zeitlin, 2010[50]). Este enfoque participativo refuerza la legitimidad, garantiza una mejor adaptación a las realidades locales y propicia el compromiso necesario para la implementación a largo plazo. Estos casos muestran que la selección eficaz de sectores en ALC debe ir más allá de los conceptos estáticos de ventaja comparativa. Requiere adoptar criterios dinámicos como el potencial de aprendizaje, la capacidad de innovación y la sostenibilidad. Las experiencias de Brasil, Chile y México destacan que el éxito de la transformación productiva no depende únicamente de la identificación de sectores prometedores, sino también del establecimiento de una sólida coordinación institucional entre ministerios, organismos y partes interesadas del sector privado, respaldada por mecanismos de gobernanza sólidos en los que participen múltiples partes interesadas.

Además, la selección estratégica de sectores debe acompañarse de la definición de visiones estratégicas para estos, que determinarían los cuellos de botella que hay que afrontar por medio de proyectos y acciones relacionados, por ejemplo, con necesidades específicas de infraestructura, aspectos regulatorios, capital humano y agendas científicas y tecnológicas, entre otros ámbitos políticos (Llinás, 2021[31]). Por tanto, es fundamental que la priorización de sectores redunde en la articulación de esfuerzos múltiples de desarrollo productivo en torno a los sectores priorizados.

El enfoque de gobernanza experimental

En un panorama mundial en rápida evolución, caracterizado por una disrupción tecnológica acelerada, una dinámica de mercado en constante evolución y crisis globales, es poco probable que un enfoque rígido y descendente a las PDP resulte eficaz.

Una visión renovada para ALC debe adoptar un enfoque de “gobernanza experimental”, caracterizado por la flexibilidad, el aprendizaje y la adaptación (Sabel and Zeitlin, 2010[50]). Esto implica diseñar políticas públicas con mecanismos incorporados de seguimiento, evaluación y retroalimentación, que permitan realizar ajustes oportunos y correcciones de rumbo a partir de la evidencia de lo que funciona y lo que no en el contexto específico de ALC. Algunos ejemplos son el programa Start-Up Chile, que ha evolucionado a través de múltiples iteraciones basadas en los comentarios de los participantes, y los programas de innovación de Uruguay, los cuales incorporan ciclos periódicos de evaluación para perfeccionar los mecanismos de apoyo.

El enfoque de gobernanza experimental implica tanto promover una cultura de experimentación y toma de riesgos en la formulación de políticas, como alentar el diseño y la ejecución de proyectos piloto y la puesta a prueba de enfoques innovadores para abordar retos de desarrollo específicos. El intercambio eficaz de conocimientos y aprendizajes entre las diferentes iniciativas de política dentro de un país y entre los diferentes países de la región, es un elemento crucial de este enfoque, ya que permite difundir las mejores prácticas y evitar los errores del pasado (Andrews, Pritchett and Woolcock, 2017[51]).

Los partidarios del enfoque de gobernanza experimental sostienen que muchas reformas en los países en desarrollo fracasan porque se basan en copiar modelos institucionales aparentemente exitosos en otros lugares, lo que conduce a cambios superficiales sin mejoras funcionales reales. Para superar estas “trampas de capacidad”, el diseño eficaz de políticas a menudo requiere experimentación, evaluación y perfeccionamiento constantes, en lugar de recetas predeterminadas. El enfoque de gobernanza experimental hace hincapié en cuatro elementos principales:

- *Establecimiento de objetivos provisionales.* Establecer objetivos claros pero modificables que orienten y a la vez permitan su adaptación en función de la experiencia y las condiciones cambiantes.
- *Implementación descentralizada.* Facilitar a diversos actores la tarea de desarrollar enfoques específicos para cada contexto, a fin de alcanzar objetivos comunes, aprovechando los conocimientos y capacidades locales.
- *Informes periódicos y revisión de pares.* Crear procesos estructurados para supervisar los avances, compartir experiencias e identificar los éxitos y los retos.
- *Revisión de objetivos y métodos.* Revisar periódicamente los objetivos y enfoques a partir del aprendizaje acumulado y los nuevos conocimientos.

Este enfoque experimental es particularmente valioso en los contextos de ALC caracterizados por la incertidumbre, información limitada y oportunidades en evolución. Permite diseñar soluciones a la medida para retos específicos de productividad, al tiempo que genera aprendizajes que pueden fundamentar el desarrollo de políticas generales. También ayuda a gestionar riesgos, ya que permite avanzar gradualmente con experimentos a menor escala antes de emprender una implementación más amplia.

La implementación de la gobernanza experimental requiere desarrollar capacidades institucionales adecuadas, entre ellas: i) sistemas de recopilación y análisis de datos para realizar un seguimiento de los avances e identificar patrones; ii) marcos de evaluación que analicen tanto los procesos como los resultados; iii) mecanismos de gestión del conocimiento que recopilen y difundan el aprendizaje; iv) foros deliberativos para que las partes interesadas puedan involucrarse en tareas de revisión y adaptación; y v) sistemas flexibles de administración que se adapten a los enfoques en evolución. Al incorporar dichos elementos experimentales, las PDP pueden equilibrar la necesidad de una dirección estratégica con la adaptabilidad necesaria para avanzar por terrenos productivos difíciles, complejos y cambiantes. Se podrían citar varios casos de colaboración público-privada como mejores prácticas, por ejemplo, Telefónica-FAO y los proyectos de Colombia para Smart Agro, así como la iniciativa de Telefónica, el BID y Meta en Perú a través de Internet Para Todos.

Políticas de desarrollo productivo centradas en la internacionalización

Para las economías predominantemente pequeñas y abiertas prevalecientes en ALC, la internacionalización representa un motor clave para el crecimiento de la productividad, la competitividad y el acceso a mercados más grandes y a nuevas tecnologías (Krugman, 1979[52]) (Capítulo 4). La internacionalización es un principio central de organización que debe guiar todos los esfuerzos de desarrollo productivo. La investigación y la experiencia adquirida en toda la región demuestran constantemente que los retos de la internacionalización constituyen el principal cuello de botella para el desarrollo productivo (Crespi, Fernández-Arias and Stein, 2014[40]; ECLAC, 2010[53]). Las persistentes brechas de productividad, la limitada diversificación y la dependencia estructural de los productos básicos de la región tienen su origen fundamentalmente en la insuficiente integración de los segmentos dinámicos de la economía mundial (Ocampo and Ros, 2011[1]; ECLAC, 2024[21]).

Esta realidad exige que todas las PDP – sectoriales, territoriales y horizontales – se diseñen y evalúen desde la perspectiva de la competitividad y la integración en los mercados internacionales (UNCTAD, 2023[54]). En lugar de tratar la internacionalización como un ámbito político independiente, las PDP exitosas en ALC deberán incorporar los requisitos del mercado internacional, las presiones competitivas y las oportunidades de la cadena de valor global en todos los aspectos de su diseño y aplicación. Este enfoque reconoce que el tamaño del mercado interno por sí solo no puede proporcionar la escala suficiente en las economías pequeñas y abiertas para alcanzar niveles de productividad competitivos en la mayoría de los sectores (ECLAC, 2024[21]; Krugman, 1979[52]).

Un elemento esencial de las PDP centradas en la internacionalización es el uso del desempeño de las exportaciones como indicador de la mejora en la productividad y como mecanismo de condicionalidad para el apoyo continuo. Como lo demuestran las experiencias exitosas en Asia Oriental, este enfoque de "disciplina de exportación" procura que los sectores y las empresas que reciben apoyo se enfrenten a las presiones competitivas necesarias para impulsar mejoras genuinas de productividad, en lugar de depender permanentemente de la protección o los subsidios (Hallak and Schott, 2011[55]; ECLAC, 2024[11]). Al exigir a los beneficiarios del apoyo de las PDP que demuestren sus avances hacia la competitividad internacional a través del desempeño de las exportaciones, los responsables de la formulación de políticas públicas pueden mantener la disciplina del mercado y a la vez brindar apoyo estratégico, asegurándose de que los recursos fluyan hacia actividades genuinamente competitivas (Rodrik and Stiglitz, 2024[48]).

Por consiguiente, para aumentar la competitividad mundial de las empresas nacionales de ALC y facilitar su integración en la economía mundial, una visión renovada de las PDP deberá centrarse firmemente en la internacionalización. Esto incluye políticas destinadas a: i) incrementar la competitividad exportadora de las empresas nacionales, por ejemplo, mediante agencias de promoción de las exportaciones, apoyo al financiamiento del comercio y asistencia para cumplir con las normas internacionales de calidad; ii) atraer activamente la inversión extranjera directa en sectores estratégicos que puedan aportar nuevas tecnologías, capacidades y acceso a las cadenas globales de valor (CGV) (ECLAC, 2010[53]; UNCTAD, 2023[54]) (Capítulo 3); iii) facilitar la integración de las empresas locales en dichas cadenas, por ejemplo, mediante programas de desarrollo de proveedores y apoyo para cumplir los requisitos de los compradores de las CGV; iv) promover la transferencia de tecnología y la colaboración internacional en I+D; y v) apoyar la expansión internacional de las empresas locales exitosas. También implica participar activamente en las negociaciones comerciales internacionales y promover la integración económica regional para crear mercados más grandes y dinámicos que puedan proporcionar una mayor escala y oportunidades a los productores nacionales (Baldwin and Venables, 1995[56]) (Capítulo 4).

Dentro del amplio conjunto de estrategias de internacionalización, la orientación hacia la exportación sigue siendo una piedra angular de las políticas industriales exitosas, incluso para las economías más grandes con mercados nacionales importantes. Como se destaca en (Cherif and Hasanov, 2019[32]), el crecimiento sostenido de las exportaciones, basado en el aumento de la productividad y la competitividad mundial, es una característica clave de los "milagros asiáticos". El enfoque en las exportaciones obliga a las empresas a enfrentar la competencia internacional, fomenta la innovación y alienta la mejora continua de las capacidades. Sin esta orientación hacia el exterior, incluso los mercados grandes corren el riesgo de estancarse y caer en trampas proteccionistas que sofocan el dinamismo. Por tanto, es necesario que los países de ALC incorporen estrategias orientadas a la exportación como eje central de sus PDP, asegurándose de que la tarea de mejora industrial esté estrechamente vinculada a la demanda mundial, las normas de calidad y las fronteras de la innovación. Este énfasis en la exportación debe complementar la agenda de internacionalización más amplia que conecta a las empresas nacionales con las CGV, las tecnologías y las redes de conocimiento mundiales.

Un enfoque de internacionalización de las PDP tiene que incluir múltiples dimensiones: i) posicionar la oferta de ALC en los mercados internacionales; ii) competir eficazmente con las importaciones; iii) atraer y maximizar el impacto de la inversión extranjera directa; iv) conectar los sectores productivos con fuentes globales de tecnología y conocimiento, incluidas universidades, centros tecnológicos, redes empresariales y comunidades de la diáspora; v) desarrollar agendas regionales de desarrollo productivo, y vi) colaborar activamente con las PDP de otras regiones (ECLAC, 2024[11]). Este enfoque integral reconoce que la internacionalización no se limita a las exportaciones, sino que se trata de una integración estratégica en las redes mundiales de conocimiento y producción (Capítulo 4).

La combinación específica y el énfasis de estos elementos variarán según el contexto de cada país, las capacidades existentes y las prioridades estratégicas. Sin embargo, todas las estrategias de internacionalización eficaces requieren la armonización con objetivos de desarrollo productivo más amplios y coordinación entre múltiples ámbitos políticos y grupos de partes interesadas.

Para los países de ALC, este enfoque de internacionalización es particularmente relevante en el contexto de la reconfiguración en curso de las CGV y de las oportunidades de *nearshoring* y *friendshoring*.

Organización de las iniciativas de políticas de desarrollo productivo mediante clústeres y otras iniciativas de articulación productiva

La complejidad de las PDP modernas, que abarcan diferentes ámbitos políticos, grupos de partes interesadas y niveles de gobernanza, plantea importantes retos de coordinación. La nueva visión destaca las iniciativas de articulación productiva (IAP) como mecanismos prácticos para organizar y poner en práctica los esfuerzos de desarrollo de políticas públicas en diferentes niveles operativos. El concepto de

IAP se refiere a diversas modalidades de colaboración estratégica entre empresas e instituciones para el desarrollo productivo (Salazar-Xirinachs, 2020[57]; ECLAC, 2025[58]). Asimismo, abarca iniciativas de agrupaciones, iniciativas de cadenas de valor, iniciativas productivas locales, iniciativas de promoción de redes empresariales e iniciativas destinadas a generar y consolidar relaciones con los proveedores.

Estos enfoques son especialmente eficaces porque integran estructuras de gobernanza, priorización sectorial, una perspectiva local y un enfoque experimentalista de la formulación de políticas (Salazar-Xirinachs, 2020[57]). Al proporcionar marcos estructurados para la participación de las partes interesadas y la acción coordinada, las IAP ayudan a convertir los principios generales de las PDP modernas en iniciativas prácticas con impactos tangibles. En consecuencia, ofrecen varias ventajas como vehículos de implementación de las PDP:

- *Ámbito concreto.* Las IAP proporcionan objetivos de intervención bien definidos, con límites claros y grupos de partes interesadas, lo que ayuda a convertir estrategias generales en iniciativas viables.
- *Plataformas de coordinación.* Las IAP pueden servir como mecanismos estructurados para la coordinación de las partes interesadas, la resolución colaborativa de problemas y la acción colectiva.
- *Incremento de la eficiencia.* Concentrar las iniciativas en actores ubicados en el mismo lugar e interconectados puede maximizar el impacto por medio de sinergias y efectos indirectos, al tiempo que se economizan los recursos de implementación.
- *Especificidad del contexto.* Las IAP incorporan de forma natural el contexto y las condiciones locales, lo que facilita la adopción de políticas basadas en el lugar y adaptadas a territorios específicos.
- *Gobernanza equilibrada.* Las IAP bien diseñadas pueden crear mecanismos de gobernanza equilibrados que incorporen las perspectivas de los sectores público, privado, académico y de la sociedad civil, al tiempo que mantienen la agilidad operativa.

Las IAP suelen involucrar organizaciones o programas que promueven el desarrollo colaborativo estratégico dentro de agrupaciones específicas a través de proyectos y acciones relacionadas con: i) planeación estratégica y desarrollo de visión; ii) innovación y apoyo tecnológico; iii) desarrollo de competencias y capacitación; iv) desarrollo del mercado e internacionalización; v) infraestructura e instalaciones compartidas; vi) promoción de políticas y mejora regulatoria; y vii) gestión de redes entre empresas e intercambio de conocimientos (Llinás, 2021[31]).

Para los países de ALC, las iniciativas de clústeres y otras iniciativas de articulación productiva ofrecen herramientas especialmente valiosas para implementar las PDP dentro de las limitaciones institucionales y de recursos que con frecuencia caracterizan a la región. Proporcionan formas de movilizar los recursos de manera más eficaz mediante una mejor coordinación, centran los limitados recursos públicos en prioridades estratégicas con alto potencial de rendimiento y desarrollan capacidades de implementación mediante el aprendizaje práctico en contextos específicos. Entre los ejemplos se incluyen el clúster automotriz de Brasil en la región ABC de São Paulo, el clúster vitivinícola de Chile en regiones que han aprovechado con éxito la acción colectiva para penetrar en el mercado internacional, las múltiples iniciativas de clústeres de Colombia patrocinadas por las cámaras de comercio y el clúster de dispositivos médicos de Costa Rica apoyado por PROCOMER (CINDE, 2023[59]).

Una visión renovada para ALC debería dar prioridad al diseño y la implementación de clústeres bien estructurados y gestionados de manera eficaz, así como otras iniciativas de articulación productiva que se ajusten a las prioridades estratégicas de desarrollo de la región y aprovechen las fortalezas y oportunidades locales (Llinás, 2021[31]; OECD, 2007[60]).

Al desarrollar clústeres es recomendable adoptar un enfoque pragmático y experimental, en vez de esperar a que surjan las condiciones perfectas o marcos institucionales completos (Sabel and Zeitlin,

2010[50]; Andrews, Pritchett and Woolcock, 2017[51]). La estrategia más eficaz consiste en poner en marcha iniciativas de agrupaciones basadas en las capacidades existentes y aprender por medio de la implementación, ampliando y fortaleciendo gradualmente las instituciones de apoyo a lo largo del tiempo (Porter, 1998[61]). Este método de "aprender haciendo" reconoce que la formación de clústeres es un proceso iterativo en el que los experimentos iniciales proporcionan información valiosa para avances posteriores y mejoras institucionales más amplias (Llinás, 2021[31]). Los responsables de la formulación de políticas públicas deben centrarse primero en identificar qué agrupaciones priorizar en función de su potencial estratégico y comenzar la implementación, manteniendo la flexibilidad para adaptarse y expandirse en función de los resultados y las oportunidades que surjan (Ketels, 2003[62]; ECLAC, 2024[11]).

Marcos de diagnóstico para analizar las causas raíz

Las PDP eficaces requieren marcos de diagnóstico sofisticados que puedan identificar las causas raíz – las restricciones vinculantes – de los desafíos del desarrollo productivo, más que abordar únicamente los síntomas (Rodrik, 2004[34]; Hausmann, Rodrik and Velasco, 2005[63]). Los países de ALC han utilizado diferentes enfoques analíticos para comprender las restricciones fundamentales que limitan la transformación productiva, desde diagnósticos de crecimiento a análisis de cadenas de valor, evaluación de sistemas de innovación y estudios de competitividad territorial (ECLAC, 2024[21]; IDB, 2010[4]). Si bien estas diferentes metodologías ofrecen información valiosa, es necesario contar con enfoques integrados que puedan capturar la complejidad de las interacciones entre factores institucionales, estructurales y de mercado.

El análisis de causas raíz debe operar simultáneamente en diversos niveles, examinando cómo los marcos institucionales a nivel nacional interactúan con características territoriales, dinámicas sectoriales y capacidades empresariales (OECD et al., 2019[5]). Para ello se necesitan procesos de diagnóstico que puedan identificar de manera sistemática dónde son más vinculantes las restricciones y dónde es probable que las intervenciones de políticas públicas generen el mayor impacto en los resultados de desarrollo sostenible.

La prueba definitiva de los marcos de diagnóstico es su capacidad para fundamentar la priorización estratégica y el diseño de políticas (Andrews, Pritchett and Woolcock, 2017[51]). Un análisis eficaz de causas raíz debería generar hipótesis claras sobre las intervenciones que abordarán restricciones fundamentales y no asuntos periféricos; esto permitirá a los responsables de la formulación de políticas públicas destinar los limitados recursos en áreas de alto impacto que puedan desbloquear una transformación productiva más amplia.

La OCDE, junto con el sistema de la ONU, proporcionan apoyo a la medida mediante el Marco de Revisión de Políticas de Transformación Productiva (PTPR, por sus siglas en inglés) a países que se propongan impulsar cambios estructurales y cosechar los beneficios de nuevas fronteras tecnológicas por medio de una revisión sistemática del potencial del país en diferentes ámbitos de políticas (Recuadro 2.2).

Recuadro 2.2. Marco de Revisión de Políticas de Transformación Productiva (PTPR): un marco interpretativo

El Marco de Revisión de Políticas de Transformación Productiva propone un enfoque interpretativo para la evaluación y recomendación que toma en cuenta las características del panorama económico mundial, en el que los países están adoptando estrategias de transformación productiva como punto de partida del análisis. Las PTPR se centran en evaluar las capacidades y el potencial de los países en cinco ámbitos (capacidad de anticipación, capacidad de adaptación, potencial de aprendizaje y mejora, propensión a la interconexión y potencial de integración). Estos cinco pilares surgen al reconocer que no existe un modelo único de desarrollo. Los países se desarrollan y logran mejorar de diversas maneras. Su desempeño está determinado por una combinación de factores internos y externos y por la eficacia de la combinación de capacidades existentes. El marco de revisión de PTPR se ha implementado en la región de ALC en Chile, Colombia, Costa Rica y República Dominicana.

En particular, en el panorama económico actual, se han identificado cinco características distintivas para explicar el éxito de la capacidad de los sistemas económicos:

- La capacidad de mirar hacia el futuro
- La capacidad de ser flexible y reaccionar ante circunstancias cambiantes
- La capacidad de activar dinámicas de aprendizaje y generar procesos de autodescubrimiento
- La capacidad de trabajar con redes cada vez más complejas
- La capacidad de establecer vínculos resilientes y crear o retener valor

Con base en las características identificadas previamente, las PTPR se centran en evaluar la preparación y el potencial de los países para un cambio transformador, tomando en cuenta las particularidades de cada país y las referencias internacionales. El Gráfico 2.4 ilustra el marco de cinco pilares de las PTPR utilizado en esta evaluación.

Gráfico 2.4. Definición de los cinco pilares de las PTP

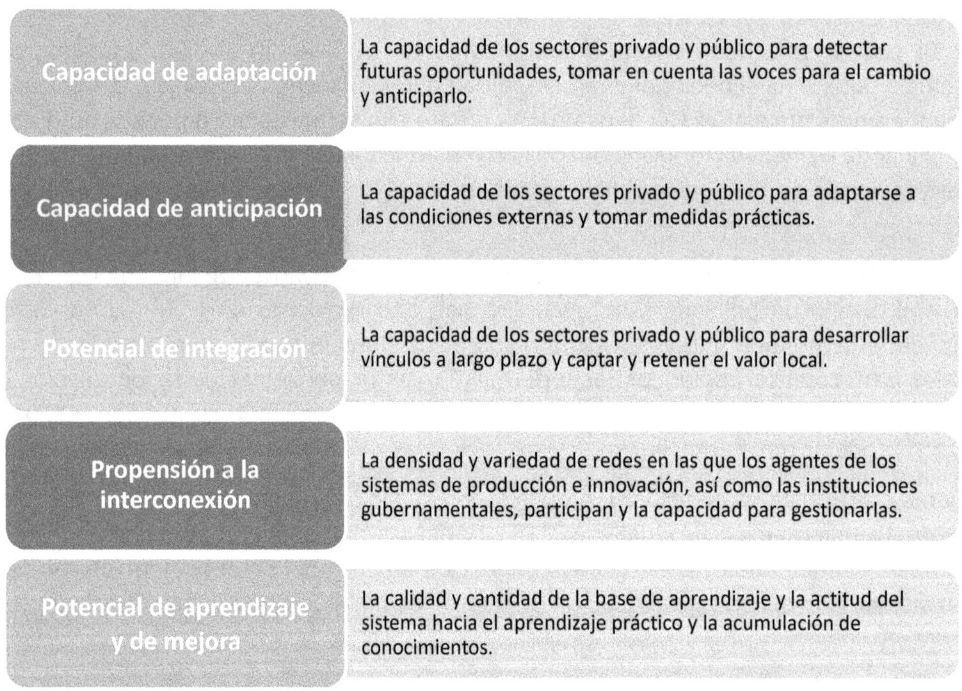

Fuente: (OECD/UN, 2018[2]; OECD/UN/UNIDO, 2019[6]; OECD/UNCTAD/ECLAC, 2020[64]; OECD, 2023[38]).

Esfuerzos realizados en ALC en términos de políticas de desarrollo productivo

El panorama de las PDP en ALC presenta una gran diversidad que refleja las diferencias en el tamaño de los países, su estructura económica, capacidad institucional, orientación política y patrones de desarrollo histórico (ECLAC, 2014[65]; ECLAC, 2024[11]). Si bien la historia de la región incluye periodos de industrialización impulsados por el Estado con un fuerte énfasis en la sustitución de importaciones, en las últimas décadas del siglo XX se produjo un cambio general hacia políticas más orientadas al mercado y se redujo la intervención directa del Estado en la economía (Williamson, 1990[66]). Sin embargo, en fechas recientes se ha observado el resurgimiento de PDP más activas y específicas en toda la región, dadas las tendencias mundiales y como respuesta a los retos delineados en la introducción de este capítulo.

Esfuerzos fiscales en ALC en términos de políticas de desarrollo productivo

Los recursos fiscales asignados a las PDP en ALC han sido generalmente modestos en comparación con los parámetros internacionales, en particular los de las economías de Asia Oriental y las economías avanzadas. Según estimaciones de la CEPAL, los países de ALC dedican menos de 0.5% del producto interno bruto (PIB) a PDP explícitas, sin incluir las inversiones en infraestructura y el gasto en educación general (Gráfico 2.5). Esto contrasta con cifras superiores al 3% en muchos países de la OCDE y con niveles aún más altos en países como Corea del Sur durante sus etapas de industrialización intensiva (Lane, 2025[67]).

Gráfico 2.5. Inversión en políticas de desarrollo productivo en ALC y OCDE, 2021-2022 (% del PIB)

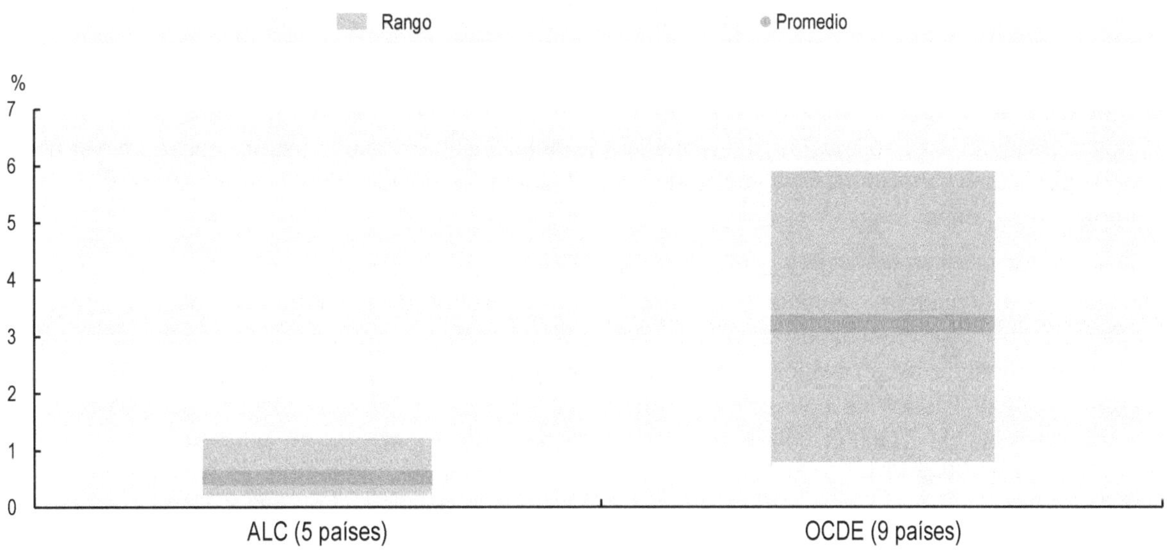

Nota: Las cifras para América Latina y el Caribe se refieren al promedio de 2021-2022. Para la OCDE hasta 2021 (excluido el sector agrícola).
Fuente: Elaboración de los autores con base en (ECLAC, 2024[11]).

StatLink https://stat.link/28zg4c

La composición de este gasto también revela patrones importantes. Una parte significativa del gasto de las PDP en ALC se destina a políticas horizontales y apoyo general a las empresas, mientras que se asignan recursos más limitados a iniciativas estratégicas verticales. Dentro del gasto horizontal, la mayor parte suele financiar servicios empresariales, apoyo general a las pymes y programas de emprendimiento, mientras que el financiamiento de la innovación, la adopción de tecnología avanzada y los programas de desarrollo de proveedores tienden a recibir asignaciones más moderadas a pesar de su importancia estratégica potencial (ECLAC, 2022[23]).

Asimismo, la distribución de los recursos fiscales entre los diferentes tipos de instrumentos muestra patrones característicos. Las subvenciones directas y los incentivos fiscales suelen absorber recursos sustanciales, pero con frecuencia carecen de mecanismos de evaluación sólidos para evaluar su eficacia. La contratación pública, que se ha utilizado estratégicamente para el desarrollo productivo en muchos casos exitosos a nivel internacional, sigue estando subutilizada como instrumento de las PDP en la mayoría de los países de ALC. En esta nueva visión de las PDP, la intervención de los bancos de desarrollo debería ir más allá de los préstamos tradicionales e incluir una función de inteligencia de mercado que ayude a identificar los cuellos de botella que obstaculizan la transformación productiva de las economías (Fernández-Arias, Hausmann and Panizza, 2019[68]).

Una característica importante del financiamiento de las PDP en la región es su volatilidad. Los niveles de financiamiento suelen fluctuar significativamente con los ciclos políticos y las condiciones macroeconómicas, lo que socava la perspectiva a largo plazo, necesaria para una transformación productiva exitosa. Esta volatilidad afecta no solo la dotación general de recursos, sino también las prioridades relativas dentro de los presupuestos de las PDP, ya que las iniciativas estratégicas a largo plazo suelen sacrificarse durante los periodos de ajuste fiscal.

La pandemia del COVID-19 influyó en los patrones de financiamiento de las PDP en toda la región, y el apoyo inicial de emergencia a las empresas dio paso paulatinamente a iniciativas de recuperación más estratégicas en muchos países. Sin embargo, las presiones fiscales intensificadas por la pandemia, limitaron en general los recursos disponibles para nuevos programas ambiciosos de PDP, con notables excepciones en economías más grandes, como Brasil y México (Capítulo 3).

Gobernanza para políticas de desarrollo productivo en ALC

Los mecanismos de gobernanza para las PDP en ALC muestran importantes variaciones entre los distintos países, lo que refleja las diferentes tradiciones institucionales, estructuras administrativas, enfoques políticos y capacidades institucionales. No obstante, es factible identificar varios retos comunes y patrones emergentes.

A nivel nacional, la responsabilidad de las PDP suele distribuirse entre múltiples ministerios y organismos: i) ministerios de economía, industria o producción; ii) organismos de ciencia, tecnología e innovación; iii) organizaciones de promoción de las exportaciones y atracción de inversiones; iv) bancos de desarrollo e instituciones financieras; v) organismos sectoriales especializados, por ejemplo, en agricultura, turismo o minería; y vi) ministerios de educación y trabajo que se ocupan del desarrollo de competencias. En Chile, por ejemplo, la CORFO colabora con el Ministerio de Economía, InvestChile, y con diversos organismos sectoriales. En Colombia, el Ministerio de Comercio, Industria y Turismo trabaja en coordinación con entidades como Bancóldex, ProColombia e INNpulsa. En México, la Secretaría de Economía se coordina con Nacional Financiera, ProMéxico (hasta 2019) y organismos de desarrollo a nivel estatal.

En los 33 países de la región, hay 197 entidades ministeriales que participan en las PDP, abarcando las siguientes áreas de actividad: agricultura; pesca; turismo; industria; micro, pequeñas y medianas empresas; comercio exterior; ciencia, tecnología e innovación (CTI); tecnologías de la información y la comunicación (TIC); y empleo. Cerca de dos tercios de estos países cuentan con cinco o seis ministerios diferentes que participan en las PDP. Si bien los ministerios multisectoriales son los más comunes, su presencia no redunda automáticamente en mecanismos de coordinación coherentes o en una dirección estratégica unificada (Gráfico 2.6).

Gráfico 2.6. Diferentes tipos de organismos gubernamentales que supervisan políticas de desarrollo productivo en ALC (%)

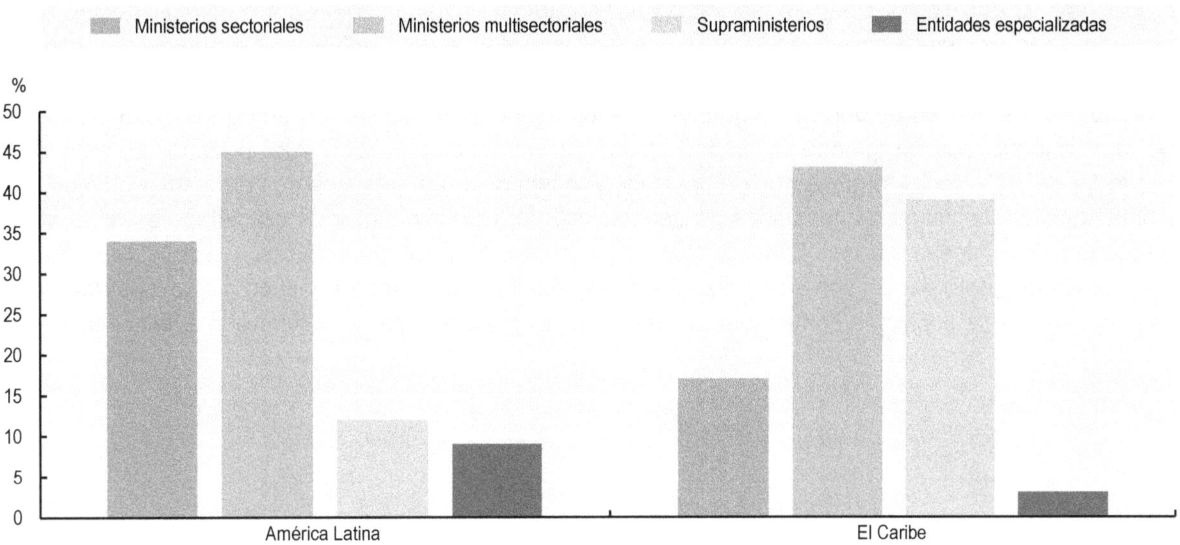

Nota: El gráfico ilustra la fragmentación de las agencias gubernamentales responsables de supervisar las PDP en ALC. Las instituciones que intervienen en las PDP se dividen en cuatro categorías, dependiendo de su nivel de especialización: i) Ministerios sectoriales: Ministerios dedicados exclusivamente a un sector o función específica relacionada con el desarrollo productivo (por ejemplo, turismo o empleo). ii) Ministerios multisectoriales: Ministerios que operan en múltiples áreas conectadas al desarrollo productivo (por ejemplo, un ministerio responsable tanto de turismo como de agricultura). iii) Supraministerios: Ministerios que, además de gestionar al menos un área de desarrollo productivo, también desempeñan funciones más amplias que se extienden más allá de esta esfera, como abordar cuestiones sociales, macroeconómicas u otros temas transversales. iv) Entidades especializadas: Instituciones técnicas (como agencias, servicios o institutos) centradas en aspectos específicos de las PDP.
Fuente: Elaboración de los autores con base en (ECLAC, 2024[11]).

StatLink https://stat.link/jxro37

Esta dispersión entre diferentes entidades se manifiesta de varias maneras fundamentales. La primera es la falta de armonización entre los instrumentos y las prioridades: muchos instrumentos de PDP no están claramente vinculados a objetivos estratégicos o a sectores impulsores identificados, lo que debilita su potencial transformador. La segunda es el gasto público fragmentado: los recursos se distribuyen entre numerosos programas e instituciones, lo cual diluye su impacto y aumenta las cargas administrativas (OECD/UNCTAD/ECLAC, 2020[64]). La tercera es la debilidad de los marcos de gobernanza: de los 74 organismos de coordinación identificados en 15 países, la mayoría son de naturaleza consultiva y carecen de poderes ejecutivos o deliberativos, mientras que solo el 28% tiene operaciones multinivel, lo que limita la participación territorial y subnacional (ECLAC, 2024[11]). La última forma en que se manifiesta la dispersión es en la falta de autoidentificación: muchos organismos públicos no se identifican como parte del ecosistema de desarrollo productivo y esto dificulta la acción colectiva y la planificación conjunta.

Esta fragmentación institucional genera retos de coordinación que muchos países han intentado atender mediante mecanismos como comités interministeriales, consejos especializados en desarrollo productivo u organismos de coordinación designados. La eficacia de estos mecanismos de coordinación varía considerablemente, y los acuerdos más sólidos suelen caracterizarse por tener mandatos claros, capacidades técnicas específicas, una representación adecuada de las partes interesadas y conexiones directas con los centros de autoridad política.

El panorama actual de la coordinación en ALC también revela limitaciones estructurales. Se identificaron 74 organismos de coordinación en 15 países. Si bien esto demuestra una creciente conciencia institucional sobre la necesidad de coordinación, siguen existiendo desafíos. Primero, la mayoría de los organismos de coordinación son consultivos (95%). El 41% de estas plataformas ofrece principalmente asesoría o recomendaciones, y solo unas pocas poseen autoridad ejecutiva o deliberativa (14%): no pueden aplicar decisiones directamente ni asignar recursos, lo que limita su efectividad (Gráfico 2.7). En segundo lugar, existe una coordinación multinivel limitada. Solo el 28% de los organismos de coordinación operan en diferentes niveles de gobierno, lo que refleja un déficit en la gobernanza territorial que impide la articulación entre los esfuerzos nacionales y subnacionales y debilita los enfoques políticos locales. Tercero, aunque está surgiendo la colaboración entre el sector público y el privado, esta es frágil. Alrededor del 57% de los organismos de coordinación incluyen a representantes del sector privado, pero su influencia suele limitarse a funciones de asesoramiento, y los mecanismos de diálogo estructurado se mantienen poco desarrollados (ECLAC, 2024[11]). Cuarto, falta de continuidad y estabilidad. Muchos organismos de coordinación son vulnerables a los cambios en el liderazgo político o a la reestructuración institucional, lo que socava la continuidad de las políticas y la acumulación de aprendizaje institucional.

Gráfico 2.7. Características de los mecanismos de coordinación institucional en algunos países de ALC (%)

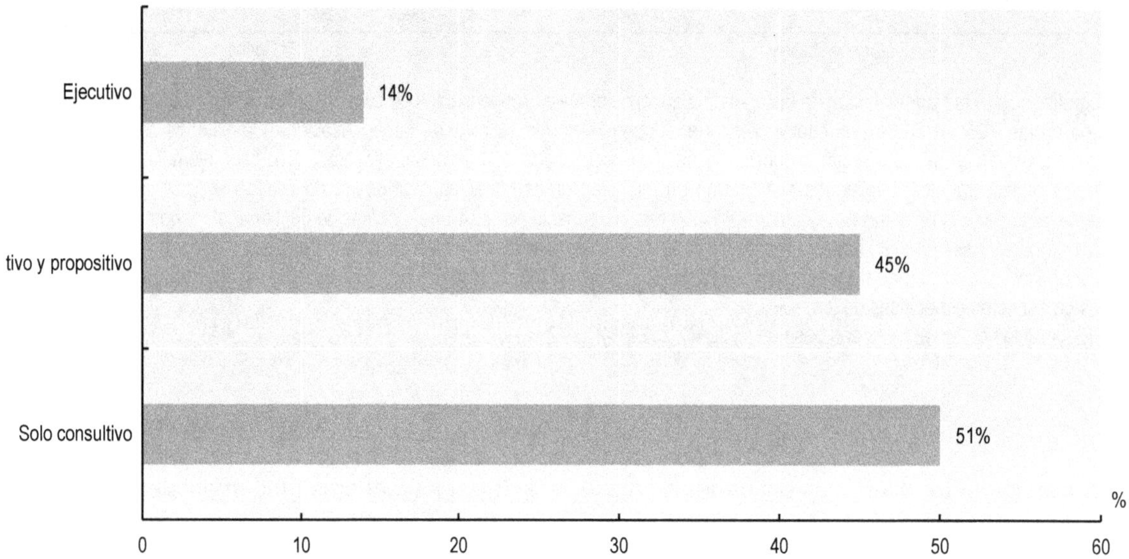

Nota: La información se basa en datos de 15 países de ALC: Argentina, Bolivia, Brasil, Chile, Colombia, Costa Rica, Ecuador, El Salvador, Guatemala, Honduras, Nicaragua, Panamá, Paraguay, Perú y Uruguay.
Fuente: Elaboración de los autores con base en (ECLAC, 2024[11]).

StatLink https://stat.link/nge4h3

Una opción institucional que vale la pena considerar, especialmente en contextos de fragmentación persistente y una armonización política debilitada, es el establecimiento de una agencia líder para el desarrollo productivo, con un mandato político sólido, una autoridad de coordinación clara y capacidades operativas. Inspirándose en experiencias exitosas con instituciones como el Ministerio de Comercio Internacional e Industria de Japón, el Ministerio de Comercio, Industria y Energía de Corea o la Unidad de Gestión del Desempeño y Ejecución (PEMANDU, por sus siglas en inglés) de Malasia, estos organismos líderes pueden servir como nodos centrales en el ecosistema de las PDP. PEMANDU ilustra cómo un organismo centrado en la ejecución y estrechamente vinculado al poder ejecutivo, puede coordinar reformas complejas, supervisar la implementación y procurar la rendición de cuentas en todos los sectores. La función de una agencia líder no es sustituir a las instituciones existentes, sino armonizar y orquestar la dirección estratégica, la asignación de recursos y el seguimiento del desempeño de las PDP en todos los sectores y niveles de gobierno. Aunque la forma institucional debe adaptarse al contexto político y administrativo de cada país, entre los factores clave del éxito se encuentran el aislamiento de la volatilidad política, la excelencia técnica, la autoridad interministerial y los vínculos fuertes con el poder ejecutivo. Algunos países de ALC podrían beneficiarse de la puesta en marcha de modelos de este tipo, especialmente en el contexto de las estrategias nacionales de transformación productiva.

Los mecanismos de diálogo público-privado constituyen un elemento importante de la gobernanza de las PDP en la región. Muchos países han establecido consejos o foros que reúnen a funcionarios gubernamentales, representantes empresariales y otras partes interesadas para informar sobre el diseño y la implementación de políticas. Estos abarcan desde órganos consultivos de alto nivel con amplios mandatos hasta grupos de trabajo técnicos dedicados a sectores o asuntos específicos. La eficacia de estos mecanismos depende de factores como la amplitud de la representación, la capacidad técnica, la continuidad operativa y la influencia en los procesos de toma de decisiones. Las instituciones privadas, como los Consejos Privados de Competitividad, también desempeñan un papel crucial.

Una tendencia emergente en varios países de ALC es el desarrollo de mecanismos de gobernanza más colaborativos y mejor distribuidos que van más allá de los modelos jerárquicos tradicionales. Estos enfoques, en consonancia con los principios de gobernanza experimental antes mencionados, involucran redes de actores públicos, sociales, privados y académicos que participan en procesos continuos de establecimiento de objetivos, implementación, evaluación y adaptación.

A pesar de estos avances positivos, en muchos países de ALC persisten importantes retos de gobernanza. Entre ellos, la vulnerabilidad a los ciclos políticos y la consiguiente discontinuidad, las limitadas capacidades técnicas y analíticas de los organismos clave, mecanismos de seguimiento y evaluación insuficientes, las dificultades de coordinación entre los distintos niveles y organismos gubernamentales, y los retos para garantizar una representación equilibrada de las partes interesadas que evite ser capturada por intereses poderosos.

Esfuerzos de políticas de desarrollo productivo a nivel subnacional en ALC

La dimensión territorial de las PDP ha cobrado cada vez más importancia en ALC, con un creciente reconocimiento del importante papel que desempeñan los gobiernos subnacionales y las partes interesadas locales en los procesos de desarrollo productivo. Este cambio refleja tanto los procesos de descentralización puestos en marcha en gran parte de la región, como la creciente atención a los factores locales en el desarrollo productivo (Salazar-Xirinachs and Llinás, 2023[22]).

Las iniciativas subnacionales de PDP en ALC comprenden: i) planes de desarrollo regional con componentes de productividad y competitividad; ii) sistemas de innovación y políticas tecnológicas estatales o provinciales; iii) iniciativas de desarrollo económico local lideradas por municipios o gobiernos departamentales; iv) programas de clústeres territoriales centrados en especializaciones locales específicas; v) estrategias regionales de desarrollo de competencias alineadas con las estructuras de producción locales, y vi) iniciativas subnacionales de promoción de la inversión y atracción de empresas. Algunos ejemplos más destacados de enfoques avanzados de desarrollo productivo subnacional en la región son: i) los sistemas de innovación estatales de Brasil, en particular el sistema FAPESP de São Paulo, las redes de innovación de Minas Gerais y los parques tecnológicos de Santa Catarina; ii) las iniciativas de clústeres provinciales en Argentina, como los clústeres automotor y aeronáutico de Córdoba; iii) las comisiones de competitividad regional en Colombia, incluidos el ecosistema de innovación de Antioquia y las iniciativas biotecnológicas del Valle del Cauca, y iv) los proyectos estratégicos a nivel estatal en México, como el programa de Ciudad Creativa Digital de Jalisco y el desarrollo del clúster aeroespacial de Nuevo León.

La dimensión y la eficacia de estas iniciativas subnacionales varían considerablemente en toda la región y dentro de los países, influidas por factores como los marcos de descentralización, las capacidades fiscales y técnicas, y los mecanismos de coordinación.

Se aprecian grandes diferencias en el nivel de esfuerzo dedicado a las PDP dentro de los países. Por ejemplo, en Argentina, en 2022, los gobiernos provinciales asignaron un promedio de 1.8% de su presupuesto al desarrollo productivo, pero la cifra osciló entre menos de 0.5% en algunas provincias y más de 4% en otras (Gráfico 2.8, Panel A). De manera similar, en Uruguay, las oficinas departamentales de desarrollo representaron un promedio de 2% del gasto público intermedio en 17 de los 19 departamentos, lo cual refleja un nivel de esfuerzo comparable al de las provincias de Argentina (Gráfico 2.8, Panel B). Estas disparidades resaltan la importancia de considerar las dinámicas subnacionales al diseñar e implementar estrategias de desarrollo productivo.

Gráfico 2.8. Gasto en políticas de desarrollo productivo en Argentina y Uruguay (%)

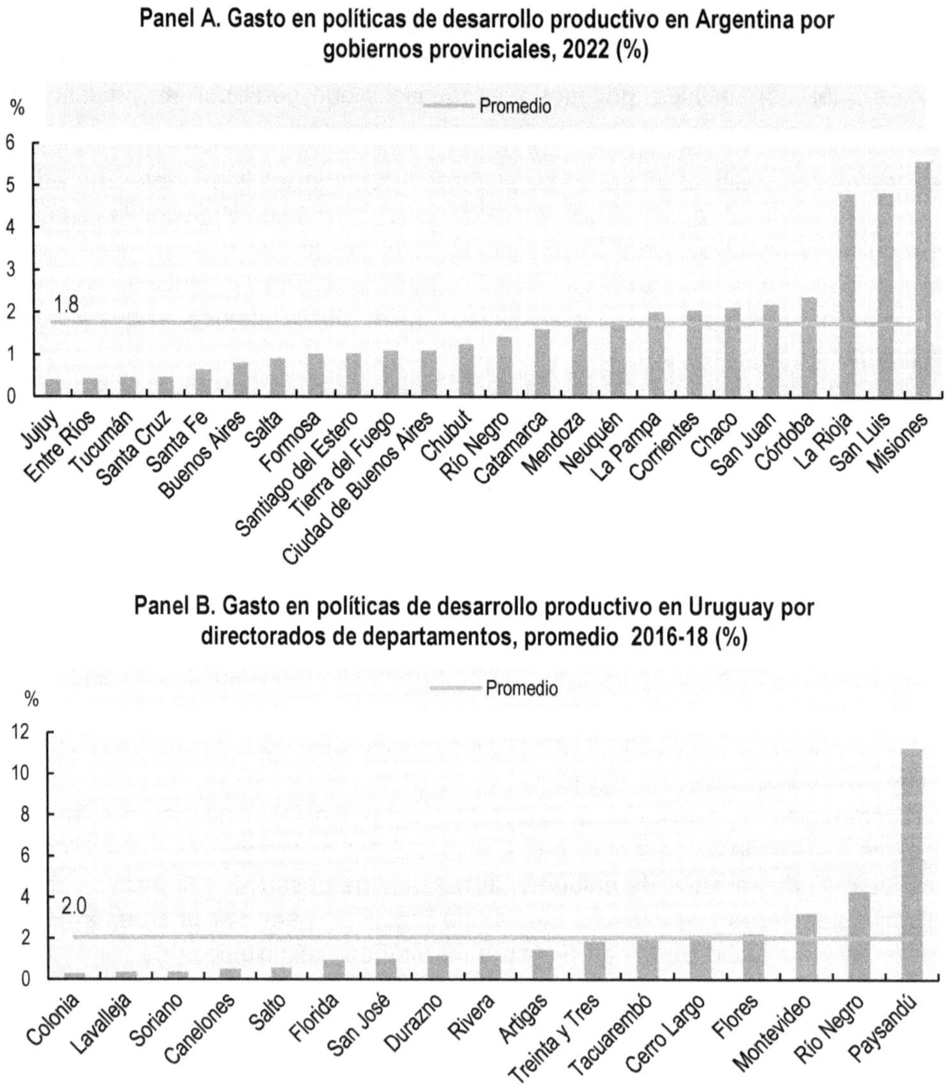

Nota: La información de Argentina se refiere a 2022. La de Uruguay es un promedio simple entre 2016 y 2018.
Fuente: Elaboración de los autores con base en (ECLAC, 2024[11]).

StatLink https://stat.link/b3inq4

La distribución legal de responsabilidades y recursos entre los distintos niveles de gobierno determina el alcance de las medidas de las PDP subnacionales en los casos de administraciones descentralizadas. Los países federales, como Argentina, Brasil y México, suelen otorgar mayor autonomía formal a los gobiernos subnacionales, mientras que en los países más centralizados, las funciones de las PDP subnacionales son más limitadas.

La Tabla 2.1 ilustra cómo se distribuyen las diferentes responsabilidades de PDP en América Latina y el Caribe entre los tres niveles de gobierno: nacional, intermedio y local. En la tabla se aprecia un claro patrón de especialización y superposición de responsabilidades. El gobierno nacional tiene el mandato más amplio, que abarca las 16 áreas de política enumeradas, desde las relaciones internacionales hasta el emprendimiento. El gobierno intermedio participa en 11 áreas de política, centrándose más en aspectos territoriales, como clústeres, pymes, educación y agricultura. El gobierno local tiene la función más especializada, ya que participa en 8 áreas de política más cercanas al desarrollo económico local: educación técnica, capacidades tecnológicas, agricultura, turismo, microempresas y emprendimiento.

Tabla 2.1. Especialización de funciones en políticas de desarrollo productivo en ALC, por nivel de gobierno

Categoría	Gobierno nacional	Gobierno intermedio	Gobierno local
Relaciones internacionales	X		
Infraestructura principal	X		
Internacionalización	X		
Regulaciones y estándares	X		
Ciencia, tecnología e innovación	X		
Atracción de inversión extranjera directa	X	X	
Sectores prioritarios	X	X	
Clústeres	X	X	
Pequeñas y medianas empresas	X	X	X
Educación técnica	X	X	X
Capacitación para el trabajo	X	X	X
Agricultura	X	X	X
Turismo	X	X	X
Microempresas	X	X	X
Formalización	X	X	X
Emprendimiento	X	X	X

Fuente: Elaboración de los autores con base en (ECLAC, 2024[11]).

Esta tabla ilustra un punto clave de los marcos de descentralización en las PDP. La distribución de responsabilidades entre los distintos niveles de gobierno determina el alcance de las medidas subnacionales de las PDP. En la tabla se muestra cómo los países federales podrían asignar responsabilidades, otorgando una mayor autonomía formal a los gobiernos subnacionales y manteniendo a la vez ciertos ámbitos exclusivos para el gobierno nacional.

El patrón de especialización también revela un principio de subsidiariedad: funciones como las relaciones internacionales y la infraestructura principal se mantienen en el nivel nacional, en tanto que la implementación de iniciativas de desarrollo económico más localizadas puede gestionarse en los niveles intermedio y local. Un enfoque de gobernanza multinivel como este facilita la coordinación de las estrategias nacionales y la adaptación a los contextos y necesidades locales.

Este patrón ayuda a explicar por qué la eficacia de las PDP subnacionales varía significativamente en función del marco de descentralización de cada país y de la distribución específica, además de las responsabilidades, los recursos y la autoridad para la toma de decisiones entre todos los niveles de gobierno.

En lo que respecta a capacidades fiscales y técnicas, la capacidad de los gobiernos subnacionales para financiar iniciativas de PDP depende de sus fuentes de ingresos, sus sistemas de transferencia y su capacidad de endeudamiento, que difieren notoriamente en toda la región. Las unidades subnacionales más grandes y ricas suelen tener mayor capacidad fiscal para inversiones en PDP. Además, la eficacia de las PDP subnacionales está fuertemente influenciada por las capacidades técnicas y administrativas de los gobiernos subnacionales y las partes interesadas locales. Estas capacidades tienden a concentrarse en las regiones más desarrolladas, lo que podría reforzar las desigualdades territoriales si no se realizan esfuerzos adecuados de desarrollo de capacidades.

La historia de cómo los gobiernos intermedios de América Latina persiguen el desarrollo productivo revela tanto patrones comunes como divergencias notables. Un análisis de Argentina, México y Uruguay en 2023 reveló un panorama minucioso en el que las trayectorias históricas, las capacidades institucionales y las visiones de desarrollo dan forma a enfoques muy diferentes a nivel subnacional (ECLAC, 2024[11]).

En toda la región, las subvenciones surgen como el lenguaje universal de las PDP, adoptado por casi todos los gobiernos intermedios (98% en Argentina, 100% en México y 95% en Uruguay) (Tabla 2.2). Esta dependencia generalizada del apoyo financiero directo refleja un entendimiento común de la necesidad de abordar las fallas del mercado y estimular la actividad económica mediante intervenciones inmediatas. Sin embargo, más allá de esta base común, la arquitectura de las PDP varía considerablemente según los contextos nacionales.

En los tres países es notoria la ausencia de organismos reguladores a nivel gubernamental intermedio. Su ausencia total revela una brecha institucional panregional en el sistema de gobernanza para el desarrollo productivo. También plantea importantes interrogantes sobre la coordinación nacional-local de las normas de calidad, los procesos de certificación y otras funciones regulatorias esenciales para mejorar las estructuras de producción.

Dichas conclusiones cobran mayor importancia si se analizan en el contexto de la desigualdad territorial. Según esta investigación, paradójicamente, los territorios con un PIB per cápita bajo suelen dedicar proporcionalmente una mayor parte de sus presupuestos a las PDP. Sin embargo, estos esfuerzos relativos se transforman en inversiones absolutas insuficientes para reducir las brechas de productividad con los territorios más ricos. Así se crea una trampa de desarrollo en la que los territorios que más necesitan la transformación productiva son precisamente aquellos que cuentan con menos recursos para implementar estrategias integrales de PDP (Capítulo 3).

La diversidad de instrumentos de PDP señala importantes oportunidades para el aprendizaje cruzado entre los territorios latinoamericanos. Al comprender los diferentes enfoques, los gobiernos intermedios podrían ampliar sus herramientas políticas y desarrollar estrategias más integrales adaptadas a sus contextos y desafíos específicos.

Tabla 2.2. Uso de instrumentos de políticas de desarrollo productivo por gobiernos subnacionales, por tipo (%)

Argentina, México, Uruguay, 2024

Tipo de instrumento	Argentina	México	Uruguay
Subvenciones	98	100	95
Programas de infraestructura	n.d.	69	100
Escuelas técnicas	100	100	26
Organismos especializados	63	100	0
Instituciones de capacitación	100	100	0
Programas de créditos para el desarrollo	42	94	47
Universidades públicas	38	100	37
Centros de investigación e innovación	4	100	32
Programas públicos de licitación local	83	0	37
Programas de exención fiscal	83	0	37
Empresas públicas	100	0	0
Fondos de garantía	38	0	5
Bancos públicos	42	0	0
Organismos reguladores	0	0	0

Fuente: Elaboración de los autores con base en (ECLAC, 2024[11]).

Por último, el impacto de las PDP subnacionales depende en gran medida de la coordinación eficaz, tanto horizontal – entre las partes interesadas locales – como vertical, con las políticas y programas nacionales. Una dificultad particular para las PDP subnacionales es la marcada heterogeneidad en cuanto a capacidades y recursos entre los territorios de los países de ALC. Las regiones metropolitanas y los estados o provincias más desarrollados suelen tener mayor capacidad para diseñar e implementar iniciativas sofisticadas de PDP, mientras que las regiones menos desarrolladas a menudo carecen de las capacidades y recursos básicos necesarios. Esto conlleva el riesgo de que los enfoques descentralizados de las PDP puedan exacerbar, en lugar de reducir, las desigualdades territoriales sin los mecanismos de apoyo y los esfuerzos de desarrollo de capacidades adecuados.

Pilares estratégicos para la transformación productiva en ALC

En el contexto de una visión renovada de las PDP en ALC, surgieron ciertos pilares estratégicos que se han convertido en palancas fundamentales para impulsar la transformación estructural, el crecimiento de la productividad y la competitividad a largo plazo. Dichos pilares son la transformación digital; la ciencia, tecnología e innovación (CTI); el desarrollo de competencias y las iniciativas de articulación productiva, como los clústeres. Estas dimensiones convergen en torno a la necesidad de construir ecosistemas sólidos que apoyen la modernización tecnológica, la diversificación sectorial y la cohesión territorial. En esta subsección se describen los componentes básicos de cada uno de estos pilares y se destaca su contribución a una agenda de desarrollo productivo integrada, inclusiva y sostenible en toda la región.

Esfuerzos de transformación digital en el marco de las políticas de desarrollo productivo

La transformación digital del sector productivo se ha convertido en una prioridad estratégica para los países que buscan mejorar su competitividad, innovación y desarrollo sostenible. En ALC, donde persisten retos estructurales como la baja productividad, la innovación limitada y la concentración económica (Capítulo 1), la digitalización productiva – es decir, la integración sistemática de tecnologías digitales avanzadas en los procesos productivos – representa una oportunidad fundamental para impulsar la transformación productiva y reducir las brechas históricas de desarrollo. Esto se refiere tanto a las tecnologías digitales básicas (sistemas de planificación de recursos empresariales, plataformas de gestión de relaciones con los clientes, sitios web de comercio electrónico o sistemas de pago digital), como a las soluciones digitales más avanzadas (inteligencia artificial, macrodatos, Internet de las cosas, robótica y computación en la nube). En la actualidad, existe una brecha significativa entre la adopción de tecnologías digitales básicas y las más avanzadas. Alrededor del 50% de las empresas de ALC tienen acceso al servicio de banda ancha de alta velocidad, mientras que solo alrededor del 10% utiliza soluciones de inteligencia artificial. Además, los beneficios de la digitalización no son automáticos. Requieren políticas públicas intencionadas que garanticen la inclusión, mitiguen las desigualdades regionales y fortalezcan las capacidades productivas (OECD/UNCTAD/ECLAC, 2020[64]).

Las diversas políticas e iniciativas desarrolladas por los países de la región para promover la digitalización productiva pueden agruparse en las siguientes áreas:

- *Acceso al financiamiento.* Los programas de financiamiento directo y las subvenciones se utilizan ampliamente para apoyar la adopción de tecnologías digitales, en particular por parte de las microempresas y las pequeñas y medianas empresas. Un ejemplo son los mecanismos de cofinanciamiento de Uruguay proporcionados por la Agencia Nacional de Desarrollo a través de su programa de transformación digital, Modo Digital (Capítulo 3).
- *Desarrollo de competencias y formación de capital humano.* Los programas de capacitación especializados tienen como objetivo fortalecer las competencias digitales de la fuerza laboral, centrándose en competencias técnicas avanzadas. Iniciativas como Digitaliza tu Pyme, de Chile, procuran mejorar las capacidades a nivel empresarial y territorial. La inclusión, aun en lo que respecta a los desequilibrios de género, es importante en este ámbito.
- *Asistencia técnica y servicios de asesoramiento.* Los países ofrecen servicios de asesoramiento técnico estructurado para guiar a las empresas en sus procesos de digitalización. En las iniciativas de Ecosistemas Digitales de Colombia, dirigidas por el Ministerio de Tecnologías de la Información y las Comunicaciones, son componentes clave el asesoramiento de expertos, la tutoría y el apoyo a los vínculos productivos.
- *Incentivos fiscales y financieros para la innovación.* Algunas políticas ofrecen incentivos fiscales para impulsar la inversión en tecnologías digitales e innovación, reduciendo los costos relacionados con la adopción de tecnologías por parte de las empresas.
- *Redes empresariales y desarrollo de ecosistemas.* Están ganando terreno las iniciativas para promover ecosistemas de innovación colaborativa, como los clústeres empresariales y las plataformas digitales. Dichos mecanismos tienen por objeto crear sinergias entre empresas, universidades, centros de investigación e instituciones públicas.
- *Estrategias de digitalización específicas para cada sector.* Más allá de las medidas horizontales, los países impulsan la digitalización en sectores estratégicos como la agricultura, la industria manufacturera, la minería y la energía para modernizar las cadenas de producción y aumentar el valor agregado (ECLAC, 2025[69]).

A pesar de los notables avances alcanzados, prevalecen importantes desafíos para consolidar un enfoque coherente y eficaz de la digitalización productiva. La eficacia de los esfuerzos actuales está limitada por: i) la fragmentación de los acuerdos institucionales; ii) la falta de un marco regulatorio adecuado; iii) la falta de hojas de ruta exhaustivas con objetivos claros y recursos específicos; iv) la limitada participación del sector privado en la formulación de políticas; v) la débil infraestructura digital en las zonas no urbanas, y vi) las persistentes brechas en competencias digitales avanzadas. El fortalecimiento de las políticas de transformación digital productiva requiere la adopción de estrategias nacionales integradas, el refuerzo de la gobernanza multinivel y la coordinación intersectorial, la promoción de las asociaciones público-privadas, y la atención a los sectores con alto potencial de creación de valor digital. Solo mediante un enfoque más sistémico e inclusivo podrá ALC aprovechar la digitalización para lograr un desarrollo productivo sostenible y equitativo.

Ciencia, tecnología e innovación para el desarrollo productivo en ALC

La ciencia, la tecnología y la innovación (CTI) son ampliamente reconocidas como los motores fundamentales del crecimiento a largo plazo de la productividad, la transformación estructural y el desarrollo sostenible (Freeman, 1995[70]). Conscientes de ello, muchos países de ALC implementaron políticas y establecieron instituciones destinadas a fortalecer sus ecosistemas nacionales de CTI. Estos esfuerzos pueden agruparse en cinco áreas clave (ECLAC, 2025 próxima publicación[71]):

- *Investigación y desarrollo*. Los gobiernos de ALC han aumentado la inversión pública en I+D apoyando a instituciones nacionales de investigación, universidades y proyectos de colaboración público-privada. Los consejos nacionales de ciencia y tecnología, junto con organismos de financiamiento especializados, desempeñan un papel esencial en el financiamiento y la coordinación de estos esfuerzos
- *Innovación*. Para estimular la innovación en el sector privado, varios países han implantado incentivos financieros, principalmente en forma de subvenciones para proyectos de innovación y, en algunos casos, mediante incentivos fiscales para la I+D. El propósito de estas iniciativas es alentar a las empresas a desarrollar nuevos productos, procesos y servicios, así como a adoptar tecnologías emergentes para mejorar su competitividad.
- *Desarrollo del talento*. Reconociendo la importancia del capital humano, las políticas también se centran en reforzar la oferta de investigadores, ingenieros y profesionales técnicos altamente calificados. Esto implica inversión en educación de posgrado; formación en ciencia, tecnología, ingeniería y matemáticas, y participación en programas para retener y atraer talento.
- *Transferencia de conocimientos y tecnología*. Los países promueven vínculos más fuertes entre el mundo académico, la industria y el gobierno a través de mecanismos que apoyan la transferencia y la comercialización de tecnología. Estos mecanismos incluyen plataformas de colaboración en investigación, marcos de propiedad intelectual, parques científicos e incubadoras que ayudan a convertir los descubrimientos científicos en innovaciones listas para comercializarse.
- *Emprendimiento*. Algunos gobiernos apoyan el emprendimiento impulsando la apertura y crecimiento de nuevas empresas innovadoras mediante financiamiento semilla, aceleradores, redes de mentores y centros de innovación, en particular para las empresas tecnológicas en etapa inicial.

A pesar de estos esfuerzos, la inversión total en CTI, tanto pública como privada, es aún, en términos generales, baja en porcentaje del PIB en ALC, en comparación con las economías más desarrolladas y algunos países asiáticos (ECLAC, 2024[26]).

Además, aunque los países de la región han avanzado en general en sus políticas de CTI, también existe una considerable heterogeneidad, ya que algunos sistemas están muy maduros y otros carecen de capacidad para diseñar y aplicar políticas. Por ejemplo, en lo que respecta a la arquitectura institucional de las políticas de CTI en la región, solo 21% de los países cuentan con estructuras especializadas tanto para la gobernanza como para la implementación; 12% cuentan con una autoridad dedicada a la CTI, pero sin organismos de implementación separados; 21% combinan órganos de gobierno con responsabilidades compartidas y organismos técnicos de implementación; y el restante 46%, en su mayoría Estados insulares del Caribe, cuentan con estructuras menos especializadas y con capacidad limitada. Además, las asignaciones presupuestarias de las principales instituciones de CTI muestran una tendencia al estancamiento o al descenso relativo del financiamiento. Si bien el impacto de las políticas de CTI no viene determinado únicamente por el volumen de recursos, esta brecha de financiamiento limita su eficacia, especialmente en lo que se refiere al apoyo al desarrollo productivo (ECLAC, 2025[58]).

Adicionalmente, el impacto de las políticas de CTI suele verse limitado por las deficiencias del ecosistema de innovación en general, como la escasez de investigadores y técnicos altamente calificados, la limitada colaboración e intercambio de conocimientos entre los diferentes actores, las dificultades para acceder a capital de riesgo y otras formas de financiamiento de riesgo, y las dificultades para traducir los resultados de la investigación en productos y servicios comercializables. El fortalecimiento del ecosistema de CTI y el fomento de una cultura dinámica de innovación son requisitos previos fundamentales para mejorar la eficacia de las PDP a la hora de impulsar el desarrollo productivo a largo plazo en ALC.

Desarrollo de habilidades para las PDP

Un elemento crucial y transversal para el éxito de una visión renovada de las PDP en ALC es reducir las brechas de competencias en todos los niveles. Muchos países de la región están implementando programas de desarrollo de competencias destinados a abordar las necesidades cambiantes del mercado laboral, apoyar la transformación estructural y mejorar la empleabilidad de sus poblaciones (ILO, 2020[72]). Estas iniciativas suelen incluir:

- El fortalecimiento de las competencias básicas en áreas como alfabetización, aritmética y alfabetización digital, ya que estas constituyen la base para la adquisición de competencias más avanzadas (UNESCO, 2022[73]).
- Ofrecer programas de educación y formación técnica y profesional de alta calidad que se ajusten a las demandas actuales y futuras de competencias de las industrias clave y los sectores emergentes, a menudo en colaboración con el sector privado en el desarrollo y la impartición de los planes de estudio (OIT-CINTERFOR, 2017[74]).
- Apoyar a los trabajadores para que se adapten a los cambios tecnológicos, adquieran las nuevas competencias necesarias para los puestos de trabajo en evolución y realicen la transición a nuevos sectores mediante programas de educación y capacitación para adultos (OECD, 2019[75]).
- Garantizar que los planes de estudio sean pertinentes para las necesidades de la industria mediante vínculos entre los proveedores de educación y capacitación y el sector privado, utilizando mecanismos como las prácticas profesionales y la participación de los empleadores en el diseño de los planes de estudio, y asegurando que los graduados posean las competencias y aptitudes exigidas por los empleadores (IDB, 2018[76]).
- Mejorar la capacidad del sistema educativo y formativo para impartir programas actualizados y de alta calidad mediante inversiones en la formación del profesorado, la modernización de las infraestructuras para el desarrollo de competencias y las tecnologías de aprendizaje pertinentes (ECLAC, 2020[10]).
- Desarrollar marcos nacionales de cualificaciones estableciendo normas claras para las competencias y aptitudes en diferentes ocupaciones y sectores, con el fin de mejorar el reconocimiento y la transferibilidad de competencias y facilitar la movilidad laboral (ILO, 2016[77]).

Para abordar las deficiencias persistentes y multifacéticas en materia de competencias en ALC, es necesario adoptar un enfoque integral, coordinado y basado en la demanda, que implique una estrecha colaboración entre las instituciones de educación y capacitación, los empleadores, las organizaciones sindicales y los organismos gubernamentales. Las PDP deben integrar el desarrollo de competencias como un componente central y estratégico, procurando que la fuerza laboral cuente con las competencias necesarias para respaldar la mejora productiva, la diversificación y la adopción de nuevas tecnologías. Si se aborda de manera inclusiva, esto también puede tener efectos indirectos en la reducción de la desigualdad a través de empleos de mayor valor.

Clústeres y otras iniciativas de articulación productiva en ALC

Los clústeres y otras iniciativas de articulación productiva están muy extendidos en ALC y representan una poderosa herramienta para que los gobiernos subnacionales promuevan el desarrollo productivo en su territorio (ECLAC, 2024[21]). El objetivo de estas iniciativas es promover la colaboración en la creación de redes de intercambio de conocimientos entre empresas, instituciones de investigación, organismos gubernamentales y otras partes interesadas relacionadas en zonas geográficamente concentradas o en torno a cadenas de valor específicas. Desde 2023, la Plataforma Virtual de Iniciativas de Articulación Productiva desarrollada por la CEPAL ha identificado cerca de 400 IAP que operan en 16 países de la región (ECLAC, 2023[78]). La información de la plataforma se complementa con la labor *ad hoc* de recopilación de datos de la CEPAL en Brasil, el Caribe y México, lo que eleva el número total de IAP identificadas a 712.[1] Estas iniciativas se concentran principalmente en los sectores de agricultura (34.8%), industria manufacturera (26.4%), turismo (9.8%), TIC (7.2%) y comercio (6.6%). Entre los ejemplos más destacados se encuentran los clústeres de economía del conocimiento de Córdoba (Argentina), el clúster aeroespacial y de defensa de São Paulo (Brasil), las iniciativas de clústeres turísticos en varias regiones de Chile, las iniciativas de clústeres digitales de Colombia en varios departamentos, el clúster de dispositivos médicos en el Valle Central de Costa Rica y los clústeres automotrices en Querétaro y los estados del norte de México.

Los principales objetivos de las iniciativas de clústeres incluyen los siguientes:

- *Mejorar la innovación y la adopción de* tecnología facilitando la difusión de conocimientos, los proyectos de I+D colaborativos y la difusión de nuevas tecnologías y mejores prácticas entre los miembros de clústeres (Porter, 1998[61]).
- *Mejorar el acceso a insumos, servicios e infraestructura especializados* al impulsar el desarrollo de redes de proveedores locales, organizaciones especializadas de apoyo a las empresas e infraestructura compartida que beneficie a las empresas integradas en clúster (Schmitz, 1995[79]).
- *Fortalecer el acceso a los mercados y la promoción de las exportaciones* al propiciar iniciativas de comercialización conjuntas, facilitar el establecimiento de consorcios de exportación y mejorar la visibilidad y la reputación colectivas del clúster en los mercados nacionales e internacionales (Ketels, 2003[62]).
- *Desarrollar competencias y talento especializados* al crear programas de capacitación y ofertas educativas que se adapten a las necesidades específicas de las industrias del clúster, a menudo en colaboración con instituciones educativas locales.
- *Mejorar el entorno empresarial* al promover políticas, regulaciones e inversiones públicas que respalden el crecimiento y la competitividad del clúster y aborden los retos comunes a los que se enfrentan sus miembros.

El objetivo principal de las IAP identificadas en América Latina y el Caribe, en promedio, es acceder a nuevos mercados (22%), fortalecer los vínculos productivos (15%), mejorar la oferta comercial (12%), reducir las brechas dentro del sector productivo (8%) y promover la innovación de procesos o productos (8%) (Gráfico 2.9).

Gráfico 2.9. Enfoque estratégico de las iniciativas de articulación productiva identificadas en ALC, 2025

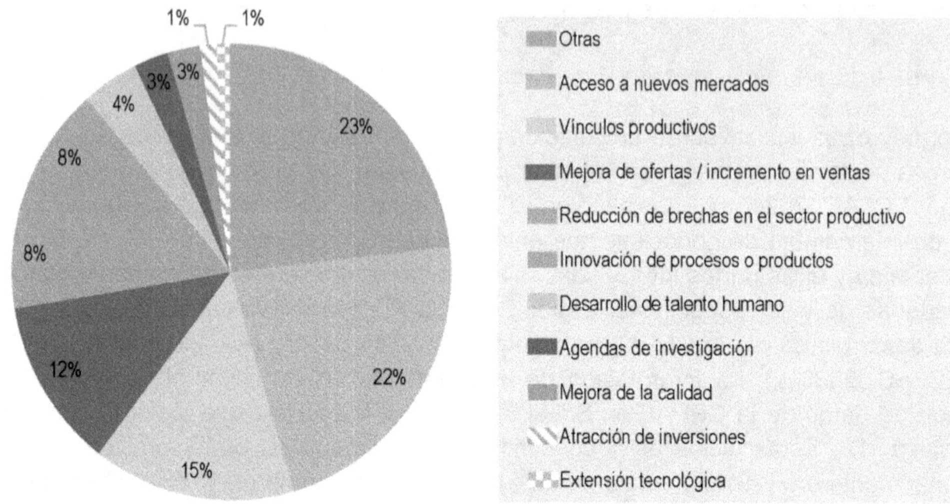

Nota: Datos de 16 países de ALC y 497 iniciativas de articulación productiva para las que se dispone de esta variable.
Fuente: Elaboración de los autores con base en (ECLAC, 2023[78]) e investigaciones ad hoc realizadas en Brasil, el Caribe y México.

StatLink https://stat.link/e53gbw

Dado el gran número de IAP de la región, que comprende más de 50 000 empresas, estas iniciativas tienen mucho potencial para impulsar la formulación y aplicación de agendas estratégicas concretas armonizadas con las prioridades productivas territoriales. Pueden servir como mecanismos clave para articular, poner en práctica y materializar PDP nacionales y subnacionales, al tiempo que amplían la adopción de estrategias armonizadas con un modelo de desarrollo más inclusivo y sostenible (ECLAC, 2024[11]).

Política de competencia y desarrollo del mercado para las PDP

La política de competencia representa un pilar crucial, aunque a menudo pasado por alto, de las estrategias eficaces de desarrollo productivo en ALC (Rodrik, 2004[34]; ECLAC, 2024[21]). La relación entre la competencia, la diversificación, la innovación y el crecimiento de la productividad es fundamental para el éxito de la transformación productiva. Requiere políticas que fomenten la dinámica competitiva en los niveles nacional e internacional. Es preciso considerar los siguientes aspectos:

- *La competencia nacional como motor de la innovación*. Si bien los mercados de exportación ejercen una presión competitiva esencial por medio de la competencia mundial, una competencia nacional sólida es igualmente importante para impulsar la innovación y la mejora de la eficiencia (Porter, 1998[61]; Nelson and Winter, 1982[27]). La dinámica competitiva local obliga a las empresas a mejorar continuamente sus productos, procesos y servicios, lo que sienta las bases para el éxito posterior en los mercados internacionales. Por tanto, las PDP deben incluir medidas para fortalecer la política de competencia, reducir las barreras de entrada y evitar el surgimiento de monopolios nacionales protegidos que frenen la innovación (ECLAC, 2024[11]).
- *Enfoques para toda la industria frente a enfoques específicos por empresa*. Las PDP eficaces reconocen que los gobiernos no pueden ni deben intentar seleccionar empresas ganadoras individuales dentro de los sectores (Rodrik, 2004[34]; Evans, 1995[35]). Más bien, las políticas deben centrarse en fortalecer industrias y cadenas de valor completas, permitiendo que las fuerzas

competitivas del mercado determinen qué empresas tienen éxito (Porter, 1998[61]; Warwick, 2013[49]). Este enfoque reduce el riesgo de captura por parte del gobierno y garantiza que el apoyo llegue a las empresas más eficientes e innovadoras de los sectores apoyados (ECLAC, 2014[65]).

- *Evitar los errores del pasado.* La experiencia de la región con la industrialización por sustitución de importaciones demuestra los riesgos de proteger a las industrias nacionales de la presión competitiva durante periodos prolongados (Prebisch, 1950[28]; Prebisch, 1959[80]; Williamson, 1990[66]). Las PDP modernas deben incorporar disciplina competitiva desde el principio, procurando que los sectores apoyados enfrenten presiones del mercado y requisitos de rendimiento adecuados para evitar el establecimiento de industrias permanentemente dependientes (Lin and Chang, 2009[25]; ECLAC, 2024[11]).

Esta dimensión competitiva debe integrarse en todos los aspectos de las PDP, desde la selección de sectores y el apoyo a las empresas, hasta la evaluación del rendimiento y los mecanismos de ajuste de las políticas.

Políticas de desarrollo productivo actuales en ALC: Estrategias, enfoques y agendas

Los países de ALC enfrentan retos estructurales comunes en su desarrollo productivo: las trampas de los ingresos medios; la dependencia de los productos básicos; la limitada participación en los segmentos de mayor valor agregado de las cadenas globales de valores, las brechas de productividad y la desigualdad persistente. Sin embargo, en cuanto a sus respuestas estratégicas a estos retos, existen divergencias significativas en los enfoques de política, los marcos institucionales y las visiones de desarrollo.

Un análisis comparativo de las PDP en determinados países de América Latina y el Caribe ofrece una valiosa perspectiva sobre estos diversos enfoques y los retos y éxitos encontrados. En la Tabla 2.3 se presenta una comparación de las PDP de siete países representativos de la región. Este panorama de políticas tan diversas refleja no solo las diferentes orientaciones ideológicas y contextos nacionales, sino también las lecciones aprendidas de la experiencia y las adaptaciones a un entorno mundial en rápida transformación.

Tabla 2.3. Comparación de políticas de desarrollo productivo en algunos países de ALC

Factor	Brasil	Chile	Colombia	Costa Rica	República Dominicana	Uruguay	Argentina[1]
Principales estrategias actuales	Política Nova Indústria Brasil (2023-2026)	Estrategia Nacional de Hidrógeno Verde	Plan Nacional de Desarrollo (2022-2026)	Plan Nacional de Desarrollo e Inversión Pública (2023-2026)	Estrategia Nacional de Desarrollo 2030	Plan Estratégico Uruguay 2050	Plan de Liberalización Económica (2023-presente)
	Programa Brasil Mais Produtivo	Estrategia Nacional del Litio	Política de Reindustrialización (2023)	Plan Nacional de Descarbonización	Plan Nacional de Competitividad	Estrategia Nacional de Innovación	Programa de Estabilización de Choques
	Programa de Aceleración del Crecimiento (PAC 3)	Estrategia de Sostenibilidad y Cambio Climático de Chile	Política de Ciencia, Tecnología e Innovación Orientada a Misiones	Estrategia Costa Rica: Creativa y Cultural	Estrategia Nacional de Exportación	Plan de Transformación Productiva con Equidad	Iniciativa de Simplificación Regulatoria
	Política de Desarrollo Productivo	Agenda de Productividad, Innovación y Crecimiento	Programa Colombia Bio-Programa Industrias Modernas	Política Nacional de Emprendimiento Productivo			Reforma de la Ley Ómnibus
Objetivo primario o visión	Neo-industrialización; potencia mundial	Resolución de fallas del mercado;	Desarrollo sostenible; competitividad;	Desarrollo económico inclusivo y	Sostenibilidad; inclusividad; competitividad;	Diversificación de la producción; profundización de	Atracción de inversiones a gran escala;

	verde	mejora de la productividad; aumento del contenido tecnológico; mejora de la cadena de valor	transformación productiva; acción climática	descarbonizado (economía 3D); crecimiento verde; reducción de la pobreza, la desigualdad y el desempleo; modernización del Estado; reactivación económica; reducción de las brechas territoriales; fortalecimiento de la competitividad; impulso a la innovación	fortalecimiento de la cadena regional de suministro; reducción de la dependencia externa; atracción de inversiones específicas	la matriz productiva; aumento de productividad; competitividad; crecimiento inclusivo y sostenible; empleo de calidad	desregulación; reducción del déficit fiscal
Orientación de las PDP	Estrategia fuerte impulsada por el Estado con un enfoque sectorial mediante la política Nova Indústria Brasil (2023-2026) y la Nueva Política Industrial (2023)	Orientación al mercado con intervención selectiva a través de la Agenda de Productividad, Innovación y Crecimiento	Enfoque de reindustrialización con la intervención activa del Estado en la Nueva Política de Industrialización centrada en la sustitución de importaciones, la diversificación, la capacidad de producción nacional, las pymes, el desarrollo de base y la resiliencia industrial	Enfoque en la atracción de IED de alta tecnología con la transición de la industria manufacturera ligera a sectores intensivos en conocimiento	Transición de las zonas francas a un enfoque económico más integrado con incentivos específicos para cada sector	Enfoque selectivo intensivo en conocimiento con énfasis en la innovación y la sostenibilidad	Liberalización radical del mercado con eliminación de las subvenciones industriales; desregulación, reducción de las barreras comerciales e intervención mínima del Estado en los sectores productivos
Enfoque sectorial	Economía verde (minerales esenciales; baterías; vehículos eléctricos biohíbridos; combustible de aviación sostenible; fabricación eólica; acero bajo en carbono; fertilizantes verdes); industria de defensa (satélites, radares); agroindustria; automoción; atención de la salud y productos farmacéuticos;	Minería; servicios; agricultura no tradicional; energías renovables (cadena de valor del litio e hidrógeno verde)	Tecnologías limpias o sostenibles (bajas en carbono); biocombustibles; energías renovables; innovación industrial de alto valor y manufactura de alto valor (automotriz, embalaje, petroquímicos; metales); agricultura (cultivos autóctonos, cadenas de valor); transformación digital; infraestructura	Servicios modernos, industria manufacturera y de alta tecnología (dispositivos médicos, electrónica, semiconductores), agricultura (piña, banano, café); energías renovables; ciencias de la vida; agroalimentación, tecnologías digitales; manufactura ligera, comercio al por menor, logística, industria cinematográfica	Turismo, fabricación en zonas de libre comercio (productos farmacéuticos, electrónicos, textiles); minería; construcción; manufactura ligera; logística; montaje; subcontratación; tecnología; agricultura; energías renovables; petroquímica; turismo médico	Agrotecnología; servicios TIC; logística; silvicultura; agricultura sostenible; carne trazable	Silvicultura industrial; turismo; infraestructura; minería; tecnología; acero; energía, petróleo y gas

	transformación digital; aeroespacial; construcción		(ferrocarril)				
Sistemas de innovación	Bien desarrollados, pero fragmentados, con financiamiento de FINEP e institutos de investigación EMBRAPII	Iniciativas bien diseñadas, pero de escala limitada, como Start-Up Chile y los programas de innovación de CORFO	Mejoras, pero con limitaciones de financiamiento a través de INNpulsa y Ruta N Medellín	Bien desarrollados para el tamaño del país, con coordinación de MICITT y fuertes vínculos entre la universidad y la industria	Subdesarrollados, pero en crecimiento, con coordinación de MESCYT y nuevos centros de innovación	Marco institucional sólido con coordinación de ANII y la innovación digital del Plan Ceibal	Cambio hacia un enfoque impulsado por el mercado con reducido financiamiento público de la investigación, la reestructuración del sector científico y el énfasis en la innovación privada
Desarrollo del capital humano	Énfasis en la educación técnica a través de la formación profesional del SENAI y Ciencia sin Fronteras	Enfoque de calidad, pero con retos de desigualdad abordados por Becas Chile y los centros de capacitación técnica	Brechas de competencias y desafíos de calidad abordados mediante formación profesional del SENA y Colombia Científica	Sistema educativo sólido con formación profesional del INA y enfoques de educación dual	Brechas de competencias y desafíos de calidad abordados mediante capacitación técnica del INFOTEP y programas de becas	Los niveles de educación más altos de la región, con énfasis en competencias digitales a través del Plan Ceibal	Sólida educación terciaria, pero con desajustes de competencias abordados mediante programas de educación técnica y capacitación en programación
Desarrollo de infraestructura	Grandes programas de inversión, pero con brechas de implementación con el Programa de Aceleración del Crecimiento	De alta calidad, pero centralizada con el Plan Nacional de Infraestructura y la Agenda Digital	Gran plan de inversión con el Programa de Infraestructura 4G / 5G y la Conectividad Digital	Brechas en la inversión, pero mejorando gracias al Plan Nacional de Transporte y la infraestructura digital	Plataforma logística mejorada con el Plan Nacional de Infraestructura y las zonas económicas especiales	Infraestructura bien desarrollada relativa a la región con el Plan Nacional de Infraestructura y conectividad digital	Desafíos de inversión y brechas regionales abordados por el Plan Federal de Infraestructura
Políticas de IED	Enfoque selectivo con requisitos de contenido local mediante el Programa de Asociaciones de Inversión	Régimen abierto con restricciones mínimas respaldado por la agencia InvestChile y acuerdos internacionales	Estrategia de atracción proactiva con la promoción de inversiones de ProColombia y las zonas de libre comercio	Fuerte atracción de inversiones a través de la agencia PROCOMER, las zonas de libre comercio y los sectores focalizados de alto valor	Fuerte atracción de IED a través de ProDominicana, zonas francas e incentivos turísticos	Promoción de inversiones de Uruguay XXI con zonas francas y protección de la inversión	Liberalización integral con eliminación de los controles de capital, reducción de las restricciones, agilización de los procesos e igualdad de trato a los inversores extranjeros
Apoyo a las pymes	Programas integrales a través de la agencia de apoyo SEBRAE y el régimen fiscal Simples	Atención cada vez mayor con SERCOTEC y Digitaliza tu Pyme	Creciente apoyo programático a través del programa de emprendimiento iNNpulsa y Fábricas de Productividad	Fondo PROPYME y programas de vinculación con multinacionales a través de la banca de desarrollo	Programa de apoyo PROPYME e iniciativas de formalización con eficacia limitada	Agencia de Desarrollo ANDE con enfoque territorial y fondos de innovación	Fuerte énfasis en los programas SEPYME y el fondo de emprendimiento FONDCE, aunque con dificultades de implementación

Promoción de la exportación	Promoción activa con financiamiento a través de APEX-Brasil y financiamiento a la exportación del BNDES	Labor de diversificación por medio de ProChile y programas de diversificación de las exportaciones	Diversificación más allá de las exportaciones tradicionales con promoción de la exportación de ProColombia y los Planes Regionales de Exportación	Promoción de la exportación de PROCOMER con una sólida estrategia de diversificación y programas de vinculación	Promoción de la exportación de la CEI-RD con una estrategia de diversificación más allá de los sectores tradicionales	Promoción de la exportación de Uruguay XXI con énfasis en las exportaciones de servicios y en la diversificación de mercados	Políticas fluctuantes con Argentina Exporta y planes de financiamiento de las exportaciones
Desarrollo del sistema financiero	Fuerte apoyo de los bancos de desarrollo con el financiamiento para el desarrollo del BNDES	Sistema financiero desarrollado, pero concentrado con las garantías del FOGAPE y las líneas de financiamiento de la CORFO	Mayor acceso a los sectores productivos a través de Bancóldex, el Fondo Nacional de Garantía y el Grupo Bicentenario	Sistema bancario de desarrollo con un creciente financiamiento verde y acceso al crédito para las pymes	Acceso limitado para los sectores productivos con Banca Solidaria y el banco de exportación BANDEX	Banco de Desarrollo BROU con programas de facilitación de inversiones y financiamiento de pymes	Asignación de crédito basada en el mercado con una intervención reducida de los bancos públicos de desarrollo, liberalización de los mercados financieros y atención a la estabilización macroeconómica
Desarrollo regional	Políticas para regiones rezagadas como la SUDENE (noreste) y la Zona Franca de Manaos	Desafíos de centralización abordados por las Agencias Regionales de Desarrollo Productivo	Esfuerzos de descentralización a través de las comisiones regionales de competitividad	Agencias de desarrollo regional con enfoque territorial para reducir la concentración de la GAM	Desarrollo de zonas turísticas con el programa de desarrollo fronterizo y las zonas fronterizas especiales	Desarrollo territorial relativamente equilibrado con programas de desarrollo del interior	Fuertes desigualdades regionales abordadas por los Consejos de Desarrollo Regional y el Plan Norte Grande
Sostenibilidad medioambiental	Énfasis creciente, pero dificultades en la implementación con el Fondo Amazonas y el Plan de Agricultura Baja en Carbono	Fuerte énfasis político con la Estrategia de Hidrógeno Verde y la Ley de Cambio Climático	Énfasis en la bioeconomía a través de la Política de Crecimiento Verde y la Estrategia de Bioeconomía	Liderazgo del Plan de Descarbonización con energías renovables y valoración de los servicios ecosistémicos	Enfoque emergente con la estrategia de resiliencia climática y las iniciativas de turismo sostenible	Liderazgo en energías renovables con el plan de sostenibilidad y las iniciativas de economía circular	Marco regulatorio en expansión con el Plan Nacional de Cambio Climático y la Hoja de Ruta del Hidrógeno
Cooperación internacional	Miembro del Mercosur con asociaciones diversificadas	Múltiples TLC con asociaciones estratégicas en Asia	Miembro de la Alianza del Pacífico con una estrategia activa de TLC	Miembro de la OCDE con acuerdos comerciales diversificados	DR-CAFTA, AAE con la UE, diversificación de asociaciones	Miembro del Mercosur con asociaciones diversificadas	Miembro del Mercosur con compromiso internacional selectivo
Transformación digital	La Estrategia Digital 2022-2026 coincide con otras estrategias nacionales, como la Estrategia Brasileña para la Inteligencia Artificial, con una adopción desigual	Estrategia de Transformación Digital 2035	Estrategia Digital Nacional 2023-2026	Estrategia de Transformación Digital 2022-2027, Plan Nacional de Ciencia, Tecnología e Innovación, Plan Nacional de Desarrollo de las Telecomunicaciones	Agenda Digital 2030	Agenda Digital Uruguay 2025	Agenda Digital Argentina con retos de implementación

Innovaciones de políticas recientes	Créditos para el desarrollo productivo vinculados a métricas medioambientales, sociales y de gobernanza; programa Brasil Mais Produtivo	Estrategia de hidrógeno verde, iniciativa de astro-economía	Nueva política de industrialización con aranceles estratégicos, incentivos a la producción nacional, políticas de contratación pública "Compre colombiano"	Hoja de ruta de la economía circular, estrategia de bioeconomía, corredores de innovación	Zonas especiales para el desarrollo fronterizo, estrategia de nearshoring, industria cinematográfica	Programa de visas para nómadas digitales, incentivos al sector audiovisual, centro farmacéutico	El programa de reforma del Estado y equilibrio fiscal para la desregulación, explora la dolarización, elimina los impuestos a la exportación, e incluye una agenda de privatización de las empresas estatales

Nota:
1. El enfoque de Argentina, centrado en la liberalización del mercado y no en una intervención activa de desarrollo productivo, se aleja de lo que se considera una política de desarrollo productivo. Se incluye con fines comparativos para ilustrar todo el espectro de enfoques de política económica en la región.
Fuente: Elaboración de los autores con base en información oficial (marzo de 2025).

Enfoques de desarrollo productivo en ALC

En la mezcla de estrategias existentes en toda la región, se observan varios patrones que caracterizan los distintos enfoques nacionales. No se trata de modelos puros, sino de tendencias predominantes que coexisten con elementos de otros enfoques.

El modelo liderado por el Estado con enfoque sectorial

El ejemplo más emblemático de este enfoque es Brasil, donde el Estado desempeña un papel protagonista en la definición y promoción de sectores estratégicos. A través de su política Nova Indústria Brasil (2023-26) y el programa Brasil Mais Produtivo, el país procura revitalizar su base industrial con una combinación de instrumentos, entre los que se incluyen financiamiento preferencial a través del Banco Nacional de Desarrollo Económico y Social (BNDES), programas integrales de apoyo a las pymes por medio del Servicio de Apoyo a las Micro y Pequeñas Empresas (SEBRAE) y un régimen fiscal simplificado (Simples). El enfoque de Brasil se distingue por la integración del Plan de Transición Ecológica del país, coordinado por el Ministerio de Hacienda. Este representa un cambio paradigmático hacia la incorporación de los aspectos medioambientales en la estrategia más amplia de desarrollo económico y productivo del país. La nueva política industrial de Brasil, más sofisticada que las versiones anteriores, incorpora criterios de sostenibilidad medioambiental al vincular los créditos para el desarrollo productivo a métricas medioambientales, sociales y de gobernanza. El Plan de Transición Ecológica establece mecanismos concretos para armonizar la política fiscal, la inversión pública y los incentivos para el desarrollo productivo con los objetivos climáticos y medioambientales, creando sinergias entre las metas de descarbonización y la competitividad industrial que trascienden los enfoques sectoriales tradicionales. Este elemento distintivo representa una innovación significativa en la región. Su propósito es armonizar los objetivos de competitividad con la sostenibilidad a través de un marco de gobernanza integrado que posicione la transición medioambiental como motor de la transformación de la producción, en lugar de una limitación.

Colombia también ha adoptado un papel más activo por parte del Estado con su Política de Reindustrialización (2023). Su objetivo es aumentar la generación de valor agregado en la producción de bienes y servicios en los sectores económicos que constituyen la base productiva de la economía colombiana, con el fin de pasar de una economía dependiente de las actividades extractivas a una economía basada en el conocimiento, productiva, sostenible e inclusiva que contribuya al desarrollo territorial y a reducir las brechas de productividad. A diferencia de las experiencias pasadas de sustitución de importaciones, este nuevo enfoque incluye elementos modernos, como las políticas de licitación pública "Compre colombiano", los incentivos a la producción nacional y el uso estratégico de instrumentos comerciales para apoyar la fabricación nacional. En paralelo a esta política industrial, Colombia implementó una ambiciosa política de ciencia, tecnología e innovación (CTI) orientada a misiones, coordinada por el Ministerio de Ciencia, Tecnología e Innovación (Minciencias), que busca abordar los principales retos sociales mediante programas específicos de investigación e innovación. Si bien ambas políticas representan enfoques sofisticados de intervención estatal, en gran medida funcionan de forma independiente, con mecanismos de coordinación limitados entre la agenda de desarrollo productivo y la estrategia de innovación orientada a la misión. Esto plantea un reto en la integración de políticas que afecta a muchos países de ALC.

El modelo orientado al comercio y la inversión extranjera

México es un ejemplo de estrategia centrada en la integración comercial y la atracción de inversión extranjera directa (IED). Su estrategia productiva actual se basa principalmente en aprovechar el Acuerdo entre Estados Unidos, México y Canadá (USMCA, por sus siglas en inglés o T-MEC) y el fenómeno del *nearshoring* como motores de desarrollo. El Plan México (2025) y la Estrategia de Integración del T-MEC buscan aumentar al máximo los beneficios de la reubicación de la cadena de producción estadounidense y consolidar a México como el epicentro de la manufactura. El enfoque se caracteriza por una fuerte orientación hacia los mercados externos, en especial Estados Unidos, y la vinculación de los sectores prioritarios con las cadenas de valor estadounidenses. En el marco del Plan México, el gobierno ha identificado ocho sectores estratégicos prioritarios: automotriz, aeroespacial, electrónico, agroindustrial, semiconductores, electromovilidad, farmacéutico y textil. Su enfoque sectorial ampliado refleja la estrategia de México de aprovechar las oportunidades de *nearshoring* y, al mismo tiempo, diversificarse más allá de los sectores manufactureros tradicionales, haciendo especial hincapié en industrias emergentes, como los semiconductores y la electromovilidad, que coinciden con la reconfiguración de la cadena de suministro norteamericana y la transición ecológica.

La República Dominicana sigue un patrón similar a menor escala. El país está pasando de un modelo basado en zonas francas a una economía más integrada y a la vez mantiene un fuerte énfasis en la atracción de IED, sobre todo en el turismo, la industria manufacturera y, más recientemente, la industria cinematográfica como sector emergente.

Costa Rica perfeccionó este modelo con especial éxito, pasando de la manufactura ligera a sectores intensivos en conocimiento, como los dispositivos médicos, los servicios de tecnología de la información y la industria manufacturera avanzada. Su Estrategia de Transformación Digital 2022-2027 complementa estos esfuerzos con una notable adopción de tecnología.

El modelo orientado al mercado con intervención selectiva

Chile representa el paradigma de una economía orientada al mercado que ha incorporado intervenciones estratégicas en sectores específicos. Su Estrategia Nacional de Hidrógeno Verde y su Estrategia Nacional de Litio ejemplifican este enfoque: el Estado establece marcos regulatorios y estratégicos, pero recurre al sector privado y a los mecanismos del mercado para su implementación. La Agenda de Productividad, Innovación y Crecimiento de Chile articula intervenciones selectivas por medio de organismos como la Corporación de Fomento de la Producción (CORFO) y programas como Start-Up Chile, al tiempo que mantiene un régimen general favorable al mercado. Este modelo facilita al país el desarrollo de capacidades en servicios, minería de clase mundial y, cada vez más, energía renovable. Su reciente Programa 4e se diseñó para diversificarse hacia sectores de alta tecnología.

Uruguay sigue un camino similar con un enfoque intensivo en el conocimiento y énfasis en la innovación y la sostenibilidad. Su Plan Estratégico Uruguay 2050 y la Estrategia Nacional de Innovación enlazan la visión de desarrollo basada en el conocimiento con intervenciones selectivas en sectores como la agrotecnología, los servicios de TIC y la agricultura sostenible.

El modelo de liberalización radical

Argentina representa un caso particular con su Plan de Liberalización Económica (2023-presente) y el programa de reforma del Estado y equilibrio fiscal para la desregulación. Este enfoque se propone minimizar la intervención estatal en los sectores productivos, eliminar los subsidios industriales, reducir las barreras comerciales y privatizar las empresas estatales. Prioriza la estabilización macroeconómica a la intervención sectorial, con elementos distintivos como la exploración de la dolarización y la eliminación de los impuestos a la exportación.

El carácter y los objetivos de esta estrategia – centrada principalmente en el ajuste fiscal, la liberalización del mercado y la retirada del Estado de los asuntos productivos – dificultan su clasificación como PDP en el sentido tradicional. No obstante, aunque se reconoce que el caso de Argentina representa una filosofía de desarrollo alternativa, más que una variante de las PDP, se incluye por exhaustividad analítica con el fin de ilustrar todo el espectro de enfoques políticos que se aplican en la región. Además, este modelo enfrenta importantes retos en su implementación, especialmente a la luz de la base industrial tradicional de Argentina y sus capacidades productivas acumuladas, que corren el riesgo de debilitarse en vez de aprovecharse en la trayectoria actual.

Enfoque sectorial de las políticas de desarrollo productivo en ALC

Las PDP de ALC se adaptan cada vez más a los contextos nacionales, reflejando las diversas estructuras económicas, prioridades políticas y asignaciones de recursos. Sin embargo, prevalece una clara tendencia regional hacia el impulso de las industrias verdes, la aceleración de la transformación digital y la promoción de la manufactura avanzada. Esto es fundamental para diversificar las economías, mejorar la competitividad y superar la dependencia tradicional de los productos básicos.

Los países de la región están aprovechando estratégicamente sus recursos naturales para convertirse en actores importantes en las cadenas de valor ecológicas emergentes, como lo demuestran la intención de Brasil de convertirse en una potencia ecológica mundial y las inversiones específicas de Chile en procesos de valor agregado del litio y el hidrógeno ecológico. Costa Rica y Uruguay también están dando pasos importantes con iniciativas de energía renovable y crecimiento ecológico. La digitalización se reconoce no solo como un sector en sí mismo, sino como un habilitador esencial para modernizar y mejorar la productividad en todas las industrias, desde la manufactura tradicional hasta los servicios. La manufactura avanzada, a menudo vinculada a oportunidades de *nearshoring*, es un motor clave para generar empleos de alto valor y fortalecer el contenido nacional en las redes de producción globales. Esto es particularmente evidente en el estratégico Plan México y en la focalización de Costa Rica y la República Dominicana en la manufactura de alta tecnología y las zonas de libre comercio. Colombia adoptó un enfoque sólido de economía circular en el desarrollo de sus políticas de producción, a través de iniciativas como el programa Colombia Cero Residuos, la implementación de parques ecoindustriales y la colaboración con organismos de cooperación internacional – por ejemplo, el Instituto Alemán de Metrología (PTB, por sus siglas en alemán) – para analizar la cadena de valor de los plásticos.

En el contexto de ALC, el enverdecimiento de la producción debe ser un eje central de cualquier proceso de priorización estratégica. La riqueza de la región en recursos naturales la posiciona para liderar las cadenas mundiales de valor ecológico, pero solo si se diseñan PDP que procuren la innovación, las salvaguardias medioambientales y la distribución equitativa de los beneficios. Además, la coordinación regional de las PDP sectoriales será fundamental para evitar la competencia de suma cero y promover las sinergias. Como lo demuestran las cadenas de valor automotrices de Argentina y Brasil, una cooperación bien estructurada puede impulsar las complementariedades regionales y crear economías de escala, mientras que las iniciativas que no están coordinadas corren el riesgo de duplicarse o entrar en conflicto.

Implementación de instrumentos y mecanismos para políticas de desarrollo productivo en ALC

Más allá de las orientaciones generales, el análisis comparativo presentado en la Tabla 2.3 revela patrones en los instrumentos empleados por los países para implementar sus estrategias de desarrollo productivo.

Sistemas de innovación

La estructura institucional para CTI varía mucho entre los países, señalando diferencias en la capacidad institucional, la gobernanza y la armonización estratégica con las prioridades de desarrollo productivo. Según la clasificación presentada en la CEPAL (ECLAC, 2025[58]), pueden identificarse tres niveles de madurez en las políticas de innovación de la región:

- *Madurez avanzada*. Países con estructuras institucionales estables, organismos especializados y estrategias de CTI relativamente coherentes. Brasil y Chile, por ejemplo, cuentan con los sistemas de políticas de innovación más desarrollados de la región, con actores clave e instituciones especializadas sólidas, como la Agencia Brasileña de Innovación (FINEP, por sus siglas en portugués) y la Corporación de Fomento de la Producción (CORFO) de Chile. Sin embargo, aún enfrentan retos de coordinación entre múltiples organismos e institutos de investigación.
- *Madurez intermedia*. Países con ciertas capacidades institucionales y, en muchos casos, con estrategias nacionales de CTI, pero que enfrentan dificultades en la coordinación interinstitucional, el sostenimiento de las iniciativas y el impulso a los vínculos entre el sector público y el privado. Colombia ilustra este perfil, mostrando importantes avances con iNNpulsa, su agencia de emprendimiento e innovación, e iniciativas como Ruta N Medellín, pero aún enfrenta restricciones presupuestarias. Uruguay construyó una estructura coherente para la innovación digital, con la coordinación de la Agencia Nacional de Investigación e Innovación (ANII) y el Plan Ceibal, aunque podría ampliarse. Algunos retos incluyen fortalecer la armonización con los procesos de transformación productiva y conseguir un financiamiento sostenible para maximizar el impacto.
- *Madurez incipiente.* Países que carecen de estrategias nacionales específicas de innovación o de instituciones dedicadas a esta, así como de mecanismos formales de coordinación. Estos sistemas presentan deficiencias generalizadas en materia de gobernanza, financiamiento y capacidades. Es el caso de varias islas del Caribe, que requieren esfuerzos sostenidos para formular y consolidar políticas de innovación.

La variación en los sistemas de innovación en toda ALC demuestra que la sofisticación institucional no provoca automáticamente un impacto transformador. Si bien los países han desarrollado estructuras de innovación cada vez más sofisticadas, la mayoría de los sistemas adolecen de una desconexión fundamental entre la escala y el impacto: cuentan con los marcos institucionales para apoyar la innovación, pero carecen de la masa crítica de recursos, los mecanismos de coordinación y el enfoque estratégico necesarios para impulsar una transformación productiva sistémica. Los sistemas de innovación eficaces requieren no solo instituciones bien diseñadas, sino también una magnitud suficiente, coordinación institucional y vinculación con prioridades de desarrollo productivo más amplias e inversiones transformadoras relacionadas, una combinación que incluso los países más avanzados de ALC tuvieron dificultades para lograrlo, lo cual limita el papel de la innovación como motor del cambio económico estructural y la competitividad.

Desarrollo de capital humano

Los enfoques para la formación de talento reflejan tanto las prioridades sectoriales como los retos estructurales.

- *Capacitación técnica especializada.* Brasil adoptó enfoques centrados en las capacidades técnicas para la manufactura, con el Servicio Nacional de Aprendizaje Industrial (SENAI), y por México, con sus programas de educación dual.
- *Capacitación profesional con amplia cobertura.* Colombia estableció un sistema nacional de capacitación técnica que hace hincapié en la empleabilidad con su Servicio Nacional de Aprendizaje (SENA).
- *Educación dual y vínculos con multinacionales.* Costa Rica desarrolló programas de formación exitosos en colaboración con empresas internacionales.
- *Énfasis en las competencias digitales.* Uruguay lidera la región en educación digital desde edades tempranas con su Plan Ceibal.

Aunque los países de la región reconocen que el desarrollo de competencias es fundamental para la transformación productiva, la mayoría de los sistemas de desarrollo del capital humano en ALC siguen sin coincidir con las demandas de las economías modernas e intensivas en conocimiento. La brecha entre la capacitación técnica tradicional centrada en las competencias de manufactura, por un lado, y los requisitos de la transformación ecológica y digital, la integración en la cadena global de valor y el crecimiento impulsado por la innovación, por el otro, genera un obstáculo crítico para la competitividad regional. El éxito depende cada vez más de la capacidad de los países para anticipar las demandas futuras de competencias, promover la participación del sector privado en el diseño de los planes de estudio y desarrollar sistemas de aprendizaje adaptables que puedan evolucionar continuamente. Pocos países de ALC han desarrollado plenamente estas capacidades institucionales, lo cual limita su potencial para aprovechar el capital humano como motor de un desarrollo productivo inclusivo y sostenible.

Políticas para atraer y aprovechar la inversión extranjera directa

Las estrategias para aprovechar la inversión extranjera varían considerablemente en toda la región. Entre ellas se incluyen:

- *Regímenes selectivos con requisitos de contenido local.* Brasil busca maximizar la difusión de conocimientos a través de su Programa de Asociaciones de Inversión (PPI, por sus siglas en portugués).
- *Regímenes abiertos con zonas económicas especiales.* México, con su programa IMMEX de aplazamiento de derechos de importación y República Dominicana, con sus zonas francas, ofrecen generosos incentivos con requisitos de integración limitados.
- *Atracción centrada en sectores de alto valor.* Costa Rica desarrolló una capacidad excepcional para atraer inversiones en sectores específicos de alta tecnología a través de su Agencia de Promoción Comercial y de Inversiones (PROCOMER).
- *Liberalización integral.* Argentina está avanzando hacia la eliminación de los controles de capital, la reducción de las restricciones y la simplificación de los procesos para los inversores extranjeros.

La diversidad de estrategias de IED en ALC refleja una tensión fundamental entre atraer flujos de inversión y maximizar el impacto en el desarrollo. Los países tienen que elegir estratégicamente entre ofrecer incentivos generosos con requisitos mínimos (con el riesgo de desarrollar enclaves) o imponer condiciones selectivas que mejoren los vínculos locales, pero que pueden disuadir la inversión. Estimular inversiones de calidad con altos estándares y acordes con los objetivos de las políticas públicas puede contribuir a reducir las brechas de desarrollo. Los enfoques más exitosos, ejemplificados por la estrategia específica de alta tecnología de Costa Rica, demuestran que las políticas eficaces de IED requieren capacidades institucionales sofisticadas para identificar sectores estratégicos, evaluar la calidad de los inversores y equilibrar la atracción con los requisitos de mejora. Muchos países de ALC aún no desarrollan estas capacidades, lo que provoca resultados subóptimos en los que los flujos de inversión no logran generar impactos transformadores en el desarrollo productivo.

Apoyo para las pequeñas y medianas empresas y el emprendimiento

Los mecanismos de apoyo a las pequeñas y medianas empresas en ALC tienen diferentes niveles de sofisticación:

- *Sistemas integrales con organismos especializados*. Brasil desarrolló una infraestructura sólida de apoyo con amplia cobertura territorial, mediante sus Servicios de Apoyo a las Micro y Pequeñas Empresas (SEBRAE, por sus siglas en portugués).
- *Programas de vinculación con multinacionales*. Costa Rica implementó con éxito su Programa de Apoyo a la Pequeña y Mediana Empresa (PROPYME) y programas de vinculación con empresas internacionales.
- *Agencias con enfoque territorial*. Uruguay adoptó un enfoque descentralizado dirigido al desarrollo territorial a través de su Agencia Nacional de Desarrollo (ANDE).
- *Iniciativas de digitalización de las pymes*. La transformación digital de las pequeñas y medianas empresas es una prioridad para Chile, con Digitaliza tu Pyme, y para Colombia, con Fábricas de Productividad.

El éxito de las políticas de apoyo a las pymes y al emprendimiento depende cada vez más de la sofisticación de las estructuras institucionales que pueden adaptar los requisitos de competitividad global a los contextos y capacidades locales. De hecho, en ALC, los mecanismos de apoyo están evolucionando de enfoques proteccionistas tradicionales hacia estrategias centradas en la integración que preparan a las pymes para participar en las cadenas de valor globales. Sin embargo, esta transformación exige nuevas capacidades institucionales que puedan, de manera simultánea, llevar a cabo la transformación digital, facilitar los vínculos multinacionales y mantener el alcance territorial. La mayoría de los países de la región aún no han resuelto este complejo desafío de coordinación.

Tendencias emergentes en las políticas de desarrollo productivo en toda ALC

A pesar de las divergencias en los enfoques generales de las PDP, están surgiendo varios elementos comunes en el panorama regional:

Sostenibilidad medioambiental como eje transversal

La dimensión medioambiental cobra protagonismo en las estrategias productivas:

- *Estrategias de hidrógeno verde*. Chile lidera con su Estrategia Nacional de Hidrógeno Verde, pero Argentina, Brasil, Colombia y Uruguay también han desarrollado hojas de ruta en esta área.
- *Economía circular*. Costa Rica es pionera con su hoja de ruta de economía circular y arrancan iniciativas similares en Uruguay y Colombia.
- *Valoración de los servicios ecosistémicos*. Costa Rica también es pionera en este ámbito, incorporando la valoración de los servicios medioambientales a su modelo de producción.
- *Descarbonización productiva*. La descarbonización está ganando terreno, con Costa Rica a la vanguardia a través de su Plan Nacional de Descarbonización y con iniciativas similares en Chile y Uruguay.
- *Turismo sostenible*. Costa Rica y varios países del Caribe integraron con éxito la sostenibilidad en sus estrategias turísticas, demostrando que es posible combinar el crecimiento económico con la

preservación del medioambiente y el desarrollo de las comunidades. Estas experiencias resaltan el gran potencial que tienen otros países de ALC para adoptar y ampliar el turismo sostenible como componente clave de sus estrategias de transformación productiva.

Esta tendencia hacia la sostenibilidad medioambiental refleja tanto las presiones del mercado internacional como las oportunidades estratégicas vinculadas a los abundantes recursos naturales y de energía renovable de la región. Más aún, representa un cambio de paradigma en el que la sostenibilidad ambiental pasa de ser una restricción regulatoria a convertirse en un motor de ventaja competitiva e innovación. Una transformación de este tipo genera oportunidades sin precedentes para que ALC aproveche estratégicamente su potencial de energía renovable y su biodiversidad, desarrollando bienes y servicios medioambientales de valor agregado, en vez de limitarse a extraer materias primas. Sin embargo, también plantea retos, como la necesidad de reconvertir la fuerza laboral a medida que las industrias tradicionales decaigan, nuevas capacidades institucionales para evaluar las tecnologías verdes y la garantía de que los altos costos de la transición ambiental no agravarán las desigualdades regionales.

La transformación digital como imperativo competitivo

La digitalización permea las estrategias productivas con diferentes niveles de profundidad:

- *Estrategias digitales integrales*. Chile, con su Agenda Digital Avanzada, y Uruguay, con su Agenda Digital, se destacan por sus enfoques integrales y su alta conectividad.
- *Industria 4.0*. México y Brasil desarrollaron estrategias para adoptar tecnologías 4.0 en sus sectores manufactureros, aunque la adopción es desigual.
- *Gobierno digital*. Uruguay lidera este ámbito con su avanzada infraestructura de tecnología de la información y su enfoque de gobierno digital.
- *Estrategias de IA*. Recientemente, los países de ALC comenzaron a incorporar la IA en sus estrategias nacionales, centrándose en la adopción responsable, el desarrollo del talento digital y la gobernanza ética. Brasil, Chile y Uruguay han liderado estos esfuerzos, con hojas de ruta de IA integradas en sus agendas digitales más amplias (ILIA, 2024[81]).

Un reto crítico identificado en toda la región es la frecuente desconexión entre las estrategias de transformación digital y las PDP. Muchos países desarrollaron agendas digitales sofisticadas que funcionan en paralelo a sus PDP, perdiendo oportunidades de efectos sinérgicos. Por ejemplo, aunque los países pueden tener estrategias integrales de Industria 4.0, estas a menudo carecen de integración con las iniciativas sectoriales de desarrollo productivo, lo que da lugar a enfoques fragmentados que limitan su potencial transformador. El éxito de la transformación digital para el desarrollo productivo requiere mecanismos de coordinación entre los organismos de política digital y las instituciones de desarrollo productivo, que se aseguren de que los esfuerzos de digitalización apoyen directamente los objetivos productivos estratégicos, en vez de funcionar como ámbitos políticos separados.

Diversificación productiva basada en el conocimiento

A pesar de los diferentes enfoques utilizados en toda la región, es común la tendencia a la diversificación hacia actividades de mayor valor agregado en sectores intensivos en conocimiento:

- *Servicios intensivos en conocimiento*. Argentina y Uruguay han priorizado el desarrollo de servicios basados en el conocimiento como exportaciones estratégicas.
- *Bioeconomía*. Colombia, con su Estrategia de Bioeconomía, está articulando un modelo para el uso sostenible de su biodiversidad. La Estrategia Nacional de Bioeconomía de Brasil, puesta en marcha durante su presidencia del G20, tiene como objetivo convertir la bioeconomía en un motor clave para una transformación económica sostenible, inclusiva e innovadora. En Costa Rica están surgiendo enfoques similares.

- *Centro farmacéutico.* Uruguay está desarrollando iniciativas para posicionarse como centro concentrador farmacéutico regional.
- *Industrias creativas.* Colombia y Costa Rica han desarrollado estrategias para impulsar las industrias creativas y culturales.

Este movimiento hacia sectores intensivos en conocimiento refleja la búsqueda de fuentes de crecimiento menos vulnerables a la volatilidad de los productos básicos tradicionales, pero sus implicaciones van mucho más allá de la diversificación económica. El cambio representa una transformación fundamental en la forma en que los países de ALC conceptualizan su función en la economía mundial: de proveedores periféricos de materias primas se convierten en participantes activos en las redes de desarrollo de conocimiento e innovación.

Retos compartidos, pero enfoques divergentes en las políticas de desarrollo productivo en ALC

El análisis de las estrategias de desarrollo productivo en ALC revela tanto retos comunes como enfoques divergentes sobre cómo abordarlos. Los países de la región se enfrentan al imperativo común de aumentar la productividad, reducir las brechas estructurales y mejorar su posicionamiento en las cadenas de valor globales. Sin embargo, las respuestas a estos retos reflejan diferentes visiones sobre la función del Estado, los mecanismos de mercado y las estrategias de inserción internacional. El análisis comparativo revela las limitaciones de adherirse a modelos puros. Los enfoques más prometedores combinan elementos de diferentes paradigmas: coordinación estatal y buena gobernanza en sectores estratégicos, mecanismos de mercado para la eficiencia, calidad institucional para la implementación e integración internacional estratégica.

Es probable que el futuro del desarrollo productivo de la región no radique en la convergencia hacia un modelo único, sino en una combinación de políticas más sofisticada basada en las circunstancias nacionales, las capacidades institucionales y las oportunidades de posicionamiento global. Lo que distingue a los enfoques más prometedores es su adaptación a las limitaciones específicas, su orientación hacia el desarrollo de capacidades y la excelencia institucional para la eficacia de la implementación.

A medida que los países de ALC avanzan en sus agendas de desarrollo productivo, el reto clave no es elegir entre el Estado y el mercado, sino construir las bases institucionales para una transformación a largo plazo, manteniendo al mismo tiempo la flexibilidad necesaria para adaptarse a contextos de producción mundial en rápida evolución. Las estrategias más exitosas serán probablemente aquellas que combinen enfoques pragmáticos para las limitaciones inmediatas con una inversión constante en las capacidades institucionales y productivas necesarias para la futura transformación productiva.

Una dimensión decisiva que merece mayor atención es la armonización entre las PDP y los planes nacionales de desarrollo más amplios. En varios casos, la agenda de desarrollo productivo se refleja solo parcialmente en la estrategia nacional general, lo cual dificulta la coherencia y la movilización de recursos. Un análisis sistemático de las referencias a las PDP en los planes nacionales de desarrollo recientes en toda la región podría esclarecer esta falta de coordinación. Además, casos como el del Plan Estratégico de Uruguay frente a las PDP sectoriales muestran el potencial de la armonización completa, mientras que otros reflejan fragmentación. El fortalecimiento de este nexo aumentaría la eficacia de las políticas, la rendición de cuentas y la continuidad a largo plazo.

Recomendaciones de políticas

En este capítulo se ha presentado una visión renovada para las PDP en América Latina y el Caribe, poniendo énfasis en la necesidad urgente de cambiar los paradigmas hacia un enfoque moderno, proactivo, sostenible e inclusivo. Dadas la persistente dependencia de ALC de los productos básicos y las grandes brechas de productividad de la región, se necesita un esfuerzo concertado y estratégico para diversificar las economías, mejorar las capacidades tecnológicas y fomentar actividades de mayor valor agregado en una gama más amplia de sectores.

Prevalece un reconocimiento mundial renovado de la función estratégica de los gobiernos en la configuración de las estructuras productivas, impulsadas por la preocupación acerca de la seguridad nacional, el cambio climático, los cambios geopolíticos y la búsqueda de un crecimiento inclusivo y sostenible. En ALC, un enfoque moderno debe tener un alcance amplio (más allá de la manufactura); poner en primer lugar la gobernanza eficaz y la colaboración genuina entre múltiples partes interesadas; adoptar una perspectiva local sólida; atender estratégicamente los cuellos de botella interconectados; priorizar las intervenciones en sectores impulsores clave; adoptar una gobernanza experimental y un aprendizaje continuo; centrarse firmemente en la internacionalización y aprovechar el potencial de las iniciativas de clústeres y otras formas de articulación productiva.

En este capítulo se sientan las bases para realizar intervenciones de políticas específicas basadas en estudios de caso de países, consultas con las partes interesadas y evidencia empírica, y se destacan cuestiones sistémicas que afectan al diseño, la implementación y la evaluación de las PDP en toda la región (ECLAC, 2024[11]):

- *Brecha de implementación.* Muchos países de ALC han desarrollado estrategias y marcos de PDP relativamente sofisticados, pero afrontan importantes retos a la hora de convertirlos en una implementación eficaz. Esta brecha refleja las limitaciones de las capacidades institucionales, las restricciones de recursos, las dificultades de coordinación y los factores políticos y económicos.
- *Fragilidad institucional.* La eficacia de las PDP en la región resulta afectada por las debilidades institucionales, la fragmentación entre organismos, las limitadas capacidades técnicas y los mecanismos de seguimiento y evaluación insuficientes.
- *Volatilidad de las políticas.* Las PDP de ALC tienden a enfrentar volatilidad y discontinuidad en diversas administraciones políticas, lo que socava sus perspectivas a largo plazo y los esfuerzos consistentes necesarios para una transformación productiva exitosa.
- *Déficit de gobernanza.* Muchas iniciativas de PDP en la región carecen de mecanismos de gobernanza sólidos que faciliten la coordinación eficaz de las partes interesadas, la representación equilibrada, el aprendizaje adaptativo y coherencia estratégica a lo largo del tiempo.
- *Insuficiencia de recursos.* Los recursos fiscales y humanos dedicados a las PDP en la mayoría de los países de ALC son insuficientes en relación con la magnitud y la complejidad de sus retos de transformación productiva, lo cual limita el impacto potencial de dichas políticas.
- *Desafío de coordinación.* La eficacia de las PDP resulta limitada por la escasa coordinación entre los ámbitos políticos, los niveles gubernamentales y los grupos de partes interesadas, lo que redunda en esfuerzos fragmentados con sinergias limitadas.
- *Desigualdad territorial.* Las capacidades y los recursos de las PDP se distribuyen de manera desigual entre los territorios de los países, y las regiones más desarrolladas están en mejores condiciones para diseñar y aplicar iniciativas eficaces, lo cual puede reforzar las disparidades espaciales existentes.
- *Falta de enfoque estratégico.* Muchas PDP de la región adolecen de insuficiencia de la priorización y el enfoque estratégico, provocando que los recursos limitados se distribuyan entre demasiados objetivos y beneficiarios, en lugar de concentrarse en las principales limitaciones y oportunidades.
- *Esfuerzos marginales.* Las iniciativas de desarrollo productivo en muchos países de ALC siguen siendo marginales en cuanto a su magnitud y alcance, y no consiguen la masa crítica necesaria para generar un cambio transformador en las estructuras productivas.

- *Escasa articulación y coordinación.* La articulación y la coordinación entre las partes interesadas y las iniciativas no son suficientes y esto causa que los esfuerzos se dupliquen y que se pierdan oportunidades de colaboración.
- *Falta de continuidad entre los periodos gubernamentales.* La ausencia de continuidad entre las sucesivas administraciones es nociva para las iniciativas a largo plazo y el aprendizaje institucional, ya que los nuevos gobiernos suelen descartar los esfuerzos anteriores independientemente de su mérito.
- *Enfoque descendente con una participación territorial limitada.* Muchas PDP siguen un enfoque descendente en el que la participación de los territorios es mínima, se ignoran los conocimientos locales y se reduce la apropiación de las iniciativas de desarrollo a nivel regional y local.
- *Evaluación limitada.* Las iniciativas de las PDP rara vez se someten a una evaluación rigurosa y esto limita las oportunidades de aprendizaje y los ajustes de las políticas basadas en evidencia.
- *Falta de armonización con las nuevas visiones.* Muchas de las PDP actuales no coinciden con las visiones de desarrollo emergentes, como la sostenibilidad, el crecimiento inclusivo y la transformación digital.
- *Impacto reducido.* A pesar de implementarlas durante décadas, muchas PDP de la región han tenido un impacto limitado en términos de crecimiento de la productividad, diversificación de las exportaciones y transformación estructural.
- *Limitaciones en materia de sostenibilidad fiscal y capacidad de implementación.* Muchas iniciativas de PDP en ALC enfrentan retos relacionados con la sostenibilidad fiscal y la limitada capacidad de implementación en los niveles nacionales y subnacionales. Esta circunstancia puede limitar su impacto y provocar una falta de armonización con la realidad local y las necesidades de la sociedad. La implementación eficaz de las PDP exige planificar la inversión multianual y armonizarlas con marcos fiscales a mediano plazo y mecanismos institucionales que faciliten la coordinación entre los distintos niveles de gobierno. Sin estos elementos, las PDP corren el riesgo de permanecer como meros documentos de intenciones que no logran ejercer un impacto transformador.

Algunas medidas decisivas para fortalecer las PDP en ALC son la ampliación de las PDP, el fortalecimiento de la gobernanza multinivel y multilateral, la mejora de las capacidades institucionales (técnicas, operativas, políticas y prospectivas), la promoción de iniciativas de clústeres eficaces, el impulso del compromiso de las partes interesadas (sobre todo del sector privado), la profundización de los enfoques locales y la adopción de una línea estratégica de internacionalización que incluya la disciplina de las exportaciones, la coordinación regional y las asociaciones internacionales de PDP.

Recuadro 2.3. Recomendaciones clave en materia de políticas

Aumentar la inversión en políticas de desarrollo productivo

- Aumentar las asignaciones presupuestarias a áreas clave que sustentan el desarrollo productivo, incluidos ciencia, tecnología e innovación, infraestructura sostenible (que aborde los cuellos de botella fundamentales en conectividad, energía y transporte), programas de desarrollo de competencias de alta calidad acordes con las necesidades del mercado laboral, así como apoyo específico para sectores seleccionados estratégicamente con alto potencial de crecimiento e importantes efectos positivos en toda la economía.
- Crear un clima de inversión más atractivo y predecible para la movilización de recursos privados, proporcionar incentivos cuidadosamente diseñados y específicos, y fomentar asociaciones público-privadas eficaces. Esto incluye reducir las cargas regulatorias e incrementar la facilidad para hacer negocios, al tiempo de establecer asociaciones de inversión

regionales y mundiales, como la propuesta por la Iniciativa Global Gateway de la Unión Europea y ALC, para movilizar inversiones de calidad en torno a objetivos estratégicos comunes.

- Invertir en los recursos humanos y técnicos de los organismos gubernamentales, los bancos de desarrollo y otras instituciones que participan en el diseño, la aplicación y el seguimiento de las PDP. Esto incluye atraer y retener a personal calificado, proporcionar capacitación continua en análisis y evaluación de políticas y fomentar una cultura de formulación de políticas basada en evidencias.
- Mejorar la disponibilidad, la calidad y la granularidad de los datos relacionados con productividad, innovación, comercio, competencias y rendimiento sectorial para fundamentar el diseño de políticas, supervisar sus avances y evaluar rigurosamente el impacto de las intervenciones de las PDP. Los gobiernos deben invertir en el fortalecimiento de los sistemas estadísticos nacionales, el desarrollo de las capacidades de datos territoriales y la promoción de un mayor intercambio y accesibilidad de los datos entre los distintos niveles de gobierno y con las instituciones de investigación y los asociados del sector privado.

Fortalecer la gobernanza multilateral y multinivel

- Conformar mecanismos formales e informales para una participación periódica y significativa de todos los niveles de gobierno, el sector privado – incluidas empresas de todos los tamaños y asociaciones industriales –, el mundo académico, las organizaciones sindicales y la sociedad civil en todas las etapas del ciclo de las PDP, desde la identificación de prioridades hasta el diseño, la implementación, el seguimiento y la evaluación.
- Establecer mandatos, responsabilidades y mecanismos de rendición de cuentas claros para las diferentes entidades gubernamentales que participan en las PDP en todos los niveles. La implementación de mecanismos de coordinación eficaces, como comités interministeriales, con mandatos claros y grupos de trabajo conjuntos, ayudará a garantizar la coherencia de las políticas y a evitar la duplicación de esfuerzos.
- Proporcionar a los gobiernos subnacionales los recursos financieros y técnicos necesarios, el desarrollo de capacidades y la autonomía para diseñar e implementar PDP que se adapten a sus contextos territoriales, necesidades y ventajas competitivas específicos. Al mismo tiempo, es fundamental establecer marcos claros para garantizar la armonización y la complementariedad entre las estrategias de PDP nacionales y subnacionales, a fin de maximizar su impacto y evitar la fragmentación.
- Establecer objetivos claros, indicadores medibles y marcos de evaluación rigurosos para todas las intervenciones de PDP. Garantizar el acceso público a la información sobre los objetivos de las políticas, los planes de implementación, los beneficiarios y los resultados, a fin de promover la transparencia y la rendición de cuentas.

Fortalecer las capacidades institucionales

- Fortalecer las capacidades técnicas para diseñar políticas eficaces que armonicen las políticas macroeconómicas generales, las estrategias comerciales y los objetivos sociales y medioambientales, al incorporar la planificación estratégica con escenarios a mediano y largo plazos, generar enfoques transversales integrados, gestionar sistemas de información exhaustivos, evaluando los impactos de las políticas, armonizando los mandatos con las capacidades institucionales, aumentando los mecanismos de rendición de cuentas y fomentando culturas de aprendizaje continuo que faciliten la formulación de políticas basadas en evidencia y la gestión adaptativa de las iniciativas de desarrollo.

- Fortalecer las capacidades operativas para aplicar políticas eficaces mediante la evaluación de la productividad y la garantía de una prestación de servicios eficiente; el fortalecimiento de las políticas de recursos humanos; las interfaces gubernamentales digitales para la interacción con los ciudadanos y la prestación de servicios de calidad; los sistemas eficaces de coordinación interinstitucional; la participación significativa del sector privado; la rendición de cuentas transparente en la gestión de los recursos, y la medición de la satisfacción de los ciudadanos.
- Fortalecer las capacidades políticas para reunir la legitimidad, las coaliciones y el apoyo social necesarios para las reformas, al crear espacios para el diálogo social entre los principales actores del desarrollo, un liderazgo que genere confianza y mejore la colaboración entre sectores, la coordinación entre los diferentes niveles de gobierno, redes entre pares en los niveles local e internacional y mecanismos para lograr visiones compartidas entre las diversas partes interesadas.
- Fortalecer las capacidades prospectivas para anticipar y analizar las megatendencias mundiales aplicando enfoques participativos a la construcción de escenarios futuros deseables, el apoyo a políticas estatales a largo plazo que trasciendan los ciclos administrativos, el desarrollo de mecanismos de respuesta rápida ante crisis y disrupciones, y el impulso a culturas de diálogo que anticipen posibles conflictos.

Desarrollar y fortalecer iniciativas de clúster de acuerdo con las prioridades de producción

- Desarrollar una estrategia nacional para el establecimiento de clústeres mediante la identificación de los sectores y regiones prioritarios, en los que las iniciativas de clústeres ejerzan el mayor impacto estratégico, con base en las fortalezas existentes, el potencial de crecimiento y la armonización con los objetivos nacionales de desarrollo.
- Proporcionar apoyo personalizado y sostenido para la formación y el desarrollo de clústeres, ofreciendo asistencia financiera y técnica para el establecimiento y operación de organizaciones de clústeres, el desarrollo de infraestructura y servicios compartidos, la facilitación de la formación de redes y la colaboración entre los miembros de los clústeres y la ejecución de proyectos conjuntos en ámbitos como la I+D, el desarrollo de mercados y la mejora de las competencias. El apoyo debe estar supeditado a objetivos de rendimiento claros y a una gobernanza eficaz dentro del clúster.
- Fomentar un liderazgo sólido y una gobernanza eficaz dentro de los clústeres mediante la *promoción* de visiones estratégicas claras, un liderazgo sólido capaz de movilizar a las partes interesadas y mecanismos eficaces para la toma de decisiones y la rendición de cuentas.
- Promover la colaboración entre clústeres y el intercambio de conocimientos al facilitar la formación de redes y los intercambios de aprendizaje entre diferentes iniciativas de clústeres dentro del país y a nivel internacional, a fin de difundir las mejores prácticas, identificar posibles sinergias e impulsar nuevas oportunidades de colaboración y acceso a los mercados.
- Integrar las iniciativas de clústeres en estrategias de PDP más generales mediante la alineación y la coordinación con otras intervenciones de políticas en áreas como ciencia, tecnología e innovación, desarrollo de competencias, inversión en infraestructura e internacionalización.

Impulsar el compromiso de todas las partes interesadas, en particular del sector privado

- Los gobiernos deben entablar, a lo largo de todo el ciclo de la política, un diálogo abierto, inclusivo y continuo con el sector privado (incluidas grandes empresas, pymes, empresas emergentes (*start-ups*) y asociaciones industriales), organizaciones sindicales y otras partes interesadas, a fin de alcanzar un entendimiento compartido de las prioridades nacionales de desarrollo y el papel de las PDP para alcanzarlas.

- Asegurar que las intervenciones de las PDP estén bien fundamentadas por los retos y oportunidades que las empresas enfrentan, que sean de fácil acceso y navegación, y aborden eficazmente los principales obstáculos a la productividad y la competitividad.
- Ofrecer incentivos bien diseñados y estables que animen a las empresas a invertir en innovación, adopción de tecnología, mejora de competencias, actividades de exportación y desarrollo de productos, y servicios de mayor valor agregado. Asegurar que estos incentivos sean transparentes, predecibles y armonicen con los objetivos nacionales de desarrollo.
- Apoyar la creación y el crecimiento de nuevas empresas, promover una mentalidad que asuma riesgos, reducir las barreras de entrada a empresas innovadoras y proporcionar acceso al financiamiento en las primeras etapas, tutoría y servicios de desarrollo empresarial.
- Reconocer y apoyar el papel de las asociaciones industriales y las organizaciones de apoyo a las empresas en la representación de los intereses de sus miembros, en la difusión de información sobre las PDP, la facilitación de la formación de redes y colaboración, y la prestación de servicios valiosos a las empresas.

Profundizar los enfoques basados a nivel local para las políticas de desarrollo productivo

- Invertir en la recopilación y el análisis de datos a nivel subnacional para identificar las fortalezas regionales específicas, las ventajas competitivas, las estructuras industriales actuales, los ecosistemas de innovación, las bases de competencias, las brechas de infraestructura y los retos de desarrollo.
- Proporcionar a los gobiernos subnacionales mayor autonomía, recursos financieros adecuados y la capacidad técnica necesaria para diseñar, implementar y supervisar PDP diseñadas específicamente para sus contextos territoriales y prioridades concretos. Para alcanzar el éxito, es fundamental propiciar la apropiación y la participación locales en el proceso de diseño e implementación.
- Promover la coordinación y la cooperación entre los diferentes niveles de gobierno (nacional, regional y local) y más allá de las fronteras administrativas, para abordar los retos comunes, aprovechar las complementariedades regionales y apoyar el desarrollo de cadenas de valor y clústeres interregionales.
- Impulsar vínculos y una colaboración más sólidos entre empresas, instituciones de investigación, universidades, centros de capacitación técnica y otros actores locales dentro de los sistemas de innovación regionales para promover el intercambio de conocimientos, la transferencia de tecnología y el desarrollo de soluciones localizadas a los retos regionales.
- Abordar las brechas cruciales en materia de infraestructura (transporte, energía, agua, saneamiento) y aumentar la conectividad digital, en particular en las regiones desatendidas, a fin de elevar su atractivo para la inversión, mejorar la productividad empresarial y facilitar el acceso a los mercados y a la información.

Adoptar una línea estratégica de internacionalización

- Proporcionar apoyo focalizado a las empresas, en particular a las pymes, para mejorar su capacidad de exportación, permitiéndoles acceder a información sobre los mercados, adaptar sus productos y servicios a los estándares internacionales y a las preferencias de los consumidores, y participar en ferias y misiones comerciales internacionales. Asimismo, es fundamental promover la diversificación hacia exportaciones con mayor valor agregado y nuevos mercados.
- Desarrollar estrategias específicas de promoción de las inversiones que se centren en atraer IED de calidad en sectores armonizados con las prioridades nacionales de desarrollo y que tengan potencial para la transferencia de tecnología, la mejora de las competencias, la

generación de empleo digno y la integración en las cadenas globales de valor. Es esencial crear un clima de inversión estable, transparente y predecible.

- Ayudar a las empresas nacionales, especialmente a las pymes, a mejorar sus capacidades, cumplir con los requisitos de calidad y logística de las principales empresas de la cadena global de valor y forjar vínculos más sólidos con los compradores internacionales. Esto puede incluir programas de desarrollo de proveedores y apoyo para la adopción de estándares internacionales.
- Alentar las asociaciones y la colaboración entre las instituciones de investigación nacionales y las empresas con sus homólogas internacionales para acceder a nuevos conocimientos, tecnologías y redes de investigación. Facilitar la movilidad de los investigadores y el personal técnico puede resultar fundamental.
- Simplificar los procedimientos aduaneros, mejorar la infraestructura logística, reducir las barreras no arancelarias al comercio y participar activamente en acuerdos comerciales regionales y multilaterales para facilitar el acceso a los mercados y reducir los costos del comercio internacional.
- Adoptar el rendimiento de las exportaciones como indicador de las mejoras de la productividad y como mecanismo de condicionalidad para el apoyo continuo a las PDP, asegurándose de que los beneficiarios aborden las presiones competitivas necesarias para impulsar el aumento genuino de la productividad, en vez de depender permanentemente de la protección o los subsidios.
- Establecer mecanismos para coordinar las estrategias sectoriales en todos los países de ALC, a fin de evitar la competencia de suma cero y promover el desarrollo de la cadena de valor regional. Esto incluye desarrollar plataformas para el diálogo entre los organismos nacionales de PDP, identificar oportunidades de complementariedad industrial regional y desarrollar enfoques conjuntos para sectores emergentes, como el hidrógeno verde, el procesamiento de litio y los servicios digitales, en los que la coordinación regional puede mejorar la competitividad global.
- Buscar asociaciones e intercambios de aprendizaje con las políticas industriales de las economías avanzadas, en particular las centradas en la transición ecológica justa y la transformación digital. Esto incluye el establecimiento de mecanismos de diálogo formal con iniciativas como la Brújula Digital Europea y los componentes industriales del Pacto Verde, la Ley Chips de Estados Unidos y las estrategias de manufactura avanzada de Asia (Mazzucato, 2021[82]; European Commission, 2020[12]; United States Congress, 2022[15]).

Notas

[1] Los datos se recopilaron con el propósito de cartografiar y promover las IAP, no para fines estadísticos, y se basan en la autoinformación voluntaria, con esfuerzos de validación limitados a los casos con inconsistencias evidentes o datos faltantes.

Referencias

Aiginger, K. (2007), "Industrial Policy: A Dying Breed or A Re-emerging Phoenix", *Journal of Industry, Competition and Trade*, Vol. 7/3, pp. 297-323, https://doi.org/10.1007/s10842-007-0025-7. [45]

Amsden, A. (1992), *Asia's Next Giant: South Korea and Late Industrialization*, Oxford University Press, https://doi.org/10.1093/0195076036.001.0001. [17]

Andrews, M., L. Pritchett and M. Woolcock (2017), *Building State Capability: Evidence, Analysis, New Directions*, Oxford University Press, https://academic.oup.com/book/26994. [51]

Baldwin, R. and S. Evenett (2020), *COVID-19 and Trade Policy: Why Turning Inward Won't Work*, CEPR Press, Paris & London, https://cepr.org/publications/books-and-reports/covid-19-and-trade-policy-why-turning-inward-wont-work. [8]

Baldwin, R. and A. Venables (1995), *Regional economic integration*, Elsevier, https://econpapers.repec.org/bookchap/eeeintchp/3-31.htm. [56]

Barca, F., P. McCann and A. Rodríguez-Pose (2012), "The case for regional development intervention: Place-based versus people-based approaches", *Journal of Regional Science*, Vol. 52/1, pp. 134-152, https://onlinelibrary.wiley.com/doi/10.1111/j.1467-9787.2011.00756.x. [37]

Beck, T. and A. Demirgüç-Kunt (2006), "Small and medium-size enterprises: Access to finance as a growth constraint", *Journal of Banking & Finance*, Vol. 30/11, pp. 2931-2943, https://www.sciencedirect.com/science/article/abs/pii/S0378426606000926. [41]

Cherif, R. and F. Hasanov (2019), "The Return of the Policy that Shall Not Be Named: Principles of Industrial Policy", *IMF Working Papers*, Vol. 19/74, https://ssrn.com/abstract=3377475. [32]

Cherif, R., F. Hasanov and M. Sarsenbayev (2024), "Call of Duty: Industrial Policy for the Post-Oil Era", *IMF Working Papers*, Vol. 2024/074, https://doi.org/10.5089/9798400270994.001. [46]

CINDE (2023), *Reporte Anual de Inversión Extranjera Directa, Coalición Costarricense de Iniciativas de Desarrollo*. [59]

Crespi, G., E. Fernández-Arias and E. Stein (2014), *Rethinking Productive Development: Sound Policies and Institutions for Economic Transformation*, Development in the Americas Series, Palgrave Macmillan and Inter-American Development Bank, https://doi.org/10.1057/9781137393999. [40]

Devlin, R. and G. Moguillansky (2011), *Alianzas para la producción: La promoción de cadenas de valor*, Inter-American Development Bank. [20]

Djankov, S. et al. (2002), "The regulation of entry", *The Quarterly Journal of Economics*, Vol. 117/1, pp. 1-37, https://doi.org/10.1162/003355302753399436. [43]

ECLAC (2025), *Annual Gross Domestic Product (GDP) by activity at constant prices In dollars (indicator)*, https://statistics.cepal.org/portal/cepalstat/dashboard.html?indicator_id=2216&area_id=419&lang=en (accessed on September 2025). [24]

ECLAC (2025), *Overcoming Development Traps in Latin America and the Caribbean in the Digital Age: The Transformative Potential of Digital Technologies and Artificial Intelligence*, United Nations Economic Commission for Latin America and the Caribbean, Santiago, https://repositorio.cepal.org/entities/publication/1a797201-53e6-47d9-8a22-d918e9ce7c2c. [69]

ECLAC (2025), *Panorama of Productive Development Policies in Latin America and the Caribbean, 2025: How to escape the trap of low capacity for growth*, United Nations Economic Commission for Latin America and the Caribbean, Santiago, https://repositorio.cepal.org/items/b6973b75-5cf3-4f5c-ac89-886b7fc2e2d5. [58]

ECLAC (2024), *Ciencia, tecnología e innovación para un desarrollo productivo sostenible e inclusivo: Lineamientos para el período 2024-2025*, United Nations Economic Commission for Latin America and the Caribbean, Santiago, https://repositorio.cepal.org/entities/publication/ee4e9030-49c6-498c-b5ea-6b8941432ba7. [26]

ECLAC (2024), "Development Traps in Latin America and the Caribbean: Vital Transformations and How to Manage Them", *Position Document to the Fortieth Session of ECLAC*, https://ideas.repec.org/p/ecr/c39025/80728.html. [21]

ECLAC (2024), *Panorama of Productive Development Policies in Latin America and the Caribbean, 2024: How Can the Region Advance the Great Productive Transformation It Needs?*, United Nations Economic Commission for Latin America and the Caribbean, Santiago, https://www.cepal.org/en/publications/80643-panorama-productive-development-policies-latin-america-and-caribbean-2024-how-can. [11]

ECLAC (2023), *International Trade Outlook for Latin America and the Caribbean 2023. Structural change and trends in global and regional trade: Challenges and opportunities*, United Nations Economic Commission for Latin America and the Caribbean, Santiago, https://www.cepal.org/en/publications/68664-international-trade-outlook-latin-amer. [19]

ECLAC (2023), *Plataforma de iniciativas clúster y otras iniciativas de articulación productiva territorial*, United Nations Economic Commission for Latin America and the Caribbean, Santiago, https://www.cepal.org/es/proyectos/plataforma-iniciativas-cluster-otras-iniciativas-articulacion-productiva-territorial (accessed on 22 September 2025). [78]

ECLAC (2022), *Informe del proceso regional de América Insumos regionales para la revisión de mitad de período del Decenio Internacional para la Acción, Agua para Desarrollo Sostenible 2018-2028*, United Nations Economic Commission for Latin America and the Caribbean, Santiago, https://www.cepal.org/sites/default/files/events/files/inf. [23]

ECLAC (2020), *Building a New Future: Transformative Recovery with Equality and Sustainability. Summary*, United Nations Economic Commission for Latin America and the Caribbean, Santiago, https://repositorio.cepal.org/entities/publication/68037e93-a098-4bf6-aa49-9b15ba847327. [10]

ECLAC (2016), *The new digital revolution: From the internet of consumption to the internet of production, Ministerial Conference on the Information Society of Latin America and the Caribbean*, United Nations Economic Commission for Latin America and the Caribbean, Santiago, https://repositorio.cepal.org/entities/publication/10e92fcb-3367-41f8-bfc6-376ab0206f7d. [29]

ECLAC (2014), *Políticas de desarrollo productivo en América Latina: Avances y desafíos*, United Nations Economic Commission for Latin America and the Caribbean, Santiago. [65]

ECLAC (2012), *Structural Change for Equality: An Integrated Approach to Development*, United Nations Economic Commission for Latin America and the Caribbean, Santiago, https://periododesesiones.cepal.org/36/en/documents/structural-change-equality-integrate. [44]

ECLAC (2010), *Foreign Direct Investment in Latin America and the Caribbean 2010*, United Nations Economic Commission for Latin America and the Caribbean, Santiago, https://repositorio.cepal.org/entities/publication/c1fb0fa9-c3f5-4f99-bfa5-57f86fba6130. [53]

ECLAC (2010), *Panorama del desarrollo territorial en América Latina y el Caribe*, United Nations Economic Commission for Latin America and the Caribbean, Santiago, https://repositorio.cepal.org/entities/publication/094d4ddb-0bf5-4f69-873e-8e446bcd9304. [36]

ECLAC (2007), *Progreso técnico y cambio estructural en América Latina y el Caribe*, https://hdl.handle.net/11362/3683. [3]

ECLAC (2025 próxima publicación), *Mapping policies and instruments to foster the digitalization of the productive sector and enterprises in Latin America and the Caribbean*, United Nations Economic Commission for Latin America and the Caribbean, Santiago. [71]

European Commission (2024), *The Future of European Competitiveness: A Report by Mario Draghi*, European Commission, https://commission.europa.eu/topics/eu-competitiveness/draghi-report_en#paragraph_47059. [13]

European Commission (2020), *"A New Industrial Strategy for Europe' (COM(2020) 102 final)"*, European Commission, Brussels, https://op.europa.eu/en/publication-detail/-/publication/2feea4f7-1932-11eb-b57e-01aa75ed71a1/language-en?utm_source. [12]

Evans, P. (1995), "Embedded Autonomy: States and Industrial Transformation", *Princeton University Press*, https://press.princeton.edu/books/paperback/9780691037363/embedded-autonomy?srsltid=AfmBOoqOy--O5eZ6SZrGdl-mFUOGXZHxvhNepM2LOynCQBUUTQ_-K4vi. [35]

Fernández-Arias, E., R. Hausmann and U. Panizza (2019), "Smart Development Banks", *CID Working Paper Series 2019.350*, https://dash.harvard.edu/entities/publication/be41ee5c-eeea-4ea7-acbd-149477d9507d. [68]

Freeman, C. (1995), "The 'National System of Innovation' in historical perspective", *Cambridge Journal of Economics*, Vol. 19/1, pp. 5-24, https://doi.org/10.1093/oxfordjournals.cje.a035309. [70]

Hallak, J. and P. Schott (2011), "Estimating Cross-Country Differences in Product Quality", *The Quarterly Journal of Economics*, Vol. 126/1, pp. 417–474, https://doi.org/10.1093/qje/qjq003. [55]

Hanushek, E. and L. Woessmann (2015), *The Knowledge Capital of Nations: Education and the Economics of Growth*, MIT Press, https://www.jstor.org/stable/j.ctt17kk9kq. [42]

Hausmann, R., D. Rodrik and C. Sabel (2008), "Reconfiguring industrial policy: A framework with an application to South Africa", *CID Working Paper*. [30]

Hausmann, R., D. Rodrik and A. Velasco (2005), "Growth Diagnostics", https://growthlab.hks.harvard.edu/publications/growth-diagnostics-0. [63]

IDB (2018), *The Future of Work in Latin America and the Caribbean: Challenges and Opportunities*, Inter-American Development Bank. [76]

IDB (2010), *The Age of Productivity, Transforming Economies from the Bottom Up*, Inter-American Development Bank, https://link.springer.com/book/10.1057/9780230107618. [4]

ILIA (2024), *Indices Latinoamericano de Inteligencia Artificial*, https://indicelatam.cl/home-2025/ (accessed on 22 September 2025). [81]

ILO (2020), *Skills for a Greener Future: A Global Synthesis Report*, International Labour Organization. [72]

ILO (2016), *National Qualifications Frameworks: A Guide for Policy Makers*, International Labour Organization. [77]

Ketels, C. (2003), *The development of the cluster concept: Present experiences and further developments*, Ministry of Economic Affairs and Energy, North Rhine-Westphalia, Germany,, https://www.hbs.edu/faculty/Pages/item.aspx?num=17900. [62]

Krugman (1979), "Increasing returns, monopolistic competition, and international trade", *Journal of International Economics*, Vol. 9/4, pp. 469-479, https://www.sciencedirect.com/science/article/abs/pii/0022199679900175. [52]

Lane, N. (2025), "Manufacturing revolutions: Industrial policy and industrialization in South Korea", *The Quarterly Journal of Economics*, Vol. 140/3, pp. 1683-1741, https://academic.oup.com/qje/article/140/3/1683/8152916. [67]

Lee, K. (2019), *The Art of Economic Catch-Up: Barriers, Detours, and Leapfrogging In Innovation Systems*, https://doi.org/10.1017/9781108588232. [33]

Lin, J. and H. Chang (2009), "Should industrial policy in developing countries conform to comparative advantage or defy it? A debate between Justin Lin and Ha-Joon Chang", *Development Policy Review*, Vol. 27/5, pp. 483-502, https://doi.org/10.1111/j.1467-7679.2009.00456.x. [25]

Llinás, V. (2021), *Iniciativas clusters: Una forma concreta y efectiva de "mover la aguja" de la productividad*, Editorial Puntoaparte, https://confecamaras.org.co/wp-content/uploads/2024/03/iniciativas-cluster-marco-llinas.pdf. [31]

Mazzucato, M. (2021), *Mission Economy: A Moonshot Guide to Changing Capitalism*, Allen Lane, London, https://marianamazzucato.com/books/mission-economy/. [82]

Nelson, R. and S. Winter (1982), *An Evolutionary Theory of Economic Change*, Harvard University Press, https://www.hup.harvard.edu/books/9780674272286. [27]

Ocampo, J. and J. Ros (2011), *The Oxford Handbook of Latin American Economics*, Oxford University Press, https://doi.org/10.1093/oxfordhb/9780199571048.001.0001. [1]

OECD (2023), *Production Transformation Policy Review: Spotlight on Guadeloupe's Internationalisation*, OECD Development Pathways, OECD Publishing, Paris, https://doi.org/10.1787/ac8c5b0d-en. [38]

OECD (2019), *Getting Skills Right: Future-Ready Adult Learning Systems*, Getting Skills Right, OECD Publishing, Paris, https://doi.org/10.1787/9789264311756-en. [75]

OECD (2007), *Clusters and Regional Development: Critical Policy Issues*, OECD Publishing, Paris. [60]

OECD et al. (2019), *Latin American Economic Outlook 2019: Development in Transition*, OECD Publishing, Paris, https://doi.org/10.1787/g2g9ff18-en. [5]

OECD/UN (2018), *Production Transformation Policy Review of Chile: Reaping the Benefits of New Frontiers*, OECD Development Pathways, OECD Publishing, Paris, https://doi.org/10.1787/9789264288379-en. [2]

OECD/UN/UNIDO (2019), *Production Transformation Policy Review of Colombia: Unleashing Productivity*, OECD Development Pathways, OECD Publishing, Paris, https://doi.org/10.1787/9789264312289-en. [6]

OECD/UNCTAD/ECLAC (2020), *Production Transformation Policy Review of the Dominican Republic: Preserving Growth, Achieving Resilience*, OECD Development Pathways, OECD Publishing, Paris, https://doi.org/10.1787/1201cfea-en. [64]

OIT-CINTERFOR (2017), *El Futuro de la Formación Profesional en América Latina y el Caribe: Diagnóstico y Lineamientos para su Fortalecimiento*, Oficina Regional de la OIT para América Latina y el Caribe y Centro Interamericano para el Desarrollo del Conocimiento de la Formación Profesional (CINTERFOR), https://www.oitcinterfor.org/publicaciones/futuro_fp. [74]

Porter, M. (1998), "Clusters and the new economics of competition", *Harvard Business Review*, https://hbr.org/1998/11/clusters-and-the-new-economics-of-competition. [61]

Prebisch, R. (1959), *The Latin American Common Market, UN. General Assembly (14th sess. 1959).* [80]

Prebisch, R. (1950), *The Economic Development of Latin America and its Principal Problems*, United Nations Economic Commission for Latin America and the Caribbean, Santiago, https://repositorio.cepal.org/server/api/core/bitstreams/77466a7c-2c03-4168-81d0-4886825819dc/content. [28]

Rodríguez-Pose, A. (2018), "The revenge of the places that don't matter (and what to do about it)", *Cambridge Journal of Regions, Economy and Society*, Vol. 11/1, pp. 189-209, https://doi.org/10.1093/cjres/rsx024. [39]

Rodrik, D. (2004), "Industrial policy for the twenty-first century", *CEPR Discussion Paper* , No. 4767, https://drodrik.scholar.harvard.edu/files/dani-rodrik/files/industrial-policy-twenty-first-century.pdf. [34]

Rodrik, D. and J. Stiglitz (2024), *A New Growth Strategy for Developing Nations, Harvard University*, https://tinyurl.com/ymrg8qom. [48]

Sabel, C. and J. Zeitlin (2010), *Experimentalist governance*, Oxford University Press, https://doi.org/10.1093/oxfordhb/9780199560530.013.0012. [50]

Salazar-Xirinachs, J. (2020), *Cluster-based policies: What have we learned?*, Oxford University Press. [57]

Salazar-Xirinachs, J. and M. Llinás (2023), "Hacia la transformación de la estrategia de crecimiento y desarrollo de América Latina y el Caribe: el papel de las políticas de desarrollo productivo", *Revista de la Cepal*, Edición Especial 75 Años, https://repositorio.cepal.org/server/api/core/bitstreams/f4413693-0a69-44f6-a59a-6d42fbe86ba8/content. [22]

Salazar-Xirinachs, J., I. Nubbler and R. Kozul-Wright (2014), "Industrial policy, productive transformation and jobs: theory, history and practice", *Transforming Economies: Making industrial policy work for growth, jobs and development*, International Labour Organization, https://webapps.ilo.org/public/libdoc/ilo/2014/486655.pdf. [7]

Schmitz, H. (1995), "Collective efficiency: Growth paths for small-scale industry", *Journal of Development Studies*, Vol. 31/4, pp. 529-556, https://www.tandfonline.com/doi/abs/10.1080/00220389508422377. [79]

State Council of the People's Republic of China (2015), *Made in China 2025*, https://cset.georgetown.edu/publication/notice-of-the-state-council-on-the-publication-of-made-in-china-2025/. [16]

UNCTAD (2023), *World Investment Report 2023: Investing in Sustainable Energy for All*, United Nations Conference on Trade and Development, https://unctad.org/publication/world-investment-report-2023. [54]

UNEP (2011), *Towards a Green Economy: Pathways to Sustainable Development and Poverty Eradication*, United Nations Environment Programme, https://www.unep.org/resources/report/towards-green-economy-pathways-sustainable-development-and-poverty-eradication-10. [9]

UNESCO (2022), *Global Education Monitoring Report 2022: Non-state actors in education*, United Nations Educational, Scientific and Cultural Organization, https://unesdoc.unesco.org/ark:/48223/pf0000383550. [73]

UNIDO (2024), *Industrial development report 2024: turning challenges into sustainable solutions: the new era of industrial policy*, Vienna, https://digitallibrary.un.org/record/4064534?v=pdf. [47]

United States Congress (2022), *CHIPS and Science Act*, https://www.congress.gov/bill/117th-congress/house-bill/4346/text. [14]

United States Congress (2022), "H.R. 5376: Inflation Reduction Act", *Public Law No. 117-169*, https://www.congress.gov/bill/117th-congress/house-bill/5376/text. [15]

Wade, R. (1990), *Governing the Market: Economic Theory and the Role of Government in East Asian Industrialization*, Princeton University Press, https://press.princeton.edu/books/paperback/9780691117294/governing-the-market?srsltid=AfmBOorCepLnz9iU2hhU49S69cmVSoRbEhUH2JF1cljnrB-NlMEUu30C. [18]

Warwick, K. (2013), "Beyond industrial policy: Emerging issues and new trends", *OECD Science, Technology and Industry Policy Papers* No. 2, https://www.oecd.org/en/publications/beyond-industrial-policy_5k4869clw0xp-en.html. [49]

Williamson, J. (1990), *What Washington means by policy reform*, Peterson Institute for International Economics, https://www.piie.com/commentary/speeches-papers/what-washington-means-policy-reform. [66]

3 Financiando la transformación productiva

La transformación productiva en América Latina y el Caribe requiere cerrar grandes brechas de financiamiento en los sectores clave – en especial aquellos que los países suelen priorizar en el marco de sus políticas de desarrollo productivo –, al aumentar la movilización de recursos públicos y privados. En este capítulo se describe una estrategia multidimensional para abordar estos retos. Se destaca la importancia de movilizar los recursos domésticos mediante reformas del sistema tributario y la función catalizadora de las instituciones financieras de desarrollo nacionales. En el capítulo también se explora la profundización del mercado de capitales, en particular a través de instrumentos financieros corporativos y sostenibles, y la expansión de ecosistemas de capital de riesgo. Por último, se analiza la manera en que la Inversión Extranjera Directa puede contribuir a la transformación productiva apoyando la diversificación, la transferencia de tecnología y el crecimiento verde. En conjunto, estas medidas aportan un marco integral para financiar la transformación productiva de la región.

Introducción

Para financiar la inversión en la transformación productiva en América Latina y el Caribe (ALC), es esencial mejorar la movilización de recursos públicos y privados. La inversión general es aún muy baja y es el sector privado el que proporciona la mayor parte del financiamiento. Con respecto al sector público, dado el escaso margen fiscal, es crucial procurar que el gasto sea eficiente y eficaz, para así maximizar su impacto. Cerrar las grandes brechas de financiamiento en sectores productivos clave – en particular aquellos que los países de ALC y las políticas de desarrollo productivo de sus territorios priorizan – y revertir la tendencia persistente de falta de inversión requiere un enfoque multifacético que combine instrumentos complementarios para canalizar tanto los recursos nacionales como la inversión internacional.

La movilización de recursos domésticos será fundamental. Los escasos ingresos fiscales de varios países de ALC limitan la capacidad de los gobiernos para ampliar y mejorar los servicios públicos, y para fortalecer las instituciones. Esto implica reequilibrar los sistemas tributarios para: aumentar la equidad, la eficiencia y la simplicidad; analizar las tasas efectivas del impuesto sobre sociedades, y evaluar el diseño de los incentivos fiscales para asegurarse de que apoyen inversiones focalizadas de manera eficaz, sin generar pérdidas excesivas de ingresos. También será necesario fortalecer la moral tributaria a fin de optimizar el cumplimiento y promover una cultura fiscal más justa, permitiendo que las políticas y reformas fiscales bien diseñadas se conviertan en instrumentos permanentes y resistentes a los cambios políticos.

Las instituciones financieras de desarrollo (IFD) nacionales que trabajan en estrecha colaboración con los bancos multilaterales de desarrollo (BMD) y las IFD bilaterales pueden actuar como catalizadores en la promoción de inversiones alineadas con las políticas de desarrollo productivo. En términos de capacidad institucional y financiera, se aprecia una gran heterogeneidad entre las IFD nacionales. Por consiguiente, cada IFD nacional mantiene, dentro de sus propias capacidades, un papel central en el fomento de las iniciativas de transformación productiva en la región. No obstante, es necesario hacer más para armonizar mejor los mandatos y las estrategias de financiación con las prioridades productivas definidas a nivel nacional y territorial. Los BMD y las IFD bilaterales pueden respaldar esta labor otorgando préstamos menos onerosos para reducir los costos de endeudamiento. En su función como centros de conocimiento, pueden facilitar la coordinación entre las IFD nacionales para alinearlas con sus estrategias de políticas de desarrollo productivo, ofrecer asistencia técnica y ayudar a ampliar las inversiones apoyando el desarrollo de carteras de proyectos sectoriales.

La profundización del mercado de capitales, en especial en lo referente a bonos corporativos e instrumentos financieros sostenibles, como los bonos verdes, sociales, sostenibles, vinculados a la sostenibilidad y azules (GSSSB, por sus siglas en inglés), es otra vía importante. Los mercados de capitales de la región son aún pequeños, heterogéneos y concentrados. En 2024, la capitalización bursátil representó el 37.4% del producto interno bruto (PIB), por debajo del nivel de la OCDE (64.4%), en tanto que, en 2023, el saldo pendiente de bonos corporativos en ALC equivalió a cerca del 2% del total mundial. La expansión de estos mercados puede proporcionar financiación de largo plazo a sectores productivos con alto potencial de impacto. Para lograrlo, se requiere una mayor participación de los inversores institucionales, marcos de finanzas sostenibles más sólidos con mejores mecanismos de supervisión y monitoreo, más capacitación financiera, y una integración regional más profunda. Al mismo tiempo, es esencial fortalecer el ecosistema de capital de riesgo para apoyar a empresas innovadoras y en etapa inicial.

Asimismo, es posible canalizar la inversión extranjera directa (IED) de calidad hacia los objetivos de transformación productiva. Atraer IED a sectores como las energías renovables, la infraestructura digital y las industrias de media y alta tecnología podría mejorar las capacidades de producción, diversificar la cesta de exportaciones y fomentar la transferencia de tecnología. De igual manera, puede contribuir a la generación de empleos de calidad y a la sostenibilidad de los sistemas energéticos en toda la región.

Este capítulo comenzará abordando la brecha de financiamiento en sectores clave de transformación productiva, seguido de un análisis de la movilización de recursos domésticos por medio de un examen de la estructura del sistema tributario, incluidas las tasas impositivas efectivas corporativas; el diseño de incentivos fiscales y la moral tributaria, y el papel de las IFD nacionales en el aumento de la inversión. Más adelante, explorará vías para atraer inversiones internacionales, mediante el desarrollo de mercados de capitales y la promoción de la IED.

ALC enfrenta una gran brecha de financiamiento en sectores productivos clave

En ALC se observa una tendencia persistente de baja inversión en sectores productivos clave, como la infraestructura, la economía digital y la agricultura, lo que redunda en importantes brechas de financiamiento que limitan el desarrollo. En 2024, la inversión – pública y privada – total en la región alcanzó un promedio de 19.5% del PIB, por debajo del nivel de las economías avanzadas (22.3%) y mucho más bajo que el de Asia emergente (37.5%) y Oriente Medio y Asia Central (26.1%) (IMF, 2025[1]). Además, la región de ALC enfrenta una brecha de financiamiento anual promedio de cerca de 99 000 millones de USD hasta 2030 (IMF, 2025[1]),[1] cifra que refleja el déficit promedio en seis áreas prioritarias de los Objetivos de Desarrollo Sostenible (ODS), todas vinculadas a uno o más sectores productivos: protección social y empleo digno; transformación de la educación; sistemas alimentarios; cambio climático, pérdida de biodiversidad y contaminación; transición energética, y digitalización inclusiva (OECD et al., 2024[2]; UNCTAD, 2023[3]).

Debido a la escasa inversión, ALC tiene una infraestructura envejecida e insuficiente

Al medirla en función de objetivos como lograr una tasa de crecimiento económico específica, alcanzar ciertos niveles de cobertura y armonizar la infraestructura existente en otro país o grupo de países, la brecha de infraestructura en ALC resulta significativa (Serebrisky et al., 2015[4]). Durante la década pasada, el promedio de la inversión en infraestructura en la región representó el 1.8% del PIB (Brichetti et al., 2021[5]; OECD et al., 2024[2]). Sin embargo, para apoyar adecuadamente la transformación productiva y cubrir las necesidades mínimas de infraestructura, incluidos nuevos proyectos, mantenimiento, reemplazo de activos e inversión en los cuatro sectores clave (agua y saneamiento, electricidad, transporte y telecomunicaciones), se requerirá una inversión anual del 3.12% del PIB hasta 2030. Esto indica que la inversión de la región en infraestructura es insuficiente (alrededor del 1.3% del PIB anual). En términos comparativos, la inversión anual requerida de ALC (3.12% del PIB) es mayor que el 2.68% de la Asociación de Naciones del Sudeste Asiático, ASEAN-5 (Indonesia, Malasia, Filipinas, Tailandia y Vietnam) y que el promedio mundial del 2.97%, pero ligeramente menor que el 3.30% de las economías del G7 (Brichetti et al., 2021[5]).

Los déficits de infraestructura tienen un grave impacto negativo sobre los sectores productivos de la economía. Los sistemas de transporte deficientes aumentan los costos logísticos; los suministros poco confiables de electricidad y agua dificultan la producción industrial y agrícola, y las telecomunicaciones y la conectividad irregulares inhiben el crecimiento económico. No abordar la brecha de infraestructura puede reducir el crecimiento anual del PIB en la región hasta en un punto porcentual, lo que equivale a una pérdida en el crecimiento de cerca de 15 puntos porcentuales en una década. Esta pérdida de producción – aproximadamente 900 000 millones de USD – afecta directamente el crecimiento y la calidad de vida, sobre todo para las poblaciones de bajos ingresos. Los hogares vulnerables son más dependientes de la infraestructura pública y pagan más por servicios de menor calidad: destinan un promedio de 16% de sus ingresos a ellos en comparación con el 13.5% de los hogares de mayores ingresos (Cavallo and Powell, 2019[6]). Esta desigualdad no solo reduce la resiliencia económica general, también limita la capacidad de amplios segmentos de la población para participar y beneficiarse de la transformación productiva, particularmente en sectores donde mejorar la infraestructura es esencial para impulsar la competitividad y la innovación. El beneficio de eliminar la brecha de infraestructura en ALC sería considerable, ya que un aumento de la inversión en infraestructura al nivel de la OCDE impulsaría el crecimiento de la productividad en la región en 75% por arriba de su promedio reciente, lo cual podría duplicar el ingreso per cápita en una generación (Cavallo and Powell, 2019[6]).

Las brechas de financiamiento en los sectores digital y agrícola limitan las iniciativas de transformación en ALC

La falta de inversión en la economía digital continúa limitando la capacidad de producción y las iniciativas de transformación en ALC. La región afronta deficiencias generalizadas en la calidad y cobertura de banda ancha, en particular en las comunidades rurales y de bajos ingresos. Para cerrar la brecha de digitalización inclusiva se requeriría una inversión de 221 000 millones de USD anuales,[2] es decir el mayor déficit de financiamiento entre las seis áreas prioritarias de los ODS (OECD et al., 2024[2]). Se necesitarían 68 500 millones de USD adicionales para lograr la conectividad al nivel de la OCDE (Antonio García Zaballos, 2023[7]). Esto ayudaría a promover la productividad y sustentaría una transformación moderna de la producción basada en el conocimiento.

Al mismo tiempo, las persistentes brechas de financiamiento de la inversión agrícola en ALC impiden el desarrollo rural y el crecimiento de la productividad. Para los pequeños productores, que son la columna vertebral de la subsistencia en ámbitos rurales, el acceso al crédito formal y a los insumos esenciales es limitado. Para transformar el sistema alimentario en ALC, es preciso cerrar la brecha de financiamiento anual, estimada en 98 000 millones de USD, siendo la mayor parte a América del Sur (73 000 millones de USD) y a América Central (23 000 millones de USD) (OECD et al., 2024[2]; UNCTAD, 2023[8]). Esto coincide con las estimaciones de una brecha global de financiamiento agrícola de 170 000 millones de USD para los pequeños productores, a la que ALC contribuye significativamente. La inversión en investigación y desarrollo (I+D) agrícolas en la región también es notablemente baja; solo el 0.4% del PIB agrícola, muy por debajo del punto de referencia del 2-3% en las economías avanzadas (Alejandro Nin-Pratt, 2018[9]).

Los déficits fiscales en curso en estos dos sectores limitan seriamente la capacidad de la región para impulsar la productividad, promover la innovación e impulsar una transformación productiva más inclusiva y sostenible.

Mejorar el sistema tributario es esencial para financiar la transformación productiva

Dada la diversidad de la región, para mejorar la recaudación tributaria mediante una estructura tributaria reequilibrada, un mejor plan de incentivos y una moral tributaria más sólida, se requerirán combinaciones de políticas especiales para cada país, adaptadas a cada contexto nacional. El impuesto sobre las sociedades no es la única fuente importante de ingresos fiscales en ALC: el impuesto sobre la renta a las personas, las contribuciones a la seguridad social y el impuesto al valor agregado, también desempeñan una función relevante. Esta sección se centra en el impuesto sobre las sociedades, dado su impacto específico sobre la inversión productiva en la región.

Los ingresos fiscales en ALC son demasiado bajos para apoyar la transformación productiva a largo plazo

La expansión de la recaudación tributaria y el reequilibrio de la estructura tributaria son fundamentales para sustentar el gasto público eficaz y la transformación productiva a largo plazo en varios países de la región. Optimizar el diseño del sistema fiscal para promover un crecimiento más equitativo, y a la vez integrar consideraciones sociales, medioambientales y de digitalización, son medidas beneficiosas para i) desarrollar una base productiva resiliente, inclusiva y orientada a la sostenibilidad y ii) ayudar a financiar las transiciones verde y digital (OECD et al., 2024[2]). A pesar de la alta heterogeneidad, los ingresos tributarios se mantienen bajos en ALC, con un promedio de 21.3% del PIB en 2023, muy por debajo del promedio de la OCDE de 34% (OECD et al., 2025[10]). La estructura tributaria está fuertemente concentrada en los impuestos al consumo y los impuestos sobre las sociedades, lo cual limita su impacto redistributivo. En 2023, el impuesto sobre la renta de las personas físicas y las contribuciones a la seguridad social representaron solo el 26.1% de los ingresos fiscales totales (5.6% del PIB) en ALC, en comparación con el 48.4% (16.9% del PIB) en los países de la OCDE (Gráfico 3.1). Por el contrario, el impuesto sobre las sociedades contribuyó más a ALC (18.7% de los ingresos fiscales totales) que a la OCDE (12%). Los impuestos sobre bienes y servicios representaron el 47% de los ingresos fiscales (10% del PIB), y el impuesto al valor agregado por sí solo contribuyó con el 28.5% de los ingresos fiscales (6% del PIB) (OECD et al., 2025[10]). El reequilibrio de la estructura tributaria puede incrementar la equidad y procurar que se cuente con recursos estables y suficientes para invertir en sectores clave como la infraestructura sostenible (OECD et al., 2025[10]).

Gráfico 3.1. Estructura tributaria promedio en ALC y la OCDE, 2023

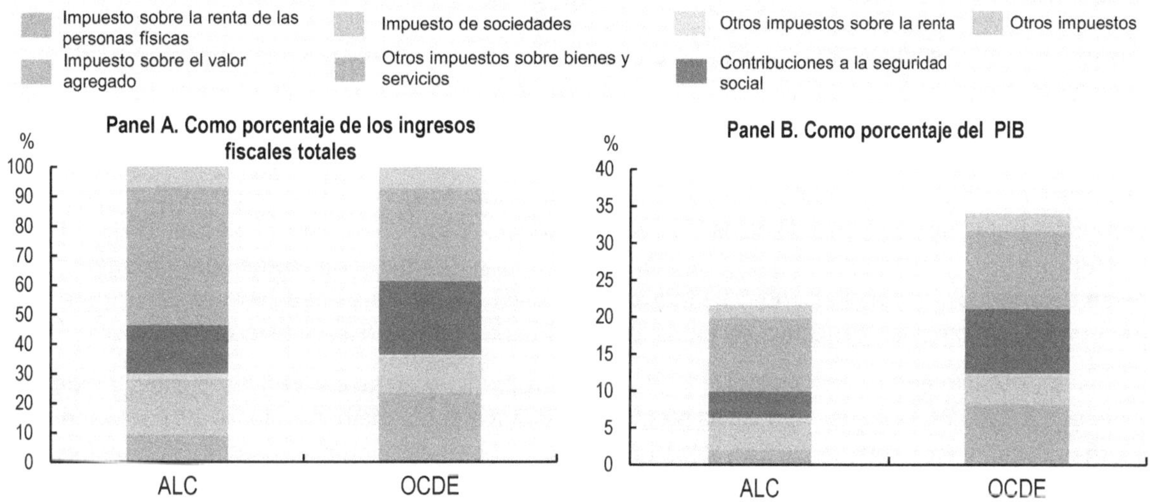

Nota: El promedio de ALC excluye a Venezuela debido a la dificultad para obtener los datos necesarios. Ecuador se excluye del promedio de ALC para el impuesto sobre las personas físicas y sobre las sociedades, por cuestiones de calidad de los datos. El promedio de la OCDE corresponde al promedio de 2022 y representa el promedio no ponderado de los 38 países miembros de la OCDE, incluidos Chile, Colombia, Costa Rica y México.
Fuente: (OECD et al., 2025[10]).

StatLink https://stat.link/nw3mcj

Los impuestos relacionados con el medioambiente, como los aplicados sobre la energía y sobre la contaminación, así como otros instrumentos de fijación de precios del carbono, ofrecen un potencial de ingresos y una palanca estratégica para reconfigurar los sistemas de producción (OECD et al., 2024[2]; 2025[10]). Al internalizar los costos medioambientales, dichos impuestos pueden influir directamente en las decisiones empresariales, alentar a las empresas a adoptar tecnologías más limpias, invertir en eficiencia energética y hacer la transición hacia modelos de negocio circulares y bajos en carbono. Esto es esencial para armonizar la política fiscal con los objetivos a largo plazo de productividad sostenible. Por ejemplo, elevar los impuestos a los combustibles fósiles en los países de ALC ayudaría a establecer igualdad de condiciones y aumentar la competitividad de las soluciones energéticas de hidrógeno (Cordonnier and Saygin, 2022[11]). Al mismo tiempo, la racionalización y la eliminación gradual de los subsidios a estos combustibles pueden liberar recursos públicos y destinarlos a usos más productivos y sostenibles. Sin embargo, para asegurar una transición inclusiva hacia una energía más limpia, estas reformas deben acompañarse de medidas focalizadas que protejan a los grupos de poblaciones vulnerables de la volatilidad de los precios de los combustibles. Además, simplificar los incentivos ineficientes del impuesto sobre las sociedades y garantizar la coherencia con los objetivos medioambientales ayudaría a evitar distorsiones y promover formas de crecimiento más verdes (OECD et al., 2023[12]).

Para desbloquear el margen fiscal necesario en busca de impulsar la transformación productiva, los países de ALC deberán fortalecer la progresividad y la eficiencia de sus sistemas tributarios (OECD et al., 2024[2]). Esto implica aumentar la proporción de impuestos directos – como el impuesto sobre la renta a las personas físicas en varios países de ALC –, eliminar los gastos tributarios regresivos e ineficientes y ampliar la base tributaria. A la vez, los países deben rediseñar el impuesto al valor agregado con miras a minimizar la regresividad, por ejemplo, ajustando las exenciones y mejorando la exención fiscal específica para hogares de bajos ingresos (OECD et al., 2024[2]). En aras de propiciar la eficiencia, es también imprescindible impulsar la digitalización, fortalecer la gobernanza de los datos, reforzar la supervisión y mejorar los servicios a los contribuyentes.

Las altas tasas impositivas efectivas de impuestos sobre las sociedades en ALC podrían reducir los incentivos para invertir en la región

Las tasas impositivas relativamente altas sobre las utilidades corporativas en la región de ALC podrían desalentar la competitividad y la inversión en sectores productivos clave para algunas empresas. En 2023, las tasas nominales promedio del impuesto de sociedades en ALC fueron de 21.1%, cerca del promedio de la OCDE de 23.7% (OECD, 2024[13]). Sin embargo, los niveles de ingresos y las tasas impositivas estatutarias no muestran diferencias entre jurisdicciones en lo que respecta a varias características importantes. Estas disposiciones fiscales incluyen ajustes por depreciación fiscal, deducciones por pagos de intereses y financiamiento de capital. Dado que dichas disposiciones pueden afectar considerablemente las obligaciones tributarias, su nivel de generosidad es decisivo para medir correctamente la imposición efectiva en todos los sistemas tributarios (Hanappi et al., 2023[14]).

Los países de ALC tienen tasas impositivas efectivas promedio y tasas impositivas efectivas marginales relativamente altas.[3] Las tasas impositivas efectivas marginales son una herramienta útil para medir mejor las cargas fiscales efectivas de los proyectos de inversión. La metodología se basa en supuestos acerca de los rendimientos financieros de proyectos de inversión hipotéticos sujetos a las disposiciones fiscales vigentes para determinar el monto del impuesto adeudado y que no requieren datos presentados en las declaraciones de impuestos. En un estudio que abarcó a 21 países de ALC se detectó que la tasa impositiva efectiva promedio para un determinado proyecto de inversión en 2021 se situó en 23.9%, en comparación con el 21.9% en los países de la OCDE y el 17.1% en los países restantes de la muestra, que incluyó datos de países de Europa emergente, Oriente Medio y Asia Central, Asia emergente y África subsahariana (Hanappi et al., 2023[14]). A nivel de país, Chile, Brasil y Argentina tuvieron las tasas impositivas efectivas promedio más altas (Gráfico 3.2). En cuanto a las tasas impositivas efectivas marginales, la tasa promedio fue de 13.8% en la región de ALC, casi el doble del promedio alcanzado en los países de la OCDE (7.6%) y los países restantes (7.8%); Argentina, Bolivia, Chile, Jamaica y Perú se ubicaron entre los diez primeros.

Gráfico 3.2. Tasas impositivas efectivas promedio, tasas impositivas estatutarias y tasas impositivas efectivas marginales en ALC, 2021

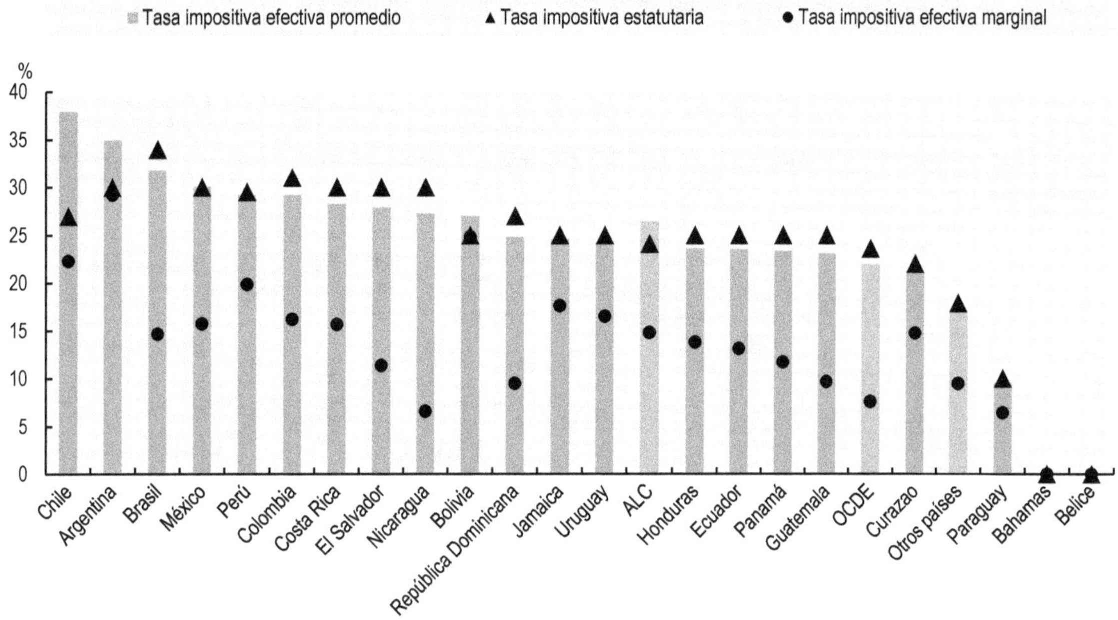

Nota: El promedio de ALC incluye solo países con una tasa impositiva estatutaria positiva del impuesto sobre las sociedades. Por consiguiente, Bahamas y Belice no están incluidos. "Otros países" incluye datos de Europa emergente, Oriente Medio y Asia Central, Asia emergente y África subsahariana.
Fuente: (Hanappi et al., 2023[14]).

StatLink https://stat.link/mys1z4

Es preciso mejorar el diseño de los incentivos del impuesto sobre las sociedades para que impulsen la movilización de la inversión nacional y extranjera

Si bien los incentivos del impuesto sobre las sociedades se utilizan ampliamente en ALC, pueden implicar costos y riesgos importantes. La evidencia muestra pocos indicios de que desempeñen un papel decisivo en las decisiones de ubicación de la inversión, lo que sugiere que a menudo son redundantes; es decir, la inversión se habría realizado incluso sin ellos (IMF et al., 2015[15]). Otros elementos del ámbito de la inversión suelen influir más en la configuración de las opciones de inversión. Además, los incentivos del impuesto sobre las sociedades pueden generar costos fiscales y económicos sustanciales – entre ellos ingresos perdidos, beneficios extraordinarios y distorsiones económicas, así como una eficacia limitada – y aumentar los riesgos de evasión fiscal (OECD, forthcoming[16]). Pueden favorecer a determinados sectores, actividades o regiones, provocando ineficacia en la asignación de los recursos y un desplazamiento a inversiones más productivas (James, 2020[17]). Además, pueden socavar la equidad tributaria al beneficiar desproporcionadamente a empresas grandes y mejor conectadas, con mayor capacidad de explotar regímenes de incentivos complejos, al tiempo que perjudican a las empresas pequeñas (Zolt and Schill, 2015[18]). Por otra parte, los incentivos del impuesto sobre las sociedades a menudo aumentan las cargas administrativas y de cumplimiento, tanto para las autoridades fiscales como para las empresas, lo que presiona la capacidad institucional y reduce la transparencia en general. Por estas razones, es esencial realizar análisis de costo-beneficio rigurosos antes de otorgar incentivos fiscales, los cuales deben considerarse dentro de marcos más amplios de promoción y facilitación de la inversión (World Bank Group, 2020[19]; IMF et al., 2015[15]).

En ALC, los incentivos del impuesto sobre las sociedades han causado grandes pérdidas de ingresos, en gran parte debido a exenciones fiscales. Los gastos tributarios representaron el 4.0% del PIB en promedio en ingresos no percibidos en 18 países de ALC, siendo los incentivos del impuesto sobre las sociedades equivalentes al 0.9% del PIB, solo superados por los gastos tributarios en bienes y servicios, que ascendieron a 2.2% del PIB (Tabla 3.1). Del total de gastos tributarios, el 72% correspondió a exenciones fiscales (CIAT, 2025[20]).

Tabla 3.1. Gastos tributarios totales por tipo de impuesto como porcentaje del PIB en países seleccionados de ALC

País	Año	Impuestos generales al consumo	Impuestos sobre la renta de las personas físicas	Impuestos sobre las sociedades	Impuestos especiales	Impuestos comerciales	Otro	Total
Argentina	2023	1.4%	0.2%	0.3%	0.3%	0.1%	0.2%	2.5%
Bolivia	2023	0.5%		0.0%	0.0%	0.0%	0.0%	0.6%
Brasil	2023	1.3%	0.9%	1.1%	0.2%	0.1%	1.0%	4.8%
Chile	2023	1.0%	0.9%	1.2%	0.0%	0.0%	0.0%	3.2%
Colombia	2021	5.7%	0.6%	1.3%	0.1%	0.0%	0.0%	7.7%
Costa Rica	2022	2.2%	0.6%	1.6%	0.1%	0.1%	0.0%	4.6%
República Dominicana	2023	2.5%	0.1%	0.6%	0.5%	0.3%	0.7%	4.6%
Ecuador	2022	2.6%	0.6%	1.1%	0.1%	0.2%	0.1%	4.7%
El Salvador	2020	2.1%	1.3%	1.0%	0.0%	0.0%	0.0%	4.4%
Guatemala	2022	1.7%	0.1%	0.8%	0.0%	0.1%	0.0%	2.7%
Honduras	2023	3.9%	0.6%	1.7%	0.4%	0.1%	0.0%	6.7%
Jamaica	2022	1.1%	0.0%	0.1%	0.2%	1.4%	0.1%	2.9%
México	2021	1.4%	1.1%	0.5%	0.0%	0.0%	0.3%	3.3%
Nicaragua	2022	3.4%		1.4%	0.0%	0.1%	0.0%	5.0%
Panamá	2021	2.5%	0.1%	1.1%	0.0%	0.0%	0.0%	3.6%
Paraguay	2023	1.0%	0.0%	0.3%	0.0%	0.3%	0.0%	1.6%
Perú	2023	1.4%	0.2%	0.2%	0.2%	0.0%	0.0%	2.0%
Uruguay	2023	3.0%	0.6%	1.7%	0.1%	0.0%	1.5%	6.8%
Promedio		2.2%	0.5%	0.9%	0.1%	0.2%	0.2%	4.0%

Fuente: (CIAT, 2025[20]).

Los incentivos de los impuestos sobre las sociedades pueden aumentar la inversión nacional y extranjera si están bien diseñados y se aplican en un clima favorable para la inversión. Los incentivos del impuesto sobre las sociedades o incentivos a la inversión son disposiciones fiscales específicas que se desvían del tratamiento fiscal estándar en un país, con lo que reducen o aplazan la obligación tributaria, en aras de promover la inversión (Celani, Dressler and Wermelinger, 2022[21]). Al ofrecer dichos incentivos, los países brindan ventajas económicas cuantificables a empresas o grupos de empresas específicas, con el propósito de dirigir la inversión hacia sectores o regiones prioritarios (James, 2020[17]). Los incentivos pueden funcionar de manera más eficaz en ciertos tipos de inversiones, en situaciones específicas y en sectores particulares. Sin embargo, su diseño es decisivo para el logro eficaz de los objetivos de política y sus costos. Las orientaciones políticas existentes priorizan las herramientas basadas en los gastos (por ejemplo, aceleraciones, deducciones, créditos) sobre las herramientas basadas en los ingresos (por ejemplo, exenciones y tasas reducidas del impuesto sobre las sociedades), ya que se ha demostrado que las basadas en los gastos fomentan la inversión con menores pérdidas de ingresos (OECD, forthcoming[16]). Un entorno de inversión sólido – que incluya una buena gobernanza, transparencia y estándares claros – puede mejorar en gran medida el impacto de los incentivos del impuesto sobre las sociedades sobre la IED, con efectos hasta ocho veces mayores en entornos favorables (James, 2020[17]).

En los países de América Latina y el Caribe, los incentivos del impuesto sobre las sociedades suelen utilizarse para atraer IED destinada a apoyar la generación de empleos, la transferencia de tecnología y la promoción de las exportaciones (Agostini and Jorrat, 2013[22]; ECLAC/OXFAM International, 2020[23]; James, 2020[17]; Artana and Templado, 2015[24]). Debido a que la IED puede alentar la generación de empleos, muchos gobiernos vinculan los incentivos fiscales a los objetivos de generación de empleos o los centran en regiones con alto desempleo o informalidad. La IED también puede facilitar la transferencia de tecnología, ya que los gobiernos fomentan las inversiones en alta tecnología ofreciendo incentivos para la investigación y el desarrollo, la adquisición de equipos avanzados y la innovación específica del sector. Por su movilidad y potencial de crecimiento, la IED orientada a la exportación recibe incentivos específicos a medida que los países compiten para atraer tales inversiones (Zolt and Schill, 2015[18]). Cada vez más, los incentivos del impuesto sobre las sociedades también se alinean con los objetivos de sostenibilidad, por ejemplo, al recompensar las inversiones que contribuyen a las transiciones verdes o que incluyen objetivos medioambientales tangibles (Gascon et al., forthcoming[25]).

Es necesario analizar el diseño de los incentivos del impuesto sobre las sociedades y su impacto en la imposición efectiva para comprender su eficacia en el logro de los objetivos de políticas y los costos correspondientes. Un primer paso útil es mapear los múltiples diseños de incentivos del impuesto sobre las sociedades disponibles en los distintos países y calcular su efecto sobre las tasas impositivas efectivas de las sociedades. Para desarrollar la base de las siguientes secciones, se utilizará un estudio reciente[4] en el que se investigaron los diversos incentivos del impuesto sobre las sociedades aplicados en 10 países de ALC (Gascon et al., forthcoming[25]). El análisis incluye datos de Argentina, Brasil, Colombia, Costa Rica, Ecuador, El Salvador, Paraguay, Perú, República Dominicana y Uruguay. Parte de una metodología, desarrollada a través de la Base de Datos de Incentivos Fiscales a la Inversión (ITID) de la OCDE, que recopila información cuantitativa y cualitativa sobre el diseño y la focalización de los incentivos fiscales a la inversión disponibles en todas las economías, utilizando una metodología de recopilación de datos consistente (OECD, 2025[26]). También se basa en el modelo de tasas impositivas efectivas prospectivas de la OCDE, la cual incorpora incentivos fiscales a la inversión (Celani, Dressler and Wermelinger, 2022[21]). Este análisis es especialmente importante en vista de los nuevos acuerdos internacionales sobre el impuesto mínimo global corporativo (IMG). El IMG puede tener gran impacto sobre la eficacia de ciertos incentivos fiscales y requerir una reconsideración cuidadosa de su diseño e implementación en la región (OECD, 2022[27]).

El diseño de los incentivos del impuesto sobre las sociedades varía ampliamente entre los países de ALC

Los incentivos basados en los ingresos, como las exenciones fiscales, son comunes en ALC. Las exenciones del impuesto sobre sociedades están presentes en los 10 países de ALC analizados, un patrón que también se observa en otras regiones (Gráfico 3.3). Además, el 50% de los países de ALC analizados tienen al menos una tasa reducida del impuesto sobre las sociedades, en comparación con el 74% de África subsahariana y el 75% en los países de Asia Meridional y Oriental incluidos en la base de datos ITID de la OCDE. En cuanto a los incentivos basados en el gasto, como los créditos fiscales y las exenciones, la región ALC supera significativamente a otras, ya que el 70% de sus países analizados tienen al menos un crédito fiscal, en comparación con solo el 26% en África subsahariana y el 33% en los países de Asia Meridional y Oriental cubiertos en la base de datos. En cuanto a las exenciones fiscales, ALC muestra también una alta tasa de adopción de estos instrumentos: el 70% de los países los ofrecen, en comparación con el 90% de África subsahariana y el 67% de Asia Meridional y Oriental (Gascon et al., forthcoming[25]).

Gráfico 3.3. Porcentaje de economías con al menos un incentivo del impuesto sobre las sociedades en ALC, África subsahariana y Asia Oriental, por instrumento y región, 2024

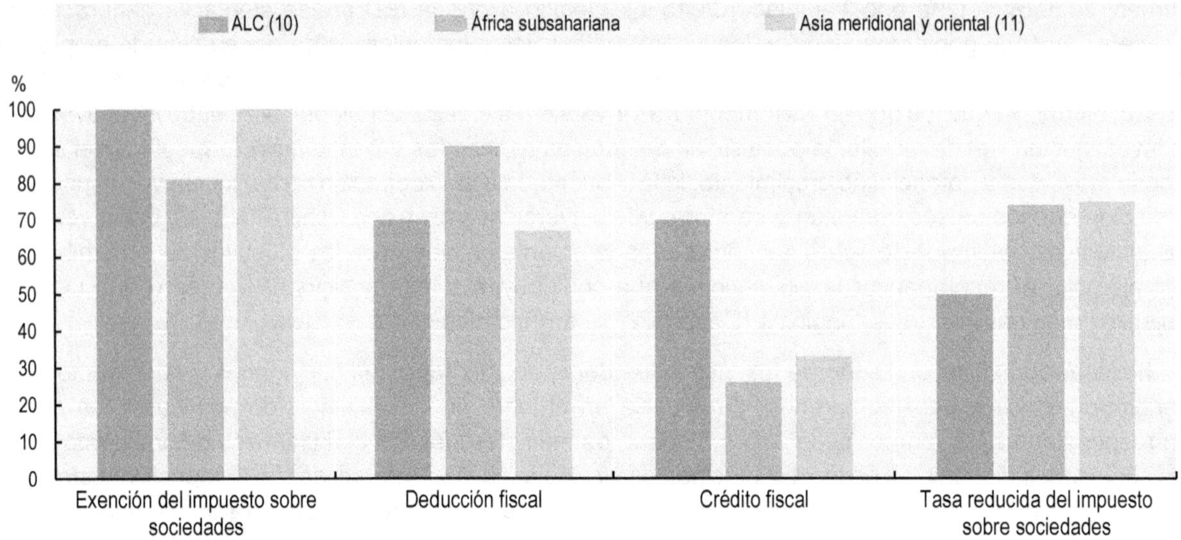

Nota: La cifra incluye datos de 10 países de ALC: Argentina, Brasil, Colombia, Costa Rica, Ecuador, El Salvador, Paraguay, Perú, República Dominicana y Uruguay. Las exenciones fiscales son deducciones del ingreso imponible por gastos corrientes o de capital, que pueden aumentar la cantidad deducida (aumento) o acelerar la depreciación de los activos de capital (aceleración).
Fuente: (Gascon et al., forthcoming[25]).

StatLink https://stat.link/7iufdj

Las exenciones tributarias son el instrumento fiscal más utilizado en los países de ALC (Gráfico 3.4, Panel A). Argentina, Colombia, República Dominicana y El Salvador ofrecen más de una exención permanente del impuesto sobre sociedades. Por su parte, los demás países incluidos en el estudio, excepto Argentina, ofrecen más de una exención temporal del impuesto sobre sociedades. También es amplio el uso de créditos fiscales: Argentina, Brasil, Colombia, Costa Rica, República Dominicana, Perú y Uruguay los aplicaron al menos una vez desde finales de 2024. De igual manera, en varios países se otorgan créditos fiscales que aceleran la recuperación de costos, en comparación con los programas estándar de depreciación fiscal (dentro del 100% de los gastos de capital). Argentina, Brasil, Colombia y Perú aplican más de una de estas exenciones, en tanto que Costa Rica, República Dominicana y Uruguay usan una, respectivamente. Las exenciones por un mayor monto son menos comunes: Colombia y Perú, más de una, y Argentina y Costa Rica, al menos una. Si bien se aplican con menos frecuencia, las tasas reducidas del impuesto sobre sociedades temporales y permanentes también se utilizan en varios países: Colombia aplica más de una reducción permanente y Brasil, Colombia, Costa Rica, Ecuador y Perú, al menos una reducción temporal (Gascon et al., forthcoming[25]).

Las condiciones sectoriales son los criterios de elegibilidad más utilizados para los incentivos del impuesto sobre las sociedades en ALC (Gráfico 3.4, Panel B). Los incentivos fiscales a la inversión suelen incluir criterios de elegibilidad específicos, con base en las características del negocio y del proyecto. Los criterios de elegibilidad para los incentivos fiscales pueden variar y basarse en factores como el sector económico, la ubicación del proyecto (por ejemplo, en una zona económica especial o en una región menos desarrollada), resultados condicionados como la generación de empleos o el crecimiento de las exportaciones, o umbrales de inversión mínimos. Los incentivos también pueden depender de la estructura de propiedad – o de si la fecha de establecimiento de la empresa es reciente –, y a menudo se excluyen las expansiones (OECD, 2025[26]). Los 10 países de ALC analizados aplican más de un incentivo del impuesto sobre sociedades bajo condiciones específicas del sector. Las condiciones de resultado también se utilizan ampliamente en ALC, y los incentivos están vinculados a factores como generación de empleos, impacto medioambiental, uso de tecnologías limpias y contribuciones a la inclusión social. Las condiciones basadas en la ubicación también se utilizan ampliamente, y todos los países analizados, excepto El Salvador, las aplican al menos a un incentivo del impuesto sobre sociedades. Colombia, Costa Rica, Ecuador, El Salvador y Perú también ofrecen dichos incentivos a las empresas ubicadas en zonas económicas especiales (ZEE). También son comunes los requisitos de tamaño de la inversión, con umbrales variables en toda la región: el 33% de los incentivos del impuesto sobre sociedades establecen el umbral por debajo de 200 000 euros, el 25% entre 200 000 y 1 millón de euros y el 33% entre 1 millón y 10 millones de euros; únicamente el 9% requiere inversiones superiores a 10 millones de euros. Solo Colombia, Costa Rica y República Dominicana imponen criterios de elegibilidad que limitan los incentivos a las empresas de reciente creación, mientras que ninguno de los países analizados aplica la estructura de propiedad como condición para la elegibilidad (Gascon et al., forthcoming[25]).

Gráfico 3.4. Incentivos fiscales del impuesto sobre sociedades por diseño de instrumento y elegibilidad en países seleccionados de ALC, 2024

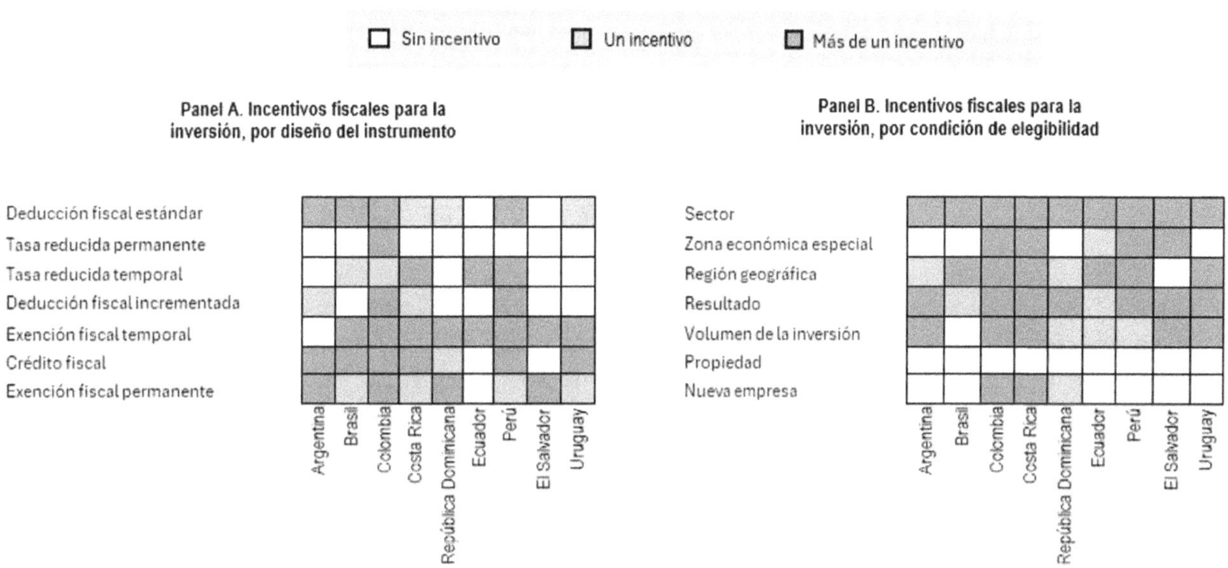

Nota: La cifra incluye datos de nueve países de ALC: Argentina, Brasil, Colombia, Costa Rica, Ecuador, Perú, El Salvador, República Dominicana y Uruguay. No se incluye a Paraguay, ya que estos incentivos están fuera de su ámbito. Las exenciones fiscales son deducciones del ingreso imponible (aumento) o amortización acelerada del activo fijo (aceleración).
Fuente: (Gascon et al., forthcoming[25]).

StatLink https://stat.link/o3xunk

La orientación sectorial de los incentivos del impuesto sobre sociedades en ALC varía según el país, y varios países abarcan el mismo sector con múltiples incentivos (Gráfico 3.5). La disponibilidad de incentivos dirigidos a sectores específicos varía significativamente, pero el 80% de todos los incentivos incluyen una condición sectorial. Por ejemplo, en Argentina, Brasil, Costa Rica y República Dominicana, la industria manufacturera se beneficia de un fuerte apoyo, en tanto que, en Argentina, Ecuador y Perú, los sectores primarios reciben numerosos incentivos. En Colombia, Costa Rica y Uruguay, los servicios se benefician de incentivos específicos. Por su parte, las energías renovables, el turismo y las tecnologías de la información y la comunicación (TIC) reciben apoyo en casi todos los países. La superposición de la focalización sectorial indica que para los países sería beneficioso simplificar sus políticas de incentivos (Gascon et al., forthcoming[25]).

Gráfico 3.5. Sectores a los que se dirigen los incentivos del impuesto sobre sociedades en ALC, 2024

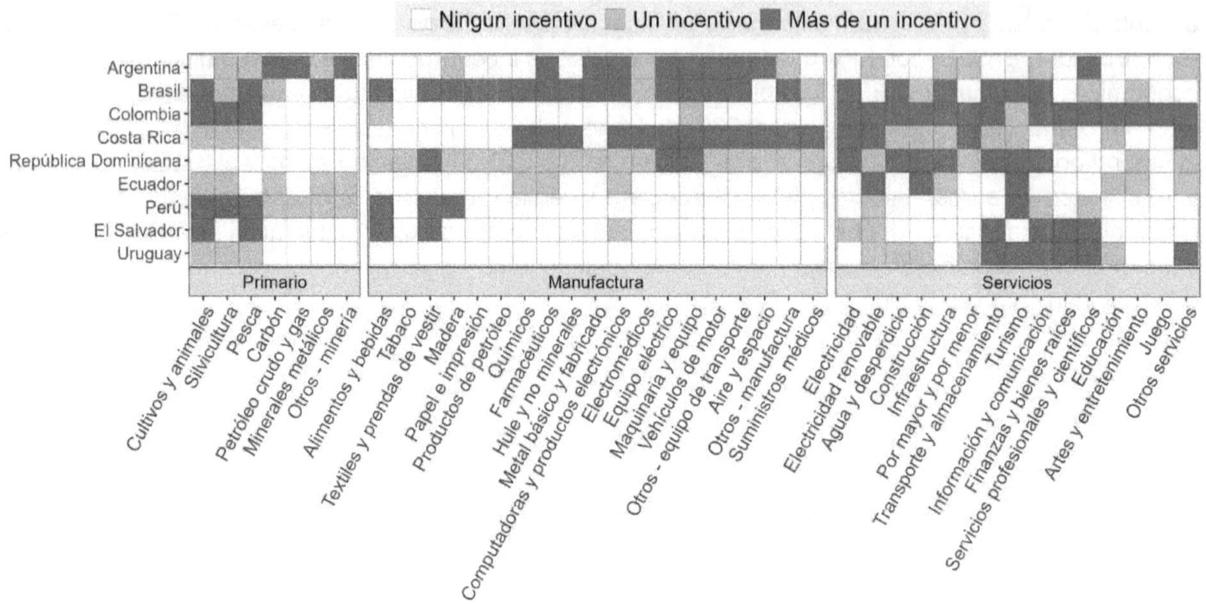

Nota: El gráfico solo incluye incentivos que tienen una condición de sector. El gráfico utiliza la clasificación ISIC de las Naciones Unidas.
Fuente: (Gascon et al., forthcoming[25]).

StatLink https://stat.link/su8i6r

Los incentivos específicos para alguna actividad, como los de I+D, también se utilizan en ALC, aunque con menos frecuencia. Los gobiernos utilizan el sistema tributario para brindar incentivos financieros que promuevan la inversión de las empresas en investigación y desarrollo, con el objetivo de mejorar el desempeño de la I+D e impulsar la innovación, el crecimiento económico y el bienestar social (OECD, 2025[28]). Se cuenta con incentivos a la I+D, principalmente en forma de beneficios fiscales basados en el gasto. Argentina, Colombia, El Salvador y Uruguay ofrecen múltiples incentivos de este tipo, mientras que Brasil y Perú ofrecen uno cada uno. En Colombia, las empresas pueden acceder a un crédito fiscal a la inversión del 30% para proyectos elegibles de ciencia, tecnología e innovación que involucren la colaboración entre grandes empresas y micro, pequeñas y medianas empresas (mipymes), que tomen en cuenta el impacto medioambiental y demuestren una sólida ejecución. Brasil permite a las empresas deducir entre el 60% y el 100% de los gastos de I+D de las utilidades netas, con deducciones adicionales para proyectos que generen patentes o cultivares registrados, junto con beneficios como la depreciación acelerada y la reducción de I+D, dependiendo de si el proyecto es realizado por el contribuyente y un centro de investigación residente o no residente, con tasas ligeramente reducidas para empresas grandes. Los incentivos a la I+D deben diseñarse con atención para cumplir con los objetivos de políticas y complementarse con financiamiento público directo. Si bien los incentivos fiscales son adecuados para apoyar el desarrollo experimental, por lo general el financiamiento directo es más eficaz para impulsar la investigación básica y aplicada (OECD, 2025[28]).

Las ZEE suelen aplicar incentivos del impuesto sobre las sociedades basados en los ingresos, beneficiando especialmente a los sectores manufacturero y de servicios. En las 10 economías analizadas se utilizan en gran medida los incentivos fiscales relacionados con las ZEE; representan más de una cuarta parte (28%) de los 139 incentivos identificados, los cuales se destinan principalmente a promover las industrias manufactureras, incluidas las de la cadena de suministro, los megaproyectos de infraestructura y los centros de servicios o ejes de innovación. En las ZEE se usan exenciones fiscales en los 10 países, tasas reducidas en el 30%; créditos fiscales en el 10%, en tanto que las exenciones fiscales no se utilizan en absoluto (Gráfico 3.6). La mayoría de las exenciones relacionadas con las ZEE son muy generosas: por lo común ofrecen exenciones de 100% durante periodos prolongados – y algunas abarcan una amplia gama de sectores. Fuera de estas zonas, los diferentes instrumentos de incentivos fiscales tienden a usarse de manera más equilibrada (Gascon et al., forthcoming[25]).

Gráfico 3.6. Porcentaje de algunos países de ALC con al menos un incentivo del impuesto sobre sociedades relacionado con zonas económicas especiales, 2024

Dentro o fuera de las ZEE, según el instrumento

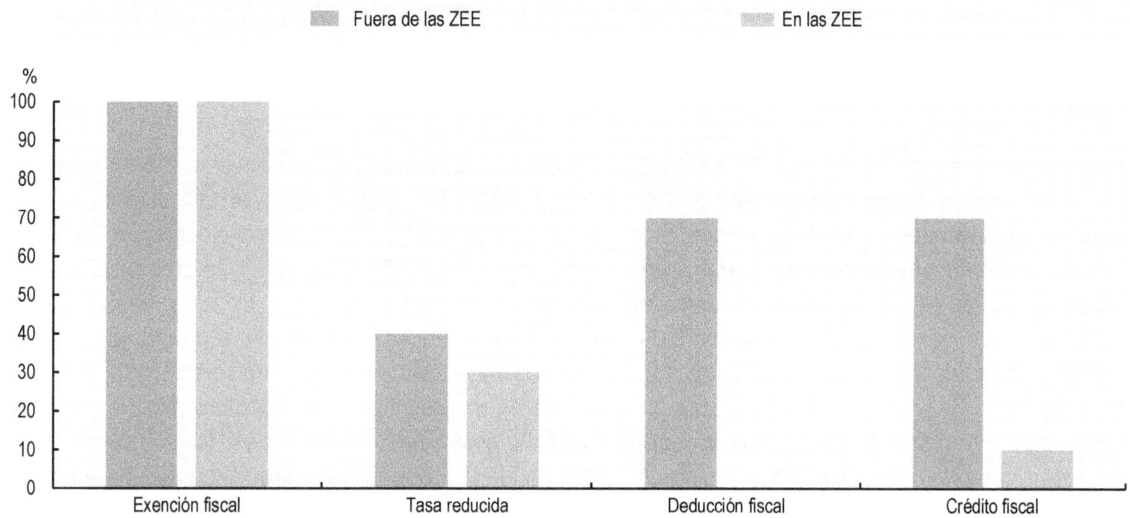

Nota: ZEE = Zona económica especial. El gráfico incluye información de 10 países de ALC: Argentina, Brasil, Colombia, Costa Rica, Ecuador, El Salvador, Paraguay, Perú, República Dominicana y Uruguay y 128 entradas de incentivos CIT. Las exenciones son deducciones del ingreso imponibles correspondiente a gastos corrientes o de capital que pueden aumentar la cantidad deducida (aumento) o acelerar la amortización del activo fijo (aceleración).
Fuente: (Gascon et al., forthcoming[25]).

StatLink https://stat.link/mb62t3

La gobernanza de los incentivos del impuesto sobre sociedades en ALC está muy fragmentada. En la mayoría de las economías, dichos incentivos se regulan mediante instrumentos legales múltiples y a menudo inconsistentes – como leyes de inversión, leyes de ZEE y enmiendas repetidas –, en vez de consolidarse en la ley tributaria, lo que complica el cumplimiento y el seguimiento. La superposición de responsabilidades entre los ministerios de finanzas, las agencias de promoción de inversiones y las autoridades de las ZEE aumenta aún más la complejidad, aunque la coordinación puede aportar beneficios si se establecen roles y objetivos claramente definidos. Además, los marcos legales rara vez incorporan mecanismos para llevar a cabo un monitoreo firme del cumplimiento o evaluaciones *ex ante* o *ex post*, lo que limita la capacidad de los responsables de formular políticas públicas para evaluar si los incentivos logran los objetivos previstos. Uruguay constituye un ejemplo positivo en el que tanto los procesos de monitoreo como los de evaluación *ex ante* y *ex post* están integrados en el marco legal (artículo 17 del Decreto 268, establecido en 2020), lo cual ayuda a evaluar si los incentivos fiscales coinciden con sus objetivos previstos y generan un impacto cuantificable. Si bien el sistema uruguayo ofrece fuertes salvaguardias contra el uso indebido, puede plantear problemas administrativos, puesto que dar seguimiento del cumplimiento de las empresas con la matriz de indicadores exige una labor considerable de supervisión, monitoreo y evaluación. Sin embargo, marcos de gobernanza más unificados en ALC podrían mejorar la transparencia, reducir las duplicaciones y procurar que los incentivos se diseñen e implementen con mayor eficacia.

Los incentivos del impuesto sobre sociedades pueden ejercer un gran impacto sobre las tasas impositivas efectivas en ALC

Las tasas impositivas efectivas prospectivas son útiles para evaluar el monto de la exención fiscal proporcionada por los incentivos fiscales para proyectos hipotéticos y para sustentar las decisiones de políticas sobre incentivos fiscales. La tasa impositiva efectiva promedio brinda información sobre las decisiones de los inversores al evaluar proyectos mutuamente excluyentes, por ejemplo, los ubicados en diferentes localidades o sectores, que obtienen una renta positiva a lo largo de su vida útil (decisiones de margen extensivo). La tasa impositiva efectiva prospectiva promedio puede calcularse en países con diferentes sistemas fiscales estándar, siempre y cuando se mantengan iguales todas las demás características del proyecto. Por tanto, son útiles para comparar el tratamiento fiscal entre países y el diseño de incentivos (Gascon et al., forthcoming[25]). Esta sección se centra en los incentivos fiscales y su impacto en las tasas impositivas efectivas promedio de tres casos específicos: el turismo, las energías renovables y las ZEE.

La exención fiscal proporcionada por los incentivos fiscales al turismo en ALC varía mucho en los distintos países y diseños, y los incentivos basados en los ingresos son, en promedio, más generosos que los basados en los gastos. Varios países ofrecen incentivos para fomentar las inversiones en turismo, utilizando diferentes instrumentos y estrategias de focalización. Seis países (Colombia, Costa Rica, Ecuador, El Salvador, República Dominicana, Uruguay) utilizan incentivos fiscales basados en los ingresos o en los gastos. Entre los incentivos basados en los ingresos hay tres exenciones y una tasa reducida, y entre los instrumentos basados en los gastos hay dos casos de depreciación acelerada y un crédito fiscal. Las estrategias de focalización implican diferentes tipos de condiciones de elegibilidad. Mientras que un país se centra en los servicios hoteleros o en actividades turísticas de manera relativamente amplia (Uruguay), otros aplican criterios de elegibilidad adicionales vinculados a la ubicación o al monto de la inversión (Colombia y Ecuador), y uno más utiliza ambos enfoques (República Dominicana). Costa Rica incluye actividades de transporte (aéreo o acuático) para turistas conectados con servicios hoteleros, en tanto que El Salvador se enfoca en la restauración de edificios históricos. En promedio, los incentivos concedidos al turismo suponen una reducción de la tasa impositiva efectiva promedio del 47%, o 12.5 puntos porcentuales (pp), en comparación con el tratamiento fiscal estándar específico del país (Gráfico 3.7, Panel A). Los instrumentos basados en los ingresos reducen el 77% (20.9 pp) de la tasa impositiva efectiva promedio, en tanto que en los basados en los gastos la reducción promedio es de 5% (1.2 pp) (Gascon et al., forthcoming[25]).

La eficacia de los incentivos fiscales en la generación de inversiones turísticas no dependerá del monto de la exención fiscal concedida, sino del contexto y el diseño de los incentivos. Los responsables de formular políticas públicas deben ser cautelosos, puesto que los incentivos basados en los ingresos pueden elevar el costo fiscal y proporcionar pocos beneficios reales, pues suelen destinarse a inversores que habrían llevado a cabo sus proyectos incluso sin el apoyo. Por el contrario, los incentivos vinculados con los gastos reales, como los créditos fiscales o la depreciación acelerada, en general se consideran como un canal para lograr inversiones adicionales por ingresos no percibidos, ya que se vinculan directamente a nuevas inversiones. Esto es particularmente relevante en sectores como el turismo o los recursos naturales, donde factores específicos como la ubicación, entre ellos playas o yacimientos minerales, son el principal atractivo para los inversores. En estos casos, los incentivos fiscales tienden a generar un cambio de comportamiento limitado que redunda en la pérdida de ingresos públicos (Gascon et al., forthcoming[25]). Si bien algunas evidencias – por ejemplo, las provenientes de Antigua y Barbuda – señalan que los incentivos fiscales pueden influir en las decisiones de dirigir la inversión turística a economías pequeñas y abiertas, un mejor enfoque en la mayoría de los casos es fortalecer un entorno de inversión más amplio con la mejora de la infraestructura, la seguridad jurídica y el apoyo al desarrollo local (Van Parys, 2012[29]; Gascon et al., forthcoming[25]).

El impacto de los incentivos fiscales sobre el sector de las energías renovables en la tasa impositiva efectiva promedio varía ampliamente entre los países y los instrumentos utilizados. Muchos países de ALC otorgan incentivos fiscales para impulsar la inversión en energías renovables y algunos aplican múltiples medidas de manera simultánea. Entre ellas, se encuentran exenciones fiscales (Colombia, Ecuador), créditos fiscales (Argentina, República Dominicana), depreciación acelerada (Colombia), deducciones incrementadas (Colombia) y tasas impositivas reducidas (Costa Rica). En comparación con otros sectores, los incentivos a las energías renovables de la región se basan más a menudo en los gastos. La mayoría de los esquemas se han introducido recientemente y son relativamente simples en términos de elegibilidad, por lo general requiriendo únicamente que la inversión o la producción estén relacionadas con fuentes de energía renovable o no convencionales. Solo Argentina incluye una condición de elegibilidad: un requisito de contenido local. A las energías renovables en ALC se les concede una reducción fiscal promedio del 55% (14.8 pp) en relación con la tasa impositiva efectiva promedio de referencia. Los incentivos basados en los ingresos son, en promedio, más generosos que los basados en los gastos, con reducciones de 21.8 pp (79%) y 6.4 pp (24%), respectivamente (Gráfico 3.7, Panel B). Los basados en los gastos varían ampliamente en términos de generosidad, por lo que su tasa impositiva efectiva promedio se acerca relativamente a los resultados logrados por los incentivos basados en los ingresos (Gascon et al., forthcoming[25])

Es preciso evaluar los incentivos fiscales para la energía limpia como parte de la mezcla más amplia de políticas climáticas de un país, para así comprender sus beneficios y costos reales y asegurar su coherencia. Los incentivos fiscales pueden complementar o sustituir otras medidas relacionadas con el clima, como la fijación del precio del carbono, la regulación o los subsidios directos, según los contextos, las capacidades y las realidades políticas nacionales. Cuando se utilizan como complemento, los incentivos fiscales pueden ayudar a abordar barreras a las inversiones limpias – por ejemplo, reduciendo las restricciones de financiación o promoviendo externalidades de adopción tecnológica, como el aprendizaje por la práctica –, reforzando así el impacto de los precios al carbono y otras políticas climáticas. Cuando los países con precios del carbono incompletos utilizan incentivos fiscales, las medidas de este tipo solo pueden actuar como un sustituto imperfecto. Esto se debe a que no proporcionan incentivos continuos para reducir emisiones y a los riesgos y costos generales asociados a su uso. La evidencia internacional destaca la importancia de eliminar los incentivos fiscales a los combustibles fósiles, así como el gran desafío de determinar cuándo los incentivos fiscales aportan valor para superar barreras a las inversiones limpias sin duplicar medidas existentes. Cuando se utilicen incentivos fiscales, su justificación, interacción con otras políticas, y sus méritos y costos frente a políticas alternativas deben estar claramente definidos (Gascon et al., forthcoming[25]). Los incentivos del impuesto sobre sociedades podrían integrarse en políticas más amplias de desarrollo productivo verde para reforzar la transformación estructural y agilizar el cambio a modelos de producción sostenibles. Las políticas de desarrollo productivo verde combinan objetivos de sostenibilidad ambiental con estrategias sectoriales y políticas industriales destinadas a aumentar la competitividad, la innovación y la generación de empleos en sectores relacionados con el clima (véase el Capítulo 2) (Martinez et al., 2025[30]).

Los incentivos fiscales ofrecidos en las ZEE son por lo común muy generosos y a menudo reducen la tasa impositiva efectiva de una empresa a niveles cero o cercanos a cero (Gráfico 3.7, Panel C). En promedio, la tasa impositiva efectiva disminuye 22.5 puntos porcentuales en comparación con la línea de base, es decir, una reducción del 85%. Estos incentivos suelen aplicarse ampliamente a todos los ingresos imponibles de la empresa, en vez de limitarse a sus ingresos vinculados a nuevas inversiones o actividades específicas, lo cual incrementa el riesgo de obtener utilidades inesperadas sin hacer inversiones adicionales. Además de los incentivos del impuesto sobre la renta, las empresas de las ZEE a menudo cuentan con otras ventajas, como el impuesto al valor agregado preferencial o los regímenes aduaneros y la simplificación de los procedimientos regulatorios. Aunque estos beneficios adicionales financieros y no financieros no se abordan en este análisis, son esenciales al momento de emprender una evaluación completa de los costos y beneficios generales de las políticas de ZEE (Gascon et al., forthcoming[25]).

Gráfico 3.7. Tasas impositivas efectivas promedio en ALC, incluidos los incentivos fiscales para el turismo, las energías renovables y las zonas económicas especiales, 2024

Tasas impositivas efectivas prospectivas promedio (%), por instrumento

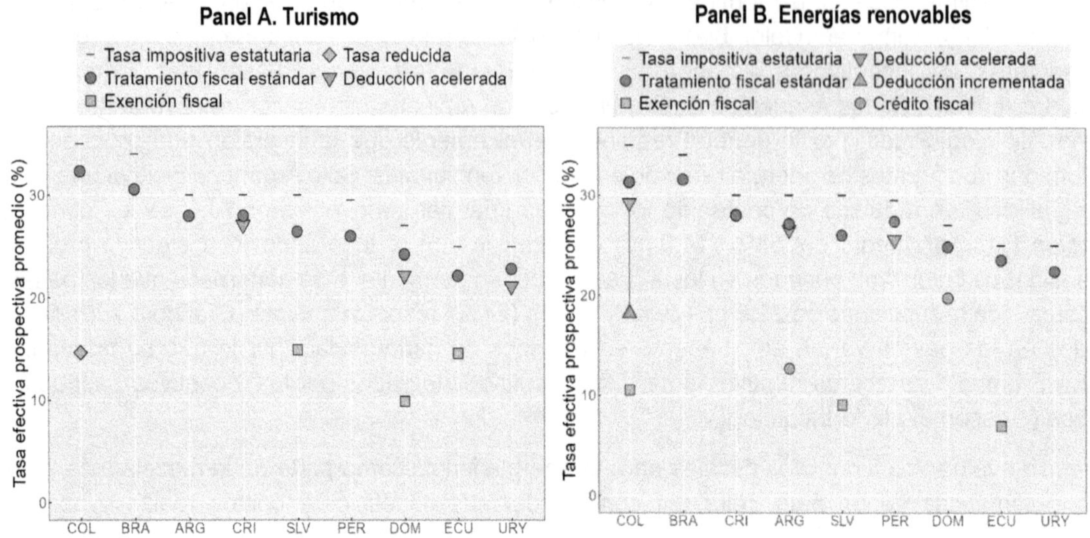

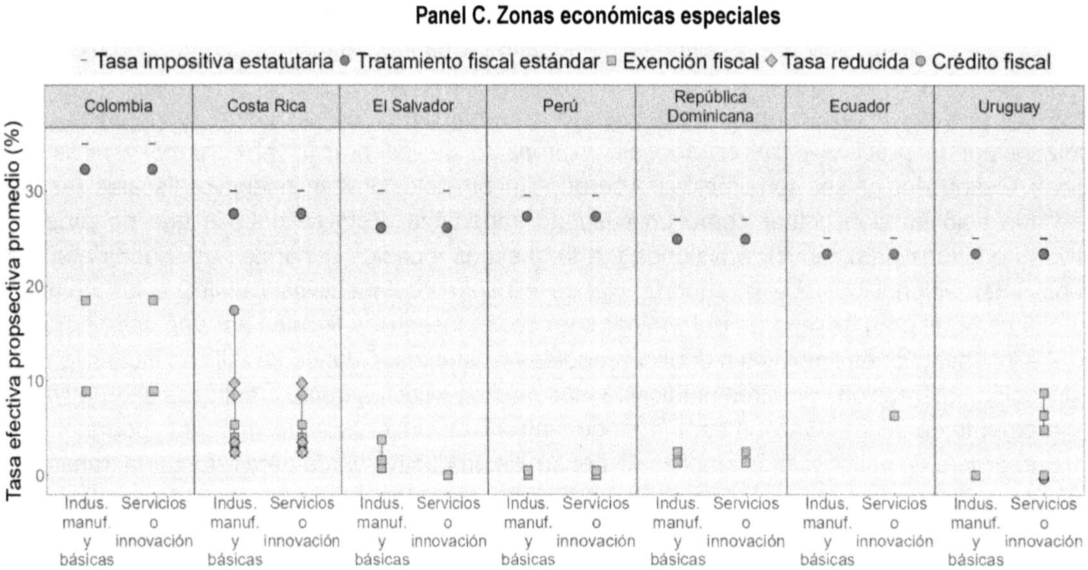

Nota: Los cálculos se basan en un promedio ponderado entre el financiamiento de capital y deuda (65% y 35%, respectivamente) y un escenario macroeconómico fijo (inflación del 1%, tasa de interés real del 3%). Los tres paneles utilizan parámetros basales del sistema tributario contenidos en la base de datos de la OCDE Estadísticas del impuesto sobre las sociedades para el año 2023. Los gráficos muestran únicamente los países que ofrecen incentivos en los sectores pertinentes. Se excluye a Paraguay, ya que estos incentivos están fuera de su ámbito. Las tasas impositivas efectivas promedio evalúan la decisión en el margen extensivo. Sintetizan el efecto de la tributación sobre la decisión de invertir en proyectos comparables, pero mutuamente excluyentes, suponiendo que los proyectos de inversión obtengan ingresos económicos durante su vida. El Panel A muestra las tasas impositivas efectivas promedio para una inversión en activos estructurales no residenciales (inmuebles); el Panel B muestra las tasas impositivas efectivas promedio para una inversión en activos de maquinaria industrial; el Panel C muestra las tasas impositivas efectivas promedio para una inversión en activos tangibles. La tasa impositiva efectiva promedio para activos tangibles es el promedio simple de la tasa impositiva efectiva promedio para los siguientes tipos de activos: transporte aéreo, ferroviario y marítimo; *hardware*; maquinaria y vehículos de transporte por carretera.

Fuente: (Gascon et al., forthcoming[25]). La metodología de recopilación de datos sobre incentivos fiscales parte de la base de datos de la OCDE sobre incentivos fiscales para la inversión (OCDE, 2025[26]). Los cálculos de las tasas impositivas efectivas promedio parten de (Celani, Dressler y Wermelinger, 2022[21]).

StatLink https://stat.link/2c8n3b

Si bien algunos países orientan sus incentivos de las ZEE a actividades específicas, como la manufactura o los servicios, la mayoría no hacen diferenciación alguna, más bien, generalizan su disponibilidad. La tasa impositiva efectiva promedio se ofrece a empresas que operan en industrias manufactureras y básicas, servicios y otros sectores relativamente innovadores. Ecuador destaca por orientar sus incentivos de ZEE a servicios turísticos, logística, transferencia y desglose de tecnología y operaciones de diversificación industrial (excluidas las actividades manufactureras e industriales básicas). El Salvador brinda un trato más generoso a los parques y centros de servicios internacionales que a la manufactura, la agricultura, la pesca, la acuicultura y la producción de alimentos o forraje. En cambio, Colombia, República Dominicana y Perú no diferencian la generosidad en el trato en función de las actividades en sus ZEE (Gascon et al., forthcoming[25]).

Reformar el diseño de incentivos del impuesto sobre sociedades puede aumentar su eficiencia y efectividad, así como su impacto sobre el desarrollo

Los incentivos fiscales tienen grandes deficiencias y sus costos deberán sopesarse con los posibles beneficios de una mayor inversión. La evidencia y la orientación de políticas señalan que los incentivos fiscales, cuando están bien diseñados, pueden aumentar la inversión de manera eficaz y producir efectos indirectos positivos. Sin embargo, no siempre son las herramientas de política más eficientes. La inversión responde a la tributación, pero los incentivos fiscales también implican costos: ingresos no percibidos; complejidad del sistema tributario; menor transparencia, y cargas administrativas y de cumplimiento. Sin una justificación firme para favorecer la inversión focalizada, también se corre el riesgo de que los incentivos provoquen una asignación equivocada de recursos y no brinden un sustento eficaz a la transformación productiva en la región. Por último, con frecuencia los incentivos generan utilidades inesperadas para proyectos que se habrían realizado de todos modos, sin hacer inversiones adicionales.

Los países de ALC necesitan mejorar el diseño de los incentivos fiscales adoptando buenas prácticas a lo largo de todo el ciclo de políticas. Debido a los costos y riesgos de los incentivos fiscales, la orientación de políticas previene contra el uso de ciertos diseños de incentivos. En los países de ALC podrían tomarse en cuenta algunos principios de diseño e implementación estratégicos para procurar una mayor eficiencia y eficacia de los incentivos fiscales y, al mismo tiempo, eliminar paulatinamente los que provocan grandes pérdidas de ingresos sin beneficios proporcionales (Recuadro 3.1). La nueva guía de la OCDE para la formulación de políticas de incentivos fiscales ofrece orientación práctica para mejorar su diseño y la implementación de incentivos fiscales a la inversión en cada paso del ciclo de vida de los incentivos (OECD, forthcoming[16]). La mejora del diseño de los incentivos fiscales debe acompañarse de medidas reforzadas para combatir la evasión fiscal y el traslado de beneficios, incluidos el seguimiento aduanero en tiempo real y una mayor transparencia en las estructuras de propiedad (Gascon et al., forthcoming[25]).

Recuadro 3.1. Recomendaciones clave de políticas para mejorar el diseño de los incentivos del impuesto sobre sociedades

Etapa de concepción

- Los incentivos fiscales deberán basarse, desde el principio, en una justificación clara y un objetivo de política pública bien definido, incluyendo por qué los incentivos fiscales son la herramienta adecuada.
- La evaluación *ex ante* de los beneficios esperados, los costos y las consecuencias imprevistas entre las opciones de políticas es útil y puede apoyar la armonización con las prioridades nacionales más amplias.

Diseño de los instrumentos

- Se espera que los incentivos basados en los gastos (por ejemplo, deducciones aceleradas o incrementadas, créditos fiscales) atraigan más inversiones adicionales por unidad de ingresos no percibidos que los incentivos basados en los ingresos (por ejemplo, tasas reducidas, exenciones o vacaciones fiscales). Los incentivos basados en los gastos focalizados en la nómina o en los activos tangibles también resultarán menos afectados por el impuesto mínimo global corporativo (IMG).
- Las características de diseño, como el traspaso de los incentivos fiscales no utilizados, así como la opción de reembolso, la transferibilidad y comerciabilidad de los créditos, podrían ser apropiadas para apoyar a inversores más pequeños y más arriesgados; sin embargo, dichas características podrían incrementar la complejidad, el cumplimiento y los costos de seguimiento.
- Es posible que los incentivos temporales o cláusulas de extinción limiten los costos fiscales y requieran la evaluación, aunque los cambios frecuentes o poco claros pueden elevar la incertidumbre de los inversores.

Estrategia de focalización

- Para elevar la certidumbre, limitar la discrecionalidad y evitar el mal uso o las querellas, es preciso contar con criterios de elegibilidad claros, cuantificables y estables.
- Si bien una focalización estrecha podría restringir la condonación de los ingresos fiscales y promover la armonización con los estándares sociales y medioambientales, para así alcanzar los objetivos de política sostenibles, también puede generar carga administrativa y distorsiones económicas.
- Una focalización de amplio alcance respalda la neutralidad y la simplicidad del sistema tributario, pero puede resultar costosa para el gobierno y concentrarse menos en objetivos de políticas específicos.

Evaluación

- Es preciso dar seguimiento y evaluar de manera periódica los incentivos, para asegurarse de que sean los adecuados para los fines que se persiguen.
- Los gastos relacionados con la tributación deberán cuantificarse y publicarse con periodicidad.
- Poner en práctica los requisitos legales para evaluar e informar sobre los incentivos fiscales aseguraría la revisión periódica y sistemática.

Legislación e implementación

- Los incentivos fiscales deben estar sujetos a la revisión y la opinión del ministerio de finanzas y ser ratificados por los legisladores o el parlamento.
- Los incentivos fiscales deberán consolidarse en la principal legislación fiscal y abrirla al público.
- Es esencial contar con una coordinación interinstitucional eficaz, con mandatos claros y una función central para el ministerio de finanzas y la autoridad recaudadora.
- Demasiados actores y leyes aumentan la complejidad, reducen la transferencia y generan riesgos de abuso.

Fuente: (Gascon et al., forthcoming[25]; OECD, forthcoming[16]).

El apoyo ciudadano será decisivo para eliminar gradualmente los incentivos ineficientes e ineficaces. Es esencial fomentar la comprensión y la confianza del público para que dichas reformas tengan viabilidad política (más adelante analizamos el tema de la moral fiscal). Esto requiere presentar informes de gastos tributarios claros, transparentes y accesibles, que se compartan periódicamente con el público, que muestren el costo de dichos incentivos, qué sectores se benefician y si los resultados justifican el gasto. En términos generales, los incentivos fiscales a la inversión se perciben positivamente en ALC: el 62% de los habitantes considera apropiado otorgarlos a empresas multinacionales, en tanto que el 14% cree que es inapropiado (IFAC/ACCA, 2024[31]). Sin embargo, esta percepción viene con la advertencia de que la mayoría de los ciudadanos no están informados sobre los detalles del diseño o la efectividad de los incentivos fiscales.

Fortalecer la moral tributaria puede mejorar el cumplimiento y promover una cultura fiscal más justa

Una baja confianza pública en las instituciones gubernamentales representa un gran reto de gobernanza que, entre otros importantes asuntos sobre este tema, enfrenta la agenda de financiamiento en ALC. Como pilar fundamental del contrato fiscal, la confianza es la base de la voluntad de los ciudadanos de contribuir con el pago de impuestos a cambio de bienes y servicios públicos esenciales. Cuando la confianza en las instituciones se erosiona, el cumplimiento tributario también tiende a disminuir y debilitar con ello la capacidad fiscal del Estado. Esto, a su vez, disminuye la capacidad del gobierno para implementar políticas públicas fuertes y financiar facilitadores críticos de la transformación productiva, como políticas de infraestructura, educación, salud y cuidado (OECD et al., 2024[2]).

Obtener una comprensión más profunda de la confianza y la moral tributaria es esencial para aumentar tanto la eficacia de la recaudación de impuestos como el nivel general de movilización de ingresos. El término moral tributaria se refiere a la voluntad intrínseca de las personas de cumplir con las obligaciones fiscales (Torgler, 2005[32]; OECD, 2019[33]). Por lo común, se evalúa aplicando encuestas basadas en la percepción, con preguntas sobre si las personas encuestadas creen que la evasión fiscal está justificada. Comprender la moral tributaria analizando la correlación entre las características y actitudes de los individuos puede ayudar a los gobiernos a identificar cómo los habitantes perciben los sistemas tributarios y cómo reformarlos para alentar la moral tributaria. Los factores sociodemográficos y económicos juegan un papel importante, con características determinadas – edad, género, nivel de ingresos y nivel educativo – que afectan la confianza y la moral tributaria. Las personas con mayor nivel educativo, así como los adultos mayores, las mujeres y aquellas con afiliaciones religiosas más fuertes, tienden a mostrar mayor disposición a cumplir con las obligaciones tributarias (OECD, 2019[33]). En cuanto a las actitudes, las percepciones de justicia y equidad son indicadores útiles para comprender cuán legítimo y eficaz se percibe que es el contrato fiscal. Las percepciones de los contribuyentes sobre el sistema tributario y sobre los papeles respectivos de los gobiernos y los habitantes implicados en dicho contrato configuran el contexto en el que deben implementarse las iniciativas de reforma y, por tanto, son cruciales (IFAC/ACCA, 2024[31]).

Aunque una gran parte de los habitantes de ALC condena la evasión fiscal, el porcentaje ha disminuido constantemente desde 2011. En 2024, el 63% de los encuestados en países seleccionados de ALC dijeron que nunca evadirían impuestos. En la mayoría de los países encuestados de la región, más del 60% de quienes respondieron condenó la evasión fiscal. Sin embargo, en Argentina y Brasil, el porcentaje fue del 55% y el 56%, respectivamente (Gráfico 3.8).

Gráfico 3.8. Percepción de la evasión fiscal en algunos países de ALC, 2024

Respuestas a la pregunta "¿Justifica usted evadir impuestos si tiene la oportunidad?".

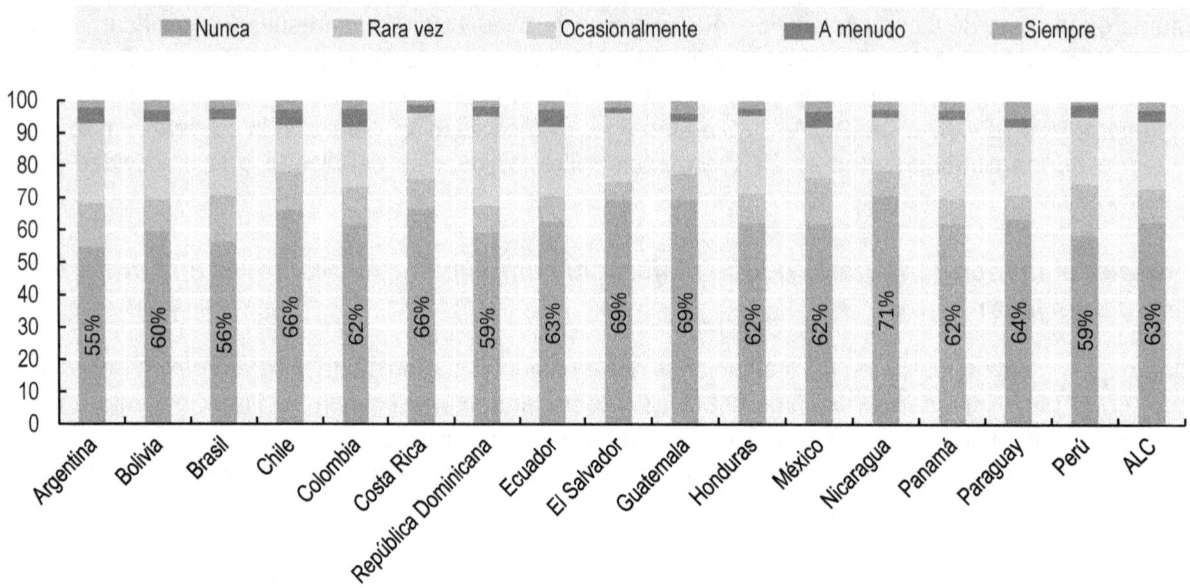

Fuente: Elaboración de los autores con base en (IFAC/ACCA, 2024[31]).

StatLink https://stat.link/mq63to

Si bien una gran parte de los ciudadanos de los países en desarrollo tienen una percepción positiva de la tributación y el pacto fiscal, pocos creen que los ingresos fiscales se invierten adecuadamente, lo que indica que hay margen para fortalecer la moral fiscal. Según datos obtenidos de la encuesta aplicada en países en desarrollo, se brinda un amplio apoyo teórico a la idea de un contrato fiscal: un promedio de 52% de los encuestados considera que el pago de impuestos es una forma de apoyar a su comunidad (IFAC/ACCA, 2024[31]). En ALC, donde el 47% de quienes respondieron expresamente su apoyo y un 29% su desaprobación, el pacto es ligeramente menor que los de África y Asia (Gráfico 3.9, Panel A). La población de los países en desarrollo por lo general percibe que sus contribuciones fiscales apoyan a la comunidad; no obstante, solo el 32% cree que los servicios públicos que reciben son una retribución justa por lo que pagan. Una vez más, América Latina reportó el nivel más bajo de satisfacción, con solo un 25.4% de acuerdo y un 55.7% en desacuerdo (Gráfico 3.9, Panel B). La brecha entre la percepción más teórica del pago de impuestos como apoyo comunitario y la percepción vivencial de recibir una retribución justa, indica una fractura en el contrato fiscal. Para reducir esta brecha y fortalecer la moral tributaria, los gobiernos deben prestar especial atención a las percepciones de los ciudadanos sobre la calidad y la eficacia de los bienes y servicios públicos, así como a la evolución de los índices de percepción de la corrupción.

Gráfico 3.9. Percepción del pago de impuestos y la equidad de la retribución de los servicios públicos en África, Asia y ALC, 2024

Panel A. Percepción del pago de impuestos como contribución a la comunidad más que como un costo personal

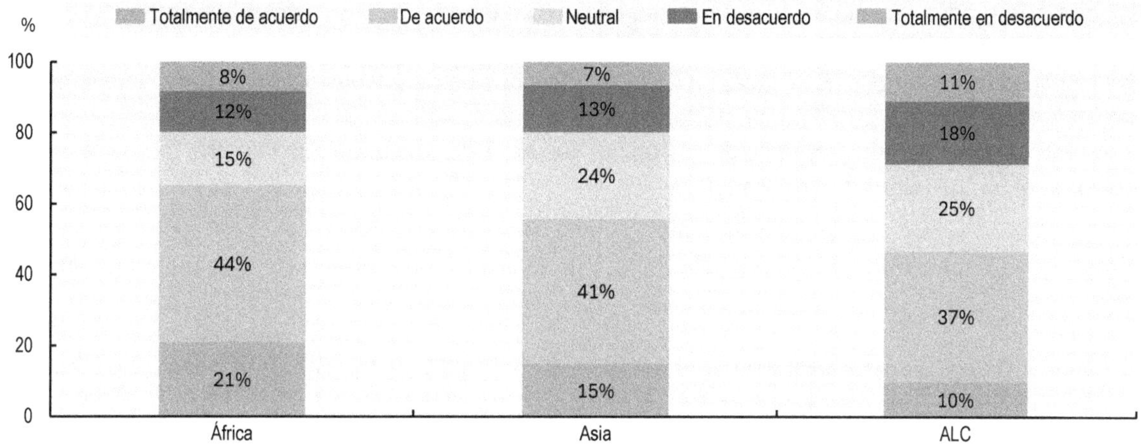

Panel B. Percepción de los servicios públicos recibidos como una retribución equitativa por los impuestos pagados

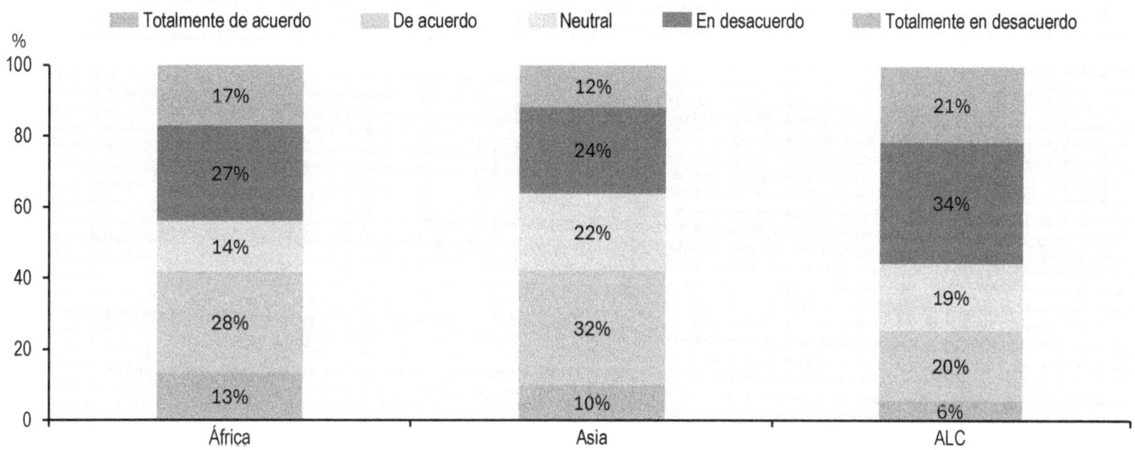

Nota: La encuesta en línea abarcó a 10 308 personas de 26 países en Desarrollo de África, Asia y ALC (véanse detalles de los países y las condiciones socioeconómicas de los encuestados que respondieron en la fuente del gráfico). Los países encuestados abarcan una gama de condiciones de política, económicas, políticas, geográficas y culturales. La encuesta se centró detenidamente en países de ALC: ocho en Sudamérica y ocho en América Central (y México) y cinco en África y en Asia, respectivamente. La población estimada actualmente de los países encuestados es de 1 566 millones, incluidos cinco de los siete países más grandes no pertenecientes al G-20 y que representan el 19.5% de la población mundial. Los totales mostrados en las columnas pueden no sumar exactamente 100 debido a ajustes de redondeo.
Fuente: Elaboración de los autores con base en (IFAC/ACCA, 2024[31]).

StatLink https://stat.link/nq4cvf

La interacción diaria con servicios públicos deficientes y los escándalos en materia de corrupción desalientan el cumplimiento tributario, ya que los ciudadanos no perciben que a sus contribuciones se les dé un uso eficaz. Los responsables de formular políticas públicas que se proponen comprender la baja moral tributaria en ALC y en otras regiones en desarrollo, deben considerar variables más allá de los factores demográficos y socioeconómicos, y medir el nivel de los servicios públicos, lo que puede motivar aún más a los habitantes a apoyar el sistema tributario con sus contribuciones. La disposición de las personas a pagar impuestos está estrechamente relacionada con la forma en que perciben el uso de los fondos públicos, particularmente a través de la calidad de servicios como educación, atención médica y justicia (OECD, 2019[33]). En muchos países de ALC, la satisfacción con estos servicios disminuyó entre 2011 y 2022 (Gráfico 3.10, Panel A). Tal disminución de la satisfacción ciudadana, tal vez influenciada por los efectos de la pandemia del COVID-19 en los últimos años, coincidió con el debilitamiento de la moral tributaria. Las personas que creen que sus impuestos se utilizan con eficacia para proporcionar servicios esenciales tienden a inclinarse más a considerar que el pago de impuestos es un deber cívico (Castañeda, 2024[34]). Del mismo modo, la confianza en el gobierno y el nivel percibido de corrupción están fuertemente relacionados e impactan la moral tributaria en las regiones en desarrollo. En África, en 2015, la disminución de la corrupción aumentó la disposición a pagar impuestos 3.5% en 2015; por su parte, en ALC, aumentó 4% en 2016 (OECD, 2019[33]). También en ALC, en 2023, la percepción promedio de corrupción fue del 72%, mientras que la moral tributaria promedio se ubicó en el 55.3% (Gráfico 3.10, Panel B).

Gráfico 3.10. Moral tributaria, percepción de la corrupción y la confianza en instituciones públicas en ALC

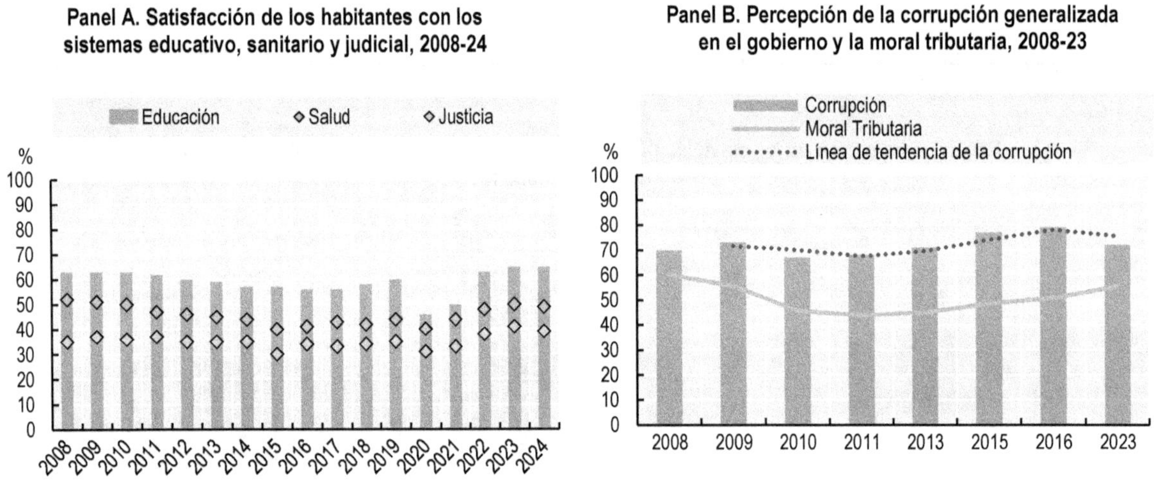

Nota: El Panel A muestra la satisfacción de los habitantes con los sistemas educativo, sanitario y judicial, sobre la base de las siguientes preguntas: "En la ciudad o zona donde vive, ¿está satisfecho o insatisfecho con el sistema educativo y las escuelas?", "¿con la disponibilidad de atención médica de calidad?" y "¿Tiene confianza o no en cada uno de lo siguiente: ¿Con el sistema judicial y los tribunales?". En el Panel B, la percepción de corrupción refleja el porcentaje de encuestados que respondieron "sí" a la pregunta "¿Está la corrupción generalizada en todo el gobierno de este país o no?". La línea punteada representa un promedio móvil de dos periodos de los niveles percibidos de corrupción, suavizando las fluctuaciones a corto plazo y resaltando las tendencias a largo plazo. La moral tributaria se basa en la pregunta "¿Justifica usted evadir impuestos si tiene la oportunidad?" y se calcula como el porcentaje de encuestados que respondieron que la evasión fiscal es de alguna manera justificable (respuestas entre 2 y 10 en una escala de 100 puntos), excluyendo a quienes respondieron "nunca justificable". Solo se muestran los años con datos disponibles.
Fuente: Cálculos de los autores con base en (Latinobarometro, 2023[35]) y (Gallup, 2023[36]).

StatLink https://stat.link/ulpxkf

La transparencia y la eficiencia con las que las instituciones públicas invierten los fondos públicos son cruciales para reducir la corrupción, fomentar la confianza y alentar el cumplimiento tributario. En 2024, el 60% de los habitantes de algunos países en desarrollo dijeron que creían que los impuestos eran esenciales para financiar el desarrollo sostenible (Gráfico 3.11, Panel A), pero solo el 33% creía que los impuestos se gastaban para el bien público general (Gráfico 3.11, Panel B). Argentina y Brasil fueron los únicos países de ALC en los que menos de la mitad de los encuestados consideraron que los fondos fiscales eran una fuente fundamental para financiar el desarrollo sostenible. Demostrar que estos fondos se utilizan de manera eficaz para abordar las principales prioridades de los ciudadanos no solo puede aumentar la moral tributaria, sino también reducir, hasta cierto punto, la percepción de corrupción. Las herramientas digitales y las plataformas en línea son especialmente útiles para reducir las oportunidades de incurrir en acciones corruptas (OECD, 2019[33]) y apoyar una mayor transparencia, rendición de cuentas y participación ciudadana: de esta manera, ayudan a cerrar la brecha en las percepciones entre la recaudación de impuestos y el gasto público.

Gráfico 3.11. Percepción de la participación de la tributación en el desarrollo sostenible y el gasto público en África, Asia y ALC

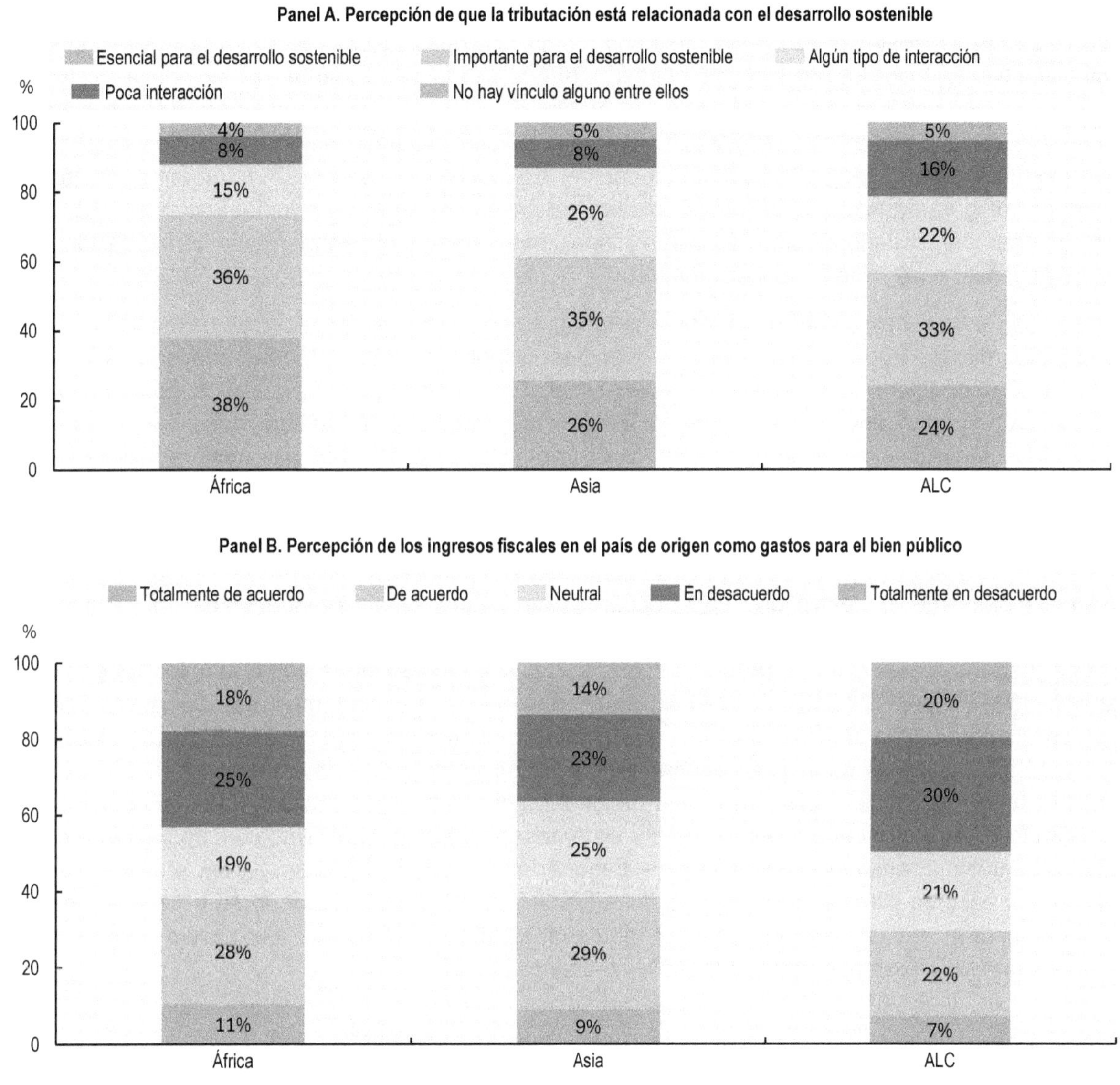

Fuente: Elaboración del autor con base en (IFAC/ACCA, 2024[31]).

StatLink https://stat.link/asd7fb

La transformación productiva ofrece un marco relevante para elevar la moral tributaria al demostrar conexiones tangibles entre las contribuciones fiscales y los resultados del desarrollo sostenible. La transformación productiva integra la sostenibilidad social y medioambiental en los objetivos de desarrollo económico por medio de la cooperación público-privada y gobernanza experimental. Al dirigir los ingresos fiscales hacia proyectos visibles de infraestructura verde, iniciativas de energía renovable y sectores de manufactura sostenible, los gobiernos pueden fortalecer el contrato fiscal, mostrando a sus ciudadanos en qué forma sus contribuciones apoyan directamente tanto el crecimiento económico como la protección del medioambiente. Este enfoque dual puede ser particularmente eficaz en ALC, donde el 79.5% de sus habitantes apoyan los incentivos fiscales para proyectos de energía verde, lo cual indica un fuerte respaldo público a las políticas que armonizan las contribuciones fiscales con los objetivos de sostenibilidad (Martinez et al., 2025[30]).

La implementación de programas educativos para los contribuyentes es una herramienta poderosa para explicar cómo funcionan los sistemas tributarios y cómo se utilizan los fondos públicos, lo que en última instancia puede fortalecer la moral tributaria. Esta sugerencia se basa en las respuestas que indican que los encuestados perciben que esos programas son valiosos, opinión que comparten quienes aún no han tenido acceso a ellos. La mayoría de los encuestados tienen opiniones favorables sobre la educación de los contribuyentes. En todos los países encuestados, la mayoría de los participantes recibió educación fiscal en la escuela y le pareció beneficiosa (34.1% en promedio) o no la había recibido, pero creía que hubiera sido valiosa (28.1% en promedio) (IFAC/ACCA, 2024[31]). Si bien muchos países emprenden iniciativas de educación para contribuyentes, estas suelen carecer de recursos y no se les da suficiente prioridad. Es importante asegurarse de que la educación fiscal se incluya en los planes de estudios escolares y establecer vínculos entre el ministerio de finanzas o administración tributaria y el departamento de educación, sobre todo para apoyar a los profesores a enseñar temas fiscales de manera eficaz (OECD, 2021[37]).

Hay margen para fortalecer la moral tributaria incorporando acciones específicas basadas en factores sociodemográficos. Por ejemplo, según evidencias disponibles, las personas mayores son menos propensas a considerar aceptable la evasión fiscal. Esto indica que las acciones para asegurar el cumplimiento podrían dirigirse con mayor eficiencia a los contribuyentes más jóvenes. De igual manera, en términos generales, las mujeres parecen tener una moral tributaria más alta que los hombres, por lo que – aunque hasta la fecha, muy pocos países han analizado las implicaciones de género de la administración y el cumplimiento tributarios – valdría la pena pensar en adaptar los esfuerzos de cumplimiento al género (OECD, 2022[38]).

El papel relativamente pasivo que con frecuencia se asigna a los contribuyentes en las iniciativas educativas merece reconsiderarse. Las políticas que promueven la participación cívica pueden ejercer efectos más duraderos que los programas que tratan a los ciudadanos como simples receptores de capacitación. La participación podría mejorarse brindando a los contribuyentes oportunidades para expresar, tanto en línea como en persona, sus experiencias, por ejemplo, si es fácil utilizar los sistemas tributarios o si hay áreas de mejora. Muchas de las iniciativas de educación más exitosas dirigidas a los contribuyentes actuales incorporan oportunidades de retroalimentación (OECD, 2021[37]). La retroalimentación sobre la complejidad de los sistemas tributarios puede ayudar a los países a diseñar procedimientos más amigables para facilitar el pago. Además, aumentar la transparencia en torno al gasto público – ofreciendo datos accesibles y participación en cómo, dónde y cuándo se utilizan los ingresos fiscales – podría reforzar aún más la moral tributaria, siempre y cuando la información se presente de manera significativa con parámetros de gobierno abierto.

Para aumentar la inversión se necesitarán instituciones financieras de desarrollo nacionales, en estrecha coordinación con bancos multilaterales de desarrollo e instituciones bilaterales de financiamiento del desarrollo

Las capacidades financieras e institucionales de las instituciones financieras de desarrollo nacionales difieren en gran medida en ALC

La transformación productiva es uno de los objetivos más comunes de las IFD nacionales. Muchas IFD de ALC incluyen en sus mandatos referencias específicas a la promoción de uno o más aspectos de la transformación productiva. Muchas también financian el desarrollo de las mipymes o tienen un enfoque específico del sector. Sin embargo, prevalece una heterogeneidad significativa en sus capacidades financieras e institucionales.

Las capacidades financieras de las IFD en ALC difieren mucho. Los activos totales, que incluyen todo lo que una IFD posee (por ejemplo, dinero en efectivo, préstamos a clientes, inversiones, propiedades), varían ampliamente como porcentaje del PIB entre y dentro de las economías de ALC. En este sentido, las IFD de mayor tamaño de la región, en México y Brasil, alcanzan alrededor del 7.4% y el 6.9% del PIB, respectivamente, en tanto que las más pequeñas, en Brasil y Argentina, representan solo el 0.04%-0.08% y el 0.14% del PIB, respectivamente. Una divergencia semejante se observa en el capital, definido como la parte de los activos que pertenece a los propietarios de una IFD (gobiernos o accionistas) después de restar los pasivos. Las mayores IFD en este sentido alcanzan el 2.1% del PIB en Chile y el 1.6% en Brasil, mientras que las más pequeñas representan solo el 0.02%-0.03% del PIB en Brasil y el 0.04% en Argentina. El monto de los préstamos otorgados por las IFD en la región también varía ampliamente y, en algunos casos, se relaciona con los niveles de ingresos y población de los países. En Brasil, los préstamos de las IFD promedian 36 600 millones de USD y en Chile, 12 300 millones de USD. En el extremo inferior, las IFD de Belice y Haití promedian 41 millones de USD y 188 millones de USD, respectivamente (Cipoletta Tomassian and Perez Caldentey, 2024[39]).

Gráfico 3.12. Instituciones financieras de desarrollo nacionales por mandato en países seleccionados de ALC, 2024

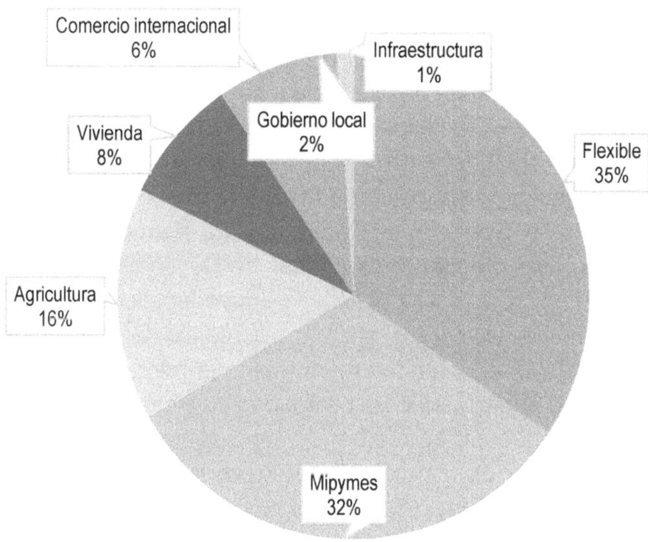

Nota: El conjunto de datos cubre 73 IFD en 22 países de ALC (Antigua y Barbuda, Argentina, Bahamas, Belice, Bolivia, Brasil, Chile, Colombia, Costa Rica, Curazao, Ecuador, El Salvador, Granada, Guatemala, Honduras, Jamaica, México, Nicaragua, Panamá, Paraguay, Perú, República Dominicana).
Fuente: Cálculos de los autores con base en (Jiajun et al., 2025[40]).

StatLink https://stat.link/fzkcev

Las IFD de la región también muestran gran heterogeneidad en sus mandatos. Mientras que 29 instituciones (35%) tienen un mandato flexible, muchas se centran en las mipymes (27 instituciones, 32%) o la agricultura (13 instituciones, 15%) (Gráfico 3.12). Otros mandatos incluyen vivienda (siete instituciones, 8%), comercio internacional (cinco instituciones, 6%), gobierno local (dos instituciones, 2%) e infraestructura (una institución, 1%). Esto refleja un fuerte énfasis en el apoyo al desarrollo de pequeñas empresas y a la vez destaca los diversos objetivos de estas instituciones.

Las IFD en ALC también exhiben una heterogeneidad significativa en sus capacidades técnicas y operativas. La divergencia en las capacidades se refleja en las limitaciones reportadas entre las instituciones de la región. Los principales desafíos incluyen una gestión de riesgos deficiente, reportada por el 51% de las IFD en la región, y problemas de sostenibilidad financiera (48%). Ambos desafíos dificultan la capacidad de las IFD para gestionar riesgos, movilizar recursos a largo plazo y apoyar la transformación productiva. Otros problemas comunes son la falta de gobierno corporativo y transparencia (39%), la dificultad para contratar personal calificado (31%) y la interferencia política (14%), asuntos que lesionan la autonomía técnica, la innovación y la independencia estratégica (Cipoletta Tomassian and Perez Caldentey, 2024[39]). Estas limitaciones cualitativas exponen que la heterogeneidad entre las IFD se observa no solo en sus mandatos u objetivos, sino también en sus capacidades operativas y técnicas.

Las instituciones financieras de desarrollo nacionales ya desempeñan un papel central en el impulso a las iniciativas de transformación productiva, pero se puede hacer más

Las IFD nacionales de ALC utilizan diversos instrumentos para sustentar la transformación productiva. Se centran en las mipymes, la inclusión financiera y la sostenibilidad. Los instrumentos incluyen préstamos a corto y largo plazo, garantías, bonos verdes y sociales, fondos de capital de riesgo y sistemas de arrendamiento financiero y cofinanciamiento. Por ejemplo, los préstamos directos del Banco Nacional de Desarrollo Económico y Social de Brasil (BNDES) y de Nacional Financiera (NAFIN) de México, respaldan el capital de trabajo y las actualizaciones tecnológicas. Para mejorar el acceso a los activos de las empresas cuya capacidad crediticia es limitada, las IFD también ofrecen préstamos y garantías en condiciones favorables, incluidos el Fondo de Garantía de Inversiones de Argentina (FOGAR), el Fondo de Garantía de Inversiones del BNDES de Brasil (BNDES FGI) y el Fondo Nacional de Garantías de Colombia. Las garantías tienen grandes posibilidades de mejorar el acceso de las mipymes a los mercados crediticios. Sin embargo, su eficacia depende de un proceso sostenido de desarrollo institucional y fomento de capacidades entre todas las partes interesadas (ECLAC, 2021[41]). Los instrumentos más innovadores incluyen bonos verdes y de impacto social, como los emitidos por el Banco Nacional de Costa Rica (BNCR) y el Gobierno de Colombia para el empleo para jóvenes; fondos de capital de riesgo, como BNDESPAR, filial del Banco Nacional de Desarrollo del Brasil, así como planes de cofinanciamiento que combinan recursos públicos y privados, como el Fondo de Inversión en Infraestructura de NAFIN. Otros instrumentos son: microcréditos, arrendamiento, factoraje (*factoring*), financiamiento colectivo (*crowdfunding*) y fondos rotatorios, que brindan a las mipymes liquidez y acceso a activos sin depender del crédito tradicional. Esta diversidad de instrumentos destaca el papel estratégico que los bancos de desarrollo juegan en la adaptación de sus herramientas para reforzar los sectores productivos, impulsar la modernización y promover el crecimiento inclusivo y sostenible de la región (Cipoletta Tomassian and Perez Caldentey, 2024[39]; OECD et al., 2024[2]).

Los instrumentos que abordan las agendas de transformación verde y digital y atienden la inclusión de las mujeres y la igualdad de género, siguen siendo limitados en las IFD nacionales de ALC. Durante la pandemia de COVID-19 en 2020, las carteras de préstamos de las IFD se ampliaron en la mayoría de los países de ALC, y el 71.2% de las IFD informaron de un aumento promedio de su cartera del 21%, destinado principalmente a apoyar al sector productivo (OECD et al., 2024[2]). Pese a este crecimiento, sería oportuno que las IFD se comprometieran más a desarrollar instrumentos financieros para las mipymes que incorporen objetivos verdes, digitales y con perspectiva de género. Dichos instrumentos ayudarían a crear condiciones propicias para aumentar el atractivo y la viabilidad de la inversión en la transformación productiva. De los 473 instrumentos financieros ofrecidos a las mipymes por las IFD nacionales en la región de ALC en 2023, solo el 19% se asignaba a por lo menos una de estas prioridades transversales: el 9.7% se centró en la transición verde, el 3.8% en la transformación digital o innovación, y el 5.5% en la igualdad de género (OECD et al., 2024[2]).

De cara al futuro, para aumentar el apoyo al financiamiento climático, es necesario que las IFD fortalezcan la capacidad técnica, tanto la propia como la de sus clientes. Desde 2023, los fenómenos meteorológicos extremos habían dañado los activos físicos del 40% de los bancos públicos de desarrollo[5] y afectado la calidad de los activos del 59%; sin embargo, el 93% considera que la transición climática es una oportunidad y el 77% se adhiere a los objetivos del Acuerdo de París (EIB, 2024[42]). No obstante, menos de la mitad se consideran líderes o promotores de la transición verde: el 46% siguen las prácticas de la industria y el 7% se mantienen escépticos. La expansión del financiamiento climático requerirá que los bancos públicos de desarrollo impulsen las capacidades internas y las de sus clientes, por ejemplo, a través de programas de asistencia técnica, como la iniciativa Enverdecimiento del Sector Financiero del Banco Europeo de Inversiones, que se ha extendido a 15 países de África y Europa (EIB, 2024[42]).

Para potenciar su contribución a la transformación productiva, las IFD nacionales pueden reforzar su función tradicional de financiamiento y, a la vez, coincidir más estrechamente con las prioridades productivas definidas en los niveles nacional y territorial. Esto implica financiar no solo a empresas en sectores estratégicos, sino también proyectos de bien público derivados de las agendas de desarrollo productivo, como las iniciativas de clústeres. Asimismo, las IFD pueden también ampliar su propuesta de valor utilizando instrumentos que permitan a los países competir en igualdad de condiciones en los mercados mundiales. Por ejemplo, los créditos a la exportación y las garantías en el marco del Acuerdo de la OCDE sobre Créditos a la Exportación con Apoyo Oficial podrían generar una ventaja importante: permiten ciertas desviaciones de las regulaciones en materia de subvenciones de la Organización Mundial del Comercio (OMC), pero su uso en la región sigue siendo escaso.

Al mismo tiempo, las IFD pueden adoptar una función de inteligencia de mercado que ayude a identificar cuellos de botella que restringen la transformación productiva. Instrumentos para lograrlo son la actividad crediticia, la evaluación de la viabilidad de los proyectos y actividades complementarias, como el desarrollo de herramientas y análisis que sirvan como bienes públicos para la transformación productiva. Un ejemplo de ello es el trabajo realizado por Bancóldex en Colombia con el Atlas de Complejidad Económica, que ayudó a los territorios a identificar nuevas actividades económicas y productos para diversificar la estructura productiva del país (Fernández-Arias, Hausmann and Panizza, 2019[43]).

Para que las IFD nacionales intervengan de manera decisiva en la transformación productiva, deberán cumplirse varias condiciones. En primer lugar, necesitan un mandato claro que defina su participación en el diseño y la implementación de políticas de desarrollo productivo, en los niveles nacional y territorial. En segundo lugar, es preciso ajustar sus estrategias para armonizarlas estrechamente con estas políticas y con las prioridades que establecen. En tercer lugar, las IFD nacionales deberán participar de manera activa en los espacios de gobernanza para la transformación productiva, incluidos los acuerdos institucionales nacionales y subnacionales. En cuarto lugar, el desempeño eficaz de esta función exige fortalecer sus capacidades institucionales. Por último, se requiere trabajar más en la promoción de la pedagogía y la armonización del lenguaje en torno a lo que se entiende como políticas de desarrollo productivo, tanto entre quienes trabajan en las IFD nacionales, como entre quienes lideran las iniciativas de formulación de políticas públicas (Fernández-Arias, Hausmann and Panizza, 2019[43]).

Los bancos multilaterales de desarrollo y las instituciones financieras de desarrollo bilaterales pueden respaldar la coordinación de las IFD al tiempo que abordan algunos de sus retos

Los bancos multilaterales de desarrollo y las IFD bilaterales pueden ser un factor importante en la mejora del impacto de las IFD nacionales sobre el desarrollo. En ALC, solo el 9% de las necesidades de financiamiento de los países se cubren mediante fuentes externas y los BMD contribuyen con la mitad de dicha cantidad. Sin embargo, los BMD y las IFD bilaterales tienen un fuerte potencial transformador, dada su habilidad para atender fallas en el mercado y la coordinación por medio de una autoridad supranacional, así como estrategias a largo plazo que trasciendan los ciclos políticos, que a menudo resultan un riesgo para la continuidad de los programas de inversión (CAF, 2025[44]).

Los BMD y las IFD bilaterales pueden ayudar a las IFD nacionales de ALC a reducir los costos de endeudamiento y atraer la inversión privada. Muchas IFD nacionales, especialmente las más pequeñas, enfrentan costos de financiamiento más altos y problemas de capacidad que limitan su posibilidad de escalar el impacto. Se necesitan enfoques adaptados para abordar estas desigualdades. Los bancos multilaterales de desarrollo y las IFD bilaterales pueden otorgar préstamos y donaciones en condiciones favorables para absorber los costos iniciales; simplificar los trámites de financiamiento como apoyo a instituciones más pequeñas y establecer un mecanismo conjunto dedicado a canalizar recursos. Una estructura de este tipo podría reunir fondos de múltiples BMD e IFD bilaterales, asignar personal para identificar IFD prometedoras y brindarle apoyo a largo plazo para su fortalecimiento institucional (Florian, 2025[45]). Además de reducir los costos de endeudamiento, los BMD y las IFD bilaterales pueden ayudar a las IFD nacionales a atraer capital privado. Al ofrecer instrumentos de mitigación de riesgos, como garantías de primera pérdida o contratos de seguros, pueden reducir el riesgo de las carteras y aumentar el atractivo de las inversiones para los inversores privados. La experiencia del Banco de Desarrollo de África, que aseguró más de mil millones de USD de su cartera utilizando estructuras de cuasicapital y seguros privados, es un ejemplo de la manera en que dichas herramientas pueden elevar la resiliencia y desbloquear mayores flujos de financiamiento para el desarrollo y la acción climática (AfDB Group, 2025[46]). Los BMD y las IFD bilaterales pueden participar más en la habilitación de un entorno propicio para la inversión privada, como el apoyo a iniciativas para atender las percepciones erróneas del riesgo y aumentar la confianza de los inversores (OECD, 2024[47]).

Los BMD y las IFD bilaterales también pueden actuar como bancos de conocimiento, ofreciendo a las IFD nacionales de ALC asistencia técnica, desarrollo de capacidades y apoyo en políticas, adaptados a sus perfiles financieros e institucionales. Además de financiamiento, los BMD y las IFD bilaterales pueden ayudar a las IFD nacionales a generar conocimiento, desarrollar estrategias de producción cohesivas a mediano plazo y robustecer la recopilación de datos. Por ejemplo, los BMD y las IFD bilaterales pueden ayudar a las IFD nacionales con capacidad suficiente a desarrollar taxonomías y marcos para proyectos de adaptación climática, a crear métricas de impacto basadas en el sector y a compartir las mejores prácticas internacionales para generar carteras de proyectos (CPI, 2024[48]). Además, estas instituciones pueden apoyar a las IFD nacionales en la preparación de proyectos y el desarrollo de carteras en áreas como energías renovables, movilidad urbana limpia, desarrollo agroindustrial e infraestructura digital, los cuales son esenciales para avanzar en la descarbonización, la productividad y la competitividad de ALC (FAO and ECLAC, 2021[49]). La consulta de la OCDE de 2022 sobre hidrógeno verde destacó la importancia de la estrategia, la gobernanza, el desarrollo tecnológico y los mecanismos de reducción de riesgos para desarrollar mercados verdes sostenibles (Cordonnier and Saygin, 2022[11]). Los BMD, las IFD bilaterales y las IFD nacionales están bien posicionadas para facilitar dichos procesos, al ayudar a reducir las percepciones de riesgo financiero e impulsar la inversión a largo plazo en tecnologías verdes.

Más aún, los BMD y las IFD bilaterales pueden también fomentar la coordinación entre las IFD nacionales organizando foros y creando plataformas que los conecten en diferentes niveles y sectores de producción clave. Actuando como facilitadores, los BMD y las IFD bilaterales tienen la posibilidad de impulsar el aprendizaje entre pares y políticas de desarrollo productivo más coordinadas entre las IFD nacionales en todos los sectores y las fronteras. Por ejemplo, el Banco Interamericano de Desarrollo (BID) colaboró con la Asociación Latinoamericana de Instituciones Financieras para el Desarrollo (ALIDE), el BNDES de Brasil y otras instituciones, para establecer un Centro de Banca de Desarrollo de América Latina, el cual sirve como plataforma central para recopilar y compartir datos e información de acceso público sobre las principales áreas de interés para los bancos de desarrollo, en particular, en materia de transformación digital, intercambio de conocimientos, asociaciones público-privadas e inversión en infraestructura. En el marco de esta iniciativa, la Comunidad de Práctica de Banca de Desarrollo permite a las IFD nacionales de la región intercambiar conocimientos, alentar el diálogo y compartir experiencias relacionadas con las finanzas sostenibles (ALIDE, 2025[50]). De igual manera, el Banco de Desarrollo de América Latina y el Caribe (CAF) pone a disposición de la región plataformas de coordinación que fungen como instancias habilitadoras y supervisoras para la acción conjunta, así como de espacios para la difusión de conocimientos (CAF, 2025[44]).

Por su parte, las asociaciones entre las IFD bilaterales y las nacionales pueden combinar el financiamiento focalizado con la asistencia técnica. Por ejemplo, en 2021, la Agencia Francesa de Desarrollo (AFD) firmó un acuerdo de Nivel 2 con el Banco Nacional de Costa Rica (BNCR), a fin de apoyar proyectos relacionados con el clima, en específico, la movilidad eléctrica. El programa incluye un préstamo sénior de 50 millones de USD y un préstamo subordinado de 15 millones de USD, que proporcionan liquidez a largo plazo y apalancan el financiamiento adicional del BNCR. Estas medidas se complementan con una subvención de cuatro años de la Unión Europea por tres millones de euros para asistencia técnica, con el propósito de adecuar el financiamiento de proyectos BNCR con los objetivos climáticos de Costa Rica (AFD, 2024[51]). Fortalecer la capacidad de las IFD nacionales mediante programas de capacitación dirigidos por los BMD, la asistencia técnica y la promoción de taxonomías sostenibles resulta esencial para armonizar las inversiones con los objetivos de impacto climático y social, mientras se desbloquea un mayor financiamiento privado y con condiciones favorables para el desarrollo transformador. La AFD se está asociando con bancos nacionales de desarrollo de Brasil y Colombia para integrar la sostenibilidad en los sistemas financieros y ampliar la inversión verde. En Brasil, la AFD trabaja con el Banco da Amazonia para impulsar las cadenas de valor de bioeconomía en la región por medio de un mecanismo de 80 millones de euros, así como con CAIXA para financiar infraestructura climáticamente inteligente a través de un bono sostenible de 250 millones de euros, centrado en el saneamiento y la gestión de residuos, sobre todo en las regiones desatendidas (AFD, 2025[52]). En Colombia, la colaboración con Bancóldex fundamenta los objetivos climáticos, de biodiversidad, de género y de inclusión social, con el respaldo de un préstamo de 100 millones de USD y asistencia técnica para expandir los préstamos verdes a pequeñas y medianas empresas (pymes) (AFD, 2024[53]).

Por otra parte, los BMD y las IFD bilaterales pueden apoyar a las IFD nacionales para aumentar la inclusión financiera, en especial para las mipymes. Los BMD regionales, como CAF y el Banco Centroamericano de Integración Económica (BCIE), ya asignan una gran parte de sus carteras a la inclusión de las mipymes (12% y 12.9%, respectivamente) y a menudo operan como bancos de segundo piso que canalizan fondos a través de instituciones financieras nacionales (Cipoletta Tomassian and Perez Caldentey, 2024[39]). Sin embargo, hay mucho por hacer, ya que las mipymes de la región siguen enfrentando grandes retos de inclusión financiera. Las mipymes de ALC utilizan el sistema financiero principalmente para depósitos y pagos, con baja utilización de préstamos y productos crediticios, lo cual limita su capacidad de expandirse y crecer. Por lo tanto, potenciar la inclusión financiera impulsaría un aumento de la inversión y los ingresos, reducción de la pobreza, igualdad, asignación de recursos más eficiente e innovación (OECD et al., 2024[2]). Por ejemplo, el BID ayuda a Bancóldex de Colombia a fortalecer su capacidad institucional y desarrollar nuevos productos para las mipymes, centrándose en el acceso al crédito, la modernización de la producción, la sostenibilidad medioambiental y soluciones para empresas de bioeconomía en la Amazonia. La iniciativa también promueve productos para mujeres y grupos diversos, homologa la cartera de Bancóldex con el Acuerdo de París y optimiza los datos y la evaluación de impacto (IDB, 2025[54]). Varias IFD de ALC alientan la inclusión financiera mediante microcréditos que proporcionan a las micro y pequeñas empresas acceso al capital, en particular en sectores informales o emergentes. En Ecuador, el Banco de Oportunidades del Banco del Estado ofrece microcréditos rurales flexibles, en tanto que el Banco Nacional de Bolivia otorga microcréditos agrícolas sin solicitar garantías tradicionales. Sin embargo, muchas IFD nacionales aún enfrentan restricciones de capacidad que limitan su alcance, lo que resalta la necesidad de que los BMD ayuden a ampliar la labor de inclusión financiera.

Asimismo, se requiere la colaboración entre organismos multilaterales para maximizar el impacto conjunto, evitar superposiciones y desarrollar sinergias. Los BMD y las instituciones multilaterales brindan credibilidad, con lo que ayudan a superar las barreras de confianza y movilizar capital, tecnología y experiencia que de otro modo no estarían disponibles. Este enfoque sustenta la estrategia Global Gateway de la Unión Europea, que reúne a la Unión Europea, sus Estados miembros, las instituciones financieras de desarrollo y el sector privado, para impulsar la inversión sostenible del sector privado. Global Gateway brinda un entorno propicio de 360 grados para inversiones de calidad, promoviendo altos estándares medioambientales, sociales y de gobernanza, la neutralidad climática, la transición verde y digital y el respeto a los derechos humanos, el trabajo digno y la inclusión social.

Iniciativas concretas ilustran este modelo de colaboración. El Fondo Kuali, un fondo de inversión español pionero iniciado en 2024 con un objetivo de más de 200 millones de euros, apoya a países de ALC y a India en la transición a economías bajas en carbono y en el aumento de la resiliencia climática. Impulsa las buenas prácticas climáticas entre las pequeñas instituciones financieras, cooperativas, microfinanzas y fintechs, y a la vez respalda a empresas innovadoras que amplían las soluciones de mitigación y adaptación, con el financiamiento del Fondo Verde para el Clima, la Unión Europea, el Fondo de Promoción del Desarrollo (FONPRODE) de la Agencia Española de Cooperación Internacional para el Desarrollo (AECID) e inversores privados, entre ellos GAWA Capital y COFIDES (LACIF, 2025[55]). Otro ejemplo es la alianza CAF-AFD de 200 millones de euros, iniciada en mayo de 2024, que combina financiamiento no asignado a un fin específico, asistencia técnica e intercambios de expertos para avanzar en el objetivo de CAF de convertirse en el banco verde de la región y afrontar los retos climáticos y de biodiversidad en ALC (OECD et al., 2024[2]).

Los mercados financieros inclusivos pueden impulsar la productividad y la inversión estratégica para pequeñas y medianas empresas

Un sistema financiero que funcione adecuadamente puede movilizar y canalizar recursos privados hacia objetivos de desarrollo. Los mercados financieros de ALC experimentaron un gran crecimiento en las últimas tres décadas en términos de volumen, participantes, instrumentos y productos. Los hogares aumentaron considerablemente su participación en los mercados financieros mediante el acceso a cuentas de ahorro y préstamos, aunque un gran porcentaje de hogares informales aún no tienen una cuenta de crédito. La expansión del sector financiero benefició el crecimiento y el desarrollo de las grandes empresas, incluso las de mayor tamaño. Sin embargo, las mipymes aún enfrentan dificultades para acceder a los mercados financieros. ALC tiene la segunda brecha de financiamiento mipyme más grande de las regiones en desarrollo. En cuanto al desarrollo de los mercados de capital, si bien la mayoría de los países de ALC tienen acceso limitado al mercado de capitales doméstico para empresas privadas, la región amplió su presencia en los mercados internacionales mediante la emisión de bonos de deuda y certificados de depósito, mientras avanzaba en la integración financiera regional (OECD et al., 2024[2]).

Los bancos son aún la principal fuente de financiamiento para los hogares y las empresas en ALC

Dado el limitado desarrollo de los mercados de capitales en ALC, los bancos son los principales intermediarios para hogares y empresas. El crédito bancario constituye la principal fuente de financiamiento externo para las empresas. Sin embargo, la inclusión financiera bancaria es aún limitada para muchos hogares y para las MiPymes. El desarrollo de mercados financieros más diversificados y eficientes es imperativo para impulsar el desarrollo inclusivo en ALC (OECD et al., 2024[2]).

Para evaluar el funcionamiento del sistema bancario, por lo común se consideran tres aspectos: profundidad, acceso y eficiencia. La profundidad mide el tamaño de los mercados financieros; el acceso examina hasta qué punto pueden usarlos las personas, y la eficiencia evalúa la eficacia del sistema en la prestación de servicios. Este enfoque puede capturar las características clave de los sistemas financieros y la evolución de la estructura financiera en la región (OECD et al., 2024[2]).

Profundidad, acceso y eficiencia

Si bien la profundidad financiera en ALC se incrementó en la última década, sigue siendo baja. El crédito interno al sector privado se duplicó en los últimos 20 años y alcanzó el 52% del PIB en 2024. A pesar de este crecimiento, dicha profundidad es semejante a los niveles de Asia Meridional y África subsahariana y está rezagada con respecto a regiones como Asia Oriental (178%) y la Unión Europea (76%) (Gráfico 3.13, Panel A). El crédito interno es proporcionado principalmente por los bancos. Sin embargo, los depósitos bancarios como porcentaje del PIB representaron 55.1% en ALC en 2021, en comparación con 99.3% para los países de la OCDE (Gráfico 3.13, Panel B).

Gráfico 3.13. Crédito interno al sector privado como porcentaje del PIB y profundidad financiera en ALC, 2024

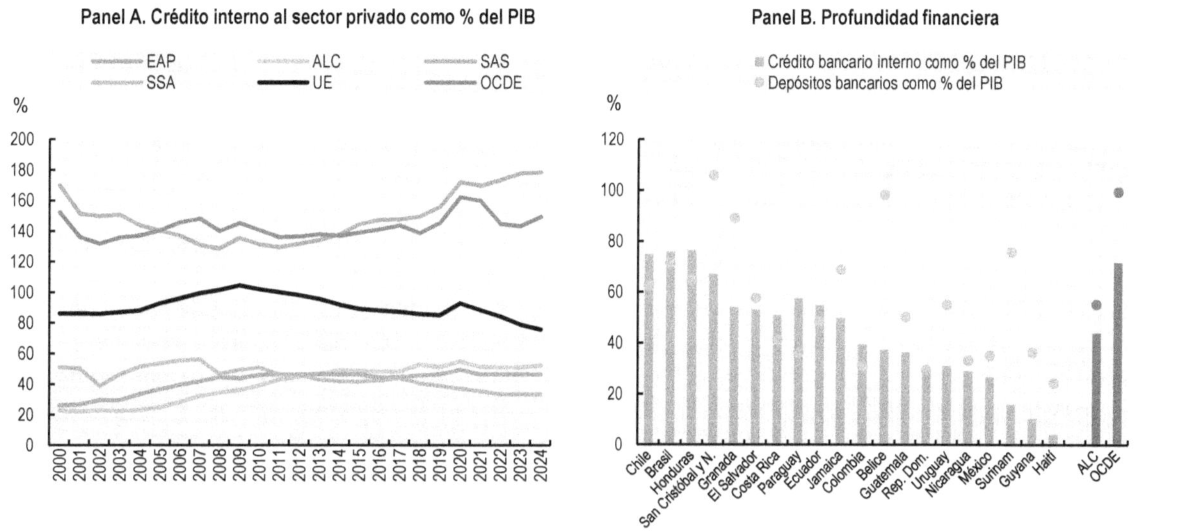

Nota: EAP = Asia Oriental y el Pacífico; SSA = África subsahariana; UE = Unión Europea y SAS = Asia Meridional. En el Panel A, las cifras de 2022 y 2023 del SSA y el SAS muestran los últimos datos disponibles. En el Panel B, las cifras de depósitos bancarios como porcentaje del (PIB) corresponden a 2021 por razones de disponibilidad de datos.
Fuente: Elaboración de los autores con base en (World Bank, 2024[56]).

StatLink https://stat.link/p6fn79

ALC mejoró en el acceso a los servicios financieros, tanto para los hogares como para las MiPymes, pero quedan por superar desafíos importantes. Estos incluyen costos altos, analfabetismo financiero, empleo informal, falta de productos adecuados y de calidad y obstáculos regulatorios. En lo que se refiere a los hogares, persisten las desigualdades en el acceso a servicios financieros formales y la dependencia de préstamos informales. Las MiPymes formales también sufren dificultades para acceder al crédito debido al alto costo del financiamiento, cuyas tasas de interés a menudo son más altas que las de las grandes empresas debido a su perfil de mayor riesgo. Alrededor del 30% de las MiPymes de la región enfrentan restricciones crediticias. En 2022, la diferencia de las tasas de interés entre los préstamos a pymes y a grandes empresas fue notablemente alta en los países de ALC (Gráfico 3.14). Una barrera importante es la falta de garantías; por ejemplo, el 90% de las pymes en Colombia tienen que proporcionar garantías para obtener crédito bancario. Superar estas dificultades es fundamental para ampliar el acceso a los servicios financieros y promover el crecimiento económico inclusivo en ALC.

Gráfico 3.14. Diferenciales de las tasas de interés entre los préstamos a pymes y a grandes empresas en países de altos ingresos y en países seleccionados de ALC, 2020-2022

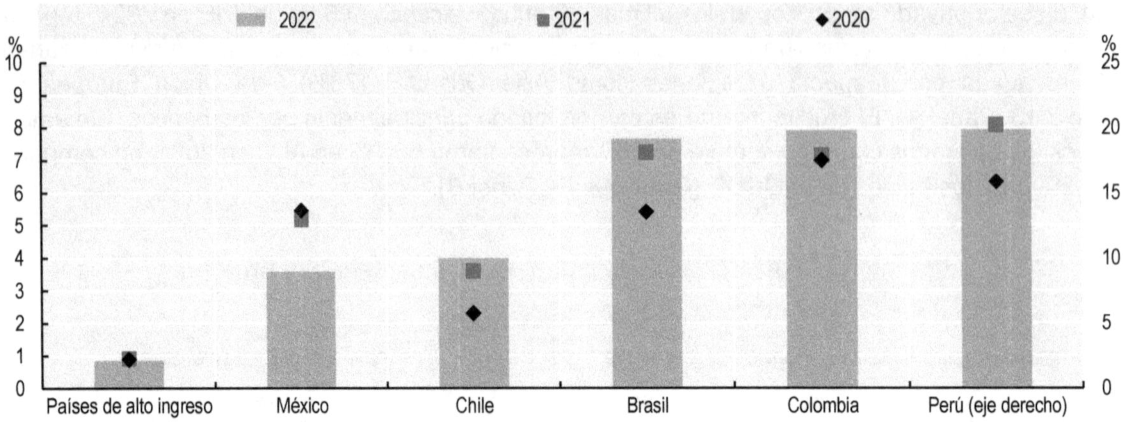

Nota: Los países de ingresos altos incluyen a Australia, Bélgica, Canadá, Chile, Chequia, Dinamarca, Estonia, Finlandia, Francia, Grecia, Hungría, Irlanda, Israel, Italia, Corea, Letonia, Lituania, Luxemburgo, Países Bajos, Polonia, Portugal, Eslovenia, Suecia, Suiza y el Reino Unido. RHS = escala de la derecha.
Fuente: Elaboración de los autores con base en (OECD, 2024[57]).

StatLink https://stat.link/rj2dw4

El sistema bancario de ALC tiene una rentabilidad relativamente alta, pero esto puede más bien reflejar ineficiencias que limitan el acceso al crédito. En 2021, el rendimiento promedio sobre los activos (ROA) de la región se ubicó en 1.6%, por arriba del promedio de la OCDE de 0.9%. igualmente, el margen de interés neto (NIM) se ubicó en 5%, frente al 1.7% de la OCDE, lo que señala elevados diferenciales de crédito que aumentan los costos de la deuda y desalientan el ahorro (Gráfico 3.15). Si bien estos márgenes pueden atraer a los inversores, con frecuencia se derivan de la concentración del mercado, los riesgos macroeconómicos, la limitada diversificación de ingresos y los débiles marcos legales y regulatorios. También prevalecen en la región altos costos bancarios. En 2021, los bancos de ALC enfrentaron una ratio entre los costos generales y los activos totales de 3.7%, mayor que el promedio de la OCDE de 1.4%.

Gráfico 3.15. Rentabilidad del sistema bancario en países seleccionados de ALC, 2021

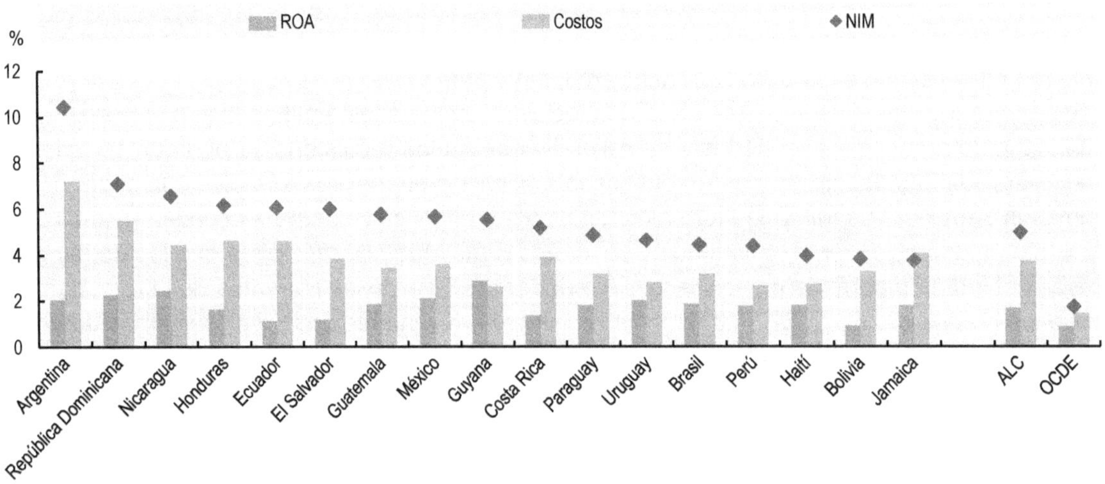

Nota: ROA = retribución sobre activos. Costos = gastos generales del total de activos. NIM = margen neto de interés.
Fuente: Elaboración de los autores con base en (World Bank, 2025[58]).

StatLink https://stat.link/pxa4rs

Retos y oportunidades para una mayor inclusión financiera

La inclusión financiera en ALC ha mejorado, particularmente en términos de acceso y uso, pero persisten grandes retos en la calidad de los servicios. La inclusión se basa en tres pilares: acceso, uso y calidad. Si bien el acceso es mayor en toda la región, muchos grupos vulnerables siguen excluidos por sus bajos ingresos, la falta de garantías y el empleo informal, inestable o precario. Los hogares más pobres tienen opciones financieras limitadas, mientras que para los más ricos, el acceso es fácil y las herramientas, más diversas. Para los trabajadores informales también es muy difícil acceder a productos financieros debido a la inestabilidad de sus ingresos y la falta de registros de empleo. Las mujeres enfrentan barreras como estándares culturales, expectativas basadas en el género y baja integración en el mercado laboral formal. Sin embargo, el uso crece rápidamente, impulsado por la innovación digital. En algunos países de ALC, las fintech han simplificado el acceso a servicios financieros: los pagos digitales, neobancos, insurtech y finanzas alternativas lideran el crecimiento. Estas innovaciones aumentan la competencia y reducen los costos de endeudamiento. Sin embargo, la calidad y la disponibilidad de productos financieros adecuados para los grupos poblacionales de bajos ingresos son aún barreras por salvar. La escasa educación financiera y los débiles marcos de protección del consumidor dificultan el uso eficaz y responsable de dichos productos. Muchos adultos en la región aún carecen de conocimientos financieros básicos, lo que afecta su capacidad para tomar decisiones informadas. Para garantizar sistemas financieros inclusivos y resilientes, es fundamental fortalecer la capacitación financiera y la protección del consumidor (OECD et al., 2024[2]).

Una mayor inclusión financiera, especialmente cuando se combina con el acceso a servicios financieros de calidad, puede mejorar en gran medida el bienestar de los hogares, la productividad de las empresas y un desarrollo económico más amplio en ALC. Los productos financieros de alta calidad, respaldados por una sólida protección del consumidor y capacitación financiera, permiten a los hogares ahorrar, invertir y gestionar el consumo. Para las empresas, sobre todo las pymes, la inclusión de calidad facilita el acceso al crédito, permitiendo el crecimiento, la innovación y la generación de empleos (OECD et al., 2024[2]).

Los mercados de capitales más profundos en ALC pueden ayudar a impulsar el financiamiento para la transformación productiva

Los mercados de capitales son mecanismos esenciales para intermediar el ahorro y brindar financiamiento a largo plazo para la transformación productiva, ofreciendo oportunidades a la mediana empresa en particular. Estos mercados incluyen tanto instrumentos de renta variable como de deuda, que pueden emitirse en el mercado primario mediante nuevos bonos u ofertas públicas iniciales (IPO) o negociarse en el mercado secundario. Los mercados de capital privado también implican inversiones directas en empresas que no cotizan en bolsa. Estos mecanismos permiten la asignación eficiente del capital y facilitan a las empresas ampliarse, innovar y modernizarse. Al mejorar el acceso al financiamiento a gran escala y a largo plazo, los mercados de capitales pueden impulsar la inversión y la productividad, y apoyar el crecimiento económico y el desarrollo (Fiorella and Didier, 2024[59]; OECD et al., 2023[12]). Asimismo, se ha observado que los instrumentos de los mercados de capitales son útiles para impulsar las prioridades estratégicas de desarrollo, como la transición a una economía circular (UNEP, 2023[60]).

Mercados de renta variable

Los mercados públicos de renta variable son esenciales para el desarrollo económico, ya que permiten el financiamiento a largo plazo, apoyan la innovación empresarial y ofrecen oportunidades de inversión a los hogares. En ALC, los mercados de valores siguen subdesarrollados y sin liquidez, aunque con diferencias importantes entre los países. En 2024, la capitalización bursátil promedio de ALC fue del 37.4% del PIB, muy por debajo del promedio de la OCDE de 64.4%. Osciló entre el 79.3% en Chile y solo el 3.2% en Costa Rica (Gráfico 3.16, Panel A). La liquidez del mercado también es limitada, con un índice de rotación regional promedio de 24%, en comparación con el 52% de la OCDE y con una gran variación, del 162.7% en Brasil al 1.4% en Jamaica (Gráfico 3.16, Panel B).

Gráfico 3.16. Capitalización bursátil y ratio de rotación de acciones en ALC, 2024 o último año disponible

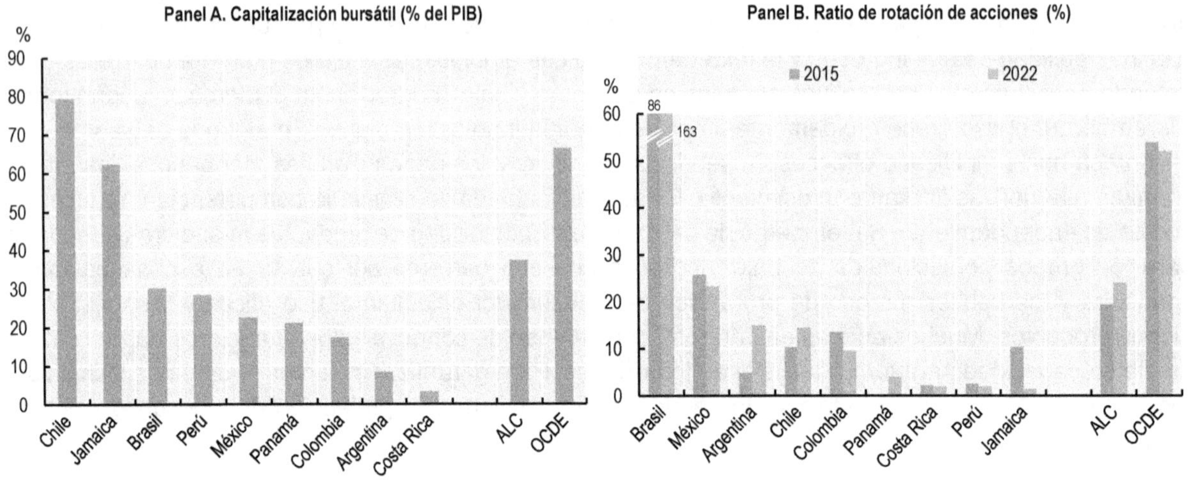

Nota: PIB = producto interno bruto. En el Panel A, el promedio simple de ALC para 2024 incluye siete países por la disponibilidad de datos: Brasil, Chile, Colombia, Jamaica, México, Panamá y Perú. Argentina y Costa Rica: datos de 2022. El promedio simple de la OCDE incluye 23 países: Australia, Austria, Bélgica, Canadá, Chile, Colombia, Chequia, Alemania, Grecia, Hungría, Irlanda, Israel, Japón, Luxemburgo, México, Nueva Zelanda, Polonia, Eslovenia, España, Suiza, Turquía, Reino Unido y Estados Unidos.
Fuente: Elaboración de los autores con base en (World Bank, 2025[58]).

StatLink https://stat.link/o3drzm

Los mercados de valores públicos en ALC están sumamente concentrados, con cotizaciones limitadas y un fuerte dominio de unas cuantas grandes empresas y accionistas corporativos. Esto debilita la profundidad del mercado y la inclusión. La mayoría de los países de ALC tienen mercados de valores más concentrados que las economías de referencia, como Corea o la Bolsa de Valores de Nueva York, y las grandes empresas representan alrededor del 80% de la capitalización bursátil. La actividad en estos mercados depende mucho de las ofertas públicas secundarias (OPS), dado que las cotizaciones netas han sido negativas durante gran parte de las dos últimas décadas, lo cual refleja las exclusiones y los retos por salvar para que las empresas medianas salgan a bolsa. Brasil lidera la actividad del mercado de valores regional, seguido de México y Chile. La propiedad también está altamente concentrada: en ALC, el 1% de los principales accionistas posee el 46% del capital cotizado – muy por arriba del promedio mundial – y la propiedad corporativa domina a la inversión institucional. Por ejemplo, en Argentina, Chile y Colombia, los tres principales inversores poseen en promedio más del 60% de las acciones de las empresas que cotizan en bolsa (Medina, de la Cruz and Tang, 2022[61]).

Considerando las amplias desigualdades en el desarrollo del mercado de valores en ALC, es esencial implementar estrategias específicas para el contexto que promuevan la expansión y la accesibilidad a la vez. En los mercados menos desarrollados, las prioridades incluyen la simplificación de los procedimientos de cotización, el aumento de la transparencia y los estándares de divulgación, así como la ampliación de la participación de los inversores nacionales a través de plataformas digitales optimizadas de bajo costo y capacitación financiera (OECD, 2025[62]). Los requisitos proporcionales y los prospectos simplificados para las pymes pueden lograr que el financiamiento de capital sea más accesible para estas empresas, habilitándolas para obtener capital con mayor eficiencia (OECD, 2024[63]). Además, el desarrollo de mercados de valores en crecimiento, diseñados para las pymes y las empresas en etapa de crecimiento, puede también ayudar al establecer requisitos de entrada más flexibles, como umbrales financieros más bajos, regulaciones simplificadas para los prospectos y requisitos de capital flotante más reducidos (OECD, 2025[64]). Una mayor integración transfronteriza y una mayor armonización regulatoria pueden ayudar a cerrar la brecha entre los mercados avanzados y emergentes de la región (OECD, 2025[62]). El fortalecimiento de los mercados de valores públicos en general aumentaría la resiliencia de las empresas e impulsaría la competitividad regional (OECD, 2025[62]).

Mercados privados: un enfoque en el capital de riesgo

El capital de riesgo es el segmento más destacado en el marco de los mercados de capital privado en ALC. En el tercer trimestre de 2023, el capital de riesgo representó el 82% del total de transacciones y el 47% del capital invertido en la región (OECD et al., 2024[2]). Sin embargo, en términos comparativos, la actividad del VC continúa limitada. En 2023, la inversión total de capital de riesgo en ALC ascendió a 8.06 USD per cápita y representó solo el 0.078% del PIB de la región, considerablemente por debajo de los niveles de Asia de 59.19 USD per cápita y 0.757% del PIB (Preqin, 2025[65]; World Bank, 2024[56]). A pesar de su potencial, las pymes de las economías en desarrollo siguen infrautilizando el capital y el capital de riesgo, debido a la debilidad de los ecosistemas financieros. El financiamiento de capital suele ser costoso para las pequeñas empresas, que tienden a depender de redes financieras informales o de recursos personales. Las brechas de desarrollo en el sector financiero limitan la disponibilidad y la asequibilidad de las soluciones formales de capital privado (OECD et al., 2024[2]).

El capital de riesgo es una forma alternativa de financiamiento que se ofrece a empresas emergentes o nuevas (*start-ups*) que tienen un gran potencial de crecimiento, pero también implican un alto nivel de riesgo. La inversión no proviene de bancos tradicionales, sino de inversores privados o fondos especializados que están dispuestos a asumir esos riesgos a cambio de una participación accionaria en la empresa. Los inversores de capital de riesgo, además de brindar financiamiento, ofrecen asesoramiento estratégico, conexiones de mercado y experiencia de gestión, lo que puede ser decisivo para el éxito de una empresa joven, sobre todo en el complejo contexto de ALC (Capítulo 1). Fortalecer los ecosistemas de capital privado y capital de riesgo es esencial para asegurar la disponibilidad de financiamiento en todas las etapas del crecimiento empresarial, desde empresas emergentes hasta las de gran capitalización (OECD, 2025[62]). El capital de riesgo apoya la supervivencia de nuevos emprendedores, fomenta la generación de empleos e impulsa la innovación al habilitar modelos de negocio dinámicos capaces de transformar sectores clave como los de tecnología, energía, salud y educación.

Después de un auge en 2021, la dinámica del capital de riesgo se ha desacelerado recientemente en ALC. El financiamiento de este capital en la región aumentó de 1 100 millones de USD (249 operaciones) en 2016 a 25 100 millones de USD (859 operaciones) en 2021. El crecimiento fue impulsado por factores que incluyen incentivos posteriores al COVID-19 para reactivar el mercado; aumento de la demanda de servicios digitales desde la pandemia; participación de unos cuantos inversores no nacionales con mucho dinero; una oleada de oportunidades de salida rentables, y el desarrollo de un ecosistema local de apoyo para empresas emergentes (Rudolph, Miguel and Gonzalez-Uribe, 2023[66]). Sin embargo, al igual que en otras regiones, la inversión en ALC disminuyó para ubicarse por debajo de los niveles previos a la pandemia después de 2021, sumando 5 400 millones de USD en 2023 (OECD et al., 2024[2]).

En comparación con otras regiones, gran parte del financiamiento de capital de riesgo en ALC se destina a aplicaciones móviles y fintechs, mientras que el capital de riesgo es limitado en manufactura, tecnología agrícola y tecnología limpia. De 2016 a 2024, la tecnología financiera representó casi el 22% y las aplicaciones móviles el 19% de la inversión total de VC en la región. Otras verticales destacadas incluyen comercio electrónico (17%), inteligencia artificial (19%) y tecnología para la salud (6%) (Gráfico 3.17). En cuanto al financiamiento de capital de riesgo a nivel mundial, ALC ocupa el primer lugar en términos de su concentración en la industria de servicios financieros y el segundo en relevancia del vertical fintech (Rudolph, Miguel and Gonzalez-Uribe, 2023[66]).

Gráfico 3.17. Inversión total de capital de riesgo en ALC, por vertical y por país, 2016-2024

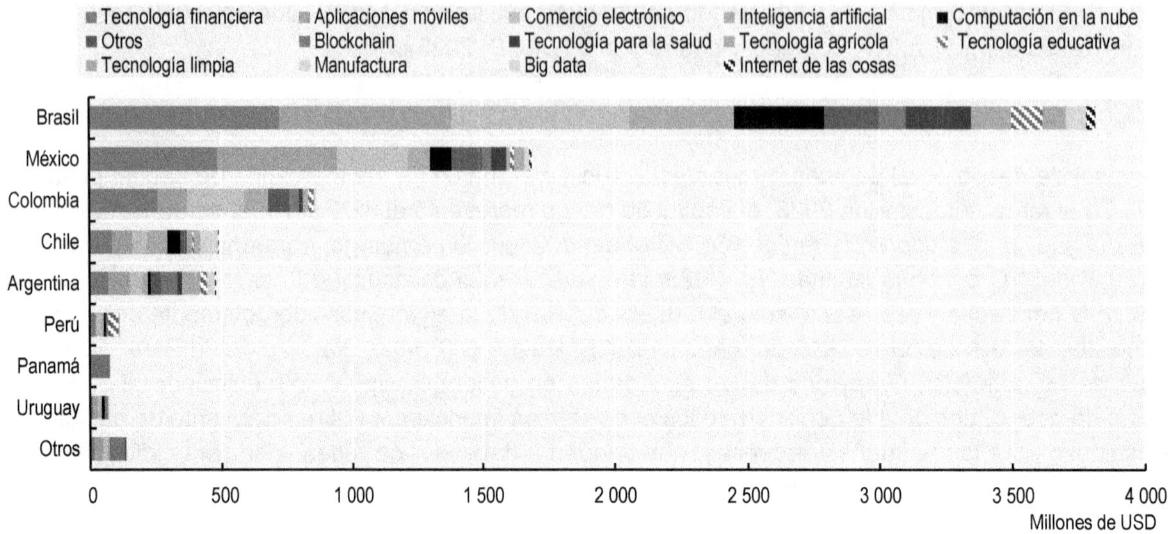

Nota: Otros países son Bahamas, Belice, Bolivia, Costa Rica, República Dominicana, Ecuador, El Salvador, Guatemala, Jamaica y Venezuela.
Fuente: Elaboración de los autores con base en (Preqin, 2025[65]).

StatLink https://stat.link/yz12c6

La mayoría de las entradas de capital de riesgo a ALC provienen de Estados Unidos y representaron el 42% del total de dichas inversiones entre 2016 y 2024. Estados Unidos es la principal fuente de inversión de capital de riesgo en todos los mercados principales de ALC, incluidos Brasil (1 160 millones de USD), México (951 millones de USD) y Colombia (449 millones de USD). Si bien los flujos intrarregionales de capital de riesgo son considerables en países como Brasil y México, la inversión de Estados Unidos sigue una tendencia dominante (Gráfico 3.18). Estas cifras resaltan el papel estratégico de los inversores internacionales en la ampliación de las empresas emergentes en ALC, en particular en mercados más grandes como Brasil y México, que en conjunto atrajeron más del 70% de todas las entradas de capital de riesgo durante el periodo 2016-2024.

Tratándose del capital de riesgo, una salida indica el proceso por el cual los inversores alcanzan rendimientos de sus inversiones, generalmente mediante mecanismos como fusiones y adquisiciones (M&A) u ofertas públicas iniciales (OPI) (Ahluwalia and Sul, 2024[67]). Las salidas de capital de riesgo en ALC se concentraron en los sectores digitales. Durante el periodo 2016-2024, al sector de aplicaciones móviles correspondió la mayor proporción de salidas de capital de riesgo en ALC, con 44%, seguido por fintechs (17.3%) y computación en la nube (15.1%) (Preqin, 2025[65]). El año pico fue 2021, en el que se concentró el 63.5% de todas las salidas durante el periodo. Esta distribución señala la fuerte demanda de soluciones digitales y móviles en los mercados emergentes a lo largo de la última década. Verticales como la tecnología limpia, *blockchain* y la tecnología agrícola, mostraron una actividad de salida mucho menor (Preqin, 2025[65])

Gráfico 3.18. Flujos de capital de riesgo a ALC por origen de la inversión, 2016-2024

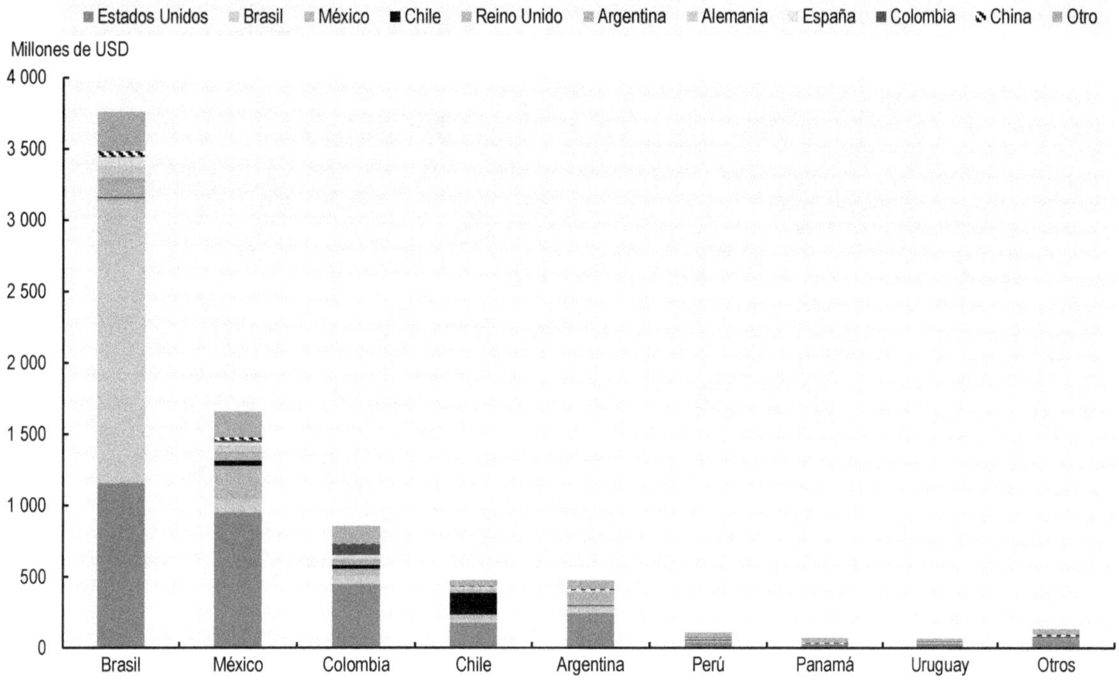

Nota: Otros países son Bahamas, Belice, Bolivia, Costa Rica, Ecuador, El Salvador, Guatemala, Jamaica, República Dominicana y Venezuela.
Fuente: Elaboración de los autores con base en (Preqin, 2025[65]).

StatLink https://stat.link/52fwlo

Bonos corporativos nacionales

Los mercados nacionales de bonos corporativos han surgido como una fuente importante de financiamiento del sector privado. Estos mercados brindan a las empresas, además de los préstamos bancarios tradicionales y el capital, la oportunidad de diversificar sus fuentes de financiamiento y, a la vez, ofrecer beneficios, por ejemplo, menores costos de transacción, menor riesgo cambiario y mayor familiaridad con las regulaciones e inversores locales. A finales de 2023, la deuda mundial de bonos corporativos fue de 34 000 millones de USD y más del 60% del aumento desde 2008 provino de sociedades no financieras (OECD, 2024[68]).

Sin embargo, los mercados de bonos corporativos permanecen subdesarrollados en ALC. En 2023, el monto en circulación de estos en la región representó solo alrededor del 2% del total mundial. La emisión de bonos nacionales en ALC está dominada por el sector público, que representó el 81% del total de las emisiones entre 2015 y 2023, comparado con solo el 19% de los bonos corporativos (Gráfico 3.19). Prevalece una variación considerable en la región, por ejemplo, algunas economías del Caribe, como Bahamas, Barbados y Trinidad y Tobago, tienen una mayor emisión corporativa.

Gráfico 3.19. Emisión nacional de bonos corporativos y públicos en ALC, 2015-2023

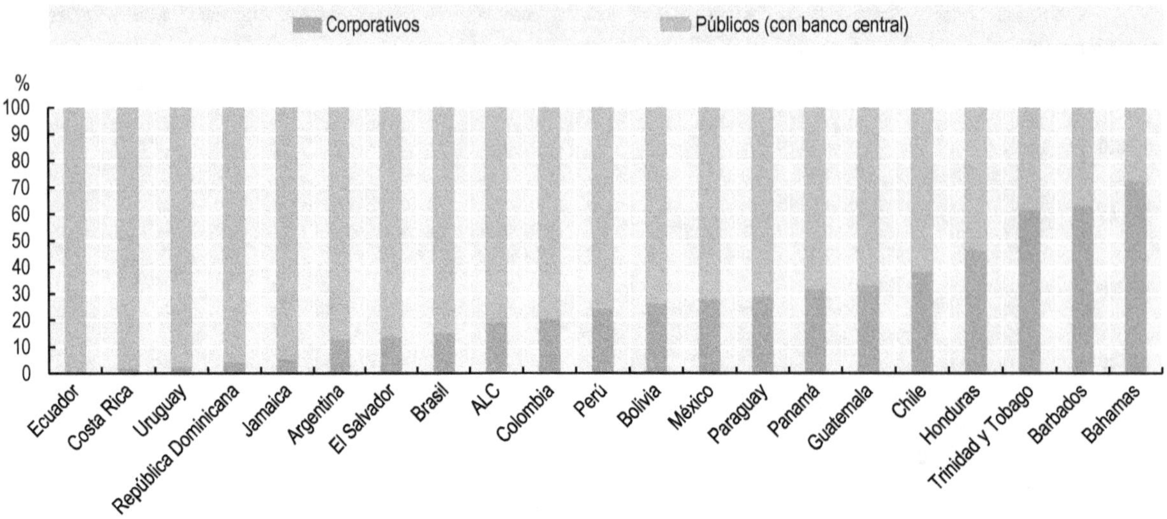

Nota: Las acciones se emiten por la misma cantidad que la emitida en USD. Los bonos se refieren a los emitidos durante el periodo comprendido entre el 1 de enero de 2015 y el 31 de diciembre de 2023. Esto incluye los bonos con vencimiento original superior a un año y emisiones superiores a un millón de USD.
Fuente: Cálculos de los autores con base en (OECD, 2024[69]).

StatLink https://stat.link/di584n

Los mercados de bonos corporativos en ALC están sumamente concentrados y carecen de diversificación. Entre 2015 y 2023, Brasil y México representaron casi tres cuartas partes de todos los bonos corporativos emitidos en los mercados locales, a los que siguieron participaciones mucho más pequeñas en Argentina, Chile y Colombia. La concentración se explica en parte por el tamaño de la economía: las más grandes respaldan los mercados de bonos gubernamentales líquidos, los cuales proporcionan curvas de rendimiento de referencia para fijar el precio de los bonos corporativos y que albergan a empresas con mayores necesidades de financiamiento. Esto produce mayores emisiones y menores costos relativos de bonos mediante economías de escala (OECD, 2024[70]). El resto de la región tiene una participación marginal: 13 países contribuyen con menos del 1% cada uno, una muestra de la necesidad de ampliar la profundidad del mercado y la diversidad de los emisores. La demanda es impulsada en gran medida por los fondos de pensiones, con una fuerte preferencia por los bonos de grado de inversión, lo que limita el acceso de las pymes y los emisores de menor calificación.

Las empresas no financieras controlan la emisión de bonos corporativos, pero tienen dificultades con la estructura de moneda y de vencimiento. Estas empresas representan la mayor parte del monto total y del número de emisiones de bonos, y tienden a emitirlos por cantidades mayores que las empresas financieras. Sin embargo, gran parte de las emisiones siguen denominadas en moneda extranjera (58% entre 2015 y 2023), lo que expone a las empresas a desajustes de divisas y riesgos en el tipo de cambio. Si bien recientemente tuvo lugar un cambio hacia la emisión en moneda local, los vencimientos promedio disminuyeron ligeramente en los últimos dos años, lo que redujo la brecha con otros mercados emergentes, pero sigue dejando margen de mejora (OECD et al., 2024[2]; OECD, 2024[68]).

Hay un potencial sin explotar para fortalecer los mercados de bonos corporativos mediante reformas específicas e integración regional. Herramientas de política como los costos de calificación crediticia subvencionados, los incentivos fiscales bien diseñados para bonos específicos (por ejemplo, infraestructura) y curvas de rendimiento soberano sólidas podrían estimular el crecimiento del mercado. La actualización de las directrices de emisión de bonos para ampliar la elegibilidad de los emisores y priorizar sectores estratégicos, como el desarrollo verde y la innovación tecnológica, podría aumentar el acceso al capital a empresas de alta tecnología y orientadas a la investigación. Por ejemplo, la Bolsa de Valores de Shanghái modificó en fecha reciente sus regulaciones relativas a los bonos corporativos para apoyar el crecimiento verde y la innovación, al expandir los emisores elegibles y refinar los criterios para bonos de ciencia y tecnología (OECD, 2025[62]). Promover los bonos ambientales, sociales y de gobernanza, así como la integración regional del mercado de bonos, también ayudaría a los países más pequeños a acceder a grupos de inversores más profundos y líquidos. Un enfoque regional podría reducir los costos de endeudamiento y apoyar a las empresas medianas, aunque se necesitaría superar las barreras técnicas, regulatorias y monetarias.

Integración financiera regional

La integración financiera regional puede ayudar a profundizar y diversificar la participación en mercados de capitales en toda ALC, ampliando el acceso de las partes interesadas y aumentando la eficiencia del mercado. Dicha integración reduce los costos de transacción para los inversores, aumenta la liquidez y ayuda a mitigar los riesgos financieros (Bonita et al., 2020[71]). Fomentar un mercado más interconectado atraería a una gama más amplia de inversores extranjeros interesados en adquirir activos diversificados en varios países, dentro de un marco unificado. Un mercado regional más integrado podría ampliar la base de emisores y canalizar la inversión hacia sectores previamente subrepresentados (Bown, 2017[72]). Además, el aumento de la demanda de valores que coticen en una única plataforma regional podría ayudar a reducir los costos de endeudamiento para los emisores.

A pesar de estos beneficios, varias barreras dificultan los esfuerzos de integración en la región, entre ellas las desigualdades macroeconómicas, la oferta y la demanda limitadas en los mercados locales, la fragmentación de los sistemas regulatorios, e infraestructuras de mercado incompatibles. Los países de la región tienen diversos niveles de estabilidad económica y diferentes sistemas cambiarios y esto complica la armonización. Además, el número limitado de emisores e inversores activos, así como la insuficiente educación financiera, contribuyen a la baja participación de mercado. Las diferencias en las regulaciones tributarias, los marcos legales y el uso de sistemas de negociación separados en las bolsas nacionales dificultan aún más la integración en toda la región (Bonita et al., 2020[71]). Atender estas barreras es fundamental y las iniciativas que promueven la integración del mercado de capitales deberían ayudar a alentar la adopción de las medidas necesarias para fortalecer dicha integración.

Las iniciativas actuales de integración financiera regional, como nuam exchange, ofrecen una oportunidad concreta para avanzar en la integración de los mercados de capitales en América Latina. Nuam exchange se propone integrar las Bolsas de Valores de Colombia, Lima y Santiago en un solo mercado. Su objetivo es brindar una oferta dinámica y moderna que fomente el crecimiento de las empresas y cree valor para los inversores mediante una cartera más atractiva y diversificada. Al consolidar activos y operaciones comerciales en una plataforma compartida, la bolsa nuam trabaja para armonizar los marcos regulatorios, promover la inversión transfronteriza y aumentar la eficiencia del mercado (Nuam exchange, 2025[73]; Rodríguez Martínez, 2024[74]). A agosto de 2025, la capitalización del mercado sumó 212 000 millones de USD en Chile, 100 000 millones de USD en Colombia y 204 000 millones de USD en Perú, con 162, 61 y 192 emisores respectivamente. Esto conforma una base sólida para el crecimiento por medio de la integración regional (Gráfico 3.20, Panel A). En la actualidad, las tres bolsas, que aún operan como infraestructuras de mercado independientes, han adoptado el sistema de negociación proporcionado por Nasdaq.

Hay precedentes internacionales bien establecidos que ofrecen modelos valiosos para la integración regional del mercado de capitales, como Euronext en Europa, que unificó con éxito múltiples bolsas nacionales y, al mismo tiempo, preserva la operación de mercados de valores individuales. Al igual que nuam, Euronext comenzó con la fusión de tres bolsas – Ámsterdam, Bruselas y París – y en 2025 opera siete bolsas reguladas europeas y presta servicios de compensación, liquidación y custodia, con lo que cubre la cadena de valor completa de los mercados de capitales. Nuam sigue el ejemplo de Euronext y, para alcanzar su máximo potencial, necesita comenzar a establecer el reconocimiento mutuo de los participantes en el mercado y procurar la interoperabilidad entre las cámaras de compensación de los tres países, lo que permite un comercio y una liquidación transfronterizos eficientes (OECD et al., 2024[2]).

La integración financiera regional ofrece la oportunidad de diversificar las carteras por medio del desarrollo de sectores clave en todos los mercados. La composición sectorial de las bolsas de valores que forman parte de nuam varía de un país a otro, lo que indica su focalización en sectores estratégicos y el potencial de diversificación para inversores y para emisores. En 2025, las instituciones financieras desempeñaron un papel central, al representar el 28% de la capitalización bursátil en Chile, el 24.3% en Colombia y el 32% en Perú, con lo que apoyó un mayor acceso al financiamiento (Gráfico 3.20, Panel B). Más allá de las finanzas, otros sectores tienen un gran potencial. El industrial contribuye a la producción de valor agregado, en tanto que el de servicios públicos puede apuntalar el suministro de energía renovable. En conjunto, representan el 16% del mercado cada uno en Chile y el 17% de las empresas de servicios públicos en Colombia. En Perú, donde su participación es menor, los materiales siguen siendo un motor importante, que constituye el 69% de la capitalización de mercado, cifra que destaca las oportunidades para una mayor diversificación sectorial. Esta composición sectorial revela las complementariedades potenciales entre los mercados y también las áreas donde la diversificación podría reforzar la transformación productiva de la región y mejorar la diversificación de la cartera, a medida que nuam exchange avance hacia la plena integración.

Gráfico 3.20. Capitalización bursátil, número de emisores y composición sectorial en los países que integran nuam exchange, 2025

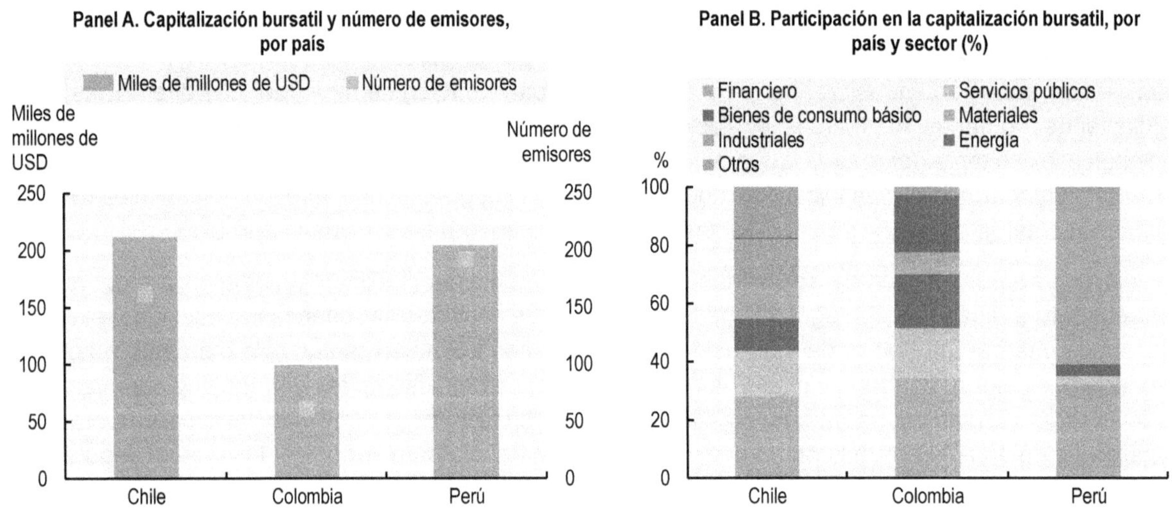

Nota: Los datos de 2025 se refieren a la información disponible hasta el 31 de agosto de 2025. Panel B: Otros incluye consumo discrecional, servicios de comunicación, atención médica, tecnología de la información y bienes raíces. La clasificación sectorial sigue el estándar MSCI Global Industry Classification Standard (GICS).
Fuente: Elaboración de los autores con base en (Nuam, 2025[75]).

StatLink https://stat.link/0q1m3c

Mercados de capitales internacionales

La emisión de bonos de ALC en los mercados internacionales continuó aumentando en 2024 después de un repunte en 2023. El monto total emitido por los sectores público y corporativo fue de 121 770 millones de USD en 2024, frente a los 89 100 millones de USD en 2023 (Gráfico 3.21, Panel A). Los emisores de bonos soberanos y corporativos contribuyeron casi por igual a este desempeño, pues los soberanos representaron el 56.6% del total. La recuperación fue impulsada por condiciones macroeconómicas favorables, como la apreciación de la moneda, la desaceleración de la inflación y el alto a las alzas de las tasas de interés.

La emisión internacional de bonos sigue concentrada en unos cuantos países de ALC y en sectores productivos limitados. México, Brasil, Chile y Colombia representaron el 65% de la emisión total en 2024 (Gráfico 3.21, Panel B). Los bonos corporativos – emitidos por empresas privadas financieras y no financieras, empresas estatales y entidades supranacionales – representaron el 58% y las emisiones soberanas, el 42% del total. Desde una óptica sectorial, la mayor parte de la deuda corporativa fue emitida por empresas de los sectores financiero, energético y de transporte, que en conjunto constituyeron el 73% de la emisión corporativa total (ECLAC, 2025[76]).

Gráfico 3.21. Tendencias de la emisión de bonos internacionales de ALC y desglose por países

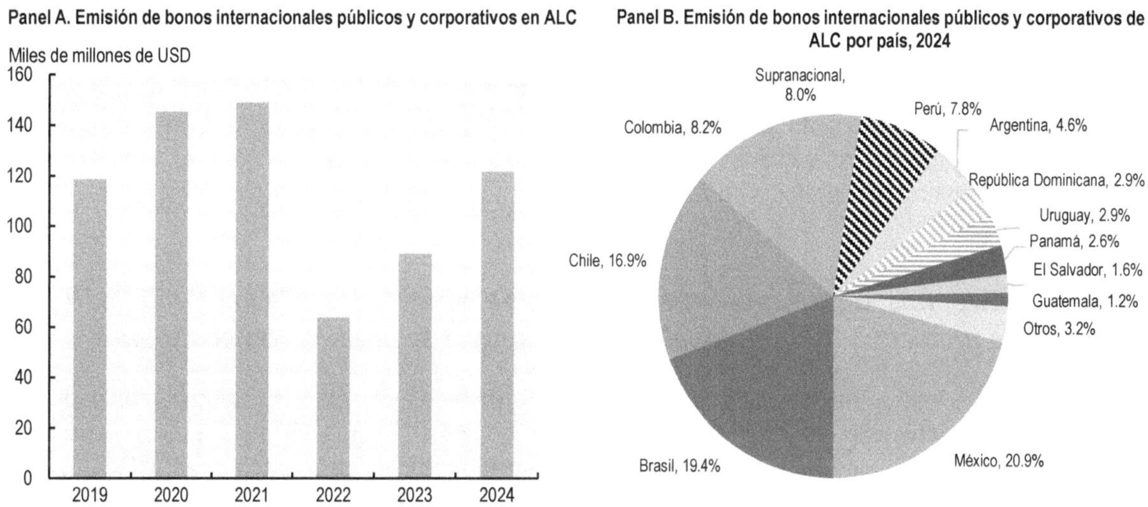

Nota: "Otros" incluye: Ecuador, Honduras, Jamaica, Paraguay y Trinidad y Tobago.
Fuente: Elaboración de los autores con base en (ECLAC, 2025[76]).

StatLink https://stat.link/g7q9fy

Las empresas de mayor tamaño de ALC son las principales emisoras de bonos corporativos en los mercados internacionales y su función en la configuración de la dinámica de inversión en la región es central. En un análisis de 295 sociedades no financieras que cotizan en bolsa en las seis economías más grandes de la región (Argentina, Brasil, Chile, Colombia, México y Perú) se muestra que solo el 24% de ellas emitieron bonos en el periodo de 2013 a 2023. Sin embargo, a estas empresas emisoras les correspondió cerca del 60% de los activos totales y los ingresos netos, y más de la mitad de la inversión total en propiedades, planta y equipo. Este patrón se mantiene en la mayoría de los países de la muestra, sobre todo en Chile, Colombia y México, donde las empresas emisoras de bonos contribuyen con la mayor parte de los indicadores financieros corporativos. Datos sectoriales confirman esta concentración: si bien son menos numerosos, los emisores de bonos predominan en sectores intensivos en capital, como los de manufactura, minería, información y servicios públicos. En consecuencia, las decisiones relativas al financiamiento de dichas empresas influyen de manera importante en la formación bruta de capital fijo y en la trayectoria económica más amplia de la región (Méndez Lobos and Pérez Caldentey, forthcoming[77]).

La percepción del riesgo en el mercado de bonos corporativos de ALC mejoró durante 2023. La alta solvencia y el riesgo equilibrado son factores fundamentales para mantener mercados de capitales sólidos y bien desarrollados. El riesgo en la región disminuyó en 2023, después de un primer trimestre difícil. El

JP Morgan Corporate Emerging Markets Bond Index (CEMBI), conocido como Índice de Bonos Corporativos de Mercados Emergentes, mide el interés adicional (en puntos base) que un bono corporativo internacional paga sobre un bono gubernamental internacional en los mercados emergentes. Esta es una medida del nivel de riesgo que se percibe que tienen las empresas de mercados emergentes. El CEMBI de la región se ubicó en 3 521 puntos base a finales de diciembre de 2023, tras perder 36 puntos base durante el año. La cifra fue 62 puntos base más baja que la contraparte soberana de la región, el JP Morgan Emerging Markets Bond Index Global Core (EMBIG). Después de un aumento en los diferenciales corporativos regionales, ocurrido en el primer trimestre de 2023 debido al incumplimiento de Lojas Americanas de Brasil en enero, ALC pudo hacer un reajuste en los trimestres siguientes y superó a Asia y Oriente Medio.

La regulación del mercado de capitales en ALC evolucionó para reducir el riesgo y mejorar la eficiencia, aunque prevalecen retos importantes. Chile puso en práctica reformas para impulsar la integración internacional y atraer a inversores extranjeros, en tanto que Brasil está modernizando su marco regulatorio para bajar los costos de cumplimiento e incrementar la eficiencia mediante nuevas tecnologías. Colombia avanzó en su adherencia a los principios de la Organización Internacional de Comisiones de Valores (OICV), reforzando la supervisión regulatoria. Sin embargo, se necesita trabajar más en toda la región para simplificar los procesos, atraer nuevos emisores y garantizar que las regulaciones sean dinámicas y respondan a las condiciones cambiantes del mercado. Las prioridades incluyen promover la diversificación de las inversiones, reducir las barreras para inversores extranjeros, mejorar la gobernanza para generar confianza en los inversores, proteger los derechos de los accionistas minoritarios y reforzar la educación financiera.

La emisión de bonos verdes, sociales, sostenibles, vinculados a la sostenibilidad y azules en los mercados internacionales puede apoyar la producción sostenible

A nivel mundial, la emisión de bonos verdes, sociales, sostenibles y vinculados a la sostenibilidad (GSSS) se ha diversificado y crecido con rapidez, alcanzando un monto en circulación de 4.3 billones de USD en 2023, comparado con los 641 000 millones de USD registrado tan solo cinco años atrás (OECD, 2024[68]). Los bonos verdes, sociales, sostenibles, vinculados a la sostenibilidad y azules (GSSSB) también están emergiendo en ALC como un poderoso mecanismo de financiamiento para apoyar la transformación productiva de la región hacia modelos económicos más sostenibles y resilientes. La participación de los bonos GSSSB en la emisión total de bonos de ALC en los mercados internacionales aumentó a 27.2% en 2024, lo que significa un fuerte aumento comparado con el 9.3% registrado en 2020. La recaudación de fondos mediante estos instrumentos en lugar de los bonos tradicionales es ya una opción atractiva en ALC para aumentar los rendimientos del capital global líquido; diversificar la base de inversores; movilizar capital directo hacia actividades sostenibles, y obtener apoyo financiero para crear mercados de capitales sostenibles. Entre 2014 y 2024, el mercado internacional de bonos GSSSB en ALC alcanzó un valor acumulado de 164 400 millones de USD (Gráfico 3.22). La emisión total de bonos verdes en ALC se duplicó con creces en cinco años, de un total acumulado de 18 700 millones de USD en 2019, a 46 600 millones de USD en 2024. El crecimiento fue aún más pronunciado en los bonos sociales, sostenibles, vinculados a la sostenibilidad y azules, alcanzando una emisión acumulada de 117 800 millones de USD en 2024 (OECD, 2024[78]).

Gráfico 3.22. Total de emisiones internacionales de bonos verdes, sociales, sostenibles, vinculados a la sostenibilidad y azules en ALC, 2014-2024

Por tipo de instrumento y como porcentaje del total de la emisión internacional de bonos de ALC

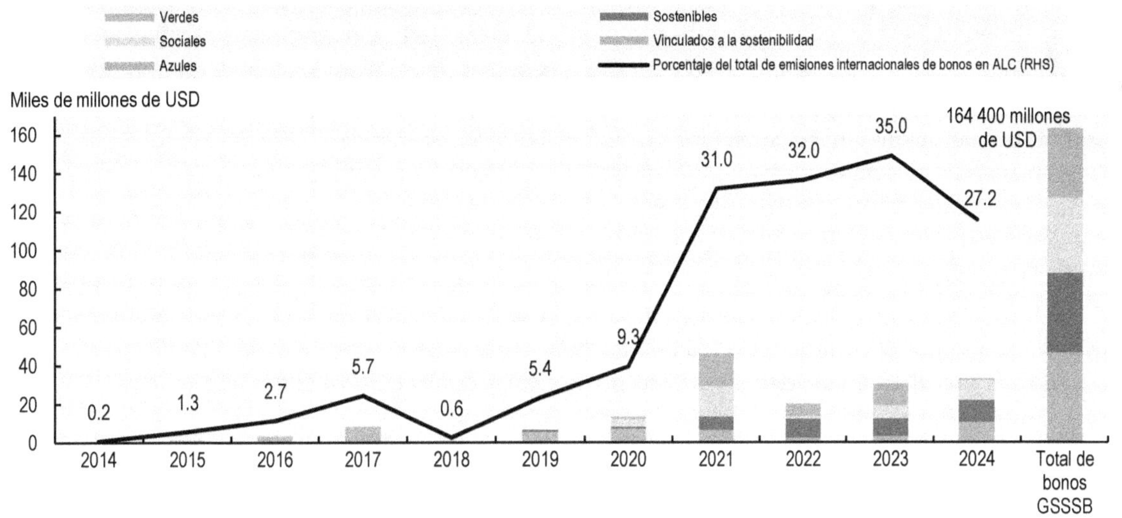

Nota: GSSSB = verdes, sociales, sostenibles, vinculados a la sostenibilidad y azules.
Fuente: (ECLAC, 2025[76]; Velloso and Perroti, 2023[79]; OECD et al., 2024[2]).

StatLink https://stat.link/wbex1l

En total, ALC posee una gran parte de la deuda mundial con etiqueta azul. Europa representa el 40%, Asia y el Pacífico el 35%, ALC el 23%, África el 2%, América del Norte y las entidades supranacionales menos del 1% cada una. En 2023, ALC lideró la emisión mundial de bonos azules con 2 740 millones de USD y superó a Asia y el Pacífico, la segunda mayor región emisora, que registró 1 950 millones de USD (CBI, 2023[80]). La mayor parte de la emisión de bonos azules de ALC provino de empresas no financieras, seguida de soberanos, entidades respaldadas por el gobierno, empresas financieras y bancos de desarrollo. Los sectores económicos clave de ALC se benefician cada vez más de los bonos azules, que respaldan objetivos sociales y ambientales. En julio de 2023, Águas do Rio, una subsidiaria de AEGEA, la empresa privada de saneamiento más grande de Brasil, emitió cuatro bonos por un total de 1 160 millones de USD, con vencimiento en 2034 y 2042; su objetivo era financiar proyectos en categorías verdes como energías renovables; prevención y control de la contaminación; conservación de la biodiversidad; gestión sostenible del agua y las aguas residuales, y categorías sociales como infraestructura asequible y desarrollo socioeconómico (CBI, 2023[80]). Dicha emisión ejemplifica la manera de aprovechar el mercado de deuda sostenible para impulsar el desarrollo azul.

Los bonos GSSSB se han convertido en instrumentos atractivos para recaudar capital en un número creciente de sectores económicos de ALC. El sector soberano encabezó las emisiones internacionales de bonos GSSSB en el periodo 2014-2024, principalmente debido a las grandes emisiones soberanas de Chile desde mediados de 2019, cuando emitió el primer bono verde soberano de la región en los mercados internacionales. Entre 2014 y 2024, los principales sectores que emitieron bonos GSSSB en los mercados internacionales, después del soberano (51.6%), fueron el financiero (11.5%), el energético (9.6%) y el de la construcción y bienes raíces (5.6%) (Gráfico 3.23, Panel A). Los instrumentos preferidos de los emisores soberanos en el periodo de 10 años fueron los bonos sociales, sostenibles y vinculados a la sostenibilidad. Sin embargo, la participación del sector privado fue también muy importante en el periodo, especialmente en la emisión de bonos verdes y vinculados a la sostenibilidad. Los cinco sectores principales (excluida la deuda soberana) fueron los de finanzas, energía, silvicultura y papel, alimentos y bebidas, y la industria química. Junto con el sector soberano, representaron el 87.5% del total de emisiones internacionales de bonos GSSSB de la región en el periodo 2014-2024 (ECLAC, 2025[76]; Velloso and Perroti, 2023[79]).

Excluido el sector soberano, el financiero mostró el crecimiento más constante, y el energético se disparó en 2024 hasta convertirse en el emisor principal de bonos GSSSB en la región (Gráfico 3.23, Panel B). Las emisiones internacionales de bonos GSSSB del sector financiero de ALC crecen de manera constante, a medida que las instituciones financieras armonizan cada vez más el capital con los objetivos de sostenibilidad, con miras a atraer inversores centrados en la sostenibilidad. El sector energético tuvo un fuerte aumento en 2024, con el que superó al sector financiero para convertirse en el principal emisor de GSSSB de la región, después del sector soberano. En el sector energético, los bonos corporativos GSSSB son instrumentos importantes para financiar la transición energética y la descarbonización. En silvicultura y papel, estos bonos sustentan la conservación, la gestión forestal sostenible y la manufactura de bajo impacto; si bien no hubo emisiones en 2020 ni en 2022, el sector mantuvo una presencia relativamente estable. Las emisiones del sector de alimentos y bebidas alcanzaron su punto máximo en 2021, pero disminuyeron drásticamente en 2023 y 2024, en medio de la creciente vigilancia de la deforestación y las emisiones de la cadena de suministro. Los bonos GSSSB en este sector pueden apoyar un sistema alimentario más sostenible, mediante inversiones en la reducción de plásticos, la descarbonización y la resiliencia climática. Por el contrario, la industria química creció rápidamente en 2023 y 2024, dado que los bonos GSSSB financiaban cada vez más iniciativas de descarbonización y economía circular.

Gráfico 3.23. Emisión de bonos verdes, sociales, sostenibles, vinculados a la sostenibilidad y azules de ALC en los mercados internacionales, por distribución sectorial y tendencias de crecimiento, 2014-2024

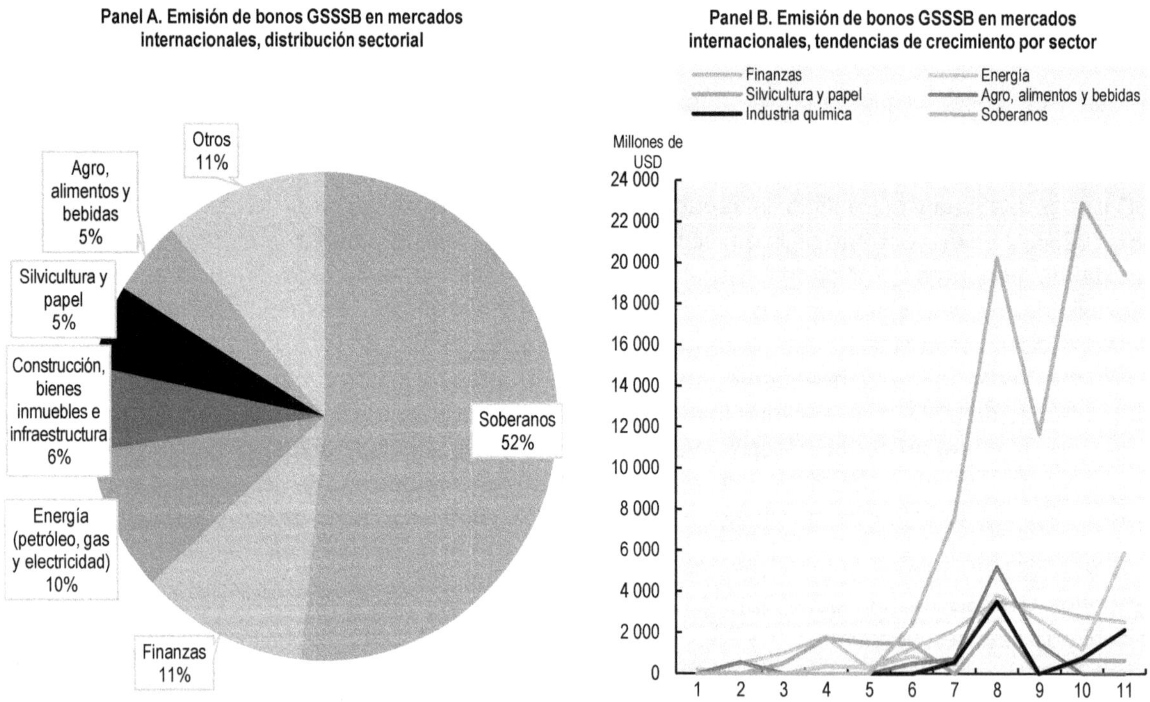

Nota: GSSSB = verdes, sociales, sostenibles, vinculados a la sostenibilidad y azules. Los datos incluyen solo bonos internacionales y se basan en fuentes del mercado, como Dealogic, LatinFinance y Bloomberg, entre otros. Panel A: "Otros" incluye: industria química (4.2%); transporte (3.1%); telecomunicaciones y tecnología de la información (2.4%); construcción y bienes inmuebles (2.0%) y productos de consumo al por menor (1.3%). El sector de soberanos incluye tres emisiones subsoberanas de bonos verdes por las provincias argentinas de La Rioja y Jujuy. El sector de infraestructura incluye cuatro bonos verdes (por un total de 6 000 millones de USD) emitidos en 2016 y 2017 por el Fideicomiso del Aeropuerto de la Ciudad de México para financiar la construcción de un nuevo aeropuerto, pero el proyecto se canceló en 2018. Panel B: Las emisiones del sector de soberanos no incluyen las emisiones subsoberanas.

Fuente: (ECLAC, 2025[76]; Velloso and Perroti, 2023[79]; OECD et al., 2024[2]).

StatLink https://stat.link/j6eu51

Brasil, Chile y México son los mayores emisores de la región en los cinco sectores principales. Chile (61.5%) y México (15.6%) representaron la mayor parte de las emisiones internacionales soberanas de bonos GSSSB. En el sector financiero predominaron las emisiones de entidades supranacionales (43.3%) y las empresas brasileñas (34.7%). En el sector energético, los principales emisores fueron Chile (33.0%), México (22.5%) y Brasil (22.5%). En silvicultura y papel, los emisores brasileños representaron el 64.6% de las emisiones internacionales de bonos GSSSB del sector durante el periodo de 10 años y los emisores chilenos, el 35.4%. Los emisores brasileños también dominaron en los sectores de alimentos y bebidas y la industria química. Tuvieron una participación del 57.2% en el sector de alimentos y bebidas, seguidos de los emisores mexicanos (25.6%), y del 40.7% en la industria química, seguidos de los emisores mexicanos y chilenos (33.0% y 20.8%, respectivamente).

Los tipos de emisores y las preferencias por ciertos instrumentos variaron en los distintos sectores entre 2014 y 2024, las empresas privadas lideraron en la mayoría de los sectores y los bonos verdes mostraron una mayor diversidad sectorial que otros instrumentos GSSSB. En los cinco sectores principales (excluido el soberano), predominaron diferentes tipos de emisores (Gráfico 3.24, Panel A). Los emisores corporativos privados (no bancarios) controlaron los sectores energético, silvicultura y papel, alimentos y bebidas e industria química. En el sector financiero predominó una mezcla de bancos privados, emisores cuasi-soberanos y entidades supranacionales. En el energético, el 78% de los emisores eran empresas privadas y el 22% eran cuasi-soberanos. Los sectores también tuvieron diferentes tipos preferidos de instrumentos. El sector energético fue el principal emisor de bonos verdes, en tanto que el soberano lideró las emisiones de bonos sostenibles, sociales, vinculados a la sostenibilidad y azules (Gráfico 3.24, Panel B). La emisión de bonos sociales, sostenibles y azules correspondió predominantemente al sector soberano, mientras que la emisión por sector de bonos verdes internacionales y bonos vinculados a la sostenibilidad (SLB) fue más diversa.

Los SLB han resultado particularmente atractivos para las empresas de ALC. Desde la perspectiva del sector privado, su atractivo radica en su flexibilidad, tanto en términos de diversidad sectorial como de calidad crediticia. Gran parte de la emisión de SLB en la región provino de emisores sin grado de inversión (alto rendimiento que representaron el 66% del total de emisiones internacionales de SLB (Gráfico 3.24, Panel B). Sin embargo, los SLB han sido objeto de escrutinio debido a preocupaciones sobre su credibilidad, en particular la falta de mejoras ambiciosas en materia de sostenibilidad después de la emisión (Sustainable Fitch, 2024[81]). Por ello, algunos inversores han vuelto a centrarse en los bonos verdes. Al igual que los SLB, los verdes han atraído a una amplia gama de emisores en todos los sectores y calificaciones crediticias, y cerca del 67% de los emisores de bonos verdes regionales entran en la categoría sin grado de inversión.

Gráfico 3.24. Emisiones internacionales de bonos GSSSB en ALC, por emisor y tipo de instrumento por sector, 2014-2024

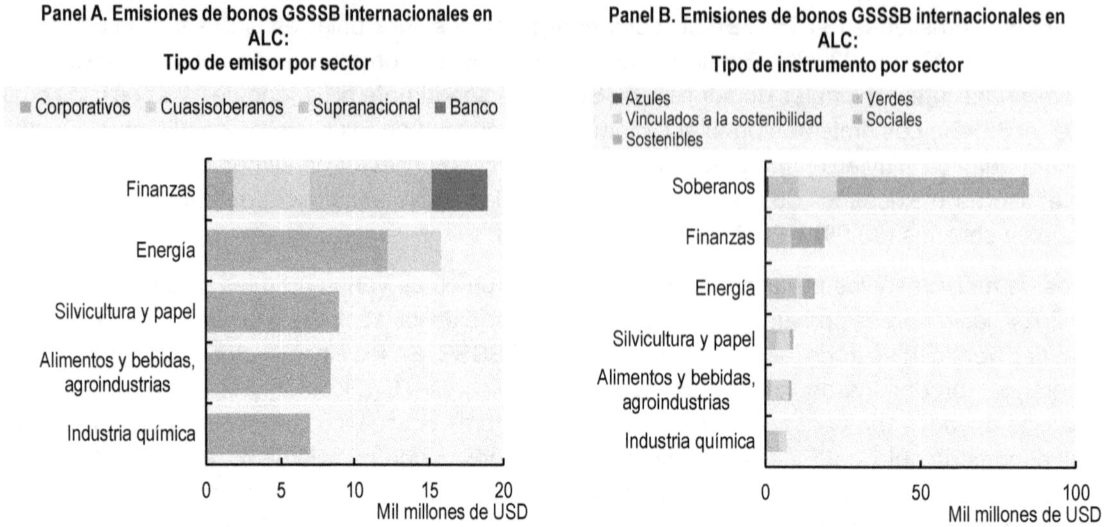

Nota: Los datos incluyen solo bonos internacionales y se basan en fuentes del mercado, como Dealogic, LatinFinance y Bloomberg, entre otros. Panel A: El gráfico incluye solo los cinco sectores principales, excluido el sector de soberanos, que representan 59 100 millones de USD (36%) del monto total de bonos internacionales verdes, sociales, sostenibles, vinculados a la sostenibilidad y azules (GSSSB) bonos emitidos por emisores de ALC de 2014 a 2024. Panel B: El gráfico incluye solo los sectores principales, que en conjunto representaron 143 910 millones de USD (87.5%) del monto total de bonos internacionales GSSSB emitidos por emisores de ALC de 2014 a 2024. SLB = bonos vinculados a la sostenibilidad.

Fuente: (ECLAC, 2025[76]; Velloso and Perroti, 2023[79]; OECD et al., 2024[2]).

StatLink https://stat.link/r1z5o8

Los bonos GSSSB pueden servir como instrumentos estratégicos para financiar sectores de alto impacto que impulsen la transición verde y apoyen la transformación productiva en ALC. Como ya se señaló, los sectores financiero, energético, de silvicultura y papel, de alimentos y bebidas y de la industria química, son importantes impulsores del crecimiento sostenible. La transición verde brinda la oportunidad de reorientar la estructura económica de la región hacia sectores de alto impacto, como energías renovables, agricultura sostenible, conservación de la biodiversidad y manufactura avanzada. Invertir en estas áreas ayuda a mitigar los riesgos climáticos y, a la vez, apoya la generación de empleos de calidad, refuerza las cadenas de valor regionales y fomenta la innovación tecnológica, todo lo cual es fundamental para emprender un camino de desarrollo transformador e inclusivo (Martinez et al., 2025[30]).

La integración de los bonos GSSSB con las políticas de desarrollo productivo verde puede mejorar en gran medida la eficacia del financiamiento sostenible en ALC. Las políticas de desarrollo productivo verde pueden proporcionar el marco estratégico necesario para que los ingresos de dichos bonos se dirijan a sectores de alto impacto generadores de rendimientos económicos y medioambientales. Algunos países mostraron esta integración por medio de iniciativas como la plataforma de 10 800 millones de dólares de Brasil – que respalda la conservación y los centros industriales verdes –, la cual representa un enfoque integral para armonizar las finanzas sostenibles con las estrategias de desarrollo productivo. Este modelo ilustra cómo las políticas de desarrollo productivo verde pueden ayudar a estructurar carteras de proyectos fuertes, mejorar la credibilidad de los instrumentos GSSSB y asegurar que el financiamiento sostenible contribuya a la transformación económica a largo plazo y no a proyectos ambientales aislados (Capítulo 2) (Martinez et al., 2025[30]).

Las iniciativas para ampliar los mercados de bonos verdes en los países de ingresos bajos y medios están cobrando impulso y la Unión Europea e instituciones de ALC asumen un papel de liderazgo. Partiendo del historial de emisión exitosa de bonos verdes en Europa, la Unión Europea avanza en su Iniciativa Global de Bonos Verdes (GGBI), diseñada para catalizar las finanzas verdes en países de ingresos bajos y medios con la movilización de 15 000 millones y 20 000 millones de euros para inversiones sostenibles (Présidence de la République, 2023[82]). Esta iniciativa combina apoyo financiero, asistencia técnica y herramientas de mitigación de riesgos para fortalecer los ecosistemas locales de bonos verdes. En ALC, el Fondo LAGreen se destaca como el primer fondo destinado a bonos verdes de la región. Iniciado en 2021 con el respaldo de la Facilidad para Inversiones en América Latina y el Caribe (LACIF) de la Unión Europea y el gobierno alemán, el LAGreen invierte en bonos verdes, brinda apoyo técnico a nuevos emisores y los ayuda a adoptar estándares de alto impacto y acceder a los mercados internacionales de capital. A finales de 2024, LAGreen había suscrito nueve bonos verdes o sociales en siete países y movilizado un total de 866 millones de USD a través de bonos en los que invirtió, para los cuales brindó asesoría y/o desarrolló capacidades. Alrededor del 83% del uso de los ingresos se destinó a proyectos verdes y el resto, a proyectos sociales (LAGreen, 2025[83]). Tanto GGBI como LAGreen pueden contribuir a la armonización de los flujos financieros con los objetivos de sostenibilidad y, a la vez, apoyar la transformación generalizada de los sistemas de producción por medio de la inversión en energía limpia, infraestructura sostenible y sectores resilientes al clima.

Marcos sólidos de finanzas sostenibles pueden garantizar la eficacia de los bonos verdes, sociales, sostenibles, vinculados a la sostenibilidad y azules

Establecer marcos sólidos de finanzas sostenibles en ALC es fundamental para regular la emisión de bonos GSSSB y dirigir la inversión hacia sectores prioritarios. Estos marcos, alineados a los objetivos nacionales de desarrollo, se basan en taxonomías, estándares, políticas y cooperación internacional, destinados a integrar factores ambientales, sociales y de gobernanza, gestionar los riesgos climáticos y facilitar el financiamiento de la sostenibilidad. A nivel internacional, dos estándares del sector privado ampliamente utilizados clasifican los bonos como sostenibles: la Asociación Internacional de Mercados de Capitales (ICMA) y los Principios y la Iniciativa de Bonos Climáticos (CBI), con la advertencia de que estas pautas generales proporcionan una lista amplia y no exhaustiva de proyectos verdes y sociales elegibles, y los emisores suelen consultar las taxonomías de terceros o sus propias clasificaciones. A nivel mundial, la emisión de bonos GSSS corporativos, que sigue diversos estándares y taxonomías internacionales, creció de menos de 150 000 millones de USD en 2014 a 450 000 millones de USD en 2023 (OECD, 2024[68]). La emisión soberana, que sigue cualquier tipo de estándares internacionales, también aumentó considerablemente durante el mismo periodo: de menos de 150 000 millones de USD a más de 300 000 millones de USD, y casi 200 000 millones de USD emitidos siguen algún tipo de taxonomía (OECD, 2024[68]). El aumento de la emisión de bonos GSSSB en ALC también alentó a los emisores de la región, públicos y privados, a desarrollar marcos más firmes que guíen la emisión y aumenten la confianza de los inversores. A finales de 2023, 14 países de ALC habían puesto en marcha iniciativas, estándares, directrices o taxonomías, con un total de 221 acciones (OECD, 2024[78]). De cara al futuro, la región necesita marcos más claros y armonizados para optimizar la transparencia, la credibilidad y la confianza de los inversores. Fortalecer la gobernanza, la coordinación y la disponibilidad de datos será fundamental para asegurar un financiamiento eficaz a largo plazo que apoye el desarrollo sostenible y la descarbonización (OECD, 2024[78]).

Al examinar los marcos de finanzas sostenibles vigentes en los países de ALC, resaltan las taxonomías verdes y sostenibles. Las taxonomías son esenciales para la credibilidad de los bonos de uso de los ingresos, como los verdes, sociales y sostenibles, ya que definen proyectos elegibles y ayudan a prevenir el *greenwashing* y el *SDG-washing* (OECD, 2024[78]). A septiembre de 2025, se habían publicado taxonomías en Argentina, Brasil, Chile, Colombia, Costa Rica, México, Panamá y República Dominicana, y estaban en desarrollo en Perú. La primera en la región fue la taxonomía verde de Colombia 2022, enfocada en los sectores de agricultura, silvicultura y otros usos de la tierra (AFOLU). Por lo común, estos marcos abarcan una o más áreas, como la mitigación y la adaptación al cambio climático, la economía circular y la biodiversidad. Por ejemplo, en Costa Rica, la primera edición de la taxonomía se centró en la mitigación y adaptación al cambio climático y ahora se está preparando una segunda edición que incluirá la conservación, restauración y uso sostenible de la biodiversidad y los ecosistemas.

Las taxonomías sostenibles y verdes son esenciales para aumentar el atractivo y la confiabilidad de los mercados regionales, pero su uso e implementación permanecen limitados en la región de ALC. Dado que no son jurídicamente vinculantes y a menudo son poco conocidos por los actores financieros, su impacto depende de que las partes interesadas clave en los sectores bancario y no bancario las adopten más ampliamente. Un ejemplo de ello es la Taxonomía de Finanzas Sostenibles de Costa Rica, que ahora se encuentra en su etapa de implementación a través de tres proyectos piloto que involucran a un conjunto diverso de actores: uno con siete bancos, un segundo con tres aseguradoras y un tercero con un fondo de inversión y un fondo de pensiones. Realizado con la Iniciativa Financiera del Programa de las Naciones Unidas para el Medio Ambiente (UNEP FI) y reguladores como la Superintendencia de Instituciones Financieras (SUGEF), Seguros (SUGESE), Valores (SUGEVAL) y Pensiones (SUPEN), el objetivo de estos proyectos piloto es construir capacidad, identificar y cerrar las brechas entre las prácticas actuales y los requisitos de la taxonomía, así como proporcionar capacitación y orientación para facilitar su adopción. Al mismo tiempo, Costa Rica está desarrollando una plataforma web para aumentar la accesibilidad de la taxonomía para reguladores, instituciones financieras, emisores, consultores, organizaciones no gubernamentales (ONG), académicos, sectores productivos y ciudadanos. La plataforma será una herramienta estratégica para apoyar la implementación y fomentar la transparencia, la estandarización y la toma de decisiones informada en inversiones sostenibles. Contará con paneles interactivos, módulos de autoevaluación, un centro de recursos con tutoriales y herramientas para comparar taxonomías y evaluar la elegibilidad (MINAE et al., 2024[84]; SUGEVAL, 2024[85]). Iniciativas de este tipo pueden funcionar como buenas prácticas para otros países de ALC que buscan mejorar la comprensión y el uso de sus taxonomías, identificar proyectos elegibles, fortalecer la armonización de los instrumentos financieros y generar confianza entre los inversores y reguladores.

Será necesario atraer IED para reducir la brecha de inversión y acelerar la transformación productiva

ALC es uno de los destinos más atractivos del mundo para la IED. En 2024, la región recibió grandes flujos de entrada de IED, representando el 12.6% de la IED mundial (ECLAC, 2025[86]). En 2024, estos flujos constituyeron el 2.8% del PIB de la región y desempeñaron un papel particularmente significativo en los países del Caribe (Gráfico 3.25). En 2024, las utilidades reinvertidas se convirtieron en el mayor componente de los flujos de IED en ALC (52%), seguidas de capital (34%) y los préstamos entre empresas (15%) (ECLAC, 2025[86]). La IED puede ser un motor clave de la transformación productiva al impulsar la productividad sectorial, promover la innovación y acelerar el desarrollo de industrias estratégicas. Las empresas extranjeras suelen superar a las nacionales debido a su acceso a tecnologías avanzadas, experiencia de gestión y mayor intensidad de capital. La IED tiene la capacidad de generar efectos indirectos positivos para las empresas locales a través de los vínculos con la cadena de suministro, la competencia, la imitación y la transferencia de conocimientos, con miras a reducir las brechas de productividad e innovación y respaldar la transformación estructural (OECD, 2019[87]; OECD et al., 2023[12]). Sin embargo, el impacto de la IED no es automático y depende de las condiciones favorables y las políticas aplicadas por los países receptores (ECLAC, 2024[88]).

Gráfico 3.25. Entradas de IED como porcentaje del PIB en países seleccionados de ALC, 2024

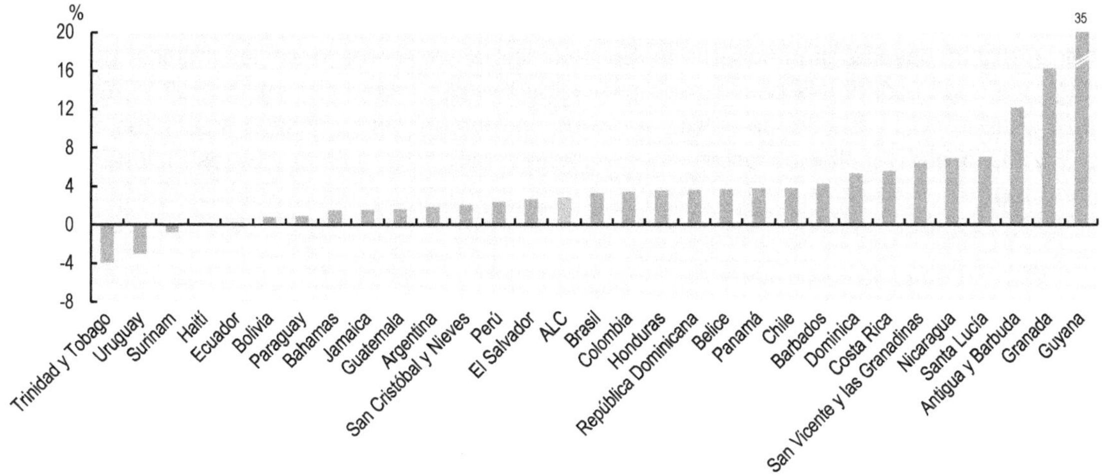

Nota: Los datos de ALC corresponden a un promedio ponderado como en (World Bank, 2025[58]).
Fuente: Cálculos de los autores con base en (World Bank, 2025[58]).

StatLink https://stat.link/72b1pe

Las tendencias de la IED reflejan los vínculos de inversión de larga data y, a la vez, destacan las oportunidades para diversificar los países de destino en toda la región. Durante las dos últimas décadas, la Unión Europea seguida de Estados Unidos han sido los principales inversores en ALC. En 2024, representaron el 40% y el 23% de la inversión total de capital, respectivamente (Gráfico 3.26, Panel A). Otras fuentes incluyeron la inversión intrarregional (6%), la República Popular China (5%) y el Reino Unido (3%). En el extremo receptor, la IED está aún concentrada en pocas economías: México (31%) y Brasil (27%) atraen la mayor parte de la IED total; Chile aumentó su participación a 23%, seguido de Colombia (7%,) y Argentina (4%) (Gráfico 3.26, Panel A). Estos patrones resaltan el potencial para ampliar la entrada de la IED a un conjunto más amplio de países de la región.

Gráfico 3.26. Origen y destino de los proyectos de IED anunciados en ALC, 2003-2024

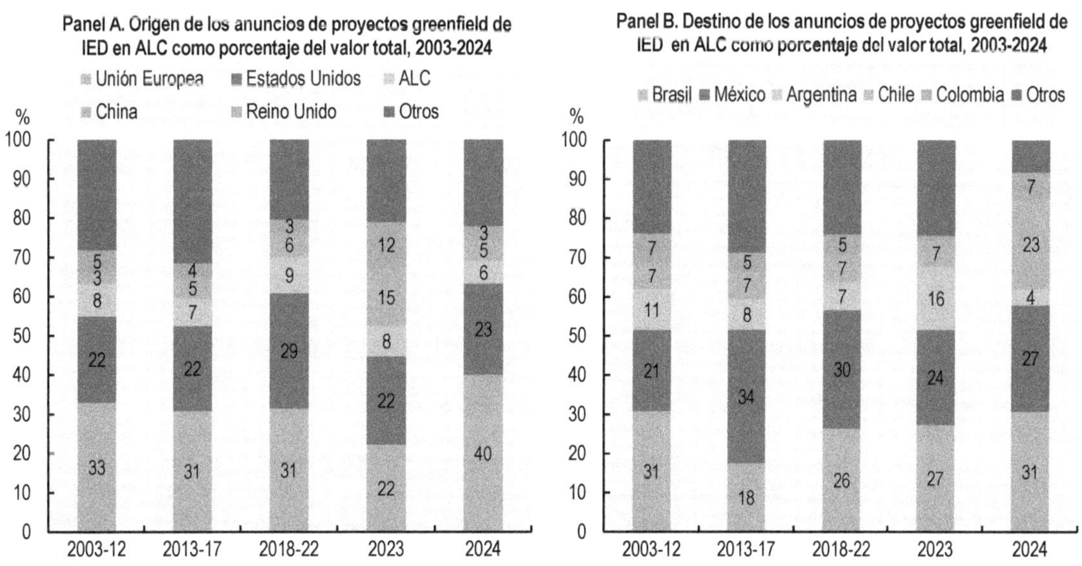

Fuente: Cálculos de los autores con base en (Financial Times, 2024[89]).

StatLink https://stat.link/8t6qv0

La IED en los sectores de tecnología media tiene el potencial de impulsar la transformación productiva

Durante la década pasada, gran parte de la IED se dirigió a sectores con niveles medios de sofisticación tecnológica. En las economías basadas en productos básicos, como Argentina, Bolivia, Brasil, Chile y Uruguay, entre el 40% y el 69% de la IED enfocada en mercancías se destinó a sectores de tecnología media y alta, lo que resalta las oportunidades de diversificar y mejorar sus estructuras productivas (Gráfico 3.27).

Gráfico 3.27. Porcentaje de la inversión de capital en proyectos de IED greenfield anunciados, por intensidad tecnológica, 2013-2023

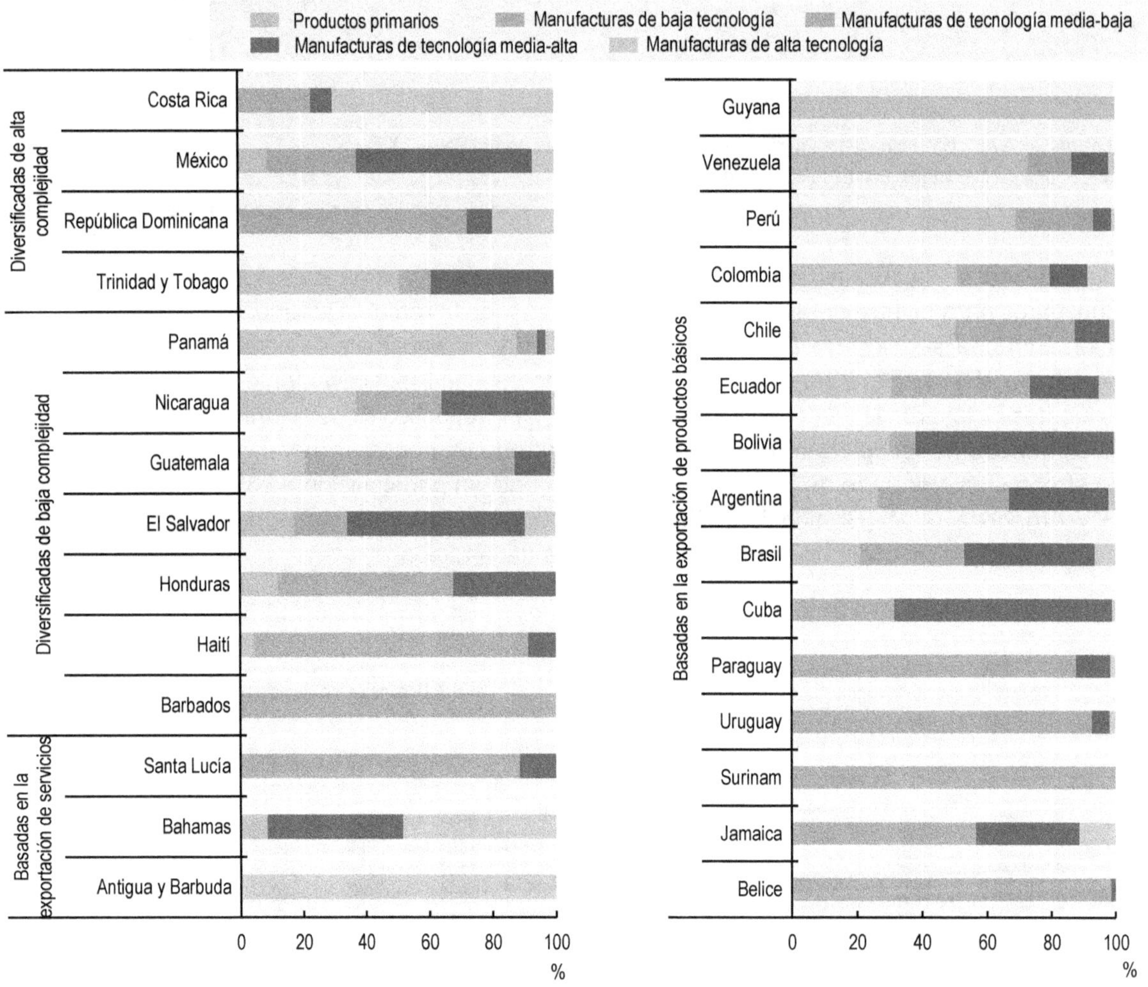

Nota: Las inversiones de capital corresponden a las divisiones A-C de la CIIU Rev.4, que abarcan el sector primario y las industrias manufactureras. Los grupos de manufactura intensiva en tecnología se basan en la clasificación tecnológica de la OCDE en la CIIU Rev.3. Economías dependientes de la exportación de productos básicos: más del 60% de sus exportaciones de mercancías son productos básicos (Argentina, Belice, Bolivia, Brasil, Chile, Colombia, Cuba, Ecuador, Guyana, Jamaica, Paraguay, Perú, Surinam, Uruguay, Venezuela). (UNCTAD, 2023[21]). Economías basadas en la exportación de servicios: tienen más del 45% del comercio de servicios (Antigua y Barbuda, Bahamas, Dominica, Granada, San Cristóbal y Nieves, Santa Lucía y San Vicente y las Granadinas). Economías ubicadas entre las 60 primeras en el Índice de Complejidad Económica (Costa Rica, República Dominicana, México y Trinidad y Tobago) se clasifican como diversificadas de alta complejidad económica (Harvard Growth Lab, 2023[22]). Las economías restantes (Barbados, El Salvador, Guatemala, Haití, Honduras, Nicaragua, Panamá) se clasifican como diversificadas de baja complejidad.
Fuente: Cálculos de los autores con base en (Financial Times, 2024[89]).

StatLink https://stat.link/cdwia6

En economías diversificadas y complejas, entre el 44% y el 88% de la IED se canalizó a industrias de tecnología media y alta. Los países exportadores de servicios también atrajeron la mayor inversión en estos segmentos, en particular en sectores orientados al aspecto digital, como productos de TIC, componentes electrónicos y productos farmacéuticos. Algunas economías menos complejas, como El Salvador y Honduras, también recibieron un alto porcentaje de IED en los sectores de tecnología media y alta (78% y 68%, respectivamente); por su parte, otras observaron que la inversión se concentraba en actividades primarias y de baja tecnología, como reflejo de la estructura actual de su base productiva.

La IED puede apoyar la transformación productiva mejorando la sofisticación y diversificación de las exportaciones, así como la capacidad industrial. Esta inversión puede generar un impacto positivo en las economías receptoras al i) alentar la difusión tecnológica, la innovación y los efectos indirectos de la productividad, ii) facilitar el acceso a los mercados internacionales y movilizar recursos para diversificar la actividad económica y expandir las bases industriales, y iii) invertir en capital humano. En ALC, un aumento del 10% en el gasto de capital de los proyectos de IED anunciados, se relaciona con un aumento de 0.05 puntos porcentuales en la participación de los productos de media y alta tecnología en las exportaciones totales, un incremento de 0.04 puntos en el índice de diversificación de las exportaciones y un aumento de 0.02 puntos porcentuales en el valor agregado de la industria manufacturera como porcentaje del PIB, manteniendo constantes los demás factores (Gráfico 3.28) (Recuadro 3.2). Estos resultados destacan la importancia de atraer inversiones de calidad para apoyar una transformación productiva sostenible e inclusiva.

Gráfico 3.28. Impacto de la inversión extranjera directa en la sofisticación de las exportaciones, la diversificación y el valor agregado manufacturero

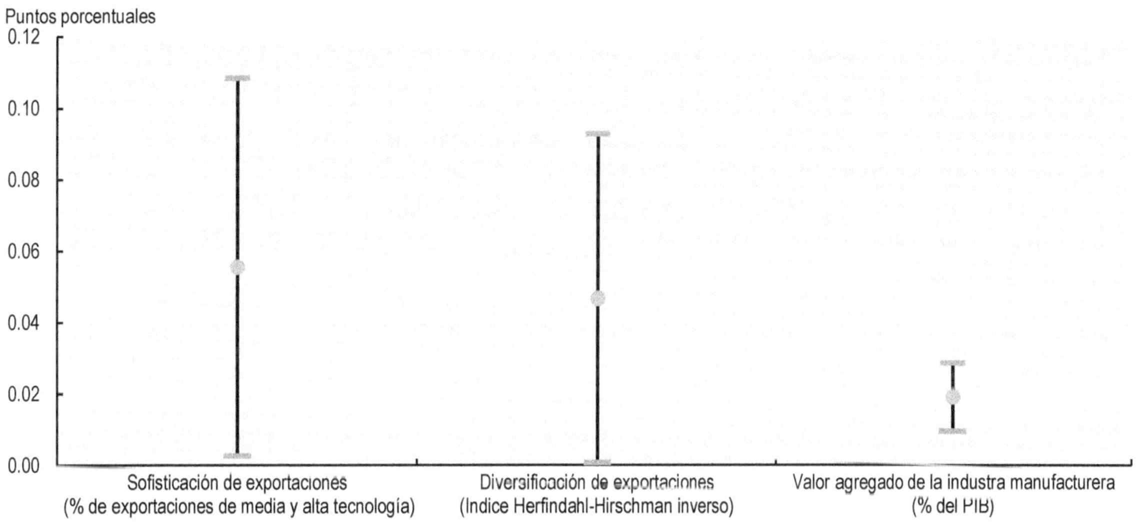

Nota: El gráfico muestra el impacto estimado en puntos porcentuales de un aumento del 10% en la inversión de capital de proyectos de IED greenfield en el porcentaje de las exportaciones de alta y media tecnología, en el índice de diversificación de las exportaciones y en la proporción del valor agregado de manufactura en relación con el producto interno bruto, junto con sus intervalos de confianza del 95%.
Fuente: Cálculos de los autores con base en (Financial Times, 2024[89]), (WITS, 2023[90]) y (World Bank, 2025[58]).

StatLink https://stat.link/8hq94u

Recuadro 3.2. Modelo empírico para estimar el impacto de la IED en la sofisticación y diversificación de exportaciones y valor agregado de la manufactura

Este análisis se basa en regresiones de panel de efectos fijos para evaluar el impacto de la inversión de capital de proyectos greenfield anunciados en dos resultados clave. El modelo cubre 28 países de ALC entre 2003 y 2023, y se especifica de la siguiente manera:

$$y_{it} = \beta_0 + \beta_1 \cdot \ln(\text{FDI capital investment}_{it-1}) + \gamma \cdot \text{controls}_{it} + \delta \cdot \text{FE}_{it} + \epsilon_{it}$$

donde y_{it}es una de las siguientes variables dependientes para el país i en el año t.

1) La sofisticación de las exportaciones mide la participación de los productos de tecnología media y alta en las exportaciones totales de mercancías. Este indicador señala la complejidad y el avance tecnológico de la estructura exportadora de un país. Los datos de las exportaciones provienen de la Solución Mundial Integrada de Comercio (WITS) y se catalogan de acuerdo con la Clasificación Tecnológica de la OCDE en ISIC Rev.3.

2) La diversificación de las exportaciones capta el grado de diversificación de la cesta de exportación de mercancías de un país. Se calcula como la inversa de la concentración de productos de exportación Índice Herfindahl-Hirschman (HHI) en la siguiente especificación: (100 – HHI). El HHI mide el nivel de concentración de las exportaciones en todos los productos, siendo los valores más altos los indicadores de una mayor concentración. Al invertir el índice, los valores más altos reflejan una estructura de exportación más diversificada. Los datos de HHI provienen de UNCTADstat.

3) El valor agregado manufacturero representa la contribución del sector manufacturero al PIB, expresada como porcentaje. Captura el nivel de mejora industrial y transformación estructural en la economía. Los datos provienen de los Indicadores de Desarrollo Mundial del Banco Mundial.

La variable explicativa es la **inversión de capital rezagada un año de la IED**, que permite capturar el efecto diferido de la implementación del proyecto. Las variables de control incluyen el PIB per cápita, la apertura comercial (comercio como porcentaje del PIB), el desarrollo financiero (crédito del sector privado como porcentaje del PIB) y la infraestructura (suscripciones de banda ancha fija por cada 100 personas). Las regresiones incluyen efectos fijos por país y por año, y los errores estándar se agrupan a nivel de país.

Los resultados muestran asociaciones empíricas sólidas, pero no establecen relaciones causales.

La IED en el sector de las energías renovables se expandió en las dos últimas décadas

La inversión de capital en energías renovables alcanzó 2 000 millones de USD en 10 proyectos en 2003, y aumentó a 27 660 millones de USD en 74 proyectos en 2024 (Gráfico 3.29, Panel A). La participación de la inversión greenfield en energías renovables en la IED total también aumentó, del 2% en 2003 al 1% en 2024 (Gráfico 3.29, Panel B). Entre 2011 y 2021, la IED en energías renovables superó sistemáticamente a la IED en combustibles fósiles, lo que indica un cambio mundial hacia fuentes de energía más limpias. Sin embargo, de 2022 a 2024, la inversión en combustibles fósiles superó a las energías renovables, impulsada principalmente por desarrollos específicos de cada país más que por una tendencia regional generalizada en ALC. La inversión en energías renovables puede contribuir a avanzar hacia una matriz energética más sostenible y diversificada, puede reducir las emisiones, bajar los costos de la energía, elevar la seguridad energética y disminuir la dependencia de las importaciones de combustibles fósiles. Además, puede promover la productividad, generar empleo formal y apoyar un camino de desarrollo más resiliente e inclusivo (OECD et al., 2022[91]).

Gráfico 3.29. Inversión extranjera directa greenfield anunciada en energías renovables en ALC, 2003-2024

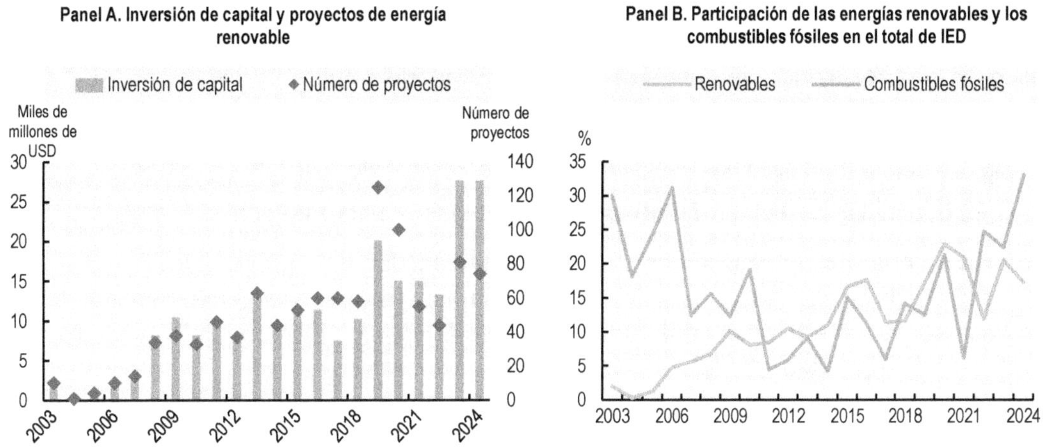

Nota: Los gráficos incluyen 27 países de ALC: Argentina, Barbados, Belice, Bolivia, Brasil, Chile, Colombia, Costa Rica, Cuba, Ecuador, El Salvador, Guatemala, Guyana, Haití, Honduras, Jamaica, México, Nicaragua, Panamá, Paraguay, Perú, República Dominicana, Santa Lucía, Surinam, Trinidad y Tobago, Uruguay y Venezuela.
Fuente: Cálculos de los autores con base en (Financial Times, 2024[89]).

StatLink https://stat.link/3ckml0

La IED desempeña una función importante en el avance de la transición verde en ALC. La inversión en energías renovables está positivamente asociada tanto con la expansión de la oferta de energía limpia como con la transformación de las matrices energéticas de los países receptores. En ALC, el aumento del 10% en la inversión de capital en el sector de energías renovables se asocia con un aumento de 0.79 toneladas de equivalente de petróleo (tep) por cada 1 000 personas en la oferta de energía renovable. También corresponde a un aumento de 0.03 tep por millón de USD del PIB (paridad de poder de compra) y a un aumento de 0.19 puntos porcentuales en la participación de las energías renovables en la matriz energética, manteniendo constantes los demás factores (Gráfico 3.30) (Recuadro 3.3). Estos resultados indican que la IED greenfield puede resultar particularmente eficaz para impulsar la transición energética de la región, con efectos tecnológicos indirectos potencialmente mayores, salvaguardias ambientales más fuertes o una mayor armonización con los objetivos de sostenibilidad a largo plazo.

Gráfico 3.30. Impacto de la IED en la oferta de energía renovable y en la matriz energética

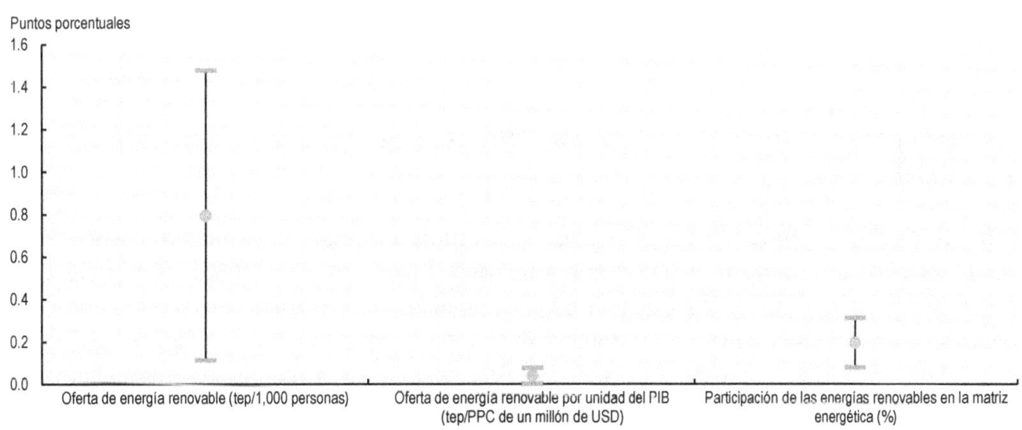

Nota: Tep = toneladas de equivalente de petróleo. PIB = producto interno bruto. PPC = paridad del poder de compra. El gráfico muestra el impacto estimado en puntos porcentuales de un aumento del 10% en la inversión de capital de los proyectos anunciados de inversión directa extranjera en energías renovables sobre tres variables, junto con sus intervalos de confianza del 95%.
Fuente: Cálculos de los autores con base en (IRENA, 2023[92]), (Financial Times, 2024[89]) y (OLADE, 2023[93]).

StatLink https://stat.link/p31jec

Recuadro 3.3. Modelo empírico para estimar el efecto de la IED en la matriz energética

Este análisis se basa en regresiones de panel de efectos fijos para evaluar el impacto de la IED greenfield en tres resultados de energía renovable. El modelo cubre 16 países de ALC durante el periodo 2003-2023 y se especifica de la siguiente manera:

$$y_{it} = \beta_0 + \beta_1 \cdot \ln(\text{capital investment}_{it-2}) + \gamma \cdot \text{controls}_{it} + \delta \cdot \text{FE}_{it} + \epsilon_{it}$$

donde y_{it} es una de las siguientes variables dependientes por país i en el año t:

1) La oferta de energía renovable per cápita mide la cantidad de energía renovable disponible por persona, expresada en toneladas de equivalente de petróleo (tep) por cada 1 000 habitantes. Es reflejo de la intensidad de la oferta de energía renovable en relación con el tamaño de la población, y brinda información sobre el acceso y la distribución de energías limpias.

2) El suministro de energía renovable por unidad de producción muestra el volumen de energía renovable suministrado por unidad de producción económica, medido en tep por millón de USD del PIB (PPC). Sirve como indicador de la intensidad energética de la economía y señala la eficiencia con la que se integra la energía renovable en la producción.

3) La participación de las energías renovables en la matriz energética primaria representa la proporción de la energía primaria de un país derivada de fuentes renovables. Refleja el nivel de integración de las energías renovables en la matriz energética nacional y la tendencia a eliminar la dependencia de los combustibles fósiles.

Todas las variables dependientes provienen de OLADE-sieLAC, base de datos regional integral que recopila y homologa las estadísticas de energía para la región.

La principal variable explicativa es la **inversión de capital con un rezago de dos años** de los proyectos anunciados de energía renovable, lo que permite capturar el efecto diferido entre los anuncios de proyectos y el impacto operativo. Se obtiene de la base de datos fDi Markets, la cual rastrea la inversión *greenfield* transfronteriza.

Las variables de control incluyen el consumo de electricidad (megavatios hora por cada 1 000 personas) y la inversión pública en energía renovable con un rezago de dos años (como porcentaje del PIB). Las regresiones incluyen efectos fijos por país y año, y los errores estándar se agrupan a nivel de país.

Los resultados reflejan asociaciones empíricas sólidas, pero no establecen relaciones causales.

Integrar estrategias de inversión extranjera directa con políticas de desarrollo productivo verde

Las políticas de desarrollo productivo verde ofrecen un marco integral para maximizar el impacto de la IED en el desarrollo, al canalizar estratégicamente esta inversión a sectores que generan a la vez crecimiento económico y sostenibilidad ambiental. Las políticas de desarrollo productivo verde rebasan la promoción tradicional de inversiones al establecer criterios claros para el desarrollo de cadenas de valor verdes, requisitos para la transferencia de tecnología y resultados ambientales cuantificables. Esto es particularmente relevante para ALC, dada la transición de la región hacia la energía renovable y la manufactura sostenible (Martinez et al., 2025[30]). Los países que ponen en marcha políticas de desarrollo productivo verde pueden aprovechar la IED para crear ventajas competitivas en sectores verdes emergentes. Así lo demuestran i) los avances de Argentina en agricultura sostenible y la extracción de litio, que ilustran en qué forma las políticas de desarrollo productivo verde ayudan a los países a posicionarse estratégicamente en las cadenas globales de valor verde y, al mismo tiempo, atraen IED de calidad que apoya tanto la diversificación de las exportaciones como los objetivos medioambientales, y ii) el desarrollo de la industria de autobuses eléctricos de Brasil, que muestra cómo las políticas coordinadas pueden atraer inversión extranjera, en tanto desarrollan capacidades nacionales en tecnologías de transporte limpias. El éxito de la integración de la IED con las políticas de desarrollo productivo verde depende del establecimiento de vías de transición claras, normas regulatorias armonizadas y sistemas de seguimiento firmes que establezcan objetivos específicos para transferir tecnologías verdes, generar empleos de calidad en sectores sostenibles y reducir el impacto ambiental. Estas medidas garantizan que la IED contribuya a la transformación a largo plazo y no a ganancias a corto plazo, un enfoque esencial para los países de ALC que buscan dejar de depender de los productos básicos y avanzar a estructuras de producción más sofisticadas y medioambientalmente sostenibles.

Recomendaciones de políticas

Mejorar la movilización de recursos domésticos es esencial para financiar una transformación productiva inclusiva y sostenible en ALC. En un contexto de espacio fiscal limitado y crecientes dificultades en materia de desarrollo, es preciso que los gobiernos aumenten la movilización de fondos públicos a través de impuestos más eficaces, mayor eficiencia del gasto y una mejor gestión de la deuda. Al mismo tiempo, tendrán que diseñar políticas que canalicen los recursos privados hacia inversiones alineadas con los objetivos nacionales de desarrollo. Esto incluye ampliar la función de las instituciones financieras de desarrollo y alinear sus actividades más estrechamente con los objetivos de desarrollo a largo plazo. De igual manera, fortalecer los marcos de política para los mercados de capital será clave para fomentar la inversión a largo plazo y a la vez procurar que la IED contribuya más eficazmente a la transformación productiva y al crecimiento sostenible. En el Recuadro 3.4 se presentan las principales recomendaciones de política para ALC relativas al financiamiento de la transformación productiva.

Recuadro 3.4. Recomendaciones políticas clave

Mejorar la movilización de recursos nacionales para financiar una transformación productiva inclusiva y sostenible en ALC

- Fortalecer la movilización de ingresos fiscales ampliando la base imponible, aumentando la proporción de impuestos directos y reduciendo los gastos tributarios y subsidios ineficientes y regresivos.
- Aprovechar los ingresos fiscales relacionados con el medioambiente mediante la expansión de impuestos a la energía y a la contaminación, y la eliminación progresiva de los subsidios a los combustibles fósiles, protegiendo al mismo tiempo a los hogares vulnerables.
- Mejorar el diseño de los incentivos del impuesto sobre las sociedades para movilizar mejor la inversión alineada con las políticas nacionales de desarrollo, y dar prioridad a las herramientas basadas en el gasto sobre las basadas en los ingresos.
    - Reforzar las estrategias de focalización al establecer criterios de admisibilidad claros, cuantificables y estables, y minimizar las distorsiones y las cargas administrativas.
    - Institucionalizar el seguimiento y la evaluación al establecer requisitos para revisiones sistemáticas, informes de gastos fiscales y evaluaciones.
    - Mejorar la gobernanza y la transparencia, por ejemplo, al consolidar los incentivos en la legislación fiscal, asegurar la supervisión de los ministerios y fomentar la coordinación interinstitucional.

- Incrementar la moral tributaria mejorando la transparencia, el uso eficiente de los ingresos fiscales y la participación activa de las personas.
- Alinear más estrechamente a las IFD con las políticas de desarrollo productivo, clarificando sus mandatos, financiando sectores estratégicos y proyectos para el bien público, y fortaleciendo su función en los espacios de inteligencia de mercado y gobernanza.
- Ampliar y diversificar los instrumentos financieros ofrecidos por las IFD nacionales para integrar mejor los objetivos verdes, digitales y con perspectiva de género, y fortalecer la capacidad técnica para el financiamiento climático y la gestión de riesgos.
- Optimizar la colaboración entre los bancos multilaterales de desarrollo, las IFD bilaterales y las IFD nacionales para reducir la fragmentación, adaptándose a las prioridades nacionales y ampliar las líneas cohesivas para inversiones verdes, digitales e inclusivas.
- Extender el apoyo de los BMD y las IFD bilaterales a las IFD nacionales para movilizar capital privado, promover la inclusión financiera (especialmente para las MiPymes) y armonizar las carteras con los objetivos climáticos y sociales.

Fortalecer los mercados de capitales para canalizar el financiamiento hacia la productividad, la descarbonización y la transformación inclusiva

- Aumentar la profundidad del mercado, la liquidez y el financiamiento a largo plazo mediante la ampliación de la participación de los inversores institucionales en los mercados financieros nacionales.
- Modernizar los marcos regulatorios para agilizar los procesos, disminuir los costos del cumplimiento, atraer a nuevos emisores y reducir las barreras para los inversores extranjeros en los mercados de bonos y acciones.
- Reducir los costos de emisión con políticas que simplifiquen los procedimientos, mejoren la infraestructura del mercado, fomenten la competencia entre intermediarios y promuevan una mayor participación de los emisores en sectores armonizados con la transformación productiva.
- Promover la integración financiera regional para ampliar las oportunidades de inversión, aumentar la eficiencia del mercado, incrementar la liquidez y reducir los costos y riesgos de transacción.
- Fortalecer la integración de los bonos GSSSB en las políticas de desarrollo productivo para garantizar que los recursos financien sectores de alto impacto que impulsen la descarbonización, la competitividad y la transformación económica a largo plazo.
- Ampliar las iniciativas regionales e internacionales para brindar asistencia técnica, herramientas de mitigación de riesgos y desarrollo de capacidades para los nuevos emisores de bonos GSSSB, abriendo el acceso al mercado y escalando la inversión sostenible.
- Desarrollar y armonizar marcos y taxonomías de finanzas sostenibles en ALC para elevar la transparencia, prevenir el *greenwashing* y el *SDG-washing*, y reforzar la confianza de los inversores en los mercados de capitales de la región.

Dirigir la IED hacia los objetivos de transformación productiva

- Promover la IED de calidad hacia objetivos de desarrollo a largo plazo, asegurando que la inversión contribuya a la transformación productiva, la innovación y el crecimiento sostenible.
- Impulsar la IED en energías renovables, aprovechando instrumentos como incentivos fiscales, tarifas reguladas, acuerdos estandarizados de compra de energía y subastas de energías renovables.
- Reforzar los marcos de promoción de las inversiones mediante el fortalecimiento de agencias, la mejora de la coordinación entre los niveles de gobierno y el fomento de la cooperación

internacional para aumentar el tamaño del mercado, diversificar a los inversores y ampliar la base de los países receptores.

- Fortalecer el entorno propicio para la IED al reforzar la estabilidad macroeconómica, mejorar la infraestructura, invertir en el desarrollo de capacidades, profundizar los mercados financieros y aumentar la certidumbre regulatoria.

Notas

[1] Para ALC, el estudio de la UNCTAD se centra en 19 países (ALC19). Cubre siete países centroamericanos: Belice, Costa Rica, El Salvador, Guatemala, Honduras, México y Panamá; tres países del Caribe: República Dominicana, Haití y Jamaica, y nueve países de América del Sur: Argentina, Bolivia, Brasil, Chile, Colombia, Ecuador, Perú, Uruguay y Venezuela. Al calcular el costo total de avanzar hacia los Objetivos de Desarrollo Sostenible (ODS), la UNCTAD se centra en el gasto público, pero también considera otras fuentes de financiamiento, como la IED y la ayuda oficial al desarrollo. La metodología hace hincapié en la importancia del gasto público para lograr los ODS y, al mismo tiempo, reconoce el papel que desempeñan la inversión privada y el financiamiento externo. Destaca la necesidad de tener precaución en la interpretación de los resultados, debido a las limitaciones y supuestos de los datos, proporcionando información valiosa sobre el avance hacia los ODS e identificando las brechas de financiamiento para que los responsables de la formulación de políticas públicas las aborden.

[2] Las brechas de financiamiento por área prioritaria de los ODS se basan en las estimaciones de (UNCTAD, 2023[3]) y representan déficits anuales promedio. Dado que muchas de estas brechas se calcularon por separado, no deben sumarse para derivar una brecha de financiamiento total.

[3] Las tasas impositivas efectivas promedio evalúan las decisiones de invertir por amplio margen. Resumen el efecto de la tributación sobre la decisión de invertir en proyectos comparables, pero mutuamente exclusivos, dando por hecho que los proyectos de inversión reciben ingresos económicos durante toda su vida. Las tasas impositivas efectivas marginales miden la carga tributaria sobre un proyecto que recién llega al equilibrio antes de impuestos para evaluar las decisiones de inversión en el margen intensivo, es decir, cuánto invertir cuando se ha definido la ubicación o la actividad. Para obtener más detalles sobre los cálculos de las tasas impositivas efectivas promedio y las tasas impositivas efectivas marginales, consulte (Hanappi et al., 2023[14]).

[4] El estudio sobre los incentivos del impuesto sobre sociedades en ALC se benefició del apoyo financiero de la Agencia Española de Cooperación para el Desarrollo (AECID) en el marco de las actividades dirigidas a mejorar los sistemas fiscales de ALC.

[5] En este caso, los bancos públicos de desarrollo no incluyen otras IFD nacionales. La categoría más amplia de IFD nacionales abarca una amplia gama de instituciones financieras, incluidos los bancos públicos de desarrollo, los fondos de garantía y otros.

Referencias

AFD (2025), *Developing bioeconomics in the Amazon to protect the planet*, Agence française de développement, https://www.afd.fr/en/developing-bioeconomics-amazon-brazil. [52]

AFD (2024), *Bancóldex Accesses Transformational Credit Line of US100 Million from AFD*, https://www.afd.fr/en/actualites/communique-de-presse/bancoldex-accesses-transformational-credit-line-us100-million-afd. [53]

AFD (2024), *Supporting the financing of Costa Rica's climate targets alongside BNCR*, https://www.afd.fr/en/projects/supporting-financing-costa-ricas-climate-targets-alongside-bncr. [51]

AfDB Group (2025), *Transition Support Facility*, https://www.afdb.org/en/topics-and-sectors/topics/fragility-and-resilience/transition-support-facility. [46]

Agostini, C. and M. Jorrat (2013), *Política Tributaria para Mejorar la Inversión y el Crecimiento en América Latina*, Macroeconomics of Development Series No. 130, ECLAC, Santiago, https://www.cepal.org/es/publicaciones/5361-politica-tributaria-mejorar-la-inversion-crecimiento-america-latina. [22]

Ahluwalia, S. and K. Sul (2024), "Pathways to success: The interplay of industry and venture capital clusters in entrepreneurial company exits", *Journal of Risk and Financial Management 17*, https://doi.org/10.3390/jrfm17040159. [67]

Alejandro Nin-Pratt, C. (2018), *The agricultural R&D investment gap in Latin America and the Caribbean*, International Food Policy Research Institute (IFPRI), https://www.asti.cgiar.org/publications/lac-rnd-investment-gap. [9]

ALIDE (2025), *Hub de Bancas de Desarrollo*, https://hubdebanca.alide.org/. [50]

Antonio García Zaballos, E. (2023), *Informe anual del Índice de Desarrollo de la Banda Ancha*, https://doi.org/10.18235/0004960. [7]

Artana, D. and I. Templado (2015), *La eficacia de los incentivos fiscales: El caso de las zonas francas de exportación de Costa Rica, El Salvador y República Dominicana*, IDB, https://publications.iadb.org/es/publicacion/13868/la-eficacia-de-los-incentivos-fiscales-el-caso-de-las-zonas-francas-de. [24]

Bonita, D. et al. (2020), *Cross-Border Integration of Capital Markets-Lessons from Northern Europe and Emerging Asia for the LAC Region*, Columbia School of International and Public Affairs, https://www.sipa.columbia.edu/sites/default/files/migrated/downloads/SIPA-IDB%2520Capstone_Cross-Border%2520Integration%2520of%2520Capital%2520Markets%2520in%2520Latin%2520America%2520%2528Final%2529.pdf. [71]

Bown, C. (2017), *Better Neighbors: Toward a Renewal of Economic Integration in Latin America*, World Bank, Washington, DC, https://openknowledge.worldbank.org/entities/publication/a675c19d-1a46-5e58-9919-788f16c4d7f3. [72]

Brichetti, J. et al. (2021), *The Infrastructure Gap in Latin America and the Caribbean: Investment Needed Through 2030 to Meet the Sustainable Development Goals*, Inter-American Development Bank, Washington, DC, https://doi.org/10.18235/0003759. [5]

CAF (2025), *The role of multilateral development banks*, https://red20.caf.com/en/chapter-5-latin-america-and-the-caribbean-towards-sustainable-development-in-the-21st-century/the-role-of-multilateral-development-banks/. [44]

Castañeda, N. (2024), "Fairness and tax morale in developing countries", *Studies in Comparative International Development*, Vol. 59, pp. 113-137, https://doi.org/10.1007/s12116-023-09394-z. [34]

Cavallo, E. and A. Powell (2019), *Latin American and Caribbean Macroeconomic Report: Building Opportunities to Grow in a Challenging World*, https://doi.org/10.18235/0001633. [6]

CBI (2023), *Global State of the Market Report 2023*, Climate Bonds Initiative, https://www.climatebonds.net/files/reports/cbi_sotm23_02h.pdf. [80]

Celani, A., L. Dressler and M. Wermelinger (2022), "Building an Investment Tax Incentives database: Methodology and initial findings for 36 developing countries", *OECD Working Papers on International Investment*, No. 2022/01, OECD Publishing, Paris, https://doi.org/10.1787/62e075a9-en. [21]

CIAT (2025), *Panorama de los gastos tributarios en América Latina*, https://www.ciat.org/Biblioteca/DocumentosdeTrabajo/2025/DT_04_Pelaez.pdf. [20]

Cipoletta Tomassian, G. and E. Perez Caldentey (2024), *Banca de desarrollo e instrumentos de financiamiento para promover las políticas productivas*, serie Financiamiento para el Desarrollo, N° 277 (LC/TS.2024/123), Comisión Económica para América Latina y el Caribe (CEPAL), Santiago, https://repositorio.cepal.org/handle/11362/81092. [39]

Cordonnier, J. and D. Saygin (2022), "Green hydrogen opportunities for emerging and developing economies: Identifying success factors for market development and building enabling conditions", *OECD Environment Working Papers*, No. 205, OECD Publishing, Paris, https://doi.org/10.1787/53ad9f22-en. [11]

CPI (2024), *Partnering to Finance Adaptation: Climate Policy Initiative*, https://www.climatepolicyinitiative.org/wp-content/uploads/2024/09/CPI_Partnering-for-Finance-Adaptation.pdf. [48]

ECLAC (2025), *Capital flows to Latin America and the Caribbean: 2024 year-in-review and early 2025 developments*, Economic Commission for Latin America and the Caribbean, Washington, DC, https://www.cepal.org/en/publications/81550-capital-flows-latin-america-and-caribbean-2024-year-review-and-early. [76]

ECLAC (2025), *Foreign Direct Investment in Latin America and the Caribbean, 2025*, Economic Commission for Latin America and the Caribbean, https://www.cepal.org/en/publications/type/foreign-direct-investment-latin-america-and-caribbean. [86]

ECLAC (2024), *Foreign Direct Investment in Latin America and the Caribbean, 2024*, Economic Commission for Latin America and the Caribbean, https://www.cepal.org/en/publications/80565-foreign-direct-investment-latin-america-and-caribbean-2024. [88]

ECLAC (2021), *Hacia un sistema nacional de garantías: antecedentes, mejores prácticas e implicancias para el caso argentino*, https://www.cepal.org/es/publicaciones/47292-un-sistema-nacional-garantias-antecedentes-mejores-practicas-implicancias-caso. [41]

ECLAC/OXFAM International (2020), *Tax Incentives for Businesses in Latin America and the Caribbean*, Project Documents, Santiago, https://oxfamilibrary.openrepository.com/bitstream/handle/10546/620921/rr-tax-incentives-businesses-latin-america-caribbean-090919-summ-en.pdf. [23]

EIB (2024), *Climate financing in Latin America and the Caribbean: How are public development banks supporting the climate transition?*, European Investment Bank, https://www.eib.org/en/publications/20240047-climate-financing-in-latin-america-and-the-caribbean. [42]

FAO and ECLAC (2021), *The Outlook for Agriculture and Rural Development in the Americas: A perspective on Latin America and the Caribbean*, ECLAC, San José, https://repositorio.cepal.org/server/api/core/bitstreams/6114026f-7ba8-46fe-ab95-439221876a0f/content. [49]

Fernández-Arias, E., R. Hausmann and U. Panizza (2019), *Smart Development Banks*, Inter-American Development Bank, Washington, DC, https://publications.iadb.org/en/smart-development-banks. [43]

Financial Times (2024), *fDi Markets*, https://www.fdimarkets.com/. [89]

Fiorella, A. and T. Didier (2024), *Boosting SME Finance for Growth: The Case for More Effective Support Policies*, The World Bank, https://documents1.worldbank.org/curated/en/099092724122562655/pdf/P1790051b7ddde0d51b13b12b908018aa52.pdf. [59]

Florian, L. (2025), *Mapping Financial Support from Major Multilateral Development Banks (MDBs) to Public Development Banks (PDBs)*, FERDI Report, https://ferdi.fr/en/publications/260d08f8-1fd6-4e48-81e3-f26334555d79. [45]

Gallup (2023), *Gallup World Poll 2023*, https://www.gallup.com/analytics/318875/global-research.aspx. [36]

Gascon et al. (forthcoming), *Investment Tax Incentives in Latin America and the Caribbean: An analysis using effective tax rates.* [25]

Hanappi, T. et al. (2023), *Corporate Effective Tax Rates in Latin America and the Caribbean*, https://doi.org/10.18235/0005168. [14]

IDB (2025), *Support to Bancoldex for the Execution of the Loan Programs under the CCLIP for Business Development in Colombia*, Inter-American Development Bank, Washington, DC, https://www.iadb.org/en/project/CO-T1756. [54]

IFAC/ACCA (2024), *Public Trust in Tax 2024 – Latin America and Beyond*, OECD Publishing, Paris, https://doi.org/10.1787/52ce48d5-en. [31]

IMF (2025), *World Economic Outlook Database*, International Monetary Fund, Washington, DC, https://www.imf.org/en/Publications/WEO/weo-database/2025/april/weo-report?a=1&c=001,110,505,903,205,400,603,&s=NID_NGDP,&sy=2023&ey=2030&ssm=0&scsm=1&scc=0&ssd=1&ssc=0&sic=0&sort=country&ds=.&br=1. [1]

IMF et al. (2015), *Options for Low Income Countries' Effective and Efficient Use of Incentives for Investment*, G20 Development Working Group, https://www.tax-platform.org/sites/pct/files/publications/100756-Tax-incentives-Main-report-options-PUBLIC_0.pdf. [15]

IRENA (2023), *Renewable Energy Statistics*, International Renewable Energy Agency, https://www.irena.org/Data. [92]

James, S. (2020), *Tax and Non-Tax Incentives and Investments: Evidence and Policy Implications*, https://papers.ssrn.com/sol3/papers.cfm?abstract_id=2401905. [17]

Jiajun, X. et al. (2025), "What are public development banks and development financing institutions? Qualification criteria, stylized facts and development trends", *China Economic Quarterly International*, Vol. 1/4, pp. 271-294, https://doi.org/10.18170/DVN/VLG6SN. [40]

LACIF (2025), *COFIDES unveils the Kuali Fund, a pioneer in climate mitigation and adaptation*, https://www.eulaif.eu/en/news/cofides-unveils-kuali-fund-pioneer-climate-mitigation-and-adaptation. [55]

LAGreen (2025), *Impact Report 2024*, https://lagreen.lu/wp-content/uploads/2023/04/LAGreen-Impact-Report-2023-1.pdf. [83]

Latinobarometro (2023), *Latinobarometro (database)*, https://www.latinobarometro.org. [35]

Martinez, I. et al. (2025), *Unleashing sustainable growth: Financing green productive development policies in Latin America and the Caribbean*, Project Documents (LC/WAS/TS.2024/7) (LC/TS.2025/17), Economic Commission for Latin America and the Caribbean (ECLAC), Santiago, https://www.cepal.org/sites/default/files/news/files/unleashing-sustainable-growth-2401274e_web.pdf. [30]

Medina, A., A. de la Cruz and Y. Tang (2022), "Corporate ownership and concentration", *OECD Corporate Governance Working Papers*, No. 27, OECD Publishing, Paris, https://doi.org/10.1787/bc3adca3-en. [61]

Méndez Lobos, L. and E. Pérez Caldentey (forthcoming), *The decoupling of profitability among larger firms in Latin America and its consequences for investment and growth*. [77]

MINAE et al. (2024), *Taxonomía de Finanzas Sostenibles de Costa Rica*, San José, Costa Rica, https://www.sugeval.fi.cr/Informacion-inversionistas/Documentosvarios/120824%20Taxonomi%CC%81a%20de%20Finanzas%20Sostenibles%20de%20Costa%20Rica.pdf. [84]

Nuam (2025), *Market capitalization database*. [75]

Nuam exchange (2025), *About nuam*, https://www.nuamx.com/en/about-nuam. [73]

OECD (2025), *Asia Capital Markets Report 2025*, OECD Capital Market Series, OECD Publishing, Paris, https://doi.org/10.1787/02172cdc-en. [62]

OECD (2025), *Equity Markets for Growth Companies*, OECD Publishing, Paris, https://doi.org/10.1787/bbffd4f7-en. [64]

OECD (2025), “OECD Investment Tax Incentives Database 2024 update: Corporate income tax incentives in emerging and developing economies”, *OECD Business and Finance Policy Papers*, No. 79, OECD, Paris Cedex 16, https://doi.org/10.1787/b0de19dc-en. [26]

OECD (2025), *R&D tax incentives*, https://www.oecd.org/en/topics/r&d-tax-incentives.html. [28]

OECD (2024), *Capital Market Series (dataset)*, https://www.oecd.org/en/publications/oecd-capital-market-series_426984a7-en.html. [69]

OECD (2024), *Corporate Bond Markets in Asia: Challenges and Opportunities for Growth Companies*, OECD Capital Market Series, OECD Publishing, Paris, https://doi.org/10.1787/96192f4a-en. [70]

OECD (2024), *Corporate Tax Statistics 2024*, OECD Publishing, Paris, https://doi.org/10.1787/9c27d6e8-en. [13]

OECD (2024), *Financing SMEs and Entrepreneurs 2024: An OECD Scoreboard*, OECD Publishing, Paris, https://doi.org/10.1787/fa521246-en. [57]

OECD (2024), *Global Debt Report 2024: Bond Markets in a High-Debt Environment*, OECD Publishing, Paris, https://doi.org/10.1787/91844ea2-en. [68]

OECD (2024), *Multilateral Development Finance 2024*, OECD Publishing, Paris, https://doi.org/10.1787/8f1e2b9b-en. [47]

OECD (2024), *OECD Capital Market Review of the Philippines 2024*, OECD Capital Market Series, OECD Publishing, Paris, https://doi.org/10.1787/80afb228-en. [63]

OECD (2024), “The surge of Green, Social, Sustainability and Sustainability-linked (GSSS) bonds in Latin America and the Caribbean: Facts and policy implications”, *OECD Development Policy Papers*, No. 56, OECD Publishing, Paris, https://doi.org/10.1787/f1c893a3-en. [78]

OECD (2022), *Tax Incentives and the Global Minimum Corporate Tax: Reconsidering Tax Incentives after the GloBE Rules*, OECD Publishing, Paris, https://doi.org/10.1787/25d30b96-en. [27]

OECD (2022), *Tax Policy and Gender Equality: A Stocktake of Country Approaches*, OECD Publishing, Paris, https://doi.org/10.1787/b8177aea-en. [38]

OECD (2021), *Building Tax Culture, Compliance and Citizenship: A Global Source Book on Taxpayer Education, Second Edition*, OECD Publishing, Paris, https://doi.org/10.1787/18585eb1-en. [37]

OECD (2019), *FDI Qualities Indicators: Measuring the sustainable development impacts of investment*, OECD Publishing, Paris, https://doi.org/10.1787/0894dfba-en. [87]

OECD (2019), *Tax Morale: What Drives People and Businesses to Pay Tax?*, OECD Publishing, Paris, https://doi.org/10.1787/f3d8ea10-en. [33]

OECD (forthcoming), *Tax Incentive Policymaking: A Practical Guide*, OECD Publishing, Paris. [16]

OECD et al. (2023), *Latin American Economic Outlook 2023: Investing in Sustainable Development*, OECD Publishing, Paris, https://doi.org/10.1787/8c93ff6e-en. [12]

OECD et al. (2024), *Latin American Economic Outlook 2024: Financing Sustainable Development*, OECD Publishing, Paris, https://doi.org/10.1787/c437947f-en. [2]

OECD et al. (2025), *Revenue Statistics in Latin America and the Caribbean 2025*, OECD Publishing, Paris, https://doi.org/10.1787/7594fbdd-en. [10]

OECD et al. (2022), *Latin American Economic Outlook 2022: Towards a Green and Just Transition*, OECD Publishing, Paris, https://doi.org/10.1787/3d5554fc-en. [91]

OLADE (2023), *sieLAC: Energy Information System of Latin America and the Caribbean*, https://sielac.olade.org/. [93]

Preqin (2025), *Private market transactions database. Accessed via Preqin Pro on 18th april, 2025*, https://www.preqin.com. [65]

Présidence de la République (2023), *Chair's summary of discussions at the Summit on a New Global Financing Pact*, https://www.elysee.fr/admin/upload/default/0001/15/4748a23641c5b2d55a47d63d7ed2e16963c11195.pdf. [82]

Rodríguez Martínez, H. (2024), *Primera junta de accionistas del mercado integrado nuam*, https://www.portafolio.co/negocios/empresas/primera-junta-de-accionistas-del-mercado-integrado-nuam-exchange-603908. [74]

Rudolph, H., F. Miguel and J. Gonzalez-Uribe (2023), *Venture Capital in Latin America and the Caribbean*, World Bank, https://documents1.worldbank.org/curated/en/099060223062519487/pdf/P17865500ba5cc0e9081f30b5948199b92f.pdf. [66]

Serebrisky, T. et al. (2015), *Financing Infrastructure in Latin America and the Caribbean: How, How Much and by Whom?*, Inter-American Development Bank. [4]

SUGEVAL (2024), *Taxonomía de Finanzas Sostenibles de Costa Rica - Pilotajes en el sector financiero*, https://www.sugeval.fi.cr/Informacion-inversionistas/Documentosvarios/Plan%20de%20trabajo%20pilotos%20TFS-CR.pdf. [85]

Sustainable Fitch (2024), *Enel's Missed Targets Could Support Maturing SLB Market*, Sustainable Insight, 29 April, https://www.sustainablefitch.com/corporate-finance/enels-missed-targets-could-support-maturing-slb-market-29-04-2024. [81]

Torgler, B. (2005), "Tax morale and direct democracy", *European Journal of Political Economy*, Vol. 21/2, pp. 525-531, https://doi.org/10.1016/j.ejpoleco.2004.08.002. [32]

UNCTAD (2023), *The Costs of Achieving the SDGs, United Nations Conference on Trade and Development*, Geneva, https://unctad.org/sdg-costing/about. [3]

UNCTAD (2023), *UNCTADstat*, UN Trade and Development, https://unctadstat.unctad.org/datacentre/. [8]

UNEP (2023), *Unlocking Circular Economy Finance in Latin America and the Caribbean: The Catalyst for a Positive Change – Findings and Recommendations for Policymakers and the Financial Sector*, https://www.unepfi.org/publications/unlocking-circular-economy-finance-in-latin-america-and-the-caribbean-the-catalyst-for-a-positive-change/. [60]

Van Parys, S. (2012), "The effectiveness of tax incentives in attracting investment: Evidence from developing countries", *Reflets et perspectives de la vie économique*, Vol. LI(3), pp. 129-141, https://shs.cairn.info/journal-reflets-et-perspectives-de-la-vie-economique-2012-3-page-129?lang=en. [29]

Velloso, H. and D. Perroti (2023), *Sustainable bond issuances in international markets, 2014-2022: Characteristics, trends and greenium in Latin America and the Caribbean*, Studies and Perspectives Series, No. 25, ECLAC Office in Washington, DC, https://www.cepal.org/en/publications/68789-sustainable-bond-issuances-international-markets-2014-2022-characteristics-trends. [79]

WITS (2023), *World Integrated Trade Solution (database)*, https://wits.worldbank.org/. [90]

World Bank (2025), *World Development Indicators [Database]*, World Bank, https://databank.worldbank.org/source/world-development-indicators. [58]

World Bank (2024), *Global Development Indicators [dataset]*, https://databank.worldbank.org/source/global-financial-development/Series/GFDD.OI.02#. [56]

World Bank Group (2020), *Evaluating the Costs and Benefits of Corporate Tax Incentives*, World Bank Group, Washington, DC, https://documents1.worldbank.org/curated/en/180341583476704729/pdf/Evaluating-the-Costs-and-Benefits-of-Corporate-Tax-Incentives-Methodological-Approaches-and-Policy-Considerations.pdf. [19]

Zolt, E. and M. Schill (2015), *Tax incentives: Protecting the tax base*, Paper for Workshop on Tax Incentives and Base Protection, Department of Economic and Social Affairs, United Nations, New York, https://www.un.org/esa/ffd/wp-content/uploads/2015/04/2015TIBP_PaperZolt.pdf. [18]

4 Alianzas internacionales para la transformación productiva

América Latina y el Caribe enfrentan una oportunidad decisiva para cambiar hacia estructuras productivas intensivas en conocimiento que apuntalan el crecimiento inclusivo y sostenible. Teniendo en cuenta que los recursos públicos se encuentran bajo presión, es fundamental focalizar la cooperación en los tres pilares de la transformación productiva: el desarrollo de competencias, la infraestructura y la adopción de tecnología. Al mismo tiempo, profundizar la integración regional y forjar cadenas de valor transfronterizas sólidas elevará el valor agregado en toda la región e impulsará su competitividad. Para lograr esta transformación es preciso formar alianzas internacionales estratégicas que movilicen el financiamiento público y privado, fomente el desarrollo de capacidades y reoriente la inversión hacia sectores estratégicos, como energias renovables, infraestructura digital, tecnologías de salud y agricultura sostenible.

Introducción

La región de América Latina y el Caribe (ALC) tiene ante sí la necesidad urgente de emprender la transformación productiva para superar limitaciones estructurales y cubrir los objetivos de desarrollo sostenible (ODS). El modelo económico actual, que depende en gran medida de exportaciones de bajo valor agregado, no permitirá el crecimiento económico sostenible ni una transición verde. Es esencial dar un giro y dirigirse a industrias más diversificadas, sostenibles en términos medioambientales e intensivas en conocimiento. La cooperación internacional debe apoyar de manera estratégica los sectores con el potencial para dar este cambio estructural.

El actual es un momento fundamental para que ALC avance a un nuevo modelo de desarrollo que coloque a la transformación productiva como la pieza central del crecimiento inclusivo y sostenible. Tras décadas caracterizadas por choques externos recurrentes, una diversificación limitada y altos niveles de desigualdad, la región tiene que reposicionarse en una economía mundial marcada por la Cuarta Revolución Industrial, desarrollando sistemas de producción más resilientes, innovadores, inclusivos y sostenibles. Para lograr esta transformación se requiere realizar reformas que trascienden el ámbito interno. Exige alianzas internacionales estratégicas que movilicen recursos, promuevan la colaboración, el desarrollo de capacidades y el aprendizaje de pares, y fomenten la innovación y la transferencia de tecnología para apoyar el cambio estructural.

La transición a una estructura productiva más sostenible, inclusiva e intensiva en conocimiento en ALC, requiere reorientar con firmeza los flujos de inversión reforzar la cooperación internacional. En un contexto marcado por múltiples crisis, crecientes tensiones geopolíticas y la urgente necesidad de acción climática, la movilización de las finanzas internacionales – tanto mediante la inversión extranjera directa (IED) como a través de la cooperación para el desarrollo – es cada vez más importante para acelerar la transformación de los sectores productivos en toda la región. Sectores estratégicos, como los de energía renovable, infraestructura digital, tecnologías de la salud y agricultura sostenible, ofrecen nuevas oportunidades para la competitividad y la innovación, y al mismo tiempo sirven como pilares clave de una transición justa y resiliencia a largo plazo.

Sin embargo, alinear las finanzas internacionales con las necesidades de desarrollo y las prioridades en materia de la transformación productiva de las economías de ALC sigue siendo un reto. Desde una perspectiva histórica, los flujos de IED a la región se han concentrado en sectores de baja complejidad, como las industrias extractivas, lo cual limita su contribución al cambio estructural. Pero esto está cambiando drásticamente, a medida que un creciente porcentaje de las inversiones de IED se centra en el sector digital e interviene de manera muy importante en la transición digital en la región. La cooperación para el desarrollo, tanto bilateral como multilateral, también empezó a cambiar para respaldar los objetivos de esta transformación – en especial en áreas como el clima, la digitalización y la integración regional –, pero aún persisten las brechas financieras. El panorama cambiante de la cooperación internacional para el desarrollo, incluidos nuevos donantes e instrumentos, genera oportunidades, y también complejidades, para los países de la región que buscan reforzar sus capacidades productivas.

La nueva oleada de políticas de desarrollo productivo en ALC debería tomar en cuenta las alianzas regionales. Dichas políticas deben formularse con una visión clara y compartida por parte de gobiernos, instituciones financieras internacionales y el sector privado, trabajando en conjunto para diseñar estrategias sector por sector, establecer centros de tecnología y capacitar a la fuerza laboral local. En esta nueva etapa, la cooperación internacional deberá movilizarse de brindar un amplio apoyo a forjar alianzas más enfocadas que impulsen el crecimiento sostenible y basado en conocimientos de la región.

Cooperación para el desarrollo y financiamiento internacional para los sectores productivos

Las alianzas y la cooperación internacionales siguen siendo un instrumento clave para impulsar la transformación productiva en ALC, aunque los recursos públicos están sujetos a presiones cada vez mayores. La ayuda oficial al desarrollo (AOD) de los principales donantes bajó 9% en 2024 y se prevé que disminuya de entre 9% y 17% más en 2025, siendo estos los primeros recortes consecutivos registrados (OECD, 2025[1]). Esta baja en el financiamiento concesional agudiza la urgencia de movilizar mecanismos alternativos de financiamiento, de aprovechar instrumentos mixtos y profundizar las alianzas público-privadas para sostener la inversión en los sectores productivos de la región. Al combinar estos enfoques innovadores con el apoyo focalizado de los aliados, ALC puede sortear el estrechamiento presupuestario y a la vez acelerar el cambio estructural.

Las tendencias actuales de la cooperación para el desarrollo promoverán la transformación económica

Los recursos financieros son fundamentales para transformar la estructura productiva de ALC. No obstante, la región encara una brecha persistente entre los ahorros y la inversión, al quedar los ahorros internos por debajo de los recursos necesarios. Se estima que se necesita un total estimado de 2.2 billones de USD para cerrar la brecha de inversión en infraestructura y 99 mil millones de USD para cerrar la brecha de gastos de modo que puedan alcanzarse los Objetivos de Desarrollo Sostenible (ODS) (OECD et al., 2024[2]; CAF, 2024[3]). Dichas brechas de financiamiento son retos estructurales importantes que restringen el desarrollo y el crecimiento económico, así como la transición verde.

La IED, que desempeña un papel clave en el desarrollo de sectores críticos para la transformación productiva, es una fuente vital de capital para cerrar la brecha de inversión. La IED, que desempeña una función clave en el desarrollo de sectores esenciales que son el foco de interés de la transformación productiva, es una fuente vital de capital para cerrar la brecha de inversión. Entre 2014 y 2024, la región de ALC recibió más de un billón de USD en IED. Históricamente, muchos de estos flujos se han destinado a sectores extractivos, como la minería y la extracción de canteras (22% entre 2003 y 2013), pero la IED de campo verde hacia este sector bajó drásticamente en la última década, representando solo el 13% del total de inversiones de campo nudo. Mientras tanto, las inversiones han aumentado hacia áreas prioritarias como sectores intensivos en tecnología y conocimiento, y energías renovables. Durante las dos últimas décadas, el porcentaje de la IED destinado a sectores intensivos en tecnología y conocimientos se incrementó de 33% a 36%, impulsado en gran medida por la manufactura de media a alta tecnología en productos químicos y vehículos de motor, y aumentó en energías renovables 10 puntos porcentuales, al 16% del total de las inversiones (OECD, 2025[4]). Sin embargo, estos promedios regionales ocultan aspectos heterogéneos relevantes en toda ALC; en algunos países los cambios en los flujos de IED hacia sectores esenciales para la transformación productiva son más drásticos que en otros (Capítulo 3).

La IED es un medio para diversificar la producción y las exportaciones nacionales, tener acceso a tecnologías avanzadas, impulsar la competencia y reforzar las capacidades nacionales (ECLAC, 2024[5]). Un buen ejemplo es Costa Rica, donde la IED focalizada facilitó la modernización de la producción para cambiar de productos ligeros, como los alimentos y bebidas, a productos de alta tecnología, como equipo médico y fármacos (Recuadro 4.1).

Recuadro 4.1. La IED como catalizador para la actualización de la producción de tecnología médica en Costa Rica

Costa Rica es un centro mundial de manufactura de equipo médico. Sede de más de 90 empresas multinacionales de tecnología médica (MedTech), es el segundo mayor exportador de equipo médico de América Latina y el octavo mayor del mundo. El organismo promotor de la inversión de Costa Rica, PROCOMER, ha sido la pieza estratégica para atraer IED en sectores como la MedTech. Los principales factores para que las empresas inviertan en este sector en Costa Rica incluyen la disponibilidad de talentos altamente cualificados, su gran capacidad de innovación, estabilidad política y económica, marcos regulatorios bien definidos, altos estándares de protección de propiedad intelectual y su ubicación geoestratégica, con fácil acceso a América del Norte y América del Sur.

Uno de los factores de atracción más fuertes son los trabajadores con capacidades especializadas para la manufactura de equipo médico. Esta reserva de talento se forjó gracias a empresas extranjeras, que proporcionaron capacitación inicial, y a programas gubernamentales estratégicos dirigidos a desarrollar capacidades técnicas en el sector. La presencia de líderes multinacionales en MedTech generó gran transferencia de conocimientos durante las dos últimas décadas. En las fructíferas alianzas público-privadas entre empresas MedTech y el ámbito académico, las empresas MedTech ayudaron a conformar los planes de estudio para futuros ingenieros y técnicos en la industria y donaron equipo tecnológico a universidades para asegurar que se capacite a los estudiantes para dominar las tecnologías más avanzadas. Costa Rica es el primer y único país de ALC que cuenta con una ley específica sobre capacitación técnica dual que fortalece el desarrollo de competencias vinculadas a la capacitación técnica en el sector productivo y promueve la integración del mercado laboral especializado.

En este sector intensivo en conocimientos y tecnología, la I+D ha sido un catalizador del crecimiento económico y la generación de empleos en Costa Rica. Se han generado más de 55 000 nuevos empleos, la mayoría de ellos intensivos en competencias. Diez de las 90 empresas multinacionales MedTech hacen trabajo de investigación y Desarrollo (I+D) en Costa Rica, con lo que conforman un entorno pujante de I+D en el país. La estrategia de IED focalizada de Costa Rica, que arrojó cerca de 2 700 millones de USD en inversiones en la industria manufacturera de equipo médico entre 2005 y 2024, ha sido esencial para la modernización de la producción.

Fuente: (OECD, 2025[4]).

Atraer mayores flujos de IED podría impulsar un crecimiento resiliente y diversificado y apoyar al desarrollo de cadenas regionales de valor en toda la región. Durante las dos últimas décadas, las mayores fuentes de IED han provenido de la Unión Europea (UE) y de Estados Unidos (EE. UU.) (Gráfico 4.1).

Gráfico 4.1. Entradas de inversión extranjera directa a ALC, por origen y por sector, 2003-2024

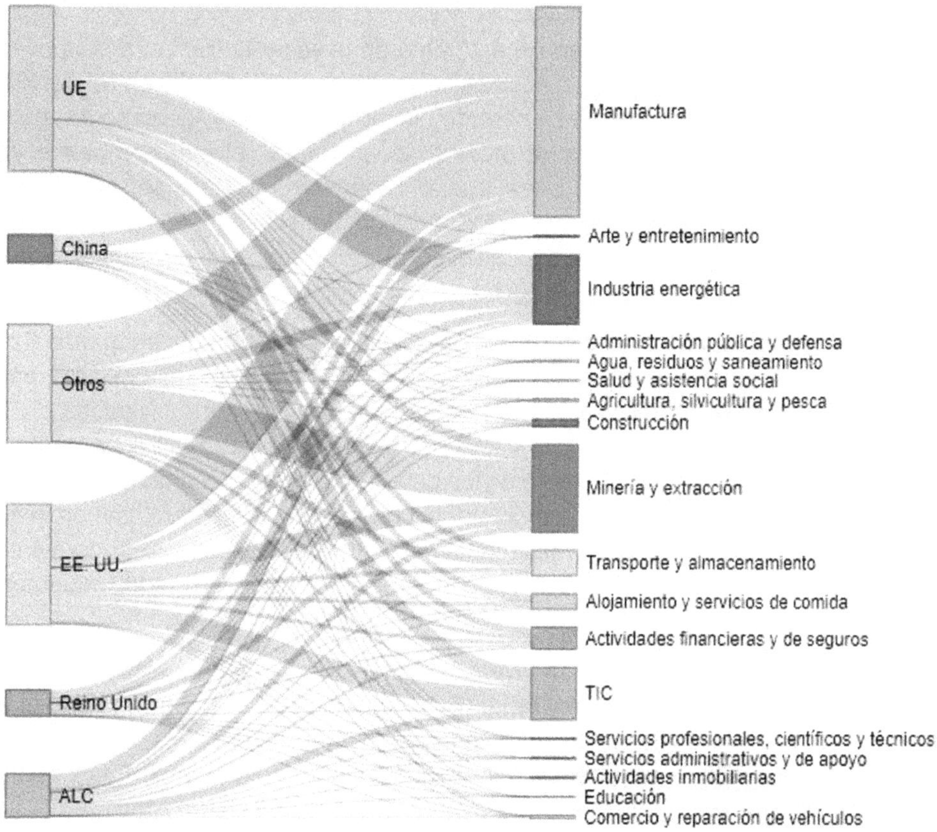

Fuente: (fDi Markets Database, 2025[6]).

StatLink https://stat.link/q3vmzp

Acuerdos internacionales de inversión (AII) – bilaterales, regionales y multilaterales relacionados con inversión extranjera – pueden ayudar no solo a atraer más IED, sino también a armonizar dicha inversión con los objetivos de desarrollo más amplios. A mayo de 2025, había más de 490 tratados bilaterales de inversión y acuerdos con cláusulas de inversión vigentes en ALC (UNCTAD, 2025[7]).

Los AII, que tradicionalmente se han centrado en brindar protección e incentivos a los inversores extranjeros, incorporan cada vez más disposiciones relacionadas con la sostenibilidad. Por ejemplo, el Acuerdo Marco Avanzado entre Chile y la Unión Europea, firmado en diciembre de 2023, destaca que la inversión en materias primas imprescindibles es fundamental para la transición verde, con lo que apoya la transformación productiva y agrega valor a la economía de Chile. El acuerdo fortalece también la cooperación en el tema de sostenibilidad, en consonancia con los principios de conducta empresarial responsable (European Union, 2025[8]). De igual manera, el Acuerdo Global Modernizado entre México y la Unión Europea promoverá la protección del clima y los derechos laborales y, a la vez, facilitará el suministro de materiales clave para la transición digital y verde. Las negociaciones sobre el acuerdo se concluyeron en 2025 y, una vez ratificadas, facilitarán el comercio de productos agrícolas al reducir aranceles aduaneros y proteger productos patrimoniales (European Commission, 2025[9]). Un análisis de texto de 2 083 acuerdos bilaterales de inversión y 374 acuerdos con cláusulas de inversión en todo el mundo revela que el número de referencias de sostenibilidad en AII aumentó drásticamente en la última década, lo que redundó en el surgimiento de una "nueva generación" de AII (Dotzauer, Biber-Freudenberger and Dietz, 2024[10]).

Las cláusulas sobre inversión sostenible en AII ayudan a aprovechar la IED para promover los objetivos nacionales de desarrollo. Por su parte, las cláusulas sobre sostenibilidad incluyen referencias a la función que la IED desempeña en las disposiciones sobre desarrollo sostenible y "derecho a regular", que dan a los países receptores el derecho de adoptar medidas que protejan el medioambiente y los derechos humanos y laborales. Algunas disposiciones pueden también relacionarse con herramientas que respalden el desarrollo sostenible. Por ejemplo, en algunos tratados, los inversores deben estar contribuyendo activamente al desarrollo sostenible en el país receptor para que el gobierno receptor proteja las inversiones.

Estos AII de nueva generación también incorporan cada vez más la conducta empresarial responsable al referenciar estándares corporativos de responsabilidad social o estableciendo explícitamente la conducta que las empresas deben seguir en la etapa de implementación de sus actividades de inversión. Por ejemplo, los Acuerdos de Cooperación y Facilitación de Inversiones de Brasil abordan lo que se espera de la conducta de los inversores: cumplimiento de los derechos humanos, combate a la corrupción, buena gobernanza, y protección laboral y medioambiental. Los acuerdos de libre comercio y las alianzas económicas que involucran a la Unión Europea contienen cláusulas específicas conforme a las cuales los signatarios convienen en no disminuir los niveles de protección en las leyes medioambientales y laborales con el propósito de atraer el comercio y la inversión (OECD, 2024[11]).

La AOD puede ayudar a cerrar la brecha de inversiones, pero su volumen en la región es aún limitado y representa solo el 1% del producto nacional bruto (PNB) en toda ALC. La región recibe menos AOD que otras regiones en desarrollo, debido principalmente a que muchos de sus países se les clasifica como de ingresos medios, lo cual limita su elegibilidad para financiamiento concesional. En comparación, la AOD representa el 2.6% del PNB en Europa del Este e incluso el 5.7% del PNB en África (OECD et al., 2024[2]). Los principales donantes de AOD a ALC incluyen a países e instituciones de la UE (30.5%), instituciones multilaterales (29.0%), Estados Unidos (22.6%), Corea del Sur (7.5%) y Canadá (3.0%) (OECD, 2025[12]).

El cambio en la cooperación para el desarrollo de modelos tradicionales de ayuda a modelos de movilización del sector privado refleja la magnitud del financiamiento requerido para lograr los ODS y el reconocimiento cada vez mayor de que los recursos públicos por sí solos son insuficientes. Al mismo tiempo, los donantes están cada vez más sujetos a presiones fiscales internas y a un intensificado escrutinio de la ayuda al desarrollo por parte de los ámbitos político y público. Por estas razones, los donantes utilizan cada vez más la AOD como palanca para reducir el riesgo de las inversiones, sostener los mecanismos de financiamiento mixto y atraer capital privado a sectores como los de infraestructura y energías limpias (OECD et al., 2024[2]; European Commission, 2023[13]). El financiamiento mixto es el uso de capital público para aumentar la inversión del sector privado en el desarrollo sostenible. Funciona si se reduce el riesgo de las inversiones que de otra forma se considerarían demasiado riesgosas o inviables en términos financieros para inversores privados, en especial en los mercados emergentes. Estas intervenciones públicas se proponen mitigar los riesgos y aumentar o mejorar los rendimientos, con lo que alientan a inversores privados a financiar proyectos armonizados con los ODS para cerrar la brecha de financiamiento (OECD, 2023[14]).

En años recientes, la movilización de financiamiento privado para el desarrollo ha sido mayor que la AOD en ALC y surge como una fuente importante de financiamiento para la transformación productiva (Gráfico 4.2). Los sectores productivos implicados incluyen los de agricultura, silvicultura, pesca, energía, construcción, industria, recursos minerales y minería, agua y saneamiento, transporte y almacenamiento, y turismo. En estos sectores, el financiamiento privado movilizado para el desarrollo ascendió a más de 9 800 millones de USD en 2023, representando el 51% del financiamiento total privado movilizado para el desarrollo. Esta cifra es más del doble de los 4100 millones de USD de AOD (29% de la AOD total) o de los 4 400 millones de USD recibidos en otros flujos oficiales (OOF) (17% del total de OOF).

Gráfico 4.2. Flujos oficiales a los sectores productivos en ALC, 2014-2023

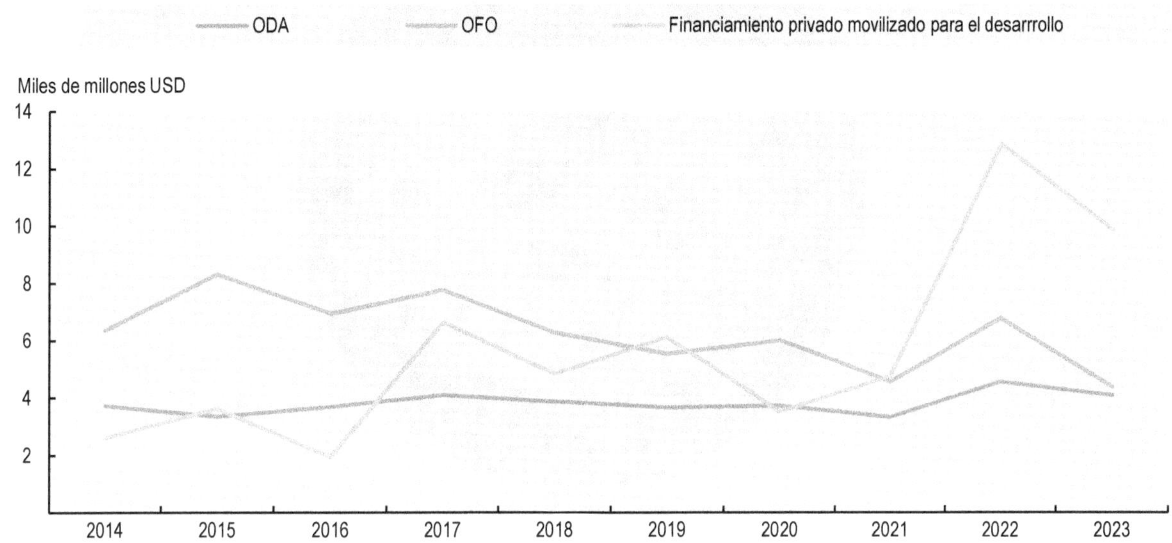

Nota: AOD = ayuda oficial al desarrollo. OOF = otros flujos oficiales. Sectores productivos abarca: agricultura; construcción; energía; pesca; silvicultura; industria; turismo; recursos minerales y minería; suministro de agua y saneamiento; transporte, y almacenamiento, entre otros.
Fuente: (OECD, 2025[12]).

StatLink https://stat.link/h2w6pb

La ayuda de socios en cooperación para el desarrollo refleja este cambio. Sobre todo, los socios europeos se han convertido en un líder importante de movilización de financiamiento privado. En 2017 se estableció el Fondo Europeo para Desarrollo Sostenible Plus (FEDS+), con el objeto de facilitar las inversiones para el desarrollo sostenible utilizando mecanismos mixtos, garantías y otros instrumentos financieros. En julio de 2023, se estableció la Agenda de Inversiones Global Gateway UE-ALC (GGIA) en el contexto de la IIII Cumbre UE-Comunidad de Estados Latinoamericanos y Caribeños (CELAC). Su propósito es movilizar al menos 45 000 millones de euros para 2027, destinados a iniciativas centradas en cubrir las necesidades de infraestructura de la región, crear valor agregado local y promover el crecimiento, empleo y cohesión social (OECD et al., 2024[2]). En vista de esta evolución, la AOD de la UE ahora se dirige principalmente a servir como un instrumento catalizador para impulsar el impacto transformador en los sectores y acciones priorizados por la GGIA UE-ALC, en la que los fondos condicionados se combinan con capital privado para fomentar inversiones sostenibles en energía, infraestructura de transporte, conectividad digital, salud y proyectos de cohesión social. La GGIA se basa en un enfoque de 360 grados que coloca a los beneficiarios como el elemento central del diseño y el fomento de la colaboración público-privada-sociedad civil (European Commission, 2025[15]). Trasciende el simple apoyo financiero al conformar un entorno propicio que sigue seis pilares fundamentales (Gráfico 4.3).

Gráfico 4.3. Enfoque de 360 grados Global Gateway UE-ALC para un entorno propicio

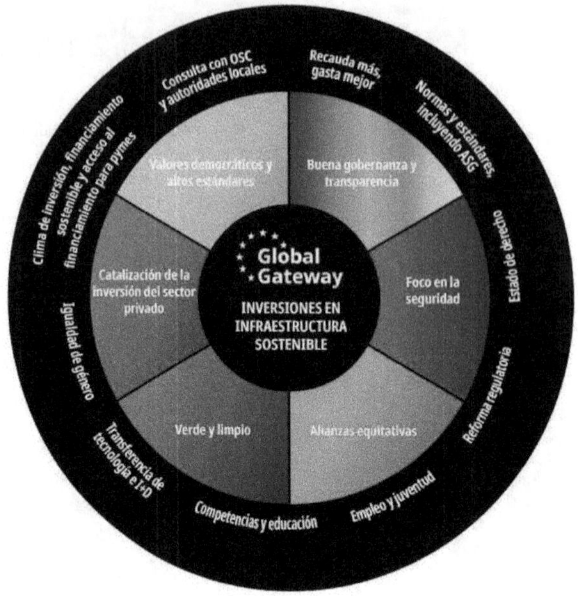

Fuente: (European Commission, 2025[16]).

La GGIA UE-ALC se centra en proyectos de inversión transformadores en toda ALC que gira en torno a cuatro pilares principales: una transición verde justa, una transformación digital inclusiva, desarrollo humano y resiliencia sanitaria y vacunación (European Commission, 2023[13]). Los mercados de hidrógeno verde y la manufactura local de vacunas y productos farmacéuticos son dos iniciativas importantes (Recuadro 4.2).

Más allá de los donantes tradicionales bilaterales y multilaterales, los bancos regionales de desarrollo son cada vez más relevantes para movilizar recursos para la transformación productiva. Instituciones como el Banco Interamericano de Desarrollo y la CAF-Banco de Desarrollo de América Latina y el Caribe, actualmente expanden su uso de instrumentos de movilización, incluidos garantías, créditos sindicados y cofinanciamiento condicionado para atraer inversión privada en sectores esenciales para la transformación productiva de ALC, como energía renovable, infraestructura digital y transporte sostenible (CAF, 2025[17]; IDB, 2025[18]). Dichas iniciativas reflejan una tendencia mundial más amplia en materia de cooperación para el desarrollo, en la que la AOD concesional se usa de manera estratégica para disminuir el riesgo de los proyectos y catalizar capital privado adicional, aunque los niveles actuales de la participación del sector privado se mantienen por debajo de los requerimientos estimados (OECD, 2025[19]). En este contexto, la CAF reforzó su papel como catalizador financiero regional, en consonancia con compromisos conjuntos en el marco del Grupo de Trabajo sobre Movilización de los MDB (Banco Multilateral de Desarrollo), movilizando 780 millones de USD para ALC en 2023 (MDB Task Force on Mobilization, 2023[20]). A partir de este marco, los bancos regionales de desarrollo complementan la función de los donantes tradicionales al proporcionar plataformas estructuradas y utilizan instrumentos financieros que facilitan la participación del sector privado en sectores esenciales para la transformación productiva, contribuyendo así al desarrollo de sistemas de producción más resilientes y respaldando condiciones que podrían activar mejoras estructurales sectoriales a largo plazo.

Recuadro 4.2. ¿De qué manera la inversión de la Unión Europa impulsa el hidrógeno verde y la producción de vacunas y productos farmacéuticos en ALC?

Mercados de hidrógeno renovable

Los países de ALC aceptan cada vez más soluciones de energía renovable para impulsar la transición verde de la región. Bajo el pilar de la transición verde de la GGIA, el apoyo al hidrógeno verde (GH2) se orienta a acelerar la descarbonización, generar empleo verde y desbloquear nuevas oportunidades de negocios. El FEDS+, una de las principales herramientas para movilizar inversiones conforme con la Global Gateway, brinda financiamiento para combinar y garantías para la transición a energía renovable. La mayoría de los 17 acuerdos de garantía que cubren a la región de ALC se han firmado ya o están cerca de hacerlo. El hidrógeno renovable puede promoverse por medio del Acuerdo de Garantía de la Transición a Energías Renovables (RET) de las Instituciones Financieras Europeas para el Desarrollo (EDFI), firmado en mayo de 2025 y abierto para inversiones hasta noviembre de 2027 (European Commission, 2025[21]). El proyecto tiene como propósito atender la brecha relacionada con el acceso en ALC, así como en África subsahariana, Asia y el Pacífico. A nivel mundial, ofrece una garantía total de hasta 332 millones de EUR en aquellas regiones para la deuda sostenible directa e indirecta e inversiones de capital en subsectores de energías renovables, como la eólica, la solar, la hidráulica, la biomasa y la geotérmica, y a la cadena de valor del hidrógeno verde. Apoya a las empresas privadas a lo largo de las etapas de desarrollo e implementación de las inversiones.

Se cuenta ya con varios ejemplos de las alianzas UE-ALC centrados en hidrógeno renovable en el marco de la GGIA. Por ejemplo, en Chile se estableció la Plataforma de Financiamiento de Hidrógeno Renovable Global Gateway, con el fin de promover los mercados de hidrógeno renovable y alentar a las cadenas de suministro locales a crear energía renovable, tanto para uso local como para exportación. La meta es producir el 150% del mercado actual mundial de hidrógeno y el 15% de la demanda futura en 2050. Además de conformar un entorno propio para la producción de GH2 y proporcionar asistencia técnica, esta iniciativa se propone facilitar la inversión del sector privado mediante mecanismos mixtos y/o de reducción de riesgo para las inversiones (European Commission, 2023[13]).

Proyectos similares que sustentan el hidrógeno renovable están en proceso en Argentina, Brasil, Colombia, Paraguay y Uruguay. En el Caribe, la Unión Europea y Barbados han dado un paso importante con el arranque del proyecto Renewstable® de Barbados, que utiliza la energía solar y el hidrógeno verde para abordar los puntos débiles en la infraestructura de la isla y se están explorando colaboraciones ulteriores para avanzar a un futuro de energía sostenible (European Commission, 2025[22]).

Producción de vacunas y productos farmacéuticos

La GGIA apoya también la producción de vacunas y productos farmacéuticos en ALC por medio de la Iniciativa para la Resiliencia Sanitaria Regional GGIA UE-ALC, con base en la Alianza GGIA UE-ALC para la Resiliencia Sanitaria y Acceso Equitativo a Productos Farmacéuticos, presentada en conjunto en 2022. La GGIA apoya los marcos regulatorios, las transferencias de tecnología, y la investigación e innovación. Un pilar clave de la iniciativa es alentar la participación del sector privado y facilitar el acceso a financiamiento. El grupo de trabajo farmacéutico regional se reunió en marzo de 2025 para analizar la participación del sector privado y se estudian los siguientes pasos con los representantes de ALC. Por medio de la FEDS+, instrumentos como garantías y mecanismos mixtos se ofrecen para reducir el riesgo y fomentar la inversión en la producción de fármacos, principalmente a lo largo de ALC. En general, se espera que las acciones se centren en – pero no se limitan a –, países clave como Barbados, Colombia, Cuba, Guyana y México para la producción local y reformas regulatorias, así como en Argentina, Brasil y Chile para la integración y la formación de capacidades.

Fuente: (European Commission, 2023[13]).

Por su parte, en 2018, Estados Unidos estableció la Corporación Financiera de Desarrollo Internacional, con lo que aumentó la importancia del financiamiento privado en la cooperación estadounidense para el desarrollo. Sin embargo, la política de desarrollo de Estados Unidos está sufriendo una reestructuración importante después de la decisión del gobierno de congelar la ayuda extranjera a principios de 2025. Los responsables de formular políticas públicas posiblemente reevaluarán la asignación geográfica y sectorial de AOD, reduciendo el apoyo a regiones de baja prioridad y a la vez salvaguardando programas fundamentales humanitarios y de seguridad (Better World Campaign, 2025[23]). La congelación de estos fondos ha ejercido presión sobre los equipos nacionales para rediseñar iniciativas para aumentar la costo-eficacia y profundizar las alianzas con la Corporación Financiera de Desarrollo Internacional de Estados Unidos, que puede movilizar capital privado en vez de subsidios directos (International Rescue Committee, 2025[24]). Se espera que un enfoque más agudo en el apalancamiento financiero mixto y en mecanismos de garantía ayude a sostener la inversión en sectores productivos, a pesar de los presupuestos federales más apretados.

Estados Unidos y la Unión Europea focalizan su ayuda al desarrollo en ALC hacia las energías renovables, la industria, agricultura, transporte y almacenamiento, y agua y saneamiento. Durante la última década, más del 46% de la AOD estadounidense a los sectores productivos se ha dirigido a la agricultura, el 21% al sector energético y el 16% al agua y saneamiento. Una gran parte de AOD de países e instituciones de la UE se destina a energía (29%), seguido por transporte y almacenamiento (20%), suministro de agua y saneamiento (20%) y agricultura (19%) (OECD, 2025[25]). La distribución sectorial es diferente en el caso de OOF que no cumplen con los criterios de AOD, como préstamos para fines comerciales, transacciones para fines de desarrollo que tienen un elemento de subsidio de menos del 25% y transacciones bilaterales que afectan principalmente a las exportaciones (OECD, 2025[25]). La mayoría de OOF de Estados Unidos se dirige al sector energético (73%), seguido por el 14% al transporte y almacenamiento, en tanto que el 39% de OOF de países e instituciones de la UE se destina a la energía y el 36% a la industria (OECD, 2025[25]). Observando la ayuda al desarrollo de todos los donantes oficiales en los sectores productivos, el financiamiento para el desarrollo principalmente financia a la industria (41%), transporte y almacenamiento (26%) y energía (22%) (Gráfico 4.4). La OOF y ODA financian sobre todo el transporte y almacenamiento (24% de OOF y 33% de AOD), el sector energético (30% de OOF y 24% de AOD), así como el agua y saneamiento (20% de OOF y 17% de AOD).

Gráfico 4.4. Porcentaje de los flujos oficiales a ALC, por sector productivo, 2023

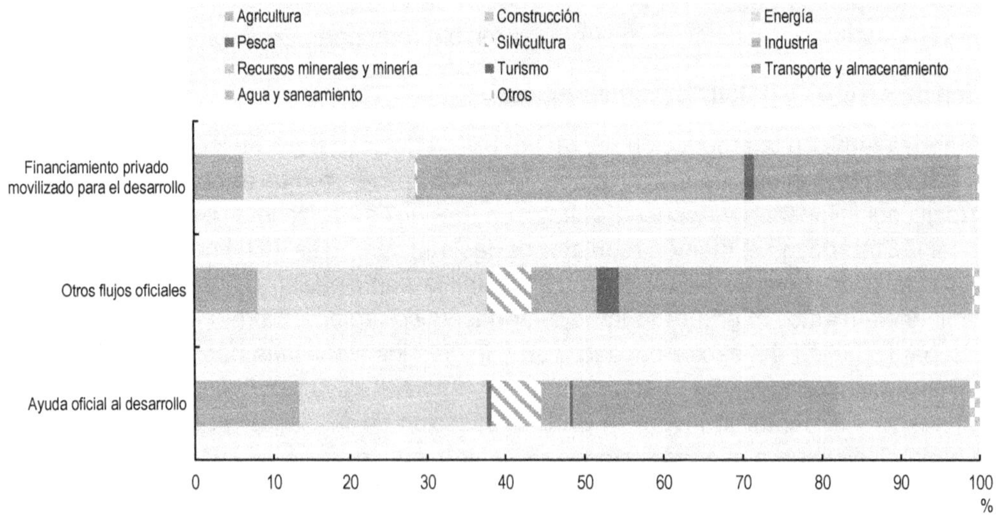

Nota: Otros incluye las políticas y regulaciones comerciales.
Fuente: (OECD, 2025[12]).

StatLink https://stat.link/dbek7a

Se pone cada vez más énfasis en los fondos asignados para contribuir a la transformación productiva sostenible, dirigiendo una gran cantidad a energías renovables. Esto es decisivo ya que hacer la transición a una economía baja en carbono requiere movilizar considerables recursos financieros. ALC requiere inversiones anuales estimadas de 75 000 a 92 000 millones de USD para la mitigación del cambio climático y de 14 000 a 17 000 millones de USD para la adaptación al cambio climático (IMF, 2024[26]).

La AOD sigue siendo un catalizador para financiar la transformación productiva sostenible en ALC. Entre 2014 y 2023, se canalizaron casi 24 000 millones de USD de AOD al sector energético de ALC, y un tercio de estos fondos sostienen la energía renovable (OECD, 2025[12]). El sector energético representa ahora el 24% de la AOD dirigida a los sectores productivos, por arriba de solo el 3% registrado en la década de 2000 y el porcentaje de AOD al sector agrícola ha bajado mucho (Gráfico 4.5). Sustentar la inversión en energías renovables y en agricultura innovadora será esencial para reducir las emisiones. En 2019, ALC representó el 13% del total de gases de efecto invernadero (GEI) en la generación de electricidad y el 25.3% del total de estas emisiones en las actividades agrícolas (OECD et al., 2022[27]).

Gráfico 4.5. Ayuda oficial al desarrollo de ALC, por sector productivo, 2004-2023

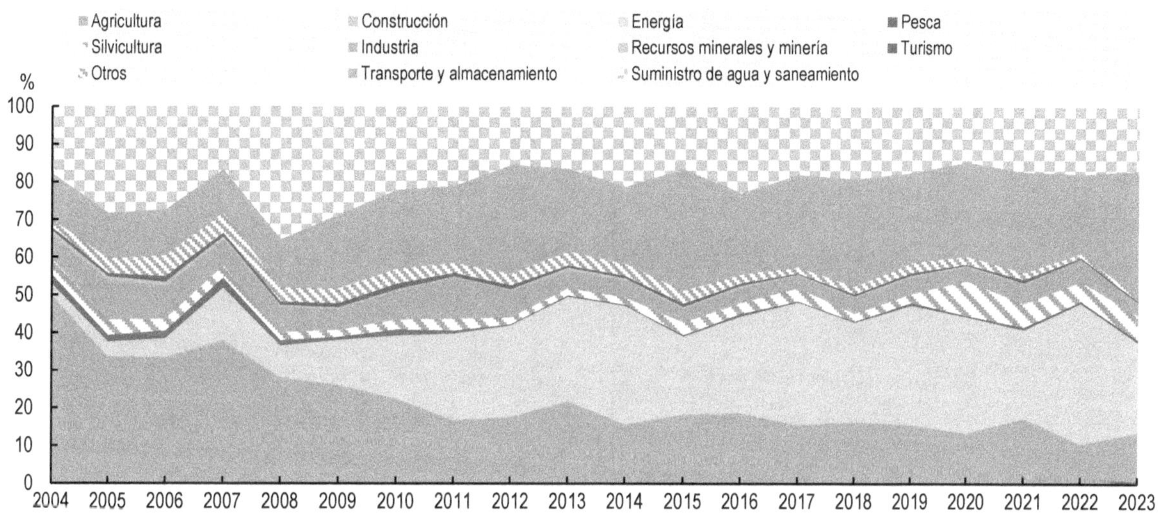

Nota: Otros: políticas y regulaciones comerciales. El gráfico es representativo de los sectores seleccionados como parte de los sectores productivos para este informe. Los sectores corresponden a los sectores de la base de datos CRS de la OCDE.
Fuente: (OECD, 2025[12]).

StatLink https://stat.link/3ts4vl

ALC es una de las regiones más vulnerables del mundo con respecto al cambio climático y la innovación en energía y agricultura verdes será fundamental para mitigar los impactos del clima y proteger las economías de la región. En ALC se encuentran 13 de los 50 países del mundo identificados como los más afectados por el cambio climático. La vulnerabilidad de la región se aprecia en la proporción de los eventos climáticos extremos que ALC sufrió entre 1970 y 2022, pues el 17% de los eventos climáticos globales sucedieron en la región, con consecuencias sociales y económicas graves. Si las temperaturas mundiales aumentan 2.5 °C, esto podría causar una pérdida estimada del 1.5% al 5% del producto interno bruto (PIB) regional para 2050 (OECD et al., 2022[27]). Por tal razón, la inversión en la transformación productiva sostenible es crucial para el crecimiento económico de ALC.

Entre 2014 y 2023, la AOD destinada al sector energético se centró en gran medida a sustentar la generación de energías renovables (Gráfico 4.6). Durante ese periodo, el 52% de la AOD relacionada con la energía total (7 900 millones de USD) se asignó a fuentes renovables, incluidas las energías hidráulica, solar, eólica, marina, geotérmica y biocombustible; el 21% (3 200 millones de USD) se destinó a la infraestructura de distribución de energía y casi 17% (2 500 millones de USD) sustentaron el desarrollo de políticas energéticas y la administrativa. Esta concentración del financiamiento refleja el carácter intensivo en capital del sector energético, en el cual se requiere una gran inversión en infraestructura. En cambio, durante las dos últimas décadas solo se asignaron 10 millones de AOD a la investigación sobre energía lo cual revela una brecha importante en el apoyo a la innovación y el avance tecnológico (OECD, 2025[12]).

Gráfico 4.6. Ayuda oficial al desarrollo total para el sector energético, 2014-2023

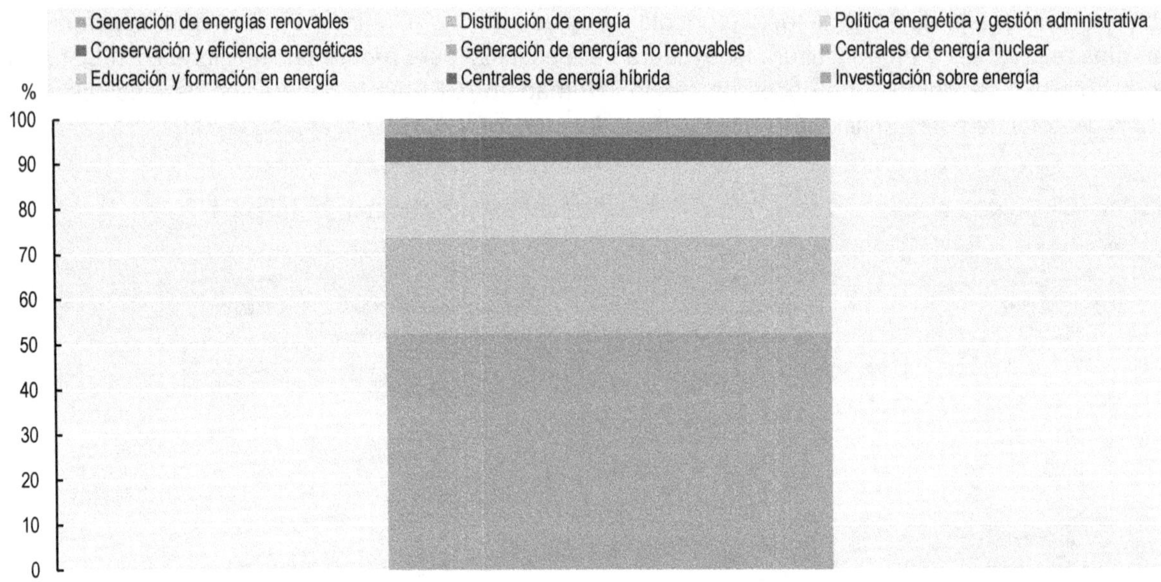

Fuente: (OECD, 2025[12]).

StatLink https://stat.link/s9ilhp

La ayuda internacional al desarrollo desempeña un papel definitorio en la ayuda a los países para lograr sus metas de desarrollo e industriales. Sin embargo, su eficacia depende en gran medida de cuán bien se armoniza con las prioridades nacionales de desarrollo. La armonización refuerza las iniciativas internas, aumenta el impacto y el sentido de pertenencia, desarrolla la rendición de cuentas mutua y, en última instancia, asegura la sostenibilidad a largo plazo. La importancia de armonizar la ayuda al desarrollo con las prioridades nacionales se reconoció formalmente en la Declaración de Roma sobre la Armonización (2003) y se reforzó en acuerdos subsecuentes de alto nivel, como la Agenda de Acción de Accra (2008) y la Alianza Mundial de Busan para una Cooperación al Desarrollo Eficaz (2011), así como durante las reuniones de la Alianza Global para la Cooperación Eficaz al Desarrollo (AGCED) efectuadas cada dos años desde 2014. Estos dos foros mundiales señalan que la ayuda financiera por sí sola es insuficiente y que la cooperación eficaz al desarrollo requiere que las prácticas de donación prioricen la armonización y las alianzas para sustentar resultados sostenibles.

Un estudio sobre Brasil, Colombia y México – tres de los cuatro principales receptores de AOD mundial en ALC – puede contribuir a evaluar el apoyo de la ayuda internacional a los objetivos nacionales para la transformación productiva. Un hilo conductor común en las estrategias de desarrollo de dichos países es centrarse en ampliar las energías renovables y aumentar la inversión en I+D para impulsar la innovación, la productividad y el incremento del valor en productos y servicios. En tanto que la AOD sustentó con firmeza las metas de energías renovables de estos países, hay una brecha notoria en el financiamiento para I+D, que es un facilitador esencial del desarrollo sostenible (Recuadro 4.3).

Recuadro 4.3. Armonización de la AOD con las prioridades climáticas y de desarrollo: Brasil, Colombia, México

Brasil

El Plan Multianual 2024-2027 de Brasil se basa en tres pilares estratégicos, uno de los cuales – denominado Desarrollo Económico y Sostenibilidad Socioambiental y Climática – está directamente relacionado con la transformación productiva. Algunos objetivos de este pilar son los siguientes: aumentar la competitividad y la productividad, agregar valor a los bienes y servicios, trabajar en pro de la sostenibilidad ambiental; promover el desarrollo y la innovación científico-tecnológica; mejorar la infraestructura y la logística, e insertarse en la economía verde y digital (Ministry of Planning and Budget, 2023[28]). Brasil ha planteado objetivos ambiciosos para apoyar esta transformación. Su objetivo es aumentar la cuota de energía limpia y renovable al 53% para 2027, frente al 47% de 2022 e incrementar la inversión en I+D hasta el 1.5% del PIB, frente al 1.14% en 2022, el año de referencia. Entre 2014 y 2023, el sector energético brasileño recibió el 20% del total de AOD del país. De esto, el 67% se destinó a renovables y el 28% a la distribución de energía, lo que muestra una fuerte armonización entre los desembolsos anteriores de la AOD y los objetivos actuales de Brasil. Sin embargo, la AOD a la I+D ha disminuido en los últimos años.

Colombia

La transformación productiva, la internacionalización y la acción climática constituyen uno de los cinco pilares del Plan Nacional de Desarrollo de Colombia 2022-2026. Los objetivos clave de este pilar incluyen: aumentar la inversión en I+D; aumentar la participación de bienes y servicios energéticos no mineros en las exportaciones totales; ampliar la generación de electricidad a partir de fuentes renovables no convencionales y reducir las emisiones de carbono del sector del transporte (Departamento Nacional de Planeación, 2023[29]). Colombia aspira a un aumento de casi ocho veces en la generación de electricidad a partir de fuentes renovables no convencionales. Sin embargo, entre 2014 y 2023, menos del 3% de la AOD se destinó al sector energético colombiano. De los 444 millones de USD recibidos, el 32% se usó para apoyar la generación de energías renovables y la infraestructura, en tanto que el 65% se destinó a la política energética y la gestión administrativa, lo que pone de manifiesto la necesidad de aumentar los compromisos con las energías renovables. En cuanto a I+D, Colombia planea duplicar su gasto, del 0.3% al 0.5% del PIB. La AOD para I+D ha sido mínima y representa menos del 0.01% de la AOD recibida entre 2014 y 2023.

México

Dos de los cuatro ejes del Plan Nacional de Desarrollo de México 2025-2030 –"economía moral y trabajo" y "desarrollo sostenible"– ponen un gran énfasis en los sectores productivos del país. Dichos ejes destacan áreas fundamentales para impulsar la transformación productiva, como la prosperidad y la conectividad, y la energía sostenible. El subpilar de prosperidad y conectividad se centra en aumentar el valor agregado de las exportaciones; potenciar la productividad, la competitividad y la innovación, y ampliar la infraestructura y la logística. El subpilar de energía sostenible se orienta a nuevas e importantes inversiones en la transmisión y generación de energía, junto con un ambicioso objetivo de lograr que la energía de México provenga de fuentes limpias para 2030 (Diario Oficial de la Federación, 2025[30]). Al evaluar la armonización de los desembolsos pasados de AOD con las prioridades del Plan Nacional de Desarrollo en lo que se refiere a la transformación productiva, en especial innovación, infraestructura de transporte y energías renovables, surge una imagen mixta. De 2014 a 2023, la AOD a la I+D en México representó solo el 0.3% de la AOD total recibida durante este periodo. El sector del transporte, aunque no es fundamental para la conectividad y competitividad, recibió menos del 0.01% del total de AOD. En contraste, del 24% de AOD total destinada al sector energético, más del 50% fue recibida por la generación máxima de energías renovables, mientras que casi el 24% apoyó la conservación y la eficiencia energética; el 20% a la política energética y la gestión administrativa, y el 7% a la distribución de energía (OECD, 2025[12]).

La armonización del sector privado es también decisiva. Tras el reconocimiento explícito por parte de la Alianza Global para la Cooperación Eficaz al Desarrollo de Busan en 2011 de la importancia del sector privado para el desarrollo, se establecieron los Principios de Kampala durante la Reunión de Alto Nivel del GPEDC en 2019. Estos principios promueven la responsabilidad de la participación del sector privado y aseguran la armonización de la participación del sector privado con los objetivos nacionales de desarrollo sostenible. Los cinco principios son: i) propiedad inclusiva de los países; ii) resultados e impacto objetivo; iii) asociación inclusiva; iv) transparencia y rendición de cuentas; y v) no dejar a nadie atrás (GPEDC, 2025[31]). Estos principios reconocen el papel clave y en constante crecimiento que desempeñan los actores privados en el cumplimiento de los objetivos de desarrollo.

En la última década, la movilización de financiamiento privado por intervenciones oficiales de financiamiento para el desarrollo a nivel mundial se ha cuadruplicado, de 16 000 millones de USD en 2012 a 67 000 millones en 2023. Este crecimiento fue impulsado en gran medida por los BMD (OECD, 2025[32]). Sin embargo, a pesar de estos esfuerzos, los fondos siguen siendo insuficientes para cubrir las necesidades de desarrollo, y se requiere trabajar mucho más para aprovechar plenamente el potencial del capital privado. En este contexto, la asistencia técnica catalizadora surgió como un instrumento fundamental, pero poco reconocido. Este amplía la asistencia técnica tradicional y se centra en el cambio sistemático del panorama en el que tiene lugar la inversión privada. Algunos ejemplos son el desarrollo institucional de capacidades o el fortalecimiento de las regulaciones. Los efectos de la asistencia técnica catalizadora se orientan al futuro y es difícil cuantificarlos, pero son esenciales como bases para movilizar financiamiento privado dirigido al desarrollo sostenible (Callum and Raitery, 2025[33]).

Las conferencias internacionales sobre financiamiento para el desarrollo ofrecen una plataforma importante para abordar dificultades complejas de este financiamiento. La Tercera Conferencia Internacional sobre Financiamiento para el Desarrollo (FfD3), celebrada en Adís Abeba en 2015, adoptó la Agenda de Acción de Adís Abeba (AAAA). La agenda confirma la importancia de todas las fuentes de financiamiento, incluida la del sector privado, para alcanzar los objetivos de desarrollo y hace hincapié en la trascendencia de los mecanismos de financiamiento mixto (UN, 2015[34]). Este año, la Cuarta Conferencia Internacional de Financiamiento para el Desarrollo (FfD4), realizada en Sevilla, estableció la plataforma SCALED para ampliar el financiamiento mixto. La creación de esta plataforma corrió a cargo de una coalición de países (Canadá, Dinamarca, Francia, Alemania, Sudáfrica y Reino Unido) e instituciones financieras, con el objetivo de establecer instrumentos y fondos de financiamiento mixto eficaces y escalables para abordar los retos de desarrollo (UN, 2025[35]). La CAF en colaboración con la Comisión Europea y el Banco Interamericano de Desarrollo (BID), ha seguido de cerca el progreso desde la III Cumbre UE-CELAC, celebrada en Bruselas en julio de 2023, y la reunión inaugural de los Ministros de Economía y Finanzas en Santiago de Compostela, en septiembre de 2023.

Socios como la República Popular China con la Iniciativa de la Franja y la Ruta (BRI), lanzada en 2013, también mostraron un nuevo tipo de cooperación para el desarrollo centrada en aprovechar las inversiones en redes comerciales e infraestructura. La cooperación china con ALC en los sectores productivos se centra principalmente en la industria, la minería y la construcción, y la energía, mientras que sectores más tradicionales como la agricultura reciben un apoyo más limitado. La cooperación china se lleva a cabo principalmente a través del Banco de Desarrollo de China y el Banco Chino de Exportación-Importación. Los flujos chinos han sido volátiles: alcanzaron un tope de más de 14 000 millones de USD en 2015, antes de bajar a solo 3 000 millones de USD en 2021 (Gráfico 4.7). Entre 2005 y 2020, casi el 45% de los préstamos de China a la región se destinó a Venezuela, por un total de casi 60 000 millones de USD, con reembolsos de deuda organizados a través de exportaciones de petróleo. Sin embargo, la producción de petróleo en Venezuela bajó drásticamente en 2010, y de nuevo en 2016, y la inversión china en la región disminuyó. Brasil y Ecuador, que también son grandes productores de petróleo, han recibido, desde 2007, préstamos chinos por un valor de 31 000 y 18 000 millones de USD, respectivamente. China también financió cerca de 17 000 millones de USD a grandes proyectos de infraestructura en Argentina, entre ellos, ferrocarriles y líneas de transporte subterráneo (IEA, 2023[36]).

Gráfico 4.7. Compromisos de China con los sectores productivos de ALC, como porcentaje del PIB, 2001-2021

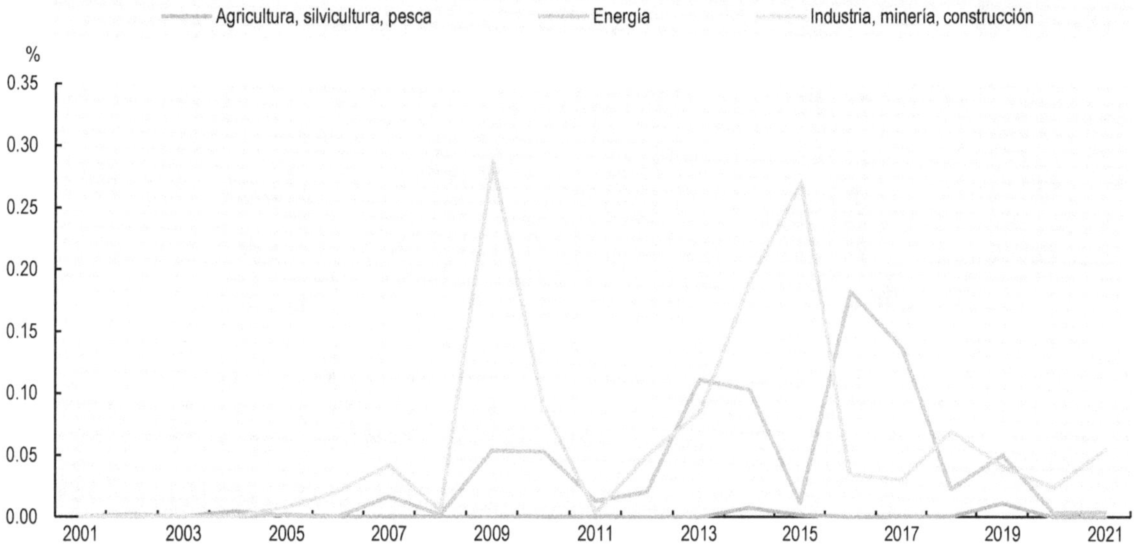

Fuente: (Aiddata, 2023[37]).

StatLink https://stat.link/7d9wvu

Como ya se señaló, los sectores clave para la transformación productiva en ALC son la industria farmacéutica y de ciencias de la vida, la industria productora de dispositivos médicos, la manufactura avanzada y las energías renovables (ECLAC, 2024[38]).

Desarrollar estas industrias requerirá construir capacidades con eficacia. En cuanto a la manera en que se asigna la ayuda oficial al desarrollo sostenible total, el apoyo técnico de I+D y capacitación sigue siendo muy limitado (Gráfico 4.8). Este desajuste indica la necesidad de un cambio estratégico en la forma de asignar la ayuda oficial y la forma en que se diseñan las asociaciones y alianzas. Es importante que los socios e instituciones financieras internacionales aumenten el apoyo oficial a la cooperación técnica y la I+D para impulsar la productividad y la innovación, dos factores esenciales para impulsar la transformación productiva.

Gráfico 4.8. Ayuda oficial total al desarrollo sostenible asignado a los sectores productivos, por tipo de apoyo, 2019-2023

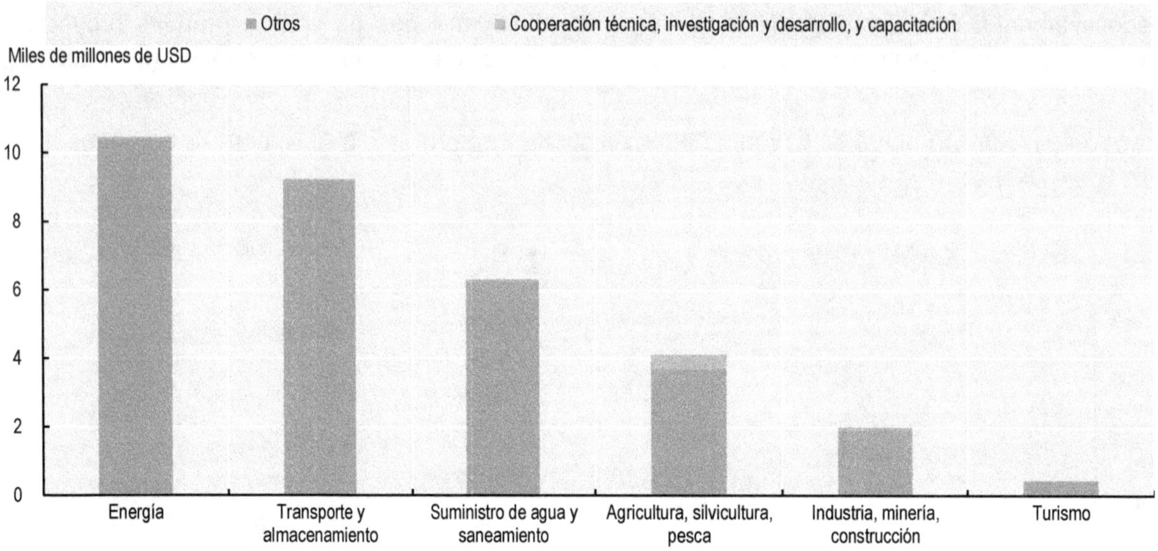

Nota: La cooperación técnica incluye gastos en especie de expertos en cooperación técnica, viajes, servicios, materiales, equipos y suministros, así como otros tipos de cooperación técnica. La capacitación se refiere a la capacitación ofrecida en el país donante. Otros: proyectos; contribuciones a programas y fondos específicos gestionados por asociados en la ejecución (excluye el autobeneficio); ayuda presupuestaria, y apoyo esencial a organizaciones no gubernamentales, otras entidades privadas, asociaciones público-privadas e institutos de investigación.
Fuente: (IFT, 2025[39]).

StatLink https://stat.link/nt6f4x

Para alcanzar la transición hacia actividades de alto valor agregado y superar la trampa de los ingresos medios, es esencial invertir en el desarrollo de capacidades de la población activa. Actualmente, ALC está detrás de los países de la OCDE en lo que respecta a empleo en sectores de alto valor agregado que requieren una capacidad de I+D alta y media-alta. En Chile, Ecuador y Perú, la cuota de empleo en estos sectores es inferior al 1% y en México es algo menos del 2%, en comparación con el promedio de la OCDE de 3%. Al analizar el nivel de cualificación requerido por los empleos en estos cuatro países, en promedio, solo el 20% de la fuerza laboral tiene empleo en profesiones cualificadas, en comparación con el promedio de 36% en los países de la OCDE. Un nivel insuficiente de desarrollo de competencias es una limitación importante para aumentar la inversión en I+D. El bajo nivel de competencias es citado por los empleadores como una restricción para el logro de los objetivos (OECD, 2023[40]). Más del 37% de los empleadores encuestados en ALC mencionaron la brecha de competencias como el obstáculo principal para aumentar el empleo y la productividad. La restricción producto de la brecha de competencias fue citada por el 68% de los empleadores en Brasil, el 40% en Costa Rica y el 38% en México y Panamá (Flórez and Jayaram, 2016[41]).

Canalizar la cooperación internacional hacia los principales facilitadores de la transformación productiva

Tres facilitadores clave son esenciales para impulsar la transformación productiva en ALC: desarrollo de competencias, adopción de tecnología y desarrollo de infraestructuras. Estos pilares son fundamentales para elevar la productividad, incrementar el valor agregado interno y facilitar una integración más profunda en las cadenas globales de valor. El desarrollo de competencias dota a los trabajadores de las competencias necesarias para realizar tareas de mayor valor y alcanzar la mejora sectorial. La adopción tecnológica fomenta la innovación y apoya el cambio hacia una producción más intensiva en conocimientos. El desarrollo de infraestructura, especialmente en los ámbitos de transporte, energía y redes digitales, facilita el acceso al mercado y la movilización eficaz de productos, servicios e ideas. Priorizar la cooperación internacional con estos tres principales facilitadores aseguraría que el financiamiento externo se canalice eficazmente hacia sectores con el mayor potencial para acelerar la transformación y la competitividad en toda la región.

El apoyo internacional a las competencias puede desbloquear el potencial productivo de ALC

El desarrollo de competencias es el primer facilitador clave de la transformación productiva. ALC enfrenta retos persistentes relacionados con la baja productividad. En las dos últimas décadas, la producción por hora trabajada en la región estuvo estancada en 20 USD (paridad de poder adquisitivo), mientras que la productividad laboral en Asia Oriental aumentó casi 300% y en Europa del Este, casi 160% (ILO, 2025[42]). El factor fundamental causante de la estancada productividad laboral de la región es el subdesarrollo del capital humano.

En 1990, la productividad laboral de ALC equivalía al 46% de la productividad promedio de los países de la OCDE, en tanto que, en 2023, este porcentaje bajó al 37%. En comparación con Estados Unidos, la baja ha sido aún más pronunciada: del 36% al 27% en el mismo periodo. La evolución de la productividad relativa respecto del grupo de países emergentes y en desarrollo es aún más impactante: si en 1990 la productividad laboral de ALC era 2.7 veces superior a la de este grupo, en 2023 apenas alcanzó 1.2 veces más (CAF, 2025[43]).

Si bien el acceso a la educación se ha ampliado en toda ALC, la calidad y la importancia de los resultados de aprendizaje se han quedado atrás. El mayor nivel educativo de los niños en comparación con sus padres no se refleja en la movilidad ascendente relativa en términos de niveles educativos u oportunidades en el mercado laboral. Esto podría mostrar que la estructura económica de la región no está absorbiendo ni recompensando eficazmente estos niveles educativos más altos, o que el avance educativo logrado en realidad no ha sido suficiente (CAF, 2022[44]).

En consecuencia, persisten importantes desajustes de competencias que dificultan la capacidad de la región para fomentar la innovación y mejorar su estructura productiva (ECLAC, 2024[38]). A medida que los países pasan de sectores de baja productividad a industrias más sofisticadas, es esencial contar con una fuerza laboral cualificada que permita adoptar nuevas tecnologías, promover la innovación y satisfacer las demandas cambiantes de sectores emergentes.

Conformar una fuerza laboral cualificada es clave, no solo para aumentar la productividad, sino también para atraer inversiones de calidad e integrar a las empresas locales en las cadenas globales de valor. En ALC, el potencial del capital humano no se ha alcanzado plenamente, en gran parte debido a la baja complejidad tecnológica y sofisticación de las estructuras productivas de la región (ECLAC, 2024[38]). Solo el 32% del valor agregado de manufactura producido en ALC se encuentra en productos de tecnología media y alta. Esta cifra está muy por debajo del promedio de los países de ingresos medios-altos (45%) (UNCTAD, 2024[45]).

Esta falta de sofisticación en la producción en parte señala el bajo gasto en I+D en ALC, que se ha mantenido en promedio entre el 0.5% y el 0.6% del PIB durante más de dos décadas (2000-2022). En el mismo periodo, el gasto promedio en I+D aumentó del 0.6% al 2.0% del PIB en los países de ingresos medios-altos, y del 1.0% al 2.7% en Asia Oriental (World Bank Group, 2025[46]). La subinversión en I+D redunda en los bajos niveles de innovación de la región. En 2020, solo se presentaron algo más de 50 000 solicitudes de patente en ALC, de las cuales solo 8 000 provenían de residentes de ALC, mientras que el resto provenían de no residentes (World Bank Group, 2025[46]).

Gráfico 4.9 Principales donantes de ayuda oficial al desarrollo, para capacitación y educación en competencias en ALC, 2014-2023

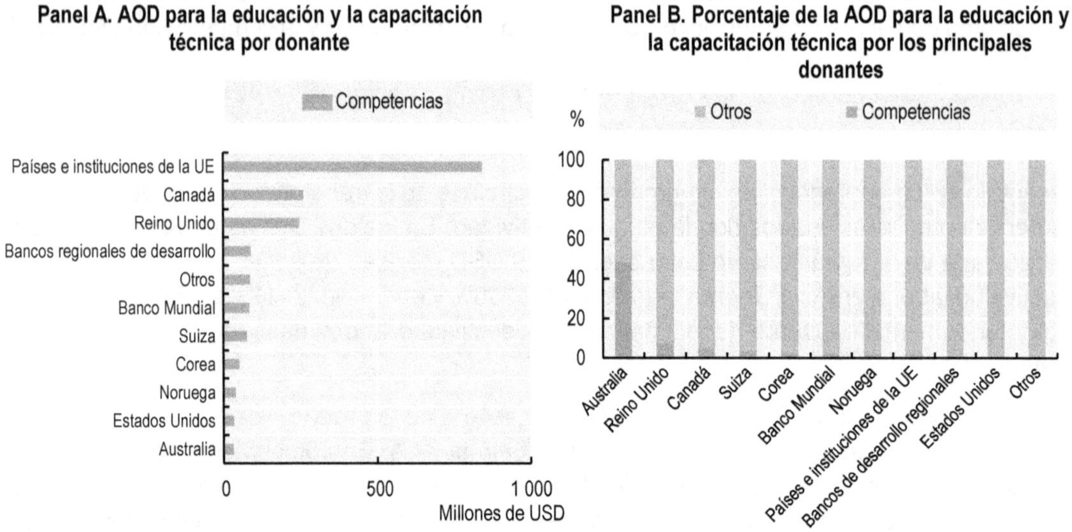

Nota: AOD = ayuda oficial al desarrollo. UE = Unión Europea. Educación profesional: formación de docentes; formación profesional; formación técnica y de gestión avanzada; capacitación y formación médica; educación y capacitación en abastecimiento de agua y saneamiento; transporte y almacenamiento; tecnologías de la información y la comunicación; telecomunicaciones y medios de comunicación; energía; agricultura; silvicultura; pesca; medioambiente, y educación y capacitación multisectoriales.
Fuente: (OECD, 2025[12]).

StatLink https://stat.link/tb0hvl

Pese al porcentaje relativamente pequeño de ayuda internacional que se asigna a competencias y formación de la AOD general hacia ALC, la asistencia recibida ha sido altamente concentrada y estratégicamente significativa. Entre 2014 y 2023, los donantes canalizaron casi 1 900 millones de USD a ALC como apoyo a iniciativas de competencias y formación en diversos sectores, como tecnologías de la información y la comunicación (TIC), energía, agricultura, agua y saneamiento, y servicios medioambientales. Los mayores donantes en términos absolutos fueron los países e instituciones de la Unión Europea, que aportaron cerca de 850 millones de USD durante el periodo, seguidos por el Reino Unido, Canadá, Suiza y el Banco Mundial (Gráfico 4.9, Panel A). Esto es muestra del compromiso europeo sostenido con el desarrollo del capital humano en la región, especialmente por medio de la formación profesional, la educación en los campos TIC y técnicos, y la formación de docentes. Sin embargo, la asignación de AOD a la educación y formación de competencias representa menos del 0.05% de la AOD total a la región para la mayoría de los donantes. La única excepción es Australia: la ayuda dirigida a la educación y formación de competencias representa casi el 50% de sus flujos de ayuda a ALC (Gráfico 4.9, Panel B). Estas estadísticas destacan la importancia de armonizar la AOD con las necesidades de modernización de la fuerza laboral de ALC, especialmente en el contexto actual de creciente demanda de competencias verdes y digitales. Al mismo tiempo, la concentración de flujos de ayuda entre unos pocos donantes señala la necesidad de diversificación y una mayor apropiación regional de las estrategias de competencias.

La ayuda focalizada es relevante para muchos países de ALC. Por ejemplo, en Colombia, desarrollar capacidades específicas para el sector es clave para fomentar una transformación inclusiva y sostenible. Para responder a esta necesidad, la Agencia Noruega de Cooperación para el Desarrollo está invirtiendo actualmente cerca de 1.4 millones de USD para fortalecer las competencias en la cadena de valor del café en Colombia, la mayor actividad agrícola del país. La iniciativa se centra en superar los principales cuellos de botella en la producción y manejo del café, así como brindar formación profesional orientada a mejorar la calidad y ampliar el acceso al mercado. Estos esfuerzos ejemplifican la manera en la que la cooperación internacional puede aumentar directamente la productividad y la competitividad en sectores estratégicos y, a la vez, promover el desarrollo local (IFT, 2025[39]). También es preciso reforzar la cooperación para el desarrollo de competencias en los sectores no primarios, para ayudar a Colombia a atraer más IED en estas áreas prioritarias de actividad, como las tecnologías de la información, el turismo y la salud que, junto con las cadenas de valor agrícolas son prioritarias en el Plan de Internacionalización y la Política de Reindustrialización 2022-2030 de Colombia (DNP, 2023[47]).

ALC es la región más afectada por empresas que enfrentan dificultades al contar con competencias inadecuadas. Las empresas de la región tienen 13 veces más probabilidades de afrontar problemas de rendimiento debido a déficits de competencias, que sus contrapartes de Asia Oriental. Los sectores que se identifican por tener mayores brechas de competencias incluyen la manufactura avanzada, como la industria de vehículos motorizados, donde la probabilidad de que las empresas encaren problemas de rendimiento de competencias es hasta 160% mayor que la de otras industrias manufactureras. El de la manufactura avanzada se ha identificado como un sector crucial para la transformación productiva en ALC. La falta de competencias en esta industria altamente intensiva en conocimientos, plantea retos para que los países de ALC se diversifiquen hacia la producción de bienes más sofisticados (Melguizo and Perea, 2016[48]).

Un buen ejemplo del desajuste de competencias es Chile. Muchos sectores requieren con urgencia trabajadores con las capacidades digitales, técnicas y de gestión para ascender en la cadena de valor y, sin embargo, los programas de formación siguen sin armonizarse lo suficiente con estas necesidades. En la minería, el mayor sector exportador de Chile, proliferan los puestos de trabajo en áreas como automatización, operaciones remotas y análisis de datos, pero los cursos técnicos profesionales y universitarios siguen centrados en la extracción y la geología, y no en la mecatrónica, el Internet de las Cosas (ITD) o ciencias de la información. De igual manera, en la agroalimentación, el impulso hacia productos funcionales y de alto valor requiere conocimientos de biotecnología, química de alimentos y sistemas de aseguramiento de la calidad y, sin embargo, la mayor parte de la formación aún se basa en la agronomía y los métodos de procesamiento tradicionales (OECD/UN, 2018[49]).

En general, en ALC, cuatro de cada cinco empresas del sector manufacturero muestran dificultades relacionadas con la brecha de competencias (World Economic Forum, 2018[50]). La cooperación para ayudar a cerrar las brechas de competencias en la manufactura avanzada resulta esencial para lograr una transformación estructural hacia sectores más intensivos en tecnología.

Hasta fecha reciente, las cualificaciones educativas formales servían como el principal indicador, si no el único, de las competencias y el potencial de una persona en el mercado laboral. Sin embargo, a medida que las industrias evolucionan y el carácter del trabajo cambia, las credenciales tradicionales de educación tal vez no basten para transmitir plenamente las competencias de una persona. Muchos graduados necesitan complementar su formación formal con certificados adicionales, experiencia laboral y demostraciones prácticas de sus capacidades para mantenerse competitivos. De igual manera, las personas que han adquirido un conocimiento experto a través de la experiencia laboral, el aprendizaje *online* o la capacitación no formal quizá no tengan títulos tradicionales, pero tienen competencias igualmente relevantes y demandadas (OECD, 2025[51]).

Las altas tasas de informalidad y baja productividad laboral constituyen un problema urgente en ALC. La cooperación internacional al desarrollo a menudo se propone abordar este desajuste. Entre las iniciativas recientes de la Organización de Estados Americanos (OEA) se encuentra la Academia para Jóvenes que proporcionó capacitación y certificaciones en tecnologías transformadoras a 38 000 participantes registrados. Otra iniciativa de la OEA, Prospecta Américas, permitió a siete países de ALC establecer un Centro de Excelencia temático en áreas como inteligencia artificial, robótica, *blockchain*, nanomateriales, tecnologías oceánicas y biotecnología, con lo que se benefició a más de 25 000 investigadores y expertos de la comunidad científica de las Américas. Otro ejemplo de intervenciones localizadas incluye la entrega, por parte del CAF, de 150 millones de USD para el Instituto Técnico Superior Especializado de Panamá, con el propósito de armonizar la formación profesional con las necesidades del mercado laboral (CAF, 2019[52]). Asimismo, el CAF concedió 150 millones de USD a Ecuador, para modernizar su sistema educativo, un proyecto que se espera beneficie a cerca de tres millones de estudiantes y a casi 52 000 docentes (CAF, 2023[53]).

La energía renovable es también un sector clave para la transformación estructural en ALC. Si bien hay una alta demanda de competencias verdes, la oferta es escasa en la región y pocas universidades ofrecen carreras en energía limpia. Menos del 10% de los títulos otorgados en 2019 en el sector energético trataban de energías renovables, mientras que los títulos restantes (más del 90%) se otorgaron para el ámbito de combustibles fósiles. Los donantes internacionales ponen gran énfasis en financiar la transición energética, proporcionar financiamiento para tecnologías de energía verde y la expansión de la red eléctrica, pero se ha prestado poca atención a la educación en energías renovables. Es esencial aumentar el financiamiento para la educación en energías renovables, la que está significativamente subfinanciada (World Economic Forum, 2024[54]). Se estima que los empleos en energías renovables en ALC aumentarán de 57 millones en 2020 a 134 millones para 2050. Para cubrir la creciente demanda, se necesitarán esfuerzos considerables para implementar programas de formación y reciclaje laboral, debido a las altas cualificaciones requeridas para gestionar y operar tecnologías de energías renovables (Hwang and Diez, 2024[55]).

La Agencia Alemana de Cooperación (GIZ) ha hecho hincapié en el desarrollo de competencias ecológicas en Brasil. Entre 2016 y 2021, se formó a cerca de 800 docentes y más de 7 800 técnicos cualificados, para apoyar la difusión de la energía solar y eólica, así como la eficiencia energética en los sectores de construcción e industria. GIZ también trabajó con el gobierno y con las redes de educación y formación técnica y vocacional (TVET, por sus siglas en inglés) para ayudar a modernizar estos programas y adaptarlos a los requerimientos de las empresas. Iniciativas como estas son esenciales para responder a la escasez de competencias en el mercado laboral y mejorar el sistema de TVET de Brasil, que ocupó el puesto 96 de 141 países en el Índice de Competitividad Global 2019 (GIZ, 2022[56]).

El desarrollo de competencias es una prioridad transversal para socios como la Unión Europea. La Comisión Europea, integrada en la AOD bilateral, así como en programas regionales, lanzó recientemente la Iniciativa de Sociedades Inclusivas para reforzar la cohesión social mediante formación y desarrollo de capacidades focalizados. La iniciativa une a la Unión Europea y a seis Estados miembros – Francia, Alemania, Italia, Luxemburgo, España y Suecia – con la GIZ y otros organismos (European Commission, 2025[16]). La Academia de Transición Energética de ALC 2024, apoyada por el CAF y organizada por Uno.Cinco, OLADE y la Universidad de Chile, se ha consolidado como una plataforma regional de referencia para fortalecer capacidades técnicas y desarrollar redes en el ámbito de una transición energética justa y sostenible. La participación del CAF en esta iniciativa coincide con su objetivo estratégico de promover el desarrollo institucional y del capital humano para avanzar hacia un sistema energético sostenible, inclusivo y resiliente en ALC (OLADE, 2025[57]).

Igualmente, el Fondo de Cooperación para el Desarrollo de la OEA estableció el Programa de Acción Climática para los años 2024-2027, dirigido a 15 países de ALC. Dentro de cuatro temas de proyectos – la economía circular, la educación climática y medioambiental, el desarrollo de competencias inteligentes al clima y el impacto del cambio climático sobre las mujeres y comunidades desfavorecidas –, la iniciativa se centrará principalmente en el desarrollo de competencias y capacidades para contribuir a una transición verde inclusiva y transparente (OAS, 2025[58]; Cancillería de Colombia, 2025[59]). Otros proyectos locales encabezados y ejecutados por la OEA incluyen la Iniciativa de Economía Circular Transfronteriza en la Zona de Integración Fronteriza Colombia-Perú, financiada por el BID; la Contribución de la Infraestructura de Calidad a la Transformación hacia una Economía Circular en ALC, financiada por el Instituto Nacional Alemán de Metrología y Fomentando la Seguridad Hídrica en la Región de Trifinio (GEF, 2018[60]). Todas estas iniciativas contribuyen a fortalecer tanto la capacidad local como la institucional para propiciar un cambio sostenible, inclusivo e impulsado por la innovación. Las competencias verdes para la adaptación agrícola inteligente al clima también son cruciales, dado el devastador efecto del cambio climático sobre la agricultura. En Guyana, cuyo sector agrícola representa el 20% del PIB, los efectos negativos del cambio climático son una amenaza significativa para la economía nacional. Más del 90% de la población guyanesa vive en regiones costeras, donde la tierra es fértil, pero el aumento del nivel del mar eleva el riesgo de inundaciones para los agricultores. El BID, la GIZ y la Organización de las Naciones Unidas para la Alimentación y la Agricultura (FAO), entre otros, han brindado una fuerte colaboración internacional para desarrollar capacidades técnicas para la agricultura inteligente al clima (ILO, 2019[61]).

Por su parte, el sector privado es un actor clave en la formación de competencias laborales. En Colombia, Costa Rica y República Dominicana, las empresas extranjeras tienen más probabilidades que las nacionales de ofrecer formación a los empleados desde la formación laboral hasta los programas certificados. En Colombia, una empresa francesa de energías renovables forjó alianzas formales con universidades locales, como la Universidad Javeriana y la Universidad del Rosario, para ofrecer programas certificados de formación a sus empleados. En Costa Rica, las empresas MedTech contribuyen a la creación de un grupo de talento con altas cualificaciones (Recuadro 4.1). Esto demuestra cómo las empresas extranjeras pueden desempeñar un papel fundamental en el desarrollo de competencias. En total, entre 2014 y 2024, en ALC se destinaron 2 000 millones de USD en IED a educación y formación. Esto incluye el establecimiento de institutos técnicos, escuelas profesionales y centros internacionales de formación, todos esenciales para incrementar las competencias y armonizarlas con las demandas del mercado laboral (OECD, 2025[4]). La mayoría de estas inversiones en educación y formación han sido atraídas por México (42%), Colombia (31%) y Brasil (8%) y provienen sobre todo de la Unión Europea (32%) y de ALC (22%) (OECD, 2025[4]).

La adopción de tecnología puede acelerar la transición de ALC hacia un modelo de producción basado en conocimientos

El segundo facilitador clave para la transformación productiva es la adopción de tecnología. Las economías de ALC enfrentan persistentes brechas de productividad, altos niveles de informalidad, calidad desigual de infraestructura y una diversificación limitada hacia sectores de mayor valor agregado. En este contexto, la adquisición y difusión de nuevas tecnologías permitirá a los países aumentar su productividad, promover la innovación y hacer la transición hacia actividades económicas más complejas y competitivas, elementos esenciales para la transformación productiva en ALC. Tecnologías digitales, como la automatización, la inteligencia artificial y el análisis de datos, están reconfigurando las estructuras globales de producción y creando nuevas vías de crecimiento. Para los países de ALC, invertir en capacidades tecnológicas es fundamental para alcanzar las fronteras tecnológicas globales, así como para generar soluciones locales.

La tecnología es una palanca clave para lograr un desarrollo inclusivo y sostenible, y prepararse para las transiciones verdes y digitales. Corea del Sur representa un claro ejemplo del impacto transformador de la inversión sostenida en tecnología e innovación, en particular por medio de la I+D. El rápido crecimiento económico del país, a menudo considerado parte del Milagro Asiático, se vinculó estrechamente a su estrategia de desarrollo impulsada por la innovación, en la que la I+D es un motor esencial del crecimiento de la productividad en las industrias coreanas (Lee, 2016[62]).

Los gobiernos de economías menos avanzadas pueden acelerar el crecimiento promoviendo la inversión y fomentando la adopción de tecnologías vigentes. Las políticas para la adopción tecnológica podrían apoyar la digitalización entre las pequeñas y medianas empresas (pymes); fortalecer los servicios de extensión tecnológica público-privada y la conectividad, así como incentivar la adopción tecnológica mediante políticas específicas. A medida que los países avanzan, el enfoque de políticas debería desplazarse hacia la formación de ecosistemas de innovación, por ejemplo, apoyando la I+D mediante subsidios e incentivos fiscales y estrechando los vínculos entre universidades e industria (Acemologu,

Aghion and Zilibotti, 2006[63]). Un caso ilustrativo es el de la Agencia Brasileña para la Investigación e Innovación Industrial (EMBRAPII), que facilita las transferencias tecnológicas entre instituciones de investigación y empresas, con miras a aumentar la competitividad de las empresas brasileñas (Braga de Andrade, 2020[64]). El camino a seguir de Colombia exige elevar la adopción de nuevas tecnologías y un organismo de I+D bien desarrollada y financiada (OECD/UN/UNIDO, 2019[65]).

Mejorar la cooperación internacional para la transferencia de tecnología y la innovación es fundamental para fomentar soluciones mutuamente beneficiosas y crear ciclos virtuosos de aprendizaje y desarrollo de capacidades. Para que los países de ALC puedan hacer la transición hacia estructuras de producción más intensivas en conocimientos y competitivas, se requiere un fuerte enfoque en la adopción de tecnología y la construcción de redes sólidas de I+D. En este contexto, la Alianza Digital UE-ALC, iniciada en 2023 con un presupuesto de 172 millones de euros, representa una iniciativa fundamental para acelerar la transformación digital centrada en el ser humano en toda la región y convertir la Estrategia Global Gateway en una realidad en el ámbito digital. La Alianza Digital UE-ALC también sirve como marco para todas las iniciativas birregionales de cooperación digital, gracias a la Declaración Conjunta sobre una Alianza Digital adoptada por los jefes de Estado y de gobierno de ambas regiones durante la III Cumbre UE-CELAC en Bruselas, celebrada en julio de 2023 (European Commission, 2023[66]). Al reunir una amplia coalición de partes interesadas, incluidos gobiernos, sector privado, instituciones académicas y de investigación, y la sociedad civil, la alianza potencia el diálogo sobre políticas y apoya las iniciativas de conectividad (tanto satelitales como por cable), innovación digital, emprendimiento y tecnologías espaciales (European Commission, 2025[67]).

Entre sus actividades principales, la Alianza Digital UE-ALC promueve la implementación de una estrategia regional Copernicus que amplía el programa de Observación de la Tierra de la UE a ALC, con centros de datos regionales Copernicus ALC en Chile y Panamá. La estrategia abarca el apoyo a la gestión del riesgo de desastres y el monitoreo ambiental. Los centros de datos servirán como centros concentradores para recibir y procesar datos satelitales. Mediante la iniciativa *Building the Europe Link to Latin America and the Caribbean* (BELLA 2.0), el cable de fibra óptica se ampliará para mejorar la conectividad digital y la colaboración entre las comunidades de investigación y educación en ALC y la Unión Europea, incluidas la computación de alto rendimiento y la inteligencia artificial. Mientras tanto, el Acelerador Digital UE-ALC ayudará a acelerar al menos 40 empresas conjuntas para la innovación birregional y la transformación digital (European Commission, 2025[67]).

En la actualidad, la Alianza Digital trabaja en el desarrollo de una Red de Supercomputación UE-ALC para IA basada en el acceso a tecnologías de vanguardia habilitadas por la Infraestructura Europea de Computación de Alto Rendimiento (HPC) y la experiencia del EuroHPC Joint Undertaking (JU), lo cual es decisivo para los descubrimientos científicos y para el fortalecimiento de la comunidad HPC en la región. Por último, la Alianza Digital también pretende crear una iniciativa birregional para mejorar la cooperación en ciberseguridad mediante la ayuda mutua, la respuesta a los incidentes que se presenten y el intercambio de conocimientos, llamada EU-LAC SHIELD, que involucrará tanto a actores públicos como privados de ambas regiones. Otras iniciativas de la Unión Europea para promover la I+D en ALC incluyen la Iniciativa Conjunta para la Investigación y la Innovación, que facilita la colaboración académica y el intercambio de conocimientos entre las regiones, así como el Horizonte Europa global, que financia la investigación y la innovación (European Commission, 2025[68]; European Council, 2025[69]).

Reestructurar las micro, pequeñas y medianas empresas mediante la innovación y la tecnología, promover el reciclaje profesional innovador para el sector turístico y las economías regionales, y fomentar la innovación científica y tecnológica, son fundamentales para fortalecer la resiliencia. El Programa sobre Resiliencia Inclusiva para una Recuperación Efectiva, desarrollado a través del Fondo de Cooperación para el Desarrollo de la OEA, busca dotar a las pymes de estas herramientas, facilitándoles el desarrollo (AICD, 2020[70]).

Abordar la cadena de valor digital completa requiere integrar: i) infraestructura física (redes troncales nacionales de fibra óptica, centros de datos de última generación, instalaciones de Tier III y IV y cables submarinos estratégicos que conecten ALC internamente y con otros continentes); ii) servicios facilitadores (plataformas de interoperabilidad, sistemas de gobierno electrónico, soluciones de identidad digital y plataformas de servicios públicos basadas en la nube); iii) desarrollo de capital humano (programas de competencias digitales a gran escala, formación en inteligencia artificial y análisis de datos, y desarrollo de capacidades dirigido a pymes); iv) financiamiento innovador (instrumentos de financiamiento mixto, capital de riesgo para *start-ups* tecnológicas y fondos para infraestructura verde y digital). El CAF ha convertido a la transformación digital en una prioridad estratégica central, al integrar estos cuatro pilares y movilizar 2 780 millones de USD entre 2019 y 2024 para operaciones con componentes de conectividad y transformación digital, mediante 41 operaciones de crédito y 17 millones de USD en 85 iniciativas de cooperación técnica, con lo que benefician directamente a 16 países (CAF, 2025[71]).

El BID y el CAF son actores clave en el apoyo a la innovación tecnológica en ALC. El Laboratorio BID, la rama de innovación y capital de riesgo del Grupo BID, aprovecha el financiamiento, el conocimiento y las conexiones para apoyar el emprendimiento en etapas iniciales y promover la innovación. Cuenta con una cartera activa de 453 operaciones que suman 595 millones de USD. En los tres primeros trimestres de 2024, se financiaron 37 proyectos, por un total de 61 millones de USD (IDB Lab, 2024[72]) (Tabla 4.1).

Tabla 4.1. Ejemplos de pequeñas y medianas empresas tecnológicas en ALC

pyme	País	Descripción	Socio
Andonix	México	La solución SaaS de Andonix, Smart Work Station (SWS) automatiza el trabajo de primera línea en empresas intensivas en mano de obra, al alentar la orientación y el apoyo remotos, conectar a los trabajadores con el resto de la organización, y mejorar los niveles de seguridad, calidad y productividad. Las empresas pueden capacitar a los trabajadores con rapidez utilizando e-learning adaptativo y microlearning, automatizando flujos de trabajo con orientación paso a paso y capturar una gran cantidad de datos previamente ocultos.	CAF
Aprova Digital	Brasil	Empresa tecnológica innovadora cuyo propósito está directamente vinculado a aumentar la eficacia del sector público, en especial de los municipios de Brasil. La empresa aspira a llegar a 100 municipios, con potencial para replicar el modelo en otros países latinoamericanos (Colombia y México).	CAF
Cubo Technologies	El Salvador	Empresa fintech que ofrece soluciones de pago digital a micro y pequeñas empresas, así como microemprendedores que representan el 90% de los usuarios. Con el apoyo de BID Lab, Cubo amplió sus operaciones a Costa Rica, Guatemala y Panamá, en apoyo a la inclusión financiera de 70 000 empresas, de 40% de las cuales son dirigidas por mujeres.	BID Lab
DoctorOne	Ecuador	Servicio de telemedicina en Ecuador, cuyo objetivo es ampliar el acceso a la atención sanitaria en zonas remotas. Recibió dos millones de USD en financiamiento de BID Lab.	BID Lab
EthicHub	México	Plataforma fintech que conecta a inversores con agricultores rurales no bancarizados, sobre todo productores de café en México. Utilizando tecnología *blockchain*, EthicHub facilita el acceso a préstamos asequibles y, permite a los agricultores mejorar su productividad y medios de vida.	BID Lab

Fuente: (IDB, 2023[73]), (Impactalpha, 2024[74]), (IDB, n.d.[75]) y (ZoomAgri, 2025[76]).

El sector privado también interviene en la ampliación de la I+D. Por ejemplo, en Brasil, las agroempresas han hecho grandes inversiones en ese campo. Entre las principales se encuentran las semilleras Corteva, de Estados Unidos, y Syngenta, de Suiza, así como el fabricante estadounidense de tractores John Deere y el productor noruego de fertilizantes Yara. Además, las empresas Bosch, de Alemania, y Husqvarna, de Suecia, eligieron a Brasil como centro concentrador mundial para el desarrollo de maquinaria agrícola. La capacidad de este país para atraer I+D en el sector agrícola se debe a que sus agricultores están abiertos a la innovación y a que sus investigadores son sumamente creativos, lo que convierte al país en un centro mundial de desarrollo tecnológico agrícola (Konchinski, 2025[77]). Sin embargo, ALC depende aún en gran medida del financiamiento público para la labor de I+D, lo que deja margen para el crecimiento de fuentes privadas de financiamiento, incluidas empresas, instituciones de educación superior, fondos extranjeros y organizaciones privadas sin fines de lucro (OECD et al., 2024[2]).

Empresas extranjeras ajenas al sector agrícola también invierten en I+D en ALC, medida decisiva para el crecimiento porque las actividades de I+D están estrechamente relacionadas con empleos de mayor calidad y mejoras económicas. Las actividades de I+D de empresas extranjeras suelen tener repercusiones para las inactivas en este campo en áreas, como la productividad, que contribuyen a la transformación industrial y al desarrollo regional (Spithoven and Merlevede, 2023[78]). Las empresas extranjeras, es decir, aquellas con al menos un 10% de propiedad extranjera, en general tienden más a invertir en I+D que las empresas nacionales de la región (Gráfico 4.10). No obstante, la IED dirigida a actividades de I+D en ALC sigue siendo limitada. Entre 2003 y 2024, únicamente el 1.5% de la IED *greenfield* – o apenas 30 000 millones de USD – se destinó a actividades de I+D. Estados Unidos y la Unión Europea son las mayores fuentes de IED relacionadas con esta área: 46% y 26% de las inversiones totales, respectivamente, entre 2014 y 2024 (OECD, 2025[4]).

Gráfico 4.10. Gasto de empresas extranjeras vs. empresas nacionales en I+D en ALC

¿Es más probable que las empresas extranjeras gasten en I+D? (Sí>0; No<0)

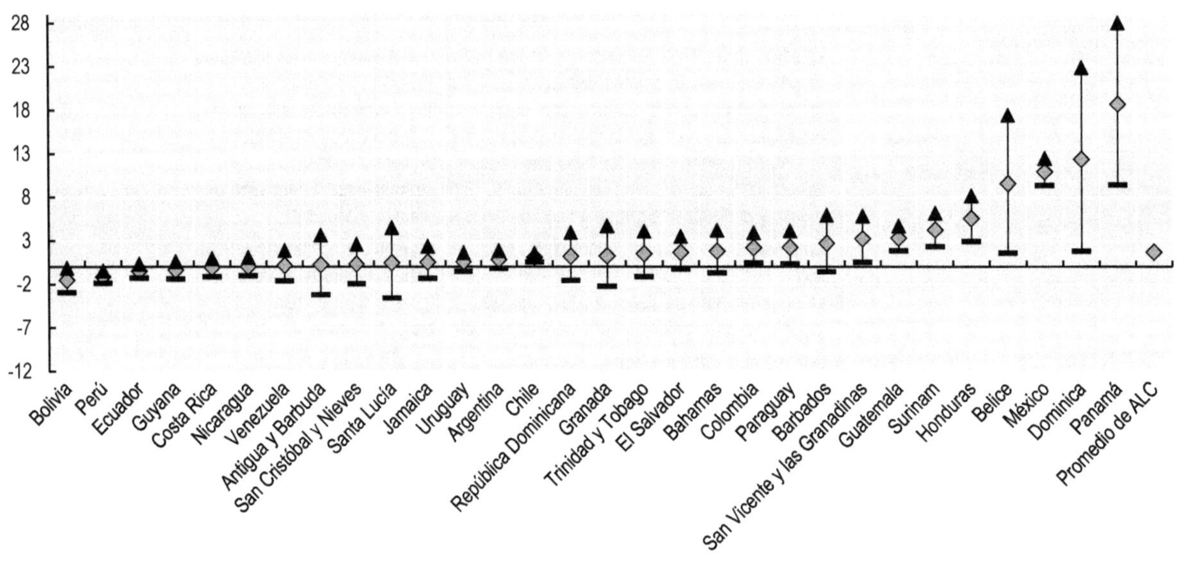

Nota: Los indicadores muestran la brecha relativa entre los resultados promedio de las empresas extranjeras y nacionales. Los valores positivos indican que las empresas extranjeras obtienen mejores resultados que las nacionales, y los negativos, lo contrario. Los años de referencia varían de un país a otro, desde 2010 hasta 2023. Los diamantes representan coeficientes y los intervalos de confianza se representan con barras y flechas.
Fuente: Elaboración de los autores con base en (OECD, 2025[4]).

StatLink https://stat.link/yloaik

La IED también ha sido una palanca fundamental en el desarrollo del sector digital en ALC. Entre 2003 y 2024, se invirtieron más de 260 000 millones de USD de IED *greenfield* en sectores digitales, lo que representa el 13% del total de inversiones *greenfield* en la región (Gráfico 4.11). Entre 2003 y 2013, la mitad de estos flujos se asignó al área de telecomunicaciones. No obstante, en la década siguiente, estas inversiones se centraron principalmente en servicios digitales, como programación informática, procesamiento y alojamiento de datos, y servicios de información. Esto refleja los avances digitales en la región, con el creciente surgimiento de soluciones sofisticadas y basadas en servicios que contribuyen a la transformación digital, así como un cambio hacia actividades intensivas en conocimientos y basadas en servicios (OECD, 2025[4]). Al mismo tiempo, la IED también ha generado una buena cantidad de empleos en el sector digital, especialmente en los servicios de este tipo. Durante el periodo 2014-2024, se generaron casi 600 000 empleos en este sector, un aumento de casi 25% respecto de la década anterior (OECD, 2025[4]).

Gráfico 4.11. Porcentaje de la inversión extranjera directa greenfield en ALC, focalizada en los sectores digitales, 2003-2024

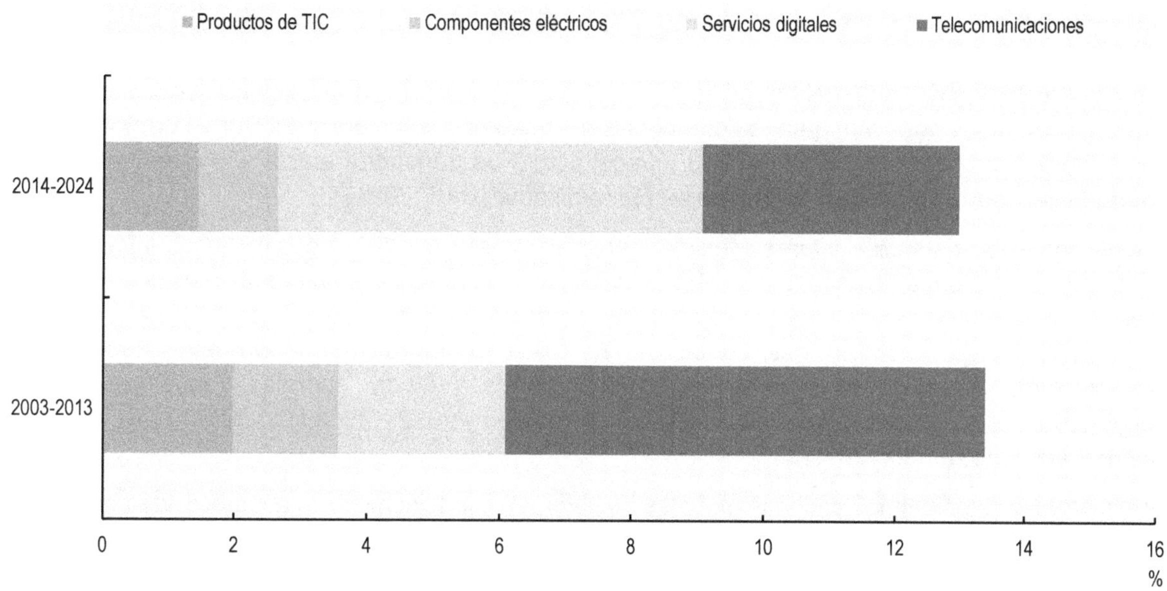

Nota: Productos de tecnologías de la información y la comunicación (TIC): electrónica, equipo informático y otros relacionados. Componentes eléctricos: baterías, equipo eléctrico, dispositivos de cableado y otros relacionados. Sectores digitales: programación informática, procesamiento de datos y alojamiento, servicios de información, y otros servicios digitales. Telecomunicaciones: actividades de telecomunicaciones por cable, inalámbricas y satelitales.
Fuente: (OECD, 2025[4]).

StatLink https://stat.link/30chkn

Mejorar la infraestructura regional requiere mejorar la coordinación

El tercer factor clave para la transformación productiva en ALC es el desarrollo de infraestructura. La confiabilidad del transporte, la energía y la infraestructura digital reduce los costos de transacción, facilita el acceso a los mercados y el desplazamiento de bienes, servicios y conocimientos. Se trata de elementos esenciales para optimizar las capacidades productivas e integrarse en las cadenas globales de valor. Los sistemas de infraestructura poco confiables limitan la productividad empresarial, y los onerosos servicios de infraestructura aumentan los costos de producción y atentan contra la competitividad empresarial (Thacker et al., 2019[79]). Asimismo, la infraestructura es un componente importante del desarrollo sostenible. Sin embargo, la región aún enfrenta grandes brechas de infraestructura que limitan la productividad y el potencial de crecimiento.

Esta brecha de infraestructura afecta la competitividad de las economías de la región. En un análisis de las seis mayores economías de ALC – Argentina, Brasil, Chile, Colombia, México y Perú – se investigó a los cinco principales competidores de las cinco principales exportaciones de cada país. Según los resultados, Chile era el único país con infraestructura capaz de competir con sus rivales comerciales

(Suarez-Aleman, Serebrisky and Perelman, 2019[80]). ALC requiere un estimado de 2 200 millones de USD para financiar esta brecha: el 59% para nuevas infraestructuras y el 41% para mantener la infraestructura existente. Esta inversión corresponde al 3.12% del PIB proyectado de la región cada año hasta 2030. Por sí sola, la infraestructura para transporte, electricidad y telecomunicaciones requiere 577 000 millones, 971 000 millones y 293 700 millones de USD, respectivamente (IDB, 2021[81]).

El desarrollo de nuevas relaciones comerciales depende de la idoneidad de la infraestructura de transporte disponible. La deficiente conectividad terrestre entre países que comparten fronteras puede representar una barrera importante para el comercio regional, en especial para la integración productiva y el establecimiento de cadenas de valor regionales. El transporte enfrenta problemas generalizados en la región, principalmente en cuanto a su componente terrestre, y dificulta el desarrollo de nuevas relaciones comerciales. Por su parte, América del Sur afronta costos de transporte de exportación intrarregionales un 15% más altos que los de la Unión Europea, lo que aporta una prueba más del papel que desempeñan los costos de transporte como determinante del bajo nivel de comercio intrarregional. Sin embargo, a nivel extrarregional, no se observan grandes diferencias de costos entre América del Sur y la Unión Europea. Esto sugiere que el bajo rendimiento de la infraestructura de transporte afecta sobre todo al comercio intrarregional, donde el transporte terrestre es predominante (CAF, 2021[82]).

En este contexto, los socios internacionales intervinieron para apoyar el desarrollo de infraestructura. China participa en forma destacada a través de la BRI, de la cual son signatarios 22 países de ALC (Roy, 2025[83]). Entre 2005 y 2022, China llevó a cabo 228 proyectos de infraestructura en ALC, generando más de 721 000 empleos, con un gasto total de 104 200 millones de USD. De estos proyectos de infraestructura, 90 eran de transporte, 77 de energía (48 de energías renovables), 13 de telecomunicaciones y 12 de otras áreas. Tan solo entre 2020 y 2022, China financió 90 proyectos, 57 de ellos de transporte (Peters, 2023[84]).

Para insertar la región en las cadenas globales de valor, es esencial mejorar la conectividad mediante la infraestructura. La mayor inversión en infraestructura de China en ALC es el megapuerto de Chancay en el Perú, inaugurado en noviembre de 2024. Su construcción costó más de 3 600 millones de USD. Sirve como una gran puerta de entrada de América del Sur a Asia, donde China es el mayor socio comercial de América del Sur (Dahl, 2024[85]). Se espera que el puerto genere 4 500 millones de USD al año y 8 000 empleos (Global Times, 2024[86]). En los primeros tres meses de operaciones del puerto, se procesaron mercancías por valor de más de 290 millones de USD. El puerto será un importante centro de actividad en ALC e incrementará la cooperación económica y comercial regional; además, acelerará la integración en la región (Global Times, 2025[87]). Actualmente, CAF brinda asistencia técnica al gobierno peruano para desarrollar una visión integral de las etapas de desarrollo del centro Chancay-Callao; priorizar proyectos clave de infraestructura y acciones habilitadoras, y proponer un modelo de gobernanza que facilite la ejecución de proyectos estratégicos e inversiones para reforzar las cadenas productivas nacionales y la integración regional (CAF, 2025[88]). China también ha financiado grandes proyectos de energía verde, como la mayor planta solar de América Latina, situada en Jujuy, Argentina; el parque eólico Punta Sierra en Coquimbo, Chile, y la mayor central hidroeléctrica de Ecuador (Roy, 2025[83]). Si bien estas iniciativas proporcionan el tan necesario financiamiento, también preocupan ciertas cláusulas, la transparencia del proyecto, sus impactos medioambientales y la gobernanza, pues el 35% de los proyectos de la Iniciativa de la Franja y la Ruta *(Belt and Road Initiative)* de China a nivel mundial enfrentan problemas de implementación (Dahl, 2024[85]).

Para cerrar por completo la brecha de infraestructura de la región, es crucial trascender las acciones nacionales aisladas y adoptar un enfoque regional más integrado. Con base en iniciativas como la Iniciativa para la Integración de la Infraestructura Regional Suramericana (IIRSA) y el Consejo Sudamericano de Infraestructura y Planeamiento (COSIPLAN), Brasil inició un debate que proponía la infraestructura desde un enfoque renovado que priorice la conectividad regional, la integración productiva y la sostenibilidad medioambiental. Considera que la infraestructura es una herramienta estratégica para la transformación estructural, haciendo hincapié en la coordinación transfronteriza, la planificación regional y mecanismos de financiamiento diseñados para cubrir las necesidades de desarrollo de América del Sur (FUNAG, 2023[89]).

Avanzar hacia proyectos regionales de infraestructura es especialmente urgente en el caso de la electricidad. La demanda eléctrica de ALC ha crecido de forma constante en las últimas tres décadas, impulsada por cambios económicos estructurales, una rápida urbanización y la mejora del nivel de vida (IEA, 2023[36]). La región tiene el potencial de aumentar la producción eléctrica regional al mejorar los mecanismos institucionales y regulatorios. En general, un cambio de estrategias nacionales aisladas a un mercado eléctrico regional unificado permitiría a ALC aprovechar plenamente sus ventajas comparativas; reducir los costos de transición, y acelerar dicha transición hacia un futuro energético bajo en carbono e interconectado (Recuadro 4.4).

Recuadro 4.4. Hacia la producción regional de electricidad, piedra angular de la energía sostenible

La producción de electricidad de ALC aún depende en gran medida de fuentes no renovables, aun cuando la demanda aumenta. El 57% de la electricidad en la región se genera a partir de fuentes renovables, cifra muy por arriba del mundial de 36% (CAF, 2024[90]). La situación varía de un país a otro: algunos, como Costa Rica, Paraguay y Uruguay, destacan por tener un alto porcentaje de renovables en su mezcla de generación eléctrica. La industria se mantiene como el sector que más electricidad consume, aunque la demanda por parte de edificios y servicios comerciales y públicos ha aumentado considerablemente, reflejando la expansión del sector servicios. El consumo eléctrico en agricultura y transporte también va en aumento, indicando tendencias más amplias de electrificación en todas las actividades económicas. Para cubrir esta demanda creciente y diversificada, se requiere una mezcla eléctrica resiliente y sostenible. Sin embargo, la generación eléctrica sigue concentrada en combustibles fósiles – en particular gas y carbón –, que representan casi la mitad de la producción regional total. La energía hidroeléctrica se mantiene como piedra angular del sistema energético, pero su confiabilidad parece debilitarse cada vez más por la variabilidad climática (IEA, 2023[36]; EMBER, 2024[91]).

La región goza de una oportunidad única para desarrollar un sistema eléctrico sostenible y competitivo ampliando las energías renovables. Los abundantes recursos naturales, incluidos la energía solar, los corredores eólicos y las reservas hidroeléctricas sin explotar, sitúan a ALC como líder mundial en el desarrollo de energías limpias (OECD et al., 2022[27]). Sin embargo, hacer realidad este potencial exige algo más que inversión: exige certeza regulatoria y una cooperación regional firme para modernizar la infraestructura de la red e impulsar la innovación energética. Pese a que se dispone de interconexiones físicas y de los esfuerzos de instituciones regionales, la integración eléctrica en toda ALC sigue limitada y fragmentada. El comercio eléctrico transfronterizo es aún marginal, restringido por mercados nacionales aislados y acuerdos bilaterales que no permiten ampliar y coordinar mejor el sistema (OLADE, 2024[92]).

Las mayores barreras para la integración son institucionales y regulatorias. Los marcos legales divergentes, los estándares operativos no armonizados y la falta de una autoridad reguladora regional, impiden aumentar la eficacia de la coordinación. En consecuencia, por lo común, la infraestructura que podría permitir el intercambio de electricidad no se utiliza lo suficiente. Un panorama fragmentado como este impide que la región optimice su mezcla de generación eléctrica de la región, equilibre más eficazmente las fuentes renovables y reduzca las emisiones y costos a nivel del sistema. A pesar de las acciones emprendidas por las organizaciones multilaterales de integración, en la práctica, el proceso de integración eléctrica en ALC se materializó principalmente desde una perspectiva bilateral (OLADE, 2024[92]). Establecer un marco regional con reglas comunes relativas a precios, entrega y gestión de riesgos, apoyado por financiamiento destinado a la infraestructura y por un organismo regional de coordinación, podría transformar los sistemas eléctricos en motores de integración regional (OLADE, 2024[92]).

Tabla 4.2. Iniciativas regionales de integración eléctrica en ALC

Iniciativa	Subregión	Países participantes	Logros recientes
SIEPAC (Sistema de Interconexión Eléctrica para países de América Central)	América Central	Costa Rica, El Salvador, Guatemala, Honduras, Nicaragua, Panamá	Regulaciones de Coordinadores Operativos, Comerciales y Regionales firmadas (2024)
SINEA (Sistema de Interconexión Eléctrica Andina)	América del Sur	Bolivia, Chile, Colombia, Ecuador, Perú	
SIESUR (Sistema de Integración Energética de los Países del Cono Sur)	América del Sur	Argentina, Brasil, Chile, Paraguay, Uruguay	Se aprobó la hoja de ruta 2023-2032
Arco Norte	América del Sur	Brasil, Guayana Francesa, Guyana, Surinam	

Fuente: (OLADE, 2024[92]).

Con base en modelos exitosos de otras regiones, el compromiso político y el diálogo estructurado serán esenciales para construir confianza y permitir la cooperación a largo plazo. El Mercado Interno de Energía de la Unión Europea es el modelo más avanzado de integración regional de la electricidad. Se basa en marcos legales y regulatorios compartidos, la planificación coordinada de redes y mecanismos de acoplamiento de mercados que facilitan el comercio eléctrico transfronterizo en tiempo real (European Union, 2025[93]). La Unión Europea y sus Estados miembros promueven actualmente una iniciativa para apoyar la integración eléctrica regional en ALC, en cooperación con gobiernos nacionales, instituciones financieras internacionales y empresas privadas. El mercado eléctrico de América del Norte, en particular entre Canadá, partes de México y Estados Unidos, ofrece otro ejemplo esclarecedor. En esta región, el comercio transfronterizo se facilita mediante acuerdos de interconexión y operaciones coordinadas entre operadores nacionales y regionales de transmisión, como la *North American Electric Reliability Corporation*. Aunque la armonización regulatoria está menos desarrollada que en la Unión Europea, la experiencia norteamericana ilustra los beneficios de una cooperación pragmática basada en estándares técnicos y preocupaciones mutuas sobre la confiabilidad (Pontenagel, 2025[94]).

Alianzas para la transformación productiva regional y la inserción en cadenas globales de valor

Las iniciativas de integración regional – por ejemplo, el Mercado Común del Sur (MERCOSUR), la Alianza del Pacífico, el Sistema de la Integración Centroamericana (SICA) y la Comunidad y Mercado Común del Caribe (CARICOM) – han propiciado avances en la cooperación regulatoria y la facilitación del comercio. Sin embargo, su contribución a la transformación productiva y al desarrollo de cadenas de valor transfronterizas es aún desigual. La estructura institucional de integración de ALC se expandió considerablemente con el tiempo, con participaciones superpuestas y una creciente cobertura que trasciende el comercio e incluye inversión, trabajo y coordinación política. Sin embargo, los resultados económicos no se mantuvieron a la par con las ambiciones institucionales.

La integración regional de la producción puede ayudar a atraer inversiones

La historia de integración regional de ALC abarca más de seis décadas. Las primeras acciones para establecer organismos como el Mercado Común Centroamericano (CACM) y la Asociación Latinoamericana de Libre Comercio (LAFTA), sentaron las bases para ejecutar acuerdos como la Asociación Latinoamericana de Integración (ALADI), la Comunidad Andina (CAN) y la Comunidad del Caribe (CARICOM). La década de 1990 marcó un punto de inflexión con la aparición del "nuevo regionalismo", que trajo consigo procesos de integración más profundos, incluidos el MERCOSUR y la Alianza del Pacífico (IDB, 2018[95]). En fecha más reciente, surgieron organismos más amplios – como la Unión de Naciones Sudamericanas (UNASUR) y la CELAC – que señalan un cambio hacia la coordinación de políticas, aunque con distintos grados de eficacia y continuidad (Tabla 4.3).

Tabla 4.3. Acuerdos comerciales regionales y mecanismos de integración en ALC

Bloque	Miembros	Tipo	Cobertura	Entrada en vigor
ALADI	Argentina, Bolivia, Brasil, Chile, Colombia, Cuba, Ecuador, México, Paraguay, Perú, Uruguay, Venezuela	Acuerdo de alcance parcial	Bienes	1980
CAN	Bolivia, Colombia, Ecuador, Perú, Venezuela	Acuerdo aduanero		1987
CARICOM	Antigua y Barbuda, Barbados, Belice, Dominica, Guyana, Granada, Jamaica, Haití, San Vicente y las Granadinas, Trinidad y Tobago, Santa Lucía, Surinam	Acuerdo aduanero y acuerdo de integración económica	Bienes y servicios	1973
CELAC	Los 33 países de ALC	Organización intergubernamental regional	Compromiso político	2011
MERCOSUR	Argentina, Brasil, Paraguay, Uruguay	Acuerdo aduanero y acuerdo de integración económica	Bienes y servicios	1991
CACM	Costa Rica, El Salvador, Guatemala, Honduras, Nicaragua, Panamá	Acuerdo	Bienes	1960
Alianza del Pacífico	Chile, Colombia, México, Perú	Acuerdo de libre comercio y acuerdo de integración económica	Bienes y servicios	2016
SELA	Argentina, Bahamas, Barbados, Belice, Bolivia, Brasil, Chile, Colombia, Cuba, Ecuador, El Salvador, Guatemala, Guyana, Haití, Honduras, México, Nicaragua, Panamá, Paraguay, Perú, República Dominicana, Surinam, Trinidad y Tobago, Uruguay, Venezuela	Organización intergubernamental regional	Compromiso político	1975
SICA	Belice, Costa Rica, Guatemala, El Salvador, Honduras, Nicaragua, Panamá, República Dominicana	Acuerdo de integración económica	Bienes y servicios	1993
UNASUR	Argentina, Bolivia, Brasil, Chile, Colombia, Ecuador, Guyana, Paraguay, Perú, Surinam, Uruguay, Venezuela	Organización intergubernamental regional	Compromiso político	2008

Fuente: Elaboración de los autores con base en (WTO, 2025[96]).

A pesar del denso panorama institucional, el comercio intrarregional se ha estancado. ALC se mantiene como una de las regiones menos integradas a nivel mundial en términos de comercio intrarregional. Entre 1995 y 2023, la participación de las exportaciones intrarregionales en el total de exportaciones se mantuvo entre el 15% y el 20%, muy por debajo de los niveles registrados en Asia o Europa (Gráfico 4.12). Tras un aumento moderado ocurrido a principios de la década de 2000, las exportaciones intrarregionales de ALC se estabilizaron e incluso disminuyeron ligeramente durante la última década. Este rendimiento contrasta con el de otras regiones, como Asia y Europa, que han mantenido o fortalecido el comercio intrarregional a lo largo del tiempo.

Gráfico 4.12. Exportaciones intrarregionales como porcentaje de las exportaciones totales, por región del mundo, 1995-2023

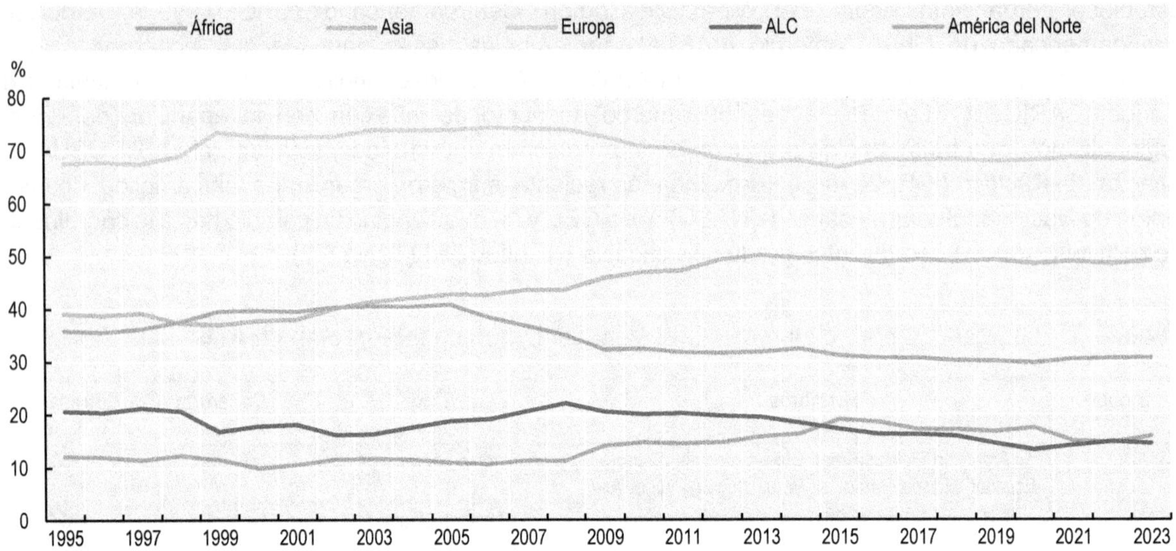

Fuente: (UNCTAD, 2024[45]).

StatLink https://stat.link/6j95cd

América Central destaca como una excepción a esta tendencia. Entre 2003 y 2023, los miembros de CACM y SICA registraron un crecimiento constante en el comercio intrabloque, lo que indica que una mayor convergencia regulatoria, proximidad y complementariedad productivas han reforzado el intercambio regional (Gráfico 4.13). En cambio, en bloques como CAN y MERCOSUR se presentó un comercio intrabloque más volátil o a la baja, como señal de los retos enfrentados para mantener el impulso de integración en plenas asimetrías políticas y económicas. Pese a que su foco de atención es el regionalismo abierto y los servicios regionales, sigue representando una parte muy limitada de las exportaciones intrabloque.

Gráfico 4.13. Exportaciones intrabloque de ALC, como porcentaje de las exportaciones totales, 2003-2023

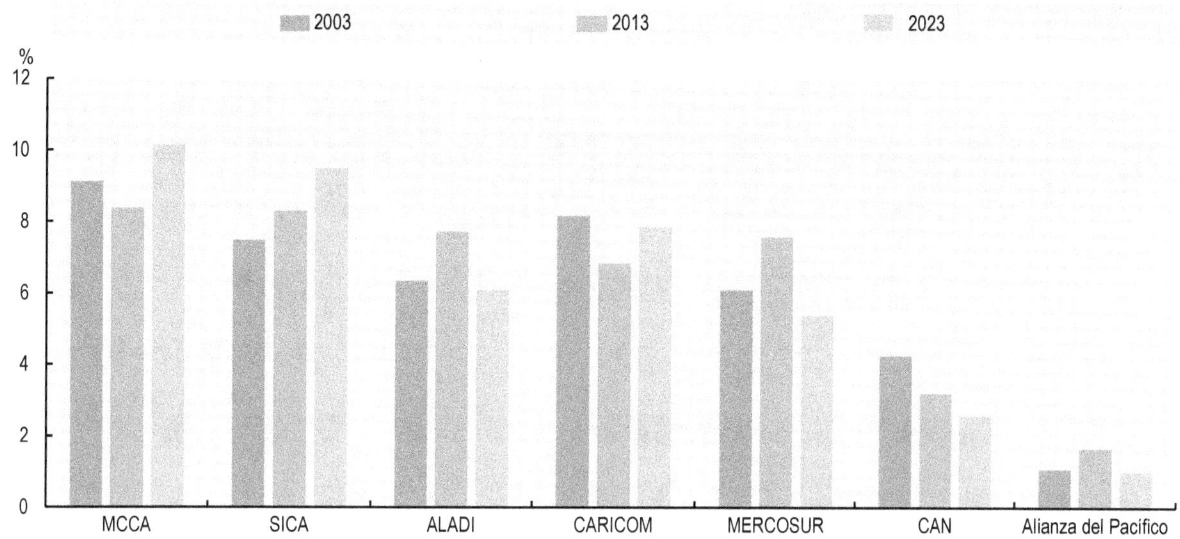

Nota: CACM = Mercado Común Centroamericano. SICA = Sistema de la Integración Centroamericana. ALADI = Asociación Latinoamericana de Integración. CARICOM = Comunidad del Caribe y Mercado Común. MERCOSUR = Mercado Común del Sur. CAN = Comunidad Andina.
Fuente: (UN Comtrade, 2025[97]).

StatLink https://stat.link/2sgif3

La concentración comercial también intensifica la vulnerabilidad, sobre todo en tiempos volátiles. Muchos de los bloques regionales de ALC siguen dependiendo de unos pocos socios extrarregionalas. Por ejemplo, Estados Unidos recibe el 43% de las exportaciones de ALADI, el 45% de SICA y más del 60% de la Alianza del Pacífico, aunque el principal remitente es México (UN Comtrade, 2025[97]). El perfil del MERCOSUR es más diversificado: gran parte de sus exportaciones se envían a Canadá, China y la Unión Europea, aunque más de la mitad es enviada a países que no son los principales socios del bloque. Esta alta dependencia de un grupo reducido de mercados limita la resiliencia de la región ante choques externos y su potencial para desarrollar cadenas regionales de valor más sólidas (UN Comtrade, 2025[97]).

La composición exportadora de los principales bloques regionales de integración de ALC varía considerablemente, con diferencias estructurales en la especialización comercial y una diversificación limitada en la mayoría de los bloques (Gráfico 4.14). MERCOSUR y CAN muestran una alta concentración en agricultura y minerales, siendo la agricultura por sí sola casi la mitad de las exportaciones de MERCOSUR. La CAN se destaca por su considerable participación en minerales, lo que indica una dependencia continua de los sectores extractivos. SICA tiene un perfil exportador más diversificado, con contribuciones notables de textiles, vehículos y electrónica, lo que sugiere una mayor participación en la manufactura ligera y el comercio basado en el ensamblaje, especialmente vinculado a las cadenas de valor globales. La composición exportadora de la Alianza del Pacífico y ALADI es relativamente equilibrada, mientras que CARICOM sigue siendo el bloque menos diversificado. Sin embargo, CARICOM es el bloque regional con la mayor cuota de exportaciones químicas, una categoría de alta sofisticación productiva que requiere alta intensidad de investigación y desarrollo.

Gráfico 4.14. Exportaciones de bloques de integración en algunos países de ALC, por tipo de producto, 2023

Porcentaje de las exportaciones totales

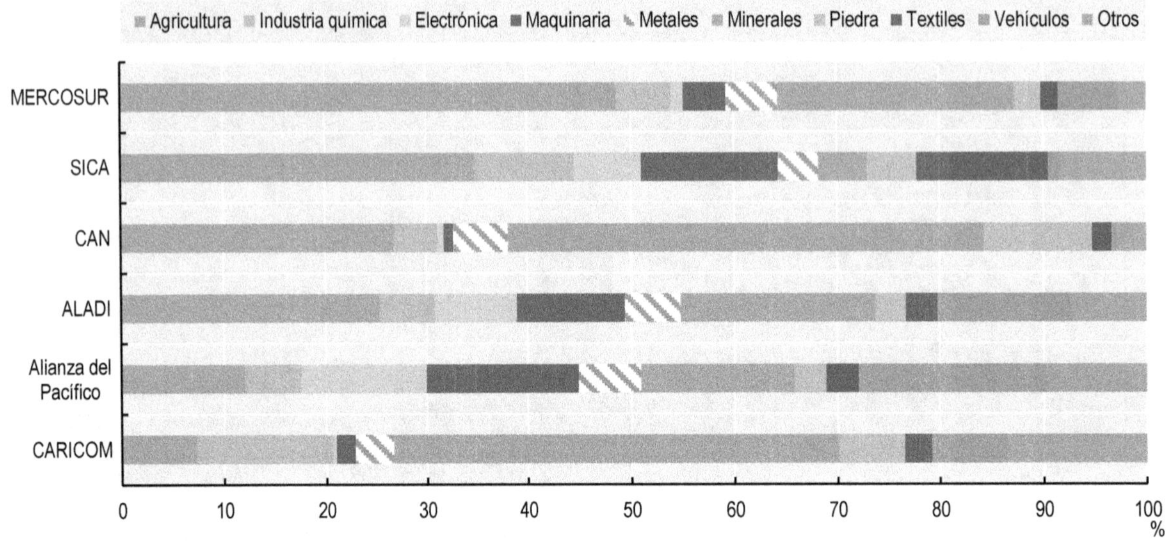

Nota: La cifra excluye las exportaciones no especificadas. Se utiliza el nivel de cuatro dígitos de la clasificación de productos del Sistema Armonizado HS92.
Fuente: Elaboración de los autores con base en (UN Comtrade, 2025[97]), (Harvard University, 2024[98]) y (OEC, 2025[99]).

StatLink https://stat.link/hyblv2

Profundizar la integración comercial en ALC es esencial para desbloquear el potencial económico de la región y fomentar la transformación productiva. Los mercados regionales ofrecen un espacio estratégico para que las empresas escalen la producción, diversifiquen sus exportaciones e integren en cadenas de valor con barreras de entrada más bajas que los mercados globales. Sin embargo, la débil infraestructura intrarregional – autopistas sin terminar, puertos congestionados y conectividad digital desigual – sigue siendo un obstáculo crítico que limita los enlaces transfronterizos y aumenta los costos de transacción (ECLAC, 2023[100]). La integración comercial apoya el desarrollo de cadenas de valor regionales al mejorar la conectividad entre empresas e industrias a través de las fronteras, facilitando la difusión del conocimiento y promoviendo la inversión en logística, infraestructuras y servicios. Para las pymes en particular, el acceso a los mercados regionales puede ser un paso hacia la internacionalización y la mejora tecnológica. Basándose en el panorama institucional existente, CAF promueve el Programa Integral de Gestión Fronteriza (PROGIF), una iniciativa multisectorial destinada a mejorar la conectividad transfronteriza en ALC, reducir los tiempos y costos comerciales y liberar el potencial productivo de las zonas fronterizas. El programa integra intervenciones en infraestructuras, operaciones aduaneras y sanitarias, armonización regulatoria y desarrollo territorial, complementadas con acciones para mejorar el acceso a servicios básicos y fortalecer las pymes locales. También fomenta la coordinación entre actores públicos y privados y el uso de herramientas de diagnóstico y planificación para desarrollar corredores fronterizos más eficientes, inclusivos y competitivos (CAF, 2025[101]).

Además, un espacio comercial regional más integrado fortalece la resiliencia frente a choques externos al reducir la sobredependencia de unos pocos socios extrarregionalas y al permitir una mayor flexibilidad en tiempos de inestabilidad. La integración comercial regional también puede fomentar la convergencia política en áreas como la competencia, los estándares y la sostenibilidad, generando un entorno más predecible y atractivo para la inversión. Más allá de impulsar la economía, la integración regional puede servir como plataforma para promover prioridades comunes – incluyendo la descarbonización, la digitalización y la innovación industrial – mediante estrategias coordinadas e iniciativas conjuntas. En un contexto de incertidumbre global y dinámicas geopolíticas cambiantes, avanzar en la integración comercial en ALC es una necesidad para construir economías más inclusivas, competitivas y sostenibles.

La integración regional es también una palanca fundamental para aumentar la atractividad de ALC para la inversión. Los mercados fragmentados, las regulaciones inconsistentes y la conectividad limitada han restringido durante mucho tiempo la capacidad de las empresas para escalar operaciones y gestionar eficientemente las cadenas de suministro a través de fronteras (ECLAC, 2024[102]). Al reducir las barreras comerciales, armonizar los estándares e invertir en infraestructuras compartidas, la integración regional puede crear un entorno de inversión más amplio, predecible y competitivo. Los mercados integrados ofrecen economías de escala, menores costos de transacción y mayor certeza, factores clave para los inversores que buscan rendimientos estables y a largo plazo. Además, en el contexto de los esfuerzos globales para construir cadenas de suministro resilientes y sostenibles, ALC puede posicionarse como un centro estratégico de producción, especialmente en sectores como la energía limpia, agroalimentaria y farmacéutica. Las estrategias regionales coordinadas señalan compromiso político y coherencia política, elementos que son cada vez más valorados por inversores internacionales que navegan riesgos geopolíticos y relacionados con el clima.

El comercio regional como facilitador de la diversificación e integración

Los esfuerzos para mejorar la facilitación comercial en ALC están ganando fuerza y representan una palanca crítica para apoyar una integración regional más amplia. Sin embargo, el potencial transformador de estas reformas sigue limitado por los desafíos estructurales subyacentes de la región, especialmente la escasa diversificación de su base productiva. Aunque las mejoras en la facilitación del comercio ayudan a reducir los costos comerciales y a agilizar las operaciones transfronterizas, su impacto completo en la competitividad y la integración regional se ve obstaculizado por persistentes brechas en capacidades productivas, absorción tecnológica y actualización sectorial. Estos desafíos se ven agravados por la creciente incertidumbre y volatilidad en la economía global, incluyendo tensiones geopolíticas, interrupciones comerciales y el endurecimiento de las condiciones financieras, lo que refuerza la urgencia de que ALC construya sistemas de producción y comercio más diversificados e impulsados por la innovación.

Mejorar la diversificación de la canasta exportadora de la región es esencial para el crecimiento

Las iniciativas destinadas a profundizar la integración regional en ALC han avanzado de forma limitada debido a la base productiva poco diversificada de la región. La cesta de exportaciones de ALC está altamente concentrada en sectores de bajo valor añadido, incluyendo materias primas y manufactura poco cualificada (Gráfico 4.15). Sudamérica se destaca por su fuerte dependencia de materias primas, que representan más del 60% del total de exportaciones, niveles similares a los de África y muy superiores a cualquier otra región. La cuota de exportaciones de productos manufacturados de nivel medio, altamente cualificados y con mucha tecnología es mucho mayor en regiones como el Sudeste Asiático, Asia en general y la OCDE, lo que subraya su mayor integración en cadenas de valor globales complejas y mayores niveles de sofisticación industrial. El Caribe, aunque depende menos de las materias primas que Sudamérica, muestra una participación limitada en la manufactura altamente cualificada y mantiene una parte significativa de las exportaciones poco cualificadas. América Central demuestra una estructura más diversificada que el resto de ALC, con una presencia notable de manufactura de cualificación media y alta cualificación, aunque sigue muy por detrás de los países de la OCDE.

El hecho de que los países de ALC hayan realizado pocos movimientos más allá de las exportaciones basadas en recursos naturales y la manufactura de baja tecnología, es una limitante estructural que dificulta la actualización tecnológica, la aportación de valor y una participación más robusta en segmentos dinámicos del comercio global. La productividad sigue estancada debido a una economía dual en la que un pequeño número de grandes empresas tecnológicamente avanzadas – a menudo operando en sectores de recursos naturales orientados a mercados globales – coexisten con la mayoría de pequeñas empresas con baja productividad, capacidades tecnológicas limitadas y acceso débil a habilidades y finanzas (OECD et al., 2021[103]). Esta estructura fragmentada condiciona el empleo formal, deprime salarios y demanda, y limita los incentivos para la innovación, reforzando en última instancia un ciclo de baja productividad y crecimiento volátil. La inserción internacional de la región, impulsada por unos pocos grandes exportadores, ofrece un espacio restringido para una transformación industrial más amplia o para la participación en segmentos de alto valor de las cadenas de valor globales.

Gráfico 4.15. Exportaciones por tipo de producto y nivel de manufactura, 2023

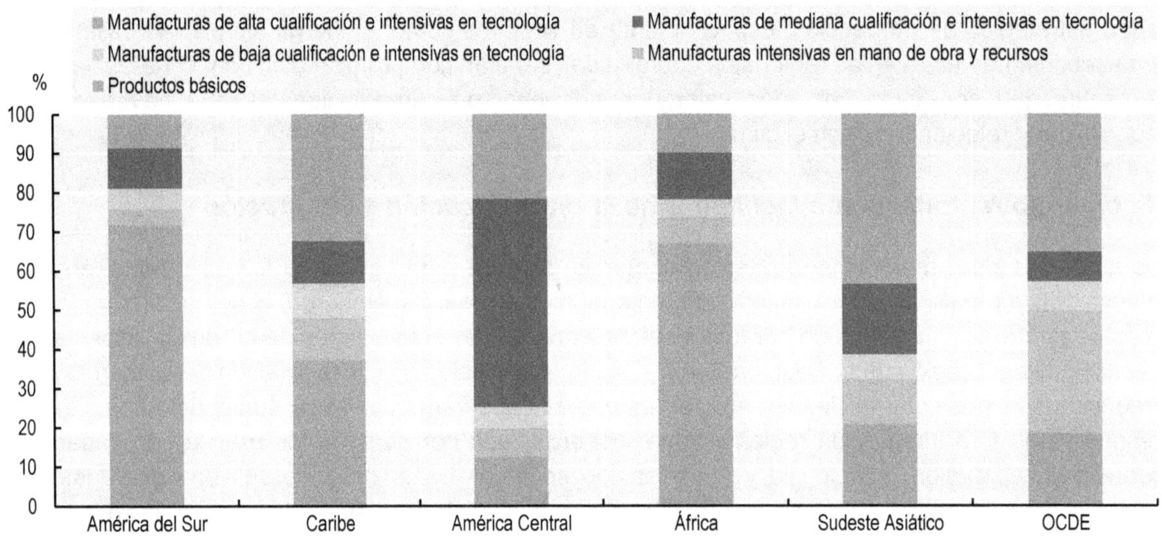

Fuente: (UNCTAD, 2024[45]).

StatLink https://stat.link/9ijb0k

Un proceso de integración más eficaz podría ayudar a superar estos desafíos. Los mecanismos de integración pueden impulsar la diversificación de las exportaciones y la inserción en las cadenas de valor facilitando economías de escala, facilitando la regionalización de las cadenas de suministro y apoyando la inversión en infraestructuras compartidas y sistemas de innovación. El Corredor Bioceánico de Capricornio es un ejemplo de cómo una iniciativa de infraestructuras transnacionales mejora la conectividad en Sudamérica. El corredor conecta los océanos Atlántico y Pacífico a través de una red de transporte multimodal. Atraviesa Brasil, Paraguay, Argentina y Chile, integrando instalaciones por carretera, ferrocarril y portuario para facilitar el comercio y la integración económica. Se espera que esta mejor conectividad reduzca los costos de transporte de mercancías entre un 30% y un 40% y los tiempos de envío hasta 15 días, fomentando nuevas cadenas de valor en la minería y la agroindustria (OECD, 2025[104]). Otro ejemplo es la Vía Navegable Paraguay-Paraná, un corredor fluvial estratégico esencial para el transporte de mercancías a través de Argentina, Bolivia, Brasil, Paraguay y Uruguay, donde CAF ha proporcionado apoyo técnico y financiero para mejorar la navegabilidad y la infraestructura portuaria (CAF, 2002[105]). Estas iniciativas tienen como objetivo reducir los tiempos y costos de transporte, incrementar la seguridad y facilitar los flujos comerciales.

Fortalecer el comercio dentro de la región y fomentar una integración más equilibrada, tanto geográfica como sectorial, será esencial para apoyar una transformación regional de la producción que sea más resiliente, inclusiva y capaz de proporcionar vínculos competitivos con los mercados globales. Otras regiones, como el Sudeste Asiático, ofrecen valiosas lecciones sobre la diversificación de exportaciones (Recuadro 4.5).

Recuadro 4.5. Cómo la integración regional puede impulsar la diversificación de las exportaciones: el caso de la Asociación de Naciones del Sudeste Asiático

La integración regional en Asia Oriental y el Sudeste Asiático ha tenido un efecto decisivo en la transformación de las estructuras comerciales y en el impulso de la diversificación de exportaciones durante las últimas tres décadas. A través de mecanismos institucionales como el Área de Libre Comercio de la Asociación de Naciones del Sudeste Asiático (ASEAN), la Comunidad Económica de la ASEAN y, más recientemente, la Asociación Económica Regional Integral (RCEP, por sus siglas en inglés), las regiones han reducido progresivamente las barreras al comercio, armonizado normas y estándares, y creado un entorno propicio para la inversión transfronteriza y la colaboración industrial.

Estos marcos regionales dieron lugar a la aparición de redes de producción profundamente integradas, especialmente en sectores de alto crecimiento como la electrónica, la maquinaria, las piezas automotrices y, cada vez más, los servicios digitales. Países como Malasia, Tailandia y Vietnam se han integrado con éxito en cadenas de valor regionales, convirtiéndose en nodos estratégicos para el ensamblaje y exportación de bienes intermedios y finales. Esta especialización no solo ha incrementado los volúmenes de exportación, sino que también ha catalizado un cambio en la composición de las exportaciones hacia productos de mayor valor añadido y tecnológicamente más sofisticados.

Al mismo tiempo, la expansión del comercio intrarregional ha reducido la dependencia de la ASEAN de los mercados tradicionales de Europa y Norteamérica. El comercio dentro de Asia representa ahora más del 50% del comercio total de la ASEAN, respaldado por mejoras en logística, armonización regulatoria y la estandarización de las reglas de origen bajo el RCEP. Esto da testimonio del papel de las cadenas de suministro regionales, la conectividad de infraestructuras y los estándares de producción compartidos. Se espera que RCEP consolide estas ganancias simplificando las reglas de origen y ampliando el acceso al mercado entre sus 15 países miembros, que en conjunto representan casi el 30% del PIB mundial.

El caso de la ASEAN destaca que la integración regional, cuando se alinea con las estrategias industriales nacionales y la inversión a largo plazo en capacidades, puede ser un motor poderoso de diversificación de exportaciones y transformación estructural. Sin embargo, la experiencia también subraya la importancia de las políticas complementarias. Los países que invirtieron en desarrollo de competencias, facilitación comercial y capacidad de innovación – como Corea, Singapur y, más recientemente, Vietnam – lograron estar mejor posicionados para beneficiarse de la integración. Por el contrario, las economías con menor capacidad institucional o cuellos de botella en infraestructuras han tenido dificultades para diversificarse de forma significativa o ascender en la cadena de valor.

Fuente: (ADB, 2025[106]).

Revertir la tendencia de baja diversificación y dependencia de las materias primas requiere políticas productivas con una dimensión regional. Estas políticas implican intervenciones estratégicas destinadas a moldear la estructura de la economía promoviendo sectores específicos, facilitando el cambio tecnológico y abordando fallos de mercado que dificultan la transformación productiva (Bonvillian, 2024[107]). Incorporar una dimensión regional en políticas productivas permite promover vínculos productivos, actualizar la tecnología e invertir en la sostenibilidad. Un buen ejemplo es la plataforma regional de biotecnología BIOTECSUR, iniciativa cooperativa entre la Unión Europea y el MERCOSUR que promueve la investigación colaborativa, apoya la creación de vínculos público-privados y fomenta la armonización de marcos regulatorios para facilitar la comercialización de productos biotecnológicos. Al promover la integración regional en un sector intensivo en conocimientos, BIOTECSUR ejemplifica de qué manera la cooperación pragmática puede impulsar las capacidades regionales en sectores fronterizos y apoyar un desarrollo más inclusivo y sostenible (IDB, 2023[108]). Otro ejemplo es la Iniciativa de la GGIA UE-LAC para la Resiliencia Regional en Salud, cuyo objetivo es optimizar el intercambio de conocimientos científicos y de la pericia política y regulatoria entre partes interesadas en Europa y ALC, y a la vez reducir riesgos de inversión (a través del Fondo Europeo de Desarrollo Sostenible+), así como proporcionar financiamiento catalizador para fomentar la I+D en la producción de vacunas (European Commission, 2022[109]).

Emprender acciones coordinadas como estándares técnicos compartidos, infraestructuras conjuntas, mecanismos regionales de financiamiento y marcos comunes para el comercio, la inversión y el desarrollo de competencias, es esencial para aumentar la productividad y la producción en industrias clave (ECLAC, 2024[38]). También merece la pena considerar el marco formativo común (es decir, un conjunto compartido de conocimientos, capacidades y competencias mínimos necesarios para ejercer una profesión específica). Las personas poseedoras de una cualificación que cumpla con las condiciones del marco rector, pueden conseguir que se les reconozca automáticamente en los países miembros del acuerdo, como sucede en la Unión Europea (European Commission, 2025[110]). En ALC, los 16 Estados miembros de CARICOM participan en el Marco de Cualificaciones Profesionales del Caribe (CVQ), aprobado por la Comunidad de Ministros de Educación del Caribe en 2010, el cual define estándares comunes de competencia y cinco niveles de cualificación, y garantiza que un CVQ emitido en un Estado miembro sea reconocido en todos los países (CARICOM, 2020[111]). De igual manera, en los últimos cuatro años, la Alianza del Pacífico cumplió con dos metas estratégicas en la certificación de competencias profesionales, al desarrollar i) el primer sistema de homologación de certificados de validación de competencias capaz de favorecer la movilidad laboral en la región, y ii) un catálogo de competencias verdes elaborado conjuntamente por los países destinado a acelerar el desarrollo de perfiles de empleo verde para la industria de las energías limpias, la construcción, el agua y saneamiento, entre otros.

Las medidas de facilitación y las barreras no arancelarias pueden reducir los costos comerciales

La facilitación del comercio implica medidas políticas orientadas a minimizar el costo, el tiempo y la incertidumbre relacionados con la participación en el comercio internacional. Estas medidas pretenden abordar los cuellos de botella que dificultan las actividades de exportación e importación, tanto en la frontera como en etapas anteriores. Los Indicadores de Facilitación del Comercio (TFI) de la OCDE son un conjunto de medidas que agilizan y simplifican los procedimientos técnicos y legales para productos intermedios o finales por comercializar a nivel internacional (Moïsé and Sorescu, 2013[112]). Estos indicadores abarcan la disponibilidad de información; armonización y simplificación de documentos; procesos automatizados y gestión de riesgos; simplificación de los procedimientos fronterizos; y buena gobernanza e imparcialidad. Otros instrumentos son la herramienta Facilitación del Comercio (HFC) del CAF, diseñada para identificar cuellos de botella comerciales y proponer soluciones alineadas con los compromisos de los países bajo el Acuerdo de Facilitación del Comercio (TFA) Organización Mundial del Comercio (OMC). La herramienta puede utilizarse en diferentes niveles territoriales y apoya a los países en la mejora de su competitividad.

Durante la última década, los países de ALC han logrado avances notorios en la facilitación del comercio. Entre 2012 y 2024, mejoraron en especial en áreas que requieren coordinación institucional y simplificación de documentos (Gráfico 4.16). Las categorías “cooperación con agencias fronterizas” y “formalidades-documentos” alcanzaron los mayores porcentajes de mejoras, reflejando el importante trabajo realizado para reducir duplicaciones y armonizar procedimientos. En áreas vinculadas a salvaguardas legales y procesales, como la “gobernanza e imparcialidad” y la “disponibilidad de información" se observan avances más limitados. Brasil, Chile, Colombia, Costa Rica, México y Perú lograron los resultados promedio más altos en los TFI, lo que indica una implementación relativamente avanzada de reformas de facilitación del comercio.

Gráfico 4.16. Indicadores de Facilitación del Comercio de la OCDE en ALC

Cambio porcentual por zona de TFI (2012-2024) y TFI promedio por país

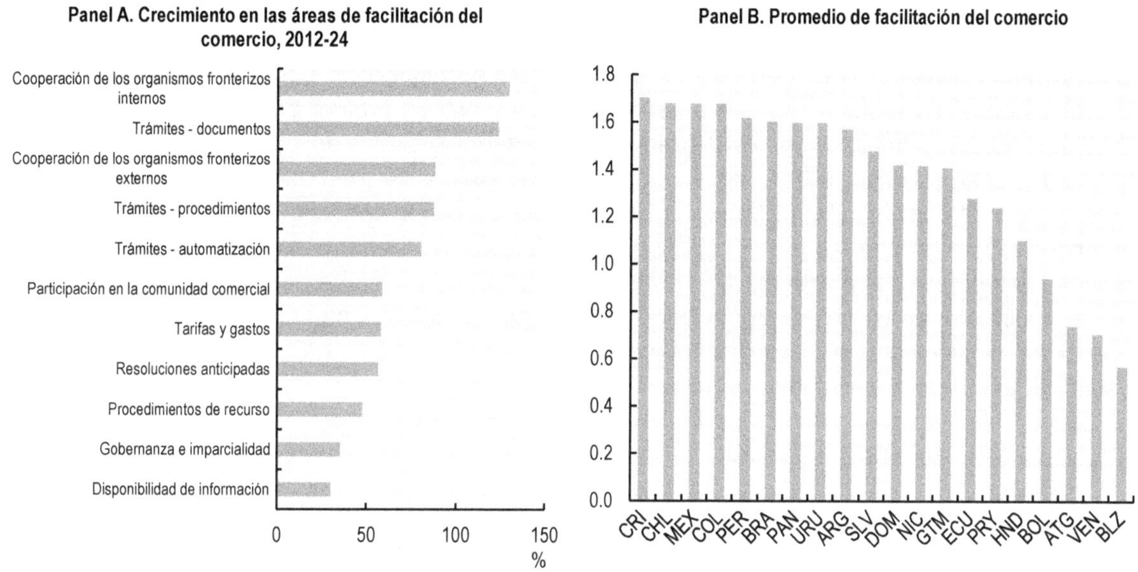

Nota: TFI = Indicador de Facilitación del Comercio.
Fuente: Elaboración de los autores con base en (OECD, 2025[113]) y (OECD, 2025[114]).

StatLink https://stat.link/kis0rt

A pesar de estos avances, las barreras no arancelarias (NTB, por sus siglas en inglés) representan un gran obstáculo para el comercio intrarregional. Estas medidas abarcan barreras que limitan los flujos comerciales, por ejemplo, normas sanitarias y fitosanitarias, barreras técnicas al comercio y restricciones cuantitativas. Las NTB generan ineficiencias, aumentan los costos y dificultan el acceso al mercado a productores y exportadores en la región (Dolabella and Duran Lima, 2021[115]). Las autoridades encargadas del comercio en los países de ALC a menudo califican a las NTB como una limitación clave del crecimiento de las exportaciones. A diferencia de los aranceles, que son más transparentes y fáciles de abordar, las NTB suelen ser menos visibles y variar mucho de un mercado a otro. Para los países de ALC serían más provechosas las reducciones de las NTB que de nuevas reducciones arancelarias, y esto podría impulsar considerablemente el comercio intrarregional (IMF, 2017[116]).

Las NTB imponen un costo comercial adicional estimado del 3.9% en el comercio intrarregional en ALC, con costos adicionales promedio del 7.1% en productos primarios, el 3.9% en la manufactura ligera y el 3.9% en manufactura pesada. Los sectores con los mayores costos comerciales adicionales debido a las NTB son los de agricultura, caza y pesca (8.4%); alimentos procesados, bebidas y tabaco (5.6%); y petroquímica (4.4%). Brasil y México imponen las NTB más altas en importaciones, con un promedio del 8.2% y 6.3%, respectivamente. Bolivia es el país más afectado (14.3%, sobre todo en el sector químico y petroquímico), seguido por Trinidad y Tobago (9.6%), Uruguay (5.6%), Venezuela (5.4%), Honduras (4.9%) y Argentina (4.8%) (Dolabella and Duran Lima, 2021[115]).

Los acuerdos comerciales que incorporan cláusulas para reducir las NTB tienen, por tanto, mucho potencial para impulsar el comercio intrarregional y el bienestar económico. Por ejemplo, las NTB suelen exigir a los exportadores que cumplan con regulaciones duplicadas o inconsistentes en diferentes mercados, lo que incrementa costos y cargas administrativas. Un ejemplo es Chile, donde los exportadores son diversos (desde productores de aguacate hasta los de salmón necesitan sortear procesos separados y complicados de seguridad alimentaria para cada mercado de exportación (The Economist, 2024[117]). Esta fragmentación genera gran ineficiencia e impide a los exportadores aprovechar por completo las oportunidades regionales. Como respuesta a estos retos, se han emprendido iniciativas en la región para reducir las NTB. En 2015, Chile, México y Perú se adhirieron al Tratado de Asociación Transpacífico. El acuerdo comercial contiene disposiciones sobre la armonización de normas técnicas, la simplificación de procedimientos regulatorios y el aumento de la cooperación sobre medidas sanitarias y fitosanitarias (World Bank Group, 2016[118]). Se requieren más iniciativas regionales para facilitar las NTB.

El panorama del comercio mundial está en proceso de reconfiguración por las tensiones comerciales continuas, ligadas a la reciente tendencia generalizada de políticas proteccionistas. El modelo tradicional de comercio abierto y profundamente integrado en las cadenas globales de valor – que antes era decisivo en las trayectorias de desarrollo de las economías avanzadas y los mercados emergentes del Sudeste Asiático – se está convirtiendo en un motor de crecimiento menos confiable (OECD, 2025[119]). En este nuevo contexto, en el que las grandes economías priorizan cada vez más la producción nacional y la autonomía estratégica, los países de ALC no deben ya depender únicamente de estrategias orientadas a la exportación aferradas al acceso preferencial a grandes mercados. En cambio, es preciso que diversifiquen activamente las asociaciones comerciales y de cooperación y, al mismo tiempo, den prioridad a estrategias nacionales y regionales – conocidas como políticas industriales de "nueva generación" – que promuevan un crecimiento inclusivo y sostenible, incluyendo la integración regional, la inversión en competencias productivas y el apoyo a sectores con mayor potencial de valor agregado.

Hacia nuevas políticas de desarrollo productivo: ¿cuál es la función de la integración regional y la cooperación internacional?

Las políticas de desarrollo productivo resurgen como una herramienta fundamental para alcanzar objetivos de desarrollo a largo plazo y gestionar las transiciones entre lo verde y lo digital (Capítulo 2). Esta "nueva generación" de políticas es distinta de las del siglo XX, tanto en forma como en función. En vez de priorizar la sustitución de importaciones o las correcciones horizontales de mercado, las políticas de desarrollo productivo, impulsadas por la sostenibilidad, se orientan cada vez más en una misión y se basan en la colaboración público-privada (WEF/UNIDO, 2024[120]). Reflejan una comprensión pragmática de que los Estados deben participar activamente en la configuración de los mercados, alentar la innovación y garantizar que las capacidades industriales armonicen con objetivos sociales más amplios, como la descarbonización, la inclusión y la resiliencia. El informe Draghi, que expone una visión del futuro de la competitividad europea, va en esta dirección (Draghi, 2024[121]). La evolución está moldeada por las lecciones aprendidas de fracasos y éxitos pasados. La experiencia adquirida en el siglo XX de políticas industriales en Asia Oriental, especialmente en Corea del Sur y Taipéi Chino, demostró que las intervenciones selectivas y bien coordinadas, si se integran en instituciones y mecanismos sólidos de rendición de cuentas, podrían fomentar industrias competitivas a nivel global (Rodrik, Juhasz and Lane, 2024[122]).

La nueva generación de políticas de desarrollo productivo se propone desvincular el crecimiento de la degradación ambiental. Este cambio es esencial, ya que la industria representa casi el 40% del consumo energético mundial y más del 30% de las emisiones mundiales de GEI (WEF, 2022[123]). En la práctica, esto significa priorizar sectores con potencial verde, como las energías renovables, la manufactura circular o la movilidad eléctrica, y armonizar las estrategias industriales con los objetivos climáticos y las prioridades nacionales de desarrollo. Además, la producción global atraviesa por una reconfiguración espacial, en la que la sostenibilidad (*powershoring*), la resiliencia (*nearshoring*) y la diversificación se priorizan, junto con la eficiencia (CAF, 2022[124]; Green Initiative, 2025[125]; JLL, 2024[126]).

El apoyo internacional es fundamental para la promoción de políticas industriales sostenibles, que ayuden a los países a cumplir con sus objetivos relacionados con el clima. La mayoría de las Contribuciones Determinadas a Nivel Nacional (CDN) incluyen a la industria en su ámbito, y casi dos tercios incorporan ahora medidas detalladas de transición industrial y han avanzado en la cobertura de dicha transición (UNIDO, 2023[127]). También hacen cada vez más referencia a asociaciones promotoras de políticas industriales verdes, en particular en el contexto de la aplicación de compromisos climáticos y del cumplimiento de los objetivos de reducción de emisiones. Por ejemplo, las CDN suelen poner énfasis en las asociaciones para avanzar en la transformación industrial armonizada con el clima mediante la colaboración sectorial.

Muchas CDN destacan alianzas intersectoriales para descarbonizar industrias mediante la transferencia de tecnología, el desarrollo de capacidades y la cooperación financiera. Dichas alianzas podrían implicar, por ejemplo, energía, agricultura y manufactura. Las CDN de Chile, actualizadas en 2020, son un buen ejemplo, ya que incluyen referencias a asociaciones para promover una economía de hidrógeno verde, conectando claramente los objetivos climáticos con nuevos sectores industriales (NDC Partnership, 2020[128]). Asimismo, las CDN de Colombia, actualizadas en 2020, solicitan apoyo internacional para la movilidad sostenible y las iniciativas industriales de energía limpia, con lo que vinculan la acción climática a la transformación productiva (NDC Partnership, 2020[129]). Sin embargo, planes explícitos que faciliten el apoyo a políticas de desarrollo productivo verde escasean o no están sistemáticamente detallados, lo que dificulta la toma de decisiones de inversión más eficaces por parte de socios e inversores. Las nuevas políticas de desarrollo productivo que aparecen en los planes nacionales de desarrollo, las estrategias de crecimiento verde o los planes sectoriales se beneficiarían de asociaciones consolidadas si estuvieran más sistemáticamente integradas en las CDN (OECD/IEA, 2024[130]).

Este contexto abre una ventana de oportunidad para que los países de ALC se posicionen como socios productivos competitivos, sostenibles y confiables. Algunos principios rectores, basados en aprendizajes de políticas industriales pasadas, ayudarían a aumentar la probabilidad de éxito de las políticas de desarrollo productivo. Algunas características clave implican centrarse en la adopción tecnológica, aumentar la competencia, evitar medidas que limitan el comercio y favorecer la transparencia y el seguimiento (Ohnsorge, Raiser and Leiyu Xie, 2024[131]). Por ejemplo, promover prácticas sostenibles en el sector de materias primas esenciales a lo largo de ALC es una de las principales prioridades de socios como la Unión Europea. En colaboración con el BID, esta iniciativa se propone elevar los estándares medioambientales, sociales y de gobernanza en el ámbito de extracción y procesamiento de minerales esenciales, en armonía con los objetivos globales de sostenibilidad y en apoyo al desarrollo socioeconómico de la región. Fomentando métodos de producción responsables, la iniciativa busca asegurar que el crecimiento del sector de materias primas contribuya a un avance inclusivo y sostenible en la región (IDB, 2024[132]).

Una nueva generación de políticas de desarrollo productivo en ALC requiere poner un énfasis estratégico en la cooperación regional, con seis bloques básicos que apoyan la integración y la transformación (Gráfico 4.17).

Gráfico 4.17. Pilares para la cooperación regional en las nuevas políticas de desarrollo productivo

Fuente: Elaboración de los autores con base en (ECLAC, 2024[38]), (Ohnsorge, Raiser and Leiyu Xie, 2024[131]) y (Lebdioui, 2022[133]).

Primero: las *cadenas de suministro regionales integradas* son fundamentales en esta iniciativa. La integración regional puede aumentar la competitividad y apoyar la transición hacia estructuras de producción más limpias y estables. Mediante el fomento de redes de producción transfronterizas, los países de ALC pueden aprovechar las economías de escala, reducir los costos de los insumos e incrementar la resiliencia ante las perturbaciones mundiales. Además, la región podría aprovechar iniciativas ya avanzadas, como las instituciones de producción regional de electricidad (OLADE, 2024[92]).

Segundo: el *desarrollo de competencias y la colaboración en investigación* – es decir, el desarrollo de sistemas de formación compartidos, programas regionales de certificación e iniciativas colaborativas de investigación y desarrollo – puede reducir las brechas de capacidades entre los distintos países y acelerar la innovación, sobre todo en los sectores emergentes verdes y digitales (CAF, 2024[90]).

Tercero: *facilitar la adopción de tecnologías digitales y de bajo carbono* es de suma importancia. La integración de tecnologías digitales en la producción industrial requiere comprender a fondo el papel central de los datos, tanto en la economía digital como en la verde, así como el desarrollo de políticas que refuercen la cadena completa de valor de los datos, desde su recopilación hasta su análisis y aplicación. Estas tendencias exigen armonizar las políticas productivas con las estrategias digitales nacionales, especialmente en países en desarrollo, en los que los gobiernos pueden apoyar a empresas rezagadas a incorporarse en la revolución digital (OECD et al., 2024[134]). La cooperación puede promover el acceso a infraestructura compartida, facilitar la difusión de tecnologías y alentar el desarrollo de plataformas regionales que reduzcan las duplicaciones y costos de transacción. Iniciativas regionales, como la Agenda Digital e-ALC para América Latina y el Caribe, y las alianzas birregionales como la Alianza Digital UE-ALC ya lograron algunos avances en esta dirección (ECLAC, 2024[135]; European Commission, 2025[67]).

Cuarto: la *protección y uso sostenible de los recursos medioambientales compartidos* también debe ser un elemento central de las estrategias regionales. Los activos transfronterizos de biodiversidad, como la cuenca amazónica, los ecosistemas de manglares y los corredores marinos, requieren marcos coordinados de conservación. El Corredor Marino del Pacífico Este Tropical, que involucra a Colombia, Costa Rica, Ecuador y Panamá, es un ejemplo de cómo procurar al mismo tiempo la protección de la biodiversidad y el desarrollo económico mediante la colaboración regional (Lebdioui, 2022[133]). Los países de ALC podrían fortalecer sus políticas de desarrollo productivo formulando agendas compartidas sobre asuntos de interés común, como la explotación y procesamiento sostenibles de los recursos naturales y el reforzamiento de cadenas de valor que puedan aprovechar la escala que el mercado permitiría (ECLAC, 2024[38]).

Quinto: *la armonización regulatoria* apoya el desarrollo de los mercados regionales. Las normas medioambientales, técnicas y laborales comunes, disminuyen las barreras al comercio y la inversión, optimizan la congruencia de las políticas y generan confianza entre las partes interesadas.

Sexto: los *acuerdos internacionales de comercio basados en normas* promueven la transparencia, la estabilidad y la previsibilidad en los mercados regionales y mundiales. Cuando se armonizan con los objetivos industriales y medioambientales, estos acuerdos comerciales pueden reforzar las agendas políticas nacionales, facilitar el acceso a nuevas tecnologías y fomentar el flujo transfronterizo de conocimientos y capital (Ohnsorge, Raiser and Leiyu Xie, 2024[131]). En la región, diversas organizaciones y acuerdos, incluidos la CARICOM, el MERCOSUR, la Alianza del Pacífico, el SICA y acuerdos bilaterales, como los ejecutados entre la Unión Europea y Chile, México, América Central o los países andinos, han reducido barreras y promovido el comercio internacional, como muestra del éxito de las alianzas vigentes (European Commission, 2025[136]).

Recomendaciones de políticas

ALC se encuentra en un momento decisivo en el que la convergencia de la transformación productiva, las transiciones verde y digital y la integración regional puede redefinir su trayectoria de desarrollo. La nueva generación de políticas de desarrollo productivo que ahora surge es impulsada por objetivos o misiones claras, orientada a la sostenibilidad, inclusiva y basada en la colaboración público-privada. Estas estrategias reflejan un cambio pragmático, de los enfoques tradicionales de política industrial a la promoción de sectores armonizados con los objetivos climáticos globales y las fronteras tecnológicas. Sin embargo, el éxito de dichas políticas depende de la capacidad de la región de coordinar a gran escala, reafirmar los marcos institucionales e integrar estrategias industriales en alianzas internacionales y ecosistemas financieros más amplios.

La IED, la AOD y la cooperación internacional siguen siendo fundamentales para avanzar en los tres principales elementos que facilitan la transformación productiva en ALC: el desarrollo de competencias, la adopción de tecnología y el desarrollo de infraestructura. Si bien la IED se centra cada vez más en los sectores de servicios y energías renovables, su potencial para apoyar cadenas regionales de valor y la transferencia tecnológica se mantiene poco explotado. Los flujos de AOD, aunque limitados en cuanto a las necesidades de la región, han intervenido de manera importante en el financiamiento del desarrollo de competencias, sobre todo la formación profesional y digital, y en el reforzamiento de la capacidad institucional para la planificación y gobernanza de la infraestructura. Sin embargo, el apoyo suele fragmentarse y no armonizar lo suficiente con las prioridades nacionales o regionales de desarrollo productivo. La cooperación reforzada es esencial para cerrar las brechas de coordinación, ampliar los instrumentos financieros mixtos y fomentar alianzas sectoriales que aceleren la difusión de tecnologías avanzadas e infraestructuras verdes. Aprovechar la IED y la AOD de manera más estratégica y congruente puede ayudar a salvar las brechas estructurales y asegurar que los flujos de inversión contribuyan en gran medida a la transformación a largo plazo.

La integración regional surgió como un reto, pero también como una palanca estratégica. A pesar de contar con acuerdos comerciales durante décadas, el comercio intrarregional en ALC es aún uno de los más bajos a nivel mundial, debido a infraestructura deficiente, estructuras de exportación semejantes y cadenas regionales de valor poco desarrolladas. No obstante, hay áreas prometedoras para la integración, especialmente en los ámbitos de electricidad, transformación agroindustrial y manufactura relacionada con la salud. El renovado interés en los sistemas energéticos transfronterizos, la integración eléctrica regional y el *powershoring* (la reubicación de industrias en países con fuentes de energía más limpias y estables) indica la creciente armonización entre la competitividad y la sostenibilidad. Fortalecer los mecanismos de cooperación regional y la armonización regulatoria resulta esencial para desbloquear estas oportunidades y bajar el costo de hacer negocios a través de las fronteras.

Recuadro 4.6. Recomendaciones de políticas

Promover alianzas y la cooperación internacional sobre los principales facilitadores de la transformación productiva

- Reforzar los flujos de cooperación internacional hacia sectores estratégicos de transformación productiva en ALC. Estos flujos permanecen limitados, pese a la creciente importancia de la IED y la movilización del sector privado. Es necesario impulsar medidas hacia la movilización del sector privado, principalmente en sectores que promuevan políticas de desarrollo productivo inclusivas y sostenibles.
- Profundizar y armonizar alianzas internacionales y regionales con los actores clave, en particular en sectores prioritarios para la transformación productiva, incluidos la manufactura, las energías renovables y los servicios digitales.
- Ampliar el apoyo a los facilitadores fundamentales de la transformación productiva, en especial el desarrollo de competencias, la adopción de tecnología y la infraestructura, que continúan subrepresentados en las acciones actuales de cooperación y pueden impulsar una mayor inversión del sector privado
- Procurar que la cooperación internacional y la movilización de IED integren explícitamente el apoyo a los facilitadores de la transformación, para reforzar los impactos a largo plazo y los acuerdos de buena gobernanza.
- Reforzar el clima de inversión y la atracción de IED, facilitador clave del crecimiento de la I+D y del sector digital, fuertes motores de la transformación productiva.
- Priorizar la IED y la movilización del sector privado mediante procesos que reflejen las estrategias de desarrollo de los países de ALC y, a la vez, tomar en cuenta los intereses comunes con los socios internacionales.

Fomentar la integración regional y la inserción en la cadena global de valor

- Promover una integración más profunda de las cadenas regional y global de valor, como una guía importante para una mayor productividad en ALC, y como fuente de nuevas oportunidades de colaboración. Centrarse en sectores estratégicos clave que promuevan la integración
- Aprovechar los acuerdos comerciales regionales de forma más estratégica, asegurándose de que incorporen e impulsen sectores clave con potencial para generar empleo digno a largo plazo.
- Mejorar la congruencia y armonización de las alianzas regionales e internacionales, con prioridades nacionales y regionales, destinadas a lograr un desarrollo inclusivo y sostenible.
- Explorar opciones para construir plataformas en las que pueda debatirse el apoyo de los socios a una nueva generación de políticas de desarrollo productivo en ALC, tanto a nivel nacional como regional.

Referencias

Acemologu, D., P. Aghion and F. Zilibotti (2006), "Distance to frontier, selection, and economic growth", *Journal of the European Economic Association*, Vol. 4/1, pp. 37-74, https://doi.org/10.1162/jeea.2006.4.1.37. [63]

ADB (2025), *Asian Economic Integration Report 2025: Harnessing the benefits of regional cooperation and integration*, Asian Development Bank, https://aric.adb.org/aeir. [106]

AICD (2020), *Area of Action and Programs for the 2021-2024 Programming Cycle of the Development Cooperation Fund (DCF)*, https://scm.oas.org/IDMS/Redirectpage.aspx?class=AICD/JD%20XX.2.18/doc.&classNum=189&lang=e. [70]

Aiddata (2023), *AidData's Global Chinese Development Finance Dataset, Version 3.0*, https://www.aiddata.org/datasets (accessed on 17 April 2025). [37]

Better World Campaign (2025), *The impact of foreign assistance cuts*, https://betterworldcampaign.org/impact-of-foreign-assistance-cuts. [23]

Bonvillian, W. (2024), *Industrial policies for the twenty-first century: Lessons from the United States*, United Nations Economic Commission for Latin American and the Caribbean, https://www.cepal.org/en/publications/69186-industrial-policies-twenty-first-century-lessons-united-states. [107]

Braga de Andrade, R. (2020), *Financing Innovation in Brazil*, https://www.wipo.int/edocs/pubdocs/en/wipo_pub_gii_2020-chapter12.pdf. [64]

CAF (2025), *CAF - Conectividad y transformación digital*, https://www.caf.com/es/especiales/impacto-caf/areas-de-intervencion/conectividad-y-transformacion-digital/ (accessed on 11 September 2025). [71]

CAF (2025), *CAF Annual Report 2024*, https://scioteca.caf.com/handle/123456789/2468. [17]

CAF (2025), *Convocatoria para el diseño del modelo de gobernanza para la estrategia de desarrollo del corredor Puerto de Chancay - Callao*, https://www.caf.com/es/trabaja-con-nosotros/convocatorias/convocatoria-para-el-diseno-del-modelo-de-gobernanza-para-la-estrategia-de-desarrollo-del-corredor-puerto-de-chancay-callao/ (accessed on 22 August 2025). [88]

CAF (2025), *Infrastructure in the Development of Latin America and the Caribbean Land Border Crossings as Spaces for Regional Integration and Development: Executive Summary*, https://scioteca.caf.com/bitstream/handle/123456789/2427/IDEAL_Executive%20Summary.pdf?sequence=1&isAllowed=y (accessed on 25 August 2025). [101]

CAF (2025), *RED Aniversario. Conocimiento que transforma. Veinte años al servicio de un futuro próspero, inclusivo y sostenible*, Development Bank of Latin America and the Caribbean, https://scioteca.caf.com/handle/123456789/2470. [43]

CAF (2024), *Energías Renovadas: Transición energética justa para el desarrollo sostenible*, Development Bank of Latin America and the Caribbean, https://scioteca.caf.com/handle/123456789/2248. [90]

CAF (2024), *How to close the infrastrucutre investment gaps in Latin America and the Caribbean*, https://latinamericasecurityreport.com/infrastructure/2024/08/31/how-to-close-the-infrastructure-investment-gaps-in-latin-america-and-the-caribbean. [3]

CAF (2023), "CAF aprobó USD 275 millones a favor de Ecuador", Developmet Bank of Latin America and the Caribbean, https://www.caf.com/es/actualidad/noticias/caf-aprobo-usd-275-millones-para-mejorar-los-sistemas-de-educacion-y-salud-en-ecuador/. [53]

CAF (2022), *Inherited inequalities: The role of skills, employment, and wealth in the opportunities of new generations. RED-Report of Economy and Development*, Development Bank of Latin America and the Caribbean, https://scioteca.caf.com/handle/123456789/2072. [44]

CAF (2022), *Powershoring*, Development Bank of Latin America and the Caribbean, https://www.caf.com/en/blog/powershoring/ (accessed on 23 April 2025). [124]

CAF (2021), *RED 2021: Caminos para la integración: facilitación del comercio, infraestructura y cadenas globales de valor*, Development Bank of Latin America and the Caribbean, https://scioteca.caf.com/handle/123456789/1823. [82]

CAF (2019), "Boosting Panama's public higher technical education offering", Development Bank of Latin America and the Caribbean, https://www.caf.com/en/currently/news/boosting-panama-s-public-higher-technical-education-offering/ (accessed on 25 August 2025). [52]

CAF (2002), "Contribution to financing the Paraguay-Paraná Waterway", Development Bank of Latin America and the Caribbean, https://www.caf.com/en/currently/news/contribution-to-financing-the-paraguay-parana-waterway/ (accessed on 25 August 2025). [105]

Callum, T. and E. Raitery (2025), "From transforming enabling environments to kick-starting economies: The central role of catalytic technical assistance in emerging markets and developing economies", *OECD Blog*, https://www.oecd.org/en/blogs/2025/08/from-transforming-enabling-environments-to-kick-starting-economies-the-central-role-of-catalytic-technical-assistance-in-emerging-markets-and-developing-economies.html (accessed on 25 August 2025). [33]

Cancillería de Colombia (2025), *Cancillería de Colombia Newsroom*, https://www.cancilleria.gov.co/newsroom/news/realizo-v-presidencia-comision-binacional-zona-integracion-fronteriza-colombia-peru (accessed on 5 September 2025). [59]

CARICOM (2020), *Regional Guidelines for Technical and Vocational Education and Training (TVET) Institutions and Implementation of Caribbean Vocational Qualifications (CVQ) in the Caribbean during COVID-19*, https://caricom.org/documents/regional-guidelines-for-technical-and-vocational-education-and-training-tvetinstitutions-and-implementation-of-caribbean-vocational-qualifications-cvq-in-the-caribbean-during-covid-19/ (accessed on 22 July 2025). [111]

Dahl, M. (2024), "The Belt and Road Isn't Dead. It's Evolving", *Foreign Policy*, https://foreignpolicy.com/2024/11/13/china-latin-america-investment-development-bri-apec-summit/. [85]

Departamento Nacional de Planeación (2023), *Colombia potencia mundial de la vida: Plan Nacional de Desarollo 2022-2026*, https://colaboracion.dnp.gov.co/CDT/Prensa/Publicaciones/plan-nacional-de-desarrollo-2022-2026-colombia-potencia-mundial-de-la-vida.pdf. [29]

Diario Oficial de la Federación (2025), *Plan Nacional de Desarrollo 2025-2030*, https://www.dof.gob.mx/2025/PRESREP/PND%202025-2030.pdf. [30]

DNP (2023), *Política Nacional de Reindustrialización*, https://colaboracion.dnp.gov.co/CDT/Conpes/Econ%C3%B3micos/4129.pdf. [47]

Dolabella, M. and J. Duran Lima (2021), *Integrating Latin America and the Caribbean: Potential effects of removing tariffs and streamlining non-tariff measures*, United Nations Economic Commission for Latin American and the Caribbean, https://repositorio.cepal.org/server/api/core/bitstreams/329671ac-5574-4b19-9ecc-21637879c5bc/content. [115]

Dotzauer, M., L. Biber-Freudenberger and T. Dietz (2024), *The Rise of Sustainability Provisions in International Investment Agreements*, https://doi.org/10.1162/glep_a_00759. [10]

Draghi, M. (2024), *The Future of European Competitiveness*, European Commission, https://commission.europa.eu/topics/eu-competitiveness/draghi-report_en#paragraph_47059. [121]

ECLAC (2024), "eLAC Begins a New Stage Centered on Concrete Actions and Projects, with the Approval of the Digital Agenda for Latin America and the Caribbean 2026", *Press release 12 November*, United Nations Economic Commission for Latin America and the Caribbean, https://www.cepal.org/en/pressreleases/elac-begins-new-stage-centered-concrete-actions-and-projects-approval-digital-agenda (accessed on 23 April 2025). [135]

ECLAC (2024), *Foreign Direct Investment in Latin America and the Caribbean*, https://www.cepal.org/en/publications/80565-foreign-direct-investment-latin-america-and-caribbean-2024. [5]

ECLAC (2024), *International Trade Outlook for Latin America and the Caribbean 2024: Reconfiguration of global trade and options for regional recovery*, United Nations Economic Commission for Latin America and the Caribbean, https://repositorio.cepal.org/server/api/core/bitstreams/b49769df-e618-4bd6-b20e-2c71c8e3bb90/content. [102]

ECLAC (2024), *Panorama of Productive Development Policies in Latin America and the Caribbean. How can the region advance the great productive transformation it needs?*, United Nations Economic Comission for Latin America and the Caribbean, Santiago, https://repositorio.cepal.org/server/api/core/bitstreams/e01e15e6-0899-4e75-bd0e-29feb244ebee/content. [38]

ECLAC (2023), *International Trade Outlook for Latin America and the Caribbean 2023. Structural change and trends in global and regional trade: Challenges and opportunities*, United Nations Economic Commission for Latin America and the Caribbean, https://www.cepal.org/en/publications/68664-international-trade-outlook-latin-america-and-caribbean-2023-structural-change. [100]

EMBER (2024), *Yearly Electricity Data: Electricity generation*, EMBER, https://ember-energy.org/data/yearly-electricity-data/. [91]

European Commission (2025), *Common training frameworks*, https://single-market-economy.ec.europa.eu/single-market/services/free-movement-professionals/policy-developments/common-training-frameworks_en (accessed on 22 July 2025). [110]

European Commission (2025), *EDFI Renewable Energy Transition (RET)*, https://international-partnerships.ec.europa.eu/funding-and-technical-assistance/funding-instruments/european-fund-sustainable-development-plus/edfi-renewable-energy-transition-ret_en. [21]

European Commission (2025), *EU-Latin America and Caribbean Digital Alliance*, https://international-partnerships.ec.europa.eu/policies/global-gateway/eu-latin-america-and-caribbean-digital-alliance_en (accessed on 23 April 2025). [67]

European Commission (2025), *EU-Mexico Agreement*, https://policy.trade.ec.europa.eu/eu-trade-relationships-country-and-region/countries-and-regions/mexico/eu-mexico-agreement_en (accessed on 9 September 2025). [9]

European Commission (2025), *Global Gateway: EU Launches New Programme to Foster Inclusive Societies in Latin America and the Caribbean*, https://international-partnerships.ec.europa.eu/news-and-events/news/global-gateway-eu-launches-new-programme-foster-inclusive-societies-latin-america-and-caribbean-2025-05-26_en (accessed on 25 August 2025). [15]

European Commission (2025), *Inclusive societies in Latin America and the Caribbean*, https://international-partnerships.ec.europa.eu/policies/programming/programmes/inclusive-societies-latin-america-and-caribbean_en. [16]

European Commission (2025), *Latin America and Caribbean - Research and Innovation*, https://research-and-innovation.ec.europa.eu/strategy/strategy-research-and-innovation/europe-world/international-cooperation/regional-dialogues-and-international-organisations/latin-america-and-caribbean_en#documents (accessed on 9 September 2025). [68]

European Commission (2025), *Launch of the Renewstable Barbados Project*, https://international-partnerships.ec.europa.eu/news-and-events/news/launch-renewstable-barbados-project-2025-02-19_en (accessed on 5 September 2025). [22]

European Commission (2025), *Negotiations and agreements*, https://policy.trade.ec.europa.eu/eu-trade-relationships-country-and-region/negotiations-and-agreements_en (accessed on 9 September 2025). [136]

European Commission (2023), *Commission presents Global Gateway Investment Agenda with Latin America and Caribbean*, https://ec.europa.eu/commission/presscorner/detail/pl/ip_23_3863. [13]

European Commission (2023), *EU-Latin America and Caribbean: Joint Declaration on a Digital Alliance*, https://ec.europa.eu/commission/presscorner/detail/en/statement_23_3892 (accessed on 16 September 2025). [66]

European Commission (2022), *Partnership on manufacturing vaccines, medicines and health technologies and strengthening health systems in Latin America*, https://international-partnerships.ec.europa.eu/news-and-events/news/eu-latin-america-and-caribbean-partnership-manufacturing-vaccines-medicines-and-health-technologies-2022-06-22_en. [109]

European Council (2025), *Horizon Europe*, https://www.consilium.europa.eu/en/policies/horizon-europe/ (accessed on 9 September 2025). [69]

European Union (2025), *EU–Chile Advanced Framework Agreement*, https://eur-lex.europa.eu/legal-content/EN/TXT/?uri=legissum:4794975. [8]

European Union (2025), *Internal Energy Market*, https://www.europarl.europa.eu/factsheets/en/sheet/45/internal-energy-market. [93]

fDi Markets Database (2025), *fDi Markets Database*, https://www.fdimarkets.com/ (accessed on 17 March 2025). [6]

Flórez, A. and S. Jayaram (2016), *Bridging the Skills Gap: Insights from Employers, Educators, and Youth in Latin America and the Caribbean*, https://www.fhi360.org/wp-content/uploads/drupal/documents/resource-bridging-skills-gap-overview.pdf. [41]

FUNAG (2023), *A New Infrastructure Agenda for South America*, https://www.gov.br/funag/pt-br/centrais-de-conteudo/noticias/seminario-regional-sobre-uma-nova-agenda-de-infraestrutura-para-a-america-do-sul/conceptual-note-a-new-infrastructure-agenda-for-south-america-en.pdf. [89]

GEF (2018), *Fostering Water Security in the Trifinio Region: A TDA/SAP approach*, https://open.unep.org/docs/gef/PIF/10108_PIF.docx (accessed on 25 August 2025). [60]

GIZ (2022), *Future Professionals: Skills for the Green*, https://www.giz.de/en/downloads/giz2022-en-Profissionais-do-Futuro.pdf. [56]

Global Times (2025), "Peru's Chancay port processes over $290 million of goods in first 3 months of operation", *Global Times*, https://www.globaltimes.cn/page/202502/1328616.shtml#:~:text=Goods%20worth%20over%20%24292%20million%20has%20been%20processed,Tuesday%2C%20citing%20data%20from%20customs%20and%20tax%20authority. [87]

Global Times (2024), "Chancay Port exemplifies China's promotion of a new type of international cooperation", *Global Times*, https://www.globaltimes.cn/page/202411/1323348.shtml. [86]

GPEDC (2025), *Kampala principles on effective private sector engagement in development co-operation*, https://www.effectivecooperation.org/system/files/2019-07/Kampala%20Principles%20-%20final.pdf. [31]

Green Initiative (2025), *Powershoring: A game-changer for climate action and sustainable Industry*, https://greeninitiative.eco/2025/02/04/powershoring-a-game-changer-for-climate-action-and-sustainable-industry/ (accessed on 22 April 2025). [125]

Harvard University (2024), *International Trade Data (HS92) (Unilateral Trade, HS92, 4 digit, 1995-2023)*, The Growth Lab, https://atlas.hks.harvard.edu/data-downloads (accessed on 12 April 2025). [98]

Hwang, Y. and A. Diez (2024), "Renewable energy transition and green growth nexus in Latin America", *Renewable and Sustainable Energy Reviews*, Vol. 198, https://doi.org/10.1016/j.rser.2024.114431. [55]

IDB (2025), *Impact Report 2025: Transforming for Scale and Impact*, Inter-American Development Bank, https://doi.org/10.18235/0013629. [18]

IDB (2024), *Global Gateway: New EU-IDB Initiative to Boost Sustainable Critical Raw Materials Practices in Latin America and the Caribbean*, Inter-American Development Bank, https://www.iadb.org/en/news/global-gateway-new-eu-idb-initiative-boost-sustainable-critical-raw-materials-practices-latin. [132]

IDB (2023), "IDB Lab Invests in Digital Payments for Micro and Small Businesses in Central America", Inter-American Development Bank, https://www.iadb.org/en/news/idb-lab-invests-digital-payments-micro-and-small-businesses-central-america. [73]

IDB (2023), *MERCOSUR: Strategic Divergences and Pragmatic Consensus*, Mercosur Report Nº 26, Inter-American Development Bank, https://publications.iadb.org/en/publications/english/viewer/Mercosur-Report-No-26-MERCOSUR-Strategic-Divergences-and-Pragmatic-Consensus.pdf. [108]

IDB (2021), *The Infrastructure Gap in Latin America and the Caribbean*, Inter-American Development Bank, https://doi.org/10.18235/0003759. [81]

IDB (2018), *Connecting the dots: A roadmap for better integration in Latin America and the Caribbean*, Inter-American Development Bank, https://publications.iadb.org/en/connecting-dots-road-map-better-integration-latin-america-and-caribbean. [95]

IDB (n.d.), *ZoomAgri: Revolutionizing the Agroindustrial Chains through Image Processing and Artificial Intelligence*, Inter-American Development Bank, https://www.iadb.org/en/project/AR-L1395. [75]

IDB Lab (2024), *Quarterly Report Q3-2024.* [72]

IEA (2023), *Latin America Energy Outlook*, International Energy Agency, https://iea.blob.core.windows.net/assets/1055131a-8dc4-488b-9e9e-7eb4f72bf7ad/LatinAmericaEnergyOutlook.pdf. [36]

IFT (2025), *Total Official Support for Sustainable Development (TOSSD) Database*, https://tossd.online/. [39]

ILO (2025), *ILOSTAT database*, https://ilostat.ilo.org/. [42]

ILO (2019), *Skills for green jobs in Guyana*, https://www.ilo.org/sites/default/files/2024-09/wcms_706943.pdf. [61]

IMF (2024), *Climate Change Challenges and Opportunities in Latin America and the Caribbean*, International Monetary Fund, https://doi.org/10.5089/9798400240577.071. [26]

IMF (2017), *Cluster Report: Trade Integration in Latin America and the Caribbean*, International Monetary Fund, https://www.imf.org/en/Publications/CR/Issues/2017/03/10/Cluster-Report-Trade-Integration-in-Latin-America-and-the-Caribbean-44735. [116]

Impactalpha (2024), "IDB Lab backs small businesses in Paraguay and health access in Ecuador", *Impactalpha*, https://impactalpha.com/idb-lab-backs-small-businesses-in-paraguay-and-health-access-in-ecuador/. [74]

International Rescue Committee (2025), *Global aid crisis: 13 countries most affected by international aid cuts*, https://www.rescue.org/13-countries-impacted-aid-cuts. [24]

JLL (2024), *Nearshoring: Unveiling Latin America's potential*, Jones Lang Lasalle IP, Inc., https://www.jll.com.ar/en/trends-and-insights/research/nearshoring-unveiling-latin-americas-potential. [126]

Konchinski, V. (2025), "Agribusiness giants expand R&D presence in Brazil", *Valor International*, https://valorinternational.globo.com/agribusiness/news/2025/04/28/agribusiness-giants-expand-randd-presence-in-brazil.ghtml. [77]

Lebdioui, A. (2022), *Latin America trade in the age of climate change: Impact, Opportunities and Policy Options*, LSE Latin America and the Caribbean Centre, Canning House, https://www.canninghouse.org/storage/uploads/resources/lse-research-forum/05-2022-report/CH-LSE_Latin_American_Trade_in_the_Age_of_Climate_Change_boqsw.pdf. [133]

Lee, D. (2016), "Role of R&D in the productivity growth of Korean industries: Technology gap and business cycle", *Journal of Asian Economics*, Vol. 45, pp. 31-45, https://doi.org/10.1016/j.asieco.2016.06.002. [62]

MDB Task Force on Mobilization (2023), *Mobilization of Private Finance 2023 Report*, https://www.ifc.org/content/dam/ifc/doc/2025/2023-joint-report-mobilization-of-private-finance-by-mdbs-dfis.pdf. [20]

Melguizo, A. and J. Perea (2016), "Mind the skills gap! Regional and industry patterns in emerging economies", *OECD Development Centre Working Papers*, No. 329, OECD Publishing, Paris, https://doi.org/10.1787/5jm5hkp7v145-en. [48]

Ministry of Planning and Budget (2023), *Multi-Year Plan 2022-2027*, https://www.gov.br/planejamento/pt-br/assuntos/planejamento/plano-plurianual/copy_of_arquivos/outras-publicacoes-relacionadas/English%20-%20Presidential%20Message.pdf. [28]

Moïsé, E. and S. Sorescu (2013), "Trade Facilitation Indicators: The Potential Impact of Trade Facilitation on Developing Countries' Trade", *OECD Trade Policy Papers*, No. 144, OECD Publishing, Paris, https://doi.org/10.1787/5k4bw6kg6ws2-en. [112]

NDC Partnership (2020), *Nationally Determined Contribution (NDC): Chile*, https://ndcpartnership.org/country/chl. [128]

NDC Partnership (2020), *Nationally Determined Contribution (NDC): Colombia*, https://ndcpartnership.org/country/col. [129]

OAS (2025), *Development Cooperation Fund Programmatic Framework for Program Cycle 2024-2027*, https://scm.oas.org/IDMS/Redirectpage.aspx?class=AICD/JD%20XX.2.18/doc.&classNum=238&lang=e (accessed on 25 August 2025). [58]

OEC (2025), *Observatory of Economic Complexity: HS Product Classification*, https://oec.world/en/product-landing/hs (accessed on 12 April 2022). [99]

OECD (2025), *Assessing the Social Impact of Investments in the LAC Region: A Focus on EU Investments*, OECD Publishing, Paris, https://doi.org/10.1787/fd8fb41c-en. [4]

OECD (2025), *CRS: Creditor Reporting System (flows) (indicator)*, https://data-explorer.oecd.org/ (accessed on 27 April 2025). [12]

OECD (2025), "Cuts in official development assistance: OECD projections for 2025 and the near term", *OECD Policy Briefs*, No. 26, OECD Publishing, Paris, https://doi.org/10.1787/8c530629-en. [1]

OECD (2025), *Empowering the Workforce in the Context of a Skills-First Approach*, OECD Skills Studies, OECD Publishing, Paris, https://doi.org/10.1787/345b6528-en. [51]

OECD (2025), "Increasing development finance efforts to scale private finance mobilised and its impact", *OECD Policy Briefs*, No. 23, OECD Publishing, Paris, https://doi.org/10.1787/345b768b-en. [19]

OECD (2025), *Leveraging private finance for development*, https://www.oecd.org/en/topics/leveraging-private-finance-for-development.html. [32]

OECD (2025), *OECD Economic Outlook, Interim Report March 2025: Steering through Uncertainty*, OECD Publishing, Paris, https://doi.org/10.1787/89af4857-en. [119]

OECD (2025), *OECD Trade Facilitation Indicators: Monitoring Policies up to 2025*, OECD Publishing, Paris, https://doi.org/10.1787/fd6f27dc-en. [114]

OECD (2025), *Other official flows (OOF)*, https://www.oecd.org/en/data/indicators/other-official-flows-oof.html (accessed on 6 May 2025). [25]

OECD (2025), *The Capricorn Bioceanic Corridor in South America: Making Connectivity Work for Resilient Global Value Chains*, OECD Emerging Markets Forum, 10 April 2025, Istanbul, https://www.oecd.org/en/events/2025/04/oecd-emerging-markets-forum.html. [104]

OECD (2025), *Trade Facilitation Simulator*, https://sim.oecd.org/default.ashx?lang=En&ds=TFI&d1c=lac&cs=lac (accessed on 22 April 2025). [113]

OECD (2024), *Strengthening Sustainable Investment through International Investment Agreements*, OECD Publishing, Paris, https://doi.org/10.1787/a8729c98-en. [11]

OECD (2023), *Private: Mobilised private finance for development (indicator)*, https://data-explorer.oecd.org/?lc=en. [14]

OECD (2023), *Skills in Latin America: Insights from the Survey of Adult Skills (PIAAC)*, OECD Skills Studies, OECD Publishing, Paris, https://doi.org/10.1787/5ab893f0-en. [40]

OECD et al. (2024), *Latin American Economic Outlook 2024: Financing Sustainable Development*, OECD Publishing, Paris, https://doi.org/10.1787/c437947f-en. [2]

OECD et al. (2022), *Latin American Economic Outlook 2022: Towards a Green and Just Transition*, OECD Publishing, Paris, https://doi.org/10.1787/3d5554fc-en. [27]

OECD et al. (2021), *Latin American Economic Outlook 2021: Working Together for a Better Recovery*, OECD Publishing, Paris, https://doi.org/10.1787/5fedabe5-en. [103]

OECD/IEA (2024), "Considerations for informing, implementing, and investing in the next nationally determined contributions (NDCs)", *OECD/IEA Climate Change Expert Group Papers*, No. 2024(3), https://www.oecd.org/content/dam/oecd/en/publications/reports/2024/10/considerations-for-informing-implementing-and-investing-in-the-next-nationally-determined-contributions-ndcs_ba76056d/4f014ce6-en.pdf. [130]

OECD/UN (2018), *Production Transformation Policy Review of Chile: Reaping the Benefits of New Frontiers*, OECD Development Pathways, OECD Publishing, Paris, https://doi.org/10.1787/9789264288379-en. [49]

OECD/UN/UNIDO (2019), *Production Transformation Policy Review of Colombia: Unleashing Productivity*, OECD Development Pathways, OECD Publishing, Paris, https://doi.org/10.1787/9789264312289-en. [65]

OECD et al. (2024), *The Role of the G20 in Promoting Green and Just Transitions*, OECD Publishing, Paris, https://doi.org/10.1787/548e71cd-en. [134]

Ohnsorge, F., M. Raiser and Z. Leiyu Xie (2024), "The renaissance of industrial policy: Known knowns, known unknowns, and unknown unknowns", *World Bank Blogs*, World Bank, https://blogs.worldbank.org/en/developmenttalk/the-renaissance-of-industrial-policy--known-knowns--known-unknow. [131]

OLADE (2025), "The Youth Energy Transition Academy for Latin America and the Caribbean concludes its 2024 cycle", https://www.olade.org/en/noticias/the-youth-energy-transition-academy-for-latin-america-and-the-caribbean-concludes-its-2024-cycle/. [57]

OLADE (2024), "Situation of Electricity Integration in South America", *Technical Note*, No. 2, https://www.olade.org/wp-content/uploads/2024/11/Technical-Note-Electricity-Integration-in-South-America-v11-11-2024.pdf. [92]

Peters, E. (2023), *Monitor of Chinese Infrastructure in Latin America and the Caribbean 2023*, RED ALC-CHINA, https://www.researchgate.net/publication/372678152_MONITOR_OF_CHINESE_INFRASTRUCTURE_IN_LATIN_AMERICA_AND_THE_CARIBBEAN_2023. [84]

Pontenagel, P. (2025), "How does North America's power market function?", *Time2market blog*, Time2market, https://www.time2market.net/blog/how-does-north-americas-power-market-function. [94]

Rodrik, D., R. Juhasz and N. Lane (2024), "The New Economics of Industrial Policy", *Annual Review of Economics*, Vol. 6, pp. 213-42, https://doi.org/10.1146/annurev-economics-081023-024638. [122]

Roy, D. (2025), *China's Growing Influence in Latin America*, https://www.cfr.org/backgrounder/china-influence-latin-america-argentina-brazil-venezuela-security-energy-bri (accessed on 1 August 2025). [83]

Spithoven, A. and B. Merlevede (2023), "The productivity impact of R&D and FDI spillovers: characterising regional path development", *Journal of Technology Transfer*, https://doi.org/10.1007/s10961-022-09918-0. [78]

Suarez-Aleman, A., T. Serebrisky and S. Perelman (2019), "Benchmarking economic infrastructure efficiency: How does the Latin", *Utilities Policy*, Vol. 58, pp. 1-5, https://doi.org/10.1016/j.jup.2019.03.003. [80]

Thacker, S. et al. (2019), "Infrastructure for sustainable development", *Nature Sustainability*, Vol. 2, pp. 324-331, https://doi.org/10.1038/s41893-019-0256-8. [79]

The Economist (2024), "Why Latin America is the world's trade pipsqueak", *The Economist*, https://www.economist.com/the-americas/2024/06/13/why-latin-america-is-the-worlds-trade-pipsqueak. [117]

UN (2025), *Fourth International Conference on Financing for Development delivers renewed hope and action for sustainable development*, https://www.un.org/sustainabledevelopment/blog/2025/07/ffd4-closing-press-release/#:~:text=Sevilla%2C%20Spain%2C%203%20July%202025%20%E2%80%93%20The%20Fourth,a%20stronger%20voice%20in%20the%20international%20financing%20architecture. [35]

UN (2015), *Addis Ababa Action Agenda of the Third International Conference on Financing for Development*, https://sustainabledevelopment.un.org/frameworks/addisababaactionagenda. [34]

UN Comtrade (2025), *United Nations Comtrade Database.* [97]

UNCTAD (2025), *International Investment Agreements Navigator*, https://investmentpolicy.unctad.org/international-investment-agreements/advanced-search. [7]

UNCTAD (2024), *UN Trade and Development Data Hub*, UNCTAD Stat, https://unctadstat.unctad.org/datacentre/dataviewer/ (accessed on 22 aPRIL 2025). [45]

UNIDO (2023), *Climate Promise Industry: Nationally Determined Contributions (NDCs) and contribution of Industries*, UNIDO, https://www.unido.org/sites/default/files/files/2022-07/Day%203-Climate%20Promise%20-Industry-%20PAGE%20Summer%20school.pdf. [127]

WEF (2022), *The Net-Zero Industry Tracker*, https://www.weforum.org/publications/the-net-zero-industry-tracker/digest/ (accessed on 23 April 2025). [123]

WEF/UNIDO (2024), *The New Era of Industrial Policies: Tackling Grand Challenges through Public-Private Collaboration*, World Economic Forum and United Nations Industrial Development Organization, https://www3.weforum.org/docs/WEF_The_New_Era_of_Industrial_Strategies_2024.pdf. [120]

World Bank Group (2025), *World Development Indicators Databank.* [46]

World Bank Group (2016), *Potential Macroeconomic Implications of the Trans-Pacific Partnership*, https://thedocs.worldbank.org/en/doc/847071452034669879-0050022016/original/GlobalEconomicProspectsJanuary2016ImplicationsTransPacificPartnershipAgreement.pdf. [118]

World Economic Forum (2024), *The green skills gap: Educational reform in favour of renewable energy is now urgent*, https://www.weforum.org/stories/2024/04/green-skills-gap-educational-reform-renewable-energy/. [54]

World Economic Forum (2018), *Latin America has the biggest skills gap in the world. Here's how to bridge it*, https://www.weforum.org/stories/2018/03/latin-america-has-the-biggest-skills-gap-in-the-world-here-s-how-to-bridge-it/. [50]

WTO (2025), *Regional Trade Agreements Database*, World Trade Organization, https://rtais.wto.org/UI/PublicSearchByCr.aspx (accessed on 18 April 2025). [96]

ZoomAgri (2025), *ZoomAgri Home Page*, https://zoomagri.com/en/home/. [76]

5 Notas país

Guía del Lector

Los cuadros estadísticos siguen las principales áreas identificadas en las *Perspectivas económicas de América Latina (LEO)*: 1) desarrollo social; 2) productividad e innovación; 3) inversión y financiamiento privados; 4) percepción de los ciudadanos e instituciones; 5) transición digital y verde, y 6) situación fiscal.

El promedio de **América Latina y el Caribe (ALC)** es un promedio simple del mayor conjunto de países de la región con datos disponibles.

El promedio de la Organización para la Cooperación y el Desarrollo Económicos (OCDE) es un promedio simple del mayor conjunto de países miembros de la Organización con los datos más recientes disponibles a julio de 2025.

Para garantizar la comparabilidad entre un año y otro, se excluye de los promedios a los países sin datos disponibles en ambos años de la comparación. En las notas se mencionan las excepciones a este respecto.

En esta edición 2025 de LEO se aplicaron los mismos criterios que en ediciones anteriores. La selección de datos de fuentes internacionales prioriza la comparabilidad entre los países de ALC y destaca los datos comparables más recientes disponibles a la fecha de publicación del informe.

Desarrollo social

Pobreza extrema:[1] se refiere a la proporción (%) de la población cuyo ingreso promedio per cápita se ubica por debajo del umbral de la pobreza extrema, según lo especifica la Comisión Económica para América Latina y el Caribe de las Naciones Unidas (CEPAL). Método de cálculo: “n” se define como el número total de personas e “i” es el número de personas cuyo ingreso per cápita se ubica por debajo del umbral de la pobreza extrema; el porcentaje de las personas que viven en pobreza extrema se expresa como I=(i/n)x100 (conocido como “índice de recuento”). El ingreso promedio per cápita se calcula dividiendo el ingreso total de cada hogar entre el número de personas que lo conforman. Datos de *CEPALSTAT: Statistical Data Portal and Publications*, https://statistics.cepal.org/portal/cepalstat/.

Pobreza:[1] se refiere a la proporción (%) de la población cuyo ingreso promedio per cápita se ubica por debajo del umbral de la pobreza, según lo especifica la CEPAL. Método de cálculo: “n” es el número total de personas y “p” es el número de personas cuyo ingreso per cápita se ubica por debajo del umbral de la pobreza; el porcentaje de personas que viven en la pobreza se expresa como P=(p/n) x100. Este indicador incluye a las personas por debajo del umbral de la pobreza, por definición. El ingreso promedio per cápita se calcula dividiendo el ingreso de cada hogar entre el número de personas que lo conforman. Datos de *CEPALSTAT: Statistical Data Portal and Publications*, https://statistics.cepal.org/portal/cepalstat/.

Índice Gini:[2] mide el grado en el cual la distribución del ingreso (o, en algunos casos, el gasto en consumo) entre personas u hogares de una economía se desvía de una distribución totalmente igualitaria. Un coeficiente de Gini de cero representa la igualdad perfecta; en cambio, un coeficiente de 100 representa la desigualdad perfecta. Datos de *World Bank Open Data*, https://data.worldbank.org/indicator/SI.POV.GINI.

Proporción de la población total en hogares informales:[3] presenta la distribución de la población total que vive en hogares informales. Un hogar se considera informal si todos los trabajadores que lo habitan tienen empleos informales. Datos de la OCDE, *Indicadores clave de informalidad basados en las personas y sus hogares (KIIbIH)* (base de datos), www.oecd.org/dev/key-indicators-informality-individuals-household-kiibih.htm.

Proporción de la población total en hogares mixtos: presenta la distribución de la población total que vive en hogares mixtos. Un hogar se considera mixto si en él habitan trabajadores formales e informales. Datos de la OCDE, *Indicadores clave de informalidad basados en las personas y sus hogares (KIIbIH)* (base de datos), www.oecd.org/dev/key-indicators-informality-individuals-household-kiibih.htm), www.oecd.org/dev/key-indicators-informality-individuals-household-kiibih.htm.

Índice de instituciones sociales y género (SIGI): mide la discriminación contra las mujeres en instituciones sociales (por ejemplo, leyes formales e informales, normas y prácticas sociales). Valores menores indican niveles menores de discriminación en instituciones sociales: el SIGI oscila entre el 0% (sin discriminación) y el 100% (muy alta discriminación). Datos de *OECD Data Explorer*, https://stats.oecd.org/Index.aspx?DataSetCode=SIGI2023.

Puntuación del Programa para la Evaluación Internacional de Alumnos (PISA):[4] indica la puntuación promedio del desempeño en ciencias, según mediciones de PISA para cada país. El desempeño en ciencias mide la alfabetización científica de un joven de 15 años en el uso de conocimientos científicos para identificar preguntas, adquirir nuevos conocimientos, explicar fenómenos científicos y sacar conclusiones con base empírica, referentes a cuestiones relacionadas con la ciencia. Datos de *OECD Data Indicators*, “Science performance (PISA),” https://data.oecd.org/pisa/science-performance-pisa.htm#indicator-chart.

Productividad e innovación

Complejidad de las exportaciones: mide la diversidad y sofisticación de las exportaciones de un país, para evaluar sus capacidades productivas. El indicador utilizado refleja la clasificación de un país en la escala mundial de complejidad de las exportaciones, donde 1 = la economía más compleja. Las clasificaciones más bajas indican dependencia de exportaciones básicas o no diferenciadas, y las altas indican estructuras de exportación diversificadas de mayor valor. Datos de Harvard Growth Lab, *The Atlas of Economic Complexity*.

Productividad laboral: estimación que mide la producción por hora trabajada como porcentaje de la producción de la OCDE por hora trabajada (en USD internacionales de 2022, convertidos utilizando la paridad del poder de compra). Datos de Conference Board, *Total Economy Database*, http://www.conference-board.org/data/economydatabase/total-economy-database-productivity.

Exportaciones de productos de alta tecnología:[5] mide las exportaciones de productos con alta intensidad en investigación y desarrollo (I+D), como porcentaje del total de exportaciones manufacturadas. Datos de *World Bank Open Data*, https://data.worldbank.org/indicator/TX.VAL.TECH.MF.ZS.

Solicitudes de patentes por millón de personas: mide las solicitudes de patentes en todo el mundo, presentadas a través del procedimiento Tratado de Cooperación en Materia de Patentes o con un organismo nacional de patentes para derechos exclusivos de un invento, expresadas por cada millón de personas. Cálculos de los autores con base en datos de *World Bank Open Data*, https://data.worldbank.org/indicator/IP.PAT.RESD.

Gasto en Investigación y Desarrollo (I+D):[6] mide los gastos corrientes y de capital como porcentaje del PIB en cuatro sectores principales: empresariado, gobierno, educación superior y sector privado sin fines de lucro. La I+D cubre investigación básica, investigación aplicada y desarrollo experimental. Datos de *World Bank Open Data*, https://data.worldbank.org/indicator/GB.XPD.RSDV.GD.ZS.

Inversión y financiamiento privados

Inversión total, formación bruta de capital fijo (% del PIB):[7] mide la formación bruta de capital fijo (FBCF) como porcentaje del PIB. La FBCF incluye mejoras del terreno; compra de plantas, maquinaria y equipo, y construcción de carreteras, vías férreas y similares (incluidos escuelas, oficinas, hospitales, viviendas residenciales privadas e inmuebles comerciales e industriales). Según el Sistema de Cuentas Nacionales (SNA) de 1993, las adquisiciones netas de objetos de valor también se engloban en formación de capital. Datos de *World Bank Open Data*, https://data.worldbank.org/indicator/NE.GDI.FTOT.ZS.

Inversión extranjera directa (IED), entrada neta de capital (% del PIB): mide las entradas netas de inversión para obtener una tasa de gestión duradera (10% o más de las acciones con derecho a voto) en una empresa que opera en una economía distinta de la del inversor, como porcentaje del PIB. Es la suma del capital social, la reinversión de beneficios, otros capitales a largo y a corto plazo, como aparecen en la balanza de pagos. Esta serie muestra las entradas netas (nuevas entradas de inversión menos desinversiones) en la economía declarante provenientes de inversores extranjeros y se divide por el PIB. Datos de *World Bank Open Data*, https://data.worldbank.org/indicator/BX.KLT.DINV.WD.GD.ZS.

Crédito nacional al sector privado (% del PIB): mide los recursos financieros como porcentaje del PIB, proporcionado al sector privado por otras empresas depositarias (sociedades receptoras de depósitos, excepto bancos centrales), por ejemplo, mediante préstamos, compras de valores no participativos y créditos comerciales, y otras cuentas por cobrar, que justifiquen la solicitud de reembolsos. En algunos países, estas solicitudes incluyen crédito a empresas públicas. Datos de *World Bank Open Data*, https://data.worldbank.org/indicator/FD.AST.PRVT.GD.ZS.

Capitalización bursátil: mide el precio de una acción multiplicado por el número de acciones en circulación (incluidas sus diversas clases) para empresas nacionales que cotizan en bolsa, como porcentaje del PIB. Se excluyen los fondos de inversión, fideicomisos de inversión y empresas cuyo único objetivo comercial es poseer acciones de otras empresas cotizadas en bolsa. Datos de *World Bank Open Data*, https://data.worldbank.org/indicator/CM.MKT.LCAP.GD.ZS.

Percepción de los ciudadanos e instituciones

Satisfacción con el sistema educativo: mide el porcentaje de la población que está satisfecho con el sistema educativo o con las escuelas ubicadas en la ciudad o zona que habitan. La métrica responde a la pregunta: "¿Está usted satisfecho o insatisfecho con el sistema educativo o con las escuelas ubicadas en la ciudad o zona en la que vive?". Datos de Gallup Analytics, *Education and families, Educational System,* https://ga.gallup.com/Charts/.

Satisfacción con el sistema de salud: mide el porcentaje de la población que está satisfecho con la disponibilidad de servicios de salud de calidad en la ciudad o zona en la que viven. La métrica responde a la pregunta: "¿Está usted satisfecho o insatisfecho con la disponibilidad de servicios de salud de calidad en la ciudad o zona en la que vive?". Datos de Gallup Analytics, *Health, City: Quality Healthcare* https://ga.gallup.com/Charts/.

Proporción de personas satisfechas con su nivel de vida: mide el porcentaje de personas satisfechas con su nivel de vida. La métrica responde a la pregunta: "¿Está usted satisfecho o insatisfecho con su nivel de vida, con todo lo que puede comprar o hacer?". Datos de Gallup Analytics, *Business and Economics, Standard of Living,* https://ga.gallup.com/Charts/.

Confianza en el sistema judicial: mide el porcentaje de la población que dice tener confianza en el sistema judicial y en los tribunales en su país. La métrica responde a la pregunta de la encuesta: "En este país, ¿confía o no confía en cada uno de los siguientes puntos? ¿El sistema judicial y los tribunales?". Datos de Gallup Analytics, *Law and order, Confidence in Judicial System,* https://ga.gallup.com/Charts/.

Índice de Percepción de la Corrupción: mide la percepción que los ciudadanos tienen de los niveles locales de corrupción en su país, donde 0 significa completamente corrupto y 100, totalmente incorrupto. Datos de Transparencia Internacional, *Corruption Perception Index*, http://www.transparency.org/en/cpi/2023.

Moral tributaria: mide la proporción (%) de la población adulta que encuentra algún grado de justificación para evadir impuestos, excluidos aquellos que piensan que la evasión fiscal no es justificable en absoluto. Datos de Latinobarómetro, *Opinión Pública Latinoamericana*, http://www.latinobarometro.org/latOnline.jsp.

Indicador de riesgos de seguridad: considera las amenazas a la seguridad de un Estado, como bombardeos, ataques y muertes relacionadas con batallas, atentados y muertes en combate, movimientos de rebelión, motines, golpes de Estado o terrorismo. El Indicador del Aparato de Seguridad también contempla factores delictivos graves, como delincuencia organizada y número de homicidios, así como la confianza que los ciudadanos perciben en la seguridad nacional. El 0 significa riesgos de seguridad bajos y el 10, riesgos de seguridad altos. Datos de The Fund for Peace, *Fragile States Index* (base de datos), https://fragilestatesindex.org/global-data/.

Transición digital y verde

Proporción de usuarios de internet:[8] mide el número de personas con acceso a internet (desde cualquier sitio) en los últimos tres meses, como porcentaje de la población total. Puede usarse a través de computadora, teléfono móvil, asistente digital personal, máquina de videojuegos, televisión digital, etc. Datos de *World Bank Open Data*, https://data.worldbank.org/indicator/IT.NET.USER.ZS.

Suscripciones al servicio de banda ancha fija:[9] mide las suscripciones fijas al acceso de alta velocidad al internet público (conexión TCP/IP), a velocidades posteriores iguales o superiores a 256 kbit/s. Incluye módem de cable, DSL (línea digital de suscripción) (fibra óptica al hogar o edificio, otras suscripciones de banda ancha fija (alámbrica), banda ancha satelital y banda ancha terrestre fija (inalámbrica). Este total se mide, sea cual sea el método de pago. Excluye las suscripciones que tengan acceso a la transmisión de datos (incluido internet) a través de redes móviles o celulares. Debería incluir la tecnología fija WiMAX y cualquier otra tecnología fija inalámbrica. Incluye tanto suscripciones residenciales como suscripciones para organizaciones. Datos de *World Bank Open Data*, https://data.worldbank.org/indicator/IT.NET.BBND.P2.

Ingresos tributarios ambientales:[10] mide los ingresos provenientes de impuestos relacionados con el medioambiente como porcentaje del PIB. Incluye impuestos a las emisiones de gases de efecto invernadero (GEI); impuestos a combustibles, impuestos sobre el uso de carreteras, impuestos forestales e ingresos procedentes de la subasta de permisos de los sistemas de comercio de emisiones de GEI. Datos de OECD Data Explorer, *Environmentally related tax revenue*, https://stats.oecd.org/Index.aspx?DataSetCode=ERTR.

Emisiones de gases de efecto invernadero per cápita (excluyendo cambios en el uso del suelo) (t CO_2e/cápita): mide las emisiones totales anuales de seis gases de efecto invernadero (CO_2, CH_4, N_2O, HFCs, PFCs, SF_6) provenientes de la generación de energía, la industria, los residuos y la agricultura, ajustados a equivalentes de dióxido de carbono y divididos por la población. Excluye emisiones debidas a cambios de uso de la tierra y la silvicultura, por el aumento de incertidumbres. Datos de *World Bank Open Data*, https://data.worldbank.org/indicator/EN.GHG.ALL.PC.CE.AR5.

Consumo de energías renovables: mide la proporción de fuentes de energías renovables en el consumo final total de energía, expresado como porcentaje. Datos de *World Bank Open Data*, https://data.worldbank.org/indicator/EG.FEC.RNEW.ZS.

Situación fiscal

Total de ingresos tributarios:[11] mide el total de ingresos tributarios como porcentaje del PIB. Datos de OECD, *Revenue Statistics in América Latina y el Caribe 2025*, Revenue Statistics in Latin America and the Caribbean 2025 | OECD.

Proporción del IVA (impuesto al valor agregado):[11] mide el IVA como porcentaje del PIB. Datos de OECD, *Revenue Statistics in América Latina y el Caribe 2025*, Revenue Statistics in Latin America and the Caribbean 2025 | OECD.

Proporción del impuesto sobre la renta (impuesto por ingresos personales):[11] mide los impuestos sobre los ingresos, los beneficios y las ganancias de capital de las personas, como porcentaje del PIB. Datos de OECD, *Revenue Statistics in América Latina y el Caribe 2025*, Revenue Statistics in Latin America and the Caribbean 2025 | OECD.

Proporción del impuesto sobre las sociedades (CIT):[11] mide los impuestos sobre los ingresos, los beneficios y las ganancias de capital de las empresas, como porcentaje del PIB. Datos de OECD, *Revenue Statistics in América Latina y el Caribe 2025*, Revenue Statistics in Latin America and the Caribbean 2025 | OECD.

Servicio de la deuda pública: mide el servicio de la deuda pública como porcentaje de los ingresos tributarios. El servicio de la deuda pública se calcula como los préstamos y créditos primarios generales del gobierno, menos los préstamos y créditos netos generales del gobierno. Cálculos de los autores con base en datos del Fondo Monetario Internacional, *World Economic Outlook Database* https://www.imf.org/en/Publications/WEO/weo-database/2025/april y OECD, *Revenue Statistics in América Latina y el Caribe 2025*, Revenue Statistics in Latin America and the Caribbean 2025 | OECD.

Gasto social:[12] mide el gasto público social como porcentaje del PIB. Los principales ámbitos de las políticas sociales son: adultos mayores, sobrevivientes, prestaciones por incapacidad, salud, familia, programas activos del mercado laboral, desempleo y vivienda, entre otros. En el caso de los países de la OCDE, los datos se refieren a *OECD Data Explorer*, https://stats.oecd.org/Index.aspx?DataSetCode=SOCX_AGG y en el de los países de ALC, a *CEPALSTAT Statistical Data Portal and Publications*, "Social public expenditure" https://statistics.cepal.org/portal/cepalstat/dashboard.html.

Notas

[1] Pobreza y pobreza extrema: todos los datos presentados son datos a nivel nacional, excepto los de Argentina, donde solo se dispone de datos a nivel urbano (de tal manera, Argentina se excluye de los promedios de ALC). En el promedio de ALC de 2016, los datos de Chile corresponden a 2015. En el promedio de ALC en 2023, los datos de Chile y México son de 2022. En el Capítulo 1 se presentan los promedios de ALC ponderados de pobreza y pobreza extrema.

[2] Coeficiente de Gini: en los promedios de la OCDE y de ALC de 2016, los datos de Chile corresponden a 2015. En el promedio de ALC en 2022, los datos de Bolivia son de 2021, y los de Panamá, de 2023. En el promedio de la OCDE de 2022: los datos de Islandia son de 2017; los de Australia, Canadá y Suiza, de 2018; los de Alemania y Noruega, de 2019; los de Austria, Bélgica, Chequia, Dinamarca, Estonia, Finlandia, Francia, Grecia, Hungría, Irlanda, Israel, Italia, Corea, Letonia, Lituania, Luxemburgo, Países Bajos, Polonia, Portugal, Serbia, Eslovenia, España, Suecia, Turquía, Reino Unido y Estados Unidos, de 2021.

[3] Indicadores de informalidad: promedios de informalidad: en 2009, los datos de Argentina, Costa Rica, Colombia, México y Perú son de 2010; los datos de El Salvador y Honduras, de 2014, y los de Uruguay, de 2008. En los promedios de 2023, los datos de Chile, Guatemala, México y Surinam son de 2022. Los países sin datos disponibles para los dos años de comparación no se excluyeron de los promedios de los indicadores relativos a la proporción de la población total en hogares informales, en términos generales y por quintiles.
[4] Puntuaciones PISA en ciencias: el promedio de los países de ALC y de la OCDE es simple y no ponderado.

[5] Exportaciones de alta tecnología: Para el promedio de ALC en 2016, los datos de Belice corresponden a 2017. Para el promedio de ALC en 2022, los datos de San Cristóbal y Nieves corresponden a 2017; los datos de Bahamas y Santa Lucía corresponden a 2020; y los datos de Honduras y San Vicente y las Granadinas corresponden a 2021.

[6] Gasto en investigación y desarrollo: en el promedio de la OCDE de 2016, los datos de Australia, Suiza y Nueva Zelanda son de 2017. En el promedio de la OCDE de 2022, los datos de Australia son de 2019; de Chile y Colombia, de 2020, y de Austria, Bélgica, Costa Rica, Chequia, Dinamarca, Estonia, Finlandia, Francia, Alemania, Grecia, Hungría, Islandia, Irlanda, Israel, Italia, Japón, Corea, Letonia, Lituania, Luxemburgo, Países Bajos, Nueva Zelanda, Noruega, Polonia, República Eslovaca, Eslovenia, España, Suecia, Suiza, Turquía, Reino Unido y Estados Unidos, son de 2021. En el promedio de ALC en 2022, los datos de Brasil, Chile y Colombia son de 2020, y los de Argentina, Costa Rica, Cuba, El Salvador, Guatemala, Paraguay, Trinidad y Tobago, y Uruguay, de 2021.

[7] Inversión total: en el promedio de ALC de 2022, los datos de Panamá son de 2017 y los de Jamaica, de 2019.

[8] Proporción de usuarios de Internet: Para los promedios de la OCDE y de ALC en 2016, los datos de Chile corresponden a 2015. Para el promedio de ALC en 2022, los datos de Bahamas, Belice, Bolivia, Chile, Cuba, República Dominicana, El Salvador, Granada, Guatemala, Haití, México, Panamá y Santa Lucía corresponden a 2021. Para el promedio de la OCDE en 2022, los datos del Reino Unido, Estados Unidos, Suiza, República Eslovaca, Nueva Zelandia, México, Japón, Islandia, Irlanda, Israel, Canadá, Chile y Australia corresponden a 2021.

[9] Suscripciones a banda ancha fija: en el promedio de ALC de 2022, los datos de Antigua y Barbuda, Belice, las Bermudas, Bolivia, Dominica, Granada, Guyana, Haití, San Cristóbal y Nieves y Santa Lucía, de 2021.

[10] Ingresos tributarios medioambientales: en el promedio de ALC, los datos de Colombia son de 2020. En el promedio de la OCDE, los datos de Colombia, Grecia y Suiza son de 2020.

[11] Ingresos tributarios: en el promedio de la OCDE de los ingresos tributarios totales de 2021, los datos de Australia y Japón son de 2020. En el promedio de la OCDE de los porcentajes de IVA/ISR/CIT en 2021, los datos de Australia, Grecia y Japón son de 2019.

[12] Gasto social: en el promedio de ALC de 2021, los datos de Bolivia, Cuba y Panamá son de 2020. En el promedio de la OCDE de 2021, los datos de Australia, México y Turquía son de 2019 y los de Canadá, Costa Rica y Japón, de 2020.

Argentina

Promoviendo y financiando la transformación productiva

En el ámbito de las **políticas para la transformación productiva**, Argentina emprendió una reforma estructural para estabilizar la economía e impulsar el crecimiento. Desde 2024, la consolidación fiscal y el cese del financiamiento monetario redujeron la inflación. La estabilización incluyó ajustes fiscales focalizados para aumentar la eficiencia del gasto público, en especial mediante recortes discrecionales del gasto de capital. En consecuencia, en 2024, Argentina obtuvo superávits presupuestarios primarios prácticamente cada mes, por primera vez desde 2010. Se pusieron en práctica reformas del mercado laboral mediante la "Ley de Bases", aprobada en junio de 2024. Esta busca equilibrar la generación de empleos formales con la protección de los trabajadores y la eliminación de la reincorporación obligatoria en un empleo tras un litigio por despido y periodos de prueba prolongados. Argentina también simplificó las regulaciones empresariales y redujo las barreras comerciales, logrando importantes mejoras en el entorno empresarial. El sector energético se ha convertido en un pilar estratégico de la transformación productiva, a través de la formación de esquistos y la infraestructura del nuevo oleoducto en Vaca Muerta, que posicionan a Argentina como un futuro exportador neto de energía. En 2024, el sector comenzó a generar superávits comerciales.

En cuanto a los **mecanismos de financiamiento público para la transformación productiva**, la reforma tributaria actual busca reducir los costos del cumplimiento con el impuesto sobre las sociedades. En septiembre de 2024, el gobierno instauró un régimen preferencial para proyectos de inversión a gran escala, ofreciendo incentivos fiscales, aduanales y del tipo de cambio para inversiones de más de 200 millones de USD, garantizados durante 30 años. El ajuste tributario más amplio, combinado con efectos importantes de la valuación del tipo de cambio, logró reducir considerablemente la deuda bruta del gobierno federal como porcentaje del PIB. Estas reformas son particularmente relevantes, dados los niveles históricamente bajos de inversión extranjera directa del país, que siguen concentrados en sectores manufactureros sumamente protegidos. Al mejorar la estabilidad macroeconómica y estimular la inversión a gran escala, Argentina prepara el terreno para asegurar una base productiva más dinámica y diversificada.

En términos de **alianzas internacionales para la transformación productiva**, Argentina coopera con Japón mediante el KT+ Project 2025-27, que ofrece herramientas de asistencia técnica, capacitación y medición de impacto, con miras a promover las pymes. Argentina encabeza el Fondo para la Cooperación Sur-Sur y la Cooperación Triangular, que habilita el intercambio de conocimientos expertos en agroindustria, innovación tecnológica y salud. La segunda etapa del Proyecto de cooperación triangular con Alemania, Kenia y la República Unida de Tanzania comenzó en noviembre de 2024, y reunió al INTA, la KALRO, el TALIRI y la GIZ, para reforzar la seguridad alimentaria, promover la producción ganadera sostenible y profundizar los vínculos bilaterales.

Argentina: Indicadores clave

	Argentina		ALC		OCDE	
Desarrollo social	**2016**	**2023**	**2016**	**2023**	**2016**	**2022**
Pobreza; Pobreza extrema	21.5; 2.90	30.1; 4	25.8; 8	22.5; 7.4	N/A	N/A
Índice Gini	42.3	42.4	46.3	40.9	33.9	34.5
Proporción de la población total en hogares informales (%)	34.5 (2010)	35.5	47.9 (2009)	42.3	N/A	N/A
Proporción de la población total en hogares mixtos (%)	26.1 (2010)	26.3	23.2 (2009)	24.0	N/A	N/A
Índice de instituciones sociales y género (SIGI)	N/A	17.7	25.4 (2019)	21.2	17.5 (2019)	15.3 (2023)
Puntuación en el Programa para la evaluación internacional de alumnos (PISA)	406 (2012)	406 (2022)	411 (2015)	408 (2022)	489 (2015)	485
Productividad e innovación	**2016**	**2023**	**2016**	**2023**	**2016**	**2023**
Complejidad en las exportaciones (posición en una escala mundial, en la que 1 es la economía más compleja)	80	86	81.5	89	40.6	44.6
Productividad laboral (% de la OCDE)	58	46 (2024)	42	40 (2024)	100	100
Exportaciones de productos de alta tecnología (% de las exportaciones manufactureras)	9	5.4	8.5	8	16.5	18.1
Solicitudes de patentes por millón de personas	20.3	8.9 (2021)	13.8	12.8 (2021)	631.2	572.8 (2021)
Gasto en I+D (% del PIB)	0.6	0.55 (2022)	0.3	0.3 (2022)	1.8	2.1 (2022)
Inversión y financiamiento privado	**2016**	**2024**	**2016**	**2024**	**2016**	**2024**
Inversión total, formación bruta de capital fijo (% del PIB)	14.3	15.8	20.7	19.8	21.9	21.7
Inversión extranjera directa (IED), entrada neta de capital (% del PIB)	0.6	1.8	4.3	4.3	N/A	N/A
Crédito nacional al sector privado (% del PIB)	13.5	15.2	45.2	44.1	86.8	71.7
Capitalización bursátil (% del PIB)	8.8 (2019)	8.4 (2022)	50.2 (2019)	37.3	69.5 (2019)	66.4
Percepción de los ciudadanos e instituciones	**2011**	**2024**	**2011**	**2024**	**2011**	**2024**
Satisfacción con el sistema educativo (% de la población)	66	57	67	67	66	65
Satisfacción con el sistema de salud (% de la población)	65	49	55	54	70	64
Proporción de personas satisfechas con su nivel de vida (%)	75	66	70	73	73	77
Confianza en el sistema judicial (% de la población)	40	31	33	38	50	56
Índice de Percepción de la Corrupción (puntuación en una escala de 0 [altamente corrupto] a 100 [totalmente incorrupto])	36 (2016)	37	41.2 (2016)	40.6	67.3 (2016)	66.79
Moral tributaria (% de la población adulta que ha oído hablar de personas que pagan menos impuestos que los que les corresponden)	36.1	55.2 (2023)	50.6	55.3 (2023)	N/A	N/A
Indicador de riesgos de seguridad (puntuación en una escala de 0 [bajo riesgo de seguridad] a 10 [alto riesgo de seguridad])	4 (2016)	4	5.9 (2016)	5.3	2.8 (2016)	2.2
Transición digital y verde	**2016**	**2023**	**2016**	**2023**	**2016**	**2023**
Proporción de usuarios de internet (% de la población)	71	89.2	54.5	77.7	81.8	91.8
Suscripciones a la banda ancha fija (por cada 100 habitantes)	16.5	25.4	11.2	17	30.6	36
Ingresos tributarios ambientales (% del PIB)	1.2	0.8 (2022)	1	0.7	1.7	1.3
Emisiones de gases de efecto invernadero per cápita (excluidos los cambios en el uso de la tierra) (t Co_2e/cápita)	8.6	8.03	5.3	4.9	10.7	8.7
Consumo de energía renovable (% del consumo total de energía final)	9.4	9.2 (2021)	28.9	33.9 (2021)	12.5	14.9 (2021)
Situación fiscal	**2016**	**2023**	**2016**	**2023**	**2016**	**2023**
Ingresos tributarios totales (% del PIB)	30.7	27.8	20.9	21.3	33.5	33.9
Proporción del IVA I IRPF I IS	7.1; 2.1; 2.9	7.7; 2.2; 2.2	5.9; 2; 3	6.0; 2.0; 3.8	6.6; 7.8; 2.9	7.0 (2022); 8.2 (2022); 3.9 (2022)
Servicio de la deuda pública (% del total de ingresos tributarios)	6.2	9.2	11.3	13.5	5.4	4
Gasto social (% del PIB)	14.2	12.6	11	11.5	20.2	21.2 (2024)

Nota: Para definiciones y fuentes, véase la Guía del Lector.

Barbados

Políticas para promover y financiar la transformación productiva

En el ámbito de las **políticas para la transformación productiva,** Barbados prioriza a los sectores estratégicos clave por su estrategia de desarrollo sostenible. El turismo se identificó como la actividad de mayor prioridad. Los objetivos principales incluyen, en primer lugar, mejorar el transporte aéreo, fortalecer el marco operativo y regulatorio de la aviación y el turismo, así como poner en marcha sistemas de información para la gestión y la regulación, con el apoyo del gobierno, el sector privado y organizaciones internacionales como el Banco Interamericano de Desarrollo. En segundo lugar, se ubica la transición energética, regida por la Política Nacional de Energía de Barbados 2019-2030. Dicha política propone lograr emisiones netas cero en 2035 mediante tecnologías limpias, electrificación del transporte y eficacia de la construcción y la agricultura, con inversiones estimadas de 9 500 millones de dólares estadounidenses y una estructura gubernamental coordinada por varias instituciones estatales y aliados internacionales. En tercer lugar, el sector agrícola prioriza la agricultura sostenible, la seguridad alimentaria y la agroindustria; para ello, implementa un marco agrícola digital y prácticas climáticamente inteligentes, con asistencia técnica y financiera de agencias internacionales y regionales. Además, el Plan de Gestión de Desastres Agrícolas y Pesqueros 2025 contempla un método integral para proteger la seguridad alimentaria y el medioambiente. En cuarto lugar, el sector de economía azul fomenta el desarrollo marino basado en la ciencia, mediante mejoras en las costas, evaluación de activos marinos y sistemas digitales de embarques destinados a aumentar la sostenibilidad y el cumplimiento de regulaciones.

En cuanto a los **mecanismos de financiamiento público para la transformación productiva**, se establecen sobre todo por medio de incentivos fiscales corporativos y fondos de desarrollo empresarial. Incluidos en los instrumentos fiscales están los créditos o beneficios de este tipo para las empresas, los cuales funcionan como gastos tributarios (ingresos fiscales no recaudados) y adoptan la forma de deducciones de la base impositiva o créditos contra los impuestos por pagar. Dichos incentivos pueden basarse en los ingresos o en los gastos y se aplican, por ejemplo, a la promoción de la investigación y el desarrollo, a la generación de empleos, al desarrollo de la actividad turística y las industrias culturales. Su impacto es controlado mediante devoluciones de impuestos corporativos en el marco de la legislación de ingresos fiscales. Operan también instituciones financieras públicas, como el Fondo de Desarrollo de la Micro, Pequeña y Mediana Empresa (mipymes) y el Fondo de Crecimiento Empresarial de conformidad con la Política Nacional Enmendada de Desarrollo de las mipymes de 2025, que abogan por la integración del Mercado Único y de Economía del Caribe, iniciativa de la Comunidad del Caribe (CARICOM), el empoderamiento de las personas con discapacidad y el uso provechoso de la inteligencia artificial y el e-comercio (GovTech Barbados Ltd, por ejemplo) para aumentar el acceso al mercado. La política está cimentada por cuatro pilares temáticos: la continuidad y resiliencia comerciales, la sostenibilidad, la transformación digital y la innovación.

En términos de **alianzas internacionales para la transformación productiva**, Barbados participa en la Iniciativa Conjunta sobre la Facilitación de la Inversión para el Desarrollo, auspiciada por la Organización Mundial del Comercio, la cual establece estándares para elevar la transparencia y la eficacia, promover la sostenibilidad y fortalecer la capacidad de atraer inversión extranjera directa de alta calidad. Esta iniciativa, encabezada por Invest Barbados, el Ministerio de Asuntos Exteriores y Business Barbados, puede fomentar la innovación y diversificar la base de inversión en la economía. Al mismo tiempo, Barbados está integrado en la región por medio de CARICOM y de acuerdos bilaterales con países de América Latina y el Caribe que facilitan el libre desplazamiento de bienes, servicios, capital y mano de obra especializada, con lo que se crea un entorno favorable para la transformación productiva.

Barbados: Indicadores clave

	Barbados		ALC		OCDE	
Desarrollo social	**2016**	**2023**	**2016**	**2023**	**2016**	**2022**
Pobreza / Pobreza extrema	N/A N/A	N/A N/A	25.8 8	22.5 7.4	N/A	N/A
Índice Gini	34.1	N/A	46.3	40.9	33.9	34.5
Proporción de la población total en hogares informales (%)	43.2	N/A	47.9 (2009)	42.3	N/A	N/A
Proporción de la población total en hogares mixtos (%)	21.8	N/A	23.2 (2009)	24.0	N/A	N/A
Índice de instituciones sociales y género (SIGI)	N/A	N/A	25.4 (2019)	21.2	17.5 (2019)	15.3 (2023)
Puntuación en el Programa para la evaluación internacional de alumnos (PISA)	N/A	N/A	411 (2015)	408 (2022)	489 (2015)	485
Productividad e innovación	**2019**	**2023**	**2016**	**2023**	**2016**	**2023**
Complejidad en las exportaciones (posición en una escala mundial, en la que 1 es la economía más compleja)	N/A	N/A	81.5	89	40.6	44.6
Productividad laboral (% de la OCDE)	N/A	N/A	42	40 (2024)	100	100
Exportaciones de productos de alta tecnología (% de las exportaciones manufactureras)	13.7	18.4	8.5	8	16.5	18.1
Solicitudes de patentes por millón de personas	3.6(2014)	258.7(2021)	13.8	12.8 (2021)	631.2	572.8 (2021)
Gasto en I+D (% del PIB)	N/A	N/A	0.3	0.3 (2022)	1.8	2.1 (2022)
Inversión y financiamiento privado	**2016**	**2024**	**2016**	**2024**	**2016**	**2024**
Inversión total, formación bruta de capital fijo (% del PIB)	N/A	N/A	20.7	19.8	21.9	21.7
Inversión extranjera directa (IED), entrada neta de capital (% del PIB)	10.4	4.2	4.3	4.3	N/A	N/A
Crédito nacional al sector privado (% del PIB)	74.3	64.2	45.2	44.1	86.8	71.7
Capitalización bursátil (% del PIB)	58.08	53.8 (2020)	50.2 (2019)	37.3	69.5 (2019)	66.4
Percepción de los ciudadanos e instituciones	**2016**	**2024**	**2011**	**2024**	**2011**	**2024**
Satisfacción con el sistema educativo (% de la población)	N/A	N/A	67	67	66	65
Satisfacción con el sistema de salud (% de la población)	N/A	N/A	55	54	70	64
Proporción de personas satisfechas con su nivel de vida (%)	N/A	N/A	70	73	73	77
Confianza en el sistema judicial (% de la población)	N/A	N/A	33	38	50	56
Índice de Percepción de la Corrupción (puntuación en una escala de 0 [altamente corrupto] a 100 [totalmente incorrupto])	61 (2016)	68	41.2 (2016)	40.6	67.3 (2016)	66.79
Moral tributaria (% de la población adulta que ha oído hablar de personas que pagan menos impuestos que los que les corresponden)	N/A	N/A	50.6	55.3 (2023)	N/A	N/A
Indicador de riesgos de seguridad (puntuación en una escala de 0 [bajo riesgo de seguridad] a 10 [alto riesgo de seguridad])	4.4	4.1	5.9 (2016)	5.3	2.8 (2016)	2.2
Transición digital y verde	**2016**	**2023**	**2016**	**2023**	**2016**	**2023**
Proporción de usuarios de internet (% de la población)	72.2	80	54.5	77.7	81.8	91.8
Suscripciones a la banda ancha fija (por cada 100 habitantes)	31.07	37.48 (2022)	11.2	17	30.6	36
Ingresos tributarios ambientales (% del PIB)	0	0.7	1	0.7	1.7	1.3
Emisiones de gases de efecto invernadero per cápita (excluidos los cambios en el uso de la tierra) (t CO_2e/cápita)	3.4	3.5	5.3	4.9	10.7	8.7
Consumo de energía renovable (% del consumo total de energía final)	2.8	5.5 (2022)	28.9	33.9 (2021)	12.5	14.9 (2021)
Situación fiscal	**2016**	**2023**	**2016**	**2023**	**2016**	**2023**
Ingresos tributarios totales (% del PIB)	28.1	28.1	20.9	21.3	33.5	33.9
Proporción del IVA I IRPF I IS	8.3 4.6 2.3	8.0 3.3 4.1	5.9 2 3	6.0 2.0 3.8	6.6 7.8 3	7.0 (2022) 8.2 (2022) 3.9 (2022)
Servicio de la deuda pública (% del total de ingresos tributarios)	11.2 (2018)	18.4	11.3	13.5	5.4	4
Gasto social (% del PIB)	15.5	13.6	11	11.5	20.2	21.2 (2024)

Nota: Para definiciones y fuentes, véase la Guía del Lector.

Brasil

Políticas para promover y financiar la transformación productiva

En el ámbito de las **políticas para la transformación productiva**, la *Estratégia Brasil 2050* perfila una visión de desarrollo a largo plazo para abordar retos estructurales clave, como la adaptación al cambio climático y la transformación tecnológica. La estrategia es respaldada por planes sectoriales integrales, incluida su política *Nova Indústria Brasil* (NIB) y su Política Nacional de Transición Energética (PNTE). La *NIB 2024-2033* proporciona un plan de acción concreto para reforzar la capacidad en materia de competitividad, sostenibilidad e innovación de la industria brasileña, ofreciendo herramientas financieras y técnicas para fomentar la descarbonización y la digitalización. Por su parte, la PNTE *2024-2034* se enfoca en reconfigurar la matriz energética al expandir las fuentes de energía renovable y desarrollar centros concentradores de hidrógeno verde. Al mismo tiempo, el *Programa de Aceleração do Crescimento* (PAC) se dirige a impulsar el crecimiento económico mediante inversiones en infraestructura física y digital para la transformación productiva. Otros marcos importantes de política incluyen la *Política Nacional de Desenvolvimento Regional*, que estimula la agregación de valor y la diversificación económica en todas las regiones de Brasil, así como la *Estratégia Nacional de Bioeconomia,* que promueve el desarrollo sostenible mediante el uso responsable de la biodiversidad.

En cuanto a los **mecanismos de financiamiento público para la transformación productiva**, la NIB implementó el *Plano Mais Produção*, presentando diversos instrumentos financieros para empresas, respaldado por un fondo de 50 000 millones de USD para el periodo 2024-2026. Los instrumentos incluyen financiamiento directo e indirecto para la adquisición de equipo tecnológico, la expansión de proyectos de investigación y desarrollo y la asistencia técnica para la digitalización, proporcionado principalmente a través del *Banco Nacional de Desenvolvimento*. El banco ofrece programas para apoyar a las micro, pequeñas y medianas empresas (mipymes) y promover la sostenibilidad y la modernización, incluidos préstamos subsidiados, líneas de crédito, subvenciones para la innovación e incentivos fiscales. A la vez, el PAC destinó más de 250 000 millones de USD para inversiones en infraestructura, con el foco en proyectos verdes y en la inclusión digital. Por su parte, el *Fundo Nacional de Desenvolvimento Industrial e Tecnológico*, establecido en 2025, apoya proyectos estratégicos industriales, científicos y tecnológicos en Brasil por medio de subvenciones y préstamos con bajas tasas de interés. Por último, los organismos públicos de innovación, como la *Financiadora de Estudos e Projetos* y la *Empresa Brasileira de Pesquisa e Inovação Industrial*, siguen brindando a las empresas apoyo técnico y financiamiento, ofreciendo formación en competencias, créditos subsidiados y fondos no reembolsables para iniciativas innovadoras.

En términos de **alianzas internacionales para la transformación productiva**, Brasil estableció la cooperación financiera con los Fondos de Inversión Climática, iniciativa mundial que apoya las transiciones de bajo carbono en los países en desarrollo. Entre 26 países, se eligió a Brasil para implementar un plan industrial de 230 millones de USD, centrado en desarrollar tecnologías bajas en carbono. En la Conferencia de las Naciones Unidas sobre el Cambio Climático 2024, Brasil y el Reino Unido entablaron una alianza estratégica por medio del Centro de Descarbonización Industrial, para respaldar la política industrial e impulsar el intercambio de conocimientos. Otras iniciativas clave incluyen la Alianza para una Nueva Revolución Industrial en el marco del foro BRICS de economías emergentes y cooperación con el Consejo Nacional de Investigación de Canadá y organismos públicos de China, con el propósito de incrementar la competitividad de las mipymes. En 2023, Brasil firmó un acuerdo de cooperación con la Cámara de Comercio e Industria de Alemania, cuyo objetivo es promover la investigación en bioeconomía y la tecnología verde.

Brasil: Indicadores clave

	Brasil		ALC		OCDE	
Desarrollo social	**2016**	**2023**	**2016**	**2023**	**2016**	**2022**
Pobreza Pobreza extrema	20.9 5.3	16.1 3.5	25.8 8	22.5 7.4	N/A	N/A
Índice Gini	53.4	51.6	46.3	40.9	33.9	34.5
Proporción de la población total en hogares informales (%)	37.7 (2009)	25.7	47.9 (2009)	42.3	N/A	N/A
Proporción de la población total en hogares mixtos (%)	28.3 (2009)	28.5	23.2 (2009)	24.0	N/A	N/A
Índice de instituciones sociales y género (SIGI)	21.2 (2019)	21.6	25.4 (2019)	21.2	17.5 (2019)	15.3 (2023)
Puntuación en el Programa para la evaluación internacional de alumnos (PISA)	401 (2015)	403 (2022)	411 (2015)	408 (2022)	489 (2015)	485
Productividad e innovación	**2016**	**2023**	**2016**	**2023**	**2016**	**2023**
Complejidad en las exportaciones (posición en una escala mundial, en la que 1 es la economía más compleja)	54	93	81.5	89	40.6	44.6
Productividad laboral (% de la OCDE)	38	38 (2024)	42	40 (2024)	100	100
Exportaciones de productos de alta tecnología (% de las exportaciones manufactureras)	16	9.8	8.5	8	16.5	18.1
Solicitudes de patentes por millón de personas	25.1	21.8 (2021)	13.8	12.8 (2021)	631.2	572.8 (2021)
Gasto en I+D (% del PIB)	1.3	1.1 (2020)	0.3	0.3 (2022)	1.8	2.1 (2022)
Inversión y financiamiento privado	**2016**	**2024**	**2016**	**2024**	**2016**	**2024**
Inversión total, formación bruta de capital fijo (% del PIB)	15.5	17	20.7	19.8	21.9	21.7
Inversión extranjera directa (IED), entrada neta de capital (% del PIB)	4.1	3.3	4.3	4.3	N/A	N/A
Crédito nacional al sector privado (% del PIB)	62.2	75.8	45.2	44.1	86.8	71.7
Capitalización bursátil (% del PIB)	63.4 (2019)	30.2	50.2 (2019)	37.3	69.5 (2019)	66.4
Percepción de los ciudadanos e instituciones	**2011**	**2024**	**2011**	**2024**	**2011**	**2024**
Satisfacción con el sistema educativo (% de la población)	55	66	67	67	66	65
Satisfacción con el sistema de salud (% de la población)	36	48	55	54	70	64
Proporción de personas satisfechas con su nivel de vida (%)	77	79	70	73	73	77
Confianza en el sistema judicial (% de la población)	46	44	33	38	50	56
Índice de Percepción de la Corrupción (puntuación en una escala de 0 [altamente corrupto] a 100 [totalmente incorrupto])	40 (2016)	34	41.2 (2016)	40.6	67.3 (2016)	66.79
Moral tributaria (% de la población adulta que ha oído hablar de personas que pagan menos impuestos que los que les corresponden)	45.4	44.8 (2023)	50.6	55.3 (2023)	N/A	N/A
Indicador de riesgos de seguridad (puntuación en una escala de 0 [bajo riesgo de seguridad] a 10 [alto riesgo de seguridad])	6.4 (2016)	5.9	5.9 (2016)	6.3	2.8 (2016)	2.2
Transición digital y verde	**2016**	**2023**	**2016**	**2023**	**2016**	**2023**
Proporción de usuarios de internet (% de la población)	60.9	84.2	54.5	77.7	81.8	91.8
Suscripciones a la banda ancha fija (por cada 100 habitantes)	13.2	22.9	11.2	17	30.6	36
Ingresos tributarios ambientales (% del PIB)	0.9	0.7 (2022)	1	0.7	1.7	1.3
Emisiones de gases de efecto invernadero per cápita (excluidos los cambios en el uso de la tierra) (t CO_2e/cápita)	6.2	6.2	5.3	4.9	10.7	8.7
Consumo de energía renovable (% del consumo total de energía final)	45.4	46.5 (2021)	28.9	33.9 (2021)	12.5	14.9 (2021)
Situación fiscal	**2016**	**2023**	**2016**	**2023**	**2016**	**2023**
Ingresos tributarios totales (% del PIB)	31.6	32.0	20.9	21.3	33.5	33.9
Proporción del IVA I IRPF I IS	6.6 2.6 3.2	6.5 3 3.7	5.9 2 3	6.0 2.0 3.8	6.6 7.8 2.9	7.0 (2022) 8.2 (2022) 3.9 (2022)
Servicio de la deuda pública (% del total de ingresos tributarios)	20.5	17.4	11.3	13.5	5.4	4
Gasto social (% del PIB)	16.7	16.1	11	11.5	20.2	21.2 (2024)

Nota: Para definiciones y fuentes, véase la Guía del Lector.

Chile

Promoviendo y financiando la transformación productiva

En el ámbito de las **políticas para la transformación productiva**, Chile diseñó el Programa Desarrollo Productivo Sostenible (DPS), un programa presupuestario interministerial estructurado en torno a tres objetivos: impulsar una descarbonización justa, promover la resiliencia al cambio climático y aumentar la sofisticación de la producción sostenible. El DPS apoya los conocimientos científicos o tecnológicos orientados a potenciar la sofisticación de la producción y promover el capital humano, incluidos la capacitación técnica y el apoyo para las micro, pequeñas y medianas empresas (mipymes). El programa ha beneficiado a 100 iniciativas y 780 empresas, universidades y centros de investigación en todo el país. La estrategia incluye el Plan de Acción de Hidrógeno Verde 2023-2030 y la Estrategia Nacional del Litio, ambos dirigidos a dotar a estas industrias de prácticas sostenibles, tecnología moderna y participación inclusiva de los actores. La Estrategia de Transformación Digital: Chile Digital 2035 se centra en digitalizar los procesos productivos, en particular entre las pymes, con objetivos de adoptar el comercio electrónico establecidos al 35% en 2025, 50% en 2030, y 70% en 2035.

En cuanto a los **mecanismos de financiamiento público para la transformación productiva**, la principal fuente de financiamiento es el organismo público de desarrollo de Chile, la Corporación de Fomento de la Producción (CORFO). Los recursos que recibe por la venta de litio se destinan al DPS, que recibió más de 172 millones de USD en 2023. El programa presupuestario ofrece varios instrumentos financieros, incluidos subsidios para la innovación y el desarrollo tecnológico, garantías y créditos de segundo piso, inversiones en tecnologías que sustentan la producción sostenible, y el desarrollo de competencias estratégicas para la aplicación de las políticas. Estos recursos se complementan con fondos internacionales como una línea de crédito por mil millones de USD, aprobada por el Banco Interamericano de Desarrollo en diciembre de 2022 y destinada a proyectos de inversión promotores del desarrollo sostenible. El banco asignó un monto adicional de 400 millones de USD a la mejora de la productividad de las mipymes, que benefició a más de 170 000 empresas.

En términos de **alianzas internacionales para la transformación productiva**, el campo de cooperación más destacado es el sector del hidrógeno verde (GH2). La Iniciativa Equipo Europa para el Desarrollo de Hidrógeno Renovable de Chile, establecida con la Unión Europea, tiene como fin fomentar la descarbonización de la economía chilena y la generación de empleos verdes y oportunidades de negocios. El Fondo Global Gateway para el Hidrógeno Renovable de Chile se estableció dentro de este marco, con fondos de hasta 200 millones de USD del Banco Europeo de Inversiones y el Banco de Desarrollo alemán para promover el mercado chileno de hidrógeno. También se firmaron acuerdos para el intercambio de conocimientos especializados sobre el GH2 con Países Bajos (2023) y el Reino Unido (2024), del cual se espera que desbloquee más de 6 500 millones de USD, como apoyo al crédito a la exportación del Reino Unido. En lo referente a la tecnología, se creó en Chile la Plataforma Tecnológica MACHI, como parte del Proyecto Global FIRST, una iniciativa de la Comisión Europea para fomentar la investigación en futuras tecnologías de internet. Por último, la Alianza Digital UE-ALC (2023) alienta la cooperación estratégica en los campos de la digitalización y el espacio.

Chile: Indicadores clave

	Chile		ALC		OCDE	
Desarrollo social	**2015**	**2023**	**2016**	**2023**	**2016**	**2022**
Pobreza / Pobreza extrema	13.2 / 1.7	8.1 / 2.1	25.8 / 8	22.5 / 7.4	N/A	N/A
Índice Gini	45.3	43	46.3	40.9	33.9	34.5
Proporción de la población total en hogares informales (%)	24.5 (2009)	18.3 (2022)	47.9 (2009)	42.3	N/A	N/A
Proporción de la población total en hogares mixtos (%)	23.6 (2009)	19.7 (2022)	23.2 (2009)	24.0	N/A	N/A
Índice de instituciones sociales y género (SIGI)	36.1 (2019)	27.2	25.4 (2019)	21.2	17.5 (2019)	15.3 (2023)
Puntuación en el Programa para la evaluación internacional de alumnos (PISA)	447	444 (2022)	411 (2015)	408 (2022)	489 (2015)	485
Productividad e innovación	**2016**	**2023**	**2016**	**2023**	**2016**	**2023**
Complejidad en las exportaciones (posición en una escala mundial, en la que 1 es la economía más compleja)	87	88	81.5	89	40.6	44.6
Productividad laboral (% de la OCDE)	59	60 (2024)	42	40 (2024)	100	100
Exportaciones de productos de alta tecnología (% de las exportaciones manufactureras)	8.4	10.7	8.5	8	16.5	18.1
Solicitudes de patentes por millón de personas	21.3	20.6 (2021)	13.8	12.8 (2021)	631.2	572.8 (2021)
Gasto en I+D (% del PIB)	0.4	0.36 (2021)	0.3	0.3 (2022)	1.8	2.1 (2022)
Inversión y financiamiento privado	**2016**	**2024**	**2016**	**2024**	**2016**	**2024**
Inversión total, formación bruta de capital fijo (% del PIB)	24.1	23.5	20.7	19.8	21.9	21.7
Inversión extranjera directa (IED), entrada neta de capital (% del PIB)	4.6	3.8	4.3	4.3	N/A	N/A
Crédito nacional al sector privado (% del PIB)	80	103.4	45.2	44.1	86.8	71.7
Capitalización bursátil (% del PIB)	146.5 (2019)	79.3	50.2 (2019)	37.3	69.5 (2019)	66.4
Percepción de los ciudadanos e instituciones	**2011**	**2024**	**2011**	**2024**	**2011**	**2024**
Satisfacción con el sistema educativo (% de la población)	44	56	67	67	66	65
Satisfacción con el sistema de salud (% de la población)	39	44	55	54	70	64
Proporción de personas satisfechas con su nivel de vida (%)	69	74	70	73	73	77
Confianza en el sistema judicial (% de la población)	24	26	33	38	50	56
Índice de Percepción de la Corrupción (puntuación en una escala de 0 [altamente corrupto] a 100 [totalmente incorrupto])	66 (2016)	63	41.2 (2016)	40.6	67.3 (2016)	66.79
Moral tributaria (% de la población adulta que ha oído hablar de personas que pagan menos impuestos que los que les corresponden)	41.3	40.9 (2023)	50.6	55.3 (2023)	N/A	N/A
Indicador de riesgos de seguridad (puntuación en una escala de 0 [bajo riesgo de seguridad] a 10 [alto riesgo de seguridad])	2.9 (2016)	3.9	5.9 (2016)	5.3	2.8 (2016)	2.2
Transición digital y verde	**2016**	**2023**	**2016**	**2023**	**2016**	**2023**
Proporción de usuarios de internet (% de la población)	83.6	94.5	54.5	77.7	81.8	91.8
Suscripciones a la banda ancha fija (por cada 100 habitantes)	15.9	23	11.2	17	30.6	36
Ingresos tributarios ambientales (% del PIB)	1.2	0.8 (2022)	1	0.7	1.7	1.3
Emisiones de gases de efecto invernadero per cápita (excluidos los cambios en el uso de la tierra) (t CO_2e/cápita)	7	6.2	5.3	4.9	10.7	8.7
Consumo de energía renovable (% del consumo total de energía final)	24.6	24.2 (2021)	28.9	33.9 (2021)	12.5	14.9 (2021)
Situación fiscal	**2016**	**2023**	**2016**	**2023**	**2016**	**2023**
Ingresos tributarios totales (% del PIB)	20.2	20.6	20.9	21.3	33.5	33.9
Proporción del IVA I IRPF I IS	8.3 / 1.8 / 4.2	8.6 / 1.9 / 5.2	5.9 / 2 / 3	6.0 / 2.0 / 3.8	6.6 / 7.8 / 2.9	7.0 (2022) / 8.2 (2022) / 3.9 (2022)
Servicio de la deuda pública (% del total de ingresos tributarios)	1.4	1.7	11.3	13.5	5.4	4
Gasto social (% del PIB)	16.2	18.3	11	11.5	20.2	21.2 (2024)

Nota: Para definiciones y fuentes, véase la Guía del Lector.

Colombia

Promoviendo y financiando la transformación productiva

En el ámbito de las **políticas para la transformación productiva**, Colombia adoptó la Política Nacional de Reindustrialización 2024-2034, para cambiar de un modelo basado en la extracción a una economía más productiva, sostenible, inclusiva e impulsada por los conocimientos. Esta combina estrategias horizontales (infraestructura, capital humano, financiamiento, innovación) con enfoques verticales centrados en agroindustrialización, salud, defensa, una transición energética justa y desarrollo basado en la territorialidad. La Hoja de Ruta para la Transición Energética Justa 2023 busca diversificar la matriz productiva, reducir la dependencia del sector energético y, a la vez, fortalecer la inclusión social, la participación comunitaria y el suministro de energía renovable para los hogares vulnerables. Colombia también apoya a las pequeñas y medianas empresas y a la economía popular mediante garantías de crédito que priorizan a las zonas rurales y afectadas por conflictos, la promoción de soluciones digitales y fintech, capacitación financiera para microemprendedores y apoyo destinado a empresas dirigidas por mujeres, indígenas y afrodescendientes. El Plan Nacional de Desarrollo 2022-2026 estableció los Centros de Reindustrialización ZASCA en 26 departamentos para brindar asistencia técnica, acceso a maquinaria avanzada, tecnología y servicios empresariales en agroindustria, manufactura y tecnología, con apoyo diferenciado para jóvenes y para personas privadas de su libertad. El Plan Sectorial de Turismo 2022-2026 fomenta el turismo sostenible como impulsor del desarrollo regional, teniendo como destinatarios a 7.5 millones de visitantes no residentes y a 300 000 empleos relacionados con el turismo en 2026.

En cuanto a los **mecanismos de financiamiento público para la transformación productiva**, se facilita la puesta en marcha de proyectos estratégicos mediante la entidad de infraestructura público-privada Financiera de Desarrollo Nacional, proporcionando mecanismos de financiamiento estructurado y respaldando la estructuración legal, técnica y financiera de los proyectos. Estos incluyen la reactivación del sector ferroviario para modernizar el transporte intermodal y reducir los costos de logística, y el Programa 5G, que movilizó 12 300 millones de USD para mejorar la conectividad carretera, ferroviaria, fluvial y aérea. Estos proyectos movilizan la inversión pública y privada con el respaldo de entidades nacionales como la Agencia Nacional de Infraestructura y el apoyo internacional del Banco Interamericano de Desarrollo (BID), el Banco de Desarrollo de América Latina y el Caribe, la Unión Europea y el Reino Unido.

En términos de **alianzas internacionales para la transformación productiva**, Colombia desarrolló estrategias para reforzar la atracción de la inversión extranjera directa (IED), como: i) la Ventanilla Única de Inversión, diseñada con el apoyo del BID, que centraliza, simplifica y digitaliza los procesos de establecimiento para inversores extranjeros; ii) el Servicio de Facilitación a la Inversión Extranjera Directa (SIED), que trabaja para gestionar y resolver solicitudes de inversores extranjeros y mejorar el clima de inversión, y iii) el Comité SIED, para analizar, guiar, proponer, coordinar y monitorear la política de IED.

Colombia: Indicadores clave

	Colombia		ALC		OCDE	
Desarrollo social	**2016**	**2023**	**2016**	**2023**	**2016**	**2022**
Pobreza Pobreza extrema	30 11	32.6 16	26 8	22.5 7	N/A	N/A
Índice Gini	50.6	53.9	46.3	40.9	33.9	34.5
Proporción de la población total en hogares informales (%)	62.6 (2010)	53.0	47.9 (2009)	42.3	N/A	N/A
Proporción de la población total en hogares mixtos (%)	21.1 (2010)	17.2	23.2 (2009)	24.0	N/A	N/A
Índice de instituciones sociales y género (SIGI)	15 (2019)	23.5	25.4 (2019)	21.2	17.5 (2019)	15.3 (2023)
Puntuación en el Programa para la evaluación internacional de alumnos (PISA)	416 (2015)	411 (2022)	411 (2015)	408 (2022)	489 (2015)	485
Productividad e innovación	**2016**	**2023**	**2016**	**2023**	**2016**	**2023**
Complejidad en las exportaciones (posición en una escala mundial, en la que 1 es la economía más compleja)	65	65	81.5	89	40.6	44.6
Productividad laboral (% de la OCDE)	38	39 (2024)	42	40 (2024)	100	100
Exportaciones de productos de alta tecnología (% de las exportaciones manufactureras)	10.2	8.6	8.5	8	16.5	18.1
Solicitudes de patentes por millón de personas	11.4	8.4 (2021)	13.8	12.8 (2021)	631.2	572.8 (2021)
Gasto en I+D (% del PIB)	0.3	0.3 (2020)	0.3	0.3 (2022)	1.8	2.1 (2022)
Inversión y financiamiento privado	**2016**	**2024**	**2016**	**2024**	**2016**	**2024**
Inversión total, formación bruta de capital fijo (% del PIB)	22.1	16.5	20.7	19.8	21.9	21.7
Inversión extranjera directa (IED), entrada neta de capital (% del PIB)	4.9	3.4	4.3	4.3	N/A	N/A
Crédito nacional al sector privado (% del PIB)	47	39.6	45.2	44.1	86.8	71.7
Capitalización bursátil (% del PIB)	40.9 (2019)	17.4	50.2 (2019)	37.3	69.5 (2019)	66.4
Percepción de los ciudadanos e instituciones	**2011**	**2024**	**2011**	**2024**	**2011**	**2024**
Satisfacción con el sistema educativo (% de la población)	71	71	67	67	66	65
Satisfacción con el sistema de salud (% de la población)	49	46	55	54	70	64
Proporción de personas satisfechas con su nivel de vida (%)	76	75	70	73	73	77
Confianza en el sistema judicial (% de la población)	32	32	33	38	50	56
Índice de Percepción de la Corrupción (puntuación en una escala de 0 [altamente corrupto] a 100 [totalmente incorrupto])	37 (2016)	39	41.2 (2016)	40.6	67.3 (2016)	66.79
Moral tributaria (% de la población adulta que ha oído hablar de personas que pagan menos impuestos que los que les corresponden)	53	61.1 (2023)	50.6	55.3 (2023)	N/A	N/A
Indicador de riesgos de seguridad (puntuación en una escala de 0 [bajo riesgo de seguridad] a 10 [alto riesgo de seguridad])	7 (2016)	6.5	5.9 (2016)	5.3	2.8 (2016)	2.2
Transición digital y verde	**2016**	**2023**	**2016**	**2023**	**2016**	**2023**
Proporción de usuarios de internet (% de la población)	58.1	77.3	54.5	77.7	81.8	91.8
Suscripciones a la banda ancha fija (por cada 100 habitantes)	12.5	17	11.2	17	30.6	36
Ingresos tributarios ambientales (% del PIB)	0.8	0.5 (2022)	1	0.7	1.7	1.3
Emisiones de gases de efecto invernadero per cápita (excluidos los cambios en el uso de la tierra) (t Co_2e/cápita)	4.1	4.3	5.3	4.9	10.7	8.7
Consumo de energía renovable (% del consumo total de energía final)	30.5	29.7 (2021)	28.9	33.9 (2021)	12.5	14.9 (2021)
Situación fiscal	**2016**	**2023**	**2016**	**2023**	**2016**	**2023**
Ingresos tributarios totales (% del PIB)	19.1	22.2	20.9	21.3	33.5	33.9
Proporción del IVA I IRPF I IS	4.8 1 4.9	6.1 2 7.2	5.9 2 3	6.0 2.0 3.8	6.6 7.8 2.9	7.0 (2022) 8.2 (2022) 3.9 (2022)
Servicio de la deuda pública (% del total de ingresos tributarios)	10.1	17	11.3	13.5	5.4	4
Gasto social (% del PIB)	12.5	12.2	11	11.5	20.2	21.2 (2024)

Nota: Para definiciones y fuentes, véase la Guía del Lector.

Costa Rica

Promoviendo y financiando la transformación productiva

En el ámbito de las **políticas para la transformación productiva**, en 2019 Costa Rica puso en marcha su Plan de Descarbonización, diseñado para lograr el objetivo de emisiones netas cero en 2050 y basado en 10 pilares sectoriales. En el sector industrial, se propone desarrollar modelos de producto innovadores, a partir de principios circulares, así como desvincular el crecimiento de las emisiones. Con respecto a la energía, el objetivo principal es contar con energía 100% renovable en 2030. Las actividades agrícolas consisten en ganadería, café, caña de azúcar, arroz, piña y cultivos de musáceas. Otro programa esencial es Crecimiento Verde (11.ª edición), plataforma ofrecida por la Promotora de Comercio Exterior de Costa Rica, a fin de estimular la transformación productiva verde en micro, pequeñas y medianas empresas (mipymes) especializadas en exportaciones. El programa ha beneficiado a más de 370 empresas, el 46% de ellas dirigidas por mujeres y el 51% con potencial probado para la exportación; 49% de las cuales ya participan en el comercio. La Estrategia Nacional de Bioeconomía 2020-2030 establece un marco integral para la producción sostenible, inclusiva y de alto valor agregado, que armoniza el desarrollo con la conservación de la biodiversidad.

En cuanto a los **mecanismos de financiamiento público para la transformación productiva**, la principal fuente de los fondos es el Sistema de Banca para el Desarrollo (SBD), un sistema bancario conformado por entidades públicas y privadas que financian proyectos viables de carácter técnico y económico, sobre todo aquellos destinados a aumentar la productividad de las mipymes. El SBD es la principal fuente de financiamiento del programa Crecimiento Verde, con un monto disponible de 17 000 USD para las empresas medianas y 13 800 de USD para mipymes. Por medio de Crecimiento Verde, las mipymes han recibido subvenciones por un total de 4 700 millones de USD. Asimismo, el SBD financia sus propias iniciativas en áreas como inclusión, innovación transformadora e inversión productiva. Ofrece subvenciones de más de 59 000 USD para procesos de innovación, préstamos por casi 2 000 USD para desarrollo agrícola y fondos de capital de riesgo por alrededor de 9 900 USD para promoción empresarial.

En términos de **alianzas internacionales para la transformación productiva**, el Fondo de Cooperación UE-Costa Rica 2023-2027, de 12 millones de USD, se presentó en el Foro Global Gateway y se enfoca en descarbonización, transformación digital e innovación. El Marco de Alianza con el País de Costa Rica y el Banco Mundial 2024-28 busca reforzar capital humano y promover el crecimiento económico. En 2025 se estableció un nuevo Programa País con UNIDO, para desarrollar competencias técnicas y apalancar la transición verde. Costa Rica tiene también un acuerdo por 725 millones de USD con el FMI (2022), para impulsar la resiliencia económica y la descarbonización, así como otro acuerdo por 450 millones de USD con el BID y la AFD, para apoyar la implementación del Plan Nacional de Descarbonización.

Costa Rica: Indicadores clave

	Costa Rica		ALC		OCDE	
Desarrollo social	**2016**	**2023**	**2016**	**2023**	**2016**	**2022**
Pobreza Pobreza extrema	16.5 4	15.9 4	25.8 8	22.5 7.4	N/A	N/A
Índice Gini	48.7	45.8 (2024)	46.3	40.9	33.9	34.5
Proporción de la población total en hogares informales (%)	26.9 (2010)	26.3	47.9 (2009)	42.3	N/A	N/A
Proporción de la población total en hogares mixtos (%)	27.2 (2010)	19.0	23.2 (2009)	24.0	N/A	N/A
Índice de instituciones sociales y género (SIGI)	27.9 (2019)	10.9	25.4 (2019)	21.2	17.5 (2019)	15.3 (2023)
Puntuación en el Programa para la evaluación internacional de alumnos (PISA)	420 (2015)	411 (2022)	411 (2015)	408 (2022)	489 (2015)	485
Productividad e innovación	**2016**	**2023**	**2016**	**2023**	**2016**	**2023**
Complejidad en las exportaciones (posición en una escala mundial, en la que 1 es la economía más compleja)	60	59	81.5	89	40.6	44.6
Productividad laboral (% de la OCDE)	55	64 (2024)	42	40 (2024)	100	100
Exportaciones de productos de alta tecnología (% de las exportaciones manufactureras)	18.4	20.4 (2022)	8.5	8	16.5	18.1
Solicitudes de patentes por millón de personas	1.8	2.9 (2021)	13.8	12.8 (2021)	631.2	572.8 (2021)
Gasto en I+D (% del PIB)	0.4	0.34 (2022)	0.3	0.3 (2022)	1.8	2.1 (2022)
Inversión y financiamiento privado	**2016**	**2024**	**2016**	**2024**	**2016**	**2024**
Inversión total, formación bruta de capital fijo (% del PIB)	18.8	15.8	20.7	19.8	21.9	21.7
Inversión extranjera directa (IED), entrada neta de capital (% del PIB)	4.5	5.5	4.3	4.3	N/A	N/A
Crédito nacional al sector privado (% del PIB)	57.8	52	45.2	44.1	86.8	71.7
Capitalización bursátil (% del PIB)	3.4 (2019)	3.2 (2022)	50.2 (2019)	37.3	69.5 (2019)	66.4
Percepción de los ciudadanos e instituciones	**2011**	**2024**	**2011**	**2024**	**2011**	**2024**
Satisfacción con el sistema educativo (% de la población)	79	79	67	67	66	65
Satisfacción con el sistema de salud (% de la población)	63	70	55	54	70	64
Proporción de personas satisfechas con su nivel de vida (%)	79	84	70	73	73	77
Confianza en el sistema judicial (% de la población)	32	49	33	38	50	56
Índice de Percepción de la Corrupción (puntuación en una escala de 0 [altamente corrupto] a 100 [totalmente incorrupto])	58 (2016)	58	41.2 (2016)	40.6	67.3 (2016)	66.79
Moral tributaria (% de la población adulta que ha oído hablar de personas que pagan menos impuestos que los que les corresponden)	43.7	41.9 (2023)	50.6	55.3 (2023)	N/A	N/A
Indicador de riesgos de seguridad (puntuación en una escala de 0 [bajo riesgo de seguridad] a 10 [alto riesgo de seguridad])	3.3 (2016)	3.1	5.9 (2016)	5.3	2.8 (2016)	2.2
Transición digital y verde	**2016**	**2023**	**2016**	**2023**	**2016**	**2023**
Proporción de usuarios de internet (% de la población)	65.9	85	54.5	77.7	81.8	91.8
Suscripciones a la banda ancha fija (por cada 100 habitantes)	13.1	22.5	11.2	17	30.6	36
Ingresos tributarios ambientales (% del PIB)	2.4	2	1	0.7	1.7	1.3
Emisiones de gases de efecto invernadero per cápita (excluidos los cambios en el uso de la tierra) (t CO_2e/cápita)	3.2	3.2	5.3	4.9	10.7	8.7
Consumo de energía renovable (% del consumo total de energía final)	34.1	34.2 (2021)	28.9	33.9 (2021)	12.5	14.9 (2021)
Situación fiscal	**2016**	**2023**	**2016**	**2023**	**2016**	**2023**
Ingresos tributarios totales (% del PIB)	23.5	24.9	20.9	21.3	33.5	33.9
Proporción del IVA I IRPF I IS	4.4 1 2.3	4.9 1 2.6	5.9 2 3	6.0 2.0 3.8	6.6 7.8 2.9	7.0 (2022) 8.2 (2022) 3.9 (2022)
Servicio de la deuda pública (% del total de ingresos tributarios)	11.8	19.3	11.3	13.5	5.4	4
Gasto social (% del PIB)	11.9	10	11	11.5	20.2	21.2 (2024)

Nota: Para definiciones y fuentes, véase la Guía del Lector.

Ecuador

Promoviendo y financiando la transformación productiva

En el ámbito de las **políticas para la transformación productiva**, Ecuador adoptó el Plan de Desarrollo para el Nuevo Ecuador 2024-2025, el cual puntualiza la estrategia nacional de desarrollo en torno a cinco pilares. En particular, el pilar económico tiene como objetivo promover la producción sostenible con mayor productividad, competitividad y valor agregado, en tanto que el fin del pilar de infraestructura es fortalecer la conectividad digital. La Agenda de Transformación Digital del Ecuador 2022-2025 presenta otras medidas para fomentar la digitalización. Estas incluyen: desarrollo de competencias e innovación en ciencia y tecnología (Pilar 5: Cultura Digital); fomento de la digitalización de micro, pequeñas y medianas empresas (mipymes) y apoyo a la formación de clústeres tecnológicos (Pilar 6: Transformación Digital de la Estructura Productiva), y promoción de la investigación y desarrollo (I+D) y las transferencias de conocimientos (Pilar 8: Promoción de Nuevas Tecnologías en Industrias). Además, la Estrategia Nacional de Economía Circular Inclusiva 2025-2035 propone desarrollar una economía circular basada en principios como responsabilidad medioambiental, transformación digital, una transición justa e I+D. La estrategia nacional Premium y Sostenible, que apunta a transformar la producción agroindustrial de Ecuador en un punto de referencia mundial de sostenibilidad y productividad en 2030, es digna de atención.

En cuanto a los **mecanismos de financiamiento público para la transformación productiva**, los fondos más importantes provienen del Presupuesto General del Estado y las instituciones bancarias públicas. Las asignaciones presupuestarias se guían por el Plan de Desarrollo, que destinó más de 220 millones de USD para el periodo 2024-2025, con el fin de fomentar la productividad en las industrias sostenibles y 330 millones de USD para promover la conectividad como un motor del crecimiento económico. Estos recursos se canalizaron de manera sustancial mediante bancos públicos, incluidos BanEcuador, Corporación Financiera Nacional, Corporación Nacional de Finanzas Populares y Solidarias (Conafips) y Banco de Desarrollo del Ecuador (BDE), los cuales proporcionan instrumentos de financiamiento a la medida para empresas. El BDE respalda proyectos centrados en el desarrollo tecnológico, en tanto que Conafips ofrece líneas de crédito a empresas medioambientalmente eficientes, como Financiamiento Cambio Climático y Crédito Verde. Además, el Banco Interamericano de Desarrollo (BID) destinó 500 millones de USD en 2023 para reforzar la descarbonización del sector energético de Ecuador.

En términos de **alianzas internacionales para la transformación productiva**, el Fondo Regional para la Cooperación Económica y el Desarrollo de Alemania, promueve la sostenibilidad y la productividad en las agroempresas. Asimismo, el Instituto Interamericano de Cooperación para la Agricultura tiene planes de invertir 30 millones de USD entre 2025 y 2026 en proyectos destinados a descarbonizar la agricultura. Desde 2020, una alianza con el BID ha financiado el desarrollo de la tecnología alimentaria para incrementar la productividad y la investigación en el sector. Por último, el Programa Indicativo Plurianual de Ecuador-UE 2021-24, por un total de 46 millones de USD, se enfoca en el comercio sostenible, la productividad verde y la innovación en Ecuador en especial.

Ecuador: Indicadores clave

	Ecuador		ALC		OCDE	
Desarrollo social	**2016**	**2023**	**2016**	**2023**	**2016**	**2022**
Pobreza / Pobreza extrema	24.3 / 8	24.7 / 7.1	25.8 / 8	22.5 / 7	N/A	N/A
Índice Gini	45	44.6	46.3	40.9	33.9	34.5
Proporción de la población total en hogares informales (%)	N/A	N/A	47.9 (2009)	42.3	N/A	N/A
Proporción de la población total en hogares mixtos (%)	N/A	N/A	23.2 (2009)	24.0	N/A	N/A
Índice de instituciones sociales y género (SIGI)	28.9 (2019)	17	25.4 (2019)	21.2	17.5 (2019)	15.3 (2023)
Puntuación en el Programa para la evaluación internacional de alumnos (PISA)	N/A	N/A	411 (2015)	408 (2022)	489 (2015)	485
Productividad e innovación	**2016**	**2023**	**2016**	**2023**	**2016**	**2023**
Complejidad en las exportaciones (posición en una escala mundial, en la que 1 es la economía más compleja)	129	126	81.5	89	40.6	44.6
Productividad laboral (% de la OCDE)	29	29 (2024)	42	40 (2024)	100	100
Exportaciones de productos de alta tecnología (% de las exportaciones manufactureras)	9.2	7.27	8.5	8	16.5	18.1
Solicitudes de patentes por millón de personas	2.7	2 (2021)	13.8	12.8 (2021)	631.2	572.8 (2021)
Gasto en I+D (% del PIB)	N/A	N/A	0.3	0.3 (2022)	1.8	2.1 (2022)
Inversión y financiamiento privado	**2016**	**2024**	**2016**	**2024**	**2016**	**2024**
Inversión total, formación bruta de capital fijo (% del PIB)	20.7	18.4	20.7	19.8	21.9	21.7
Inversión extranjera directa (IED), entrada neta de capital (% del PIB)	0.8	0.3	4.3	4.3	N/A	N/A
Crédito nacional al sector privado (% del PIB)	29.4	56.2	45.2	44.1	86.8	71.7
Capitalización bursátil (% del PIB)	N/A	N/A	50.2 (2019)	37.3	69.5 (2019)	66.4
Percepción de los ciudadanos e instituciones	**2011**	**2024**	**2011**	**2024**	**2011**	**2024**
Satisfacción con el sistema educativo (% de la población)	75	68	67	67	66	65
Satisfacción con el sistema de salud (% de la población)	56	43	55	54	70	64
Proporción de personas satisfechas con su nivel de vida (%)	70	75	70	73	73	77
Confianza en el sistema judicial (% de la población)	26	24	33	38	50	56
Índice de Percepción de la Corrupción (puntuación en una escala de 0 [altamente corrupto] a 100 [totalmente incorrupto])	31 (2016)	32	41.2 (2016)	40.6	67.3 (2016)	66.79
Moral tributaria (% de la población adulta que ha oído hablar de personas que pagan menos impuestos que los que les corresponden)	53.5	53.6 (2023)	50.6	55.3 (2023)	N/A	N/A
Indicador de riesgos de seguridad (puntuación en una escala de 0 [bajo riesgo de seguridad] a 10 [alto riesgo de seguridad])	6.5 (2016)	6.1	5.9 (2016)	5.3	2.8 (2016)	2.2
Transición digital y verde	**2016**	**2023**	**2016**	**2023**	**2016**	**2023**
Proporción de usuarios de internet (% de la población)	54.1	77.2 (2024)	54.5	77.7	81.8	91.8
Suscripciones a la banda ancha fija (por cada 100 habitantes)	9.8	16.1	11.2	17	30.6	36
Ingresos tributarios ambientales (% del PIB)	0.4	0.3 (2022)	1	0.7	1.7	1.3
Emisiones de gases de efecto invernadero per cápita (excluidos los cambios en el uso de la tierra) (t CO_2e/cápita)	4.4	4.1	5.3	4.9	10.7	8.7
Consumo de energía renovable (% del consumo total de energía final)	14.8	18.9 (2021)	28.9	33.9 (2021)	12.5	14.9 (2021)
Situación fiscal	**2016**	**2023**	**2016**	**2023**	**2016**	**2023**
Ingresos tributarios totales (% del PIB)	19.9	20.6	20.9	21.3	33.5	33.9
Proporción del IVA I IRPF I IS	6 / N/A / N/A	6.8 / N/A / N/A	5.9 / 2 / 3	6.0 / 2.0 / 3.9	6.6 / 7.8 / 2.9	7.0 (2022) / 8.2 (2022) / 3.9 (2022)
Servicio de la deuda pública (% del total de ingresos tributarios)	7.7	4.2	11.3	13.5	5.4	4
Gasto social (% del PIB)	9	11.3	11	11.5	20.2	21.2 (2024)

Nota: Para definiciones y fuentes, véase la Guía del Lector.

El Salvador

Promoviendo y financiando la transformación productiva

En el ámbito de las **políticas para la transformación productiva**, El Salvador implementó su Plan de Desarrollo Industrial 2025-2029, diseñado para transformar la matriz productiva en los 26 sectores industriales. El plan sucede a dos anteriores. El primero, la Política de Fomento, Diversificación y Transformación Productiva 2014-2024, se orientó a atender las deficiencias estructurales en la economía, al reforzar sectores con ventajas comparativas, diversificar mercados de exportación y fomentar actividades de valor agregado. El segundo, el Plan Cuscatlán 2019-2024, fue un marco estratégico para la acción pública, con la modernización tecnológica como pilar fundamental. La Agenda Digital 2020-2030 define objetivos específicos para el eje "Innovación, Educación y Competitividad", entre ellos, promover la investigación en nuevas tecnologías, fomentar la capacitación y la educación digital para reforzar el capital humano y apoyar a las *start-ups* innovadoras y los parques tecnológicos. Además, la Política Nacional para el Desarrollo de la Micro y Pequeña Empresa se centra en aumentar la productividad, la competitividad y la sostenibilidad de las micro, pequeñas y medianas empresas (mipymes), sobre todo mediante la innovación y la tecnología. Dicha política es promovida por la Política Nacional de Innovación, Ciencia y Tecnología.

En cuanto a los **mecanismos de financiamiento público para la transformación productiva**, las fuentes primarias incluyen el Presupuesto General del Estado, préstamos del Banco de Desarrollo de América Latina y el Caribe (CAF). En 2023, el Banco Interamericano de Desarrollo (BID) aprobó un préstamo de 100 millones de USD para respaldar a las mipymes, en tanto que, desde 2022, las inversiones del CAF excedieron los 1 500 millones de USD. Los fondos del BID, junto con una parte importante del presupuesto estatal, se asignan al Banco de Desarrollo de la República de El Salvador, el banco nacional de desarrollo, que brinda asistencia financiera y técnica a proyectos diseñados para aumentar la productividad, la competitividad y la sostenibilidad de las empresas, en particular de las mipymes. Los diversos servicios crediticios incluyen tanto líneas de crédito directas como de segundo piso, que cubren el financiamiento verde, el crédito a microemprendedores, el incremento de la productividad y la línea de crédito específica para mipymes.

En términos de **alianzas internacionales para la transformación productiva**, el Banco Centroamericano de Integración Económica, con el respaldo financiero de la Unión Europea y Alemania, estableció las iniciativas DINAMICA II y Mipymes Verdes. Estos programas otorgan líneas de crédito y asistencia técnica a mipymes, que incluye capacitación para ampliar competencias, incrementar la competitividad y promover la sostenibilidad. Además, un Memorando de Entendimiento firmado con la Unión Europea apoya el desarrollo de El Salvador en áreas esenciales, incluidas la transición verde y la transformación digital. Por medio del Marco de Alianza con el País del Banco Mundial 2023-2027, El Salvador está implementando ocho proyectos destinados a fomentar el crecimiento sostenible. En particular, el Proyecto de Energía Geotérmica para el Desarrollo Sostenible e Inclusivo, aprobado en marzo de 2025, tiene como fin ampliar la capacidad de generación de energía renovable del país. Además, el Proyecto de Cooperación Triangular GeoH_2Verde, desarrollado en conjunto con Colombia, Alemania y Honduras, se orienta a aumentar la energía geotérmica y promover el desarrollo del hidrógeno verde.

El Salvador: Indicadores clave

	El Salvador		ALC		OCDE	
Desarrollo social	**2016**	**2023**	**2016**	**2023**	**2016**	**2022**
Pobreza / Pobreza extrema	40.4 11	27.4 8	25.8 8	22.5 7	N/A	N/A
Índice Gini	40	39.8	46.3	40.9	33.9	34.5
Proporción de la población total en hogares informales (%)	52.4 (2015)	51.1	47.9 (2009)	42.3	N/A	N/A
Proporción de la población total en hogares mixtos (%)	21.6 (2015)	23.8	23.2 (2009)	24.0	N/A	N/A
Índice de instituciones sociales y género (SIGI)	22.9 (2019)	19.6	25.4 (2019)	21.2	17.5 (2019)	15.3 (2023)
Puntuación en el Programa para la evaluación internacional de alumnos (PISA)	N/A	N/A	411 (2015)	408 (2022)	489 (2015)	485
Productividad e innovación	**2016**	**2023**	**2016**	**2023**	**2016**	**2023**
Complejidad en las exportaciones (posición en una escala mundial, en la que 1 es la economía más compleja)	68	62	81.5	89	40.6	44.6
Productividad laboral (% de la OCDE)	N/A	N/A	42	40 (2024)	100	100
Exportaciones de productos de alta tecnología (% de las exportaciones manufactureras)	5.4	6.4	8.5	8	16.5	18.1
Solicitudes de patentes por millón de personas	0.6	0.3 (2021)	13.8	12.8 (2021)	631.2	572.8 (2021)
Gasto en I+D (% del PIB)	0.1	0.14 (2022)	0.3	0.3 (2022)	1.8	2.1 (2022)
Inversión y financiamiento privado	**2016**	**2024**	**2016**	**2024**	**2016**	**2024**
Inversión total, formación bruta de capital fijo (% del PIB)	15.5	22.2	20.7	19.8	21.9	21.7
Inversión extranjera directa (IED), entrada neta de capital (% del PIB)	2	2.6	4.3	4.3	N/A	N/A
Crédito nacional al sector privado (% del PIB)	48.7	62.5	45.2	44.1	86.8	71.7
Capitalización bursátil (% del PIB)	N/A	N/A	50.2 (2019)	37.3	69.5 (2019)	66.4
Percepción de los ciudadanos e instituciones	**2011**	**2024**	**2011**	**2024**	**2011**	**2024**
Satisfacción con el sistema educativo (% de la población)	72	76	67	67	66	65
Satisfacción con el sistema de salud (% de la población)	61	61	55	54	70	64
Proporción de personas satisfechas con su nivel de vida (%)	62	74	70	73	73	77
Confianza en el sistema judicial (% de la población)	29	64	33	38	50	56
Índice de Percepción de la Corrupción (puntuación en una escala de 0 [altamente corrupto] a 100 [totalmente incorrupto])	36 (2016)	30	41.2 (2016)	40.6	67.3 (2016)	66.79
Moral tributaria (% de la población adulta que ha oído hablar de personas que pagan menos impuestos que los que les corresponden)	33.7	53.7 (2023)	50.6	55.3 (2023)	N/A	N/A
Indicador de riesgos de seguridad (puntuación en una escala de 0 [bajo riesgo de seguridad] a 10 [alto riesgo de seguridad])	7 (2016)	5.7	5.9 (2016)	5.3	2.8 (2016)	2.2
Transición digital y verde	**2016**	**2023**	**2016**	**2023**	**2016**	**2023**
Proporción de usuarios de internet (% de la población)	29	68	54.5	77.7	81.8	91.8
Suscripciones a la banda ancha fija (por cada 100 habitantes)	6.4	10.7 (2022)	11.2	17	30.6	36
Ingresos tributarios ambientales (% del PIB)	0.6	0.4 (2022)	1	0.7	1.7	1.3
Emisiones de gases de efecto invernadero per cápita (excluidos los cambios en el uso de la tierra) (t CO_2e/cápita)	2	2.1	5.3	4.9	10.7	8.7
Consumo de energía renovable (% del consumo total de energía final)	20.7	21.9 (2021)	28.9	33.9 (2021)	12.5	14.9 (2021)
Situación fiscal	**2016**	**2023**	**2016**	**2023**	**2016**	**2023**
Ingresos tributarios totales (% del PIB)	20.5	22.8	20.9	21.3	33.5	33.9
Proporción del IVA I IRPF I IS	7.5 3 3.2	9.0 3 3.9	5.9 2 3	6.0 2.0 3.8	6.6 7.8 2.9	7.0 (2022) 8.2 (2022) 3.9 (2022)
Servicio de la deuda pública (% del total de ingresos tributarios)	14.2	19.9	11.3	13.5	5.4	4
Gasto social (% del PIB)	7.8	8.4	11	11.5	20.2	21.2 (2024)

Nota: Para definiciones y fuentes, véase la Guía del Lector.

Guatemala

Promoviendo y financiando la transformación productiva

En el ámbito de las **políticas para la transformación productiva**, la Política Nacional de Competitividad 2018-2032 establece la competitividad como una prioridad nacional, para lo cual será necesario aumentar la productividad, reforzar el capital humano e impulsar el crecimiento económico. Un elemento clave de la estrategia es aumentar el valor agregado en todas las cadenas productivas, específicamente en 11 clústeres que se han identificado como aquellos con el mayor potencial de generar empleos en los nueve territorios prioritarios. A la vez, la Política para el Desarrollo de la Micro, Pequeña y Mediana Empresa 2024-2032 instaura un plan para fomentar el crecimiento sostenido, la innovación y la productividad entre las micro, pequeñas y medianas empresas. En el marco de esta política se proporciona asistencia técnica y financiera para alentar el desarrollo de competencias, la sostenibilidad, la digitalización y la innovación en las empresas. Además, la estrategia Guatemala No Se Detiene se orienta a fortalecer la infraestructura, el capital humano y la productividad nacionales para atraer inversión extranjera y fomentar el desarrollo económico. En particular, la estrategia se centra en promover la transformación agroindustrial al adoptar tecnología moderna y elevar las competencias de la fuerza laboral con programas de capacitación formalizados.

En cuanto a los **mecanismos de financiamiento público para la transformación productiva**, en 2025, Guatemala implementó la Ley 31-2024 para la integración de los sectores primario y agrícola, estableciendo y regulando regímenes tributarios especiales para productos agrícolas, ganaderos, hidrobiológicos, contables y artesanales. En 2024, el Ministerio de Economía puso en marcha el Fondo de Innovación Tecnológica, destinando 45 millones de USD para respaldar el acceso a tecnologías modernas y fomentar prácticas sostenibles e innovadoras. Las iniciativas incluyen la distribución de dispositivos electrónicos, el establecimiento de centros de capacitación y la implementación de proyectos de energía renovable de base comunitaria. Además, el Fondo Nacional de Ciencia y Tecnología ofrece financiamiento para alentar la investigación científica, el desarrollo de tecnología y capacitación académica en campos especializados.

En términos de **alianzas internacionales para la transformación productiva**, Guatemala participa en varias iniciativas estratégicas. Durante la Cuarta Conferencia Internacional sobre Financiamiento para el Desarrollo, el país se incorporó a una iniciativa mundial para invertir en atención a la igualdad y la prosperidad. La Unión Europea, a través del Programa Indicativo Mundial 2021-2027, en el marco de la Política General de Gobierno 2024-2028, respalda la transformación productiva en las actividades agrícolas al fortalecer el acceso de pequeños productores y cooperativas a los mercados por medio de cadenas de valor nutricionales y sensibles al género, al promover la producción de cultivos sostenible y diversificada. Por otra parte, la Iniciativa Mano a Mano de la Organización de las Naciones Unidas para la Alimentación y la Agricultura está ahora integrada en el sistema nacional de inversión. Con respecto al comercio, Guatemala firmó el Tratado General de Integración del Mercado Común Centroamericano y la Estrategia Centroamericana para la Facilitación y la Competitividad. En 2017, el país suscribió el Acuerdo Mundial de Facilitación del Comercio junto con otras 54 naciones, así como la Estrategia Centroamericana para la Facilitación del Comercio y la Competitividad, junto con Costa Rica, El Salvador, Honduras, Nicaragua y Panamá.

Guatemala: Indicadores clave

	Guatemala		ALC		OCDE	
Desarrollo social	**2016**	**2023**	**2016**	**2023**	**2016**	**2023**
Pobreza / Pobreza extrema	N/A	N/A	25.8 8	22.5 7	N/A	N/A
Índice Gini	N/A	45.2	46.3	40.9	33.9	34.5 (2022)
Proporción de la población total en hogares informales (%)	N/A	60.8 (2022)	47.9 (2009)	42.3	N/A	N/A
Proporción de la población total en hogares mixtos (%)	N/A	21.3 (2022)	23.2 (2009)	24.0	N/A	N/A
Índice de instituciones sociales y género (SIGI)	28.6 (2019)	25.7	25.4 (2019)	21.2	17.5 (2019)	15.3
Puntuación en el Programa para la evaluación internacional de alumnos (PISA)	N/A	N/A	411 (2015)	408 (2022)	489 (2015)	485 (2022)
Productividad e innovación	**2016**	**2023**	**2016**	**2023**	**2016**	**2023**
Complejidad en las exportaciones (posición en una escala mundial, en la que 1 es la economía más compleja)	82	75	81.5	89	40.6	44.6
Productividad laboral (% de la OCDE)	22	27 (2024)	42	40 (2024)	100	100
Exportaciones de productos de alta tecnología (% de las exportaciones manufactureras)	5.8	5.8	8.5	8	16.5	18.1
Solicitudes de patentes por millón de personas	0.2	0.5 (2021)	13.8	12.8 (2021)	631.2	572.8 (2021)
Gasto en I+D (% del PIB)	0.02	0.1 (2021)	0.3	0.3 (2022)	1.8	2.1 (2022)
Inversión y financiamiento privado	**2016**	**2024**	**2016**	**2024**	**2016**	**2024**
Inversión total, formación bruta de capital fijo (% del PIB)	13.9	16.1	20.7	19.8	21.9	21.7
Inversión extranjera directa (IED), entrada neta de capital (% del PIB)	1.3	1.6	4.3	4.3	N/A	N/A
Crédito nacional al sector privado (% del PIB)	35.1	36.8	45.2	44.1	86.8	71.7
Capitalización bursátil (% del PIB)	N/A	N/A	50.2 (2019)	37.3	69.5 (2019)	66.4
Percepción de los ciudadanos e instituciones	**2011**	**2024**	**2011**	**2024**	**2011**	**2024**
Satisfacción con el sistema educativo (% de la población)	72	73	67	67	66	65
Satisfacción con el sistema de salud (% de la población)	55	60	55	54	70	64
Proporción de personas satisfechas con su nivel de vida (%)	70	80	70	73	73	77
Confianza en el sistema judicial (% de la población)	38	50	33	38	50	56
Índice de Percepción de la Corrupción (puntuación en una escala de 0 [altamente corrupto] a 100 [totalmente incorrupto])	28 (2016)	25	41.2 (2016)	40.6	67.3 (2016)	66.79
Moral tributaria (% de la población adulta que ha oído hablar de personas que pagan menos impuestos que los que les corresponden)	49.9	60.7 (2023)	50.6	55.3 (2023)	N/A	N/A
Indicador de riesgos de seguridad (puntuación en una escala de 0 [bajo riesgo de seguridad] a 10 [alto riesgo de seguridad])	7.3 (2016)	6.8	5.9 (2016)	5.3	2.8 (2016)	2.2
Transición digital y verde	**2016**	**2023**	**2016**	**2023**	**2016**	**2023**
Proporción de usuarios de internet (% de la población)	34.5	56	54.5	77.7	81.8	91.8
Suscripciones a la banda ancha fija (por cada 100 habitantes)	3.1	5.1	11.2	17	30.6	36
Ingresos tributarios ambientales (% del PIB)	0.9	0.8 (2022)	1	0.7	1.7	1.3
Emisiones de gases de efecto invernadero per cápita (excluidos los cambios en el uso de la tierra) (t CO_2e/cápita)	2.5	2.4	5.3	4.9	10.7	8.7
Consumo de energía renovable (% del consumo total de energía final)	63.2	62.1 (2021)	28.9	33.9 (2021)	12.5	14.9 (2021)
Situación fiscal	**2016**	**2023**	**2016**	**2023**	**2016**	**2023**
Ingresos tributarios totales (% del PIB)	13.2	14	20.9	21.3	33.5	33.9
Proporción del IVA I IRPF I IS	4.8 0.4 2.9	5.6 0.5 3.0	5.9 2 3	6.0 2.0 4	6.6 7.8 2.9	7.0 (2022) 8.2 (2022) 3.9 (2022)
Servicio de la deuda pública (% del total de ingresos tributarios)	11.6	11.6	11.3	13.5	5.4	4
Gasto social (% del PIB)	7.2	7.9	11	11.5	20.2	21.2 (2024)

Nota: Para definiciones y fuentes, véase la Guía del Lector.

México

Promoviendo y financiando la transformación productiva

En el ámbito de las **políticas para la transformación productiva**, México implementó el Plan México 2024-2030, cuyo objetivo es transformar el modelo de producción del país al incrementar el valor agregado nacional, fomentar el desarrollo regional, apuntalar la ciencia y la tecnología, acelerar la transición energética y mejorar la infraestructura. Sus objetivos incluyen llevar a México a ubicarse como la décima mayor economía del mundo en 2030, mantener los niveles de inversión por arriba del 25% del PIB, generar 1.5 millones de empleos en sectores estratégicos, aumentar en 15% el contenido nacional en las cadenas globales de valor y promover las inversiones sostenibles. Participan el gobierno federal, los bancos de desarrollo, las instituciones sectoriales y los gobiernos subnacionales y se implementará hasta 2030.

En cuanto a los **mecanismos de financiamiento público para la transformación productiva**, en la actualidad México utiliza una combinación de programas fiscales y financieros. Dichos programas incluyen beneficios fiscales, como una reducción de 100% del impuesto sobre la renta durante los primeros tres años de operación de una empresa en los Polos de Desarrollo para el Bienestar del Istmo de Tehuantepec y los Polos Industriales del Bienestar Progreso I y Mérida I en Yucatán, seguida de una reducción del 50% al 90% durante los siguientes tres años, según los niveles de empleo. Además, se permite una deducción inmediata del 100% para las inversiones en activos fijos. Estas medidas se centran en sectores estratégicos: eléctrico y electrónico, productos farmacéuticos, automotores y agroindustria. Su propósito es promover la inversión, la innovación y el empleo formal. En lo que respecta a incentivos basados en los gastos, se permite una deducción adicional del 25% del aumento del gasto en capacitación de los trabajadores, así como otra deducción del 25% del aumento de los gastos en innovación durante el año fiscal. La banca nacional de desarrollo también participa activamente en el financiamiento de la transformación productiva: Nacional Financiera, Banco Nacional de Comercio Exterior, Sociedad Hipotecaria Federal, FIRA (Fideicomisos Instituidos en Relación con la Agricultura) y Banobras. Estas instituciones proporcionan principalmente préstamos directos, crédito mediante intermediarios financieros, garantías y emisión de bonos sostenibles. Su apoyo se dirige a sectores como los de industria, comercio exterior, vivienda asequible e infraestructura sostenible, y agricultura. La banca de desarrollo nacional moviliza recursos por un valor de 1-5 000 millones de USD, en consonancia con el Plan Nacional de Desarrollo 2025-2030 con el objetivo de impulsar la competitividad, la inclusión y la sostenibilidad.

En términos de **alianzas internacionales para la transformación productiva**, México fortaleció su Consejo Nacional de la Agenda 2030 para el Desarrollo Sostenible, al participar en el Acelerador de Alianzas de las Naciones Unidas, que traza y promueve alianzas internacionales entre múltiples actores, diseñadas para impulsar la innovación industrial, la transición energética y la infraestructura sostenible, armonizada con los Objetivos de Desarrollo Sostenible. En 2025, México y la Unión Europea (UE) concluyeron negociaciones políticas para modernizar el Acuerdo Global UE-México, estableciendo un ambicioso marco para profundizar el diálogo político, la cooperación y las relaciones económicas. Este acuerdo modernizado tiene como fin generar nuevas oportunidades económicas, al estimular el comercio y respaldar las transiciones verde y digital para ambos aliados. Por otra parte, el Acuerdo Estados Unidos-México-Canadá incorpora compromisos económicos y medioambientales que propician la innovación y la sostenibilidad en la región.

México: Indicadores clave

	México		ALC		OCDE	
Desarrollo social	**2016**	**2023**	**2016**	**2023**	**2016**	**2022**
Pobreza / Pobreza extrema	37.6 / 8	28.5 (2022) / 6.2 (2022)	25.8 / 8	22.5 / 7	N/A	N/A
Índice Gini	46.9	43.5	46.3	40.9	33.9	34.5
Proporción de la población total en hogares informales (%)	41.6 (2010)	36.4 (2022)	47.9 (2009)	42.3	N/A	N/A
Proporción de la población total en hogares mixtos (%)	24.8 (2010)	27.5 (2022)	23.2 (2009)	24.0	N/A	N/A
Índice de instituciones sociales y género (SIGI)	29 (2019)	21.9	25.4 (2019)	21.2	17.5 (2019)	15.3 (2023)
Puntuación en el Programa para la evaluación internacional de alumnos (PISA)	416 (2015)	410 (2022)	411 (2015)	408 (2022)	489 (2015)	485
Productividad e innovación	**2016**	**2023**	**2016**	**2023**	**2016**	**2023**
Complejidad en las exportaciones (posición en una escala mundial, en la que 1 es la economía más compleja)	21	17	81.5	89	40.6	44.6
Productividad laboral (% de la OCDE)	57	51 (2024)	42	40 (2024)	100	100
Exportaciones de productos de alta tecnología (% de las exportaciones manufactureras)	20.6	17.6	8.5	8	16.5	18.1
Solicitudes de patentes por millón de personas	10.8	8.8 (2021)	13.8	12.8 (2021)	631.2	572.8 (2021)
Gasto en I+D (% del PIB)	0.4	0.3 (2022)	0.3	0.3 (2022)	1.8	2.1 (2022)
Inversión y financiamiento privado	**2016**	**2024**	**2016**	**2024**	**2016**	**2024**
Inversión total, formación bruta de capital fijo (% del PIB)	23.7	24.2	20.7	19.8	21.9	21.7
Inversión extranjera directa (IED), entrada neta de capital (% del PIB)	3.5	2.5	4.3	4.3	N/A	N/A
Crédito nacional al sector privado (% del PIB)	25.1	34.7	45.2	44.1	86.8	71.7
Capitalización bursátil (% del PIB)	31.7 (2019)	22.5	50.2 (2019)	37.3	69.5 (2019)	66.4
Percepción de los ciudadanos e instituciones	**2011**	**2024**	**2011**	**2024**	**2011**	**2024**
Satisfacción con el sistema educativo (% de la población)	64	69	67	67	66	65
Satisfacción con el sistema de salud (% de la población)	54	56	55	54	70	64
Proporción de personas satisfechas con su nivel de vida (%)	69	85	70	73	73	77
Confianza en el sistema judicial (% de la población)	32	44	33	38	50	56
Índice de Percepción de la Corrupción (puntuación en una escala de 0 [altamente corrupto] a 100 [totalmente incorrupto])	30 (2016)	26	41.2 (2016)	40.6	67.3 (2016)	66.79
Moral tributaria (% de la población adulta que ha oído hablar de personas que pagan menos impuestos que los que les corresponden)	62.6	66.9 (2023)	50.6	55.3 (2023)	N/A	N/A
Indicador de riesgos de seguridad (puntuación en una escala de 0 [bajo riesgo de seguridad] a 10 [alto riesgo de seguridad])	8 (2016)	8	5.9 (2016)	5.3	2.8 (2016)	2.2
Transición digital y verde	**2016**	**2023**	**2016**	**2023**	**2016**	**2023**
Proporción de usuarios de internet (% de la población)	59.5	81.2	54.5	77.7	81.8	91.8
Suscripciones a la banda ancha fija (por cada 100 habitantes)	13	20.5	11.2	17	30.6	36
Ingresos tributarios ambientales (% del PIB)	1.6	0.11 (2022)	1	0.7	1.7	1.3
Emisiones de gases de efecto invernadero per cápita (excluidos los cambios en el uso de la tierra) (t Co_2e/cápita)	6.6	5.5	5.3	4.9	10.7	8.7
Consumo de energía renovable (% del consumo total de energía final)	9.2	13 (2021)	28.9	33.9 (2021)	12.5	14.9 (2021)
Situación fiscal	**2016**	**2023**	**2016**	**2023**	**2016**	**2023**
Ingresos tributarios totales (% del PIB)	16.6	17.7	20.9	21.3	33.5	33.9
Proporción del IVA I IRPF I IS	3.9 / 3 / 3.5	4.3 / 4 / 3.9	5.9 / 2 / 3	6.0 / 2.0 / 3.8	6.6 / 7.8 / 2.9	7.0 (2022) / 8.2 (2022) / 3.9 (2022)
Servicio de la deuda pública (% del total de ingresos tributarios)	18.8	32.7	11.3	13.5	5.4	4
Gasto social (% del PIB)	9.6	10.3	11	11.5	20.2	21.2 (2024)

Nota: Para definiciones y fuentes, véase la Guía del Lector.

Panamá

Promoviendo y financiando la transformación productiva

En el ámbito de las **políticas para la transformación productiva**, la Estrategia Nacional de Competitividad 2024-2029 (ENC) de Panamá se orienta a promover el desarrollo inclusivo, equitativo y sostenible en el país. La ENC identifica 12 áreas clave, incluidos el capital humano, la innovación, el empleo y la sostenibilidad medioambiental, con un foco particular en el fomento de la investigación y el desarrollo (I+D), el reforzamiento del capital humano y la diversificación de la economía. Además, el Plan Estratégico Nacional de Ciencia, Tecnología e Innovación 2025-2029 promueve 22 proyectos estratégicos de estos tres temas en seis sectores, entre ellos los de transformación productiva y digitalización. El plan contempla acciones concretas para modernizar la industria, impulsar las inversiones en I+D y propiciar la transferencia de tecnología. Por último, la iniciativa Panamá Productiva III, respaldada por el Banco de Desarrollo de América Latina y el Caribe (CAF), ofrece asistencia técnica y coordina la acción conjunta de empresas, comunidades, la academia y el sector público, para aumentar la productividad, diversificar mercados y alentar la innovación.

En cuanto a los **mecanismos de financiamiento público para la transformación productiva**, una fuente primaria de financiamiento es el Banco Interamericano de Desarrollo (BID), que desde 2018 ha asignado más de 190 millones de USD a Panamá. El BID ha financiado cuatro programas de desarrollo en el país, destinados a apoyar a las micro, pequeñas y medianas empresas, promover la I+D y la innovación, potenciar el capital humano y favorecer la descarbonización del transporte. Las instituciones de banca públicas, incluidos el Banco Nacional de Panamá (BNP), la Caja de Ahorros (CA) y el Banco de Desarrollo Agropecuario, ofrecen líneas de crédito específicas para incrementar la productividad y la sostenibilidad empresariales. Por ejemplo, el BNP brinda financiamiento de la tecnología verde y asesoría especializada para la implementación de tecnología sostenible, en tanto que la CA proporciona arrendamiento financiero a empresas para adquirir maquinaria, vehículos o equipo tecnológico de alto valor.

En términos de **alianzas internacionales para la transformación productiva**, el centro regional de datos Copernicus ALC Panamá, parte de la Alianza Digital UE-ALC, se estableció en el marco de la iniciativa Global Gateway de la Unión Europea, con el fin de fomentar la innovación digital. Por otra parte, el programa Euroclima de la Unión Europea ha ayudado a Panamá en el desarrollo de capital humano y de marcos regulatorios para impulsar el mercado de hidrógeno verde, en consonancia con la Estrategia Nacional de Hidrógeno Verde y Derivados de Panamá. Asimismo, el Marco de Alianza con el País del Banco Mundial (CPF, por sus siglas en inglés) 2024-2028 tiene como objetivo diversificar la economía panameña, potenciar el capital humano y facilitar la generación de empleos. El CPF consta de ocho proyectos, incluidos tres préstamos para políticas de desarrollo centrados en el crecimiento verde. Además, el Proyecto Mesoamérica apoya el desarrollo sostenible y la integración regional entre los países centroamericanos, mediante el desarrollo de competencias, asistencia técnica y programas de transición verde.

Panamá: Indicadores clave

	Panamá		ALC		OCDE	
Desarrollo social	**2016**	**2023**	**2016**	**2023**	**2016**	**2022**
Pobreza / Pobreza extrema	16.7 7.4	14 6	25.8 8	22.5 7.4	N/A	N/A
Índice Gini	50.4	48.9	46.3	40.9	33.9	34.5
Proporción de la población total en hogares informales (%)	N/A	N/A	47.9 (2009)	42.3	N/A	N/A
Proporción de la población total en hogares mixtos (%)	N/A	N/A	23.2 (2009)	24.0	N/A	N/A
Índice de instituciones sociales y género (SIGI)	N/A	15.2	25.4 (2019)	21.2	17.5 (2019)	15.3 (2023)
Puntuación en el Programa para la evaluación internacional de alumnos (PISA)	365 (2018)	388 (2022)	411 (2015)	408 (2022)	489 (2015)	485
Productividad e innovación	**2016**	**2023**	**2016**	**2023**	**2016**	**2023**
Complejidad en las exportaciones (posición en una escala mundial, en la que 1 es la economía más compleja)	29	103	81.5	89	40.6	44.6
Productividad laboral (% de la OCDE)	N/A	N/A	42	40 (2024)	100	100
Exportaciones de productos de alta tecnología (% de las exportaciones manufactureras)	1.2	1	8.5	8	16.5	18.1
Solicitudes de patentes por millón de personas	16.9	8 (2021)	13.8	12.8 (2021)	631.2	572.8 (2021)
Gasto en I+D (% del PIB)	0.1	0.2 (2022)	0.3	0.3 (2022)	1.8	2.1 (2022)
Inversión y financiamiento privado	**2016**	**2023**	**2016**	**2024**	**2016**	**2024**
Inversión total, formación bruta de capital fijo (% del PIB)	38.4	32.3	20.7	19.8	21.9	21.7
Inversión extranjera directa (IED), entrada neta de capital (% del PIB)	9.1	3.8	4.3	4.3	N/A	N/A
Crédito nacional al sector privado (% del PIB)	79.1	100.2 (2020)	45.2	44.1	86.8	71.7
Capitalización bursátil (% del PIB)	24.8 (2019)	21.2 (2024)	50.2 (2019)	37.3	69.5 (2019)	66.4
Percepción de los ciudadanos e instituciones	**2011**	**2024**	**2011**	**2024**	**2011**	**2024**
Satisfacción con el sistema educativo (% de la población)	73	61	67	67	66	65
Satisfacción con el sistema de salud (% de la población)	65	47	55	54	70	64
Proporción de personas satisfechas con su nivel de vida (%)	77	82	70	73	73	77
Confianza en el sistema judicial (% de la población)	32	45	33	38	50	56
Índice de Percepción de la Corrupción (puntuación en una escala de 0 [altamente corrupto] a 100 [totalmente incorrupto])	38 (2016)	33	41.2 (2016)	40.6	67.3 (2016)	66.79
Moral tributaria (% de la población adulta que ha oído hablar de personas que pagan menos impuestos que los que les corresponden)	46.7	52.4 (2023)	50.6	55.3 (2023)	N/A	N/A
Indicador de riesgos de seguridad (puntuación en una escala de 0 [bajo riesgo de seguridad] a 10 [alto riesgo de seguridad])	5.4 (2016)	4.3	5.9 (2016)	5.3	2.8 (2016)	2.2
Transición digital y verde	**2016**	**2023**	**2016**	**2023**	**2016**	**2023**
Proporción de usuarios de internet (% de la población)	54	78	54.5	77.7	81.8	91.8
Suscripciones a la banda ancha fija (por cada 100 habitantes)	10.7	18.1	11.2	17	30.6	36
Ingresos tributarios ambientales (% del PIB)	0.7	0.4 (2022)	1	0.7	1.7	1.3
Emisiones de gases de efecto invernadero per cápita (excluidos los cambios en el uso de la tierra) (t CO_2e/cápita)	4.3	4.8	5.3	4.9	10.7	8.7
Consumo de energía renovable (% del consumo total de energía final)	22.1	28 (2021)	28.9	33.9 (2021)	12.5	14.9 (2021)
Situación fiscal	**2016**	**2023**	**2016**	**2023**	**2016**	**2023**
Ingresos tributarios totales (% del PIB)	15.5	11.9	20.9	21.3	33.5	33.9
Proporción del IVA I IRPF I IS	2.6 1.5 1.8	1.7 2 1.5	5.9 2 3	6.0 2.0 3.8	6.6 7.8 2.9	7.0 (2022) 8.2 (2022) 3.9 (2022)
Servicio de la deuda pública (% del total de ingresos tributarios)	10.5	21.3	11.3	13.5	5.4	4
Gasto social (% del PIB)	8.2	7.5	11	11.5	20.2	21.2 (2024)

Nota: Para definiciones y fuentes, véase la Guía del Lector.

Paraguay

Promoviendo y financiando la transformación productiva

En el ámbito de las **políticas para la transformación productiva**, Paraguay adoptó un enfoque multisectorial con el Plan Nacional de Desarrollo Paraguay 2030. El plan consiste en una hoja de ruta estratégica que vincula cuatro pilares fundamentales: reducción de la pobreza, crecimiento inclusivo, integración a nivel mundial y fortalecimiento institucional, con 16 objetivos específicos y cuatro vías transversales. Implementado por el Ministerio de Economía y Finanzas (MEF), el plan guía las acciones del Estado, la sociedad civil, el sector privado y los poderes legislativos y judiciales para coordinar sus tareas. Al mismo tiempo, la estrategia Impulsando el Crecimiento de Paraguay, emprendida en 2025, tiene como objetivo duplicar el tamaño de la economía en una década, aumentar el PIB nacional en un 7% a 10% y promover la generación de 500 000 empleos. Por otra parte, la Política Energética de la República del Paraguay al 2050 se orienta a consolidar el país como centro concentrador regional para la integración energética. Un instrumento sectorial clave es el Marco de Políticas del Sector Agropecuario 2020-2030, que promueve la competitividad del mercado, la tenencia equitativa de la tierra, la mejora de los servicios públicos para la agricultura, la armonización de la producción familiar y de las agroempresas con las prioridades nacionales de desarrollo. Estas iniciativas movilizan instituciones como ministerios, bancos, servicios nacionales y actores del sector privado para impulsar la productividad de los productos existentes, diversificar los productos sofisticados e impulsar nuevas industrias, con lo que fomenta la competitividad y la innovación.

En cuanto a los **mecanismos de financiamiento público para la transformación productiva**, Paraguay depende principalmente de incentivos ficales y líneas de crédito canalizados a través de la banca de desarrollo nacional. Se implementaron regímenes jurídicos para ofrecer exenciones y reducciones de impuestos vinculados con los ingresos y los gastos, con el fin de promover la inversión productiva, la generación de empleos y la competitividad industrial. Ejemplos destacables son la Ley 60/1990, que fomenta la inversión nacional y extranjera, y la Ley 1064/1997, enfocada en la transformación para las exportaciones. El financiamiento directo a través de la Agencia de Desarrollo Financiero y el banco nacional de desarrollo, el Banco Nacional de Fomento, también proporciona recursos a mediano y largo plazo para sectores estratégicos, como la vivienda, las micro, pequeñas y medianas empresas, las agroempresas y la manufactura.

En términos de **alianzas internacionales para la transformación productiva**, las alianzas internacionales incluyen el Programa País con la OCDE, el cual establece asesoría técnica y estándares para armonizar la política de inversión con las prioridades nacionales de Paraguay. A nivel operativo, el Consejo de Inversiones y el Consejo Nacional de la Industria Maquiladora de Exportación revisa, aprueba o rechaza proyectos y programas de inversión en busca de beneficios tributarios en el marco de la Ley 60/1990 y la Ley 1064/1997. Sus decisiones siguen los criterios de elegibilidad y armonización con la política nacional y entre 2024 y 2025 ha aprobado proyectos por más de 680 millones de USD. El Ministerio de Industria y Comercio (MIC), el Ministerio de Economía y Finanzas (MEF) y la Red de Inversiones y Exportaciones se coordinan para canalizar la inversión extranjera en sectores estratégicos, como vivienda, energía y silvicultura, con respaldo de inversiones del Banco Interamericano de Desarrollo y del Fondo de Cooperación Internacional de Taiwán. Además, el Comité Nacional de Facilitación del Comercio y el Programa de Operador Económico Autorizado redujeron los tiempos y costos de logística por medio de plataformas digitales y acuerdos de reconocimiento mutuo con países de América Latina, el Caribe y el Mercosur.

Paraguay: Indicadores clave

	Paraguay		ALC		OCDE	
Desarrollo social	**2016**	**2023**	**2016**	**2023**	**2016**	**2022**
Pobreza / Pobreza extrema	24 / 8	19.5 / 7	26 / 8	22.5 / 7	N/A	N/A
Índice Gini	47.9	44.4	46.3	40.9	33.9	34.5
Proporción de la población total en hogares informales (%)	66.3 (2009)	51.6	47.9 (2009)	42.3	N/A	N/A
Proporción de la población total en hogares mixtos (%)	21.3 (2009)	31.1	23.2 (2009)	24.0	N/A	N/A
Índice de instituciones sociales y género (SIGI)	32.8 (2019)	20.6	25.4 (2019)	21.2	17.5 (2019)	15.3 (2023)
Puntuación en el Programa para la evaluación internacional de alumnos (PISA)	N/A	N/A	411 (2015)	408 (2022)	489 (2015)	485
Productividad e innovación	**2016**	**2023**	**2016**	**2023**	**2016**	**2023**
Complejidad en las exportaciones (posición en una escala mundial, en la que 1 es la economía más compleja)	88	94	81.5	89	40.6	44.6
Productividad laboral (% de la OCDE)	33	34 (2024)	42	40 (2024)	100	100
Exportaciones de productos de alta tecnología (% de las exportaciones manufactureras)	7.6	10	8.5	8	16.5	18.1
Solicitudes de patentes por millón de personas	5.4 (2018)	1.5 (2021)	13.8	12.8 (2021)	631.2	572.8 (2021)
Gasto en I+D (% del PIB)	0.1	0.12 (2022)	0.3	0.3 (2022)	1.8	2.1 (2022)
Inversión y financiamiento privado	**2016**	**2024**	**2016**	**2024**	**2016**	**2024**
Inversión total, formación bruta de capital fijo (% del PIB)	19.1	21	20.7	19.8	21.9	21.7
Inversión extranjera directa (IED), entrada neta de capital (% del PIB)	2.2	0.9	4.3	4.3	N/A	N/A
Crédito nacional al sector privado (% del PIB)	41.3	57.5	45.2	44.1	86.8	71.7
Capitalización bursátil (% del PIB)	N/A	N/A	50.2 (2019)	37.3	69.5 (2019)	66.4
Percepción de los ciudadanos e instituciones	**2011**	**2024**	**2011**	**2024**	**2011**	**2024**
Satisfacción con el sistema educativo (% de la población)	67	68	67	67	66	65
Satisfacción con el sistema de salud (% de la población)	63	50	55	54	70	64
Proporción de personas satisfechas con su nivel de vida (%)	61	75	70	73	73	77
Confianza en el sistema judicial (% de la población)	32	31	33	38	50	56
Índice de Percepción de la Corrupción (puntuación en una escala de 0 [altamente corrupto] a 100 [totalmente incorrupto])	30 (2016)	24	41.2 (2016)	40.6	67.3 (2016)	66.79
Moral tributaria (% de la población adulta que ha oído hablar de personas que pagan menos impuestos que los que les corresponden)	67.8	57.2 (2023)	50.6	55.3 (2023)	N/A	N/A
Indicador de riesgos de seguridad (puntuación en una escala de 0 [bajo riesgo de seguridad] a 10 [alto riesgo de seguridad])	6.8 (2016)	5.4	5.9 (2016)	5.3	2.8 (2016)	2.2
Transición digital y verde	**2016**	**2023**	**2016**	**2023**	**2016**	**2023**
Proporción de usuarios de internet (% de la población)	53.4	78.1	54.5	77.7	81.8	91.8
Suscripciones a la banda ancha fija (por cada 100 habitantes)	3.9	12.8	11.2	17	30.6	36
Ingresos tributarios ambientales (% del PIB)	1	0.8 (2022)	1	0.7	1.7	1.3
Emisiones de gases de efecto invernadero per cápita (excluidos los cambios en el uso de la tierra) (t CO_2e/cápita)	6.6	6.1	5.3	4.9	10.7	8.7
Consumo de energía renovable (% del consumo total de energía final)	62.5	58.8 (2021)	28.9	33.9 (2021)	12.5	14.9 (2021)
Situación fiscal	**2016**	**2023**	**2016**	**2023**	**2016**	**2023**
Ingresos tributarios totales (% del PIB)	13.4	14.5	20.9	21.3	33.5	33.9
Proporción del IVA I IRPF I IS	5.1 / 0 / 2	5.4 / 0 / 2.5	5.9 / 2 / 3	6.0 / 2.0 / 3.8	6.6 / 7.8 / 2.9	7.0 (2022) / 8.2 (2022) / 3.9 (2022)
Servicio de la deuda pública (% del total de ingresos tributarios)	6.6	11.4	11.3	13.5	5.4	4
Gasto social (% del PIB)	8.5	10	11	11.5	20.2	21.2 (2024)

Nota: Para definiciones y fuentes, véase la Guía del Lector.

Perú

Promoviendo y financiando la transformación productiva

En el ámbito de las **políticas para la transformación productiva**, el Plan Nacional de Competitividad y Productividad (PNCP) 2024-2030 de Perú integra acciones horizontales y verticales para lograr un cambio sistémico en la economía del país. El plan es resultado de la colaboración entre 37 instituciones públicas y privadas e incluye 75 medidas orientadas a fortalecer la infraestructura económica y social, el capital humano, la innovación tecnológica, los mecanismos de financiamiento y la formación de un entorno empresarial dinámico y sostenible. Algunos de los avances más destacados son el desarrollo de parques industriales y estratégicos, la implementación de un régimen digital colateral, el reforzamiento de fondos para *start-ups* y la puesta en marcha de un incentivo fiscal para inversiones en proyectos de investigación, desarrollo e innovación. Desde su inicio en 2024, se ha aplicado el 19.3% del PNCP.

En cuanto a los **mecanismos de financiamiento público para la transformación productiva**, los principales se centran en financiar y cofinanciar proyectos de innovación y desarrollo mediante programas gubernamentales específicos. Con respecto a los incentivos fiscales, en tanto que los lineamientos actuales de política fiscal ponen énfasis en la racionalización de dichos beneficios, se han implantado incentivos para apoyar la transformación productiva. En particular, los incentivos fiscales para la inversión en proyectos de investigación, desarrollo e innovación son fundamentales para fomentar el crecimiento económico sostenible e incrementar la competitividad de las empresas, sobre todo las pequeñas y medianas. Además, los beneficios fiscales, específicos para cada sector – como los asignados a la agricultura – siguen vigentes. Se diseñaron con mecanismos de racionalización incorporados y a menudo desaparecen paulatinamente después de implementarse durante años. Su impacto es monitoreado por la Superintendencia Nacional de Aduanas y de Administración Tributaria (SUNAT), la cual publica informes digitales anuales con información sobre beneficiarios, cantidades y efectos fiscales.

En términos de **alianzas internacionales para la transformación productiva**, en 2024 Perú firmó un acuerdo ampliado de libre comercio con China y la inauguración del Megapuerto de Chancay, una puerta nueva e importante a los mercados asiáticos respaldada por la empresa china Cosco Shipping, fortaleció su papel como centro concentrador regional de comercio y logística. El Reino Unido, a través de un memorando de entendimiento, estableció un comité técnico conjunto con la agencia peruana de promoción de inversiones ProInversión para orientar proyectos sociales y de infraestructura sostenible, acorde con los estándares internacionales. El Banco Interamericano de Desarrollo respaldó el liderazgo de Perú en las alianzas público-privadas (PPP), al organizar el foro PPP Américas 2025 en Lima, en el que se presentó la cartera de inversiones de 70 000 millones de USD de Perú. Además, la hoja de ruta de 2024-2033 entre Japón y Perú perfila una alianza estratégica para promover el comercio, la innovación y la transformación productiva mediante la inversión, la transferencia de tecnología y el desarrollo de competencias en sectores clave, como los de minería, energía, agricultura e industrias renovables.

Perú: Indicadores clave

	Perú		ALC		OCDE	
Desarrollo social	**2016**	**2023**	**2016**	**2023**	**2016**	**2022**
Pobreza / Pobreza extrema	19.1 5.2	18.1 4	25.8 8	22.5 7	N/A	N/A
Índice Gini	43.6	40.7	46.3	40.9	33.9	34.5
Proporción de la población total en hogares informales (%)	67.2 (2010)	53.3	47.9 (2009)	42.3	N/A	N/A
Proporción de la población total en hogares mixtos (%)	24.2 (2010)	27.0	23.2 (2009)	24.0	N/A	N/A
Índice de instituciones sociales y género (SIGI)	24.5 (2019)	18.6	25.4 (2019)	21.2	17.5 (2019)	15.3 (2023)
Puntuación en el Programa para la evaluación internacional de alumnos (PISA)	397 (2015)	408 (2022)	411 (2015)	408 (2022)	489 (2015)	485
Productividad e innovación	**2016**	**2023**	**2016**	**2023**	**2016**	**2023**
Complejidad en las exportaciones (posición en una escala mundial, en la que 1 es la economía más compleja)	109	123	81.5	89	40.6	44.6
Productividad laboral (% de la OCDE)	27	27 (2024)	42	40 (2024)	100	100
Exportaciones de productos de alta tecnología (% de las exportaciones manufactureras)	4.8	5	8.5	8	16.5	18.1
Solicitudes de patentes por millón de personas	2.3	2.8 (2021)	13.8	12.8 (2021)	631.2	572.8 (2021)
Gasto en I+D (% del PIB)	0.1	0.2 (2022)	0.3	0.3 (2022)	1.8	2.1 (2022)
Inversión y financiamiento privado	**2016**	**2024**	**2016**	**2024**	**2016**	**2024**
Inversión total, formación bruta de capital fijo (% del PIB)	21.4	20.7	20.7	19.8	21.9	21.7
Inversión extranjera directa (IED), entrada neta de capital (% del PIB)	3.5	2.4	4.3	4.3	N/A	N/A
Crédito nacional al sector privado (% del PIB)	42.8	45.7 (2022)	45.2	44.1	86.8	71.7
Capitalización bursátil (% del PIB)	43.3 (2019)	28.4	50.2 (2019)	37.3	69.5 (2019)	66.4
Percepción de los ciudadanos e instituciones	**2011**	**2024**	**2011**	**2024**	**2011**	**2024**
Satisfacción con el sistema educativo (% de la población)	50	52	67	67	66	65
Satisfacción con el sistema de salud (% de la población)	41	34	55	54	70	64
Proporción de personas satisfechas con su nivel de vida (%)	62	67	70	73	73	77
Confianza en el sistema judicial (% de la población)	15	17	33	38	50	56
Índice de Percepción de la Corrupción (puntuación en una escala de 0 [altamente corrupto] a 100 [totalmente incorrupto])	35 (2016)	31	41.2 (2016)	40.6	67.3 (2016)	66.79
Moral tributaria (% de la población adulta que ha oído hablar de personas que pagan menos impuestos que los que les corresponden)	60.8	56.8 (2023)	50.6	55.3 (2023)	N/A	N/A
Indicador de riesgos de seguridad (puntuación en una escala de 0 [bajo riesgo de seguridad] a 10 [alto riesgo de seguridad])	7.3 (2016)	5.7	5.9 (2016)	5.3	2.8 (2016)	2.2
Transición digital y verde	**2016**	**2023**	**2016**	**2023**	**2016**	**2023**
Proporción de usuarios de internet (% de la población)	45.5	79.5	54.5	77.7	81.8	91.8
Suscripciones a la banda ancha fija (por cada 100 habitantes)	6.9	10.4	11.2	17	30.6	36
Ingresos tributarios ambientales (% del PIB)	0.4	0.4 (2022)	1	0.7	1.7	1.3
Emisiones de gases de efecto invernadero per cápita (excluidos los cambios en el uso de la tierra) (t CO_2e/cápita)	3.2	2.8	5.3	4.9	10.7	8.7
Consumo de energía renovable (% del consumo total de energía final)	27.2	30.6 (2021)	28.9	33.9 (2021)	12.5	14.9 (2021)
Situación fiscal	**2016**	**2023**	**2016**	**2023**	**2016**	**2023**
Ingresos tributarios totales (% del PIB)	16.1	17.0	20.9	21.3	33.5	33.9
Proporción del IVA I IRPF I IS	6 1.8 3.8	6.5 2 4.1	5.9 2 3	6.0 2.0 3.8	6.6 7.8 2.9	7.0 (2022) 8.2 (2022) 3.9 (2022)
Servicio de la deuda pública (% del total de ingresos tributarios)	5.8	8.6	11.3	13.5	5.4	4
Gasto social (% del PIB)	10.2	11.2	11	11.5	20.2	21.2 (2024)

Nota: Para definiciones y fuentes, véase la Guía del Lector.

República Dominicana

Promoviendo y financiando la transformación productiva

En el ámbito de las **políticas para la transformación productiva**, se estableció la Estrategia Nacional de Desarrollo 2030, con el objetivo de promover una economía inclusiva, innovadora y sostenible, al integrar la tecnología en la industria, desarrollar competencias para un mercado laboral dinámico y fortalecer la capacidad de innovar. Para coordinar dicho trabajo, se conformó el Gabinete de Innovación y Desarrollo Digital. Particularmente destacables entre sus iniciativas son la Política Nacional de Innovación 2030 (PNI) y la Estrategia Nacional de Inteligencia Artificial (ENIA), ambas instauradas en 2022. La PNI se enfoca en mejorar el capital humano e invertir en innovación a través de proyectos como los Centros de Excelencia en Investigación y Desarrollo, el Programa de Capacitación en Transformación Digital y la Red Nacional de Incubadoras Público-Privadas. La ENIA se propone posicionar al país como el líder regional en inteligencia artificial, mediante tres iniciativas principales: el programa Gobierno Inteligente, el Centro de Talento e Innovación y el Centro de Datos.

En cuanto a los **mecanismos de financiamiento público para la transformación productiva**, el Gabinete de Innovación estableció el Fondo de Apoyo a la Innovación (FAI), con el propósito de cofinanciar la transferencia de tecnología, la asistencia técnica y las patentes para los programas de la PNI. El FAI utiliza el financiamiento del Estado y del sector privado, así como la asistencia financiera internacional. Mientras tanto, el Fondo Nacional de Innovación y Desarrollo Científico y Tecnológico asigna financiamiento del Ministerio de Educación Superior, Ciencia y Tecnología para promover los conocimientos científicos en universidades y centros de investigación. Entre las fuentes internacionales de financiamiento, el Banco Interamericano de Desarrollo otorgó un préstamo de 300 millones de USD para impulsar la productividad y la innovación en la República Dominicana, y la Corporación Financiera de Desarrollo Internacional de Estados Unidos aprobó más de 240 millones de USD en préstamos como respaldo a empresas pequeñas sostenibles o dirigidas por mujeres. Por último, el Consejo Caribeño obtuvo 6 500 millones de USD para modernizar la infraestructura en el país.

En términos de **alianzas internacionales para la transformación productiva**, el programa país Organización de las Naciones para el Desarrollo Industrial para la República Dominicana 2025-2028, proporciona una hoja de ruta para propiciar la transformación industrial con inclusividad y respaldo a micro, pequeñas y medianas empresas (mipymes). En un acuerdo suscrito con la Organización Mundial de la Propiedad Intelectual se establecieron dos instituciones de capacitación en propiedad intelectual en el país, así como ayuda adicional para mipymes. Junto con la Unión Europea (UE), el gobierno de Alemania y el Banco Centroamericano para la Integración Económica, la Iniciativa DINÁMICA II, parte del marco Global Gateway, otorga más de medio millón de USD en capital semilla a 49 empresas con alto potencial de crecimiento, focalizados en la digitalización y la sostenibilidad. Además, la Alianza Unión Europea-República Dominicana asignó más de 1 200 millones de USD en los 30 años pasados para fomentar el desarrollo inclusivo y sostenible. Por su parte, la Alianza Digital UE-ALC fomenta la digitalización productiva del país.

República Dominicana: Indicadores clave

	República Dominicana		ALC		OCDE	
Desarrollo social	**2016**	**2023**	**2016**	**2023**	**2016**	**2022**
Pobreza Pobreza extrema	26.7 7	18.2 5	25.8 8	22.5 7	N/A	N/A
Índice Gini	45.7	38.4	46.3	40.9	33.9	34.5
Proporción de la población total en hogares informales (%)	N/A	42.3 (2018)	47.9 (2009)	42.3	N/A	N/A
Proporción de la población total en hogares mixtos (%)	N/A	25.2 (2018)	23.2 (2009)	24.0	N/A	N/A
Índice de instituciones sociales y género (SIGI)	18.2 (2019)	14.8	25.4 (2019)	21.2	17.5 (2019)	15.3 (2023)
Puntuación en el Programa para la evaluación internacional de alumnos (PISA)	332 (2015)	360 (2022)	411 (2015)	408 (2022)	489 (2015)	485
Productividad e innovación	**2016**	**2023**	**2016**	**2023**	**2016**	**2023**
Complejidad en las exportaciones (posición en una escala mundial, en la que 1 es la economía más compleja)	61	53	81.5	89	40.6	44.6
Productividad laboral (% de la OCDE)	42	49 (2024)	42	40 (2024)	100	100
Exportaciones de productos de alta tecnología (% de las exportaciones manufactureras)	4.4	6.03	8.5	8	16.5	18.1
Solicitudes de patentes por millón de personas	2.7	0.6 (2021)	13.8	12.8 (2021)	631.2	572.8 (2021)
Gasto en I+D (% del PIB)	N/A	N/A	0.3	0.3 (2022)	1.8	2.1 (2022)
Inversión y financiamiento privado	**2016**	**2024**	**2016**	**2024**	**2016**	**2024**
Inversión total, formación bruta de capital fijo (% del PIB)	22.9	26.1	20.7	19.8	21.9	21.7
Inversión extranjera directa (IED), entrada neta de capital (% del PIB)	3.3	3.6	4.3	4.3	N/A	N/A
Crédito nacional al sector privado (% del PIB)	25.6	31.9	45.2	44.1	86.8	71.7
Capitalización bursátil (% del PIB)	N/A	N/A	50.2 (2019)	37.3	69.5 (2019)	66.4
Percepción de los ciudadanos e instituciones	**2011**	**2024**	**2011**	**2024**	**2011**	**2024**
Satisfacción con el sistema educativo (% de la población)	67	71	67	67	66	65
Satisfacción con el sistema de salud (% de la población)	54	62	55	54	70	64
Proporción de personas satisfechas con su nivel de vida %	68	74	70	73	73	77
Confianza en el sistema judicial (% de la población)	29	46	33	38	50	56
Índice de Percepción de la Corrupción (puntuación en una escala de 0 [altamente corrupto] a 100 [totalmente incorrupto])	31 (2016)	36	41.2 (2016)	40.6	67.3 (2016)	66.79
Moral tributaria (% de la población adulta que ha oído hablar de personas que pagan menos impuestos que los que les corresponden)	53.4	62.6 (2023)	50.6	55.3 (2023)	N/A	N/A
Indicador de riesgos de seguridad (puntuación en una escala de 0 [bajo riesgo de seguridad] a 10 [alto riesgo de seguridad])	5.5 (2016)	5.2	5.9 (2016)	5.3	2.8 (2016)	2.2
Transición digital y verde	**2016**	**2023**	**2016**	**2023**	**2016**	**2023**
Proporción de usuarios de internet (% de la población)	63.9	85	54.5	77.7	81.8	91.8
Suscripciones a la banda ancha fija (por cada 100 habitantes)	7.2	11.1	11.2	17	30.6	36
Ingresos tributarios ambientales (% del PIB)	1.8	1.7 (2022)	1	0.7	1.7	1.3
Emisiones de gases de efecto invernadero per cápita (excluidos los cambios en el uso de la tierra) (t CO_2e/cápita)	3.9	4.3	5.3	4.9	10.7	8.7
Consumo de energía renovable (% del consumo total de energía final)	15.3	14.8 (2021)	28.9	33.9 (2021)	12.5	14.9 (2021)
Situación fiscal	**2016**	**2023**	**2016**	**2023**	**2016**	**2023**
Ingresos tributarios totales (% del PIB)	13	14.3	20.9	21.3	33.5	33.9
Proporción del IVA I IRPF I IS	4.6 1 2	4.9 1.5 2.6	5.9 2 3	6.0 2.0 3.8	6.6 7.8 2.9	7.0 (2022) 8.2 (2022) 3.9 (2022)
Servicio de la deuda pública (% del total de ingresos tributarios)	19.5	22.1	11.3	13.5	5.4	4
Gasto social (% del PIB)	7.7	8.7	11	11.5	20.2	21.2 (2024)

Nota: Para definiciones y fuentes, véase la Guía del Lector.

Uruguay

Promoviendo y financiando la transformación productiva

En el ámbito de las **políticas para la transformación productiva**, está en proceso de formulación una Estrategia de Desarrollo para 2050, en la que se incorporan las contribuciones realizadas durante el periodo 2015-2020 y se establecen tres ejes estratégicos para el desarrollo, el primero de los cuales es la transformación productiva sostenible. Su objetivo principal es promover las actividades dinámicas y tecnológicas en los cinco grandes complejos productivos, incluidas las tecnologías de la información y la comunicación, las energías renovables y las industrias creativas. Además, la Agenda Uruguay Digital 2025 fomenta la digitalización de todo el país mediante cinco áreas prioritarias de acción, entre ellas la transformación digital en los sectores productivos y las nuevas estrategias de empleo, como la capacitación tecnológica.

En cuanto a los **mecanismos de financiamiento público para la transformación productiva**, el Banco de la República Oriental del Uruguay (BROU) ofrece varios servicios y líneas de crédito para la capacitación, la modernización y el fortalecimiento de la sostenibilidad empresarial. Los instrumentos incluyen consultoría sobre producción limpia y préstamos para la adquisición de equipo o la mejora medioambiental, por ejemplo, la emisión de certificados de carbono y el aumento de la eficiencia energética. Destacable en particular es el programa BROU Sostenible, que ofrece tasas especiales, un porcentaje de la cobertura de financiamiento y evaluación técnica de empresas que promueven la transición verde. Asimismo, la Agencia Nacional de Investigación e Innovación suministra diferentes instrumentos, incluidos fondos para la compra de infraestructura científica, becas de posgrado para investigadores, y financiamiento, bien sea para proyectos de innovación empresarial o para investigación e innovación. Por otra parte, el Banco Interamericano de Desarrollo asignó 100 millones de USD a Uruguay por medio de su Línea de Crédito Condicional para Proyectos de Inversión, con el fin de estimular la productividad, el capital humano y la investigación en el país. Con el apoyo del Fondo Conjunto para los ODS (Objetivos para el Desarrollo Sostenible), se estableció el Fondo de Innovación en Energías Renovables, dirigido a activar el financiamiento a gran escala y la asistencia técnica para proyectos verdes emergentes que impulsen la segunda transición energética en cuatro áreas clave.

En términos de **alianzas internacionales para la transformación productiva**, se han puesto en marcha varias iniciativas con la Unión Europea, con el fin de promover la transición verde en Uruguay. Además de Euroclima, estas incluyen el proyecto Desarrollo en Transición, que propicia modelos empresariales innovadores; la iniciativa Impulsa Verde, que incorpora la sostenibilidad y la innovación en la industria, y el proyecto InsPYraME UE 2.0, que impulsa la producción sostenible en micro, pequeñas y medianas empresas. Más aún, el Marco de Alianza País (MAP) del Banco Mundial 2023-2027 respalda la transición de Uruguay hacia el hidrógeno verde, el transporte eléctrico y los sistemas de producción ecológica, con un financiamiento de más de 690 millones de USD. Igualmente, el esquema BIOFIN del Programa de las Naciones Unidas para el Desarrollo promueve el diseño e implementación de estrategias de financiamiento integrales y sostenibles para la biodiversidad, con el objetivo de asegurar un uso protegido e inclusivo de la biodiversidad. Por último, se suscribió un memorando de entendimiento con Brasil para impulsar la digitalización en ambos países.

Uruguay: Indicadores clave

	Uruguay		ALC		OCDE	
Desarrollo social	**2016**	**2023**	**2016**	**2023**	**2016**	**2022**
Pobreza / Pobreza extrema	3.6 / 0	4.5 / 0.2	25.8 / 8	22.5 / 7	N/A	N/A
Índice Gini	39.7	40.9	46.3	40.9	33.9	34.5
Proporción de la población total en hogares informales (%)	28.5 (2008)	16.2	47.9 (2009)	42.3	N/A	N/A
Proporción de la población total en hogares mixtos (%)	27.7 (2008)	18.0	23.2 (2009)	24.0	N/A	N/A
Índice de instituciones sociales y género (SIGI)	22.2 (2019)	19.4	25.4 (2019)	21.2	17.5 (2019)	15.3 (2023)
Puntuación en el Programa para la evaluación internacional de alumnos (PISA)	435 (2015)	435 (2022)	411 (2015)	408 (2022)	489 (2015)	485
Productividad e innovación	**2016**	**2023**	**2016**	**2023**	**2016**	**2023**
Complejidad en las exportaciones (posición en una escala mundial, en la que 1 es la economía más compleja)	72	69	81.5	89	40.6	44.6
Productividad laboral (% de la OCDE)	56	58 (2024)	42	40 (2024)	100	100
Exportaciones de productos de alta tecnología (% de las exportaciones manufactureras)	10.6	10.7	8.5	8	16.5	18.1
Solicitudes de patentes por millón de personas	7.6	6.7 (2017)	13.8	12.8 (2021)	631.2	572.8 (2021)
Gasto en I+D (% del PIB)	0.4	0.6 (2022)	0.3	0.3 (2022)	1.8	2.1 (2022)
Inversión y financiamiento privado	**2016**	**2024**	**2016**	**2024**	**2016**	**2024**
Inversión total, formación bruta de capital fijo (% del PIB)	16.9	16.2	20.7	19.8	21.9	21.7
Inversión extranjera directa (IED), entrada neta de capital (% del PIB)	-0.9	-3	4.3	4.3	N/A	N/A
Crédito nacional al sector privado (% del PIB)	25.6	31.1	45.2	44.1	86.8	71.7
Capitalización bursátil (% del PIB)	N/A	N/A	50.2 (2019)	37.3	69.5 (2019)	66.4
Percepción de los ciudadanos e instituciones	**2011**	**2024**	**2011**	**2024**	**2011**	**2024**
Satisfacción con el sistema educativo (% de la población)	62	65	67	67	66	65
Satisfacción con el sistema de salud (% de la población)	75	68	55	54	70	64
Proporción de personas satisfechas con su nivel de vida (%)	74	75	70	73	73	77
Confianza en el sistema judicial (% de la población)	50	47	33	38	50	56
Índice de Percepción de la Corrupción (puntuación en una escala de 0 [altamente corrupto] a 100 [totalmente incorrupto])	71 (2016)	76	41.2 (2016)	40.6	67.3 (2016)	66.79
Moral tributaria (% de la población adulta que ha oído hablar de personas que pagan menos impuestos que los que les corresponden)	39.8	47.1 (2023)	50.6	55.3 (2023)	N/A	N/A
Indicador de riesgos de seguridad (puntuación en una escala de 0 [bajo riesgo de seguridad] a 10 [alto riesgo de seguridad])	3.5 (2016)	3.4	5.9 (2016)	5.3	2.8 (2016)	2.2
Transición digital y verde	**2016**	**2023**	**2016**	**2023**	**2016**	**2023**
Proporción de usuarios de internet (% de la población)	66.4	90	54.5	77.7	81.8	91.8
Suscripciones a la banda ancha fija (por cada 100 habitantes)	27.3	32.4	11.2	17	30.6	36
Ingresos tributarios ambientales (% del PIB)	1.6	1.4 (2022)	1	0.7	1.7	1.3
Emisiones de gases de efecto invernadero per cápita (excluidos los cambios en el uso de la tierra) (t CO_2e/cápita)	12.3	12.3	5.3	4.9	10.7	8.7
Consumo de energía renovable (% del consumo total de energía final)	60.3	57.8 (2021)	28.9	33.9 (2021)	12.5	14.9 (2021)
Situación fiscal	**2016**	**2023**	**2016**	**2023**	**2016**	**2023**
Ingresos tributarios totales (% del PIB)	25.5	27.4	20.9	21.3	33.5	33.9
Proporción del IVA I IRPF I IS	7.1 / 3 / 2.6	6.9 / 4.0 / 2.8	5.9 / 2 / 3	6.0 / 2.0 / 3.8	6.6 / 7.8 / 2.9	7.0 (2022) / 8.2 (2022) / 3.9 (2022)
Servicio de la deuda pública (% del total de ingresos tributarios)	9.5	7.8	11.3	13.5	5.4	4
Gasto social (% del PIB)	14.7	16	11	11.5	20.2	21.2 (2024)

Nota: Para definiciones y fuentes, véase la Guía del Lector.

www.ingramcontent.com/pod-product-compliance
Lightning Source LLC
LaVergne TN
LVHW082028051026
849532LV00011B/3302
* 9 7 8 9 2 6 4 8 2 8 6 1 2 *